中华人民共和国地方志丛书

潍坊综合保税区志

潍坊综合保税区史志编纂委员会　编

方志出版社
Publishing House of Local Records

图书在版编目（CIP）数据

潍坊综合保税区志 / 潍坊综合保税区史志编纂委员会编. -- 北京：方志出版社，2018.8
ISBN 978-7-5144-3284-8

Ⅰ. ①潍… Ⅱ. ① 潍… Ⅲ. ①自由贸易区—概况—潍坊 Ⅳ. ① F752.852.3

中国版本图书馆 CIP 数据核字（2018）第 261354 号

潍坊综合保税区志

编　　者：潍坊综合保税区史志编纂委员会
责任编辑：罗　滔
出 版 人：冀祥德
出 版 者：方志出版社
地址 北京市朝阳区潘家园东里 9 号（国家方志馆 4 层）
邮编 100021
网址 http://www.fzph.org
发　　行：方志出版社图书经销中心
电话（010）67110500
经　　销：各地新华书店
印　　刷：山东星海彩印有限公司
版面设计：潍坊市鹅卵石文化发展有限公司
开　　本：889×1194　　1/16
印　　张：34
字　　数：556 千字
版　　次：2018 年 11 月第 1 版　　2018 年 11 月第 1 次印刷
印　　数：0001 ～ 5000 册
ISBN 978-7-5144-3284-8　　定价：560.00 元

潍坊综合保税区史志编纂委员会

名誉主任 王树华

主　　任 徐洪吉　朱兰玺

副 主 任 石铭奎　李　涛　关凤云　王有强　张　华　郭若慎
蒋建新　姜　涛　蒋明旺　刘月军　鲍德海　张宗庆
郭光才

委　　员 逄　峰　贺　波　窦秉超　刘珍荣　刘少武　于瑞增
王欣伟　李宗福　李致颖　牟灵波　吴熙涛　辛建芹
王　磊

《潍坊综合保税区志》编审人员

主　　审 徐洪吉

副 主 审 石铭奎

特邀编审 程森枝　王现友　徐传国　韩济生

主　　编 王　磊

副 主 编 李兆鑫　王永昌　李国杰

执行主编 李　宁　张馨予

翻　　译 张馨予

编　　辑 赵文泉　房　伟　孙金鹏　郭伟华　陈常委　于凤杰
张　灏　徐得举　吴伟光　孙建达　郭　兵　丛　珊
王慧珍　张　波　王升燕　赵吉玉　刘增荣　闫德海

《潍坊综合保税区志》供稿人员

于凤杰	陈常委	贾　娜	郭　兵	丛　珊	郑　一	董世阳
王慧珍	冯丽丽	刘秋芳	马润华	王建新	王　兵	贾玉慧
韩国鹏	李晓峰	李松刚	韩振涛	刘宝平	刘文昊	孙　彬
李常兴	刘　军	常少君	马　卓	刘　婧	王秀梅	

序

潍坊综合保税区从2003年设立“出口加工区”起步，到2011年转型升级“综合保税区”，再到2017年获批“综合保税北区”，从无到有、从小到大、一区两片、跨越发展。2017年，潍坊综合保税区实现进出口额91.4亿元，同比增长21%，列全省9个保税区第3名、全国150个保税区前50名；一般公共预算收入1.73亿元，同比增长27.8%，增幅列全市第一位。2018年预计实现一般公共预算收入2.4亿元，同比增长38%。潍坊综合保税区走出一条创新发展、超常发展、转型发展、科学发展之路，受到海关总署、商务部等国家有关部委的充分肯定和赞扬。

潍坊综合保税区已走过15年的奋斗历程，经济社会发展取得丰硕成果。回顾15年来的发展进步，主要源于改革开放的政策支持，源于国务院和国家省市海关、发改、财政、国土、住建、规划、商务、国税、工商、商检、外汇管理等有关部门的关心厚爱，源于山东省委、省政府和潍坊市委、市政府的战略决策和高瞻远瞩，源于潍坊综合保税区人敢为人先、担当作为、执着追求和无私奉献。编纂《潍坊综合保税区志》，翔实记载潍坊综合保税区从启动审批、规划建设、体制确立，到经济发展、社会民生、党的建设等方方面面，展示潍坊综合保税区人“敢于担当、团结拼搏、百折不挠，执着发展”的情怀和“变不可能为可能”的“铁板钉钉”精神。服务当今，利在后人。

《潍坊综合保税区志》编纂过程中，国家和省市有关部门给予热情帮助指导，许多领导同志和社会各界人士提供真实史料和真知灼见，汶泉发展区、区直各部门积极配合，编写者付出艰辛劳动，在此一并致谢。

中共潍坊市委综合保税区工作委员会书记
潍坊综合保税区管理委员会主任　徐洪吉
2018年8月

凡　例

一、该志编纂以马克思列宁主义、毛泽东思想、邓小平理论、“三个代表”重要思想、科学发展观、习近平新时代中国特色社会主义思想为指导，坚持辩证唯物主义、历史唯物主义正确观点和方法，全面、系统、科学地记述潍坊综合保税区经济、政治、文化、社会等方面的历史与现状。

二、该志断限上起2003年，下至2018年。

三、该志采用述、记、志、传、图、表、录诸体裁，以志为主，志前有区位图、彩页，图表随文，志后设文献辑存、编后记。全志力求史料翔实、文字简练、结构合理、内容全面。

四、该志按类立编，编下设章、节、目，部分目下设子目。采用现代语体文、记述体，述而不论。

五、该志在局部重复区名时简称为区、综合保税区、全区、区内、境内。

六、该志采用第三人称记述，所记地域、机构、团体、组织、会议、文件等以当时称谓为准，使用全称或规范的简称。

七、该志所用地名使用潍坊市地名办公室规范的地名。使用历史地名时，在时称地名后括注志书下限时该地的名称。

八、该志资料以潍坊市综合保税区档案资料为主，其余资料由各承编单位核实提供。

九、数据栏中，有统计未查出用“—”，数值为零用“0”表示。

潍坊综合保税区区位示意图

潍坊综
WEIFANG F

潍坊综合保税区通关卡口

潍坊综合
NORTH ZONE OF WEI

潍坊综合保税区北区通关卡口

国家重大新药创制平台
潍坊市生物医药创新中心
WEIFANG BIOMEDICAL INNOVATION CENTER

潍坊综合保税区鸟瞰

潍坊综合保税区一角

潍坊综合保税区地标

潍坊综合保税区政务服务区

潍坊综合保税区海关办事处

潍坊综合保税区管委会

2011 年 4 月 30 日，海关总署署长于广洲（右一）到潍坊综合保税区调研

2012 年 2 月 17 日，国家质监总局副局长魏传忠（左二）到潍坊综合保税区调研

2011 年 6 月 22 日，中国保税区出口加工区协会会长甄朴（左三），中国综合保税区出口加工区协会副秘书长蒲少伟（左一）一行到潍坊综合保税区调研

2013 年 5 月 11 日，国家发改委经济贸易司副司长耿书海（左三）一行到潍坊综合保税区调研

2010 年 7 月 11 日，海关总署加工贸易及保税监管司副司长吕伟红（中）带队到潍坊开展主题党日活动

2010 年 7 月 11 日，海关总署加工贸易及保税监管司副司长吕伟红（右二）带队到潍坊开展主题党日活动

2018 年 9 月 14 日，海关总署原加贸司司长、中国保税区出口加工区协会副会长张皖生（右二）、中国保税区出口加工区协会副秘书长潘力（右四）、烟台保税港区原党工委书记、管委会主任、中国保税区出口加工区协会副秘书长宋家来（右一）到潍坊综合保税区调研

2014 年 2 月 28 日，国家税务总局副司长谷剑锋（右三）到潍坊综合保税区调研

2015 年 6 月 18 日，国家税务总局货物和劳务税司巡视员王振华（右二）到潍坊综合保税区调研

2014 年 4 月 24 日，农业部国际合作司副司长唐盛尧（左三）到潍坊综合保税区调研

2008 年 9 月 25 日，台湾新党主席郁慕明（前右四）到潍坊出口加工区考察

2016 年 4 月 8 日，省委书记姜异康（中）到潍坊综合保税区歌尔电子有限公司调研

2016 年 7 月 2 日 省委常委、常务副省长孙伟（右一）到潍坊综合保税区调研

2011 年 2 月 22 日，副省长才利民（左二）到潍坊综合保税区调研

2015 年 8 月 18 日，副省长夏耕（左二）在市委书记杜昌文（左三）、副市长孙起生（左四）陪同下到潍坊综合保税区调研

2012 年 10 月 27 日，副省长张超超（右二）参观潍坊综合保税区展厅

2004 年 1 月 2 日，副省长孙守璞（左二）在市委书记张传林（右二）、市长张新起（右一）的陪同下到潍坊出口加工区调研

2018 年 6 月 12 日，省政府副秘书长魏华祥（前左二）带领省政府验收组对潍坊综合保税区北区预验收

2009 年 12 月 29 日，省国土资源厅厅长徐景颜（中）到潍坊出口加工区调研

2011 年 4 月 7 日，省国土资源厅副厅长宇向东（右四）到潍坊综合保税区调研

2011 年 11 月 2 日，青岛海关关长臧玉健（右二）到潍坊综合保税区调研

2013 年 3 月 14 日，济南海关党组书记、关长刘魏巍（中）到潍坊综合保税区调研

2017 年 9 月 28 日，济南海关党组书记、关长沈晓红（中）到潍坊综合保税区北区调研

2018 年 11 月 8 日，济南海关党组书记、关长赵儒霞（中）到潍坊综合保税区调研

2013 年 3 月 27 日，济南海关副关长胡东升（左二）到潍坊综合保税区调研

2012 年 3 月 6 日，山东出入境检验检疫局副局长石勇（左一）到潍坊综合保税区调研

2015 年 8 月 3 日，省商务厅副厅长阎兆万（右三）到潍坊综合保税区调研

2007 年 11 月 17 日，市委书记张新起（中）带队到潍坊出口加工区观摩点评

2008 年 12 月 4 日，市委书记张新起（右二）带队到潍坊出口加工区观摩点评

2009 年 12 月，市委书记张新起（左二）带队到潍坊出口加工区观摩点评

2010 年 12 月 21 日，市委书记张新起（左三）、市长许立全（右二）出席潍坊出口加工区歌尔科技项目开工仪式

2011 年 2 月 23 日，省政府新闻办公室在潍坊富华大酒店举办潍坊综合保税区设立新闻发布会

2011 年 2 月 23 日，山东省副省长才利民（中）、潍坊市委书记张新起（右一）、青岛海关关长臧玉健（左一）为潍坊综合保税区揭牌

2018 年 9 月 21 日，潍坊综合保税区北区正式通过国务院八部委联合验收组验收

2013 年 12 月 26 日，国务院联合验收组向潍坊综合保税区颁发验收合格证书

2018 年 9 月 21 日，国务院联合验收组向潍坊综合保税区北区颁发验收合格证书

2012 年 3 月 21 日，市委书记、市人大常委会主任许立全（中）到潍坊综合保税区调研

2014 年 6 月 15 日，市委书记、市人大常委会主任杜昌文（中）到潍坊综合保税区调研

2014 年 6 月 15 日，市委书记杜昌文（中）到潍坊综合保税区调研

2017 年 11 月 4 日，市委书记、市人大常委会主任刘曙光（右二）带队到潍坊综合保税区观摩点评

2009 年 12 月 1 日，潍坊市市长许立全（左二）、青岛市副市长胡绍军（左三）、青岛海关副关长宫云岐（左一）、青岛机场集团董事长张敬吉（右一）为青岛国际机场潍坊货运空港揭牌

2012 年 8 月 29 日，市委副书记、市长刘曙光（左三）在潍坊综合保税区召开现场办公会

2010 年 1 月 7 日，市委副书记、市长许立全（中）到潍坊出口加工区调研

2013 年 9 月 23 日，市委副书记、市长刘曙光（中）到潍坊综合保税区调研

2018年10月27日下午，市委书记、市人大常委会主任刘曙光（左二）带领全市观摩点评团，到综合保税区北区进行观摩点评

2017年3月8日，市委副书记、市长李宽端（中）到潍坊综合保税区调研

2018 年 8 月 13 日，市委副书记、代市长田庆盈（中）到潍坊综合保税区调研

2018 年 9 月 21 日，潍坊综合保税区验收期间，潍坊市委副书记、 市长田庆盈（右一）会见国家联合验收组组长、海关总署自贸区和特殊区域发展司副司长何晓睿（左一）

2010 年 1 月 28 日，市委常委、市纪委书记蒋文彩（左二）到潍坊出口加工区调研

2009 年 12 月 27 日，市委常委、副市长胡岗（右二）到潍坊出口加工区调研

2010年8月9日，市委常委、副市长王献玲（右二）到潍坊出口加工区调研

2014年9月，市委常委、副市长孙起生（右三）带队赴北京汇报潍坊综合保税区北区及跨境电商申报工作

2015 年 10 月 29 日，市委常委、副市长、综合保税区党工委书记孙起生（右二）到潍坊综合保税区调研

2008 年 6 月 30 日，副市长初宝杰（右一）到潍坊出口加工区企业调研

2011 年 1 月 22 日，副市长王树华（中）带队赴青岛保税港区考察

2011 年 6 月 8 日，副市长刘伟（左二）到潍坊综合保税区调研

2012 年 1 月 20 日，副市长王树华（右四）到潍坊综合保税区调研指导创先争优活动

2012 年 11 月 15 日，新时期县委书记的榜样——寿光县原县委书记、潍坊市原市长王伯祥（右二）到潍坊综合保税区考察

2012 年 6 月 2 日，市财政局局长田民利（右二）到潍坊出口加工区调研

2008 年 4 月 2 日，潍坊出口加工区党工委书记、管委会主任韩国庆（左二）与厦门客商签约

2011 年 12 月 3 日，潍坊综合保税区党工委书记、管委会主任徐洪吉（中）带队现场调度重点项目建设

2018 年 10 月 30 日，潍坊综合保税区管委会主任徐洪吉（中）、党工委书记朱兰玺（左二）带队调度全区重点项目

2018 年 10 月 30 日，潍坊综合保税区管委会主任徐洪吉（左四）、党工委书记朱兰玺（左三）带队调度全区重点项目

2018 年 10 月 30 日，潍坊综合保税区管委会主任徐洪吉（右二）、党工委书记朱兰玺（右四）带队调度全区重点项目

2018 年 10 月 31 日，潍坊综合保税区管委会主任徐洪吉（右三）、党工委书记朱兰玺（右四）带队到社区调研

2016 年 6 月 7 日，综合保税区管委会主任徐洪吉（中）带队现场调度重点项目建设

2010 年 2 月 3 日，潍坊出口加工区召开加快发展大会

2012 年 3 月 1 日，潍坊综合保税区召开加快发展大会

2016 年 2 月 24 日，潍坊综合保税区召开加快发展暨党风廉政建设工作会

2018 年 2 月 27 日，潍坊综合保税区召开加快发展大会

2016 年潍坊综合保税区举办半程马拉松赛

2017 年潍坊综合保税区举办半程马拉松赛

宝通街

巡视道

桃园街

高三路

高五路

潍坊综合保税区实验学校

潍坊行知学校

目 录 / CONTENTS

概　述 …… 1

大事记

潍坊综合保税区发展十四件大事 …… 14
2003 年 …… 16
2004 年 …… 19
2005 年 …… 20
2006 年 …… 21
2007 年 …… 24
2008 年 …… 26
2009 年 …… 29
2010 年 …… 32
2011 年 …… 37
2012 年 …… 40
2013 年 …… 46
2014 年 …… 53
2015 年 …… 60
2016 年 …… 67
2017 年 …… 71
2018 年 …… 76

第一编　建区

第一章　审批与设立 …… 82
　第一节　出口加工区 …… 82
　第二节　综合保税区 …… 86
　第三节　综合保税区北区 …… 92
第二章　区域规划与调整 …… 98
　第一节　出口加工区 …… 98
　第二节　综合保税区 …… 99
　第三节　综合保税区北区 …… 102
第三章　管理体制 …… 104
　第一节　机构设置 …… 104
　第二节　职能部门 …… 110

第二编　经济发展

第一章　经济综述 …… 126
　第一节　经济指标 …… 126
　第二节　经济结构 …… 126
第二章　发展定位 …… 127
　第一节　发展思路 …… 127
　第二节　战略定位 …… 128
　第三节　规划布局 …… 129

第三章　产业发展……131
第一节　出口加工区……131
第二节　综合保税区……133
第四章　重点项目……140
第一节　电子信息产业……140
第二节　国际冷链物流产业……143
第三节　新能源产业……143
第四节　新材料产业……145
第五节　棉花物流加工产业……146
第六节　国际贸易和跨境电商产业……147
第五章　财政金融……158
第一节　财政收入……158
第二节　财政支出……160
第三节　金融……163
第四节　总部经济……163
第五节　国资公司……164

第三编　功能政策

第一章　功能作用……168
第一节　主要功能……168
第二节　带动作用……169
第二章　功能拓展……170
第一节　出口加工区……170
第二节　综合保税区……171
第三章　政策服务……172
第一节　服务平台……172
第二节　业务模式……175
第四章　优惠政策……176
第一节　国家赋予综合保税区政策……176
第二节　复制推广自贸区政策……178
第三节　综合保税区招商引资政策……180

第四编　建设与管理

第一章　基础设施……190
第一节　监管设施……190
第二节　主要道路……192
第三节　重要建筑……194
第四节　重要工程……196
第五节　城市管理……197
第二章　土地管理……201
第一节　土地资源概况与耕地保护……201
第二节　土地规划……202
第三节　土地征收与建设用地管理……204
第四节　地籍与不动产登记管理……205
第五节　测绘管理……206
第六节　土地执法检查……206
第三章　建筑业管理……207
第一节　市场管理……207
第二节　清欠维稳……208
第三节　质量安全监督……209
第四章　安全监管……209
第一节　监管体制……209
第二节　监管措施……210
第五章　环境治理……211
第一节　环境污染治理……211
第二节　环境保护监察……212
第三节　环境保护宣传……212

第五编　政治建设与社会事业

第一章　党建工作……214
第一节　组织架构……214
第二节　管党治党……215
第三节　基层党建……218

第二章　主题教育……222
第一节　群众路线教育……222
第二节　“三严三实”专题教育……223
第三节　“两学一做”学习教育……225
第四节　潍坊第一轮巡察……227
第五节　“作风建设年”活动……228
第三章　纪检监察……230
第一节　组织机构……230
第二节　落实党风廉政建设责任制……231
第三节　廉政宣传教育……232
第四节　纪律检查……235
第四章　人民团体……239
第一节　工会……239
第二节　团工委……240
第三节　妇工委……240
第五章　教育……241
第一节　管理机构……241
第二节　学前教育……241
第三节　义务教育……241
第四节　高中教育……243
第五节　教学教研……243
第六节　教师队伍……245
第七节　校舍建设……246
第八节　高考招生……246
第六章　社会事业……247
第一节　政务服务……247
第二节　民政管理……248
第三节　卫生医疗……249

第六编　依法治区

第一章　公安工作……252
第一节　警务工作……252
第二节　消防管理……255
第二章　检察工作……256
第一节　机构与职责……256
第二节　业务工作……257
第三节　检察室信息化……258
第三章　综合执法……258
第一节　机构设立……258
第二节　执法工作……259
第四章　市场监管……261
第一节　管理体制……261
第二节　工商管理……262
第三节　食品药品监督管理……265
第四节　畜牧安全管理……266
第五节　质量技术监督……268

第七编　汶泉发展区

第一章　综述……270
第一节　建置沿革……270
第二节　机构设置……271
第三节　改革创新……271
第四节　征地拆迁……272
第五节　基层党建……273
第六节　综合治理……276
第七节　民生事业……277
第八节　社会事务……278
第九节　计划生育……280
第二章　宝通管理区……282
第一节　南赵庄村……282
第二节　北赵庄村……285
第三节　东单家埠村……288
第四节　西单家埠村……290
第五节　官路村……291

第六节　董坊村……293
第七节　吴家庄村……295
第八节　新庄村……296
第三章　张营管理区……298
第一节　大李家村……298
第二节　蔡家集村……300
第三节　吉家张营村……303
第四节　阎家张营村……304
第五节　刘家张营村……306
第六节　张营南埠村……307
第四章　段家管理区……312
第一节　东南段村……312
第二节　西南段村……313
第三节　东北段村……315
第四节　西北段村……316
第五节　孙家屯村……317
第六节　吴家埠村……318
第七节　吴家大路村……320
第八节　郑家集村……321
第九节　北徐家庄村……323

人物简介

历任党工委、管委会领导成员简介……326
综合保税区部门负责人简介……336

荣誉称号

单位获得市级以上荣誉……350
个人获得市级以上荣誉……352
区级先进单位……357
区级先进个人……366

文献辑存

潍坊出口加工区文件……372
潍坊综合保税区文件……384
潍坊综合保税区北区文件……396
管理体制文件……401
历年重要工作安排……416
调研报告……527

· CONTENTS ·

Summary …… **1**

Chronicle of Events

The Fourteen Events During the Developing of Weifang Integrated Free Trade Zone …… 14
2003 …… 16
2004 …… 19
2005 …… 20
2006 …… 21
2007 …… 24
2008 …… 26
2009 …… 29
2010 …… 32
2011 …… 37
2012 …… 40
2013 …… 46
2014 …… 53
2015 …… 60
2016 …… 67
2017 …… 71
2018 …… 76

Part One Founding of The Zone

Chapter 1 Approval and Establishment …… 82

Chapter 2 Regional Location Planning and Adjustment ······ 98
Chapter 3 Administration System ······ 104

Part Two Economic Development

Chapter 1 Economic Review ······ 126
Chapter 2 Development and Position ······ 127
Chapter 3 Industry Development ······ 131
Chapter 4 Major Projects ······ 140
Chapter 5 Fiscal and Financial Work ······ 158

Part Three Function and Policies

Chapter 1 Functions ······ 168
Chapter 2 Function Expansion ······ 170
Chapter 3 Policy Services ······ 172
Chapter 4 Preferential Policies ······ 176

Part Four Construction and Administration

Chapter 1 Infrastructures ······ 190
Chapter 2 Land Administration ······ 201
Chapter 3 The Construction Industry Administration ······ 207
Chapter 4 Safety Supervision ······ 209
Chapter 5 Environmental Governance ······ 211

Part Five Political Construction and Social Programs

Chapter 1 Party Construction Work ······ 214
Chapter 2 Thematic Education ······ 222
Chapter 3 Discipline Inspection and Supervision ······ 230
Chapter 4 People’s Organizations ······ 239
Chapter 5 Education ······ 241
Chapter 6 Social Programs ······ 247

Part Six Ruling the Zone by Law

Chapter 1 Public Security …… 252
Chapter 2 Procuratorial Affair …… 256
Chapter 3 Integrated Law Enforcement …… 258
Chapter 4 Market Supervision …… 261

Part Seven Wenquan Development Area

Chapter 1 Overview …… 270
Chapter 2 Baotong Community…… 282
Chapter 3 Zhangying Community …… 298
Chapter 4 Duanjia Community …… 312

Character Profile……325

Honorary Title……349

File Compiling……371

概　述

潍坊综合保税区发展历程

潍坊地处环渤海南岸、山东半岛支点位置，是重要区域性中心城市和海滨城市，辖4个区6个市2个县，设有国家级高新技术产业开发区、国家级滨海经济技术开发区、国家级综合保税区和省级峡山生态经济发展区，陆地面积1.61万平方公里，海域面积1421平方公里，常住人口936.3万人，为山东第二人口大市，是山东半岛蓝色经济区、黄河三角洲高效生态经济区和山东半岛国家自主创新示范区三大国家战略区的叠加区。潍坊市作为著名的世界风筝都，是全国文明城市、国家环保模范城市、国家卫生城市、国家森林城市、国家园林城市、国家食品安全示范城市、中国优秀旅游城市、全国科技进步先进城市、全国循环经济示范城市，获中国人居环境奖。2017年，全市实现地区生产总值5858.6亿元，同比增长7%，列全国地级市第11位；完成一般公共预算收入539.1亿元，同比增长8.5%，列全国地级市第7位；城乡居民人均可支配收入同比分别增长8%、8.3%。

综合保税区是国务院批准设立的特殊经济区域，也是国内最接近自贸试验区的经济区域。按照国务院要求，潍坊综合保税区具有“保税加工、保税物流、货物贸易、服务贸易、虚拟口岸”等功能和“进境保税、入区退税、免增值税、区港直通、集中申报、快速中转”等优惠政策，服务辐射半径达300公里，具有“承东启西”的辐射带动作用，向东承接青岛、烟台、威海等沿海城市，向西服务淄博、滨州、东营等内陆城市，对全市、全省的经济发展有重要的政策服务、项目聚集和国际化平台作用。

2003年12月，国务院批准设立潍坊出口加工区，为潍坊打开了外向型经济的新窗口。2011年1月，国务院批准潍坊出口加工区转型升级为潍坊综合保税区，成为全国第14个、山东首个综合保税区。2017年7月，国务院在潍坊北部沿海港口地区批复设立潍坊综合保税区北区。经过近一年的建设，2018年9月21日，潍坊综合保税区北区通过国家正式验收。至此，潍坊综合保税区南区、北区全部建成运营，潍坊有了两个国家级综合保税区。潍坊对外开放的大门进一步敞开，潍坊海洋经济将会向前迈出大步，世界贸易将在这里融合、发展、壮大，潍坊的城市影响力将会更大、更高、更强。

潍坊综合保税区管辖面积30平方公里，其中网内监管区5.17平方公里，网外配套区24.83平方公里。按照地理位置，潍坊综合保税区分为南区、北区“一区两片”运营，其中，南区位于潍坊城区东部，管辖面积20平方公里，辖1个汶泉发展区、23个村，区内注册企业4000多家，常住人口3万人，主要依托青岛机场和青岛港，为潍坊及周边地市企业服务；北区位于潍坊港口周边，管辖面积10平方公里，主要依托潍坊港，为北部沿海2700平方公里地区服务。两区各有服务重点，又相互补充、相互融合，使潍坊综合保税区的功能政策覆盖全市、辐射全省。

潍坊综合保税区实行直属地方党委、政府领导的管理体制。按照中央编办批复文件，潍坊综合保税区管委会属省政府派出的副厅级管理机构，由潍坊市政府代管，下设12个行政和事业单位，行政和事业编制129名，设有海关、税务、公安、规划等上属驻区部门。

潍坊综合保税区以自贸区的大开放思想指导工作，大力实施“四个结合”发展战略，即网内与网外结合、网上与网下结合、国际与国内结合、四大产业（国际加工、国际物流、国际贸易、商务服务）结合，全力推进优势产业聚集发展、功能政策集成创新、全域生态整体提升、区港区谷联动发展，着力打造全市对外开放的功能区、外向型经济的聚集区和新旧动能转换的服务区。截至2017年年底，潍坊综合保税区实现进出口额91.4亿元，同比增长21%，列全市各县（市、区）第6名、全省9个保税区第3名、全国150个保税区前50名；一般公共预算收入1.73亿元，同比增长27.8%，增幅列全市第一位；规模以上工业主营业务收入81.4亿元，同比增长23%，其中高新技术产业占比达89%，列全市第1名。2018年预计一般公共预算收入2.4亿元，同比增长38%。有望通过3～5年发展，实现年产值800亿元人民币～1000亿元人民币、进出口额80亿美元～100亿美元，建成潍坊乃至全省对外开放大平台。

从不敢去想，到怀揣梦想，再到梦想实现。这是一个艰难的路程，需要付出智慧、胆量和干劲，需要付出常人不曾付出的代价。潍坊综合保税区从设立“出口加工区”起步，到转型升级“综合保税区”，再到获批“综合保税北区”，发展从无到有、从小到大，这是量变的过程，更是质变的结果。期间有顺利，也有坎坷，酸甜苦辣，来之不易。潍坊综合保税区走出了一条创新发展、超常发展、转型发展、科学发展之路，受到了海关总署、商务部等国家有关部委的充分肯定和赞扬。

潍坊综合保税区发展史是区域经济发展史，是群体励志奋斗史，是金字招牌的“夺宝”史，体现着保税区人“敢于担当、团结拼搏、百折不挠，执着发展”的情怀，凸显了他们“变不可能为可能”宝贵精神。事实证明，这正是走向成功的法宝，如果拥有了这些，世间就没有克服不了的困难，就没有实现不了的梦想。

潍坊综合保税区的建设发展，有力地印证了胆识、速度、力量和发展的顺承关系。建成保税区，是胆识和责任，是机遇和挑战，是同心和奉献，建设者们把智慧和担当凝入这一里程碑，把敬业和奉献写入这一片天地间。

一、国务院批复潍坊出口加工区

2003年，随着改革开放的不断推进，潍坊外向型经济呈现出蓬勃发展态势，“潍坊制造”在国际市场已有名气。为让“地产品”更多地走出国门，让“洋产品”放量进入国内，进一步扩大开放，潍坊市委、市政府决定，向国家申报潍坊出口加工区。

为加快申报步伐，按照市委、市政府的统一部署，根据潍坊市委副书记、市长张新起和主管这项工作的市委副书记、常务副市长张江汀的要求，市政府成立专门申报班子，派时任市政府副秘书长徐洪吉牵头负责申报。当时，正值国家清理整顿并暂停审批各类开发区和出口加工区，许多地方都放弃申报。徐洪吉带领张玉和、吕传昌、杨德强、许景伟等申报小组成员，在市政府副秘书长、北京办事处主任徐天增的大力协助下，迎难而上，努力争取。经过一年的不懈努力，2003 年 12 月国务院批复设立潍坊出口加工区。

在申报过程中，国务院及办公厅领导吴仪、徐绍史、潘良、李炳军、吴湘仁、赵龙飞、李耽陆、张江波、储昊等，以及海关总署及加贸司领导牟新生、龚正、李鹏南、李莎等，财政部和国税总局的领导张宝竹、王振华等，都分别给予了大力帮助和支持。

申报成功，确属奇迹，成为当年山东和潍坊“年度大事”之一。为此，山东省省长韩寓群高度赞扬了潍坊的做法，并在全省经济工作会上称赞为“潍坊精神”。商务部在内部机关工作交流会上，号召学习潍坊“坚韧不拔、执着追求、不达目的誓不罢休”的工作精神。国务院办公厅领导也被潍坊这种对事业高度负责的精神所感动，主动帮助潍坊协调申报工作。市委、市政府在 2003 年年度工作总结表彰大会上，对保税区的申报工作给予充分肯定和表扬，申报小组被评为先进集体，给徐洪吉记二等功，并奖励申报团组 20 万元人民币。

二、国务院批复潍坊综合保税区

随着国内外市场的变化，出口加工区功能单一、政策不足的问题开始显现，极大制约了发展。自 2003 年至 2008 年，潍坊出口加工区已设立 5 年，由于种种原因，经营困难，步履维艰，区内基本无项目、无进出口额、无服务带动作用，发展现状十分令人担忧。

2008 年 8 月，市委、市政府调整出口加工区领导班子，派原出口加工区申报团队负责人、时任市政府副秘书长兼市沿海开发办主任徐洪吉任出口加工区党工委书记、管委会主任。新班子上任后，迅速南下上海、广州、重庆、成都，北上北京、天津、大连，到省内青岛、烟台、威海、济南等地考察学习，确定了加快发展、跨越赶超的思路目标：即“大服务、大物流、大加工”同步发展，网内网外一体化经营，立足潍坊、服务山东、辐射全国，着力打造“政策服务、高端制造、国际物流”三大中心，争创一流出口加工区。

为加快出口加工区发展，国务院提出：“将现有各类海关特殊监管区域整合为一种新的区域，赋予一揽子综合的优惠政策，新设立综合保税区，并在全国优选部分发展好的出口加工区转型升级为综合保税区”。徐洪吉在北京得到这一国家重大利好政策，立即认识到这是难得的历史机遇，必须紧紧抓住，转型升级综合保税区。只有这样才有出路，才有更多更宽的政策，才能有更大的发展，才能拥有一片新天地。为此，潍坊出口加工区又正式向国务院申报潍坊综合保税区，开始新一轮规划、申报、建设的征程。

省委、省政府高度重视潍坊申报综合保税区，给予大力支持和帮助。省委书记姜异康、省长姜大明联名写信给国务院分管副总理王岐山，推荐潍坊出口加工区转型升级，为审批提供了良好条件。市委、市政府主要领导和分管领导也多次调度，全力推进。省市海关、商检、商务、发改、财政、国税、国土、住建、规划、外汇、工商等有关部门全力支持。区党工委、管委会深感责任重大，使命光荣，在国家部委立下了“给一个机会，创一个奇迹”的军令状，得到了上级部委的特别关注和关心。

为卓有成效地推进申报，出口加工区管委会成立了由主要负责人徐洪吉挂帅，副书记、副主任王守全协助的申报小组，迅速展开工作。2009 年 9 月，市政府向省政府上报申报文件；2009 年 10 月省政府转报国务院；2010 年 4 月 21 日，海关总署正式启动潍坊综合保税区审批程序；2010 年 11 月 4 日，国家十部委全部同意设立潍坊综合保税区。2011 年 1 月 25 日，国务院正式批复潍坊综合保税区，成为全国获批的第 14 个综合保税区。2011 年 2 月 23 日，山东省政府在潍坊召开新闻发布会，正式宣布潍坊综合保税区经国务院批准设立。这是全国第十四个保税区，来之不易。一时间全国主流媒体纷纷报道，潍坊有了功能和政策比较齐全的国家级综合保税区。

潍坊综合保税区批复设立，是山东省、潍坊市的一件大事和喜事。它进一步完善产业结构，提升了潍坊的城市功能，架起了一条连接潍坊与世界贸易的大通道。对加快山东半岛蓝色经济区和环渤海经济圈建设，具有十分重要的意义和作用。

三、国务院批复潍坊综合保税区北区

2013 年，保税区发展驶入快车道。大项目、好项目接踵而来，形成多业态齐驱并进，健康发展的大好局面。为更好地发挥保税区功能作用，在时任市委常委、滨海开发区党工委书记、管委会主任苏立科，副市长王树华，综合保税区党工委书记、管委会主任徐洪吉的建议下，市委、市政府着眼潍坊未来发展大局，作出在潍坊港周边申报设立综合保税区北区的战略决策。

按照市委、市政府部署要求，潍坊综合保税区全力加快申报步伐。在与上级的汇报对接中，有的部委表示，潍坊作为一个地级市，同时设立两个国家级保税区，基本不可能。为此，保税区迅速转变思路，确定调整潍坊综合保税区总体规划，将部分围网面积调整到潍坊港口周边，分南北两个区域运营，也相当于两个保税区。这样仅是调整了规划，不涉及单独审批新区，极大增加了获批的可能性。

有了思路，就有了方向。但区划调整也绝非易事，程序与重新设立一个综合保税区一样，需要征求国务院 10 部委意见，10 部委部长会签，最终由国务院分管副总理和总理签批。2013 年 12 月，潍坊综合保税区调整区划设立北区的申报文件逐级上报省政府、国务院。随后，国务院将文件转到海关总署。2014 年 7 月，海关总署启动征求国务院 10 部委意见程序。其间，有的提出新设北区与国家整合优化的大方向不符；有的提出潍坊保税区获批验收不足 5 年，短时间内不宜再设；有的担心引起全国攀比，一哄而上设立新片区，申报工作一度停滞不前。

面对困难和压力，潍坊综合保税区迎难而上，逐个部委汇报对接，争取上级关心与支持。申报的 3 年多时间，市领导亲自挂帅上阵，市委书记刘曙光，市委常委、市政法委书记、滨海区党工委书记孙起生，副市长王树华、田民利，阳光保险副总经理夏芳晨等领导带队，多次赴海关总署、财政部等有关部委汇报。综合保税区党工委书记、管委会主任徐洪吉，管委会副书记、副主任王守全以及潍坊海关、潍坊国检、财政、发改、国税、国土、住建、规划、商务、工商、外汇等有关部门，建立联席会议机制，对部委提出的问题，立即研究解决。功夫不负有心人，潍坊的努力工作、执着精神，感动了上级，感动了部委，最终获得了国家 10 部委的一致认可同意。

2017 年 7 月 1 日，国务院正式批复设立潍坊综合保税区北区，成为全国首个转型升级之后获批“一区两片”的综合保税区，潍坊有了两个综合保税区。对此，市委书记刘曙光给予高度评价，充分肯定了综合保税区“锲而不舍、不离不弃、高度负责、不达目的不罢休”的精神和作风。市委、市政府给予潍坊综合保税区管委会集体二等功奖励，给予海关、商检局、市财政局三等功奖励，给予潍坊滨海开发区管委会、市发改委、市国土局、市规划局、市住建局、市商务局、市工商局、市国税局、国家外汇管理局潍坊市中心支局通报表扬。

潍坊综合保税区北区获批后，保税区筹资 4 亿元，全力加快建设步伐。2018 年 6 月 12 日，保税北区验收必备的各项基础设施全面建成，并顺利通过济南海关、省商务厅等省联合预验收组的预验收。9 月 21 日，潍坊综合保税区北区正式通过国务院八部委联合验收组验收。潍坊综合保税区正式分为南区、北区“一区两片”运营。

在潍坊综合保税区和潍坊综合保税区北区申报过程中，海关总署及加贸司、办公厅领导盛光祖、于广州、孙毅彪、张皖生、吕伟红、胡东升、李志辉、黎明、盛甫斌、郭子文、王一鹏、赵妍等领导给予大力帮助和支持。

四、中央编办批复副厅级管理机构

科学的体制机制是发展的根本保障。潍坊综合保税区实行直属地方党委、政府领导的管理体制，而不是设在开发区内部的二级机构，不是区中区、园中园的发展模式。潍坊综合保税区的快速发展，始终得益于这种独立的管理体制。独立的管理体制，让保税区得到了市委、市政府的高度重视，有利于有效聚集全市资源支持保税区发展；有利于减少管理环节，进一步提高决策效率和服务质量；有利于扩大保税区服务辐射范围，不再仅仅局限于服务高新区或开发区，而是扩大到为全市及周边地区企业提供服务。

2006 年 4 月，市委、市政府下发《关于调整潍坊出口加工区管理体制的实施意见》，将潍坊出口加工区从潍坊高新技术产业开发区划出，单独设立潍坊出口加工区党工委、管委会，享有市级经济管理权限，实行“特区特管”政策。

2011 年 1 月潍坊综合保税区获国务院批复后，再次抢抓机遇，积极向中央编办申报机构编制。2011 年 4 月 11 日，综合保税区向市委、市政府上报《关于尽快上报潍坊综合保税区管理机构升格请示的报告》，提出机构升格的申请。是年，市滨海区刚刚获批，正在申报副厅级管理机构。市委通盘考虑，决定暂缓申报综合保税区机构，待市滨海区管理机构批复后再行启动。2012 年 6 月，经市委同意，重新启动综合保税区副厅级管理机构申报工作。在省市编办的大力支持下，经过保税区的全力争取。2012

年 11 月，中央编办批复潍坊综合保税区副厅级管理机构，属省政府派出机构，由潍坊市代管。当时潍坊成为全国唯一拥有 3 个副厅级开发区的地级城市。

在申报过程中，中央编办王东明、靳永龙、蒋建军等领导和省市编办的李显升、刘玉等领导都给予大力帮助和支持。党工委书记、管委会主任徐洪吉全力靠上申报，历时一年的努力争取，在中央十八大召开前。获得了中央编办的批复和升格

体制机制的调整和规格的提升，加大了上级政府对保税区的领导和支持力度，极大地激发了全区发展活力，全区进出口额、财政收入、保税物流货值、工业主营业务收入、服务企业数量等主要指标连年大幅增长，经济社会呈现出了健康快速发展的大好局面。

五、搭建国际服务平台

潍坊综合保税区是一个优惠政策服务区，服务半径约 300 公里，具有“承东启西”的辐射带动作用，向东承接青岛、烟台、威海等沿海城市，向西服务淄博、滨州、东营、济南等城市，有着得天独厚的区位优势和交通条件。

在发展过程中，综合保税区牢固树立“为服务而存在，为别人而生存，为发展而发展”的理念，努力搭建了五大国际服务平台。

一是口岸综合服务平台。依托青岛机场、青岛港和潍坊港，通过电子卡口、集装箱识别、电子关锁等现代化手段，实现企业在保税区报关，在口岸直接放行，吸引了 2500 多家社会企业来区开展业务，报关单票数占全市的 40%。

二是快捷通关服务平台。本着“大开放、大便利、大服务”的原则，大力推行通关便利化改革，在济南关区首个实现区域一体化通关，在省内率先推行“三个一”通关报检新模式，通关效率提升 50%。

三是检验检疫服务平台。2012 年，经国家质检总局批准，潍坊综合保税区获批进口棉花等植物产品检验检疫权。2015 年 7 月，国家质检总局批准设立潍坊综合保税区进口肉类和冰鲜水产品两个指定口岸。2015 年 8 月，国家进口澳大利亚活体肉牛口岸获国家批准建设。

四是功能创新服务平台。复制落实 13 项自贸区政策，数量居济南关区首位，被济南海关确定为改革创新先行区、示范区。在全省率先推行企业集群注册新模式，2017 年全区新注册企业 874 家，同比增长 134%。

五是外贸综合服务平台。加快推进智慧保税区建设，通过云计算、物联网等手段，逐步建立多维化大数据平台，推动服务贸易模式创新，提供报关、报检、退税、结汇等“一站式”服务。

六、聚集发展资源

区域经济发展的快慢，关键取决于各种资源的聚集和吸纳能力。潍坊综合保税区从零做起、“一张白纸”，多方争取发展资源尤为重要。多年来，综合保税区不断拓宽渠道，千方百计聚集各种资源要素，切实保障了全区加快发展的需要。

一是争取发展空间。潍坊出口加工区最早仅有网内 1.5 平方公里，没有网外配套区，是靠“一条腿”走路，发展中难有大的“加速度”。为此，潍坊综合保税区在多次外出学习的基础上，向市委、市政府提出了设立网外产业配套区的报

告。经过充分调研论证，2011 年 6 月 21 日，潍坊市委召开市委常委会，确定将汶泉发展区 20 平方公里整建制划归综合保税区管理，设立综合保税区配套区。2015 年 11 月，市委、市政府又确定将潍坊港周边 10 平方公里整体划转保税区，设立综合保税区北区。这样，综合保税区管辖面积从原有的 1.5 平方公里扩大到了 30 平方公里，其中网内监管区 5.17 平方公里，网外配套区 24.83 平方公里，使保税区走上网内网外一体化发展的良性轨道，形成“一区两片”、优势互补、区港联动的大格局。

二是争取土地资源。有了空间，还要有土地指标才能落项目、搞建设。由于全市土地指标资源有限，每年分给综合保税区的土地指标不到 100 亩。仅靠这点土地，显然不能满足发展需要。为此，保税区动员一切力量，多方寻求支持。2009 年至 2013 年 5 年时间内，保税区累计向国土部和省国土厅、市国土局争取土地指标 5000 多亩。其中，2012 年 8 月，市委副书记、市长刘曙光带领区党工委书记、管委会主任徐洪吉，市国土资源局局长刘树亮赴京向国土资源部部长徐绍史专题汇报申请 2000 亩土地指标。徐绍史部长给予大力支持，批复同意安排土地指标 2000 亩，用于潍坊保税区建设。这是十分罕见和少有的，确保了 2013 年综合保税区顺利通过国家围网验收，并为综合保税区跨越发展奠定了建设基础。

三是争取资金支持。资金短缺一直是保税区建设的“卡脖子”问题。为筹措建设资金，2012 年 8 月，市委副书记、市长刘曙光召开现场办公会，专题研究保税区发展资金投入问题，并现场为保税区解决了 1.5 亿元的启动资金。2012 年底，副市长、滨海区党工委书记王树华召开会议研究确定，从滨海城投公司借款 6000 万元，用于保税区围网建设。与此同时，保税区也拓宽融资思路，整合优质资源，组建了市场化的投资发展公司，全面加强与进出口银行、国内外投资公司、社会资本等的合作，广泛调动银行和社会资本参与保税区开发建设，有效解决了发展资金不足问题。

七、打造“六个百亿级产业链”

建区以来，潍坊综合保税区牢固树立“项目立区”发展理念，不忘初心、牢记使命，勇于创新、担当实干，大力实施网内网外、网上网下、国际国内和产业配套发展“四个一体化”，初步形成电子信息、冷链物流、棉花加工、新能源、新材料、国际贸易等“六个百亿级产业链”的发展框架。

一是电子信息产业。引进总投资 30 亿元的歌尔电子产业园，主要研发生产智能穿戴、虚拟现实、机器人与无人机等电子产品，为苹果、Facebook、三星、谷歌、微软、华为等国际知名厂商提供配套服务。2016 年歌尔新上虚拟现实智能头盔和无人机 2 个项目，至 2017 年年底已累计实现产值 130 亿元。在此基础上，规划建设占地 1 万亩的歌尔智能硬件产业园，其中网内工业用地 1000 亩、网外工业用地 6000 亩、商务生活配套区 3000 亩，集中布局虚拟现实制造产业。

二是国际冷链物流产业。引进习近平总书记出访俄罗斯期间签署的中俄冷链物流项目，总投资 6 亿元，总建筑面积 10 万平方米，建设欧洲标准全自动化低温冷库、高温冷库、常温库和智能化控制中心，具有10万吨库存规模和年200万吨的冷藏周转能力，由世界500强企业嘉里大通管理运营，预计3年内年出口农副产品36万吨，年进出口额10亿美元～15亿美元。项目与国家批复的“潍坊进口肉类和冰鲜水产品指定口岸”一体化建设，着力打造高端农副产品保税仓储、冷链物流、精深加工和进出口于一体的国际冷链物流产业园。

三是新能源产业。引进总投资6亿元美国控股的佩特来新能源汽车电机驱动项目、年产7万辆陆地方舟新能源电动汽车、全国第一的天津力神动力电池、总投资3亿元的深圳LED照明等项目，初步形成包括电机驱动、动力电池、电动汽车、LED照明在内的新能源产业链，努力打造百亿级新能源产业集群。

四是棉花物流加工产业。引进华奇棉花物流加工项目，在澳大利亚购买棉田500万亩，种植的棉花全部运回潍坊保税区加工出售。项目总投资10亿元，建设10条生产线，年进出口额10亿美元、税收5亿元。2017年4月一期2条生产线建成运营，实现全国首单籽棉进口业务，有望到2020年实现进口棉花100万吨、进出口额15亿美元，建成闻名全国的棉花及棉产品进出口物流交易基地。

五是新材料产业。引进投资10亿元的圣和塑胶新材料项目，深化与世界500强企业宝钢集团的合作，建设5条高档热缩新材料生产线，建成后年产值20亿元，形成高科技、绿色新型包装材料生产基地。以此为龙头，聚集华潍新材料、利可生生物、正信科技、康裕医药等一批项目，着力打造百亿级新材料产业集群。

六是国际贸易和跨境电商产业。建成3万平方米长江以北最大的进口商品直营中心，开工3万平方米的进口商品物流批发中心，整合利用全区30万平方米保税仓库，做大做强国际贸易，吸引电商企业和人才在保税区聚集发展，打造集进口、储存、分装、配送、结算于一体的江北进口商品集散批发交易基地。

八、改善社会民生

建区以来，潍坊综合保税区始终注重民生建设。辖区23个村历经坊子区、高新区、保税区等多次区划调整，经济落后，基础薄弱。综合保税区坚持让群众共享发展成果的理念，不断加大民生投入，加大教育投入，财政和社会投资共达2亿多元，建成潍坊行知高中和“九年一贯制”的保税区实验学校，正在规划建设普惠制幼儿园和民办九年一贯制国际学校，形成从幼儿园到高中的教育链条。完善道路交通，投资8000余万元建设宝通街东延伸工程，投资5000余万元扩建8条区内道路，全面整修农村断头路、村内路，规划建设公交枢纽站，增设公交线路和自行车站点，方便群众出行。改善村居环境，投资1600余万元，分两批实施16个村的乡村连片治理工程，全区村庄治理率达70%。投资800多万元建设垃圾处理站，城乡环卫一体化村居覆盖率达100%，农村环境更加宜居。提升社会保障，投资3000多万元，提升社会保险、社会救济、社会福利、优抚安置水平，社会保障标准居全市前列。在全市率先完成脱贫任务，精准识别贫困户134户、178人，通过低保托底方式一次性实现脱贫。在全市率先开展被征地农民养老保险工作，为失地农民提供生活保障。

九、加强党的建设

建区以来，潍坊综合保税区始终坚持加强党的建设。自2014年起，逐步建立完善党建工作体系。党工委层面，成立党建领导小组和领导小组办公室，增强党建专职工作力量，切实加强组织领导。机关党建方面，区直部门全部单设党支部，党员和组织生活正常化经常化。社区党建方面，建成3个新型农村社区，择优选派一批党组织书记和成员，推动半数以上镇街力量和警务力量下沉社区，村支部书记到社区集中上班，实现实体化运转。农村党建方面，着重选优配强村“两委”班子尤其是村党组织书记，引导各村制定发展计划，推行农村党员积分制管理，涌现官路、东单等部分先进基层党组织和优秀党支部书记，每年倒排软弱涣散村并抓好转化提升。“两新”组织建设方面，设立3个党总支和2家非公有制企业、1家国有企业党支部，实现党的组织和活动全覆盖。着力提升基层党组织服务能力。扎实推进包村联户，班子成员每人包靠1～2个村，联系5～10户群众，及时帮助协调解决困难和问题。开展“三送一创”活动，班子成员和部门负责人带头向基层送政策（法律）、送服务、送温暖，各级党组织和党员先锋模范作用不断强化。完善干群沟通平台，搭建“保税之声”村村通广播、保税手机信息报、保税微信平台、保税网站等党群沟通新平台，及时将党和政府的声音传递到基层，得到群众的肯定和赞誉。

十、“变不可能为可能”的保税区精神

2015年6月14日，市委书记杜昌文带队到综合保税区调研时指出：“保税区的快速发展，充分体现了‘铁板钉钉’的精神，正是这种精神和作风，实现了保税区的从无到有、从小到大、跨越发展”。2017年7月1日，国务院正式批复设立潍坊综合保税区北区后，市委刘曙光书记充分肯定并表扬综合保税区“锲而不舍、不离不弃、高度负责、不达目的誓不罢休”的工作作风和“变不可能为可能”的奋斗精神。2018年9月26日，市委副书记、市长田庆盈在乡村振兴战略推进工作调度会上指出：“要向徐洪吉同志学习锲而不舍推进综合保税区B区获国务院批复验收的精神，强化工作责任心，咬定项目不放松，不达目的不罢休，确保项目落地落实。”

如今的潍坊综合保税区已进入发展快车道。潍坊保税区的发展不仅仅是区域经济发展史，更是金字招牌的“夺宝”史，里面体现着保税区人“敢为人先、团结拼搏、百折不挠、执着追求”的精神，凸显了他们特有的闯劲、干劲、韧劲和后劲。对此，市委、市政府充分肯定了保税区“变不可能为可能”的奋斗精神，并给予保税区集体二等功奖励。正是这种精神和作风，成为跨越发展的不竭动力，引领保税区向对外开放的服务区、外向型经济的聚集区、改革创新的实验区阔步前进。

“改革创新、敢为人先”，是保税区解放思想、创新发展的灵魂。多年来，保税区以改革创新的精神，抢抓每一个发展机遇，从出口加工区申办到全国第14个综合保税区；从管辖面积1.5平方公里扩大到30平方公里；从一个保税区转型到“一区两片”；从过去的各项经济指标全国落后，到现在的连续多年跨越增长。

他们敢于做别人没有做的事，走前人没有走过的路，敢于突破常规，敢于打破禁区，敢于创新性地开展工作，始终站在时代和改革开放最前沿，成为全国海关监管区域发展的标杆。

“百折不挠，坚韧不拔”，体现了保税区特有的作风和精神。面对困难压力，保税区“铁板钉钉”作风，笃定信心、勇于挑战，始终以诚心和执着争取支持，突破了一件件大事难事，度过了一个个难关门槛，让一个个“不可能”变成“可能”，在转型发展、科学发展、跨越发展的征程上，谱写出改革发展建设的崭新篇章。

“担当进取、激情创业”，是保税区的永恒主题和生命所在。多年来，保税区始终树立远大目标，以对工作和事业高度负责的态度，心无旁骛、脚踏实地，不断拓展功能政策，扩大辐射范围，服务作用不断显现，在全市开放发展的地位和作用显著提升。他们永葆干事创业激情，创出一流业绩，让保税区插上了腾飞的翅膀，经济社会发生了翻天覆地的变化，人民群众得到了实实在在的实惠。

“凝心聚力，无私奉献”，是保税区从无到有、从小到大、一区两片的作风保障。保税区一班人，牢固树立“一盘棋”思想，讲政治、讲大局、讲团结、讲奉献、讲品行，弘扬“老黄牛式”的苦干精神，不计名利，不计得失，不怕吃亏，不怕吃苦，真正做到了用目标增强信心，用发展凝聚力量，用事业增进团结，营造了“想干事、干成事、好处事、不出事”的浓厚氛围。

十一、向自由贸易区迈进

进入新时代，潍坊综合保税区充满旺盛活力和发展潜力，全区上下以习近平新时代中国特色社会主义思想为指导，坚持世界眼光、国际标准、本土优势、保税特色，主动融入国家“一带一路”倡议，对接自贸试验区政策标准，以开放促改革、促转型、促发展，大力实施“网内网外、国际国内、网上网下和四大产业（国际加工、国际物流、国际贸易、商务服务）”一体化发展，力争到“十三五”末，实现年产值800亿元人民币～1000亿元人民币，进出口额80亿美元～100亿美元，确保发展总量在全省保三争二，发展增速在全国全省全市走在前列，迈入全国一流综合保税区行列，建成外向型要素聚集、国际化特色鲜明、行政服务高效、带动作用突出的开放型经济新区域。

“大鹏一日同风起，扶摇直上九万里”。在省委、省政府和潍坊市委、市政府的坚强领导下，潍坊保税区人将不忘初心，牢记使命，以新的姿态，新的干劲，砥砺前行，勇于担当，创新突破，乘胜前进，“将更多的不可能变为可能”，向着新的、更高的、更加开放的目标迈进，为潍坊开放型经济发展作出新贡献，为潍坊“四个城市”建设谱写新篇章！

大事记

潍坊综合保税区发展十四件大事

潍坊综合保税区从设立“出口加工区”起步，到转型升级“综合保税区”，再到获批“综合保税北区”，发展从无到有、从小到大、一区两片、跨越发展。回顾过去，共经历了有影响、有意义的十四件发展大事，分别是：

1. 2003 年 12 月，在国家清理整顿各类开发区的严峻形势下，国务院特批设立了潍坊出口加工区。

2. 2006 年 4 月，市委、市政府调整潍坊出口加工区管理体制，单独设立潍坊出口加工区党工委、管委会，赋予市级经济管理权限，享受“特区特管”政策。

3. 2008 年 8 月，出口加工区由于种种原因发展缓慢，市委、市政府调整出口加工区领导班子，全力支持出口加工区发展。

4. 2011 年 1 月，在海关总署等国务院十部委的大力支持下，国务院批复潍坊出口加工区转型升级为综合保税区，成为全国第 14 个、山东第 1 个综合保税区。

5. 2011 年 6 月，为发挥综合保税区辐射带动作用，市委、市政府确定调整扩大保税区管辖范围，将高新区汶泉发展区 20 平方公里整建制划归保税区管理，使保税区走上了网内网外一体化发展的轨道。

6. 2012 年 8 月，国土资源部为潍坊综合保税区安排专项土地指标 2000 亩，彻底解决围网土地指标难题。自 2009 年至 2013 年 5 年时间内，保税区累计向上级争取土地指标 5000 多亩，为全区跨越发展奠定坚实基础。

7. 2012 年 11 月，经中央编委同意，中央编办批复潍坊综合保税区管委会升格为副厅级，属省政府派出机构，由潍坊市代管。潍坊成为全国唯一拥有 3 个副厅级开发区的地级城市。

8. 2013 年 12 月，潍坊综合保税区首期围网 1.9 平方公里通过国务院联合验收组验收。

9. 2013 年 12 月，市委、市政府着眼潍坊发展大局，确定在潍坊港周边申报设立综合保税区北区。

10. 2015 年 7 月，国家质检总局同意在潍坊综合保税区筹建进口肉类和冰鲜水产品指定口岸。同年 8 月，国家质检总局同意在潍坊港周边建设进口澳大利亚肉牛口岸。2018 年 1 月，潍坊进口肉类和冰鲜水产品指定口岸通过国家验收组验收。

11. 2015 年 11 月，市委、市政府确定将潍坊港周边 10 平方公里整体划转综合保税区管理，综合保税区管辖面积达到 30 平方公里。

12. 2017 年 7 月，经过 3 年努力申报，国务院正式批准设立潍坊综合保税区北区，成为转型升级后全国首个获批“一区两片”的综合保税区。为此，市委、市政府给潍坊综合保税区荣记集体二等功。

13. 2017 年 12 月，潍坊综合保税区当年实现进出口额 91.4 亿元，同比增长 21%，列全省 9 个保税区第 3 名、全国 150 个保税区前 50 名；一般公共预算收入 1.73 亿元，同比增长 27.8%。2018 年预计全区一般公共预算收入实现 2.4 亿元，同比增长 38%。全区走出了一条创新发展、超常发展、转型发展、科学发展之路，受到了海关总署、商务部等国家有关部委的充分肯定和赞扬。

14. 2018 年 9 月，潍坊综合保税区北区顺利通过国务院八部委联合验收组验收，正式封关运营。潍坊综合保税区形成了南区、北区“一区两片”、优势互补、区港联动的大格局。

2003 年

3 月 8 日 为加快全市对外开放，潍坊市人民政府向山东省人民政府上报《关于设立潍坊农产品出口加工区的请示》，正式启动申报潍坊出口加工区。提出在现有市属开发区内规划 10 ～ 15 平方公里，高起点、高标准建设潍坊农产品出口加工区。

3 月 30 日 潍坊市人民政府向山东省人民政府上报《关于申请转报国务院在潍坊市设立农副产品出口加工区及加工区所享受优惠政策的请示》，在深入调查研究的基础上，向国务院申请包括出口加工区、保税区、涉农产业、区外原料生产加工基地等 4 个方面共 28 项优惠政策。

4 月 10 日 市委、市政府研究决定对潍坊农副产品出口加工区实施重点开发建设，初步确定潍坊农副产品出口加工区选址规划、产业定位、基础设施配套、财政税收、机构设置和权责等事宜。

7 月 11 日 山东省人民政府向国务院上报《关于申请设立潍坊农副产品出口加工区的请示》，进一步说明设立潍坊农副产品出口加工区的必要性和优势条件，明确功能定位和运作模式，确定选址位于潍坊国家高新技术开发区西北部，规划面积 3 平方公里，其中一期建设 1.39 平方公里，二期建设 1.61 平方公里，总控制面积 20 平方公里。同时，提出了建议赋予潍坊农副产品出口加工区优惠政策。

7 月 18 日 国务院办公厅下发《关于暂停审批各类开发区的紧急通知》，各省、自治区、直辖市人民政府和国务院有关部门，一律暂停审批新设立和扩建各类开发区。国家级开发区确需扩建的，须报国务院审批。

7 月 24 日 市委副书记、常务副市长张江汀带队到国务院、海关总署、财政部汇报，研究论证潍坊农副产品出口加工区建设模式问题，提出：一是采取“出口加工区 + 配套基地”的模式，二是采取单独设立出口加工区的模式，要求潍

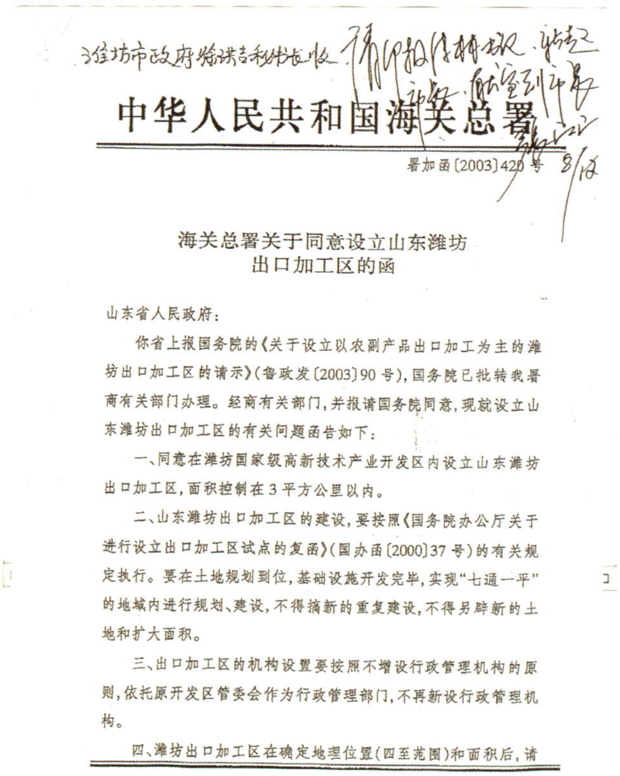

中华人民共和国海关总署

署加函〔2003〕420 号

海关总署关于同意设立山东潍坊出口加工区的函

山东省人民政府：

你省上报国务院的《关于设立以农副产品出口加工为主的潍坊出口加工区的请示》（鲁政发〔2003〕90 号），国务院已批转我署商有关部门办理。经商有关部门，并报请国务院同意，现就设立山东潍坊出口加工区的有关问题函告如下：

一、同意在潍坊国家级高新技术产业开发区内设立山东潍坊出口加工区，面积控制在 3 平方公里以内。

二、山东潍坊出口加工区的建设，要按照《国务院办公厅关于进行设立出口加工区试点的复函》（国办函〔2000〕37 号）的有关规定执行。要在土地规划到位，基础设施开发完毕，实现“七通一平”的地域内进行规划、建设，不得搞新的重复建设，不得另辟新的土地和扩大面积。

三、出口加工区的机构设置要按照不增设行政管理机构的原则，依托原开发区管委会作为行政管理部门，不再新设行政管理机构。

四、潍坊出口加工区在确定地理位置（四至范围）和面积后，请

2003 年 11 月，潍坊出口加工区设立文件

坊市政府进一步论证后进行申报。

8月4日 潍坊市人民政府向国务院副总理吴仪汇报请示，申请批复设立农副产品出口加工区。

8月11日 国务院办公厅秘书二局召集国家发改委、财政部、国土部、农业部、商务部、国家海关总署、国家税务总局和外汇局的负责同志，研究设立潍坊农副产品出口加工区及配套农副产品生产基地问题。会议认为，设立农副产品出口加工区及生产基地，对于进一步整合农副产品出口资源，探索调整农业结构、提高农副产品质量和国际竞争力、支持农业发展以及增加农民收入的有效途径，有着积极的意义。会议确定，由海关总署会同有关部门与山东省政府进一步沟通，并组织有关部门和专家研究论证，提出具体可行的方案。

潍坊出口加工区申报工作小组合影，从左到右依次是吕传昌、徐洪吉、张玉和、杨德强

8月15日 市委副书记、市长张新起率市政府有关人员专题向中央农村工作领导小组副组长徐有芳、领导小组办公室陈锡文主任汇报设立农潍坊副产品出口加工区事宜。会议认为，建设潍坊农副产品出口加工区，符合党中央、国务院关于“三农”工作的要求，潍坊应继续开大申报力度，进一步完善申报方案，并邀请国家有关部委到潍坊调研指导工作。

8月19日—21日 海关总署加贸司司长李鹏南、副处长李莎，财政部税政司司长张宝竹到潍坊调研农副产品出口加工区问题。调研结束后，海关总署充分肯定设立潍坊农副产品出口加工区的重要性，并与山东省政府达成一致意见，潍坊扩大农副产品出口的发展思路可将生产基地的培育和出口加工区的建设结合起来考虑。

10月8日 潍坊市人民政府向山东省人民政府上报《关于设立以农副产品出口加工为主的潍坊出口加工区的请示》。随后，山东省人民政府向国务院上报《关于设立以农副产品出口加工为主的潍坊出口加工区的请示》。确定潍坊出口加工区拟设立在潍坊国家级高新技术产业开发区内，具体选址在：北起济青高速公路、南到梨园大街、西起高新四路、东至高新六路，规划建设面积3平方公里。

10月31日 海关总署向国务院上报《海关总署关于设立山东潍坊出口加工区的请示》。

潍坊日報
WEIFANG RIBAO
中共潍坊市委主办　国内统一刊号 CN37－0042　第 6233 期　今日八版
2003 年 12 月 13　星期六　农历癸未年 十一月二十
天气预报　白天：晴　北风短时南风 3～4 级　夜间：晴　北风短时南风 3～4 级　气温：－3℃～5℃
A 版
潍坊报业网站　网址：www.wfnews.com.cn

江泽民胡锦涛会见全军党建座

据新华社北京 12 月 12 日电　中央军委主席江泽民、中央军委副主席胡锦涛 12 日上午在京会见了全军党的建设座谈会代表。

中央军委副主席郭伯雄、曹刚川，中央军委委员徐才厚、李继耐参加会见。

江泽民首先向出席这次会议的同志们表示亲切的问候。他说，这次全军党的建设座谈会，意义重大，开得很好。党的建设历来是我们党实现伟大任务的法宝。面对深刻变化的国际形势和日趋激烈的国际竞争，我们要实现全面建设小康社会的宏伟目标，推进中国特色社会主义伟大事业，关键是要把党建设好。

江泽民强调，我军是党绝对领导下的人民军队，肩负着维护国家安全统一、为全面建设小康社会提供重要保障的神圣使命。抓好军队党的建设，是做好军队全部工作的关键环节。我们必须紧紧围绕打得赢、不变质两个历史性课题，在推进中国特色军事变革的进程中，大力加强和改进军队党的建设，在思想建设、组织建设、作风建设和制度建设上都不断取得新成效。

江泽民指出，时代在前进，实践在发展，党的建设必须与时俱进。要根据新形势新任务的要求，紧密联系我军现代化建设的实践，深入研究军队党的建设面临的新情况新问题，在继承优

海关总署领导来潍调研

张新起张江汀等出席座谈会并介绍情况

本报讯　（记者戴晓东）12 月 11 日至 12 日，海关总署副署长龚正一行在青岛海关、省农业厅和省外经贸厅领导的陪同下到潍坊出口加工区调研，并出席在潍坊富华国际会展中心召开的潍坊出口加工区工作汇报座谈会。市领导张新起、张江汀、鞠献宝出席座谈会。

张新起说，近几年来，潍坊经济的快速发展得到了海关部门大力支持，特别是潍坊出口加工区申报成功更显示了海关总署对潍坊经济发展的厚爱。他表示，潍坊要以这次出口加工区申报成功为新的起点，抓好出口加工区班子建设，配备好各类高素质人才，以一流的规划、一流的建设、一流的发展，把潍坊出口加工区规划好、建设好、发展好。一方面积极筹措资金，强化政府支持力度，另一方面坚持市场化运作，降低投资建设成本。同时，一手抓建设，一手抓招商，争取在最短的时间内完成加工区基础设施建设，力争把潍坊出口加工区建设成为全国一流的出口加工区。

龚正高度赞扬了潍坊近年来的发展。他说，潍坊出口加工区是今年国家批准的全国惟一一个加工区，充分体现了国务院领导对设立潍坊出口加工区的高度重视。他要求，潍坊要按照国家设立出口加工区的要求，加快建设步伐，按时保质完成各种配套设施建设，同时，利用国家赋予的各种优惠政策，进一步促进潍坊加工贸易的发展。他希望，潍坊与海关总署加强合作，做好支持农产品加工出口政策课题的研究，使潍坊出口加工区发展成为以农产品加工为主、其他产业并举的出口加工区。

龚正一行在潍期间，参观了潍坊出口加工区和寿光市部分农业高科技示范园和寿光蔬菜批发市场。

居民有困难就找社区党组织

潍城党建联动助推再就业

本报讯　（记者王瑞甫　通讯员文东　金波　国伟）下岗失业职工遇到找工作困难时，首先想到向社区党组织寻求帮助。这是潍城区坚定不移地实施以促进社区再就业为主要内容的社区党建联动服务工程而产生的效应。今年以来，该区先后有 1961 名下岗失业职工，通过社区党建联动服务工程实现了再就业。

以街道和社区党组织为载体，以实施社区党建联动整合社区资源，挖掘就业岗位。潍城区社区党建工作指导委员会安排各街道和社区党组织对住社区的 1234 个单位和 10829 名党员逐一进行登记，摸清家底，建立档案，统一进行管理，另一方面，对社区内 2512 名下岗失业职工的家庭情况、求职要求、个人技能等信

作方法，取得了明显成效，仅潍坊电业大厦就安置下岗失业人员 15 名，完成计划数的 188%。

引导全区住社区单位党组织和社区党员明确任务和职责，与社区党组织一道，齐心协力把党的温暖送到下岗失业职工心中。今年来，潍城区各社区党组织围绕促进再就业工作，组织住社区单位和社区党员开展三项活动，开辟两条渠道。开展党员带头创业活动。社区党组织鼓励社区下岗失业的党员带头创办民营经济实体，今年来他们共创办 180 个实体，吸纳下岗失业职工 246 名。开展结对帮扶活动。要求住社区单位党员干部为再就业献计献策，为下岗失业职工做好事送温暖，搞好爱心帮扶。今年来他们共结对帮扶下岗失业职工 562 名、做好事 945 件，帮助安置下岗失业职工 530 名；开展社区招商活动进一步增加就业岗位，今年以来，住社区单位党员干部引进项目 48 个，开

郑金兰在市区供

尽快建立水

《潍坊日报》报道海关总署副署长龚正到潍坊调研设立潍坊出口加工区

确定经商国家发改委、财政部、国土部、商务部、税务总局、国家工商总局、国家外汇局等有关部门会签，原则同意设立山东潍坊出口加工区。

12 月 5 日　海关总署下发《关于同意设立山东潍坊出口加工区的函》，批准设立国家级潍坊出口加工区，面积控制在 3 平方公里以内。

12 月 11 日—12 日　海关总署副署长龚正在青岛海关、省农业和省外经贸厅领导的陪同下到潍坊出口加工区调研。

12 月 30 日　潍坊市市长张新起在潍坊高新区管委会召开会议，研究确定潍坊出口加工区总体规划，对海关监管区综合行政办公楼、海关办公楼、商检办公楼建设提出意见，确定潍坊出口加工区综合行政办公楼建筑面积 4000 平方米，海关办公楼建筑面积 3000 平方米，商检办公楼在综合行政办公楼内调剂使用。

12 月 31 日　潍坊市政府办公室下发《关于成立潍坊出口加工区筹建工作领导小组的通知》，由副市长、潍坊高新区党工委书记、管委会主任鞠献宝任组长，潍坊高新区党工委副书记王永福、潍坊高新区副主任韩国庆任副组长，成员有潍坊高新区招商局局长房士华、潍坊高新区组织部副部长国同豹、潍坊高新区经发局副局长高奇、潍坊高新区财政局副局长李洪、潍坊高新区建设局副局长、国土规划局局长王清春、潍坊高新区清池街道党委书记傅恩波、潍坊高新区公安分局副局长李华。领导小组下设办公室，韩国庆兼任办公室主任，程宜全、李占寿为办公室副主任，吕传昌、吴熙涛为成员。

2004 年

1 月 2 日 潍坊高新技术产业开发区规划国土局同意潍坊出口加工区项目在济青高速公路15号口南侧选址，用地面积约5000亩。

1 月 8 日 潍坊高新技术产业开发区财政局作出承诺，潍坊出口加工区建设资金，由财政负责拨付3亿元，分3年拨付到位。其中一期建设资金22364万元，按工程进度拨付到位。

2 月 10 日 潍坊市自来水公司作出承诺，筹建日供水量15万吨的配水厂，一期计划2004年10月完工，满足出口加工区用水要求。

2 月 12 日 潍坊供电公司作出承诺，潍坊出口加工区10千伏安的用电量由梨园街南侧110千伏变电站提供，保证满足供电需求。

2 月 23 日 潍坊高新技术开发区环境保护局同意在济青高速公路15号路口南侧建立“潍坊出口加工区”。

2 月 25 日 潍坊市发展计划委员会向省发展计划委员会上报《关于呈报潍坊出口加工区基础设施建设项目可行性研究报告的请示》。确定潍坊出口加工区建设规模：规划占地3.85平方公里，其中围网控制面积3平方公里（农副产品加工区1.4平方公里），监管办公区0.06平方公里。总投资估算60470万元，其中农副产品加工区投资21504万元。项目建设期计划三年，拟于2014年开工建设，2017年5月建成。

4 月 20 日 潍坊出口加工起一期1.7平方公里开工建设。

4 月 30 日 潍坊市规划与国土资源局同意潍坊出口加工区在济青高速公路15号口南侧选址，其中2.03平方公里符合土地利用总体规划和城市建设规划。同意在2.03平方公里内进行

2004年7月，潍坊市委副书记、市长张新起（右一）带队到潍坊出口加工区现场办公

基础设施及海关监管设施建设，用地面积 40.73 公顷。

6 月 4 日　潍坊市人民政府向国土资源部上报《关于解决潍坊出口加工区建设用地问题的请示》。确定一期围网用地 1.7 平方公里，申请国土资源部帮助解决用地问题。

7 月 2 日　山东省发展和改革委员会下发《关于潍坊出口加工区一期基础设施建设项目可行性研究报告的批复》。确定项目总投资控制在 2.23 亿元以内，主要建设内容：监管仓库 1200 平方米，海关监管配套设施 8136 平方米，围网 6200 米，道路 14.62 公里，铺设水、电、热力、通信等管网 97.4 公里。

9 月 13 日　潍坊市机构编制委员会下发《关于设立潍坊出口加工区管理机构的批复》，同意设立山东潍坊出口加工区管理委员会，与高新技术产业开发区管委会一个机构、两块牌子；同时，在开发区内设立山东潍坊出口加工区管理局（挂山东潍坊出口加工区管委会办公室牌子），副县级规格，核定机关编制 8 名。

2005 年

2 月 25 日　省外经贸厅副厅长张琳到潍坊出口加工区为筹备全省出口加工区建设座谈会进行调研。

2005 年 7 月 22 日，国家验收组到潍坊出口加工区验收围网建设

5 月　爱得乐出口加工项目一期开工建设 3 栋标准厂房，建筑面积 8.5 万平方米。

6 月　华昇苑出口加工区项目开工，由鲁港合资华昇苑公司出资建设，建设 4 万平方米标准厂房。

7 月 22 日　青岛海关副关长冯德文率国家出口加工区验收小组一行 7 人，到潍坊出口加工区进行评审，同意潍坊出口加工区通过验收。

8 月 11 日　潍坊出口加工区一期围网通过国家验收，投资 1.6 亿元。建设标

出口加工区验收合格证书

署加 22 号

山东潍坊出口加工区海关监管隔离设施及相关配套设施经海关总署等部委联合验收小组验收合格，特发此证。

海关总署联合验收小组
2005年8月11日

潍坊出口加工区验收合格证书

准在国家同期验收的3个省内出口加工区中综合排名第一。

12月8日 潍坊海关驻出口加工区办事处举行揭牌仪式。副省长孙守璞发来贺电。市委副书记、市长张新起出席仪式并讲话。市委副书记郑金兰和坊海关关长张俊才为办事处揭牌。市领导韩俊生、鞠献宝、杨肖青出席揭牌仪式。

12月21日 出席2005潍坊外商圣诞联谊会的美国、加拿大、日本、马来西亚等20多个国家和地区的外商及外国专家共300余人到潍坊出口加工区考察。

2006年

4月21日 市委、市政府下发《关于调整潍坊出口加工区管理体制的实施意见》，将潍坊出口加工区从潍坊高新技术产业开发区划出，单独设立潍坊出口加工区党工委、管委会，为市委、市政府派出机构，实行合署办公，正县级规格，享有市级经济管理权限，实行“特区特管”政策。

7月24日 潍坊出口加工区党工委、管委会印发《关于公布党工委、管委会领导成员工作分工的通知》。

7月29日 潍坊出口加工区管委会办公室下发《关于启用潍坊出口加工区经济发展局等单位印章的通知》，正式启用潍坊出口加工区经济发展局、财政局、建设规划局印章。

7月31日 潍坊出口加工区管委会下发《关于成立机关财务结算中心、综合预算科、经济建设科的通知》。机关财务结算中心，为管委会内设机构，设在财政局。综合预算科和经济建设科，为财政局内设机构。

8月4日 潍坊出口加工区管委会下发《关于成立潍坊出口加工区机构编制委员会的通知》，成立潍坊出口加工区机构编制委员会，由韩国庆任主任，王守全、王得志任副主任，成员有刘庆德、鲍德海、郭若慎、刘珍荣、贺波。机构编制委员会办公室设在党政办公室，刘珍荣兼任办公室副主任。

8月7日 潍坊市机构编制委员会办公室下发《关于潍坊出口加工区机构编制管理有关问题的批复》。

8月9日 经潍坊出口加工区编制委员会研究决定，潍坊出口加工区党政办公室加挂潍坊出口加工区劳动人事局牌子。

8月20日 潍坊出口加工区管委会下发《关于成立潍坊出口加工区国有资产管理委员会的

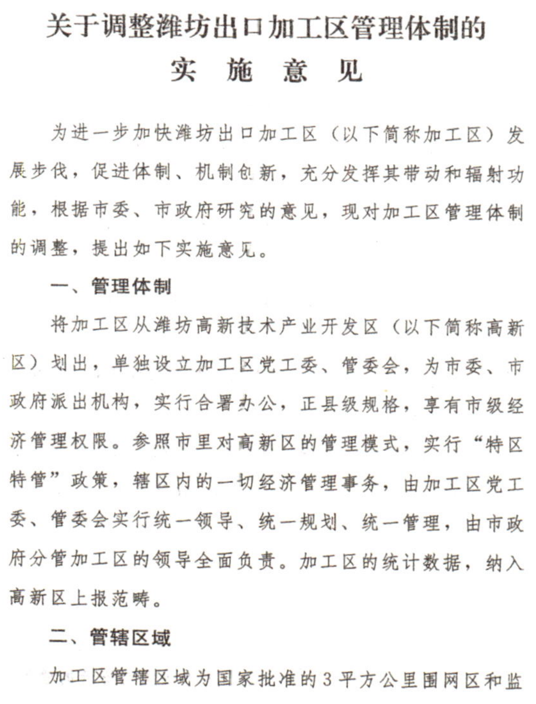

关于调整潍坊出口加工区管理体制的
实 施 意 见

为进一步加快潍坊出口加工区（以下简称加工区）发展步伐，促进体制、机制创新，充分发挥其带动和辐射功能，根据市委、市政府研究的意见，现对加工区管理体制的调整，提出如下实施意见。

一、管理体制

将加工区从潍坊高新技术产业开发区（以下简称高新区）划出，单独设立加工区党工委、管委会，为市委、市政府派出机构，实行合署办公，正县级规格，享有市级经济管理权限。参照市里对高新区的管理模式，实行“特区特管”政策，辖区内的一切经济管理事务，由加工区党工委、管委会实行统一领导、统一规划、统一管理，由市政府分管加工区的领导全面负责。加工区的统计数据，纳入高新区上报范畴。

二、管辖区域

加工区管辖区域为国家批准的3平方公里围网区和监

2006年4月21日，市委下发《关于调整潍坊出口加工区管理体制的实施意见》

通知》，成立潍坊出口加工区国有资产管理委员会，由韩国庆任主任，王守全、王得志任副主任，成员有刘庆德、鲍德海、郭若慎、刘珍荣、贺波。

8月28日 潍坊出口加工区举行山东宝泰科技产业园开工典礼。潍坊市市长张新起出席并讲话。青岛保税区党工委书记、管委会主任王怀岳，潍坊出口加工区党工委书记、管委会主任韩国庆参加仪式。山东宝泰科技产业园由青岛保税区国有独资企业山东宝泰科技有限公司投资建设，标志着青岛保税区与潍坊出口加工区“区区联动”迈出实质性步伐。

9月11日 经潍坊出口加工区编制委员会研究决定，潍坊出口加工区建设规划局加挂潍坊市规划局出口加工区分局牌子。

9月12日 潍坊出口加工区党工委印发《关于成立潍坊出口加工区机关党支部的通知》，决定成立潍坊出口加工区机关党支部。

9月15日 市委书记张新起对市编办上报的《关于出口加工区国土管理机构设置的请示》作出批示：“原则同意，请潍连市长阅提意见。”市编办提出，参照青岛做法，建议潍坊出口加工区国土资源管理局与建设规划局一个机构、两块牌子，不再增设机构和编制，但国土资源局领导干部的管理仍参照其他开发区的做法，实行双重管理。

9月22日 潍坊出口加工区机关党支部召开全体党员大会，采取无记名投票的方式，选举产生第一届支委会委员，确定由刘庆德任支部书记、鲍德海任组织委员、郭若慎为纪律检查委员、刘珍荣任宣传委员、贺波任青年委员、卞雪骞为第一党小组组长、吴熙涛为第二小组组长。

10月9日 潍坊出口加工区编制委员会印发《关于公布潍坊出口加工区党政办公室、各局内设机构编制的通知》。确定潍坊出口加工区党政办公室内设文秘科、组织人事科，编制4人；经济发展局内设综合计划科、企业促进科、外经外贸科、编制4人；财政局内设机关财务支付中心、综合预算科、经济建设科，编制3人；建设规划局内设综合科、建设科、规划科，编制5人。

10月9日 潍坊出口加工区编制委员会印发《关于调整潍坊出口加工区财政局、建设规划局内设机构编制的通知》。确定在区财政局内部增设国有资产管理局、政府采购中心；在建设规划局内部成立质量监督站、招投标办公室。

2006 年 8 月 28 日，潍坊出口加工区举行山东宝泰科技产业园开工典礼

10 月 30 日 潍坊出口加工区编制委员会印发《关于成立潍坊出口加工区区区联动办公室的通知》，潍坊出口加工区区区联动办公室，主要负责与青岛保税区区区联动办公室的协调和交流，区区联动办公室设在经济发展局，成员有窦秉超、卞雪骞、周明、辛国栋，窦秉超兼任办公室主任。

12 月 12 日 潍坊出口加工区管委会与潍坊市寒亭海洋化工开发区管委会达成合作意向。潍坊出口加工区在潍坊滨海项目区设立产业配套区，总面积 2067 亩（其中建设用地约 800 亩），具体位置在海慧璐以西、海源路以东、新海公路以北、海莱路以南。

12 月 12 日 为做好产业配套区的开发建设工作，管委会成立潍坊出口加工区、滨海项目区开发建设领导小组。由王守全任组长，王得志、刘庆德、郭若慎任副组长，成员有窦秉超、贺波、吴熙涛。由刘庆德兼任办公室主任。

12 月 14 日 潍坊出口加工区管委会向潍坊市人民政府上报《关于今后发展的几点建议》。提出当前制约潍坊出口加工区发展的主要因素是发展空间不足和发展资金短缺，建议：一是拓宽发展空间，尽快调整网外产业配套区和二期土地性质，并在滨海项目区设立出口加工区产业配套辐射区。二是解决启动资金，请市政府协调解决国有资产经营管理公司注册资金 5000 万元，并连续 3 年每年给予 1000 万元的贷款贴息、每年给予定向补贴 500 万元。

12 月 21 日 潍坊出口加工区管委会在东方大酒店举行投资客商联谊晚会，在建项目和签约项目客商代表，以及管委会各部门负责人参加活动。

2007 年

1 月 4 日　潍坊出口加工区管委会在富华大酒店举行投资合作洽谈会。潍坊市政府副秘书长、市招商局局长王秀禄，出口加工区党工委、管委会班子成员，重点投资客商代表出席会议。

1 月 14 日　市委书记张新起在《潍坊出口加工区关于今后发展建议的汇报》上作出重要批示：“请立全市长、胡岗阅，网外配套可能是客观需要，建议现场听一次汇报，如可行可以调整一下，与高新区分家以后，实际上在空间上其配套需求是被挤压的，两区是竞争关系了。”

1 月 23 日　市委副书记、市长许立全在市政府办公楼 1104 会议室，听取潍坊出口加工区工作情况汇报。会议强调出口加工区要以招商引资为中心，在项目特别是引进外资项目上实现突破。

2 月 6 日　潍坊市进出口企业座谈会暨潍坊出口加工区政策优势研讨会召开。潍坊出口加工区党工委书记、管委会主任韩国庆向全市重点企业推介潍坊出口加工区。潍坊市外经贸局、潍坊海关有关负责人出席会议。

3 月 6 日　潍坊出口加工区召开全区经济工作会议。确定2007年工作思路和目标，即突出“一个中心”“两个重点”，以招商引资特别是引进外资为中心，以建设1.7平方公里围网功能区、滨海产业配套区为重点，力争进出口贸易额实现零的突破。

3 月 9 日　潍坊出口加工区编制委员会印发《关于调整潍坊出口加工区经济发展局内设机构的通知》，确定在经济发展局增设潍坊出口加工区投资促进局。

5 月 17 日　潍坊出口加工区编制委员会印发《关于在潍坊出口加工区经济发展局、建设规划局加挂牌子的通知》。确定经济发展局加挂潍坊出口加工区安全生产监督管理局牌子，

2007 年 5 月 22 日，潍坊出口加工区第一个项目正式竣工投产

建设规划局加挂潍坊出口加工区环境保护局牌子。

5月22日 潍坊雷力发电设备有限公司举行竣工投产仪式，成为潍坊出口加工区第一个投产项目。潍坊出口加工区管委会下发《关于对潍坊雷力发电设备有限公司表彰奖励的决定》，对项目竣工进行表彰。

2008年4月20日，葡萄牙客商考察团到加工区参观考察

6月10日 市委书记张新起到潍坊出口加工区调研。市政府副市长鞠献宝，市高新区、市出口加工区以及市国土局、市财政局、市外经贸局等部门负责人陪同调研。

6月11日—22日 潍坊出口加工区党工委、管委会组织全体干部职工在潍坊国防教育训练基地，进行为期两周的封闭军事训练。

6月26日 潍坊出口加工区召开上半年全区工作总结会议。确定要以贯彻落实市委书记张新起到区调研时的讲话精神为主线，以迎接全市观摩点评会为契机，狠抓招商引资、项目建设、基础设施配套、体制机制创新等重点工作，实现出口加工区又好又快发展。

7月17日 潍坊出口加工区举行海关驻潍坊出口加工区办事处业务开通仪式。

8月2日 潍坊出口加工区编制委员会印发《关于成立潍坊出口加工区建筑工程施工安全监督站、建筑企业养老保障金管理办公室的通知》，在区建设规划局内设成立潍坊出口加工区建筑工程施工安全监督站、建筑企业养老保障金管理办公室。

2007年7月17日，潍坊出口加工区海关业务正式开通

8月5日 潍坊出口加工区管委会向市政府上报请示，申请批准建设商务办公楼、白领公寓、蓝领公寓（第二栋）、电力电缆、支路建设。

8月14日 潍坊出口加工区召开党工委、管委会领导班子民主生活会。

9月7日 潍坊出口加工区管委会在海关办公楼四楼会议室召开“转变工作作风 大干2007年后四个月”动员会议。

11月17日 市委书记张新起带领潍坊市委、市人大、市政府、市政协领导班子成员，市法院、市检察院主要负责人，各县（市、区）、市属各开发区、市经济开发区、市峡山生态经济发展区主要负责人等全市经济工作观摩点评组成员到潍坊出口加工区观摩点评。

12月9日—14日 潍坊出口加工区党工委副书记、管委会副主任王守全带队，赴苏州、昆山、松江、漕河泾、连云港、日照等出口加工区及经济园区参观考察。

2008年

1月14日 副市长初宝杰带领市外经贸局、市台办、招商局、海关、国检等有关部门负责人，到潍坊出口加工区调研。

2月15日 潍坊出口加工区党工委出台《关于加强机关干部作风建设的决定》，着重解决全区干部职工在思想作风、学风、工作作风、领导作风和生活作风等方面存在的突出问题，为推进保税区经济又好又快发展创造良好的政务环境。

2月28日 潍坊出口加工区管委会印发《潍坊出口加工区科学投入工作激励暂行办法》《潍坊出口加工区科学投入计划指标及分配办法》。

2月28日 潍坊出口加工区管委会办公室印发《机关工作目标责任制实施办法》，对各部门及每名工作人员工作实行量化评定、百分制考核，促进全区工作整体提升。

4月2日 共青团潍坊市委下发《关于同意建立中国共产主义青年团潍坊出口加工区工作委员会的批复》，同意建立中国共产主义青年团潍坊出口加工区工作委员会，隶属共青团潍坊市委。

4月18日—22日 全国部分出口加工区创

2008年潍坊出口加工区旧貌

新发展工作研讨会在潍坊出口加工区召开。中国保税区出口加工区协会会长甄朴、副会长毛新堂、副秘书长蒲少伟，海关总署加贸司副司长吕伟红，商务部产业司、青岛海关、山东省外经贸厅有关领导，昆山、成都、厦门、西安、北海等出口加工区、青岛保税区和济南、青岛、威海、烟台等省内出口加工区负责人参加会议。潍坊市政府副市长初宝杰出席活动。

4月22日 经潍坊出口加工区党工委研究，报经团市委同意，潍坊出口加工区成立中国共产主义青年团潍坊出口加工区工作委员会，由房伟、丛珊、徐朋、吴光源、张健、王磊6人组成，房伟任书记，丛珊任副书记。

4月22日 经潍坊出口加工区党工委研究，报经市妇联同意，潍坊出口加工区成立妇女工作委员会，由刘颜霞、陈晓两人组成，刘颜霞任主任，陈晓任副主任。

5月10日至19日，5月24日至6月2日 潍坊出口加工区党工委分两批组织全体干部职工在潍坊学院进行脱产培训。

6月3日 副市长初宝杰带领市招商局、市外经贸局、海关、国检、海事处等部门负责人到潍坊出口加工区调研。

6月11日 潍坊出口加工区管委会办公室印发《关于成立园区管理办公室的通知》，决定从各部门抽调人员成立园区管理办公室。刘珍荣任办公室主任。

6月12日 潍坊出口加工区党工委决定集中开展一次作风整顿活动，着力解决思想学习、招商引资、工作作风、服务、纪律、创新等六个方面存在的问题。

6月26日—28日 市委书记、人大常委会主任张新起，带领参加潍坊市社会事业发展现场会与会人员，到潍坊出口加工区观摩点评。

7月29日 潍坊出口加工区出台《关于厉行节约、廉洁从政的有关规定》《关于规范机关办公秩序的有关规定》。

8月4日 市委调整潍坊出口加工区领导班子，决定由徐洪吉任中共潍坊市委出口加工区工作委员会书记、管委会主任，不再担任潍坊市沿海经济开发办公室党组书记和主任职务。

8月13日 潍坊出口加工区党工委书记、管委会主任徐洪吉主持召开党政联席会议，研究全区招商引资办法，安排部署阶段性重点工作。

8月18日—24日 潍坊出口加工区党工委

2008年8月，潍坊出口加工区党工委书记、管委会主任徐洪吉（中）带队到全国先进保税区、出口加工区考察学习

2008 年 9 月 25 日，台湾新党主席郁慕明（左二）到出口加工区考察

书记、管委会主任徐洪吉带领党工委、管委会班子成员，区直各部门、驻区各单位负责人，到青岛、烟台、威海以及广西北海、浙江宁波等出口加工区进行考察学习。

8 月 21 日　国务院在广西北海召开海关特殊监管区域整合发展征求意见座谈会，研究商讨将全国各保税区、出口加工区、保税物流园区、跨境工业园区、保税港区、综合保税区等 6 种类型海关特殊监管区域整合“综合保税区”的意见。区党工委书记、管委会主任徐洪吉参加会议。

10 月 15 日　潍坊出口加工区管委会委托国务院发展研究中心、中国保税区出口加工区协会编制完成《潍坊出口加工区转型为综合保税区及规划建设配套区可行性研究报告》，并提报潍坊市委、市政府。

10 月 16 日　鉴于吉祥电子、豪贤聚酯切片两个项目两个项目处于停工和半停工状态，为留足发展空间，区党工委书记、管委会主任徐洪吉召开党政联席工作会议，确定以向洋国有资产管理有限公司为主体回收两个项目建设用地。具体工作由王得志牵头，财政局、建设局、国土局、园区办共同负责。对谈判过程中的重大问题报管委会集体研究决定。

10 月 19 日　潍坊出口加工区党工委出台《关于厉行节约提高效率有关问题的通知》。

11 月 20 日　潍坊出口加工区党工委印发《关于公布党工委、管委会领导成员工作分工的通知》，调整理顺工作分工，为各项工作开展奠定坚实基础。

12 月 4 日　市委书记、市人大常委会主任张新起，带队到潍坊出口加工区进行现场观摩。

12 月 31 日　国务院出台《国务院办公厅关于保持对外贸易稳定增长的意见》，赋予出口加工区保税物流功能。

2009年

2月23日 潍坊市委副书记、市长许立全在市级机关综合办公大楼召开专题会议，研究潍坊出口加工区加快发展有关事宜。会后到潍坊出口加工区现场调研。副市长初宝杰出席，市政府秘书长宋赤锋、副秘书长张志勇、高立伯及高新区、市国土局、市规划局等部门主要负责人参加会议。

2月25日 潍坊出口加工区管委会下发《大力发展总部经济的暂行规定》。

3月3日 潍坊出口加工区党工委成立深入学习科学发展观活动领导小组。随后，制定活动实施方案，深入扎实开展学习科学发展观活动。

4月30日 青岛海关正式批复潍坊出口加工区实行直通式海关监管模式，成为直通式海关监管模式的首批试点单位。

5月 潍坊市政府向省政府上报《潍坊市人民政府关于潍坊出口加工区转型为综合保税区的请示》，正式启动潍坊综合保税区申报工作。

6月5日 市政府顾问、党组成员、潍坊市公安局党委书记、局长黄潍连一行到潍坊出口加工区进行调研。

6月13日 潍坊出口加工区管委会下发《潍坊出口加工区企业发展促进基金管理暂行办法》。

6月19日 潍坊出口加工区管委会办公室下发《关于落实年度经济目标及加快项目落地的通知》，进一步调整明确全年经济指标，全力推动10个重点项目建设，确保全区加快发展。

6月25日 市委副书记、市长许立全对出口加工区建立“服务承诺制、项目包靠制、现场工作制、限时办结制、督办考核制”等“五制化”服务机制作出批示，要求全市学习出口加工区经验做法。

7月8日 潍坊检验检疫局局长王洪兵、副局长章红兵到出口加工区，就区内检验检疫业务开展等问题进行现场办公。

7月15日 潍坊出口

2009年2月16日，潍坊出口加工区召开第一届加快发展大会

2009 年 2 月 23 日，潍坊市委副书记、市长许立全（左二）到潍坊综合保税区调研

加工区管委会办公室下发《关于进一步做好项目包靠工作的通知》，明确重点项目包靠人，进一步落实责任，明确时限，确保以良好形象迎接全市观摩点评会议召开。

7 月 20 日 潍坊出口加工区党工委下发《关于厉行节约提高效率有关问题的通知》，对用水用电、办公用品、办公电话、公务出差、公车使用、公务接待等方面作出严格规定。

7 月 25 日 市委副书记、市长许立全在富华大酒店会见到区投资的东莞勤上光电股份有限公司董事长李旭亮一行。副市长初宝杰，区党工委书记、管委会主任徐洪吉和管委会有关负责人及市科技局、信息产业局等负责人陪同考察。

8 月 5 日 中国外运集团总裁助理李甄一行 7 人到出口加工区考察。副市长初宝杰，市政府副秘书长、市口岸办主任张志勇，区党工委书记、管委会主任徐洪吉和管委会有关负责人及市农工办、贸易局、经贸委、外经贸局等负责陪同考察。

8 月 6 日—8 日 市委副书记、市长许立全应邀赴东莞勤上光电股份有限公司实地考察。市政协副主席、信息产业局局长李传恒，市政府秘书长宋赤锋，市财政局局长夏芳晨，区党工委书记、管委会主任徐洪吉等陪同考察。

8 月 12 日 潍坊出口加工区党工委召开学习实践科学发展观活动满意度测评会。党工委书记、管委会主任徐洪吉通报前期活动开展情况，并对下一步工作提出明确要求。市委学习实践科学发展观活动指导检查第三组委会机关干部、国税部门等 30 余人参加现场测评。

8 月 31 日 上存锂离子电池项目落户潍坊出口加工区。区党工委副书记、管委会副主任王守全，项目总经理张国华，宝泰科技产业园

2009 年 8 月 11 日，市委副书记、市长许立全（右二）带队赴东莞考察勤上光电 LED 项目

总经理李鲁青及有关参加签约仪式。该项目由北京普罗投资有限公司投资，项目总投资1.3亿元，主要生产销售锂电子动力电池、电动汽车大功率锂电子电池、电子元器件等。

9月7日 市委副书记、市长许立全对“出口加工区保税物流货值突破1亿美元”信息作出批示：“很好，找准着力点，工作快推进。”

2009年12月1日，潍坊出口加工区举行青岛机场潍坊货运空港揭牌暨十五个项目开工仪式

9月9日 潍坊出口加工区管委会与韩国世元电子有限公司就汽车线束加工出口项目签订入区协议。项目一期投资200万美元，在区注册公司为潍坊丰国电子有限公司，租赁山东宝泰科技有限公司2号标准厂房（二期租赁3号标准厂房），主要加工出口汽车线束，用工500人左右，年可实现进出口额2000万美元。

9月17日 潍坊出口加工区管委会下发《关于成立全区规划建设委员会的通知》，由区党工委书记、管委会主任徐洪吉任主任，王守全、王得志任副主任，在建设规划局设立办公室。

10月12日 潍坊出口加工区管委会成立

2009年11月10日，党工委书记、管委会主任徐洪吉（中）在潍坊出口加工区工程建设指挥部项目现场召开办公会

建设工程指挥部，办公场所位于职工公寓一楼，并建立项目包靠制度，全力加快项目建设进度。

10 月 30 日 中国外运集团物流投资控股有限公司总经理助理祁艳一行 6 人，到潍坊出口加工区考察。党工委副书记、管委会副主任王守全及市农业局、贸易局、外经贸局、海洋渔业局等负责陪同考察。

12 月 1 日 潍坊出口加工区隆重举行青岛机场潍坊国际货运空港揭牌暨 15 个项目开工仪式，潍坊市委副书记、市长许立全，青岛市副市长胡绍军，青岛海关副关长宫云岐，潍坊市政协主席赵兴涛，潍坊市人大常委会党组书记、第一副主任李守三，潍坊市委常委、宣传部部长刘明珂，潍坊市副市长初宝杰，青岛机场董事长张敬吉，青岛机场总经理刘玉良，潍坊市政府秘书长宋赤锋，青岛机场海关副关长吴瑕，潍坊海关关长张俊才，潍坊出入境检验检疫局局长王洪兵，市政府副秘书长、外经贸局局长王保贤等出席仪式。各县市区、市属各开发区外经贸主管部门、全市重点进出口企业以及新开工项目单位负责人等，共 600 多人参加仪式。

12 月 16 日 市委书记、市人大常委会主任张新起带市委、市人大、市政府、市政协领导班子成员，市法院、市检察院主要负责人，各县（市、区）、市属各开发区、市经济开发区、市峡山生态经济发展区主要负责人等全市经济工作观摩点评组成员到潍坊出口加工区观摩点评。

12 月 27 日 市委常委、常务副市长胡岗，市政府副秘书长李静波，市纪委副书记、监察局局长陈本林，潍坊海关关长张俊才到潍坊出口加工区调研。

2010 年

1 月 7 日 市委副书记、市长许立全，副市长初宝杰到潍坊出口加工区调研，市政府秘书长宋赤锋，市政府副秘书长、市口岸办主任张志勇，潍坊海关关长张俊才，潍坊出口加工区党工委书记、管委会主任徐洪吉参加调研。

1 月 12 日 市政协副主席、市信息产业局局长李传恒到潍坊出口加工区调研。

1 月 15 日 潍坊市政府向省政府上报《潍坊市人民政府关于在潍坊出口加工区基础上申请设立综合保税区的请示》。

1 月 19 日 潍坊市委副书记、市长许立全率副市长初宝杰、市政府秘书长宋赤锋，潍坊出口加工区党工委书记、管委会主任徐洪吉，与青岛海关副关长方幸福、加贸处处长徐银善向海关总署汇报潍坊出口加工区转型升级综合保税区情况。海关总署副署长孙毅彪，加贸司司长张皖生，加贸司副司长孙群、吕伟红等听取汇报。

1 月 19 日 日本全日空航空公司青岛分公司总经理上村、盛邦物流副总经理张海亮一行就空港后移业务开展事宜到保税区考察，潍坊出口加工管委会副主任王得志等陪同考察。

2010 年 1 月 7 日，潍坊市委副书记、市长许立全（中）到潍坊出口加工区调研

1 月 22 日 台湾长荣集团青岛分公司总经理钟世杰一行到潍坊出口加工区考察，并就海港后移业务进行座谈。区党工委书记、管委会主任徐洪吉，党工委副书记、管委会副主任王守全等陪同考察。

1 月 23 日 市委书记张新起、市长许立全向省委书记姜异康、省长姜大明汇报潍坊出口加工区转型升级综合保税区的工作。

1 月 24 日 省政府在进一步调研的基础上，再次向国务院上报《山东省政府关于在潍坊出口加工区基础上设立潍坊综合保税区的请示》。

1 月 26 日 潍坊市政府向青岛海关致函《关于在潍坊出口加工区基础上申请设立综合保税区的函》，请青岛海关转报海关总署。

1 月 28 日 市委常委、市纪委书记蒋文彩到保税区调研。潍坊出口加工区党工委书记、管委会主任徐洪吉和管委会有关领导陪同调研。

1 月 28 日 省委书记姜异康、省长姜大明联名给国务院副总理王岐山写信推荐潍坊出口加工区转型为综合保税区。

1 月 29 日 青岛海关向海关总署上报《关于潍坊出口加工区转型为综合保税区的请示》。

3 月 1 日 市委书记、市人大常委会主任张新起在市委常委（扩大）会议上对潍坊出口加工区《全力申报国家综合保税区努力打造山东高端物流和加工贸易中心》上作出重要批示：“出口加工区工作有了新起色，工作目标符合发展要求，扎实推进力求突破，开创发展新局面。”

3 月 31 日 市委常委、副市长王献玲陪同马来西亚橡胶工业小园发展局主席丹斯里·达比代表团一行 15 人，到潍坊出口加工区参观考察。

4 月 2 日 潍坊市委副书记、市长许立全对潍坊出口加工区报送的《一季度出口加工区保税物流货值突破 1 亿美元》报告作出批示：“扩大业务，利用好平台。”

4 月 8 日 市政协副主席杜国忠一行 7 人到潍坊出口加工区就编制全市“十二五”规划进行调研，听取意见建议。

4 月 9 日 潍坊市委副书记、市长许立全到潍坊出口加工区调研，市政府秘书长宋赤锋陪同调研。

4 月 13 日 潍坊海关关长黎明一行到潍坊出口加工区调研招商引资和企业经济运行等情况。

4 月 16 日 烟台出口加工区 B 区管理局党组书记、局长于宗萍一行到潍坊出口加工区考察。区党工委副书记、管委会副主任王守全及

2010 年 1 月 19 日，潍坊市委副书记、市长许立全（左二），副市长初宝杰（右一），潍坊出口加工区党工委书记、管委会主任徐洪吉（左一）向海关总署副署长孙毅彪（右二）汇报转型升级综合保税区工作

管委会有关人员陪同考察。

4 月 16 日　海关总署副署长孙毅彪批准启动潍坊出口加工区征求国土资源部、国家发改委、财政部、商务部、住房城乡建设部、国家税务总局、国家质检总局、国家工商总局、国家外汇管理局等九部委征求意见。

4 月 20 日　潍坊海关关长黎明到潍坊出口加工区调研。区党工委书记、管委会主任徐洪吉陪同调研。

4 月 21 日　海关总署征求国土资源部意见的函，国务院签批意见，转到国土资源部。

5 月 1 日　市委书记张新起对潍坊出口加工区申报综合保税区报告给予批示：（1）规划与国土局确定意见，可以满足审批要求，如无大的异议抓紧确定；（2）网内村庄搬迁，配套区因是农田难以平衡，可考虑在高新区内统筹解决；（3）国土部门争取其规划范围的调整；（4）管理权待批复下达后办；（5）出口加工区发展方式和结构需转变，由加工型转为物流型，严格控制加工企业占地，确保物流功能增长；（6）出口加工区或综合保税物流区不以自身经济收入效益为唯一价值目标，实际也难以达成平衡，以形成功能为重，收益不足的可考虑纳入市级财政扶持范围。

5 月 6 日—7 日　中国外运长航集团总裁助理范端炜一行就潍坊建设国际农产品冷链物流项目到区参观考察。市政府副市长初宝杰，区党工委书记、管委会主任徐洪吉及市海关、市国检局、市发改委、市商务局、市农业局等有关人员陪同考察。

2010年8月18日，市委副书记、市长许立全（右二）研究潍坊综合保税区工作

7月26日 潍坊出口加工区在海关办公楼四楼会议室召开全区突破发展大会。驻区各部门、区内各企业负责人和管委会机关全体人员参加会议。

7月29日 国土资源部同意《潍坊综合保税区申报方案》，并将签批意见报国务院。

8月9日 市委常委、副市长王献玲到潍坊出口加工区调研。区党工委书记、管委会主任徐洪吉陪同调研。

8月14日 台客考察团到潍坊出口加工区考察。市委副书记崔建平，市政协副主席、市经信委主任李传恒陪同考察。

8月17日 海关总署启动征求国家发改委、财政部、商务部、住房城乡建设部、国家税务总局、国家质检总局、国家工商总局、国家外汇管理局等八部委意见。

8月18日 市委副书记、市长许立全召开会议，要求市发改委、财政局、商务局、住房城乡建设局、国税局、质量技术监督局、工商局、外汇管理局等八部门参加主动对接国家部委，全力做好潍坊出口加工区申报工作。

8月23日 中国外运股份有限公司副总裁、中国外运山东有限公司党委书记、总经理吴学明一行就在潍坊出口加工区建设电子器件分拨配送中心项目到潍坊参观考察。市委副书记、市长许立全会见，市政府副市长初宝杰，出口

5月11日 歌尔声学股份有限公司董事会决定在潍坊出口加工区投资建设3D眼镜项目。公司董事长姜滨及有关副总，与潍坊出口加工区党工委、管委会主要领导进行对接洽谈。

5月13日 省经信委副主任张宁波到区参观考察金源勤上光电LED产业基地。市经信委副主任崔之绍、加工区纪工委书记刘庆德等陪同考察。

6月21日 市财政局局长王有亭到出口加工区调研。区党工委书记、管委会主任徐洪吉和有关领导陪同调研。

7月10日—11日 海关总署加工贸易司副司长吕伟红带队，到潍坊开展主题党日活动。市委常委、常务副市长胡岗，副市长初宝杰，潍坊海关关长黎明，区党工委书记、管委会主任徐洪吉等陪同有关活动。

7月15日 市政协主席赵兴涛带领市政协班子成员到潍坊出口加工区调研。区党工委书记、管委会主任徐洪吉和班子有关成员陪同调研。

加工区党工委书记、管委会主任徐洪吉，潍坊海关副关长王磊及有关人员陪同考察。

9月2日 台湾声宝集团总裁陈盛沺一行到潍坊出口加工区考察。区党工委书记、管委会主任徐洪吉陪同考察。

9月4日 区党工委书记、管委会主任徐洪吉组织班子成员、各部门负责人到歌尔项目现场办公。

9月3日 台湾全球运筹发展协会理事长、台湾京杨国际物流股份有限公司董事长游文相，台湾全球运筹发展协会秘书长、台湾“中国科技大学”助理教授邹伯衡，台湾众智国际股份有限公司董事长、台湾成功大学校友会理事吴美蓉等19家协会、企业的董事长、会长及理事到潍坊出口加工区参观考察。市人大常委会副主任杨继生及市商务局、潍坊物流协会的负责人一起陪同参观考察。

9月9日 住建部对潍坊综合保税区规划提出意见。潍坊市规划局局长张恒道率队赴住建部汇报工作。随后，山东省住建厅厅长杨焕彩两次赴住建部汇报潍坊综合保税区规划事宜。

9月13日 国家发改委同意设立潍坊综合保税区。

9月27日 台湾长荣物流股份有限公司董事长吴善桢、台湾声宝集团总裁陈盛沺一行到潍坊出口加工区考察。区党工委书记、管委会主任徐洪吉陪同考察。

10月16日 潍坊出口加工区工程指挥部在管委会三楼会议室召开“决战五十天迎接点评会”动员会议。党工委副书记王得志主持会议，管委副主任郭若慎、工程指挥部全体人员、各项目单位负责人参加。

10月24日 美国组约州商务考察团浦金石·布莱恩一行6人到潍坊出口加工区考察。党工委副书记、管委会副主任王守全陪同考察。

11月12日 省委第六巡视组组长蒋文彩一行到潍坊出口加工区调研。区党工委书记、管委会主任徐洪吉陪同调研。

12月21日 保税区歌尔电子科技产业园项目一期投产、二期开工仪式隆重举行。市委书记、市人大常委会主任张新起，市委副书记、市长许立全，市级其他领导以及全市科学发展现场观摩点评会议与会人员出席开工仪式。潍坊出口加工区党工委书记、管委会主任徐洪吉主持开工仪式。

2010年10月23日，潍坊出口加工区党工委书记、管委会主任徐洪吉（左二）现场调度项目建设

2011 年

1 月 11 日 国务院十部委会签潍坊出口加工区转型升级潍坊综合保税区文件完毕。随后，海关总署将潍坊出口加工区转型升级文件报国务院。

1 月 22 日 国务院副总理王岐山签字同意将潍坊出口加工区转型为综合保税区，并转报副总理李克强。

1 月 23 日 国务院副总理李克强签字同意将潍坊出口加工区转型为综合保税区，将文件转报国务院总理温家宝。

1 月 25 日 国务院总理温家宝签字同意潍坊出口加工区转型升级综合保税区，标志着潍坊综合保税区成功批复。

2 月 18 日 潍坊市委常委、组织部部长陈泽浦到潍坊出口加工区调研，先后参观考察区金源勤上光电 LED、歌尔科技等项目。区党工委书记、管委会主任徐洪吉及管委会领导班子成员陪同。

2 月 22 日 山东省副省长才利民、省政府副秘书长王旭、省商务厅副厅长阎兆万、青岛保税港区管委会主任王怀岳到潍坊出口加工区调研。副市长王树华、保税区党工委书记、管委会主任徐洪吉等陪同调研。

2 月 23 日 省政府新闻办公室在潍坊富华国际会议中心举行潍坊综合保税区设立新闻发布会。副省长才利民，市委书记张新起，青岛海关关长臧玉健出席新闻发布会并为综合保税区揭牌。市委副书记、市长许立全发表热情洋溢的致辞。省直有关部门负责人，市领导刘德成、苏立科、初宝杰、王树华、花兆贤等出席新闻发布会。

2 月 27 日 副市长王树华到潍坊综合保税区调研。市政府副秘书长张志勇、综合保税区党工委书记、管委会主任徐洪吉等陪同调研。

2011 年 2 月 23 日，省政府在潍坊举行潍坊综合保税区设立新闻发布会

3 月 2 日 呼和浩特出口加工区管委会主任那顺巴雅尔一行到潍坊综合保税区参观考察。区纪工委书记刘庆德、管委会副调研员蒋明旺陪同参观。

3 月 15 日 济南市政府副秘书长耿建新带领济南高新区管委会、济南口岸办、济南出口加工区等负责人，到潍坊综合保税区考察。

3 月 15 日 青岛海关副关长

2011年2月22日，副省长才利民（左二）到潍坊综合保税区调研

方幸福一行到潍坊综合保税区调研，市委副书记、市长许立全会见方幸福一行，市委常委、副市长胡延新，保税区党工委书记、管委会主任徐洪吉，潍坊海关关长黎明等陪同调研。

4月7日 省国土资源厅副厅长宇向东到潍坊综合保税区，就围网土地有关问题进行调研。市政府副市长王树华，市国土局局长刘树亮，保税区党工委书记、管委会主任徐洪吉陪同调研。

4月17日 潍坊综合保税区与中国国际基金有限公司签订年进口100万吨棉花物流项目合同。

4月21日 市政府副秘书长张志勇带领省国土厅、市国土局、市财政局、市综合保税区有关人员赴郑州综合保税区考察学习。

5月8日 市政协副主席杜国忠带队到保税区就推动潍坊市“十二五”规划顺利实施进行调研，听取意见建议。

5月30日 区党工委书记、管委会主任徐洪吉带领全体班子成员和各部门负责人在富华国际展览中心，参观“法制与责任—全国检察机关惩治和预防渎职侵权犯罪展览·潍坊巡展”。

6月8日 市政府副市长刘伟到潍坊综合保税区调研。区党工委书记、管委会主任徐洪吉及管委会班子成员陪同调研。

6月21日 市委副书记、市长许立全在市政府1102会议室主持召开第43次市政府常务会议，研究潍坊综合保税区区划调整、管理、体制等问题。会议确定，将原隶属于潍坊高新区管理的青银高速公路以南汶泉发展区的19个村庄和高二路以东清池街办的4个村庄，划归潍坊综保区管理，其现有管理机构、行政事业人员编制一并整建制划转潍坊综合保税区。区划调整后的潍坊综合保税区四至范围是：东至东外环路，西至高二路和高五路，北至济青高速公路，南至樱前街和穆响路。其中，网内保税区5.17平方公里，网外配套区14.83平方公里。

6月22日 潍坊综合保税区在区海关办公楼四楼会议室召开综合保税区区划范围和管理体制调整交接工作会议。区党工委书记、管委会主任徐洪吉及领导班子成员，管委会各局室负责人，汶泉发展区管委会在编人员和汶泉发展区19个村的书记、主任，清池街道办事处4个村的书记、主任参加会议。

6月23日 中国保税区出口加工区协会会长甄朴、副会长兼秘书长毛新堂、副秘书长蒲少伟到保税区调研，青岛海关副关长方幸福及山东保税区域协会、潍坊海关的领导一起陪同调研。

6 月 29 日 潍坊综合保税区汶泉发展区召开庆祝中国共产党建党 90 周年大会，区机关干部及 23 个村的全体党员共 300 多人参加会议。

9 月 5 日 潍坊综合保税区召开加快发展大会，副市长王树华到会并作重要讲话，市政府副秘书长付廷伟出席会议。管委会机关及汶泉街办全体，海关、国检、国税、工商、地税等驻区部门，辖区内的 23 个村的村“两委”成员，区内企业负责人，共 200 余人参加会议。

9 月 28 日 省委第二巡视组副组长、巡视专员王文升，巡视专员刘勇、检查员程瑞斌等一行 6 人在市委副秘书长王延泰的陪同下到保税区检查工作。区党工委书记、管委会主任徐洪吉及班子全体人员陪同。

10 月 16 日 市水利局副局长刘振杰、总工程师孟祥明、副局长范庆忠一行到保税区调研水利工作。

10 月 19 日 潍坊市社会科学表彰暨重点研究课题立项大会在潍坊学院召开，市委常委、宣传部部长初宝杰，副市长王桂英等市领导出席会议。保税区《潍坊综合保税区税收政策研究与应用》《潍坊综合保税区税收政策研究与应用》《加快潍坊综合保税区物流产业发展的研究》三项课题列入市社会科学规划重点研究课题。

11 月 1 日 济南出口加工区管理局局长李世新、济南市规划设计院主任耿谦一行 6 人，到潍坊综合保税区参观考察。区党工委书记、管委会主任徐洪吉陪同考察。

11 月 2 日 青岛海关党组书记、关长臧玉健到潍坊综合保税区调研，副市长王树华，潍坊海关关长黎明，区领导徐洪吉、王守全等陪同调研。

11 月 22 日 潍坊综合保税区在保利大酒店五楼会议室召开安全生产和社会稳定工作会议，传达贯彻市委、市政府有关会议精神，对做好全区安全生产和维护社会稳定工作进行安排部署。

11 月 27 日 市国税局纳税服务体系和国税文化体系建设观摩一组在局长黄玉远、副局长张伟的带领下，到潍坊综合保税区国税局集中观摩

2011 年 6 月 22 日，潍坊综合保税区召开区划调整工作会议

检查。

12 月 1 日　潍坊市建设工程质量安全监督站综合保税区分站揭牌仪式在保利大酒店五楼会议室召开。市住建局副局长李振龙和保税区党工委书记、管委会主任徐洪吉为分站揭牌。

12 月 14 日　市委组织部副部长、市编办主任、市人社局党委书记刘玉，市编办副主任张正志一行到综合保税区调研。区党工委书记、管委会主任徐洪吉，区领导王守全、蒋建新等陪同调研。

2011 年 9 月 5 日，潍坊综合保税区召开区划调整后首届加快发展大会

12 月 21 日　青岛海关纪检组组长鲁皓一行到潍坊综合保税区调研。潍坊海关关长黎明，区党工委副书记、管委会副主任王守全，潍坊海关驻区办事处主任李涛等陪同调研。

12 月 26 日　市人口计生委副主任李迎春率领市人口和计划生育考核组一行 12 人到潍坊综合保税区考核人口计生工作。区党工委书记、管委会主任徐洪吉，区领导刘庆德、蒋明旺陪同考核。

2012 年

1 月 7 日　综合保税区在管委会三楼会议室举行迎新春企业发展座谈会。区内歌尔科技、金源勤上、中科晶电、圣和新材料等 26 家企业参加座谈会。

1 月 10 日　区党工委副书记、管委会副主任王守全，纪工委书记刘庆德，在汶泉街办有关负责人的陪同下分别走访中华人民共和国成立前老党员、生活困难党员、困难劳模等，向他们送去节日的祝福。

1 月 13 日　市商务局张春旭副局长带领市食安委督查三组，到潍坊综合保税区对食品安全工作进行督查。

1 月 17 日　潍坊市委潍组发电〔2012〕6 号文件批准，同意保税区选出的徐洪吉为出席潍坊市第十一次党代表大会代表。

1 月 20 日　副市长王树华到综合保税区调研指导创先争优活动开展情况，并走访慰问老党员和困难党员。市委组织部副调研员、市国

2012 年 3 月 1 日，潍坊综合保税区召开加快发展大会

资委党委副书记、市创先争优领导小组办公室副主任陈延爱，市政府办公室副主任李波，综合保税区党工委书记、管委会主任徐洪吉陪同调研。

2 月 4 日 中国共产党潍坊市第十一次代表大会主席团举行第四、第五次会议。区党工委书记、管委会主任徐洪吉当选十一届市委委员和出席山东省第十次党代会代表，区纪工委书记刘庆德当选十一届市纪委委员。

2 月 8 日 综合保税区召开全体干部职工大会，传达学习市第十一次党代会精神，结合全区实际，研究部署加快发展的措施。

2 月 8 日 厦门优传供应链有限公司总经理王海一行到潍坊综合保税区参观考察，双方签署合作备忘录，优传酒业正式落户潍坊综合保税区。

2 月 17 日 国家质监总局副局长魏传忠，在山东检验检疫局局长周建安、山东省质监局局长丛大鸣陪同下到潍坊综合保税区调研。市委副书记王献玲，副市长王树华，区党工委书记、管委会主任徐洪吉陪同。

2 月 29 日 市委常委、高新区党工委书记、管委会主任赵志远到潍坊综合保税区进行调研。区党工委书记、管委会主任徐洪吉及全体领导班子成员陪同调研。

3 月 1 日 综合保税区在保利大酒店五楼会议室召开加快发展大会。市委常委、高新区党工委书记、管委会主任赵志远出席并讲话。区党工委书记、管委会主任徐洪吉安排部署全年工作。

3 月 6 日 山东出入境检验检疫局副局长石勇、检验处处长王建平一行，在潍坊出入境检验检疫局局长张艺兵的陪同下到保税区调研。

3 月 10 日 长春海关关长薛颖超，在青岛海关关长臧玉健、副关长方幸福、潍坊市副市长王树华等的陪同下，率考察团到综合保税区参观考察。区党工委书记、管委会主任徐洪吉以及领导班子成员陪同。

3 月 21 日 市委书记许立全到高新区和综合保税区调研。他强调，要认真贯彻落实市第十一次党代会和市人大、政协“两会”精神，按照市委、市政府“一六四三”的工作部署，坚持创新驱动、高端引领，全面提升高新区和保税区发展水平，为建设“四个潍坊”和现代化经济文化强市做出更大贡献。

3 月 24 日 区党工委书记、管委会主任徐洪吉带领全体班子成员和汶泉街办、区直各部门、上属驻区各单位负责人，对区内各在建项目进行现场调度点评。

4 月 10 日 泰安市副市长周静率考察团，在潍坊市副市长王树华的陪同下，到潍坊综合保税区参观考察。区党工委副书记、管委会副主任王守全及有关部门负责人陪同考察。

4 月 12 日 市委常委、副市长杜业栋到综合保税区调研。区党工委书记、管委会主任徐洪吉，区领导王得志、刘庆德陪同调研。

4 月 15 日 市国土资源局局长刘树亮一行到综合保税区调研。区党工委书记、管委会主任徐洪吉，区领导王守全、王得志、王有强、张宗庆陪同调研。

4 月 19 日 潍坊综合保税区召开重点项目推进会议，贯彻落实全市一季度经济运行分析会议精神，确定工作重点，分配工作任务，狠抓工作落实，全力推进重点项目加快建设，促进全区经济社会又好又快发展。

4 月 29 日 综合保税区召开全区中层以上干部会议，传达学习市长刘曙光南方重要讲话精神，传达学习南方的先进经验做法，并研究制定具体贯彻落实措施，推动全区经济社会又好又快发展。

5 月 16 日 雷士商务大厦项目举行开工奠基仪式，区党工委副书记王得志致辞。党工委、管委会有关领导，以及区直、驻区各部门负责人等参加开工奠基仪式。

5 月 24 日 潍坊综合保税区在管委会机关办公楼二楼会议室组织收听收看中国共产党山东省第十次代表大会。管委会机关全体人员、驻区各部门负责人，共50 余人参加会议。辖区内汶泉街办在街办会议室组织全体干部职工共 60 余人进行收看。

6 月 14 日 市人大常委会党组书记、第一副主任胡岗到潍坊综合保税区调研。区党工委书记、管委会主任徐洪吉，区领导王得志、刘庆德陪同视察。

6 月 22 日 市委常委、高新区党工委书记、管委会主任赵志远，市政协副主席李传恒到综合保税区检查指导工作。区党工委书记、管委会主任徐洪吉，区领导蒋建新、鲍德海陪同检查。

6 月 22 日 潍坊综合保税区国际商品（红酒）交易中心开业。省人大常委会法制委员会副主任委员李守玉，市人大常委会党组书记、第一副主任胡岗，市委常委、宣传部部长初宝杰，

2012 年 6 月 22 日，潍坊综合保税区国际商品（红酒）交易中心开业

市委常委、高新区党工委书记、管委会主任赵志远，市政协副主席、市经信委主任李传恒，潍坊市人社局局长、技师学院党委书记李静波等出席仪式并为国际商品展示交易中心投入运营剪彩。

6月29日 市委书记、市人大常委会主任许立全，市委副书记、市长刘曙光带领潍坊市委、市人大、市政府、市政协领导班子成员，市法院、市检察院主要负责人，各县（市、区）委书记、县（市、区）长，市高新区、市滨海区、市峡山生态经济发展区党工委书记、管委会主任等全市科学发展情况观摩点评团到潍坊综合保税区观摩点评。

7月2日 潍坊海关关长黎明、市国税局局长黄玉远、市风筝办主任张崇高一行到潍坊综合保税区调研。区党工委书记、管委会主任徐洪吉，区领导王守全、王有强陪同调研。

7月3日 综合保税区召开全区干部职工会议。区党工委书记、管委会主任徐洪吉讲话，区领导王守全、王得志、王有强、刘庆德、郭若慎、蒋明旺、蒋建新、鲍德海、张宗庆，以及管委会机关全体人员、驻区各部门负责人、汶泉街道办事处中层以上干部参加了会议。

7月23日 综合保税区邀请广东东莞科技局副局长严济荣就科学技术与园区建设进行专题讲座。区党工委书记、管委会主任徐洪吉主持讲座。区领导班子成员，管委会机关和驻区部门全体人员、汶泉街道办事处中层以上领导干部参加学习培训。

7月26日 法国伯纳朗贝酒业集团在保税区国际商品（红酒）展示交易中心举行开业庆典仪式。潍坊市政协原主席赵兴涛，山东省委第六巡视组组长蒋文彩，潍坊市发改委主任肖培灵，潍坊综合保税区党工委书记、管委会主任徐洪吉，法国酒业联盟协会会长Gilles Daniel，法国Intercave董事局主席Esnault Jacques，法国伯纳朗贝酒业集团首席酿酒师Laurent Koler，法国伯纳朗贝酒业集团中国区总裁邓民，区领导王守全、王得志，以及管委会机关人员、国内外相关知名酒业负责人也出席开业典礼。

8月16日 市政协副主席王卫东一行到综合保税区督导创城迎测工作。综合保税区党工委书记、管委会主任徐洪吉，区领导刘庆德、蒋明旺陪同调研。

8月22日 潍坊学院党委书记辛丕宏，潍坊学院党委副书记、院长王守伦，党委班子全体成员及“潍坊学院2012年暑期处级干部研讨班”全体学员共80余人到潍坊综合保税区调研。

2012年7月26日，潍坊市政协原主席赵兴涛（左一）、山东省委第六巡视组组长蒋文彩（左二）到综合保税区调研

8月22日 副省长夏耕一行在市委副书记、市长刘曙光，市委常委赵志远，副市长王树华的陪同下到潍坊综合保税区调研。

8月29日 市政府在保税区召开加快综合保税区建设现场办公会议，研究解决保税区发展遇到的实际问题，进一步明确下步发展的思路举措。市委副书记、市长刘曙光讲话。市委常委、常务副市长陈白峰，市委常委，高新区党工委书记、管委会主任赵志远出席会议，副市长王树华主持会议。党工委书记、管委会主任徐洪吉在会上汇报综合保税区有关情况。

2012年8月29日，潍坊市委副书记、市长刘曙光（上图右一）市率市直各部门负责人在潍坊综合保税区召开现场办公会

8月31日 综合保税区召开全区中层以上干部会议，传达贯彻学习市长刘曙光在加快综合保税区建设现场办公会议上的讲话精神，研究制定具体贯彻落实措施，推动全区经济社会又好又快发展。区党工委书记、管委会主任徐洪吉主持会议并讲话。

9月3日 综合保税区在保利大酒店五楼会议室召开全区加快发展大会，传达贯彻市委副书记、市长刘曙光在加快综合保税区建设现场办公会议上的重要讲话精神，总结上半年工作，安排部署下一步工作任务。区党工委管委会领导班子成员以及管委会机关全体人员、汶泉街办机关干部、各村两职干部、驻区各部门全体人员、区内各企业主要负责人，共180余人参加会议。

9月10日 综合保税区召开庆祝教师节表彰大会，表彰在教育战线上默默耕耘、无私奉献的优秀教师、教育工作者。区党工委副书记王得志，汶泉街办党委书记蒋建新，区直各部门负责人，部分企业代表，汶泉街道办事处中层以上领导，各村支部书记、村主任，官路小学、段家小学全体教师参加会议。

2012 年 8 月 22 日，副省长夏耕（右二）到潍坊综合保税区调研

9 月 14 日 潍坊综合保税区、潍坊市城市管理局联合在市人民广场举办中秋葡萄酒文化之夜活动。区党工委书记、管委会主任徐洪吉，潍坊市政府办公室副主任李波，潍坊市外事与侨务办公室主任王浩，区领导王守全、王有强以及有关部门负责人出席本次活动。区内优传酒业、凯瑟王、欧美亚等 20 多家红酒企业参展，有 1000 余名市民观看演出。

9 月 26 日 中国潍坊泰国农产品物流中心揭牌剪彩仪式暨泰国农产品推介对接会在综合保税区举行。泰国农业部副部长纳塔武、泰国农业部农业合作发展局局长兼泰国农业合作社社长颂差、泰国农业部副部长助理阿里、泰国驻中国大使馆公使衔参赞颂蓬，潍坊综合保税区党工委书记、管委会主任徐洪吉，潍坊市商务局局长白卫明、山东中联盛国际物流有限公司副董事长曹金玲、山东中联盛国际物流有限公司总经理段革新，区领导区领导王得志、王有强、蒋明旺，泰国农业部、泰国农业合作社有关人员，以及综合保税区管委会机关、驻区部门工作人员，省市新闻媒体人员共 200 多人出席剪彩仪式。

10 月 11 日 综合保税区召开项目调度会议，区党工委书记、管委会主任徐洪吉带领党工委、管委会全体班子成员、汶泉街办、区直各部门、区内各企业负责人，到区内歌尔科技、佩特来发电机项目、艾普电容式触摸屏项目、国际商品（红酒）交易中心等项目进行现场办公。

10 月 15 日 综合保税区举行为徐永章爱心捐款活动。

11 月 8 日 综合保税区在管委会机关办公楼二楼会议室组织收听收看中国共产党第十八次全国代表大会开幕式，听取胡锦涛作的《坚

2012 年 9 月 26 日，中国潍坊泰国农产品物流中心揭牌剪彩仪式在潍坊综合保税区举行

定不移沿着中国特色社会主义道路前进 为全面建成小康社会而奋斗》的报告。

11 月 12 日 中央编办批复设立潍坊综合保税区管委会，为副厅级机构。

11 月 15 日 原潍坊市委副书记、市长王伯祥带领老干部考察团一行 6 人到保税区指导工作。区党工委书记、管委会主任徐洪吉陪同考察。

11 月 17 日 潍坊综合保税区举办首届（歌尔杯）长跑越野赛，区内歌尔科技、丰国电子、艾普触控科技、佩特来电器、巨能重工、上存能源、国弘能源等企业和管委会机关、汶泉街办共 1000 名职工参加环区长跑越野赛。

11 月 23 日 省政府下发《关于设立潍坊综合保税区管理委员会的通知》，同意设立潍坊综合保税区管理委员会，为省政府派出机构，规格为副厅级，委托潍坊市管理。配备主任 1 名，副主任 3 名；工作机构按照精干的原则在 6 个以内设置，副处级规格。

11 月 23 日 区党工委书记、管委会主任徐洪吉带领全体班子成员、汶泉发展区、区直各部门负责人，到潍坊滨海经济技术开发区参观考察，学习滨海区加快发展的思路举措和干部作风建设情况，并商讨在滨海申报设立综合保税区 B 区有关事宜。

2013 年

1 月 14 日—15 日 综合保税区举行冬季集中培训报告会，邀请国内知名专家授课。党工委、管委会全体班子成员，管委会机关全体人员、汶泉发展区机关干部、各村书记主任、驻区各部门全体工作人员、区内各企业负责人共 200 余人参加培训。

1 月 29 日 区党工委书记、管委会主任徐洪吉召开全区中层以上干部会议，传达学习中央、省、市关于厉行勤俭节约反对铺张浪费的有关精神和市委、市政府关于组织开展重大项目春季集中开工月活动的要求，对当前重点工作进行安排部署。

1 月 30 日 潍坊海关关长张越到潍坊综合保税区调研。区党工委书记、管委会主任徐洪吉，区领导王守全、三有强、刘庆德、鲍德海陪同调研。

1 月 31 日 区党工委书记、管委会主任徐洪吉到郑家集村、董坊村、刘家张营村走访慰问，看望中华人民共和国成立前老党员吴兴胜、困难党员张传喜和困难群众刘效德。

2 月 5 日 歌尔声学股份有限公司高级副总裁、OCEP 事业群总经理宫见棠，歌尔科技、歌尔电子项目负责人周华光、杨洪涛、王勤学、王宁、侯法谭给潍坊综合保税区送来锦旗，感谢综合保税区管委会对歌尔的帮助和支持。

2 月 20 日 综合保税区在保利大酒店五楼会议室召开全区加快发展大会，总结 2012 年工作，表彰先进，安排部署 2013 年任务。副市长、滨海区党工委书记王树华出席会议并讲话。区党工委书记、管委会主任徐洪吉对全年任务进行安排部署。党工委、管委会全体班子成员，管委会机关全体人员，汶泉发展区机关干部，

2013年3月14日，副省长夏耕（右一）在市委书记杜昌文（左二）陪同下到潍坊综合保税区调研

秀凤，市人大常委会委员、教科文卫委员会副主任委员聂振萍，市人大常委会委员、教科文卫委员会副主任委员陈本林，市人大常委会委员、潍坊市技师学院党委书记傅大军，市人大常委会副秘书长王福强，市人大常委会委员、市人民医院党委书记董光等参加。区党工委书记、管委会主任徐洪吉，区领导王守全、蒋明旺、鲍德海，以及有关部门负责人陪同调研。

各村党支部书记、村主任，驻区各单位全体人员，区内各企业主要负责人，共200 余人参加会议。

3月14日 副省长夏耕率省政府研究室、省商务厅、省国土资源厅、山东出入境检验检疫局、济南海关、省国税局、省金融办、山东半岛蓝色经济区建设办公室等有关部门负责人，到潍坊综合保税区调研。市委书记杜昌文，市委常委、高新区党工委书记赵志远，市委秘书长刘德成，区党工委书记、管委会主任徐洪吉及市发改委、市商务局、市金融办、市“三区办”、市国税局、市国土局、潍坊海关、潍坊出入境检验检疫局等部门负责人陪同调研。

3月15日 市政府党组成员、市公安局党委书记、局长于永生，市公安局党委副书记、政委隋汝文，市公安局党委成员、政治部主任毛伯平到综合保税区调研。区党工委书记、管委会主任徐洪吉，区领导郭若慎陪同调研。

3月15日 市人大常委会党组副书记、副主任，教科文卫委员会主任委员刘明珂率考察团到综合保税区调研。市人大常委会副主任毛

3月27日 济南海关副关长胡东升一行5人，在潍坊海关关长张越的陪同下到综合保税区调研。区党工委书记、管委会主任徐洪吉，区领导王守全、王得志陪同调研。

4月8日 市审计局局长宫智、副局长高敬禄一行4人到潍坊综合保税区调研。区党工委书记、管委会主任徐洪吉，区领导王守全陪同调研。

4月8日 市委副书记王献玲到综合保税区调研。市委副秘书长杨晓辉，市委组织部副部长、组织员办公室主任宋立军，市委政法委副书记秦震、市国土局局长刘树亮、市商务局副局长王好田、市海关副关长王华，综合保税区党工委书记、管委会主任徐洪吉陪同调研。

4月15日 潍坊综合保税区召开全区大会，贯彻落实全市招商与转调创会议精神。区党工委书记、管委会主任徐洪吉主持会议并讲话。区党工委、管委会全体班子成员，管委会机关全体人员，汶泉发展区机关干部，驻区各单位负责人参加了会议。

2013年4月19日，潍坊综合保税区召开招商引资与电子商务建设会议

4月17日 市委书记杜昌文到潍坊综合保税区，就贯彻落实全市招商与转调创工作座谈会精神进行调研。区党工委书记、管委会主任徐洪吉，区领导王守全、王得志陪同调研。

4月19日 潍坊综合保税区在保利酒店五楼会议召开招商引资与电子商务会议，贯彻全市招商与转调创工作座谈会精神，邀请专家到区讲座，研究探讨电子商务平台运作模式，并对全区招商引资工作进行安排部署。区党工委书记、管委会主任徐洪吉主持会议并讲话。

5月3日 中国供销集团总经理侯顺利，中国供销集团副总经理、中华棉花集团董事长石金凯一行10人，在潍坊市委常委、副市长孙起生，市政府办公室副主任刘跃东，市供销社党委书记、理事会主任张长坤的陪同下，到潍坊综合保税区调研。区党工委书记、管委会主任徐洪吉，区领导王守全、王得志、蒋明旺陪同调研。

5月14日 市委书记杜昌文率领全市加快大项目建设、推动科学发展观摩点评团到保税区观摩点评。

5月16日 市委理论学习中心组暨全市领导干部理论学习辅导报告会在市工人文化宫中心会堂举行。海关总署加工贸易及保税监管司司长张皖生应邀作了题为《充分发挥综合保税区功能作用，服务带动区域经济发展》的专题辅导报告。市委书记杜昌文会见张皖生一行，市委副书记、市长刘曙光主持报告会。市领导陈泽浦、潘强、辛丕宏、李传恒、吴建民、李士来，以及各县（市、区）、市高新区、滨海区、保税区、峡山区党政主要负责人；市直有关部门、单位主要负责人；市人大、市政协各专门委员会主要负责人，市纪委、市监察局各派驻纪检组书记；有关重点企业负责人；市商务局、潍坊海关、综合保税区有关人员，共500余人参加报告会。

5月17日 济南海关副关长胡东升一行3人，在潍坊海关关长张越的陪同下到潍坊综合保税区对围网建设进行初步验收。区党工委书记、管委会主任徐洪吉，区领导王守全、王得志陪同验收。

5月31日 农业部国际合作司司长王鹰、财政部农业司巡视员卢贵敏、农业部财务司副司长宋昱、农业部国际司综合处处长韦正林、农业部国际司欧洲处处长王锦标一行，在省农业厅副厅长周占升、省财政厅总会计师李海军的陪同下到潍坊综合保税区调研，并考察中俄农副产品出口仓储示范基地项目落户综合保税区事宜。市委书记杜昌文在富华大酒店会见了王鹰一行。市委副书记王献玲，市委秘书长刘德成等参加会见。

市政府党组成员刘建国，市委副秘书长王发庆，市政府办公室副主任刘跃东，区党工委书记、管委会主任徐洪吉，市财政局局长田民利，市农业局局长王汉成陪同调研。

6月6日 市委常委、政法委书记苏立科，市委政法委副书记、市综治办副主任秦景岗，市公安局党委委员、副局长薛林一行9人到潍坊综合保税区调研。

6月6日 潍坊海关关长张越一行到综合保税区调研首期围网预验收情况。

6月7日 潍坊出入境检验检疫局局长张艺兵、副局长付苏友一行3人到潍坊综合保税区调研。

6月14日 省商务厅副厅长陈泽浦到潍坊综合保税区调研。

6月17日 挂职潍坊市政府党组成员的包头市委常委、统战部部长金满仓到潍坊综合保税区调研。

2013年5月16日，海关总署加工贸易及保税监管司司长张皖生（上图右一）在潍坊市委理论学习中心组读书会上就发挥保税区功能作用作辅导报告

6月21日 济南海关副关长胡东升、济南海关加工贸易监管处副处长吴雪一行4人，在潍坊海关关长张越、副关长王华的陪同下到综合保税区，就首期围网预验收筹备工作进行调研。

7月15日 区党工委书记、管委会主任徐洪吉率团赴滨海区汇报对接综合保税区B区申报建设事宜。副市长、滨海经济技术开发区党工委书记王树华听取情况汇报，并到B区选址现实地察看。

7月23日 农业部国际合作司与潍坊市人民政府战略合作协议签署仪式在北京举行。潍坊综合保税区中俄农副产品出口仓储示范基地项目列入战略合作协议内容。农业部副部长牛盾，农业部国际合作司司长王鹰，农业部相关司负责人，山东省副省长赵润田，山东省农业厅厅长王金宝，潍坊市委副书记、市长刘曙光，市委常委、副市长孙起生，市政

2013 年 7 月 23 日，农业部国际合作司与潍坊市政府签署战略合作协议，共同推进潍坊综合保税区中俄冷链物流项目建设

府党组成员刘建国，有关县市区和市直部门负责人，区党工委书记、管委会主任徐洪吉等出席仪式。

7 月 25 日 市政协副主席、文明委副主任王卫东，市文联主席孙淑芳等一行 6 人到潍坊综合保税区检查督导创建全国文明城市迎测工作。

7 月 25 日 区党工委书记、管委会主任徐洪吉率团赴市滨海区汇报对接潍坊综合保税区 B 区选址规划事宜。海关总署特约顾问潘力就 B 区选址、规划、建设、申报等前期调研情况作专题汇报。

7 月 26 日 省编办调研组一行，在市委组织部副部长、市编办主任宋立军等陪同下到潍坊综合保税区调研。

8 月 13 日 潍坊综合保税区在泰国曼谷与泰国农业部经济合作局、泰国农业合作社，以及山东中联盛国际物流有限公司共同举办中国潍坊“泰国农产品保税物流中心”新闻发布会。泰国商业部副部长纳塔瓦、泰国农业部经济合作局局长兼农业合作社社长颂差、泰国农业合作社副社长威奈等出席发布会，泰国 60 多家企业以及 15 家新闻媒体参加发布会。

8 月 27 日 按照全市“突破滨海”战略部署，市委、市政府确定在滨海临港物流园申报建设潍坊综合保税区 B 区，由潍坊综合保税区管委会负责申报工作。

9 月 4 日 财政部关税司副司长梅迎春、财政部关税司处长周正，在市财政局总会计师吴亚卓的陪同下到综合保税区调研。区领导王守全、王有强陪同调研。

9 月 4 日 韩国京畿道贸易会馆合作备忘录签约仪式在潍坊综合保税区举行。韩国京畿国际交流协会常务副会长李龙植、总务副会长朴明焕、中国支会长金男圭、日本支会长任延镐、对外协力部长姜后求，潍坊市政府党组成员刘建国、市商务局局长白卫明，潍坊综合保税区党工委书记、管委会主任徐洪吉，区领导王守全出席签约仪式。

9 月 10 日 省编办市县机构编制处处长王庆军率省开发区管理体制调研组一行 5 人，在市委组织部副部长、市编办主任宋立军，市编办副主任张正志等领导陪同下到潍坊综合保税区调研。

9 月 23 日 市委副书记、市长刘曙光到潍坊综合保税区调研。副市长夏芳晨，市发改委、市规划局、市建设局、市市政局、市重大项目办主要负责人，区党工委书记、管委会主任徐洪吉，区领导王守全、王有强陪同调研。

9月23日 济南海关副关长胡东升、海关监管通关处副处长董孝荣，在潍坊市海关关长张越、副关长王华的陪同下到潍坊综合保税区调研。

9月27日 市委常委、副市长孙起生带队赴济南海关对接综合保税区预验收工作。济南海关关长刘魏巍、副关长胡东升会见孙起生一行。区党工委书记、管委会主任徐洪吉，潍坊海关关长张越，区领导王守全陪同。

9月24日 泰国产品展示销售中心推介会暨中泰企业洽谈会在潍坊综合保税区举行，中泰两国60多家企业代表进行了洽谈、交流，达成了一批合作意向。

10月11日 潍坊综合保税区一期围网顺利通过由济南海关和山东省十个厅局组成的联合验收组的预验收，标志着潍坊综合保税区已基本具备封关运作条件，为顺利通过国务院联合验收组的正式验收奠定了良好基础。市委书记杜昌文出席有关活动，市委副书记、市长刘曙光会见省联合验收组一行，市委副书记王献玲参加有关活动，市委常委、副市长孙起生参加预验收系列活动。区党工委书记、管委会主任徐洪吉，区领导王守全、王得志、王有强、刘庆德等陪同。

10月22日 市委常委、统战部部长张小梅一行到综合保税区调研。区党工委书记、管委会主任徐洪吉，区领导王守全、王有强陪同调研。

10月25日 潍坊综合保税区中俄农副产品示范基地项目协调会在北京召开。农业部国际合作司司长王鹰、财政部农业司巡视员卢贵敏、中国进出口银行公司业务部副总经理梅建平，潍坊市委常委、副市长孙起生，区党工委书记、管委会主任徐洪吉，市农业局局长王汉成，市财政局副调研员杨德强，中国兔业协会会长罗东等参加会议。

11月4日 包头市委常委、统战部部长金满仓率包头市非公有制经济考察团一行12人，在市政府副秘书长高成勇，市统战部副部长、工商联党组书记胡立的陪同下到保税区参观考察。区党工委书记、管委会主任徐洪吉陪同考察。

11月7日 市委书记、市突破滨海总指挥

2013年9月4日，韩国京畿道贸易会馆合作备忘录签约仪式在潍坊综合保税区举行

2013 年 12 月 26 日，潍坊综合保税区通过国务院联合验收组验收

部总指挥杜昌文在滨海区主持召开港口与保税港区规划建设运营管理协调会议。市领导邹庆忠、夏芳晨、王树华出席会议。区党工委书记、管委会主任徐洪吉汇报综合保税区 B 区筹备情况。

11 月 9 日 烟台市政府副市级干部、中国两区协会副秘书长、山东省两区协会副会长、原烟台保税港区党工委书记、管委会主任宋家来，青岛保税港区城市规划委员会常务副主任王建平，青岛保税港区商务局副局长葛建军，应邀到潍坊对综合保税区 B 区选址问题进行考察论证。区党工委书记、管委会主任徐洪吉，市港航局局长刘庆祥，滨海区党工委副书记李树森陪同考察。

11 月 15 日 中国进出口银行青岛分行副行长李明一行 3 人到保税区考察学习，区领导王有强陪同。

11 月 16 日 综合保税区第二届（歌尔杯）长跑越野赛在内卡口中心路隆重举行，来自区内企业 10 个代表队，800 余名运动员参加了比赛。区党工委书记、管委会主任徐洪吉，区领导王守全分别讲话，区领导刘庆德、蒋明旺，歌尔电子产业园相关负责人出席并为获奖运动员颁奖。

11 月 18 日 市领导邹庆忠、夏芳晨、王树华召开港口与保税区建设调度会议，听取有关情况汇报，研究港口与保税区建设任务分工。区党工委书记、管委会主任徐洪吉参加会议，并汇报了保税区 B 区选址情况。

11 月 21 日 中国保税区出口加工区协会会长甄朴、理事王永水，在济南海关副关长胡东升、潍坊海关关长张越的陪同下，到综合保税区调研。区党工委书记、管委会主任徐洪吉，区领导王守全、王有强陪同调研。

11 月 22 日 潍坊综合保税区与中国进出口银行青岛分行举行座谈会，双方就政府与银行全面合作及中俄农副产品出口示范基地—冷链仓储物流项目事宜进行洽谈。中国进出口银行青岛分行行长王伟明、副行长李明；市委书记杜昌文，市委常委、副市长孙起生，综合保税区党工委书记、管委会主任徐洪吉出席座谈会。

11 月 26 日 潍坊综合保税区举行学习贯彻习近平系列重要讲话及中共十八届三中全会精神市报告会，市发改委总经济师、党委委员、经济学博士张广威到区宣讲。区领导刘庆德主持会议，区领导王得志、蒋建新、蒋明旺、刘月军、鲍德海，区管委会全体机关人员、汶泉发展区全体机关人员、各村支部书记村主任 180 余人参加了会议。

12 月 11 日 潍坊综合保税区与潍坊工程职业学院签订建设电子商务中心项目协议书，标志着项目建设正式启动。潍坊工程职业学院党委书记李瑞阳、副院长崔召忠，区党工委书记、管委会主任徐洪吉，区领导王守全、王有强参加签约仪式。

2014 年

1 月 2 日 市地税局党组书记、局长张辉一行 3 人到潍坊综合保税区调研。区党工委书记、管委会主任徐洪吉，区领导王有强陪同调研。

1 月 7 日 区党工委书记、管委会主任徐洪吉，在区管委会副主任、汶泉发展区党委书记蒋建新的陪同下，到董坊村旧村改造搬迁户家中进行走访慰问。

1 月 9 日 潍坊广播影视集团董事长钟耕民、原质量技术监督局局长乔法尧到综合保税区调研。党工委书记、管委会主任徐洪吉，区领导王勇、王有强陪同调研。

1 月 23 日 歌尔声学股份有限公司董事长姜滨到综合保税区考察。综合保税区党工委书记、管委会主任徐洪吉，区领导王守全、王得志陪同。

1 月 29 日 市政府党组成员、市公安局党委书记、局长于永生，在高新区公安分局党委副书记、政委韩晓军的陪同下到潍坊综合保税区走访调研。

1 月 29 日 潍坊市国税局局长黄玉远一行到潍坊综合保税区调研。

2 月 8 日 综合保税区在保利大酒店五楼会议室举行召开加快发展大会，区党工委书记、管委会主任徐洪吉出席会议并讲话。区党工委副书记、管委会常务副主任王勇主持会议，党

2014 年 4 月 8 日，潍坊检验检疫局党组书记、局长张艺兵（右二）到潍坊综合保税区调研进口汽车检验检疫业务

工委副书记王守全宣读《关于表彰2013度全区先进单位和先进个人的决定》。党工委、管委会全体班子成员，管委会机关、驻区各部门、汶泉发展区机关全体，区内重点企业负责人，辖区23个村的村支书和村主任，180余人参加会议。

2月13日 济南高新区管委会副主任张端武带领济南综合保税区管理中心一行8人到保税区参观考察，区党工委书记、管委会主任徐洪吉，区领导王守全陪同考察。

2月19日 济南海关副关长郑伟明一行，在潍坊海关关长张越的陪同下，到潍坊综合保税区北区调研选址、规划和建设情况。区党工委书记、管委会主任徐洪吉，区领导王守全、张宗庆，潍坊滨海经济技术开发区管委会副主任王仲民陪同调研。

2月25日 受济南海关领导委托，济南海关加工贸易监管处领导陈厚良、尹宪鹏一行对潍坊综保区北区规划选址、有效监管等问题进行实地调研。

2月28日 国家税务总局副司长谷剑锋，到潍坊综合保税区调研基层国税经费保障工作。

3月7日 农业部对外经济合作中心主任杨易到潍坊综合保税区调研中俄冷链物流项目筹备和建设情况。

3月7日 综合保税区党的群众路线教育实践活动动员大会，在保利大酒店五楼会议室召开。区党工委书记、管委会主任徐洪吉作动员讲话，市委第二十三督导组组长、寒亭经济发展区党组书记石铭奎出席会议并讲话，区党工委副书记、管委会常务副主任王勇主持会议。市委第二十三督导组全体成员，党工委、管委会领导班子全体成员，区直各部门主要负责人，汶泉发展区领导班子全体成员，管委会机关全体党员，村党组织书记，区内重点企业党员负责人，共120余人参加会议。

3月11日 省发改委副巡视员许竹升一行，在市发改委副主任王明松等陪同下，到潍坊综合保税区调研。

3月12日—14日 区党工委书记、管委会主任徐洪吉带队赴杭州、宁波、上海考察现代物流和电子商务工作。

3月20日—21日 中国科学院院士曹春晓带领中俄冷链物流项目专家论证组，到潍坊综合保税区进行现场调研和项目论证。

4月4日 潍坊综合保税区在保利大酒店五楼会议室举行党风廉政建设报告会，邀请潍坊市纪委宣教室主任王怀瑞作专题报告，区党工委书记、管委会主任徐洪吉主持会议并讲话，

2014年5月19日，潍坊市委副书记、市长刘曙光（右二）带领全市主导产业培育观摩交流会议与会人员，到潍坊综合保税区观摩点评

会上有关人员签订党风廉政建设责任书。

4月4日 潍坊进口机动车登检业务正式迁入潍坊综合保税区，将为全市机动车进口企业和广大消费者提供便捷高效检验服务。

4月8日 潍坊检验检疫局党组书记、局长张艺兵一行，就潍坊综合保税区进口车辆检验检疫业务运行情况进行调研。

4月8日 潍坊海关关长张越，副关长田忠承、郭京鹏一行到潍坊综合保税区调研。

4月9日 市国土资源局局长刘树亮一行到潍坊综合保税区调研。

4月10日 芜湖出口加工区管理局副局长刁建青一行6人到潍坊综合保税区考察，区领导蒋明旺及物流发展局有关人员参加陪同考察。

4月12日 淮安经济技术开发区副主任刘晓录一行8人到潍坊综合保税区考察，区领导蒋明旺陪同考察。

4月16日 淄博高新区工作委员会工委委员、淄博保税物流园区委员会党委书记郭成一行5人到综合潍坊保税区考察。

4月18日 综合保税区在保利大酒店五楼会议室举行党的群众路线教育实践活动主题演讲比赛。

4月19日 由潍坊马拉松协会主办，潍坊综合保税区、潍坊学院、潍坊市体育运动学校协办的潍坊市第二届半程马拉松（保税区）开赛。近1000名马拉松跑步爱好者参加。

4月23日 区党工委书记、管委会主任徐洪吉到汶泉发展区走访调研，与汶泉发展区领导班子座谈交流，面对面听取意见建议。区领导刘庆德、蒋建新参加调研。

4月24日 农业部国际合作司副司长唐盛尧、国际合作司欧洲处副处长李凯航，在山东省农业厅副厅长周占升，中国进出口银行山东省分行副行长李明，潍坊市农业局局长王汉成的陪同下到综合保税区调研。

5月13日 市招商局局长张建伟到潍坊综合保税区调研全国工商联直属商会及知名民营企业相关情况。

5月19日 市委副书记、市长刘曙光带领全市主导产业培育观摩交流会议与会人员，到潍坊综合保税区观摩交流。

5月24日 潍坊综合保税区在潍坊佩特来电器有限公司体育馆，举行首届“佩特来杯”机关羽毛球比赛。区党工委书记、管委会主任徐洪吉出席开幕式并致辞，全区13支部门代表队参加比赛。

5月27日 区党工委副书记王守全带队赴

2014年6月15日，市委书记杜昌文（中）到潍坊综合保税区调研

北京参加第三届中国（北京）国际服务贸易交易会。

6月6日 电子商务产学研联盟一行11人，在市政协副主席、市经信委主任李传恒，市教育局副局长张法成，市商务局副调研员罗晓青的陪同下到潍坊综合保税区调研。

6月24日 台湾声宝集团总裁陈盛沺到综合保税区考察，参观在潍坊市投资的中联盛国际物流项目。市委副书记、市长刘曙光在金茂大酒店会见台湾声宝集团总裁陈盛沺一行，并介绍全市有关情况。市委常委、副市长孙起生，市政府党组成员、秘书长张洪全，潍城区委书记王兆辉，综合保税区党工委书记、管委会主任徐洪吉，市政府副秘书长李玉祥，市委台办主任刘金凤，市商务局局长白卫明参加会见。

6月24日 济南市政府办公厅副秘书长耿建新到潍坊综合保税区就北区规划建设、申报等进行考察。

8月4日 市委常委、副市长孙起生召开综合保税区北区建设推进会议，现场调度北区申报建设工作。副市长、滨海区党工委书记王树华，综合保税区党工委书记、管委会主任徐洪吉，市财政局副局长姜钦亮、市规划局副局长王华龙、市国土局副局长韩俊清、市国资公司董事长马永军，以及潍坊综合保税区有关负责参加会议。

8月12日 市委常委、副市长孙起生在潍坊综合保税区召开电子商务工作推进会议。市领导李传恒出席会议。市商务局局长白卫明，区党工委书记、管委会主任徐洪吉，清华大学信息技术研究中心副主任、教授赵黎参加会议。

8月12日 根据第二批党的群众路线教育实践活动统一部署，经市委批准，区党工领导班子利用白天和晚上的时间，召开专题民主生活会，按照“照镜子、正衣冠、洗洗澡、治治病”的总要求，以整风精神开展批评和自我批评，认真解决“四风”方面的问题，努力提高践行群众路线、推动科学发展的能力。

8月14日 天津力神电池股份有限公司总裁秦兴才一行，到潍坊综合保税区就新能源产业发展及双方合作事宜进行考察洽谈。市委书记杜昌文会见秦兴才一行。市委常委、副市长孙起生，区党工委书记、管委会主任徐洪吉，区领导鲍德海陪同有关活动。

8月15日 济南高新区财政局局长陈西武带

2014年8月4日，市委常委、副市长孙起生（中）现场调度潍坊综合保税区北区申报建设工作

2014 年 9 月 4 日，潍坊海关在综合保税区召开自贸区海关监管创新制度复制推广工作会议

领济南高新区考察团一行 10 人到潍坊保税区考察学习。

8 月 26 日 区党工委书记、管委会主任徐洪吉带队对区内重点建设项目进行现场调度。

9 月 18 日 济南海关加贸处处长姚漪娟，在潍坊海关关长张越的陪同下到保税区调研。区党工委副书记王守全陪同调研。

9 月 24 日 潍坊出入境检验检疫局局长张艺兵、副局长王克刚到潍坊综合保税区调研。

9 月 29 日 潍坊市检察机关预防职务犯罪巡回宣讲报告会在保税区保利大酒店五楼会议室举行。宣讲团副团长潍坊市检察院职务犯罪预防处处长孙洪毅，高新区检察院党组成员、政治处主任时杰出席。区党工委委员、纪工委书记刘庆德主持会议。

9 月 29 日 市委常委、副市长孙起生带队，到海关总署汇报跨境电子商务工作，并与京东集团洽谈合作事宜。海关总署科技司司长陈振冲、加贸司司长张皖生分别会见孙起生一行。济南海关副关长胡东升，区党工委书记、管委会主任徐洪吉，济南海关加贸处处长姚漪娟，潍坊海关副关长田忠承等陪同。

9 月 30 日 潍坊海关、潍坊出入境检验检疫局全面合作启动仪式在潍坊综合保税区举行。启动仪式上，双方签订《潍坊海关 潍坊出入境检验检疫局关检全面合作框架协议》，潍坊海关关长张越、潍坊出入境检验检疫局局长张艺兵代表双方在合作框架协议上签字。潍坊市政府副市长潘强，口岸联检执法部门，有关县市区、综合保税区、滨海区负责人及部分企业代表出席仪式。

2014 年 9 月 29 日，潍坊市委常委、副市长孙起生（右二）带队到海关总署汇报电子商务工作

10 月 8 日 中国进出口银行山东省分行副行长牟毅一行 3 人到保税区调研。区党工委书记、管委会主任徐洪吉，区领导王有强、郭若慎陪同。

10 月 14 日 中国外运长航

集团总裁助理、航运事业部总经理李甄，中国外运长航集团办公室主任徐建东，中国外运股份有限公司副总裁吴学明，中国外运长航集团航运事业部副总经理徐挺惠等一行 7 人，辽宁省交通厅运输管理局副局长于文龙、山东省交通运输厅道路运输局局长胡斌等领导，到潍坊考察鲁辽陆海货滚甩挂运输大通道航线运营事宜。副市长夏芳晨，市政府副秘书长于为凯、综合保税区党工委副书记王守全等陪同调研。

10 月 17 日 山东中肽生物科技有限公司与美国 TITM 公司“年销售额 100 亿元小分子肽合作项目”签约仪式，在东方大酒店举行。市委书记杜昌文会见北京太爱肽集团董事长、著名小分子肽科学家吴庆林一行。市委常委、副市长孙起生，区党工委书记、管委会主任徐洪吉，区领导王勇、郭若慎、鲍德海出席签约仪式。

10 月 22 日 济南海关副关长胡东升、副关长郑伟明一行 50 人，在潍坊海关关长张越的陪同下到潍坊综合保税区对海关 14 条创新制度、卡口、查验场站及园区建设等情况进行考察指导。区党工委书记、管委会主任徐洪吉，党工委副书记王守全陪同考察。

10 月 24 日 区党工委书记、管委会主任徐洪吉召开会议，现场调度全区重点项目。党工委、管委会领导班子全体成员，区直各部门、驻区各单位主要负责人，以及区提升办全体成员参加。

10 月 28 日 潘强副市长带队赴山东出入境检验检疫局，汇报潍坊综合保税区有关工作。山东出入境检验检疫局局长周建安、副局长王洪兵，会见潘强一行。区党工委书记、管委会主任徐洪吉，潍坊出入境检验检疫局局长张艺兵，区领导王守全陪同。

10 月 31 日 潍坊出入境检验检疫局在潍坊综合保税区组织召开全市 2014 年进口棉花检验检疫监管工作会议，全市 33 家重点进口棉花企业参加会议。

10 月 20 日 潍坊综合保税区实验学校正式建成启用，来自段家小学和官路小学的 450 多名学生和 40 多名教师喜搬新校。

11 月 4 日 市水利局局长、党组书记赵刚毅，市南水北调局局长周寿宗，市水利局副局长赵夕刚一行 6 人到综合保税区调研。

2014 年 10 月 24 日，综合保税区党工委书记、管委会主任徐洪吉（右二）现场调度全区重点项目

11 月 8 日 天津力神电池股份有限公司总裁秦兴才一行，到潍坊综合保税区考察。市委书记杜昌文会见秦兴才一行。区党工委书记、管委会主任徐洪吉，区领导鲍德海陪同。

11 月 11 日 省委赴潍坊市督导组第一副组长、省政府办公厅巡视员张述存，省远程教育中心副处长刘绵

2014 年 11 月 25 日，中国保税区出口加工区协会副秘书长蒲少伟（右二）、宋家来（右三）到潍坊综合保税区调研

付，在市委组织部副调研员、社会组织党工委副书记刘太福，市委第 23 督导组组长石铭奎等，陪同下到潍坊综合保税区调研。

11 月 18 日 市文化局局长、党组书记孙俐君，市文化局副局长孙建秋一行 3 人到综合保税区调研。区党工委书记、管委会主任徐洪吉，区领导王得志、王有强陪同。

11 月 25 日—26 日 海关总署两区协会副秘书长蒲少伟，海关总署两区协会副秘书长、原烟台保税港区党工委书记、管委会主任宋家来，海关总署两区协会副秘书长、北京天竺综合保税区管委会政策法规处处长任国峰，海关总署两区协会顾问潘力一行 4 人，就综合保税区北区规划建设事宜到区调研。区党工委书记、管委会主任徐洪吉，区领导王守全、王得志、刘月军、张宗庆陪同调研。

11 月 27 日 潍坊综合保税区保税货物流转管理系统顺利通过专家组测试验收，标志着区间结转业务正式落户潍坊综合保税区。

11 月 29 日 潍坊综合保税区第三届（歌尔杯）长跑越野赛在区内隆重举行，来自区内企业 8 个代表队、1000 余名运动员参加比赛。

12 月 1 日 市国税局局长党组书记、局长孙庆华，市国税局局长党组成员、副局长赵洪华一行到潍坊综合保税区调研。区党工委书记、管委会主任徐洪吉，区领导王勇、王有强陪同调研。

12 月 16 日 市委副书记、市长刘曙光率团到潍坊综合保税区调研观摩电子商务发展情况。市委常委、副市长孙起生，市政协副主席李传恒，市政府党组成员、秘书长张洪全，市农业局、市商务局、市文广新局主要负责人，奎文、潍城、寒亭、坊子、高新、滨海区政府主要负责人参加调研。综合保税区党工委书记、管委会主任徐洪吉，区领导王勇、王守全、王得志、王有强陪同调研。

12 月 29 日 山东省精神文明建设委员会印发《关于命名表彰 2014 年度省级文明村镇、文明单位、文明社区的决定》，授予潍坊综合保税区管委会机关 2014 年度省级文明单位称号。

2015 年

1 月 2 日 商务部市场运行和消费促进司副司长李朝胜到潍坊综合保税区调研。区党工委书记、管委会主任徐洪吉，市商务局副局长姜亦灿，区领导王守全、郭若慎陪同调研。

1 月 6 日 市村“两委”换届第四巡回督导组一行，在市委第 14 督导组组长石铭奎的陪同下到潍坊综合保税区督导村“两委”换届工作。区党工委副书记、管委会常务副主任王勇，区领导蒋建新陪同调研。

1 月 8 日 潍坊综合保税区在保利大酒店五楼会议室组织区内 20 家规模以上及外来投资企业的法人或法人代表，按照潍坊市 2014 年度企业评议部门（单位）、评议工作人员活动的活动要求，对全市 87 个部门（单位）及其工作人员转变工作作风、优化发展环境的情况进行民主评议。

2015 年 2 月 9 日，潍坊综合保税区与山东电建一公司项目合作座谈会举行

1 月 16 日 市委研究决定孙起生兼任潍坊综合保税区党工委书记。徐洪吉任潍坊综合保税区党工委副书记，免去潍坊综合保税区（出口加工区）党工委书记职务。

1 月 16 日 保税区在保利五楼会议室举行培训报告会，邀请山东行政学院教授张蕾，对公务员压力管理进行专题讲座。

1 月 16 日 市商务局副局长、市提升办第八考核组组长刘振德带领考核组一行，到综合保税区考核 2014 年度提升市区工作完成情况。

1 月 19 日 潍坊出入境检验检疫局局长张艺兵、副局长章红兵一行，到潍坊综合保税区现场调研，对接国际商品进口口岸有关事宜。

1 月 20 日 上海市委党校、上海奉贤区委党校和上海奉贤区经济委员会等部门组成的“上海闵行出口加工区转型发展课题组”一行 11 人，在市委党校校委委员、副教育长颜三汉的陪同下，到潍坊综合保税区考察学习。

2 月 3 日 潍坊综合保税区与山东电建项目合作座谈会在综合保税区举行。市委常委、副市长、综合保税区党工委书记孙起生出席并讲话。山东电建一公司总经理、党委副书记王守民，农业部对外经济合作中心处长王先忠，潍坊综合保税区党工委副书记、管委会主任徐洪吉，潍坊市政府办公室副主任刘跃东，中沃优达物流有限公司董事长罗东，综合保税区领导班子成员、各部门负责人参加座谈会。

2月13日 区党工委副书记、管委会主任徐洪吉到官路村走访慰问老党员和困难群众，为他们送去慰问金和慰问品，并致以新春祝福。随后，徐洪吉在汶泉发展区召开工作座谈会。

2月15日 潍坊综合保税区在保利大酒店五楼会议室召开又好又快发展大会，市委常委、副市长、综合保税区党工委书记孙起生，区党工委副书记、管委会主任徐洪吉出席并分别讲话，市政府副秘书长刘兰孝出席。党工委、管委会全体班子成员，管委会机关、驻区部门单位、汶泉发展区机关全体，区内重点企业负责人，区内23个村的支部书记、村主任，共180余人参加会议。

3月10日 潍坊市城市管理行政执法支队综合保税区执法大队正式组建成立。市城市管理行政执法局局长张志勇、市城市管理行政执法局调研员周星明，区党工委副书记、管委会主任徐洪吉，区领导蒋建新出席会议。

3月11日—13日 潍坊综合保税区物流发展局组织人员参加市商务局组织的外贸政策宣讲团，赴安丘、寒亭、青州等市（区），向全市500多家外贸企业宣讲综合保税区的功能和优惠政策。

3月24日 综合保税区召开服务企业国际合作座谈会，与高密市委、市政府就孚日集团项目合作等有关问题进行深入探讨和交流。市委常委、副市长、综合保税区党工委书记孙起生出席座谈会。高密市委书记、市人大常委会主任范福生，高密市委常委、办公室主任徐振刚，高密市政府副市长韩文宏，孚日控股集团董事长孙日贵等到区考察。市商务局局长白卫明，潍坊海关关长张越出席会议。区党工委副书记、管委会主任徐洪吉，区领导王勇、王守全陪同。

3月25日 综合保税区规划分局正式组建成立。市规划局副局长刘军强，市规划局副书记、副局长齐世堂，区党工委副书记、管委会主任徐洪吉，区领导王得志出席会议。

3月27日 潍坊综合保税区邀请中国浦东干部学院专家，在保利大酒店五楼会议室举行专题辅导报告会。

2015年4月2日，潍坊综合保税区举办物流知识专题报告会

4月2日 综合保税区邀请北京交通大学经管学院物流系教授、博士生导师、工程硕士中心主任傅少川，举行物流知识专题报告会。

4月8日 市委常委、副市长、综合保税区党工委书记孙起生到潍坊综合保税区调研国际商品展示交易中心。市政府副秘书长刘兰孝，区领导王勇、王守全、蒋建新陪同。

4月9日 上海市原市委常委、

2015 年 4 月 8 日，市委常委、副市长、综合保税区党工委书记孙起生（右一）调研国际商品展示潍坊交易中心工作

副市长、上海现代服务业联合会会长周禹鹏到潍坊综合保税区考察学习。

4 月 19 日 2015 潍坊市超级马拉松联赛—潍坊综合保税区半程马拉松赛开赛，比赛由潍坊市体育局、潍坊市体育总会、潍坊综合保税区主办，潍坊市马拉松运动协会、潍坊晚报社、潍坊市青少年宫承办，近 1000 名马拉松跑步爱好者参加。

4 月 16 日 潍坊综合保税区召开跨境电子商务通关服务平台技术对接会议，来自省内的 8 家电商企业、5 家支付企业、6 家物流企业以及其他 3 家相关企业，60 余人参加会议。

4 月 29 日 东营市委常委、政法委书记、东营港开发区党工委书记张庆华率党政考察团到潍坊综合保税区考察。区党工委副书记、管委会主任徐洪吉，区领导王有强、鲍德海陪同。

5 月 10 日 市委常委、副市长、综合保税区党工委书记孙起生到综合保税区调研，与高密市委书记范福生带领的考察团，就综合保税区发挥功能作用与高密市联动发展、服务企业国际化战略进行对接。

5 月 11 日 山东中沃优达物流有限公司与中国电建公司就中俄冷链物流和小分子肽项目建设事宜签署合作协议。

5 月 12 日 市委副书记王献玲带领市直有关部门负责人到潍坊综合保税区调研国际化发展情况。

2015 年 5 月 10 日，市委常委、副市长、综合保税区党工委书记孙起生（中）到综合保税区调研与高密市联动发展服务企业国际化情况

5 月 13 日 副市长，市公安局局长、党委书记、督察长于永生到潍坊综合保税区调研。区党工委副书记、管委会主任徐洪吉，区领导刘月军陪同调研。

5 月 19 日 综合保税区举办“三严三实”专题教育党课，正式启动“三严三实”专题教育。市委常委、副市长、综合保税区党工委书记孙起生为全区领导干部讲专题教育党课。

5 月 22 日 潍坊百货集团股份

2015 年 6 月 14 日，市委书记、市人大常委会主任杜昌文（中）到潍坊综合保税区调研跨境电子商务工作

有限公司董事长李月淑一行 6 人到综合保税区参观考察。

5 月 28 日 市委常委、市纪委书记李在武，市纪委常委、秘书长贺建，市纪委研究室副主任刘冰到潍坊综合保税区调研党风廉政建设工作情况。

5 月 30 日 潍坊综合保税区在潍坊佩特来电器有限公司体育馆，举行第二届“佩特来杯”机关羽毛球比赛。汶泉发展区、区直部门、驻区单位共 13 支代表队 60 余人参加比赛。

6 月 2 日 潍坊综合保税区举办“三严三实”专题教育党课，区党工委副书记、管委会主任徐洪吉为全区党员干部讲专题党课。

6 月 4 日 省政协常委、经济委员会主任、省政协原秘书长毕泗生，省政协常委、中国移动山东有限公司总经理李秀川一行到潍坊综合保税区调研。

6 月 11 日 莱芜市委政策研究室副主任、市委改革办副主任王孝华一行 10 人到潍坊综合保税区考察。

6 月 14 日 市委书记杜昌文带队到潍坊综合保税区调研。市委常委、副市长、综合保税区党工委书记孙起生，区党工委副书记、管委会主任徐洪吉，市商务局局长白卫明，市委副秘书长张祖钊陪同调研。

6 月 18 日 国家税务总局货物和劳务税司巡视员王振华、副司长师学铁一行到潍坊综合保税区调研。

6 月 24 日 牡丹江市委常委、绥芬河市委书记李大义一行 8 人到潍坊综合保税区考察，区领导王勇、刘庆德陪同。

6 月 26 日 市“做主人，争先锋，我与城

2015 年 6 月 18 日，国家税务总局货物和劳务税司巡视员王振华（左一）、到潍坊综合保税区调研

2015 年 8 月 18 日，副省长夏耕（左二）在市委书记杜昌文（左三）、副市长孙起生（右二）陪同下到潍坊综合保税区调研

市共提升”主题活动指导办公室组织市内各区（开发区）到综合保税区，现场观摩保税区主题活动开展情况。

7 月 2 日 市委常委、副市长、综合保税区党工委书记孙起生主持召开会议，专题研究加强基层服务型党组织建设工作。党工委、管委会全体班子成员参加会议。

7 月 10 日 潍坊综合保税区党工委开展“三严三实”专题教育第一专题学习研讨，围绕严以修身，加强党性修养，坚定理想信念，把牢思想和行动“总开关”进行学习研讨。

7 月 23 日 国家质检总局下发《关于同意在山东建设进口肉类、冰鲜水产品指定口岸事宜的复函》，同意在潍坊综合保税区筹建进口肉类和冰鲜水产品指定口岸。

8 月 3 日 省商务厅副厅长阎兆万率省政府研究室、省口岸办、海关、检验检疫等部门组成的联合调研组到潍坊保税区调研。

8 月 3 日—4 日 国务院发展研究中心原副主任、全国政协委员侯云春带领调研组一行 8 人，在省政府研究室巡视员聂炳华陪同下，以“一带一路”农产品自贸园区建设为主题到潍坊专题调研。

8 月 11 日 淄博市副市长李树民一行 29 人到潍坊综合保税区参观考察。市委常委、副市长、综合保税区党工委书记孙起生，市政府副秘书长刘兰孝陪同。

8 月 10 日 潍坊综合保税区党工委副书记、管委会主任徐洪吉带队赴上海自贸试验区，考察学习复制推广自贸区先进贸易模式等有关事宜。区领导王守全、王有强陪同。

8 月 4 日 在潍坊综合保税区、市出入境检验检疫局的共同努力下，国家质检总局下发《关于进口澳大利亚肉牛相关事宜的复函》，同意在潍坊港周边建设进口澳大利亚肉牛口岸。潍坊成为国内首批具备资质的试点城市。

8月12日 青海省保税物流园区管理业务培训班一行31人到保税区考察，区领导郭若慎陪同。

8月18日 副省长夏耕带领省政府办公厅、省贸促会、人民银行济南分行、省商务厅、省政府研究室、省金融办、山东证监局、省口岸办等省直有关部门负责人，到潍坊综合保税区调研。潍坊市委书记杜昌文，市委常委、副市长、潍坊综合保税区党工委书记孙起生，区领导徐洪吉、王勇、王守全陪同调研。

8月20日 区党工委副书记、管委会主任徐洪吉到汶泉发展区现场调研学校和道路建设。区领导蒋建新，以及区建设局、区财政局等部门负责人陪同。

9月30日 潍坊综合保税区进口商品直营中心韩国馆隆重开业。潍坊市委常委、副市长、综合保税区党工委书记孙起生现场宣布韩国馆开业，潍坊综合保税区党工委副书记、管委会主任徐洪吉致辞。KOTRA韩国贸易馆馆长朴容珉，韩国坡州市工商会会长张东文，威海九日进出口有限公司总经理林旭光，潍坊九利正韩国商品工厂店总经理张庆分别致辞。潍坊海关关长张越，山东交管局党组成员、山东高速交警总队常务副总队长王村天，市商务局调研员赵坚，市检验检疫局副调研员张桂兰出席。各大新闻媒体记者，党工委、管委会领导班子成员，管委会机关人员，汶泉发展区机关人员、村两委成员，区内主要企业负责人，市内有关外贸、电商公司负责人，参加开业仪式。

10月3日 市委副书记、市长刘曙光到潍坊综合保税区进口商品直营中心调研。

10月6日 副市长、公安局局长于永生到潍坊综合保税区进口商品直营中心调研，区党工委副书记、管委会主任徐洪吉陪同。

10月10日 中国进出口银行行长助理、山东分行行长李健一行3人到潍坊综合保税区考察。市委副书记、市长刘曙光在富华大酒店会见李健一行。区党工委副书记、

2015年9月30日，潍坊综合保税区进口商品直营中心隆重开业

管委会主任徐洪吉，区领导王有强陪同考察。

10月19日 潍坊市委书记杜昌文带领全市转型发展观摩交流团，到综合保税区观摩点评。

10月28日 全省海关特殊监管区域外贸工作调度督导会在潍坊综合保税区召开。省商务厅副厅长闫兆万主持会议并讲话。区党工委副书记、管委会主任徐洪吉参加座谈。

11月1日 潍坊综合保税区进口商品直营中心爱购天下国际馆开业。潍坊市政协主席崔建平，综合保税区党工委副书记、管委会主任徐洪吉，潍坊市政协秘书长许华，潍坊综合保税区党工委副书记王勇，潍坊市商务局副局长李书林，潍坊检验检疫局驻区办主任韩振涛出席。各大新闻媒体记者，党工委、管委会领导班子成员，管委会机关人员，汶泉发展区机关人员、村两委成员，区内主要企业负责人，爱购天下外贸商、经销商，参加开业仪式。

10月29日 市委常委、副市长、综合保税区党工委书记孙起生到综合保税区检查调度重点项目推进情况。

11月4日 全省开发区现场会议观摩团一行200余人，在潍坊市商务局副局长李书林陪同下，到潍坊综合保税区参观考察全区复制推广上海自贸区改革创新成果及经济发展情况，区党工委副书记、管委会主任徐洪吉陪同。

11月16日 财政部关税司特别关税处处长张江平一行3人到综合保税区调研。区党工委副书记、管委会主任徐洪吉，市财政局局长田民利，市财政局副局长王金祥，区领导王守全陪同调研。

11月17日 全省外贸工作联合督导组到潍坊综合保税区调研督导，省商务厅开发区处处长蔡玉祥，省口岸办副调研员刘耀鲁，山东检验检疫局青岛保税区办事处副处长陈乃平等督导组成员，在区内举行外贸工作座谈会。潍坊海关副关长田忠承，市商务局副局长赵坚，市商务局副局长李书林到区参会。区党工委副书记、管委会主任徐洪吉参加。

12月8日 综合保税区邀请中共中央党校研究生院原党委书记、博士生导师段若鹏，到区举办中华传统文化专题报告会。

12月16日 山东省教育厅巡视员徐曙光带领省政府第七督查组一行6人到综合保税区，就安全生产大检查、“打非治违”和专项整治等工作进行督查。

12月24日 潍坊综合保税区爱购天下·泰华店在潍坊世纪泰华百货5楼开业。潍坊市政协主席崔建平，白俄罗斯大使馆商务参赞巴佳诺夫斯基，综合保税区党工委副书记、管委会主任徐洪吉，奎文区委书记李辉，奎文区副区长任祥，泰华集团总裁王亮行、爱购天下董事长王成利及50多家国际供应商代表、省市新闻媒体记者参加开业典礼。

12月24日 综合保税区举行2015年度述廉述责会议。区直各部门单位主要负责依次述廉述责。区党工委副书记、管委会主任徐洪吉出席并讲话，区纪工委书记刘庆德主持会议，党工委、管委会领导班子成员，区直部门单位负责人参加。

12月31日 潍坊综合保税区进口商品直营中心二楼诺思特国际馆开业。潍坊综合保税区党工委副书记、管委会主任徐洪吉出席。各大新闻媒体记者、有关企业负责人参加开业仪式。

2016 年

1 月 21 日 市委副书记王献玲带队到潍坊综合保税区检查 2015 年度落实党风廉政建设责任制情况。市委常委、副市长、综合保税区党工委书记孙起生，综合保税区党工委副书记、管委会主任徐洪吉，以及其他班子成员陪同。

2 月 3 日 区党工委副书记、管委会主任徐洪吉到东单村和南赵村，走访慰问老党员和困难群众，为他们送去慰问金和慰问品，并致以新春祝福。

2 月 4 日 市委常委、副市长、综合保税区党工委书记孙起生主持召开党政联席会议，专题研究市场化融资、保税北区建设和产业链发展招商工作。潍坊港集团董事长嵇建勇、市金融控股集团董事长于新华、食品谷发展有限公司董事长周冲受邀参加会议。

2 月 24 日 省商务厅副厅长石光亮一行 4 人，在市商务局调研员赵坚的陪同下到潍坊综合保税区调研。区党工委副书记、管委会主任徐洪吉，区领导王守全陪同调研。

3 月 1 日 综合保税区基层党建工作会议在保利大酒店五楼会议室召开，传达贯彻中央和省市委关于全面从严治党要求，分析当前形势，强化措施落实，努力提升全区基层党建工作水平。

3 月 25 日 北汽福田集团常务副总经理巩月琼，北汽福田集团党委副书记赵景光，北汽福田集团总监、山东多功能厂党委书记李洪俊一行到综合保税区考察。区党工委副书记、管委会主任徐洪吉，以及有关区领导陪同。

3 月 31 日 综合保税区学习《中国共产党廉洁自律准则》和《中国共产党纪律处分条例》两项法规知识竞赛在保利大酒店五楼会议室举行。

4 月 7 日 市委副书记、市长刘曙光到综合保税区调研。党工委副书记、管委会主任徐洪吉，以及部分区领导陪同。

4 月 11 日 市国税局局长王衍明一行到综合保税区调研。区党工委副书记、管委会主任徐洪吉，区领导王有强陪同。

4 月 14 日 市纪委副书记、市监察局局长

2016 年 2 月 24 日，潍坊综合保税区召开加快发展暨党风廉政建设工作会议

王玉一行 3 人到潍坊保税区调研，并召开查处群众身边不正之风和腐败问题工作座谈会。

4 月 17 日 2016 潍坊市超级马拉松联赛—潍坊综合保税区半程马拉松赛在开赛，比赛由潍坊综合保税区、潍坊市体育局、潍坊市体育总会主办，潍坊市马拉松运动协会、潍坊晚报、潍坊市青少年宫承办，近 1500 名马拉松跑步爱好者参加。

2016 年 4 月 11 日，市国税局局长王衍明（左二）一行到潍坊综合保税区调研

4 月 20 日—21 日 中国进出口银行山东省分行行长李忠元一行到，寿光市、潍坊综合保税区、潍柴、歌尔声学等地企业考察调研，市委副书记、市长刘曙光会见。

4 月 21 日 综合保税区举办基层党员干部培训班，邀请奎文区北苑街道金都社区党委书记、居委会主任王致娟到区授课。汶泉发展区机关全体人员，各村（社区）“两委”干部参加培训。

5 月 18 日 韩国国会立法政策研究会副会长禹泰周，韩国京畿道议员朴兴德、郭美淑，以及韩国企业代表团一行 16 人到潍坊综合保税区考察。

5 月 25 日 市委常委、副市长、综合保税区党工委书记孙起生到综合保税区调度重点工作推进情况。

5 月 31 日 副省长夏耕带队到潍坊督查外贸外资工作，其间到潍坊综合保税区北区现场调研。市委副书记、市长刘曙光，市委常委、副市长孙起生，副市长、滨海区党工委书记王树华，区党工委副书记、管委会主任徐洪吉陪同。

6 月 1 日 辽宁东港市委常委、副市长、宣传部长孙文博一行 10 人到潍坊综合保税区参观。区领导王有强陪同。

6 月 16 日 “开放的山东” 大型采访团到潍坊综合保税区采访报道。综合保税区领导王守全在活动启动仪式上致辞，区领导刘庆德陪同采访活动。

6 月 27 日 日韩主流媒体“聚焦魅力潍坊”集中采访团记者走进潍坊综合保税区进行现场采访报道。区纪工委书记刘庆德陪同相关活动。“日韩主流媒体聚焦魅力潍坊”集中采访活动，由市委宣传部、中日韩产业博览会办公室与中国日报社合作举办，旨在加强周边外宣工作力度，提升潍坊市在日、韩等重点国家和地区的知名度和影响力，推动经济文化交流与合作。

6 月 28 日 市中级人民法院党组书记、院

2016 年 5 月 19 日，中韩（潍坊）合作项目在潍坊综合保税区签约

长姜树政一行 3 人到潍坊综合保税区调研。区党工委副书记、管委会主任徐洪吉，区领导石铭奎、蒋建新、刘月军陪同调研。

6 月 30 日 市委常委、副市长、综合保税区党工委书记孙起生到区走访慰问中华人民共和国成立前老党员、困难群众，并调研基层党建工作。区领导石铭奎、蒋建新陪同。

7 月 2 日 山东省委常委、常务副省长孙伟一行到潍坊综合保税区，调研歌尔虚拟现实智能头盔和无人机项目。市委常委、常务副市长邹庆忠，区党工委副书记、管委会主任徐洪吉，歌尔集团相关负责人等陪同。

7 月 6 日 副市长王桂英到潍坊综合保税区召开国家卫生城市迎审工作调度会议。市政府副秘书长闫宗子，市卫计委主任杨锡广、市卫计委副主任王鸿勇，区党工委副书记、管委会主任徐洪吉，区领导石铭奎、蒋建新、鲍德海参加。

7 月 11 日 潍坊综合保税区党建工作会议在保利大酒店五楼会议室召开，学习贯彻习近平总书记在庆祝中国共产党成立 95 周年大会上的重要讲话精神，总结近年来全区党建工作，表彰先进，研究部署今后一个时期的党建任务，推动党建工作整体突破、进位提升。市委常委、副市长、综合保税区党工委书记孙起生出席并讲话，区党工委副书记、管委会主任徐洪吉主持。党工委、管委会领导班子成员；机关党委、汶泉发展区党委各支部（总支）负责人，各企业党支部负责人，区直各部门、汶泉发展区机关全体党员，共 150 余人参加会议。

8 月 25 日 济南海关党组书记、关长沈晓红，党组成员、政治部主任沈善庚，办公室主任姜建一行到潍坊综合保税区考察调研。市委常委、副市长、综合保税区党工委书记孙起生，党工委副书记、管委会主任徐洪吉，潍坊海关关长张越，潍坊海关副关长田忠承等陪同，有关区领导和部门负责人参加。

9 月 6 日 市委常委、统战部部长张小梅，民革市委主委、潍坊医学院图书馆副馆长李向云，市人大常委会副主任、民盟市委主委毛秀凤，民建市委主委、市市政管理局调研员刘秀平，农工党市委主委、市人大常委会副秘书长刘棣俭，市政协副主席、九三学社市委主委李士来，市政协副主席、市工商联主席李传恒等一行 39 人到综合保税区考察调研创新发展情况。

2016 年 5 月 31 日，副省长夏耕（中）到潍坊综合保税区北区现场调研

9 月 23 日 济南海关副关长李海帆，技术处副处长陈洪，加贸处副调研员尹宪鹏一行到潍坊综合保税区考察调研。潍坊综合保税区党工委副书记、管委会主任徐洪吉，潍坊海关关长张越，潍坊海关副关长田忠承，潍坊海关副调研员朱耀武，区领导王守全、鲍德海等陪同。

9 月 28 日 潍坊市委党校领导干部进修五班学员一行 30 余人到潍坊综合保税区开展现场教学，区领导刘庆德、鲍德海陪同。

10 月 13 日 市关工委主任赵兴涛、常务副主任刘德成、副主任刘维国、李静波一行 4 人到潍坊综合保税区考察调研。综合保税区党工委副书记、管委会主任徐洪吉，党工委副书记石铭奎陪同。

10 月 20 日 东营港经济开发区党工委副书记、东营综合保税区管委会主任荆向辉一行 10 人到潍坊综合保税区考察学习。区党工委副书记、管委会主任徐洪吉，区领导王守全陪同。

10 月 22 日 聊城经济技术开发区党工委书记、管委会主任杨广平一行到潍坊综合保税区考察。区党工委副书记、管委会主任徐洪吉，区领导王守全、鲍德海陪同。

2016 年 5 月 25 日，市委常委、副市长、潍坊综合保税区党工委书记孙起生（左三）调研工作推进情况

10 月 31 日 市委常委、副市长、综合保税区党工委书记孙起生主持召开党政联席会议，集体学习中共十八届六中全会精神，研究综合保税区落实省委巡视组巡视“回头看”反馈意见整改方案，传达全市前三季度经济形势分析会议精神。党工委、管

2016年11月1日，省科技厅副厅长李储林（左二）一行到潍坊综合保税区调研

委会班子成员参加。

11月1日 省科技厅副厅长李储林一行6人，在市政府副秘书长闫宗子、市科技局局长张宝胜的陪同下到综合保税区调研。

11月3日 广西壮族自治区钦州市政协常务副主席黄定嵩一行13人，在市政协副主席李传恒的陪同下到潍坊综合保税区考察。

11月3日 满洲里市委常委、政府常务副市长刘桂清一行到潍坊综合保税区考察学习，区党工委副书记、管委会主任徐洪吉，区领导王守全陪同。

2017年

1月24日 区党工委副书记、管委会主任徐洪吉到官路村走访慰问困难群众，并到宝通、福田社区现场调研。

2月7日 综合保税区加快转型发展大会在保利大酒店五楼会议室召开，传达贯彻中央和省市经济工作会议精神，总结2016年工作，安排部署2017年任务。市委常委、副市长、综合保税区党工委书记孙起生出席，区党工委副书记、管委会主任徐洪吉主持并讲话。党工委、管委会班子成员，汶泉发展区、驻区部门中层以上干部，区直部门单位全体人员，各村党支部书记，区内重点企业主要负责人，共170余人参加会议。

3月8日 市委副书记、市长李宽端一行到综合保税区调研。他强调，要认真贯彻市第十二次党代会精神，深入落实《政府工作报告》安排部署，加快建设高端产业聚集区、对外开放服务区、改革创新试验区，打造全市开放发展的重要引擎和新增长极。

3月16日 省地矿局党委书记、局长赵志远，在省第四地质矿产勘查院院长万中杰陪同下，到潍坊综合保税区就解决农村用水难问题进行现场调研。区党工委副书记石铭奎，党工委委员、管委会副主任、汶泉发展区第一书记钟光文陪同。

3月22日 综合保税区召开公安工作会

2017年3月8日，市委副书记、市长李宽端（右二）到综合保税区调研

议。贯彻落实全市公安工作会议精神，总结工作、表彰先进，分析形势、查找问题，安排部署2017年全区公安工作任务。

3月23日 市委常委、宣传部部长、高新区党工委书记初宝杰一行到潍坊综合保税区，调研经济社会发展和重点项目建设情况。市委宣传部副部长刘玉祥、张仁科，高新区党工委副书记陈甲才，高新区党工委委员、纪工委书记赵文君参加。区党工委副书记、管委会主任徐洪吉，区领导石铭奎、王守全、王得志、王有强、刘庆德分别陪同。

3月30日 综合保税区召开领导干部会议，宣布市委关于综合保税区党工委主要负责、班子有关负责职务任免的决定。潍坊市副市长王树华讲话，市委组织部调研员黄永健宣布市委决定，徐洪吉主持会议并讲话，市纪委常务副书记朱朝辉出席。党工委、管委会全体班子成员，汶泉发展区、区直各部门正科级以上干部参加会议。

4月5日 副市长、市公安局党委书记、局长吴磊到潍坊综合保税区调研。区党工委书记、管委会主任徐洪吉，区领导石铭奎、刘月军陪同。

4月7日 市委第四巡察组对潍坊综合保税区党工委开展巡察工作动员会召开。动员会上，市委第四巡察组组长刘琳就即将开展的巡察作了动员讲话，朱朝辉就配合做好巡察工作提出要求。综合保税区党工委书记、管委会主任徐洪吉主持会议并作表态发言。

4月8日 农业部国际合作司司长隋鹏飞一行，在山东省农业厅副厅长林国华，潍坊市委副书记张小梅，市农业局党委书记、局长王汉成的陪同下，到潍坊综合保税区调研。区党工委书记、管委会主任徐洪吉，区领导王守全，中国畜产品流通协会兔业委员会会长、山东中沃优达物流有限公司董事长罗东陪同调研。

4月12日 副市长王树华一行到综合保税区宝通街施工现场调研。区党工委书记、管委会主任徐洪吉，区领导石铭奎、钟光文陪同。

4月12日 区党工委书记、管委会主任徐洪吉到西单村现场调研，了解农村当前用水现状，安排部署改善农村用水条件，研究解决部分村用水困难问题。区领导石铭奎参加调研。

4月19日 区党工委副书记、管委会主任徐洪吉主持召开全面深化改革工作会议，传达学习近平在中央全面深化改革领导小组第三十三次会议上的重要讲话精神，安排部署当前重点工作。区党工委、管委会领导班子成员，区直部门主要负责人参加。

4月22日 潍坊综合保税区半程马拉松赛在保税区开赛，比赛由潍坊综合保税区、潍坊市体育局、潍坊市体育总会主办，潍坊市马拉松运动协会具体承办。来自全国各地的2000多名马拉松跑步爱好者参加，其中潍坊综合保税区500余名干部职工参加比赛。

4月26日 潍坊华奇农产品有限公司从澳大利亚进口的1000吨籽棉在潍坊综合保税区进口棉花直通场站全部检验检疫完毕。这是中国第一单籽棉进口。

5月4日 综合保税区纪念五四运动暨团工委成立大会、“五四”精神宣讲会在保利酒店五楼会议室召开。区党工委副书记石铭奎出席会议并讲话，区领导蒋明旺，汶泉发展区、区直各部门、驻区各单位及部分企业35岁以下青年职工代表，共计90余人参加会议。

5月11日 深圳市盐田港保税区服务中心主任杨永生一行13人到潍坊综合保税区参观学习。区领导王守全陪同。

5月22日 青岛市政府办公厅口岸办副主任杨茂文一行11人，在市政府口岸办主任王富的陪同下，到潍坊综合保税区考察。

5月26日 中国海关总署两区协会副秘书长蒲少伟、宋家来一行到潍坊综合保税区调研。

6月7日 综合保税区召开“两学一做”暨“作风建设年”工作会议，调度总结前期有关工作进展，安排部署下步任务措施，推动“两学一做”常态化制度化和“作风建设年”活动在全区扎实推进。党工委书记、管委会主任徐洪吉出席并讲话，党工委副书记石铭奎主持。党工委、管委会班子成员，管委会机关全体人员，汶泉发展区机关全体人员，驻区单位副科级以上干部、实验学校主要负责人，各村党支部书记，共170余人参加会议。

6月13日 青岛前湾保税港区管委会副主任王奇到潍坊综合保税区，就“一带一路自贸驿站”进行座谈并签署战略合作框架协议。

2017年3月23日，市委常委、宣传部部长、高新区党工委书记初宝杰(中)到潍坊综合保税区调研经济社会发展情况

6月23日 区党工委副书记石铭奎带队，赴青岛保税港区开展寻标对标学习交流。区领导李涛、王有强、张华、鲍德海参加活动。

6月30日 区党工委副书记石铭奎带队，赴广饶县大王镇等党性教育基地参观学习。区领导关凤云、张华、郭若慎、蒋明旺、鲍德海、张宗庆，以及区直各部门负责人、联络员，共计30余人参加。

7月4日 市委第四巡察

2017 年 4 月 19 日，潍坊综合保税区召开"作风建设年"活动学习讨论暨贯彻落实会

组向潍坊综合保税区党工委反馈巡察情况。市委巡察工作领导小组成员朱朝辉代表市委巡察工作领导小组，向综合保税区党工委书记徐洪吉传达了市委书记刘曙光关于巡察工作的重要讲话精神，市委第四巡察组组长刘琳、副组长王同章、毛玉东反馈巡察情况。随后，刘琳代表市委巡察组向综合保税区党工委领导班子进行反馈，朱朝辉对巡察整改工作提出要求。徐洪吉主持会议并作表态发言。

7 月 17 日—22 日 区党工委副书记石铭奎带队赴郑州综合保税区、东莞松山湖高新区开展寻标对标学习。

7 月 20 日 区党工委书记、管委会主任徐洪吉带队赴青岛保税港区进行对标学访。

7 月 27 日 国务院批复设立潍坊综合保税区北区新闻发布会在潍坊金茂国际大酒店举行。区党工委书记、管委会主任徐洪吉介绍潍坊综合保税区申报历程和今后工作思路，潍坊海关关长张越通报《国务院办公厅关于同意潍坊综合保税区规划调整的复函》，市委宣传部副部长刘玉祥主持发布会，中央、省、市 30 余家新闻媒体参加发布会。

8 月 3 日 省商务厅副巡视员张型成带领"万企大走访"调研组到潍坊综合保税区走访调研相关企业，详细了解企业诉求，帮助企业解决实际问题。

8 月 11 日 潍坊海关关长张越、副关长王浩一行到潍坊综合保税区考察调研。党工委书记、管委会主任徐洪吉，区领导张华陪同。

9 月 2 日 歌尔股份有限公司副总裁孙红斌、歌尔园区规划与管理中心总经理郎晓谦、歌尔园区规划与管理中心规划前期部部长张传良一行到潍坊综合保税区参观考察全域生态提升工程。党工委书记、管委会主任徐洪吉，区领导李涛、王有强陪同。

9 月 28 日 在国庆节、中秋节双节来临之际，党工委书记、管委会主任徐洪吉到吴家大路村、新庄村走访慰问老党员和困难户，汶泉发展区有关人员陪同。

9 月 28 日 济南海关党组书记、关长沈晓红，济南海关党组成员、副关长李海帆一行到潍坊综合保税区北区调研。潍坊市副市长王树华，潍坊综合保税区党工委书记、管委会主任徐洪吉，潍坊海关关长张越陪同。

11 月 6 日—7 日 综合保税区党工委副书记石铭奎带队赴峡山区、高新区、滨海区考察学习在项目建设、创新创业、产业发展等方面的先进经验做法。区党工委、管委会班子成员、区直各部门负责，共计 30 余人参加。

11 月 9 日 潍坊市政协主席苏立科，潍坊市政协秘书长许华一行到综合保税区调研。区党工委书记、管委会主任徐洪吉，党工委副书记石铭奎陪同。

11 月 25 日 区党工委书记、管委会主任徐洪吉在管委会三楼会议室组织召开全域提升工作调度会议，听取全域提升推进工作情况，研究下一步具体推进措施。

12 月 5 日 市委宣讲团成员、市财政局局长王金祥到综合保税区开展集中宣讲。区党工委书记、管委会主任徐洪吉出席报告会，区党工委副书记石铭奎主持。党工委、管委会全体班子成员，区直部门单位全体人员，汶泉发展区、公安分局中层以上干部，驻区各部门主要负责，各村支部书记约 170 人参加。

12 月 29 日 区党工委书记、管委会主任徐洪吉在管委会三楼会议室主持召开党工委会议，调度村“两委”换届工作进展情况，安排部署全面抓好 2018 年农村工作。

2017 年 4 月 26 日，国内首批进口澳大利亚籽棉入境潍坊综合保税区

2018 年

1 月 3 日 潍坊综合保税区在保利大酒店五楼会议室召开社会治安综合治理暨中共十九大安保维稳工作表彰大会。

1 月 25 日 潍坊综合保税区进口肉类指定口岸通过国家质检总局专家组验收，成为山东省首家内陆进口肉类指定口岸。

1 月 25 日 区党工委书记、管委会主任徐洪吉在管委会三楼会议室主持召开全面从严治党和抓基层党建工作述职评议会议。党工委班子成员，汶泉发展区、区直各部门负责人，区实验学校党支部、非公有制企业党支部负责人参加会议。

1 月 30 日 副市长马清民到潍坊综合保税区调研河长制、村“两委”换届和全区建设发展等工作。区党工委书记、管委会主任徐洪吉，区领导石铭奎、张华陪同。

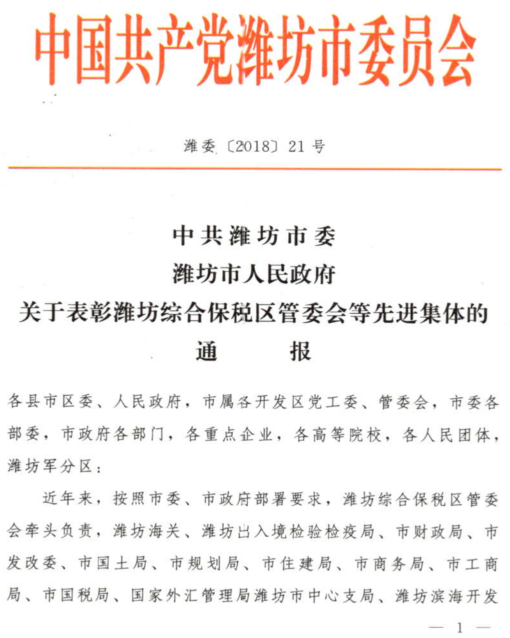

中国共产党潍坊市委员会

潍委〔2018〕21 号

中共潍坊市委
潍坊市人民政府
关于表彰潍坊综合保税区管委会等先进集体的
通　　报

各县市区委、人民政府，市属各开发区党工委、管委会，市委各部委，市政府各部门，各重点企业，各高等院校，各人民团体，潍坊军分区：

近年来，按照市委、市政府部署要求，潍坊综合保税区管委会牵头负责，潍坊海关、潍坊出入境检验检疫局、市财政局、市发改委、市国土局、市规划局、市住建局、市商务局、市工商局、市国税局、国家外汇管理局潍坊市中心支局、潍坊滨海开发

— 1 —

2018 年 2 月 23 日，市委、市政府决定，给予潍坊综合保税区管委会记集体二等功奖励

1 月 30 日 副市长吴磊带领市检查组到综合保税区检查 2017 年度全面从严治党、党风廉政建设、意识形态工作主体责任落实情况。

2 月 8 日 在新春佳节来临之际，区党工委书记、管委会主任徐洪吉到宝通社区、段家社区、张营社区走访调研，走访慰问老党员。

2 月 8 日 区党工委书记、管委会主任徐洪吉到公安分局走访调研，慰问公安分局和派出所一线干警，听取公安分局工作情况汇报和重点工作谋划，安排部署抓好“扫黑除恶”专项斗争。

2 月 11 日 综合保税区召开 2017 年度党工委领导班子民主生活会，紧扣“认真学习领会习近平新时代中国特色社会主义思想，坚定维护以习近平同志为核心的党中央权威和集中统一领导，全面贯彻落实中共十九大各项决策部署”主题，深入查摆问题，深刻剖析根源，明确整改措施，推动中共十九大各项决策部署落地生根。市委第四督导组组长、市委组织部调研员黄永健到会指导。

2 月 27 日 潍坊综合保税区加快发展大会在保利大酒店五楼会议室召开，贯彻落实中共十九大精神、中央和省市经济工作会议精神、全省新旧动能转换重大工程动员大会精神，全面总结 2017 年工作，安排部署 2018 年任务，

2018 年 6 月 12 日，省政府副秘书长魏华祥（右一）带队对潍坊综合保税区北区预验收

动员全区上下坚定信心，抢抓机遇，担当作为，以只争朝夕、奋发有为的工作状态，全力推动全区加快发展。

2 月 23 日 市委、市政府决定，给予潍坊综合保税区管委会记集体二等功奖励，给予潍坊海关、潍坊出入境检验检疫局、市财政局记集体三等功奖励，给予潍坊滨海开发区管委会、市发改委、市国土局、市规划局、市住建局、市商务局、市工商局、市国税局、国家外汇管理局潍坊市中心支局通报表扬。

3 月 2 日 综合保税区召开党政联席会议，传达学习中共十九届三中全会精神，研究制定学习宣传方案，安排部署重点工作。党工委书记、管委会主任徐洪吉主持会议。党工委、管委会班子成员，汶泉发展区、区直各部门主要负责人参加会议。

3 月 7 日 东营市政协副主席刘志坚一行 9 人，在市政协副主席刘树亮陪同下到区进行考察交流。区党工委书记、管委会主任徐洪吉，区领导张华陪同。

3 月 7 日 潍坊综合保税区在保利大酒店五楼会议室召开“巾帼心向党、建功新时代”庆“三八”表彰大会。区领导石铭奎、李涛、关凤云、蒋明旺出席会议，管委会区直部门、驻区单位、汶泉发展区机关全体女干部职工，各村及教育界、企业界妇女代表共计 123 人参加会议。

3 月 9 日 党工委书记、管委会主任徐洪吉在管委会三楼会议室组织召开全域提升工作调度会议，听取全域提升工作推进情况，调度北区建设验收事宜，研究下一步具体措施。

3 月 10 号 综合保税区组织开展“推动绿色发展，建设美丽保税”义务植树活动。区领导石铭奎、王有强、蒋明旺，汶泉发展区、区直各部门干部职工及社会各界人士 200 余人参加活动。

3 月 16 日 区党工委书记、管委会主任徐洪吉主持召开党工委会议，传达学宪法修正案和习近平总书记参加山东代表团审议时的重要讲话精神。区党工委、管委会领导班子成员，区直部门主要负责人参加。

3 月 16 日 综合保税区在管委会三楼会议室召开全区安全生产暨金融风险防控工作会议。党工委书记、管委会主任徐洪吉出席会议并讲话，党工委委员、管委会副主任李涛主持会议，汶泉发展区、区直各部门主要负责人参加。

3 月 16 日 区党工委书记、管委会主任徐洪吉在管委会三楼会议室组织召开“大学习、大调研、大改进”工作会议，对全区开展“大学习、大调研、大改进”工作进行安排部署。

3 月 27 日　区党工委书记、管委会主任徐洪吉在管委会三楼会议室主持召开党工委会议，研究党风廉政建设和纪律作风建设、四个方面重点工作领导推进体系、“扫黑除恶”专项斗争、公务用车等工作。

3 月 28 日　潍坊综合保税区棚户区改造西南段片区项目举行开工奠基仪式。党工委副书记石铭奎，党工委委员、管委会副主任王有强出席仪式。

3 月 29 日　综合保税区在保利大酒店五楼会议室召开扫黑除恶专项斗争动员大会。党工委书记、管委会主任徐洪吉出席会议并讲话，党工委副书记石铭奎主持会议。

4 月 1 日　由潍坊综合保税区、潍坊市体育局、潍坊市体育总会主办，潍坊市马拉松运动协会、潍坊市华光马拉松运动俱乐部、潍坊跑吧体育文化传媒有限公司、潍坊市青少年宫承办的 2018 第五届（潍坊综合保税区）半程马拉松联赛在潍坊综合保税区开赛。来自全国各地的近 2000 名马拉松跑步爱好者参加，其中潍坊综合保税区 600 余名干部职工参加比赛。

4 月 2 日　中科院院士、清华大学教授王小云一行 3 人，在潍坊市金控集团董事长于新华陪同下到区进行考察交流。区党工委书记、管委会主任徐洪吉，区领导李涛陪同。

4 月 9 日　综合保税区在潍坊市委党校举办新任村“两委”干部培训班。党工委书记、管委会主任徐洪吉在开班仪式上为全体参训人员作题为《扎根基层担当作为努力开创综合保税区乡村振兴发展新局面》的党课辅导报告。党工委副书记石铭奎主持。汶泉发展区全体机关干部、新任村“两委”班子成员、村务监督委员会主任、村会计，各社区、村党建指导员参加本次培训。

4 月 9 日　党工委书记、管委会主任徐洪吉在管委会三楼会议室主持召开党工委会议，研究棚户区改造政策、北区建设验收等有关工作。党工委、管委会班子成员，区直各部门主要负责人参加。

4 月 13 日　综合保税区在管委会三楼会议室开展“大学习、大调研、大改进”专题学习研讨，党工委书记、管委会主任徐洪吉主持，党工委、管委会全体领导班子成员参加，汶泉发展区、区直各

2018 年 8 月 13 日，潍坊市委副书记、代市长田庆盈（中）到潍坊综合保税区调研

2018 年 7 月 20 日，国家税务总局潍坊综合保税区税务局正式挂牌

持会议。党工委、管委会领导班子成员，管委会机关全体人员，汶泉发展区、区直各部门、公安分局中层以上干部，驻区部门、实验学校负责人；佩特来、圣和、中外运 3 家企业党组织负责人，各村支部书记，共 170 余人参加会议。

5 月 4 日 潍坊综合保税区在保利酒店五楼会议室召开“不忘初心树理想，青年建功新保税”暨纪念“五四”青年节团工委表彰大会，动员全区广大青年爱岗敬业、创优争先，以更加昂扬的斗志、更加饱满的激情、更加有为的姿态投入到全区经济社会各项事业中。区党工委委员、管委会副主任李涛出席并讲话，管委会副调研员蒋明旺主持会议。区直各部门、驻区各单位、汶泉发展区机关青年职工，各村、企业青年代表，共计 130 人参加了会议。

5 月 11 日 综合保税区在保利大酒店五楼举办党工委理论中心组暨党建工作专题培训讲座，邀请市委组织部“两新”组织工委专职副书记田学刚进行专题辅导，区政治工作部主任逄峰主持。党工委、管委会班子成员，管委会机关全体党员，汶泉发展区中层以上干部、党建办成员，各社区党建工作人员、各村支部书记、党建指导员，驻区单位、实验学校负责人，佩特来、圣和塑胶、中外运 3 家企业党组织负责人，共计 170 人参加培训。

5 月 29 日 市经信委党委副书记、市机电

部门负责人列席。

4 月 15 日—20 日 区党工委书记、管委会主任徐洪吉带队，赴南京、杭州等地寻标对标，学习两地在发展理念、产业转型、招商引资、改革创新、政策服务等方面的先进经验做法，努力推动全区实现更高层次新发展。区领导李涛、张华，及有关部门负责人参加考察。

4 月 17 日 潍坊综合保税区在管委会二楼会议室组织收看全市深化“作风建设年”活动大会。党工委、管委会班子成员，汶泉发展区、区直各部门、驻区各单位负责人收看本次会议。

4 月 24 日 综合保税区在管委会三楼会议室召开“大学习、大调研、大改进”重点工作务虚会。

4 月 28 日 综合保税区在保利酒店五楼召开全区党建工作暨深化“作风建设年”活动大会，总结 2017 年党建和作风建设工作，安排部署 2018 年任务，扎实推进全区党建工作和深化“作风建设年”活动。党工委书记、管委会主任徐洪吉出席并讲话，党工委副书记石铭奎主

行办党委书记、主任王春国带领市委督查调研组到区，就市委市政府重点工作任务落实情况进行督查调研。

6月12日 潍坊综合保税区北区顺利通过省联合预验收小组预验收，标志着潍坊综合保税区北区已基本具备封关运作条件，为迎接国家正式验收奠定良好基础。省政府副秘书长魏华祥、济南海关副关长李海帆、省商务厅二级巡视员张型成，省发改委、省财政厅、省国土厅、省住建厅、省工商局、省国税局、省外汇局有关部门负责人参加预验收活动。潍坊市政府副市长王树华出席预验收系列活动。

7月18日 潍坊综合保税区国税地税征管体制改革座谈会召开。会议深入学习贯彻习近平总书记关于深化党和国家机构改革的重要思想和重要讲话精神，落实全国、全省、全市国税地税征管体制改革座谈会精神，对全区相关改革工作进行动员部署。

7月20日 新组建的国家税务总局潍坊综合保税区税务局正式挂牌。国家税务总局潍坊市税务局副调研员朱英姿出席挂牌仪式，潍坊综合保税区党工委委员、管委会副主任王有强出席挂牌仪式并致辞。

8月13日 市委副书记、代市长田庆盈到保税区调研重点企业、重点项目发展建设情况。他强调，重点企业、重点项目是经济社会发展的重要载体，也是“四个城市”建设的重要支撑，要按照中央和省、市委决策部署，深入贯彻新发展理念，紧紧抓住重点企业、重点项目不放松，深入实施新旧动能转换重大工程，更好地推动潍坊高质量发展。

8月17日 区党工委书记、管委会主任徐洪吉在管委会三楼会议室主持召开党工委会议，研究“一次办好”及政务大厅改造提升、乡村振兴、市级科学发展考核等工作。党工委、管委会领导班子成员，汶泉发展区、区直各部门主要负责人参加。

8月27日 综合保税区在管委会一楼大厅举行“抗洪赈灾”捐款仪式。区党工委书记、管委会领导班子成员，汶泉发展区、区直各部门、驻区各单位，区实验学校，佩特来、陆地方舟、中外运等企业踊跃捐款、慷慨解囊，以实际行动向灾区群众伸出援手、奉献爱心。此次募捐活动，共募集资金81250元。

9月14日 原海关总署加工贸易及保税监管司司长、中国保税区出口加工区协会会长张皖生一行到潍坊综合保税区考察。

9月21日 潍坊综合保税区北区顺利通过由海关总署等国家八部委组成的联合验收组验收。国家联合验收组组长、海关总署自贸区和特殊区域发展司副司长何晓睿、副处长赵妍，国家发展和改革委员会、财政部、自然资源部、商务部、国家税务局、国家市场监督管理总局和国家外汇管理局等有关部门负责人参加验收。省政府办公厅副主任夏宗元，济南海关党组成员、副关长师国旺，省商务厅二级巡视员张型成，省口岸办副主任窦玉硕出席验收活动。潍坊市委副书记、市长田庆盈会见验收组一行。潍坊市委常委、政法委书记、滨海经济技术开发区党工委书记孙起生，副市长王树华，区管委会主任徐洪吉，以及区领导石铭奎、王有强、张华、郭若慎、蒋明旺、刘月军、郭光才等参加活动。

第一编

建　区

第一章　审批与设立

2003 年 12 月，国务院批准设立潍坊出口加工区，为潍坊打开外向型经济的新窗口。2011 年 1 月，国务院批准潍坊出口加工区转型升级为潍坊综合保税区，成为全国第 14 个、山东首个综合保税区。2017 年 7 月，国务院批复在潍坊北部沿海港口地区设立潍坊综合保税区北区。潍坊综合保税区成为全国首个转型升级之后获批“一区两片”的综合保税区，潍坊有了两个国家级综合保税区。

第一节　出口加工区

审批

2003 年，经过改革开放二十多年的发展，潍坊市迈入新的发展阶段。一大批外向型企业顺应发展，乘势而上，呈现出“百舸争流千帆竞”的喜人景象，潍坊外向型经济势头良好，“潍坊制造”在国际市场有名气。

2003 年 3 月 8 日，为让“潍坊产品”更多地走出国门，让“洋产品”放量进入国内，推进扩大开放，市政府向省政府上报《关于设立潍坊农产品出口加工区的请示》，正式启动申报潍坊出口加工区。

为加快申报步伐，按照市委、市政府的统一部署，根据潍坊市委副书记、市长张新起和主管这项工作的市委副书记、常务副市长张江汀的要求，市政府成立专门申报班子，派市政府副秘书长徐洪吉牵头负责申报。在深入调查研究的基础上，3 月 30 日市政府向省政府上报《关于申请转报国务院在潍坊市设立农副产品出口加工区及加工区所享受优惠政策的请示》，向国务院申请包括出口加工区、保税区、涉农产业、区外原料生产加工基地等 4 个方面共 28 项优惠政策。7 月 11 日，潍坊申报文件上报国务院。然而，7 月 18 日，国务院办公厅下发《关

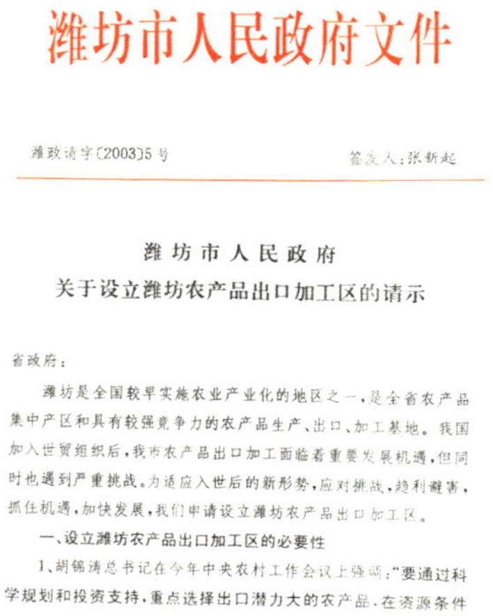

潍坊市人民政府文件

潍政请字〔2003〕5 号　　签发人：张新起

潍 坊 市 人 民 政 府
关于设立潍坊农产品出口加工区的请示

省政府：

潍坊是全国较早实施农业产业化的地区之一，是全省农产品集中产区和具有较强竞争力的农产品生产、出口、加工基地。我国加入世贸组织后，我市农产品出口加工面临着重要发展机遇，但同时也遇到严重挑战。为适应入世后的新形势，应对挑战，趋利避害，抓住机遇，加快发展，我们申请设立潍坊农产品出口加工区。

一、设立潍坊农产品出口加工区的必要性

1、胡锦涛总书记在今年中央农村工作会议上强调：“要通过科学规划和投资支持，重点选择出口潜力大的农产品，在资源条件

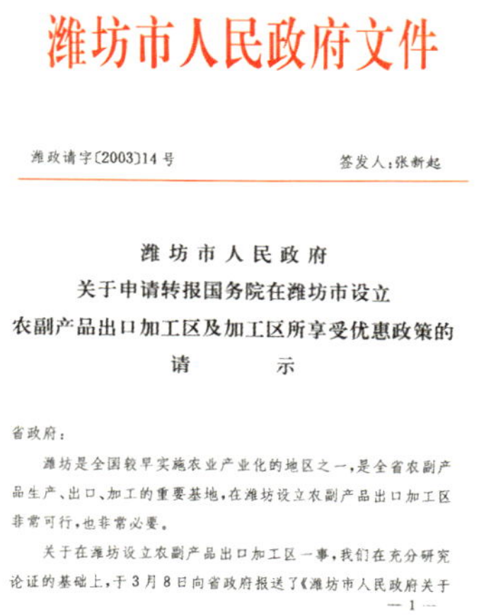

潍坊市人民政府文件

潍政请字〔2003〕14 号　　签发人：张新起

潍 坊 市 人 民 政 府
关于申请转报国务院在潍坊市设立
农副产品出口加工区及加工区所享受优惠政策的
请　　示

省政府：

潍坊是全国较早实施农业产业化的地区之一，是全省农副产品生产、出口、加工的重要基地，在潍坊设立农副产品出口加工区非常可行，也非常必要。

关于在潍坊设立农副产品出口加工区一事，我们在充分研究论证的基础上，于 3 月 8 日向省政府报送了《潍坊市人民政府关于

— 1 —

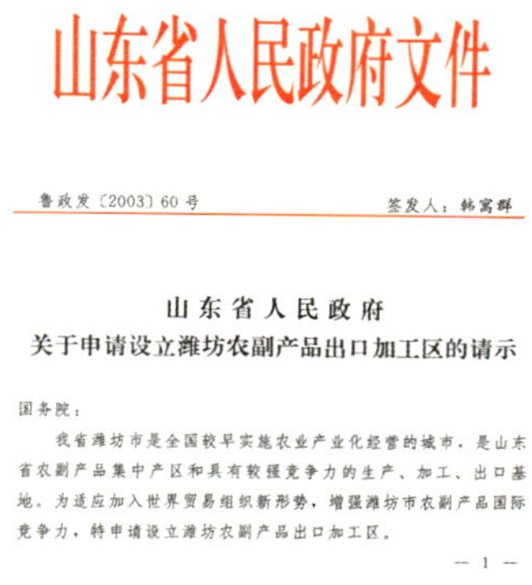

山东省人民政府文件

鲁政发〔2003〕60 号　　签发人：韩寓群

山 东 省 人 民 政 府
关于申请设立潍坊农副产品出口加工区的请示

国务院：

我省潍坊市是全国较早实施农业产业化经营的城市，是山东省农副产品集中产区和具有较强竞争力的生产、加工、出口基地。为适应加入世界贸易组织新形势，增强潍坊市农副产品国际竞争力，特申请设立潍坊农副产品出口加工区。

— 1 —

2003 年，潍坊出口加工区申报文件

于暂停审批各类开发区的紧急通知》，要求各省、自治区、直辖市人民政府和国务院有关部门，一律暂停审批新设立和扩建各类开发区。国家级开发区确需扩建的，须报国务院审批。

面对困难，许多地方都放弃申报，但是潍坊没有气馁。市委副书记、市长张新起率市政府有关人员专题向中央农村工作领导小组汇报工作。市委副书记、常务副市长张江汀带队到国务院办公厅、海关总署、财政部等有关部委逐一汇报。市政府专门向国务院副总理吴仪写信汇报，申请批复设立农副产品出口加工区。徐洪吉和他的申报团队成员张玉和、吕传昌、杨德强、许景伟等人，迎难而上，在北京一住就是一年。为节省费用，他们租住简易房，既做办公室又当宿舍；为提高效率，他们一二个月回家一次，几乎天天泡在有关部委；为尽快变成政策业务内行，方便与上级汇报交流，他们边申报、边请教、边学习，边帮助工作，多方面获取专业知识和工作技巧，全力加快审批进度。市政府副秘书长、北京办事处主任徐天增给予大力支持。国务院办公厅徐绍史、李炳军、潘良、吴湘仁、赵龙飞、李耿陆、张江波、储昊等领导都分别给予了厚爱和关照。海关总署及加贸司的牟新生、龚正、李鹏南、李莎等领导，以及财政部、国税总局的张宝竹、王振华等领导，都给予了大力帮助支持。

在潍坊的努力工作下，2003 年 8 月 11 日，国务院办公厅秘书二局召集国家发改委、财政部、国土部、农业部、商务部、海关总署、税务总局和外汇局的负责同志，研究设立潍坊农副产品出口加工区及配套农副产品生产基地问题。8 月 19 日—21 日，海关总署加贸司司长李鹏南、财政部税政司司长张宝竹等国家有关部委专门到潍坊调研农副产品出口加工区问题，

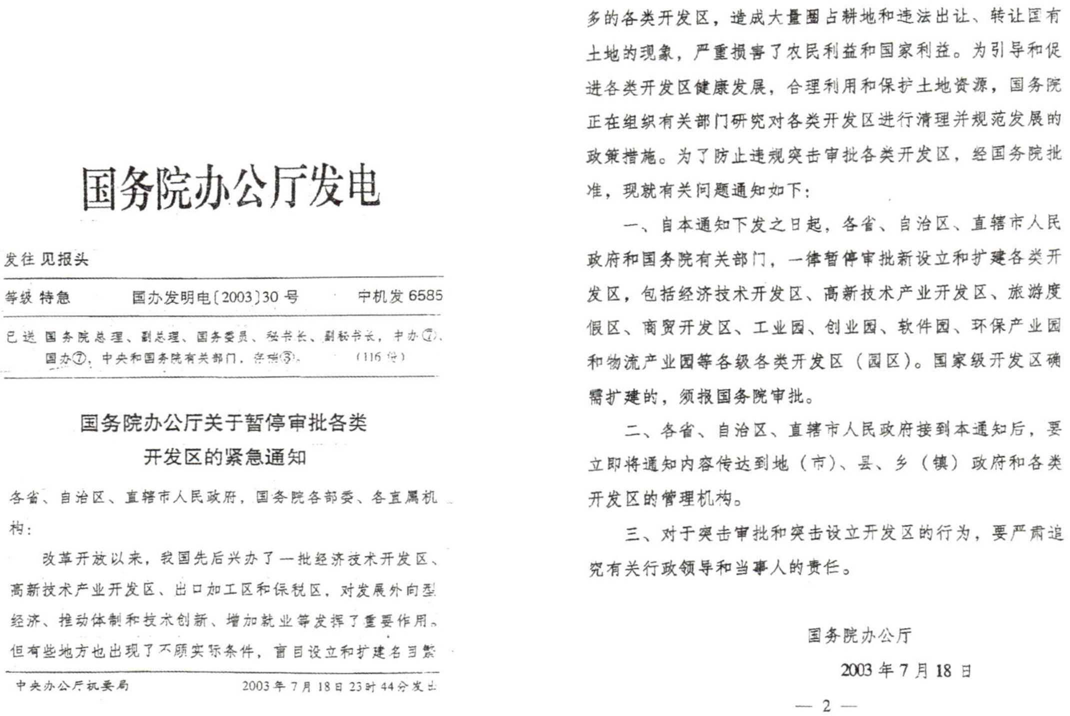

国务院办公厅发电

发往 见报头

等级 特急　　国办发明电〔2003〕30 号　　中机发 6585

已送 国务院总理、副总理、国务委员、秘书长、副秘书长，中办⑦、国办⑦，中央和国务院有关部门，存档③。　　（116 份）

国务院办公厅关于暂停审批各类开发区的紧急通知

各省、自治区、直辖市人民政府，国务院各部委、各直属机构：

改革开放以来，我国先后兴办了一批经济技术开发区、高新技术产业开发区、出口加工区和保税区，对发展外向型经济、推动体制和技术创新、增加就业等发挥了重要作用。但有些地方也出现了不顾实际条件，盲目设立和扩建名目繁

中央办公厅机要局　　2003 年 7 月 18 日 23 时 44 分发出

多的各类开发区，造成大量圈占耕地和违法出让、转让国有土地的现象，严重损害了农民利益和国家利益。为引导和促进各类开发区健康发展，合理利用和保护土地资源，国务院正在组织有关部门研究对各类开发区进行清理并规范发展的政策措施。为了防止违规突击审批各类开发区，经国务院批准，现就有关问题通知如下：

一、自本通知下发之日起，各省、自治区、直辖市人民政府和国务院有关部门，一律暂停审批新设立和扩建各类开发区，包括经济技术开发区、高新技术产业开发区、旅游度假区、商贸开发区、工业园、创业园、软件园、环保产业园和物流产业园等各级各类开发区（园区）。国家级开发区确需扩建的，须报国务院审批。

二、各省、自治区、直辖市人民政府接到本通知后，要立即将通知内容传达到地（市）、县、乡（镇）政府和各类开发区的管理机构。

三、对于突击审批和突击设立开发区的行为，要严肃追究有关行政领导和当事人的责任。

国务院办公厅

2003 年 7 月 18 日

— 2 —

2003 年 7 月 18 日，国务院办公厅发文紧急暂停审批各类开发区、出口加工区

潍坊出口加工区申报工作小组合影，从左到右依次是吕传昌、徐洪吉、张玉和、杨德强

并与山东省政府达成一致意见。在充分研究论证的基础上，10 月 31 日，海关总署向国务院上报《海关总署关于设立山东潍坊出口加工区的请示》，原则同意设立山东潍坊出口加工区。12 月 5 日，海关总署下发《关于同意设立山东潍坊出口加工区的函》，批准设立国家级潍坊出口加工区。

申报成功，成为当年山东和潍坊“年度大事”之一。市委、市政府自 2003 年 3 月启动申报，12 月获批设立，仅用了不到 9 个月时间，而兄弟省市出口加工区申报成功一般在二年半到三年的时间。对此，山东省省长韩寓群高度赞扬，并在全省经济工作会上称赞为“潍坊精神”。中央和部委的领导同志也被潍坊人执着追求、认真负责、加快发展的精神所感动，国务院办公厅领导主动帮助协调工作，商务部在内部机关工作交流会上，号召学习潍坊“坚韧不拔、执着追求、不达目的誓不罢休”的工作精神。潍坊市委、市政府在 2003 年年度工作总结表彰大会上，给徐洪吉记二等功，申报小组被评为先进集体。

建设

2003 年 12 月 30 日，市委副书记、市长张

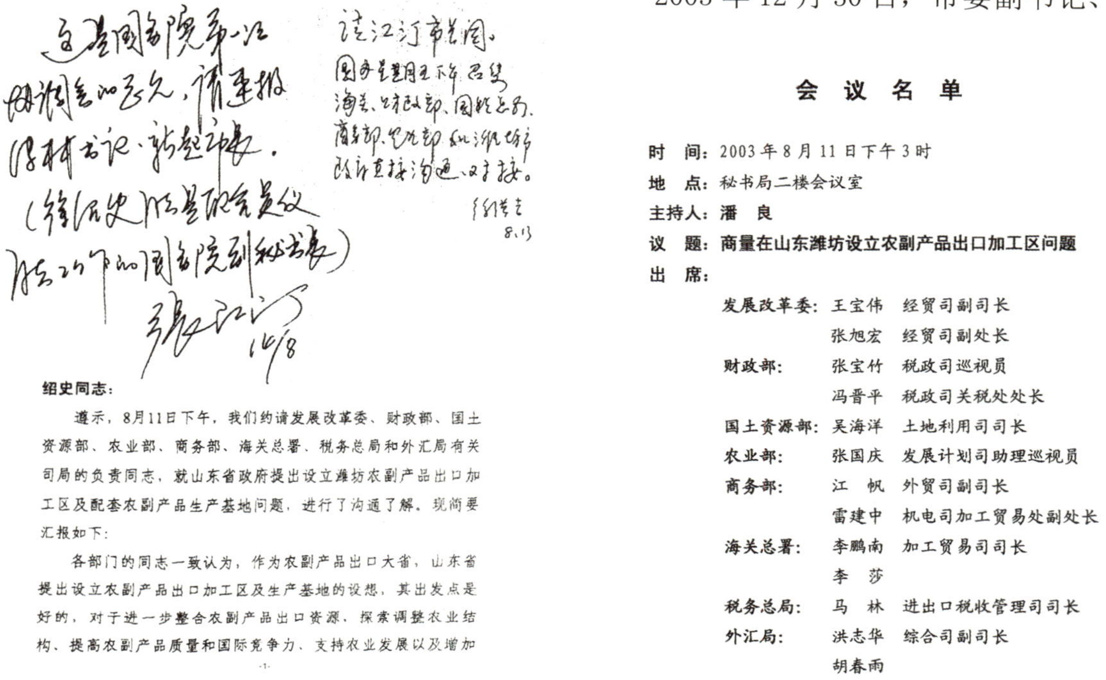
绍史同志：

遵示，8月11日下午，我们约请发展改革委、财政部、国土资源部、农业部、商务部、海关总署、税务总局和外汇局有关司局的负责同志，就山东省政府提出设立潍坊农副产品出口加工区及配套农副产品生产基地问题，进行了沟通了解。现简要汇报如下：

各部门的同志一致认为，作为农副产品出口大省，山东省提出设立农副产品出口加工区及生产基地的设想，其出发点是好的，对于进一步整合农副产品出口资源、探索调整农业结构、提高农副产品质量和国际竞争力、支持农业发展以及增加

-1-

会 议 名 单

时　间：2003 年 8 月 11 日下午 3 时

地　点：秘书局二楼会议室

主持人：潘　良

议　题：商量在山东潍坊设立农副产品出口加工区问题

出　席：

发展改革委：	王宝伟	经贸司副司长
	张旭宏	经贸司副处长
财政部：	张宝竹	税政司巡视员
	冯晋平	税政司关税处处长
国土资源部：	吴海洋	土地利用司司长
农业部：	张国庆	发展计划司助理巡视员
商务部：	江　帆	外贸司副司长
	雷建中	机电司加工贸易处副处长
海关总署：	李鹏南	加工贸易司司长
	李　莎	
税务总局：	马　林	进出口税收管理司司长
外汇局：	洪志华	综合司副司长
	胡春雨	

2003 年 8 月 11 日，国务院办公厅秘书二局召集有关部委研究设立潍坊农副产品出口加工区问题，会后形成材料向国务院副秘书长徐绍史汇报

2005 年 8 月，潍坊出口加工区通过国务院验收组联合验收

新起在潍坊高新区管委会召开会议，研究确定潍坊出口加工区总体规划，成立由副市长、潍坊高新区党工委书记、管委会主任鞠献宝任组长的筹建工作领导小组，具体负责潍坊出口加工建设工作。

2004 年 1 月 2 日，潍坊高新技术产业开发区规划国土局同意潍坊出口加工区项目在济青高速公路 15 号口南侧选址，用地面积约 5000 亩。1 月 8 日，潍坊高新技术产业开发区财政局作出承诺，潍坊出口加工区建设资金，由财政负责拨付 3 亿元，分三年拨付到位。2 月 10 日，潍坊市自来水公司、潍坊供电公司分别作出承诺，保障潍坊出口加工区用水、用电需求。2 月 25 日，潍坊市发展计划委员会向省发展计划委员会上报《关于呈报潍坊出口加工区基础设施建设项目可行性研究报告的请示》，确定潍坊出口加工区规划占地 3.85 平方公里，其中围网控制面积 3 平方公里（农副产品加工区 1.4 平方公里），监管办公区 0.06 平方公里，总投资估算 60470 万元，2004 年开工建设。4 月 5 日，潍坊出口加工区正式启动建设。2007 年 5 月建成。4 月 30 日，潍坊市规划与国土资源局同意潍坊出口加工区选址，其中 2.03 平方公里符合土地利用总体规划和城市建设规划。6 月 4 日，市政府向国土资源部上报《关于解决潍坊出口加工区建设用地问题的请示》，确定一期围网用地 1.7 平方公里，申请国土资源部帮助解决用地问题。7 月 2 日，山东省发展和改革委员会下发《关于潍坊出口加工区一期基础设施建设项目可行性研究报告的批复》，确定项目总投资控制住 2.23 亿元以内，主要建设内容：监管仓库 1200 平方米，海关监管配套设施 8136 平方米，围网 6200 米，道路 14.62 公里，铺设水、电、热力、通讯等管网 97.4 公里。

2005 年 8 月，潍坊出口加工区一期围网通过国家验收，在国家同期验收的 3 个省内出口

2006 年潍坊出口加工区通关卡口

2006 年潍坊出口加工区监管办公设施

加工区中综合排名第一。

2003—2008年，潍坊出口加工区状况

第二节　综合保税区

背景

出口加工区是在改革开放大潮中涌现出的新生事物，拥有区外没有的多种优势，促进企业发展。但是，随着市场需求的变化，出口加工区功能政策有很多方面还不够完善。比如，网内只能搞加工，不能搞贸易物流；只适合外向度高的企业入驻，不适合产品兼顾两个市场的企业，很大程度上限制出口加工区的发展。政策的单一加大了招商引资难度，再加上其他种种原因，自2003年出口加工区批复设立直至2008年，出口加工区项目较少，步履维艰，几乎没有税收，没有进出口额，发展很不理想。

2008年8月，海关总署等六部委在广西北海召开海关特殊监管区域进行整合工作会议，传达国务院副总理王岐山关于海关特殊监管区域下步发展的意见，指出国务院确定将全国保税区、出口加工区、保税物流园区、跨境工业园区、保税港区、综合保税区等六种类型特殊区域整合为一种类型，配置统一的功能、政策，执行统一的管理制度和监管模式，统一命名为“综合保税区”。

得知这一国家重大利好政策后，潍坊出口加工区党工委书记、管委会主任徐洪吉立即认识到这是国家在纪念改革开放30周年之际做出的重大决策，是对国家级出口加工区、保税区功能的进一步完善和提升。整合后的综合保税区功能齐全，政策优惠，龙头作用凸显，是地方经济发展的重要国家级平台，是发展外向型经济的载体、对外开放的窗口、对外贸易的基地、加工贸易转型升级的示范区，对地方经济的带动、辐射和服务作用将会更大。同时，这也是全区发展千载难逢的历史机遇，必须紧紧抓住，想尽千方百计，把出口加工区转型升级为综合保税区。只有这样，潍坊出口加工区才有出路，才有更多更宽的政策，才能有更大的发展，才能拥有一片新的天地。为此，徐洪吉向市委、市政府就争取出口加工区转型升级综合保税区作出汇报。市委、市政府大力支持，并召开专门会议，安排调度申报工作。出口加工区又开始新一轮规划、申报、建设的征程。

审批

2009年5月，潍坊市政府向省政府上报《潍坊市人民政府关于潍坊出口加工区转型为综合保税区的请示》，正式启动潍坊综合保税区申报工作。当时，潍坊出口加工区进出口额仅有不足3000万美元，在全国排名落后。海关总署、商务部、国家发改委等国家有关部委对潍坊并不看好，申报文件上报国务院后，迟迟没有启动。

潍坊申报困难重重，但潍坊出口加工区一班人并没有放弃。为确保申报时效，管委会成立由主要负责人徐洪吉挂帅、副主任王守全协助的申报小组，迅速展开工作。申报小组第一时间赶到国家有关部委了解情况，推介潍坊，立下了“给一个机会，创一个奇迹”的军令状，引起上级部委领导的关注和关心。经多次汇报对接，海关总署领导表示，启动审批必须同时符合三个条件，即要符合国家战略要求、要有大项目落户、要有较强的辐射带动作用。按照海关总署要求，潍坊立即开展了大量的调研工作。2010年1月，省政府再次向国务院上报《关于在潍坊出口加工区基础上设立潍坊综合保税区的请示》，青岛海关也同时向海关总署上报了潍坊的请示文件。

省委、省政府主要领导和分管领导高度重视潍坊申报综合保税区。2010年1月，省委书记姜异康、省长姜大明联名写信给国务院分管副总理王岐山，推荐潍坊转型升级。此信引起国务院分管副总理的关注和支持，为顺利审批创造良好条件。1月19日，市委副书记、市长许立全率领副市长初宝杰、市政府秘书长宋赤锋，区党工委书记、管委会主任徐洪吉，以及

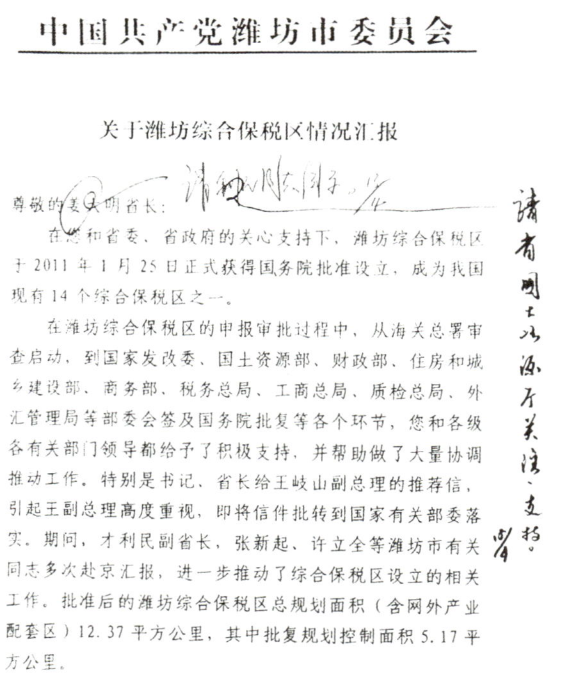
中国共产党潍坊市委员会

关于潍坊综合保税区情况汇报

尊敬的姜大明省长：

在您和省委、省政府的关心支持下，潍坊综合保税区于2011年1月25日正式获得国务院批准设立，成为我国现有14个综合保税区之一。

在潍坊综合保税区的申报审批过程中，从海关总署审查启动，到国家发改委、国土资源部、财政部、住房和城乡建设部、商务部、税务总局、工商总局、质检总局、外汇管理局等部委会签及国务院批复等各个环节，您和各级各有关部门领导都给予了积极支持，并帮助做了大量协调推动工作。特别是书记、省长给王岐山副总理的推荐信，引起王副总理高度重视，即将信件批转到国家有关部委落实。期间，才利民副省长，张新起、许立全等潍坊市有关同志多次赴京汇报，进一步推动了综合保税区设立的相关工作。批准后的潍坊综合保税区总规划面积（含网外产业配套区）12.37平方公里，其中批复规划控制面积5.17平方公里。

2011年，潍坊综合保税区积极向省国土厅争取土地资源

青岛海关负责人赴海关总署专题汇报。4月16日，国务院将潍坊申报文件转至海关总署，海关总署分管副署长孙毅彪签发文件，启动潍坊出口加工区转型升级综合保税区审批程序，并首先征求国土资源部意见。7月29日，在对潍坊出口加工区土地情况全面审核的基础上，国土资源部回函同意《潍坊综合保税区申报方案》。随后，海关总署全面启动征求国家发改委、财政部、商务部、住房和城乡建设部、税务总局、质检总局、工商总局、外汇管理局等八部委意见。8月18日，市委副书记、市长许立全召开会议，专题研究潍坊出口加工区申报工作，要求市发改委、财政局、商务局、住房和城乡建设局、国税局、质量技术监督局、工商局、外汇管理局等有关部门主动对接，盯上靠上，全力加快审批进度。

中共山东省委办公厅

尊敬的岐山副总理:

您好！十分感谢您对山东工作的关心、支持和帮助。

过去的一年，在党中央、国务院坚强领导下，我们努力克服国际金融危机造成的困难，全省经济平稳较快发展，各项工作取得了新的进步。2009 年，全省实现生产总值 33805.3 亿元，增长 11.9%;全社会固定资产投资 19031 亿元，增长 23.3%；社会消费品零售总额 12363 亿元，增长 19.1%；地方财政收入 2198.5 亿元，增长 12.3%；城镇居民人均可支配收入 17811 元，农民人均纯收入 6119 元，分别增长 9.2%和 8.5%。在工作中，千方百计稳定外需，努力保市场、保份额，进出口完成 1386 亿美元，其中出口 795.7 亿美元，分别下降 12.4%和 14.6%，实际到账外资 80.1 亿美元。

按照您关于将保税区、出口加工区、保税物流园区等特殊区域整合为综合保税区的重要指示精神，在您的关心支持下，去年我省青岛、烟台已分别转型保税港区。这对于推动山东对外开放，提升外向型经济水平，具有

山东省人民政府文件

鲁政发〔2009〕109 号　　签发人：姜大明

山东省人民政府
关于潍坊出口加工区转型为
综合保税区的请示

国务院：

为进一步完善潍坊出口加工区的保税物流功能，加快推进山东半岛蓝色经济区发展战略实施，特申请将潍坊出口加工区转型

— 1 —

2009 年 5 月，潍坊启动申报综合保税区。9 月份，申报文件上报国务院

中共山东省委办公厅

重要意义。从全省布局考虑，我们申请在山东潍坊出口加工区基础上设立国家综合保税区。

潍坊出口加工区是 2003 年 12 月经国务院批准设立的，2009 年 1 月，国务院赋予保税物流功能。2009 年 11 月，设立了青岛机场潍坊直通场站，实现了“青岛空港后移”。2010 年 3 月，青岛海港和台湾长荣集团合作，将设立国际集装箱中心，实现了“青岛海港后移”。目前，潍坊出口加工区已引进项目 20 个、总投资 50 亿元，引进物流公司 20 家，有 300 多家企业来区开展业务，已实现保税物流货值 7 亿美元。区内项目全部达产和虚拟口岸整合运作后，年可实现进出口额 50 多亿美元。

潍坊出口加工区是黄河三角洲地区唯一的海关特殊监管区，并处在山东半岛蓝色经济区的重要位置上。设立综合保税区后，既能为黄河三角洲高效生态经济区建设搭建重要国际平台，又能够使青岛、烟台、威海、日照的海港和空港功能更充分地发挥作用，开辟连接沿海和内陆地区高效便捷的开放通道，加快现代国际物流服

中共山东省委办公厅

务体系建设，吸引大项目落户，推动产业升级，提升山东省开放水平，为经济社会又好又快发展创造更好条件。

2009 年 9 月，我们向国务院呈报了《山东省人民政府关于潍坊出口加工区转型为综合保税区的请示》，国务院已转到海关总署征求意见。恳请岐山副总理在百忙中给予关心支持。

恳请您来山东视察指导工作。春节即将来临，在此给您拜年，衷心祝愿您新春愉快、阖家幸福！

此致

敬礼！

姜异康　姜大明

2010 年 1 月 28 日

2010 年 1 月，省委书记姜异康、省长姜大明联名向王岐山写信推荐潍坊出口加工区

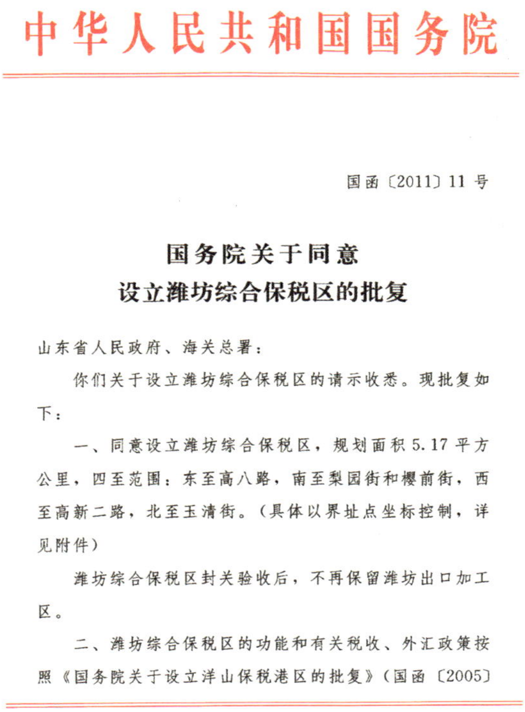

中华人民共和国国务院

国函〔2011〕11 号

国务院关于同意
设立潍坊综合保税区的批复

山东省人民政府、海关总署：

你们关于设立潍坊综合保税区的请示收悉。现批复如下：

一、同意设立潍坊综合保税区，规划面积 5.17 平方公里，四至范围：东至高八路，南至梨园街和樱前街，西至高新二路，北至玉清街。（具体以界址点坐标控制，详见附件）

潍坊综合保税区封关验收后，不再保留潍坊出口加工区。

二、潍坊综合保税区的功能和有关税收、外汇政策按照《国务院关于设立洋山保税港区的批复》（国函〔2005〕

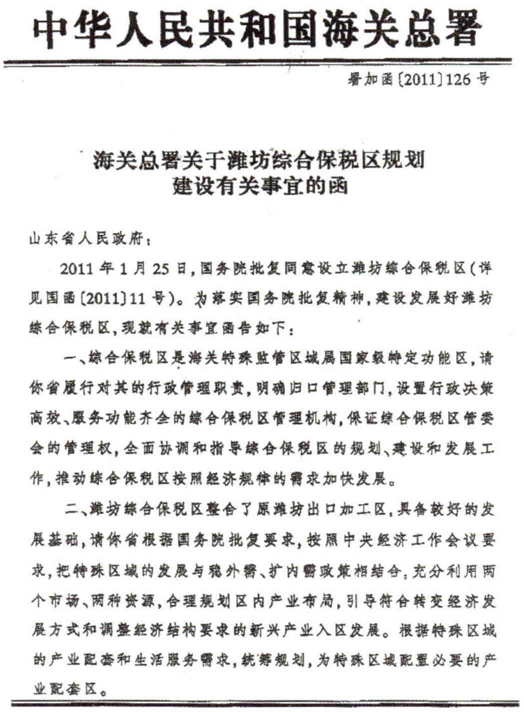

中华人民共和国海关总署

署加函〔2011〕126 号

海关总署关于潍坊综合保税区规划
建设有关事宜的函

山东省人民政府：

2011 年 1 月 25 日，国务院批复同意设立潍坊综合保税区（详见国函〔2011〕11 号）。为落实国务院批复精神，建设发展好潍坊综合保税区，现就有关事宜函告如下：

一、综合保税区是海关特殊监管区域属国家级特定功能区，请你省履行对其的行政管理职责，明确归口管理部门，设置行政决策高效、服务功能齐全的综合保税区管理机构，保证综合保税区管委会的管理权，全面协调和指导综合保税区的规划、建设和发展工作，推动综合保税区按照经济规律的需求加快发展。

二、潍坊综合保税区整合了原潍坊出口加工区，具备较好的发展基础，请你省根据国务院批复要求，按照中央经济工作会议要求，把特殊区域的发展与稳外需、扩内需政策相结合，充分利用两个市场、两种资源，合理规划区内产业布局，引导符合转变经济发展方式和调整经济结构要求的新兴产业入区发展。根据特殊区域的产业配套和生活服务需求，统筹规划，为特殊区域配置必要的产业配套区。

2011 年 1 月，国务院批复设立潍坊综合保税区

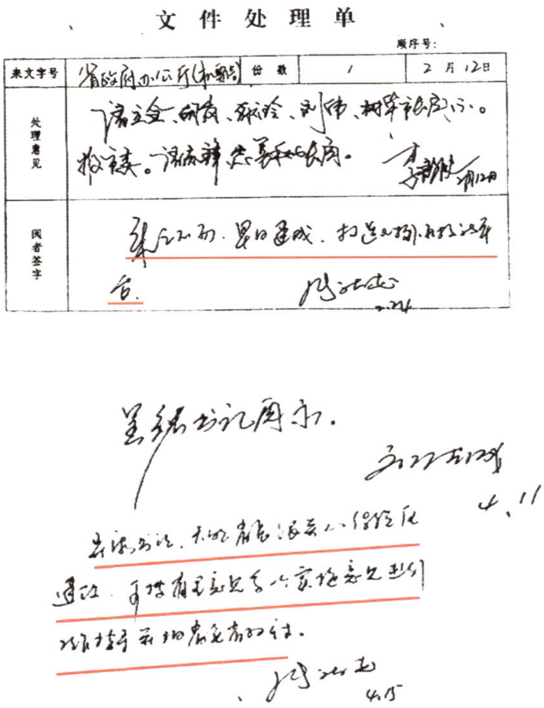

2011 年，市委书记张新起对潍坊综合保税区获批设立作出批示

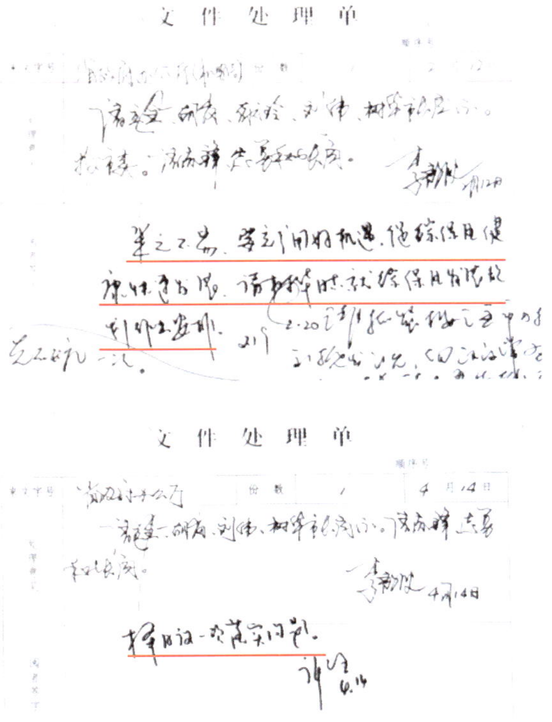

2011 年，市委副书记、市长许立全市长对潍坊综合保税区获批设立作出批示

大众日报 DAZHONG 2014年1月2日 星期四 专题 DAZHONG DAILY 7
电话：(0531)85196701 Email:dzad@dzwww.com

潍坊综合保税区
用力量与速度筑起世界经济大舞台

◆编者按

曾几何时，谈及保税区，人们总认为那是设在知名大城市里的特区，总感到那么神秘，与潍坊遥不可及。如今，经过努力，潍坊保税区正式运营，为潍坊乃至全省争得更多资源，为更多企业发展助力加油。这充分体现了城市的实力，有力地提升了潍坊乃至全省的地位。

从不敢去想，到怀揣梦想，再到梦想实现，这是一个艰难的路程，需要付出智慧、胆量和干劲，需要付出常人不曾付出的代价。潍坊保税区从过去的出口加工区，转型升级为综合保税区，是一个跨越，也是一个飞跃，是一个拉动发展的张力。潍坊保税区的发展是区域经济发展史，是群体励志奋斗史，是金字招牌的"夺宝"史，里面体现着保税区人"敢于担当、团结拼搏、百折不挠、执着发展"的情怀，凸显了他们特有的闯劲、干劲、韧劲和后劲。事实证明，这正是走向成功的法宝。如果拥有了这些，世间就没有克服不了的困难，就没有实现不了的梦想。

轻舟已过万重山。12月26日，潍坊综合保税区通过了国家十部委联合验收，让保税区"名至实归"，又开始了新的征程。相信，潍坊保税区的明天会更加美好!为此，本报特编发长篇通讯《潍坊综合保税区用力量与速度筑起世界经济大舞台》，以飨读者。

□宋学宝 李兆鑫 王磊

这是一片神奇的土地，它"境内关外"，架起了潍坊与世界沟通的桥梁。这是一片充满希望的土地，它是改革开放的最前沿，打开了潍坊外向型经济的新窗口。它就是全国第14个综合保税区——潍坊综合保税区。

2011年1月，经国务院批准，潍坊出口加工区转型升级为综合保税区，成为潍坊乃至全省发展史上的一个重要里程碑。实现"加工区"到"保税区"转变，是量变的过程，更是质变的结果。期间有顺利，也有坎坷，确实来之不易。2013年，潍坊综合保税区预计进出口额同比增长86%；公共预算收入同比增长77%，增长幅度在全国综合保税区中名列前茅。计划2015年实现进出口额30亿美元，2020年进出口额达到100亿美元，走出一条创新发展、超常发展、转型发展、科学发展之路。

潍坊综合保税区的发展，有力地印证了速度、力量和发展的顺承关系。建成保税区，是胆识和责任，更是机遇和挑战。建设者们把智慧和担当凝入这一里程碑，把敬业和效率写入这一片天地间。

国务院设立潍坊出口加工区

时光回溯到2003年。沐浴着改革开放的春风，潍坊迈入了新的发展阶段。根据发展实际，潍坊市委、市政府作出了大力发展外向型经济的战略决策。一大批外向型企业顺应发展，乘势而上，呈现出"百舸争流千帆竞"的喜人景象。

当时潍坊外向型经济势头良好，"潍坊制造"在国际市场已有名气。为让"地产品"更多地走出国门，让"洋产品"放量进入国内，推进扩大开放，潍坊市委、市政府高瞻远瞩，果断决策，向国家申报潍坊出口加工区。

为加快申报步伐，根据主管这项工作的原市委常委、常务副市长张江汀的要求，市政府成立专门申报班子，派时任市政府副秘书长的徐洪吉牵头负责。当时，国家对加工区批复已开始清理整顿并暂停审批各类开发区，许多地方都放弃了申报。在这一大背景下，申报难度可想而知。徐洪吉带领申报小组，迎难而上，和他的战友张玉和、吕传昌等同志，在北京一住就是一年。为节省费用，他们租住简易房，自己做饭；为提高效率，他们一二个月回家一次，几乎天天泡在部委；为尽快变成业务内行，方便沟通汇报，他们边申报、边请教、边学习，边帮助工作，多方面充电。经过申报小组一年的不懈努力，2003年12月，国务院批复设立潍坊出口加工区。

申报成功，确属奇迹，成为当年潍坊"年度大事"之一。为此，山东省政府主要领导高度赞扬了潍坊的做法，并在全省经济工作会上称赞为"潍坊精神"。商务部在内部机关工作交流会上，号召学习潍坊"坚韧不拔、执着追求、不达目的誓不罢休"的工作精神。潍坊市委、市政府在年度工作总结表彰大会上，给徐洪吉记二等功。

出口加工区落户潍坊，成为潍坊的一大亮点。产品在这里加工出口，可以享受国家、省市"一揽子"优惠政策，让企业受益。2005年8月，出口加工区通过国务院十部委的联合验收。2006年4月，潍坊市委、市政府调整管理体制，成立直属市委、市政府的潍坊出口加工区管委会，赋予市级经济管理权限，享受"特区特管"政策，为出口加工区建设和发展带来了新的机遇。

转型升级国家综合保税区

出口加工区是在改革开放大潮中涌现出的新生事物，拥有区外没有的多种优势，促进了企业发展。但是，随着市场需求的变化，出口加工区功能政策有很多方面还不够完善，并有许多先天不足。比如，网内只能搞加工，不能搞贸易物流；只适合外向度高的企业入驻，限制了产品两个市场的企业入区。这样一来，就加大了招商引资的难度，再加上其他种种原因，五年过去了，潍坊出口加工区依然经营困难，步履维艰，一直是建设靠政府，吃饭靠转移，服务无能力。

也许是缘分。时隔五年，2008年底，组织上派时任市政府副秘书长兼市沿海开发办主任徐洪吉担任出口加工区主要负责人。他对出口加工区不但不陌生，而且有着特别的感情。过去几年里，无论在哪个岗位工作，他都怀着难以割舍的亲情，发自心底地关注和期待着出口加工区，对加工区的发展有着独特思路与见解。

加工区发展滞后，让人十分着急！十分焦虑！怎么干?怎样实现快速发展?怎么才能赶上和超过国内先进加工区?徐洪吉痛下决心、背水一战，做好了干不上去就请求辞职的心理准备。上任伊始，他带领管委会中层以上干部南下上海、广州、重庆、成都，北上北京、天津、大连，到省内青岛、烟台、威海、济南等地的保税区、出口加工区考察学习，发现差距，学习经验，理清思路。

2009年2月，出口加工区召开新班子上任后的第一届加快发展大会，确定了下一步的发展思路和目标，即"大服务、大物流、大加工"同步发展，网内网外一体化经营，立足潍坊、服务山东、辐射全国，打造"政策服务"、"高端制造"、"国际物流"三大中心，建成潍坊及山东对外开放新平台，尽快扭转各项经济指标落后局面。

目标明确了，工作就有了方向。大家重树信心，各项工作强力推进，出口加工区呈现出希望和生机。2009年1月9日，海关总署会同国家十一部委召开会议，允许出口加工区拓展保税物流功能，实现了出口加工区由"单一功能"向"综合功能"的转变。不久，国务院又提出，将现有各类海关特殊监管区域整合为一种新的区域，赋予综合的优惠政策，新设立综合保税区，并优选部分发展好的出口加工区转型升级为综合保税区。

国家重大利好政策一出台，潍坊出口加工区党工委、管委会就立刻认识到，必须抓住这难得的历史机遇，下决心把加工区升级为综合保税区，只有这样，潍坊出口加工区才有出路，才能有大的发展。为此，又开始了新一轮规划、申报、建设的角逐。

当时，省委、省政府主要领导和分管领导高度重视潍坊申报综合保税区，并给予多方面的重大支持和帮助。省海关、商检、商务、发改、国税、国土等有关部门全力指导。潍坊市委、市政府主要领导和分管领导也多次调度，全力推进。管委会主要负责人深感责任重大，莫失良机，第一时间赶到国家有关部委了解情况，推介潍坊，立下了"给一个机会，创一个奇迹"的"军令状"。信誓旦旦，让人动情，引起了各级领导的关注。

为确保申报时效，管委会成立了由主要负责人挂帅的申报小组，迅速展开工作。2009年9月，潍坊市政府向省政府申报；2009年10月，省政府转报国务院；2010年4月21日，海关总署正式启动潍坊综合保税区审批程序；2010年11月4日，国家十部委全部同意设立潍坊综合保税区。2011年1月25日，国务院正式批复潍坊综合保税区，成为全国获批的第14个综合保税区。2011年2月23日，山东省政府在潍坊召开新闻发布会，正式宣布潍坊综合保税区经国务院批准设立！一时间，全国主流媒体纷纷报道潍坊有了综合保税区。

潍坊综合保税区批复设立是山东省、潍坊市的一件大事和喜事，它不但架起了一条国际贸易大通道，也将成为国际性资源交易配置中心，对于进一步提升潍坊竞争力和影响力，对加快山东半岛蓝色经济区、黄河三角洲高效生态经济区和环渤海经济圈建设，意义十分重大。

构建服务企业航母

综合保税区是一个优惠政策服务区。国务院批复设立综合保税区，不仅仅是为了综合保税区自身发展，更重要的是为区域社会企业提供系列化政策服务，辐射带动区域经济发展。

潍坊市委、市政府高度重视综合保税区服务功能的有效发挥。市委书记杜昌文，市委副书记、市长刘曙光多次到保税区调研，指出综合保税区是全市的宝贵资源，是金字招牌，一定要发展好、利用好，服务和拉动全市经济发展。

"为服务而存在，为别人而生存，为发展而发展"，潍坊综合保税区积极倡树这一理念，不断释放自己的功能。潍坊综合保税区的服务半径约300公里，从区位看，具有"承东启西"的辐射带动作用，向东承接青岛、烟台、威海等沿海城市，向西服务淄博、滨州、东营、济南等城市，有着得天独厚的区位优势和交通条件。

为用好这块金字招牌，让潍坊及周边区域的企业在"家门口"就能办理国际业务，潍坊综合保税区全力搭建起"五大服务平台"，构建起了服务企业的航空母舰，让企业"享受"服务。目前，已有1000多家企业来区开展业务。

口岸综合服务平台。依托青岛机场、青岛港，把国际机场和国际港口功能后移到潍坊，企业货物在保税区通关后，在港口和机场直接放行，相当于"无跑道国际机场"和"无水国际港口"。目前，青岛机场功能后移潍坊保税区已经实现，已有300多家企业来区开展虚拟机场业务。港口功能后移方面，可以开展内陆口岸报关、报检、订舱、装卸、运输等业务，企业不需要再跑青岛等沿海城市办理相关业务的手续了。

商品检验检疫服务平台。过去潍坊企业进出口货物都在青岛检验检疫，非常不便。为此，管委会多次到国家质检总局汇报对接，反映问题，寻求支持。2012年，国家质检总局同意将进口产品检验检疫权由青岛口岸下放到潍坊保税区，实现了货物就地检验检疫，不需再跑青岛港口。

保税仓储物流服务平台。国际物流业务开展，需要建设大量保税仓库和专业查验服务场站。保税区引进了总投资100多亿元的10多个国际物流项目，建设了40多万平方米的冷冻库、恒温库、常温库和3万平方米的查验场站，满足了社会企业的仓储物流和大进大出需求。

研发检测维修平台。综合保税区企业进口设备不缴纳关税，这样，企业就节省了费用。潍坊保税区正在配合歌尔、北汽福田、潍柴、以及科技含量高的一批重点企业来区设立研发中心，享受国家优惠政策，节约研发成本，在全球范围内开展保税研发检测维修业务。

联网监管服务平台。保税区的发展空间非常有限，但是监管服务无限。为此，在济南海关、潍坊海关的大力支持下，潍坊综合保税区提出了创新监管模式，通过信息化方式，实现对生产加工、国际物流、科技研发等企业在网外联网监管，扩大保税区服务范围，让更多企业享受优惠政策。

多方聚集发展要素

区域经济发展的快慢，关键取决于资源的聚集、吸纳和利用能力。潍坊综合保税区拓宽渠道，千方百计聚集各种资源要素，为区内企业所用。

发展空间不足是潍坊综合保税区面临的首要问题。最早的潍坊出口加工区仅有网内1.5平方公里，没有网外配套区，是靠"一条腿"走路，发展中难有大的"加速度"。综合保税区的批复设立，"内涵"得到充实，"外延"急需扩大。如果设立网外配套区，就可实现"网内+网外"一体化互补发展。

如何让配套区从纸上落到地上？潍坊综合保税区"一班人"在多次外出学习的基础上，经过充分调研，编写了设立配套区的必要性和可行性报告，上报潍坊市委、市政府，请求尽早设立配套区。

2011年6月21日，潍坊市委、市政府决定设立综合保税区配套区，对综合保税区范围进行调整扩大，总规划面积从原有的1.5平方公里扩大到了20平方公里，其中网内保税区5.17平方公里，网外配套区14.83平方公里。有了配套区，为产品销往国内外两个市场的企业大开方便之门，也解决了企业商务生活服务问题，为综合保税区的大发展奠定了坚实基础。

有了空间，还要有土地指标才能落项目、搞建设。按照国务院要求，综合保税区必须土地指标全部到位，才能验收。由于全市土地指标资源有限，每年分给潍坊综合保税区的指标不到百亩。仅靠这点土地，显然不能满足项目需要，园区建设也达不到国务院验收要求。为尽快争取到更多的土地指标，潍坊综合保税区动员一切力量，多方寻求支持。潍坊市政府主要领导多次带队，到国家和省国土资源部门汇报需求，请求支持。在国家、省市国土资源部门的大力关心和支持下，2012年12月，潍坊综合保税区首期围网2000亩建设用地指标得到批复，确保了围网建设顺利进行。

资金短缺一直是保税区建设的"卡脖子"问题。保税区服务企业"零收费"，财政底子薄，再加上基础设施建设投资大，资金"捉襟见肘"。为筹措发展资金，管委会广开渠道，整合优质资源，与国外投资公司、国际物流公司、国内城发公司等联姻，搭建融资平台。2012年8月，潍坊市委、市政府在保税区召开现场办公会，研究解决资金短缺等困难和问题，当地金融部门积极支持，纷纷注入资金，有效解决了建设资金难题。

保税区的发展离不开高层次专业人才的支撑。保税区是新生事物，功能政策不断创新变化，业务涉及海关、商检、物流、贸易、金融等多个领域的专业知识，社会上没有现成的人才可用。为解决人才缺乏问题，管委会加强业务知识学习，多次到国家部委请教，多次到全国先进保税区考察。坚持每周集中学习，邀请专家授课，让人人变成了明白人和业务通。同时，高度重视招才引智，聘请上级部委和全国保税区专家为高级顾问，在发展思路、发展规划、重大项目等方面，吸收意见建议，借助外脑，谋划发展。注重引进高层次人才，全区研究生以上人才达到了40％以上。通过引进、培养、培训等多种方式，打造了一支复合型、专业型人才队伍，为加快发展提供了强有力的人才保障和智力支持。

栽下梧桐引来凤

随着政策作用的显现和发展空间的扩大，潍坊综合保税区的吸引力越来越强，辐射面越来越广，企业来区投资发展的愿望日趋强烈，当年栽下梧桐树，如今引来金凤凰。截至目前，潍坊综合保税区已注册企业500多家，总投资超过280亿元。企业发展向好，已连续两年实现了进出口额、公共财政预算收入等主要经济指标的翻番增长。

潍坊综合保税区实现了快速发展，得益于优惠政策，更得益于全员招商。2008年底新班子上任之初，区内几乎没有像样的项目，没有税收。为了能有更多项目入驻，管委会提出了"全员招商"理念，开展了解放思想大讨论，把招商引资作为全区的中心之中心、重心之重心、核心之核心，招商高于一切。

潍坊综合保税区管委会所有部门都加挂招商局的牌子，从班子成员到所有部门，80%的精力抓招商，20%的精力抓业务工作。全区共组建了20个招商小分队，分别由班子成员带队，八仙过海，各显身手。坚持实行招商责任制，把招商作为年终考核的主要指标，一月一通报，半年一考核，年终总评比，奖优罚劣。经过一年多的努力招商，扭转了落后局面，仅2009年就引进了20多个项目，此后几年，每年都有大项目、好项目落户区内。

招商国际加工业。目前，潍坊综合保税区已引进了各类工业项目30多个，总投资200多亿元。其中，上市公司歌尔集团，是全国电子百强企业，电子产品主要供应苹果、三星、索尼、松下、东芝、爱普生等世界知名大企业，为享受保税区优惠政策，已投资40多亿元在保税区设立了歌尔电子产业园，全部达产后年可实现进出口额30亿美元。

招商国际物流业。引进了总投资6.3亿元的中俄冷链物流项目、总投资10亿元的中国供销集团物流项目、总投资4亿元的中国外运集团电子配送项目、总投资4亿元的香港中基集团物流项目等20多个国际物流项目。努力建设棉花、塑料、纸浆、椰丝等大宗原材物料的国际交易中心，建设工业设备和电子产品的分拨配送中心，满足社会企业需求，提升潍坊国际化水平。

招商国际贸易业。发挥国际贸易和展览展示功能，潍坊综合保税区规划建设了长江以北最大的进口商品交易中心，今后还将规划建设泰国馆、韩国馆、日本馆、德国馆、台湾馆等国家和地区专馆，打造"永不落幕的国际商品展示交易会"。同时，大力发展电子商务，正在规划建设总投资10亿元、12万平方米的电子商务中心，打造进口大宗商品和日用消费品网上交易平台。

筹建滨海保税港区

2013年6月，为响应潍坊市委、市政府"突破滨海、提升市区，开发两河"的战略决策，潍坊综合保税区经过反复论证，提出了在潍坊港口周边设立综合保税区B区的设想。这一设想得到了市委、市政府的赞同和采纳，并决定由综合保税区具体负责筹建。

潍坊北部沿海地区2657平方公里，土地资源充足，港口优势明显，产业基础较好，发展潜力无穷。在这一地区设立保税区，实现与潍坊港的有机结合，可承接国际产业转移，实现国际物流贸易，扩大北部对外开放。

为加快申报步伐，市委副书记王献玲，市委常委、副市长孙起生，副市长王树华多次带队向有关部委进行汇报对接，潍坊综合保税区成立了由管委会主要负责人任总指挥的筹建指挥部。上级部委表示，潍坊作为一个地级市，同时设立两个国家级保税区，基本不可能。为此，管委会和海关等有关部门转变思路，提出调整综合保税区发展规划，把尚未围网的2平方公里区域调整到潍坊港口周边，设立综合保税区B区，即在潍坊综合保税区一块牌子下，分南北两个区域运营，也相当于两个保税区。

这一想法得到了上级部委的认可。这样仅是调整了规划，不涉及重新立户，获批的可能性大增。目前，本着"边建设、边申报、边招商"的原则，潍坊综合保税区B区申报和建设工作已全面启动，力争2014年底申报成功并通过验收。

潍坊综合保税区B区设立后，潍坊综合保税区将分成本部和滨海B区两部分运营，实现双翼齐飞。本部就是现在的综合保税区，主要依托青岛港口和青岛机场，负责为潍坊地区及周边地市外向型企业服务；滨海B区主要依托潍坊港口，负责为北部沿海地区企业服务。两区各自有服务重点，又相互补充、相互融合，使综合保税区的功能、政策覆盖全市。

敢为人先的保税区精神

有目共睹，如今的潍坊综合保税区发展已进入快车道，它不仅有了速度和规模，还培养、凝结和锻造了"敢为人先、争创一流、百折不挠、团结奉献"的保税区精神。正是这种精神，成为跨越发展的不竭动力，引领保税区向对外开放的服务区、外向型经济的聚集区阔步前进。

"敢为人先"，是潍坊综合保税区坚持解放思想，改革创新的灵魂。以创新精神始终站在时代和改革开放最前沿，体现了保税区人的拼搏性格，坚持体制机制创新，坚持功能政策拓展，永不放过每一个发展机遇——从出口加工区申办到全国第14个综合保税区获批，再到国家十部委的顺利验收；从1.5平方公里的出口加工区到5.17平方公里的围网区，再到20平方公里的配套区；从过去全区各项经济指标的落后局面，到现在的连续几年翻番增长。每一个发展的重要节点，都是保税区人抢抓机遇的结果，也是"敢为人先"的真实写照。

"争创一流"，是潍坊综合保税区不断深化改革、拓展政策优势的目标。坚持网内网外一体化、网上网下一体化、国际国内一体化和国际服务、国际加工、国际物流、国际贸易、国际商务"五大产业"发展一体化的清晰发展思路，为全国保税区探索出了一条率先转型发展的新道路，并得到了海关总署、商务部及全国两区协会的充分肯定。如果故步自封，潍坊综合保税区就不会在保税区困境中奋力突围。正是基于对"一流"两字的追求，才让综合保税区不断调整发展思路，不断创造经济发展的传奇故事。

"百折不挠"，折射出潍坊综合保税区无论遇到什么困难、遭遇何种危机，都坚持把发展放在第一位。保税区人视困难为常态，不怕失败，不怕困难，不怕跌倒，不怕牺牲，勇往直前，向逆境觅机遇。可以说，保税区每一步发展中的底气和成绩，都源于这种百折不挠的精神。他们克服了常人难以预见的困难和问题，在转型发展、科学发展、跨越发展的征程上，谱写出改革发展建设的崭新篇章。

"团结奉献"，是潍坊综合保税区取得今天成绩的坚实基础，也是改革创新取得突破的最重要保证。团结奉献不仅是一种工作方法，更是一种道德品质，它体现了保税区人的集体智慧。多年来，潍坊综合保税区发扬"铁的作风"和"黄牛精神"，不仅打造了一个钢班子，还带出了一支铁队伍，尽管成员来自五湖四海，但为了一个共同目标，人人都能精诚合作，营造出了良好的人际氛围。潍坊综合保税区班子在市委组织部年终测评中，连续多年优秀。无论是"五线工作法"中统分结合的工作机制，还是"项目四制化"管理中的点面结合，都是这种团结奉献精神的具体体现，促使大家在工作上更加努力，作风上更加顽强，团队力量更加凝聚。

向自由贸易区迈进

站在新起点，谋求新跨越。潍坊市委书记杜昌文，市委副书记、市长刘曙光等对下一步保税区的工作提出了更高要求，指明了发展方向，吹响了迈上新征程的号角。

党的十八届三中全会指出，国家要在推进上海自贸区试点基础上，选择具备条件的地方发展自由贸易园(港)区。潍坊综合保税区又迎来了新的发展机遇，正全力以赴申报国家自由贸易区，向着新的更高的更加开放的目标迈进，谱写潍坊经济发展新篇章。

"大鹏一日同风起，扶摇直上九万里。"在省委、省政府和潍坊市委、市政府的正确领导下，潍坊保税区人将以新的姿态，勇于担当，创新突破，乘胜前进！

在市直各部门的大力支持下，国家发改委、财政部、商务部、税务总局、质检总局、工商总局、外汇管理局等部委相继给海关总署回函同意，潍坊综合保税区申报进展顺利。然而，住房和城乡建设部对潍坊综合保税区规划提出异议。9月9日，潍坊市规划局局长张恒道率队赴住房建设部作专题汇报。9月20日—28日，省住建厅厅长杨焕彩两次赴住建部汇报潍坊综合保税区规划事宜。在省市领导的大力帮助支持下，国家住建部打消了对潍坊综合保税区规划的疑虑，回函同意潍坊综合保税区规划方案。截至2011年1月11日，国务院十部委会签完毕。2011年1月25日，国务院正式批复潍坊综合保税区，成为全国获批的第14个综合保税区。

2011年2月23日，山东省政府在潍坊召开新闻发布会，正式宣布潍坊综合保税区经国务院批准设立。副省长才利民，市委书记张新起，青岛海关关长臧玉健出席新闻发布会并为综合保税区揭牌。市委副书记、市长许立全发表致辞。省直有关部门负责人，市领导刘德成、苏立科、初宝杰、王树华、花兆贤等出席新闻发布会。一时间全国主流媒体纷纷报道，潍坊有了功能和政策比较齐全的国家级综合保税区。

验收

按照国务院要求，综合保税区在批复后一年内，应当申请并通过国家验收，面积不少于批复面积的1/3，且围网内土地必须一次性征用。潍坊综合保税区刚刚起步，各方面资源非常有限，如此严格的验收条件，保税区建设巨大压力。

土地指标是潍坊综合保税区面临的首要问题。按照国务院验收要求，综合保税区必须在土地指标全部到位后，才能申请验收。由于潍坊市土地指标有限，每年分给综合保税区的指标不足百亩，远远达不到国务院的验收要求。为争取更多土地指标，党工委书记、管委会主任徐洪吉动员一切力量，多方寻求支持。潍坊市委、市政府主要领导高度重视，多次带队到国土资源部和省国土部门汇报需求，请求支持。2011年4月，市政府向省政府上报《关于申请潍坊综合保税区用地指标的请示》。10月，保税区向分管副省长才利民作专题汇报，才利民副省长批示：“请国土资源厅关注、支持”。由于潍坊综合税区首期围网所需土地指标巨大，仅靠山东省的资源也难以解决。2012年4月，市政府再次向省政府上报申请保税区土地指标的请示。随后省政府专门致函国土资源部，请求帮助支持。8月，市委副书记、市长刘曙光带领徐洪吉、刘树亮赴国土资源部专题汇报，得到国土资源部部长徐绍史的大力支持，并为潍坊综合保税区安排专项土地指标2000亩，彻底解决了围网土地指标难题。据统计，在省市国土部门的大力支持下，2009年至2013年5年时间内，保税区累计获批土地指标5000多亩，这是十分罕见和少有的，为保税区的快速发展奠定了坚实基础。

征地拆迁是围网建设的必要条件。潍坊综合保税区总规划面积5.17平方公里。为确保围网验收，党工委、管委会立足实际，科学确定了“一次规划、分期建设”的总体思路，并确定首期围网面积1.9平方公里。按照规划，在1.9平方公里范围内有5个村庄。面对城区周边复杂的征地环境，党工委、管委会科学合理征地搬迁，耐心细致做好群众工作，2013年1月，在土地指标到位后1个月内，全面完成了围网征地工作。

资金短缺一直是潍坊综合保税区建设的“卡脖子”问题。潍坊综合保税区服务企业“零收费”，财政底子薄，基础设施建设投资巨大，建设资金捉襟见肘。2012 年 8 月，潍坊市委、市政府在潍坊综合保税区召开专题现场办公会，研究解决资金投入和发展问题，既帮助拓宽了融资发展思路，又现场解决了几亿元的发展启动资金。市滨海区也慷慨解囊，帮助解决部分发展资金。与此同时，潍坊综合保税区自身也整合优质资源，组建了市场化的投资发展公司，全面加强与进出口银行、国内外投资公司、社会资本等的合作，落实保税北区建设资金，搭建小微企业统借统还平台，设立产业引导基金，落实一批 PPP 重点项目建设资金，调动银行和社会资本参与开发建设，解决发展资金不足问题。

土地指标、征地拆迁和建设资金三大难题解决后，潍坊综合保税区建设发展迎来大的突破。全区上下发扬“5+2”“白加黑”精神，仅用半年时间，全部完成围网建设任务。2013 年 10 月，潍坊综合保税区一期围网 1.9 平方公里通过山东省政府预验收。2013 年 12 月，正式通过国家联合验收组的正式验收并封关运行，成为山东省首个通过验收并运行的综合保税区。

2013 年 12 月，潍坊综合保税区首期围网通过国务院验收组联合验收

第三节　综合保税区北区

背景

2013 年，潍坊综合保税区发展驶入快车道。大项目、好项目接踵而来，多业态齐驱并进、健康发展。潍坊综合保税区的品牌影响力不断扩张，引来了更多的项目和创业者。为更好地发挥功能作用，在市委常委、滨海开发区党工委书记苏立科，副市长王树华，潍坊综合保税区党工委书记、管委会主任徐洪吉的建议下，市委、市政府着眼潍坊未来发展大局，作出在潍坊港周边申报设立综合保税区北区的战略决策。潍坊北部沿海地区 2700 平方公里，土地资源充足，港口优势明显，产业基础较好，发展潜力巨大，是山东和潍坊新的增长极，也是环渤海大湾区最有发展潜力的地区。在这一地区设立保税区，对于扩大国际物流贸易，承接国际产业转移，打造面向东北亚的对外开放新平台，具有十分重要的意义。

审批

为加快潍坊综合保税区北区申报步伐，潍坊综合保税区成立由党工委书记、管委会主任徐洪吉为组长，副主任王守全为副组长的申报工作领导小组，立即展开一系列的申报工作。在与上级的汇报对接中，国家有关部委明确表示，潍坊作为一个地级市，同时设立两个国家级综合保税区，基本不可能。为此，管委会和海关等有关部门迅速转变思路，提出调整发展规划，从南区尚未围网的区域拿出 2.12 平方公里，调整到潍坊港口周边，设立潍坊综合保税区北区。即在潍坊综合保税区一块牌子下，分南北两个区域运营，也相当于两个保税区。这样仅是调整规划，不涉及重新立户，又在北部设立分区，有获批的可能性。

与重新设立一个综合保税区一样，需要征求国务院十部委意见，十部委部长会签，最终由国务院分管副总理和总理签批。在 2013 年国务院整顿优化海关特殊监管区的特殊背景下，部委审核把关更严，难度尤为巨大。2013 年 12 月，潍坊综合保税区调整区划设立北区的申报文件逐级上报省政府、国务院。随后，国务院将文件转到海关总署。2014 年 7 月，海关总署启动征求国务院十部委意见程序。出口加工区转型升级综合保税区之后，再由综合保税区申请“一区两片”，全国没有先例。有的部委提出潍坊综合保税区 2011 年刚刚获批，验收尚不足 5 年，短时间内不宜再设分区；有的提出新设北区与国家整合优化的大方向不符，不同意审批；有的担心引起全国攀比，一哄而上设立新分区；有的提出“一区两片”是规避国家规定，变相新设海关特殊监管区域，等等。由此造成审批迟迟没有大的进展，甚至处于停滞状态。

面对艰难局面，潍坊综合保税区没有放弃，他们迎难而上，克难攻坚，主动汇报，反复解释，多方沟通，全力争取上级关心与支持。申报的 3 年多时间，市领导亲自挂帅上阵，市委书记刘曙光，市委常委、市政法委书记、滨海区党工委书记孙起生，副市长王树华、田民利等领导带队，赴海关总署等有关部委汇报几十次。潍坊综合保税区党工委书记、管委会主任徐洪吉，管委会原副主任王守全以及潍坊海关、潍坊国检、财政、发改、国税、国土、住建、商务、工商、外汇等有关部门，建立联席会议机制，对部委提出的问题，立即研究解决，问题答复不过夜，他们不分节假日，往返北京 100 多次，汇报对接部委领导 200 多人次。潍坊的努力工作，最终获得国家 10 部委的一致认可同意。2017 年 4 月，国务院 10 个部委部长分别签字同意设立潍坊综合保税区北区。2017 年 5 月，海关总署将十部委会签文件上报国务院。2017 年 7 月 1 日，国务院正式批复设立潍坊综合保税区北区。

潍坊综合保税区南区、北区选址示意图

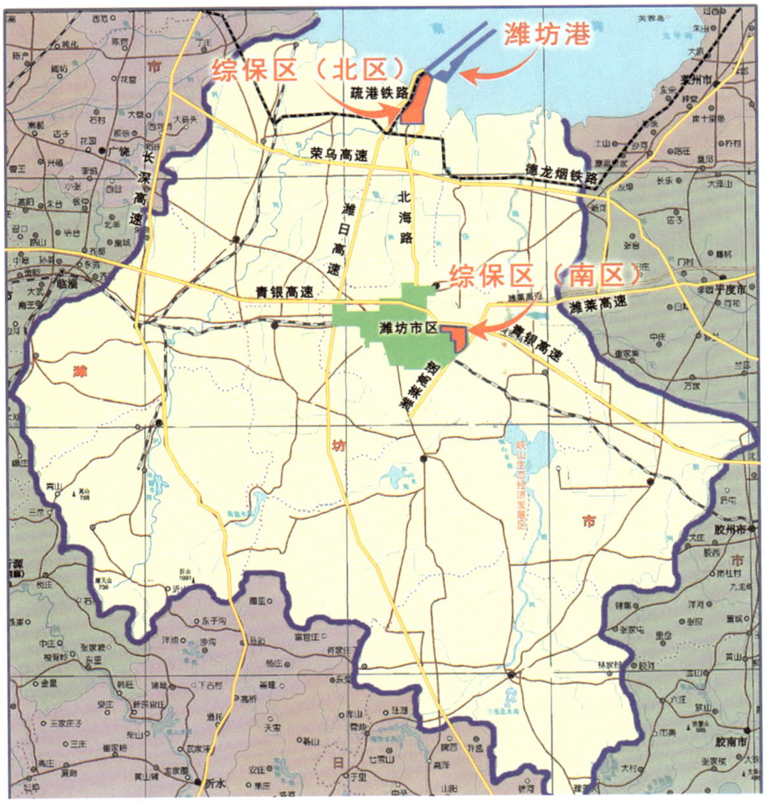

潍坊综合保税区南区、北区选址示意图

山东省人民政府文件

鲁政呈〔2014〕19号　　签发人：郭树清

山东省人民政府
关于调整潍坊综合保税区规划的请示

国务院：

潍坊市位于渤海湾南畔，是山东半岛蓝色经济区和黄河三角洲高效生态经济区的"叠加区"，区位优势明显，产业基础雄厚。潍坊港发展迅速，是山东省重要的地区性港口、国家一类开放口岸。潍坊综合保税区于2011年获国务院批准设立，一期围网已通过海关总署等10部委正式验收。为加快实施国家区域发展战略，推动环渤海湾南畔开发建设，特申请将潍坊综合保税区尚未

— 1

2014年，省政府向国务院上报潍坊综合保税区区划调整文件

海关总署文件

签发人：于广洲
（王晓涛、朱光耀、姜大明、黄　艳、王受文、王　军、马正其、支树平、方上浦、已会签）

署加发〔2017〕105号

海关总署关于潍坊综合保税区规划调整的请示

国务院：

2014年4月16日，我署收到国务院办公厅转来的《山东省人民政府关于调整潍坊综合保税区规划的请示》（鲁政呈〔2014〕19号、办742），要求我署商有关部门研究办理。我署会同国家发展改革委、财政部、国土资源部、住房城乡建设部、商务部、税务总局、工商总局、质检总局、外汇局进行了认真研究，形成了一致

— 1 —

2017年，潍坊综合保税区北区申报文件经国务院十部委会签同意，海关总署向国务院上报批准请示

425
7 7 1

中华人民共和国国务院办公厅

国办函〔2017〕70号

国务院办公厅关于同意潍坊综合保税区
规划调整的复函

山东省人民政府、海关总署：

你们关于潍坊综合保税区规划调整的请示收悉。经国务院批准，现函复如下：

一、国务院同意潍坊综合保税区规划调整。调整后的潍坊综合保税区规划面积不变，仍为5.17平方公里，共分两个区块。区块一为南区，规划面积3.05平方公里（含已验收的1.9平方公里），四至范围：东至高七路、南至梨园街、西至高二路、北至玉清街；区块二为北区，规划面积2.12平方公里，四至范围：东至黄海三路、南至辽河西四街、西至黄海一路、北至辽河西七街。（具体以界址点坐标控制，详见附件）

二、潍坊综合保税区规划调整后，山东省人民政府要按照国家有关规定重新设置保税区界桩、落实具体范围。要合理、集约、高效利用土地资源，严格实施土地利用总体规划和城市总体规划，按规定程序履行具体用地报批手续，依法补偿安置失地农民，坚持以工业用地为主，严格执行工业项目建设用地控制指标

山东省人民政府办公厅呈批文件专用单

领导同志批示	请王华、华祥同志阅示。 7月11日 7月11日 国务院批复同意潍坊综合保税区规划调整。 建议请省商务厅会同有关部门和潍坊市政府按照批复意见贯彻落实。
来文单位与文件标题	国务院办公厅《关于同意潍坊综合保税区规划调整的复函》（国办函〔2017〕70号）
文　号：上级来文425号	联系电话：86062526
承办人：张慎涛 孙金仁 7月11日	文秘处负责人：毕泗元 7月11日

2017年7月，国务院批复设立潍坊综合保税区北区

中国共产党潍坊市委员会

潍委〔2017〕21 号

中共潍坊市委
潍坊市人民政府
关于表彰潍坊综合保税区管委会等先进集体的
通　　报

各县市区委、人民政府，市属各开发区党工委、管委会，市委各部委，市政府各部门，各重点企业，各高等院校，各人民团体，潍坊军分区：

近年来，按照市委、市政府部署要求，潍坊综合保税区管委会牵头负责，潍坊海关、潍坊出入境检验检疫局、市财政局、市发改委、市国土局、市规划局、市住建局、市商务局、市工商局、市国税局、国家外汇管理局潍坊市中心支局、潍坊滨海开发

— 1 —

关于表彰潍坊综合保税区管委会等先进集体的通报

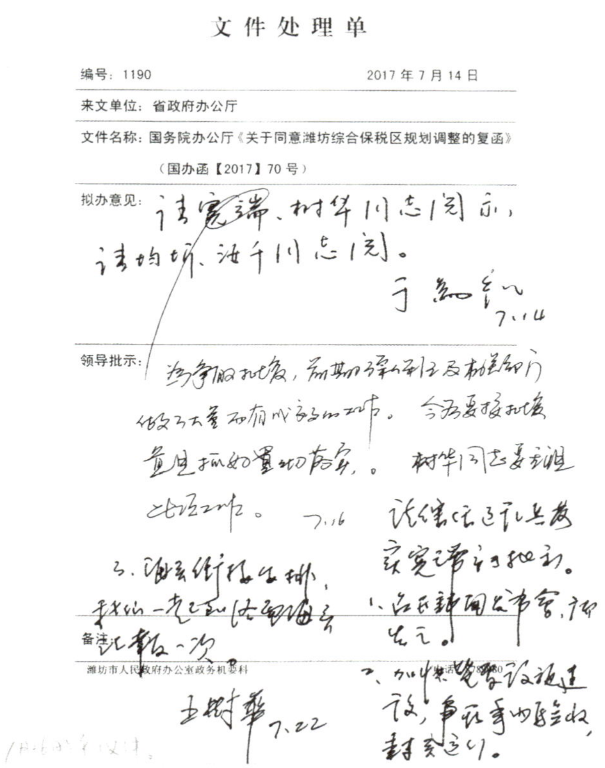

文件处理单

编号：1190　　2017 年 7 月 14 日

来文单位：省政府办公厅

文件名称：国务院办公厅《关于同意潍坊综合保税区规划调整的复函》（国办函【2017】70 号）

拟办意见：

领导批示：

备注：

潍坊市人民政府办公室政务机要科

2017 年 7 月，国务院批复设立潍坊综合保税区北区

潍 办 通 报

〔2018〕第 30 期

刘曙光、田庆盈同志
在乡村振兴战略推进工作调度会上的讲话

（2018 年 9 月 26 日　根据记录整理）

第三，要抓牢抓实乡村振兴的根本。一是筑牢“两个支撑”。一方面，强化组织支撑。调研分析发现，所有产业搞得好、富民搞得好、旅游搞得好的村都有一个共同特点，就是基层组织建设抓得好、班子带头人带得好、干部群众心齐气顺。各县市区、市属开发区要深刻把握这一根本性规律，把乡村振兴的着力点放在抓基层、抓班子、抓机制上，着力推动乡村全面振兴。另一方面，抓好项目支撑。这几天我琢磨了两句话：一是“不管新动能旧动能，不抓项目等于零”；二是“说一千道一万，没有项目都不算”。各县市区、市属开发区是经济发展的主体，要在抓项目上下苦功夫。在这件事上，要向徐洪吉同志学习锲而不舍推进综合保税区 B 区获国家批复验收的精神，强化工作责任心，咬定项目不放松，不达目的不罢休，进一步增强抓工作的韧劲，确保项目落地落实。同时，抓项目还必须抓到点子上。比如，新能源汽车是我市新旧动能转换“十大产业”的重要内容之一，目前产

2018 年 9 月 26 日，市委召开县市区委书记、市属开发区党工委书记、市直有关部门主要负责人会议，专题研究乡村振兴，市长田庆盈肯定表扬了徐洪吉抓项目精神

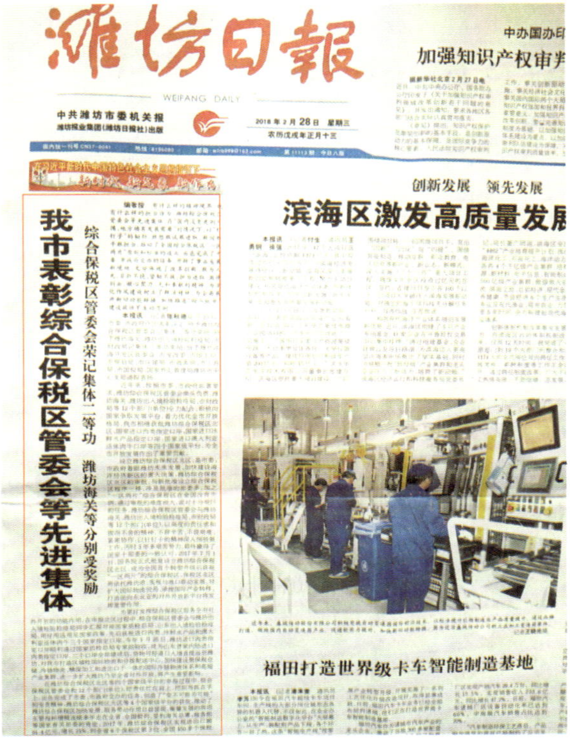

潍坊日報

中共潍坊市委机关报

我市表彰综合保税区管委会等先进集体

综合保税区管委会荣记集体二等功　潍坊海关等分别受奖励

创新发展　领先发展

滨海区激发高质量发展

加强知识产权审判

福田打造世界级卡车智能制造基地

2018 年 2 月 28 日，潍坊日报报道综合保税区管委会等先进集体

大众日报 DAZHONG
2017年8月1日 星期二
电话:(0531)85196701 Email:dzad@dzwww.com
专版 5

构建国际大平台 助力山东国际化

国务院批复潍坊综合保税区“一区两片”运营

综合保税区是国务院批准设立的特殊经济区域，也是国内最接近自贸试验区的经济区域。谈及综合保税区，人们总认为那是设在知名大城市里的特区，与潍坊遥不可及。2003年12月，国务院批准设立潍坊出口加工区，为潍坊打开了外向型经济的新窗口。2011年1月，国务院批准潍坊出口加工区转型升级为潍坊综合保税区，成为全国第14个、山东首个综合保税区。2017年7月，国务院在潍坊北部沿海港口地区批复设立潍坊综合保税区北区。至此，潍坊综合保税区成为全国首个转型升级之后获批“一区两片”的综合保税区，潍坊有了两个国家级综合保税区。

从不敢去想，到怀揣梦想，再到梦想实现。这是一个艰难的路程，需要付出智慧、胆量和干劲，需要付出常人不曾付出的代价。潍坊保税区从过去的出口加工区，到转型升级为综合保税区，再到获批设立综合保税区北区，是一个跨越，也是一个飞跃，是一个拉动发展的张力。潍坊保税区的发展史是区域经济发展史，是群体励志奋斗史，是金字招牌的“夺宝”史，里面体现着保税区人“敢于担当、团结拼搏、百折不挠、执着发展”的情怀，凸显了他们特有的闯劲、干劲、韧劲和后劲。事实证明，这正是走向成功的法宝，如果拥有了这些，世间就没有克服不了的困难，就没有实现不了的梦想。

轻舟已过万重山。如今，潍坊综合保税区“一区两片”运营，保税区又开始了发展的新征程。相信，潍坊综合保税区的明天会更加美好！

这是一片神奇的土地，它“境内关外”，架起了潍坊与世界沟通的桥梁。这是一片充满希望的土地，它是改革开放的最前沿，打开了潍坊外向型经济的新窗口。它就是全国第14个综合保税区——潍坊综合保税区。

2003年12月，国务院批准设立潍坊出口加工区，为潍坊打开了外向型经济的新窗口。2011年1月，经国务院批准潍坊出口加工区转型升级为综合保税区，成为潍坊乃至全省发展史上的一个重要里程碑。2017年7月，潍坊综合保税区北区再次获国务院批准设立，潍坊综合保税区也成为全国首个转型升级之后获批“一区两片”的综合保税区，潍坊有了两个综合保税区。

从出口加工区转型升级综合保税区再到获批综合保税北区，潍坊综合保税区发展从无到有、从小到大、一区两片、跨越发展，这是量变的过程，更是质变的结果。其间有顺利，也有坎坷，酸甜苦辣，确实来之不易。2012—2015年，全区进出口额年均增长70%，公共财政预算收入年均增长40%。2016年，全区进出口额增幅29.5%，增幅居全市、全省第1位。预计到“十三五”末，全区实现年产值800亿—1000亿元，进出口总额80亿—100亿美元，服务社会企业5000家以上。潍坊综合保税区走出了一条创新发展、超常发展、转型发展、科学发展之路，受到了海关总署、商务部等国家有关部委的充分肯定和赞扬。

潍坊综合保税区的建设发展，有力地印证了速度、力量和发展的顺承关系。建成保税区，是胆识和责任，更是机遇和挑战。建设者们把智慧和担当凝入这一里程碑，把敬业和奉献写入这一片天地间。

国务院批复设立
潍坊出口加工区

时光回溯到2003年。沐浴着改革开放的春风，潍坊迈入了新的发展阶段。当时潍坊外向型经济势头良好，“潍坊制造”在国际市场已有名气。为让“地产品”更多地走出国门，让“洋产品”放量进入国内，推进扩大开放，潍坊市委、市政府高瞻远瞩，果断决策，向国家申报潍坊出口加工区。

为加快申报步伐，按照市委、市政府的统一部署，根据主管这项工作的原市委副书记、常务副市长张江汀的要求，市政府成立专门申报班子，派时任市政府副秘书长的徐洪吉牵头负责。2003年，正值国家清理整顿并暂停审批各类开发区和出口加工区，许多地方都放弃申报。在这一大背景下，申报难度可想而知。徐洪吉带领申报小组，迎难而上，和他的申报团队张玉和、吕传昌、杨德强、许景伟等同志，在北京一住就是一年。为节省费用，他们租住简易房，自己做饭；为提高效率，他们一两个月回家一次，几乎天天泡在部委；为尽快变成政策业务内行，方便与上级汇报交流，他们边申报、边请教、边学习、边帮助工作，多方面获取知识营养，尽快由业务外行变成业务内行。经过申报小组一年的不懈努力，2003年12月国务院批复设立潍坊出口加工区。

申报成功，确属奇迹，成为当年山东和潍坊“年度大事”之一。为此，时任山东省省长高度赞扬了潍坊的做法，并在全省经济工作会上称赞为“潍坊精神”。商务部在内部机关工作交流会上，号召学习潍坊“坚韧不拔、执着追求、不达目的誓不罢休”的工作精神。国务院办公厅领导也被潍坊这种对事业高度负责的精神所感动，主动帮助潍坊协调一些部委的工作。潍坊市委、市政府在2003年年度工作总结表彰大会上，给徐洪吉记二等功，并奖励申报团组20万元人民币。

国务院批复升级
潍坊综合保税区

出口加工区是在改革开放大潮中涌现出的新生事物，也是“两头”在外加工贸易的产物。但是，随着市场需求的变化，出口加工区的功能不足逐步显现。比如网内只能搞国际加工，不能搞贸易物流；只适合外向度高的企业入驻，限制了产品两个市场的企业入区。这样一来，招商难度不断加大，再加上其他种种原因，5年过去了，出口加工区依然经营困难、步履维艰，一直是建设靠政府，吃饭靠转移，服务无能力。

也许是缘分。时隔5年，于2008年年底，市委派时任市政府副秘书长兼市沿海开发办主任徐洪吉任出口加工区主要负责人。他对出口加工区不但不陌生，而且有着特别的感情。过去几年里，无论在哪个岗位工作，他都怀着难以割舍的感情，发自心底地关注和期待着出口加工区，对加工区的发展有着独特思路与见解。

出口加工区发展滞后，让人十分着急！十分焦虑！怎么实现快速发展？怎么才能赶上和超过国内先进出口加工区？徐洪吉痛下决心，背水一战，带领管委会中层以上干部南下上海、广州、重庆、成都，北上北京、天津、大连，到省内青岛、烟台、威海、济南等地的保税区、出口加工区考察学习，学习经验，找出差距，厘清思路。

2009年2月，新班子确定了出口加工区下一步的发展思路和目标：即“大服务、大物流、大加工”同步发展，网内网外一体化经营，立足潍坊、服务山东、辐射全国，着力打造“政策服务”“高端制造”“国际物流”三大中心，尽快扭转落后局面。

当时，正值世界经济危机，外向型经济非常不好。为扭转不利局面，国务院提出，将现有各类海关特殊监管区域整合为一种新的区域，赋予综合的优惠政策，新设立综合保税区，并在全国优选部分发展好的出口加工区转型升级为综合保税区。

国家这一重大利好政策一发布，潍坊出口加工区党工委、管委会就立刻认识到，必须抓住这难得的历史机遇，尽快把出口加工区转型升级为综合保税区。只有这样潍坊出口加工区才有出路，才有更多更宽的政策，才能有更大的发展。为此，潍坊又开始了新一轮规划、申报、建设的角逐。

当时，省委、省政府高度重视潍坊申报综合保税区，并给予重大支持和帮助。原省委书记和省长联名写信给国务院分管副总理，推荐潍坊转型升级，并得到了国务院领导的关注和支持。海关、商检、商务、发改、财政、国税、国土、住建、外汇、工商等有关部门全力指导。潍坊市委、市政府主要领导和分管领导也多次调度，全力推进。区党工委、管委会深感责任重大，使命光荣，莫失良机，第一时间赶到国家有关部委了解情况，推介潍坊，立下了“给一个机会，创一个奇迹”的军令状，信誓旦旦，让人动情，引起了各级领导的关注。

为确保申报时效，管委会成立了由主要负责人徐洪吉挂帅、副主任王守全协助的申报小组，迅速展开工作。2009年9月，潍坊市政府向省政府上报申报文件；2009年10月省政府转报国务院；2010年4月21日，海关总署正式启动潍坊综合保税区审批程序；2010年11月4日，国家十部委全部同意设立潍坊综合保税区。2011年1月25日，国务院正式批复潍坊综合保税区，成为全国获批的第14个综合保税区。2011年2月23日，山东省政府在潍坊召开新闻发布会，正式宣布潍坊综合保税区经国务院批准设立！一时间全国主流媒体纷纷报道，潍坊有了功能和政策比较齐全的国家级综合保税区。

潍坊综合保税区批复设立，是山东省、潍坊市的一件大事和喜事。它进一步丰富完善了潍坊的城市功能，架起了一条连接潍坊与世界的国际贸易大通道，对加快山东半岛蓝色经济区、黄河三角洲高效生态经济区和环渤海经济圈建设，意义和作用十分重大。

国务院批复设立
潍坊综合保税区北区

潍坊北部沿海地区2700平方公里，土地资源充足，港口优势明显，产业基础较好，发展潜力无穷，是山东和潍坊新的增长极，也是环渤海大湾区最有发展潜力的地区。在这一地区设立综合保税区，能够实现与潍坊港联动发展，对于扩大国际物流贸易，承接国际产业转移，打造面向东北亚的对外开放新平台，具有十分重要的意义。

潍坊综合保税区全面贯彻落实省委、省政府和市委、市政府关于全面实施海洋发展战略的号召，于2013年6月在反复调研论证的基础上，向潍坊市委、市政府提出了在北部沿海港口地区设立潍坊综合保税区北区的设想。这一设想立刻得到了市委、市政府的高度赞同和采纳，并决定由潍坊综合保税区具体负责申报和筹建。

为加快保税区北区申报步伐，潍坊综合保税区成立了由党工委书记、管委会主任徐洪吉为组长，副主任王守全为副组长的申报工作领导小组，立即展开了一系列的申报准备工作。在与上级的汇报对接中，北京部委明确表示，潍坊作为一个地级市，同时设立两个国家级保税区，基本不可能。为此，管委会和海关等有关部门迅速转变思路，提出调整发展规划，从南区尚未围网的区域拿出2.12平方公里，调整到潍坊港口周边，设立潍坊综合保税区北区。即在潍坊综合保税区一块牌子下，分南北两个区域运营，也相当于两个保税区。这样仅是调整了规划，不涉及重新立户，又在北部设立了分区，获批的可能性极大。这一设想也基本得到了多数部委的认同。

有了思路，就有了方向。但区划调整也绝非易事，审批程序与重新设立一个综合保税区一样，需要征求国务院10部委意见，10部委部长会签，最终由国务院分管副总理和总理签批。申批程序复杂，特别是在国务院整顿优化海关特殊监管区的特殊背景下，部委审核把关更严，难度尤为巨大。2013年12月，潍坊综合保税区调整区划设立北区的申报文件逐级上报省政府、国务院。随后，国务院将文件转到海关总署。2014年7月，海关总署启动征求国务院10部委意见程序。然而没有想到的是，出口加工区转型升级综合保税区之后，再由综合保税区申请“一区两片”，全国没有先例。因此有关部委产生了意见分歧，拿不准如何办理，审批迟迟没有大的进展，甚至处于停滞状态。

面对这种艰难局面，申报小组没有放弃，他们迎难而上，克难攻坚，主动汇报，反复解释，多方沟通，全力争取上级关心与支持。申报的3年多时间，市委书记刘曙光，市委常委、市政法委书记、滨海区党工委书记孙起生，副市长王树华、田民利，原副市长、现阳光集团副总裁夏芳晨等领导，多次赴北京有关部委汇报对接。综合保税区党工委书记、管委会主任徐洪吉，管委会原副主任王守全以及潍坊海关、潍坊国检、财政、发改、国税、国土、住建、商务、工商、外汇等有关部门，加强配合，团结协作，全力争取，往返北京100余次，汇报对接部委100多人。功夫不负有心人，潍坊的努力工作，感动了上级，感动了部委，最终获得了国家10部委的一致认可同意。2017年4月，国务院10个部委部长分别签字同意设立潍坊综合保税区北区，并将会签文件上报国务院。2017年7月1日，国务院正式批复设立潍坊综合保税区北区，成为全国首个转型升级之后获批“一区两片”的综合保税区，潍坊有了两个综合保税区。

潍坊综合保税区北区的设立，不仅是单纯的规划调整，更推动了全国综合保税区“一区两片”原则和标准的设立，为海关特殊监管区域整合优化提供了新的方向和路径。这也充分体现了潍坊保税区“坚韧不拔、百折不挠”的顽强作风。获批后，市委书记刘曙光高度评价了综合保税区“变不可能为可能”的坚韧不拔奋斗精神。

目前，按照市委、市政府提出的“边申报、边建设、边招商”的要求，潍坊综合保税区正全力加快保税北区验收必备的基础设施建设，确保达到验收条件，申请国家验收。同时，加快引进一批木材、橡胶、石材、钢材、纸浆等大宗原材料物流项目，以及动力机械、节能环保等临港加工项目，力争“一年打基础、二年建框架、三年树形象”，把潍坊综合保税区北区打造成为全市走向海洋、融入世界的大平台。

多方聚集发展资源

区域经济发展的快慢，关键取决于各种资源的聚集、吸纳和利用能力。潍坊综合保税区从零做起，是“一张白纸”，因此多方争取发展资源尤为重要。多年来，综合保税区不断拓宽渠道，千方百计聚集各种资源要素，为企业所用，为发展所用，切实保障了全区的加快发展。

发展空间不足是潍坊综合保税区面临的首要问题。最早的潍坊出口加工区仅有网内1.5平方公里，没有网外配套区，是靠“一条腿”走路，发展中难有大的“加速度”。为此，潍坊综合保税区一班人，在多次外出学习的基础上，向市委、市政府提出了设立网外产业配套区的报告。经过充分调研论证，2011年6月21日，潍坊市委召开市委常委会，确定将汶泉发展区20平方公里整建制划归综合保税区管理，设立综合保税区配套区。2015年11月，市委、市政府又确定将潍坊港周边10平方公里整体划转保税区，设立综合保税区北区。这样，综合保税区管辖面积从原有的1.5平方公里扩大到了30平方公里，其中网内监管区5.17平方公里，网外配套区24.83平方公里，使保税区走上了网内网外一体化发展的良性轨道，形成了“一区两片”、优势互补、区港联动的大格局。

有了空间，还要有土地指标才能落项目、搞建设。由于全市土地指标资源有限，每年分给综合保税区的土地指标不到100亩。仅靠这点土地，显然不能满足项目需要，园区建设也达不到国务院验收要求。为尽快争取到更多的土地指标，保税区动员一切力量，多方寻求支持。市委书记刘曙光高度重视，多次带队，到国土部和省国土厅汇报需求，请求支持。在国家、省市国土资源部门的大力关心和支持下，2009—2013年5年时间内，保税区累计向上争取土地指标5000多亩，其中2012年国土部专题为潍坊综合保税区安排土地指标2000亩，这是罕见和少有的，确保了保税区于2013年顺利通过国家围网验收。

资金短缺一直是保税区建设的“卡脖子”问题。为筹措建设资金，2012年8月，潍坊市委、市政府召开现场办公会，专题研究保税区发展资金投入问题，并现场为保税区解决了几个亿的启动资金。滨海开发区也慷慨解囊，帮助解决了部分发展资金。与此同时，保税区也拓宽融资思路，整合优质资源，组建了市场化的投资发展公司，全面加强与进出口银行、国内外投资公司、社会资本等的合作，广泛调动银行和社会资本参与保税区开发建设，有效解决了发展资金不足问题。

科学的体制机制是发展的根本保障。潍坊综合保税区是市属开发区，直属市委、市政府管理，并赋予市级经济管理权限，设立网外配套区，实行“特区特管”。2011年1月潍坊综合保税区获批后，再次抢抓机遇，积极向中央编办申报机构编制。经过一系列的努力申报和全力争取，2012年11月，经中央编委同意，中央编办批复潍坊综合保税区升格为副厅级管理机构，属省政府派出机构，由潍坊市代管。潍坊成为全国唯一拥有3个副厅级开发区的地级城市。体制机制的调整和规格的提升，加大了上级政府对保税区的领导和支持力度，极大地激发了全区发展活力，全区进出口额、财政收入、保税物流货值、工业主营业务收入、服务企业数量等主要指标连年大幅增长，经济社会呈现出了健康快速发展的大好局面。

构建服务企业大平台

综合保税区是一个优惠政策服务区。潍坊综合保税区的服务半径约300公里，具有“承东启西”的辐射带动作用，向东承接青岛、烟台、威海等沿海城市，向西服务淄博、滨州、东营、济南等城市，有着得天独厚的区位优势和交通条件。

“为服务而存在，为别人而生存，为发展而发展。”潍坊综合保税区积极倡树起这一理念，按照自贸试验区的标准，全力搭建起“五大服务平台”，已有1500多家企业来区开展业务，报关单票数占全市的40%，有力地服务了潍坊及周边地区外向型经济发展。

口岸综合服务平台。依托青岛机场、青岛港，把国际机场和国际港口功能后移到潍坊，企业可以在保税区办理报关、报检、订舱、装卸、运输等业务，相当于“无跑道国际机场”和“无水国际港口”，不需要再跑青岛等沿海城市。

快捷通关服务平台。大力推行通关便利化改革，复制推广了11项自贸区新政策，在省内率先推行了一次申报、一次查验、一次放行的“三个一”通关报检新模式，被济南海关确定为改革试点区和先行区。

检验检疫服务平台。过去潍坊企业进出口货物都在青岛检验检疫，企业非常不便。保税区申请国家质检总局批准，实现了进口棉花等植物产品在保税区就地检验检疫，设立了进口肉类和冰鲜水产品口岸，目前正在申报进口水果口岸。

国际物流服务平台。按照市场化理念，引进了总投资6.3亿元的中俄冷链物流项目、总投资4亿元的中国外运集团电子配送项目、总投资4亿元的香港中基集团物流项目等20多个国际物流项目落户，已建成保税仓库25万平方米，满足了社会企业的仓储物流和大进大出需求。

外贸综合服务平台。保税区发展空间有限，但是政策服务无限。全区创新搭建了外贸综合服务平台，努力为企业提供报关、报检、退税、结汇等一站式综合服务。

栽下梧桐树
引来金凤凰

当年栽下梧桐树，如今引来金凤凰。潍坊综合保税区的快速发展，得益于优惠政策，更得益于全员招商。2008年底新班子上任后，为了尽快摆脱落后局面，实现跨越赶超、快速发展，管委会提出“项目立区、全员招商”理念，把招商引资作为全区的中心之中心、重心之重心、核心之核心，招商高于一切。

综合保税区管委会所有部门都加挂招商局的牌子，全区共组建了20个招商小分队，分别由班子成员带队，发扬“5+2”“白加黑”“铁板钉钉”“马上办”的工作精神，全力加大招商引资力度。经过一年多的努力，扭转了落后局面，仅2009年就引进项目20多个，此后几年，每年都有大项目、好项目落户区内。

目前，潍坊综合保税区已引进总投资200多亿元的80多个重点项目，初步形成了“电子信息、冷链物流、进口棉花加工、跨境电商、新能源、新材料”6个百亿级产业链的发展框架。特别是引进了总投资30亿元的歌尔电子产业园，主要研发生产智能穿戴、虚拟现实、机器人与无人机等电子产品，为苹果、Facebook、三星、谷歌、微软、华为等国际知名厂商提供配套服务。以此为基础，全区正在规划建设虚拟现实智慧城，打造全国全省领先的智能产业集群。同时，按照“学习松山湖、高于松山湖”的理念，实施全域生态环境整体提升工程，打造生态一流、商务生活一流、基础设施一流、容纳10万—15万人的国家级生态智慧特色小镇，建成潍坊生态产业新城区。

“变不可能为可能”的
保税区精神

有目共睹，如今的潍坊综合保税区发展已进入快车道。潍坊保税区的发展不仅仅是区域经济发展史，是金字招牌的“夺宝”史，更是一个“变不可能为可能”的奋斗史，里面体现着保税区人“敢为人先、团结拼搏、百折不挠、执着追求”的精神，凸显了他们特有的闯劲、干劲、韧劲和后劲。正是这种精神，成为跨越发展的不竭动力，引领保税区向对外开放的服务区、外向型经济的聚集区、改革创新的实验区阔步前进。

“敢为人先、激情创业”，是保税区解放思想、创新发展的灵魂。多年来，保税区以改革创新的精神，始终站在时代和改革开放最前沿。从出口加工区申办到全国第14个综合保税区；从管辖面积1.5平方公里扩大到30平方公里；从一个保税区转型到“一区两片”；从过去的各项经济指标全国落后，到现在的连续多年跨越增长。每一个发展的重要节点，都是保税区人抢抓机遇的结果，体现了保税区人的拼搏性格和顽强作风，也是“敢为人先、激情创业”的真实写照。

“坚韧不拔，百折不挠”，体现了保税区特有的作风和精神，正是靠这种精神，保税区啃下了最硬的“骨头”，拔掉了最硬的“钉子”，突破了一批大事难事，克服了常人难以预见的困难和问题，让一个个“不可能”变成了“可能”，在转型发展、科学发展、跨越发展的征程上，谱写出改革发展建设的崭新篇章。

“改革创新，勇立潮头”，是保税区的永恒主题和生命所在。改革创新，让保税区的功能政策不断拓展，辐射范围不断扩大，服务作用不断显现，在全市开放发展的地位和作用显著提升。改革创新，让保税区插上了腾飞的翅膀，经济社会发生了翻天覆地的变化，人民群众得到了实实在在的实惠。

“团结拼搏，无私奉献”，是保税区从无到有、从小到大、一区两片的作风保障。保税区一班人，牢固树立“一盘棋”思想，讲政治、讲大局、讲团结、讲奉献、讲品行，弘扬“老黄牛式”的苦干精神，不计名利，不计得失，不怕吃亏，不怕吃苦，真正做到了用事业增进团结，用发展凝聚力量，营造了“想干事、干成事、好处事、不出事”的浓厚氛围。

向自由贸易试验区迈进

党的十八届三中全会指出，国家要在推进上海自贸区试点基础上，选择具备条件的地方发展自由贸易园(港)区。新一届潍坊市委、市政府对综合保税区的工作提出了更高要求，指明了发展方向，吹响了迈上新征程的号角。潍坊综合保税区又迎来了新的发展机遇，正全力申报创建国家自由贸易试验区，向着新的、更高的、更加开放的目标迈进，谱写潍坊开放型经济发展的新篇章。

“大鹏一日同风起，扶摇直上九万里。”在省委、省政府和潍坊市委、市政府的正确领导下，潍坊保税区人将以新的姿态，勇于担当，创新突破，乘胜前进！

2015 年改造前的潍坊综合保税区北区通关卡口

全力加快各项基础设施建设，2018 年 6 月 12 日，潍坊综合保税北区验收必备的各项基础设施全面建成，并顺利通过了济南海关、省商务厅等省联合预验收组的预验收。9 月 21 日，潍坊综合保税区北区正式通过国务院八部委联合验收组验收。

2017 年 7 月 1 日，国务院正式下发《关于同意山东潍坊综合保税区规划调整的复函》，批准潍坊综合保税区将 2.12 平方公里围网面积调整至潍坊港口周边，设立潍坊综合保税区北区。成为全国首个转型升级之后获批“一区两片”的综合保税区，潍坊综合保税区北区正式获批设立。

获批后，市委书记刘曙光给予高度评价，充分肯定综合保税区“变不可能为可能”的宝贵精神。为此，市委、市政府为潍坊综合保税区记集体二等功。

建设验收

按照国务院要求，综合保税区获批后，要在一年内完成建设任务，并申请国家验收。申报过程中，潍坊综合保税区不等不靠，按照“边申报、边建设”的要求，2016 年 6 月，聘请国内高端设计院所，编制完成北区总体规划、控制性详细规划、产业发展规划及有关专项规划，确保高起点、高标准推进北区开发。获批后，潍坊综合保税区筹资 4 亿元，按照《海关特殊监管区域基础和监管设施验收标准》，

至此，潍坊综合保税区正式分为南区、北区“一区两片”运营。南区管辖面积 20 平方公里，主要依托青岛港和青岛机场，服务潍坊及周边地市外向型经济发展。北区管辖面积 10 平方公里，主要依托潍坊港，服务潍坊北部沿海 2700 平方公里开发开放。两个片区各自有服务重点，又相互补充、相互融合，使综合保税区的功能政策覆盖潍坊、辐射全省。

在潍坊综合保税区和潍坊综合保税区北区申报过程中，海关总署及加贸司、办公厅领导盛光祖、于广州、孙毅彪、张皖生、吕伟红、胡东升、李志辉、黎明、盛甫斌、郭子文、王一鹏、赵妍等领导给予大力帮助和支持。

2018 年建成后的潍坊综合保税区北区通关卡口

第二章　区域规划与调整

第一节　出口加工区

2003 年 4 月 10 日，潍坊出口加工区申报之初，市委、市政府初步确定潍坊出口加工区选址规划、产业定位、基础设施配套、财政税收、机构设置和权责等事宜。10 月 8 日，市政府向省政府上报《关于设立以农副产品出口加工为主的潍坊出口加工区的请示》，确定潍坊出口加工区拟设立在潍坊国家级高新技术产业开发区内，规划建设面积 3 平方公里。12 月 5 日，潍坊出口加工区获国务院批复设立，批复围网面积 3 平方公里，四至范围为：高五路以西、高二路以东、玉清街以南、梨园街以北（其中，高二路以东、健康街以南、加工区办公楼以北由市里统一规划的占地 190 亩的生物科技园除外）。

2005 年 8 月，潍坊出口加工区一期围网经国家十部委联合验收。围网面积 1.57 平方公里，四至范围为：高四路以西、高二路以东、玉清街以南、梨园街以北（其中，闫家张营、吉家张营、刘家张营、张营南埠 4 个村和生物科技园除外）。

2006 年 4 月，市委、市政府单设潍坊出口加工区，确定潍坊出口加工区管辖范围为一期围网 1.57 平方公里。

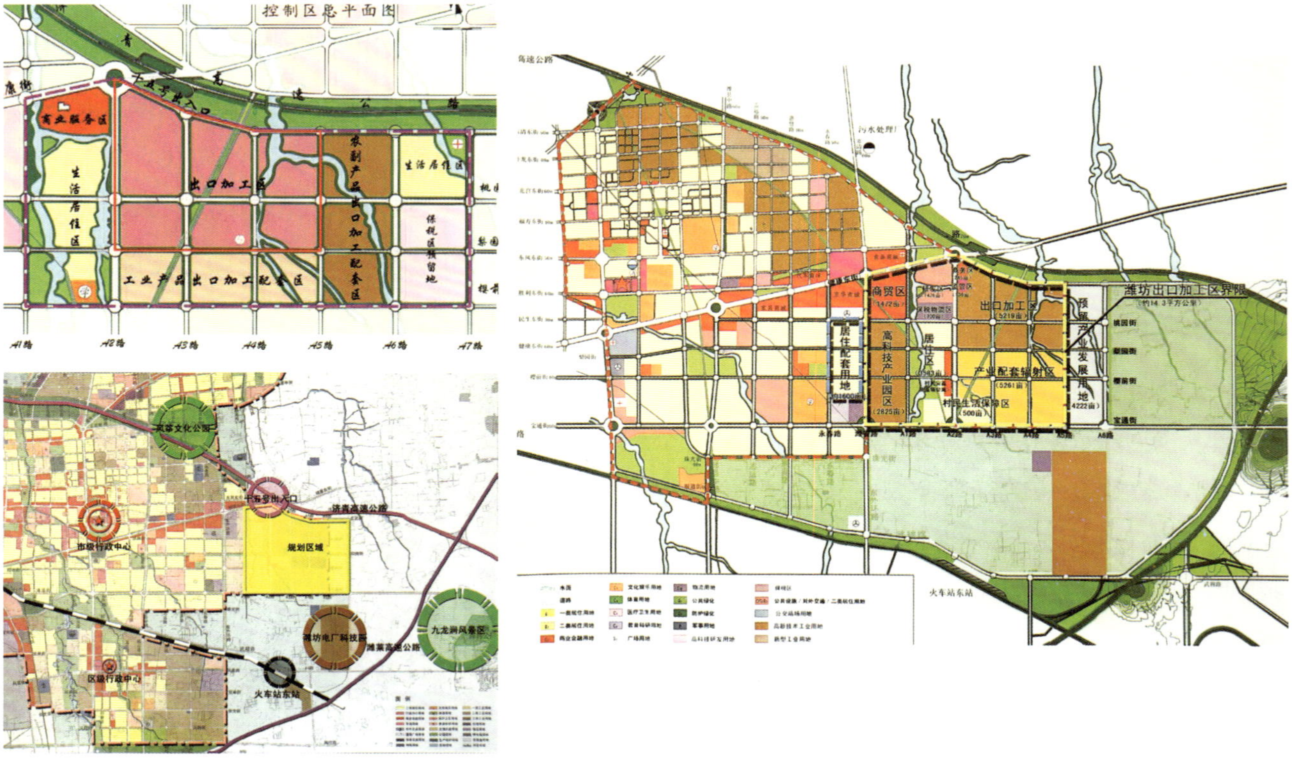

2004 年 4 月，按照国家批复要求，潍坊市编制出口加工区总体规划，其中围网监管区面积 3 平方公里，并在周边设立六大功能区

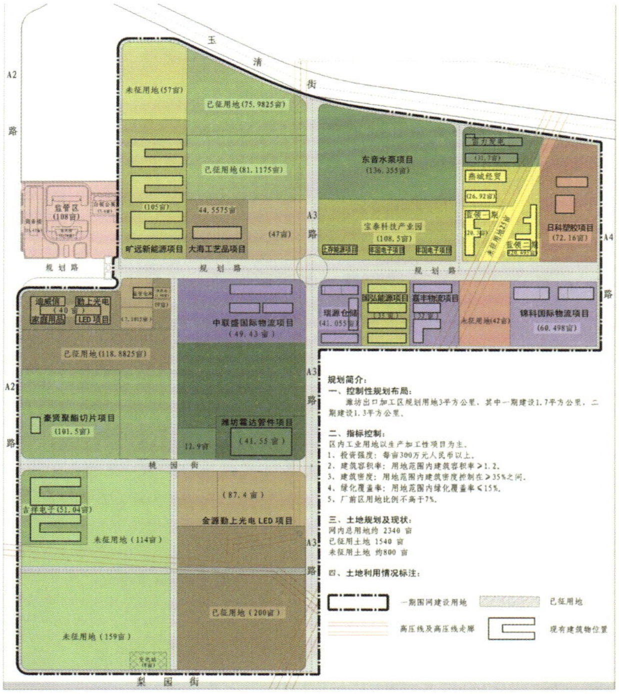

潍坊出口加工区一期围网用地规划图

第二节 综合保税区

2009年6月，市委、市政府确定在潍坊出口加工区基础上申报潍坊综合保税区。按照市委、市政府要求，经市规划局审查确定，拟申报潍坊综合保税区总规划面积11平方公里。其中，围网面积6.6平方公里（四至范围为：西起高新二路，东至高新七路，北到玉清街，南至樱前街），网外配套区面积4.4平方公里。

2010年5月，市委书记张新起对潍坊出口加工区规划及转型升级综合保税区事宜作出批示："1. 规划与国土局确定意见，可以满足审批要求，如无大的异议抓紧确定；2. 网内村庄搬迁，配套区因是农田难以平衡，可考虑在高新区内统筹解决；3. 国土部门争取其规划范围的调整；4. 管理权待批复下达后办；5. 出口加工区发展方式和结构需转变，由加工型转为物流型，严格控制加工企业占地，确保物流功能增长；6. 出口加工区或综合保税物流区不以自身经济收入效益为唯一价值目标，实际也难以达成平衡，以形成功能为重，收益不足的可考虑纳入市级财政扶持范围"。

2010年5月，按照市委书记张新起要求，根据潍坊市城市利用总体规划，市委、市政府调整潍坊综合保税区申报范围，确定总规划面积为12.37平方公里，其中围网面积5.17平方公里，网外产业支撑配套区7.2平方公里（四至范围为：东至东外环路，西至高二路和高七路，北至济青高速公路，南至梨园街和珠光街）。

2011年1月，国务院下发《关于同意设立潍坊综合保税区的批复》，正式批准设立潍坊综合保税区。批复围网面积为5.17平方公里。四至范围为：东至高八路，南至梨园街和樱前街，西至高二路，北至玉清街。

2011年6月20日，市长许立全在市级机关综合办公大楼召开专题会议，研究综合保税区管理体制问题，确定将高新区汶泉发展区青银高速公路以南部分及相关区域划归综合保税区。同时，考虑区划调整后，综合保税区下步发展将涉及村庄搬迁、社会管理服务等问题，确定将汶泉

2009年1月19日 市委副书记、市长许立全（中）召开会议专题研究潍坊出口加工区区划事宜

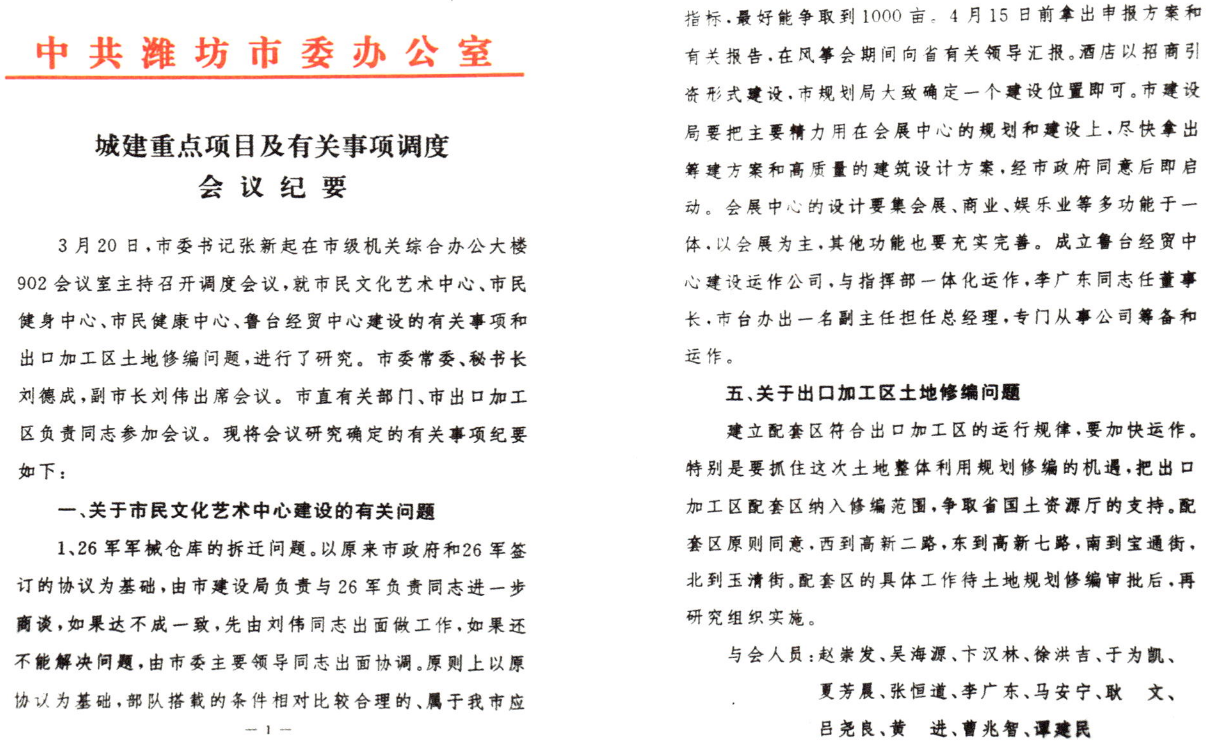

中共潍坊市委办公室

城建重点项目及有关事项调度会议纪要

3月20日，市委书记张新起在市级机关综合办公大楼902会议室主持召开调度会议，就市民文化艺术中心、市民健身中心、市民健康中心、鲁台经贸中心建设的有关事项和出口加工区土地修编问题，进行了研究。市委常委、秘书长刘德成，副市长刘伟出席会议。市直有关部门、市出口加工区负责同志参加会议。现将会议研究确定的有关事项纪要如下：

一、关于市民文化艺术中心建设的有关问题

1、26军军械仓库的拆迁问题。以原来市政府和26军签订的协议为基础，由市建设局负责与26军负责同志进一步商谈，如果达不成一致，先由刘伟同志出面做工作，如果还不能解决问题，由市委主要领导同志出面协调。原则上以原协议为基础，部队搭载的条件相对比较合理的、属于我市应

— 1 —

指标，最好能争取到1000亩。4月15日前拿出申报方案和有关报告，在风筝会期间向省有关领导汇报。酒店以招商引资形式建设，市规划局大致确定一个建设位置即可。市建设局要把主要精力用在会展中心的规划和建设上，尽快拿出筹建方案和高质量的建筑设计方案，经市政府同意后即启动。会展中心的设计要集会展、商业、娱乐业等多功能于一体，以会展为主，其他功能也要充实完善。成立鲁台经贸中心建设运作公司，与指挥部一体化运作，李广东同志任董事长，市台办出一名副主任担任总经理，专门从事公司筹备和运作。

五、关于出口加工区土地修编问题

建立配套区符合出口加工区的运行规律，要加快运作。特别是要抓住这次土地整体利用规划修编的机遇，把出口加工区配套区纳入修编范围，争取省国土资源厅的支持。配套区原则同意，西到高新二路，东到高新七路，南到宝通街，北到玉清街。配套区的具体工作待土地规划修编审批后，再研究组织实施。

与会人员：赵崇发、吴海源、卞汉林、徐洪吉、于为凯、
夏芳晨、张恒道、李广东、马安宁、耿　文、
吕尧良、黄　进、曹兆智、谭建民

2009年3月20日，张新起书记在市委902会议室召开分管市长和有关部门负责人会议，研究出口加工区配套区问题，确定配套区的四至范围

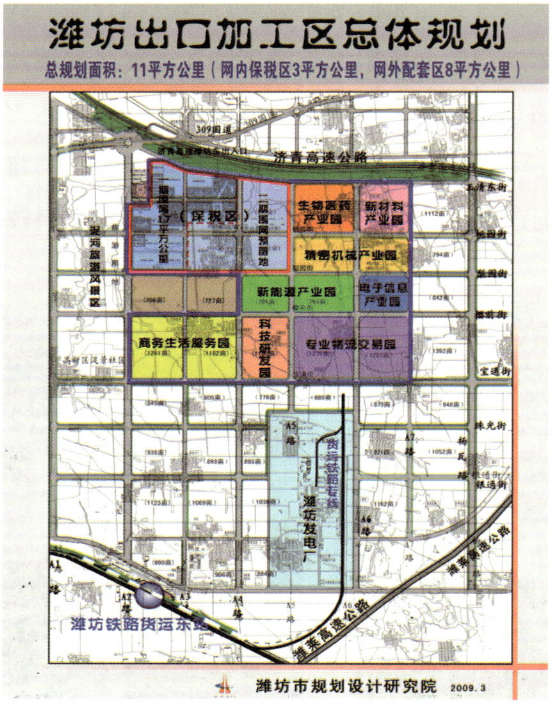

2009年，市委、市政府确定潍坊出口加工区总规划面积11平方公里

2010年，市委、市政府调整潍坊综合保税区申报范围，确定总规划面积12.37平方公里

发展区现有机构和人员编制成建制划归综合保税区管理。市政府副市长王树华，市政府党组成员、潍坊高新区党工委书记、管委会主任赵志远，市直有关部门主要负责人参加会议。

2011 年 6 月 21 日，市委副书记、市长许立全在主持召开第 43 次市政府常务会议。会后下发《关于调整潍坊高新技术产业开发区和潍坊综合保税区区划范围及管理体制的意见》，确定将青银高速公路以南汶泉发展区的 19 个村庄和高二路以东清池街办的 4 个村庄，划归潍坊综保区管理。四至范围为：东至东外环路，西至高二路和高五路，北至济青高速公路，南至樱前街和穆响路。其中，网内保税区 5.17 平方公里，网外配套区 14.83 平方公里，使潍坊综合保税区进入了网内网外结合发展、良性发展的轨道。

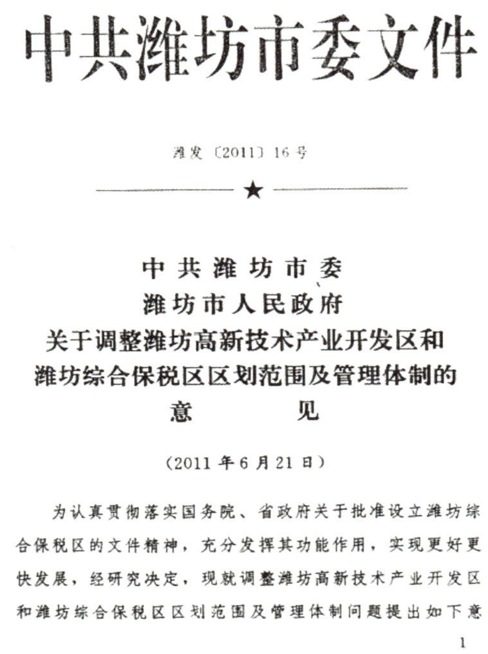

中共潍坊市委文件

潍发〔2011〕16 号

★

中共潍坊市委
潍坊市人民政府
关于调整潍坊高新技术产业开发区和
潍坊综合保税区区划范围及管理体制的
意　　见

（2011 年 6 月 21 日）

为认真贯彻落实国务院、省政府关于批准设立潍坊综合保税区的文件精神，充分发挥其功能作用，实现更好更快发展，经研究决定，现就调整潍坊高新技术产业开发区和潍坊综合保税区区划范围及管理体制问题提出如下意

1

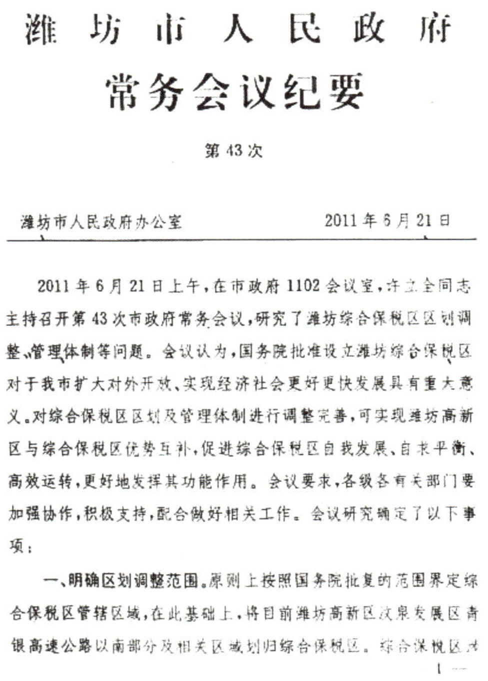

潍坊市人民政府
常务会议纪要

第 43 次

潍坊市人民政府办公室　　2011 年 6 月 21 日

2011 年 6 月 21 日上午，在市政府 1102 会议室，许立全同志主持召开第 43 次市政府常务会议，研究了潍坊综合保税区区划调整、管理体制等问题。会议认为，国务院批准设立潍坊综合保税区对于我市扩大对外开放、实现经济社会更好更快发展具有重大意义。对综合保税区区划及管理体制进行调整完善，可实现潍坊高新区与综合保税区优势互补，促进综合保税区自我发展、自求平衡、高效运转，更好地发挥其功能作用。会议要求，各级各有关部门要加强协作，积极支持，配合做好相关工作。会议研究确定了以下事项：

一、明确区划调整范围。原则上按照国务院批复的范围界定综合保税区管辖区域，在此基础上，将目前潍坊高新区汶泉发展区青银高速公路以南部分及相关区域划归综合保税区。综合保税区

1 —

2011 年 6 月，市委、市政府调整潍坊综合保税区区划范围，确定潍坊综合保税区总管辖面积 20 平方公里，其中网内监管区 5.17 平方公里，网外配套区 14.83 平方公里

第三节　综合保税区北区

2013年11月7日，市委书记、市人大常委会主任杜昌文在滨海区召开港口与保税港区规划建设运营管理协调会议，确定依托潍坊港，规划建设潍坊综合保税区北区。11月9日，综合保税区邀请中国保税区出口加工区协会副秘书长蒲少伟、宋家来，保税区域发展专家潘力，以及青岛、烟台保税港区规划建设方面专家，对北区选址规划事宜进行研究论证，并向市委、市政府提出建议方案。

2013年11月21日，潍坊市委常委、市纪委书记、潍坊港及保税港区建设协调推进小组组长邹庆忠，副组长夏芳晨、王树华在滨海区召开会议，对综合保税区北区选址方案进行研

中共潍坊市委办公室文件

潍办发〔2015〕32号

中共潍坊市委办公室
潍坊市人民政府办公室
关于筹建潍坊综合保税区北区有关事项的
通　　知

各县市区委，人民政府，市属各开发区党工委、管委会，市委各部委，市政府各部门，各重点企业，各高等院校，各人民团体，潍坊军分区：

为深入实施突破滨海战略，充分发挥综合保税区的功能作用，促进区港联动发展，加快滨海海洋经济新区建设，更好地推动实施海洋强国战略，经积极争取上级有关部门的支持，市委、市政府决定筹建潍坊综合保税区北区（以下简称保税北区）。现

— 1 —

潍坊市人民政府纪要

（第122期）

潍坊市人民政府办公室　　　　2015年12月10日

潍坊综合保税区北区筹建工作
专题会议纪要

2015年12月9日下午，市委常委、副市长孙起生在市级机关综合办公大楼一楼第三会议室主持召开会议，专题研究筹建潍坊综合保税区北区工作。滨海区、综合保税区，市发改委、财政局、国土局、规划局、交通局、海渔局、审计局、工商局、安监局、国税局、地税局、商务局、港航局，潍坊海关、潍坊出入境检验检疫局相关负责同志参加会议。现将会议确定事项纪要如下：

会议指出，市委、市政府《关于筹建潍坊综合保税区北区有关事项的通知》对筹建工作提出了明确要求。各有关部门要抓紧行

— 1 —

2015年11月，市委、市政府确定将潍坊港口南侧9.58平方公里规划潍坊综合保税区管理

2017 年 10 月 27 日，党工委书记、管委会主任徐洪吉（中）到保税北区现场办公

2014 年 9 月，潍坊综合保税区调研保税北区选址

究，初步确定北区选址兼顾弥河东西区域，总规划面积 11 平方公里，具体范围是：黄海一路以东、弥河西堤以西、辽河西四街以北区域（9 平方公里），以及弥河东堤以东、海祥路以西、沿海防护堤一期以南、规划主干道以北区域（2 平方公里）。其中，一期围网选址在现有海关监管场站，面积 2 平方公里；二期围网延伸扩大到港口，面积 5 平方公里；网外配套区 4 平方公里。

2013 年 12 月，潍坊市启动潍坊综合保税区北区申报工作，确定将潍坊综合保税区尚未围网的 2.12 平方公里面积调整至潍坊港周边，设立潍坊综合保税区北区。四至范围：东至黄海三路、南至辽河西四街、西至黄海一路、北至辽河西七街。

2015 年 10 月 9 日，市委副书记、市长刘曙光在市级机关综合办公大楼召开专题会议，研究潍坊综合保税区北区区域范围和管理体制问题，市委常委、副市长孙起生，副市长、市滨海区党工委书记王树华，市政府秘书长张洪全，市综合保税区党工委副书记、管委会主任徐洪吉，以及市政府有关副秘书长、综合保税区分管负责人参加会议。会议研究通过《关于调整潍坊综合保税区和滨海开发区区域范围及管理体制的意见》，确定将现滨海开发区内东至黄海三路、西至疏港铁路东侧铁路绿线、南至辽河西四街、北至辽河西七街区域，和东至海宁路西侧道路绿线、西至疏港铁路东侧道路绿线、南至辽河西六街、北至疏港铁路货运站区域，以及东至海祥路、西至海林路东侧道路绿线、南至规划主干道、北至沿海防护堤一期区域，作为综合保税区北区，划归综合保税区管理。区域调整后，在符合滨海区总体规划的前提下，综合保税区北区范围内的土地、规划、建设、招商、海事、环保、市场主体登记监管、安全生产等行政审批、监管及经济管理权限，由综合保税区一体化管理。教育、医疗、卫生、人口和计划生育、公安、交通、消防等社会事务工作，继续由滨海区管理，综合保税区配合。

2015 年 11 月 20 日，潍坊市委书记杜昌文主持召开市委常委会，筹建潍坊综合保税区北区事宜。随后市委、市政府下发《关于筹建潍坊综合保税区北区有关事项的通知》，正式确定设立潍坊综合保税区北区。区划范围：现市滨海经济技术开发区内东至黄海三路、西至疏港铁路东侧铁路绿线、南至辽河西四街、北至辽河西七街区域，东至海宁路西侧道路绿线、西至疏港铁路东侧铁路绿线、南至辽河西六街、北至疏港铁路货运站区域，以及东至海祥路、西至海林路东侧道路绿线、南至规划主干道、北至沿海防护堤一期区域，总规划面积为 9.58 平方公里。

2015 年 12 月 9 日，市委常委、副市长孙起生召开北区筹建工作会议，市滨海区、市保税区、以及市直各有关部门参加，安排部署整体移交等工作。至此，保税北区区划调整到位。

第三章　管理体制

潍坊综合保税区管理体制与全国绝大多数海关特殊监管区不同，实行直属地方党委、政府领导的管理体制，而不是设在开发区内部的二级机构，不是区中区、园中园的发展模式。2008 年以来，潍坊综合保税区的快速发展，始终得益于这种独立的管理体制。独立的管理体制，让保税区得到了市委、市政府的高度重视，有利于有效聚集全市资源支持保税区发展；扩大保税区服务辐射范围，不局限于在服务高新区或开发区，扩大到为全市及周边地区企业提供服务；进一步减少管理环节，有利于提高决策效率和服务质量。

独立的管理体制，极大地激发全区发展活力。2011 年实现了由加工区到保税区的转型升级，2012 年推动了管理机构由正县级到副厅级的规格提升。2012 年至 2017 年全区进出口额、财政收入、保税物流货值、工业主营业务收入、服务企业数量等主要指标连年大幅增长。

第一节　机构设置

出口加工区

潍坊出口加工区设立之初，管理机构与高新区合署办公，并成立了专门管理局，负责潍坊出口加工区管理工作。2003 年 12 月 31 日，潍坊市政府办公室下发《关于成立潍坊出口加工区筹建工作领导小组的通知》，由副市长、潍坊高新区党工委书记、管委会主任鞠献宝任组长。2004 年 9 月 13 日，潍坊市机构编制委员会下发《关于设立潍坊出口加工区管理机构的批复》，同意设立山东潍坊出口加工区管理委员会，与高新技术产业开发区管委会一个机构两块牌子；同时，在开发区内设立山东潍坊出口加工区管理局（挂山东潍坊出口加工区管委会办公室牌子），副县级规格，核定机关编制 8 名。

2006 年 4 月 21 日，为加快潍坊出口加工区发展，市委、市政府下发《关于调整潍坊出口

0000305

中共潍坊市委办公室(通知)

办字〔2006〕25号

中共潍坊市委办公室
潍坊市人民政府办公室
关于印发《关于调整潍坊出口加工区
管理体制的实施意见》的通知

各县市区委、人民政府，市属各开发区党工委、管委会，市委各部委，市政府各部门，市直各重点企业，各高等院校，各人民团体，潍坊军分区：

《关于调整潍坊出口加工区管理体制的实施意见》已经市委、市政府研究同意，现印发给你们，请认真贯彻落实。

关于调整潍坊出口加工区管理体制的
实　施　意　见

为进一步加快潍坊出口加工区（以下简称加工区）发展步伐，促进体制、机制创新，充分发挥其带动和辐射功能，根据市委、市政府研究的意见，现对加工区管理体制的调整，提出如下实施意见。

一、管理体制

将加工区从潍坊高新技术产业开发区（以下简称高新区）划出，单独设立加工区党工委、管委会，为市委、市政府派出机构，实行合署办公，正县级规格，享有市级经济管理权限。参照市里对高新区的管理模式，实行“特区特管”政策，辖区内的一切经济管理事务，由加工区党工委、管委会实行统一领导、统一规划、统一管理，由市政府分管加工区的领导全面负责。加工区的统计数据，纳入高新区上报范畴。

二、管辖区域

加工区管辖区域为国家批准的3平方公里围网区和监

潍坊市机构编制委员会文件

潍编〔2004〕8号

关于设立潍坊出口加工区管理机构的批复

潍坊高新技术产业开发区管委会：

报来《关于设立潍坊出口加工区管理机构的请示》（潍高管请字[2004]1号）收悉。

按照出口加工区机构设置的有关规定精神，为加强工作协调和统一管理，促进出口加工区发展，经研究，同意设立山东潍坊出口加工区管理委员会，与高新技术产业开发区管委会一个机构两块牌子；同时，在开发区内设立山东潍坊出口加工区管理局（挂山东潍坊出口加工区管委会办公室牌子），具体负责出口加工区的综合管理工作，并承担出口加工区管委会的日常工作。出口加

潍坊出口加工区机构编制委员会文件

潍加编发〔2006〕3号

关于公布潍坊出口加工区党政办公室、各局
内设机构编制的通知

党政办公室、各局：

根据市委、市政府《关于调整潍坊出口加工区管理体制的实施意见》（办字〔2006〕25号），为进一步理顺管理体制和工作关系，适应出口加工区发展需要，经研究，同意加工区党政办公室、各局内设机构及编制人数确定如下：

一、党政办公室（劳动人事局）内部设文秘科、组织人事科，编制4人；

二、经济发展局内部设综合计划科、企业促进科、外经

2006年4月，市委、市政府确定潍坊出口加工区从潍坊高新区划出，单独设立党工委、管委会，直属市委、市政府管理，正县级规格，实行“特区特管”政策

加工区管理体制的实施意见》，将潍坊出口加工区从潍坊高新技术产业开发区划出，单独设立潍坊出口加工区党工委、管委会，为市委、市政府派出机构，实行合署办公，正县级规格，享有市级经济管理权限，实行“特区特管”政策。具体管辖范围：潍坊出口加工区管辖区域为国家批准的3平方公里围网区和监管办公区，即高五路以西、高二路以东、玉清街以南、梨园街以北（其中，高二路以东、健康街以南、加工区办公楼以北由市里统一规划的占地190亩的生物科技园除外）。人员编制：潍坊出口加工区党工委、管委会设领导职数1正3副。下设党政办公室、经济发展局、财政局、建设规划局4个内部机构，均为正科级规格，领导职数一般按1正1副配备，个别工作量大、人数较多的，增配副职1人。资产经费：潍坊出口加工区视同一级财政管理单位。建区初期因基本没有财政收入，暂按市级财政预算单位管理，在国库单设户头，单独统计收支。按规定由高新区规划的经费作为加工区正常经费基数，以后逐年核定增加，具体由市财政局核定。其他问题：潍坊出口加工区的社会事务和村庄搬迁由高新区负责。高新区公安分局在出口加工区内设立公安派出所，负责社会治安工作。市国土部门在加工区内设立办事机构，负责土地管理方面有关工作。工商、税务、药监、技术监督等垂直管理的部门，根据工作需要在出口加工区设立相应机构获配备专门人员负责有关工作。

潍坊出口加工区单设后，管委会内部管理机构也逐步完善理顺。2006年7月24日，区党工委、管委会印发《关于公布党工委、管委会领导成员工作分工的通知》，明确了领导职责分工。7月29日，管委会正式启用潍坊出口加工区经济发展局、财政局、建设规划局印章。7月31日，管委会成立机关财务结算中心，并在财政局内设综合预算科、经济建设科。8月4日，管委会成立潍坊出口加工区机构编制委员会。8月20日，管委会成立潍坊出口加工区国有资产管理委员会。同时，经区编委会研究决定，在区党政办公室加挂区劳动人事局牌子，在区建设规划局加挂潍坊市规划局出口加工区分局牌子，在区财政局内部增设国有资产管理局、政府采购中心，在建设规划局内部成立质量监督站、招投标办公室。10月9日，区编制委员会核定潍坊出口加工区党政办公室和各局内设机构编制，确定党政办公室内设文秘科、组织人事科，编制4人；经济发展局内设综合计划科、企业促进科、外经外贸科，编制4人；财政局内设机关财务支付中心、综合预算科、经济建设科，编制3人；建设规划局内设综合科、建设科、规划科，编制5人。2007年5月17日，区编制委员会确定在经济发展局加挂潍坊出口加工区安全生产监督管理局牌子，建设规划局加挂潍坊出口加工区环境保护局牌子。8月2日，区编制委员会确定在区建设规划局内设成立潍坊出口加工区建筑工程施工安全监督站、建筑企业养老保障金管理办公室。2011年12月21日，市编办下发《关于出口加工区有关机构设置的批复》，同意设立政治工作部，为正科级行政机构，配备部长1名、副部长1名；设立物流发展局，为正科级行政机构，配备局长1名、副局长1名；设立安全生产监督管理局，为正科级事业单位，配备局长1名，副局长1名；设立市国土资源局出口加工区分局，为正科级事业单位，配备局长 1 名、副局长 1 名；汶泉发展区管委会挂社会事业局牌子。

在理顺内部管理机构的同时，潍坊出口加工区党的组织机构也不断完善。2006 年 9 月 22 日，潍坊出口加工区机关党支部召开全体党员大会，采取无记名投票的方式，选举产生了第一届支委会委员，确定由刘庆德任支部书记、鲍德海任组织委员、郭若慎为纪律检查委员、刘珍荣任宣传委员、贺波任青年委员、卞雪骞为第一党小组组长、吴熙涛为第二小组组长。2008 年 4 月 2 日，共青团潍坊市委下发《关于同意建立中国共产主义青年团潍坊出口加工区工作委员会的批复》，同意建立中国共产主义青年团潍坊出口加工区工作委员会，隶属共青团潍坊市委。2008 年 4 月 22 日，经潍坊出口加工区党工委研究，报经团市委同意，潍坊出口加工区成立中国共产主义青年团潍坊出口加工区工作委员会，由房伟、丛珊、徐朋、吴光源、张健、

2006—2015 年潍坊出口加工区党工委、管委会领导一览表

表 1

职务	姓名	级别	任职时间
党工委书记	韩国庆	正县级	2006 年 4 月至 2008 年 8 月
	徐洪吉	正县级	2008 年 8 月至 2012 年 12 月
管委会主任	韩国庆	正县级	2006 年 4 月至 2008 年 8 月
	徐洪吉	正县级	2008 年 8 月至 2012 年 12 月
党工委副书记	王守全	副县级	2006 年 4 月至 2015 年 1 月
	王得志	副县级	2010 年 8 月至 2013 年 6 月
管委会副主任	王守全	副县级	2006 年 5 月至 2012 年 12 月
	王得志	副县级	2006 年 7 月至 2010 年 8 月
	王有强	副县级	2007 年 11 月至 2012 年 12 月
	郭若慎	副县级	2010 年 8 月至 2015 年 1 月
	蒋建新	副县级	2012 年 12 月至 2015 年 1 月
纪工委书记	刘庆德	副县级	2008 年 11 月至 2015 年 1 月
委员	王得志	副县级	2006 年 6 月至 2015 年 1 月
	王有强	副县级	2007 年 10 月至 2015 年 1 月
	刘庆德	副县级	2008 年 11 月至 2015 年 1 月
	郭若慎	副县级	2010 年 8 月至 2015 年 1 月
	蒋建新	副县级	2012 年 11 月至 2015 年 1 月
	张宗庆	副县级	2012 年 1 月至 2015 年 1 月
副调研员	郭若慎	副县级	2008 年 11 月至 2010 年 8 月
	蒋明旺	副县级	2008 年 11 月至 2015 年 1 月
	刘月军	副县级	2013 年 8 月至 2015 年 1 月
	鲍德海	副县级	2011 年 8 月至 2015 年 1 月
副县级干部	蒋建新	副县级	2011 年 1 月至 2015 年 1 月

王磊等六名同志组成，房伟任书记，从珊任副书记。2008 年 4 月 22 日，经潍坊出口加工区党工委研究，报经市妇联同意，潍坊出口加工区成立妇女工作委员会，由刘颜霞、陈晓两人组成，刘颜霞任主任，陈晓任副主任。

综合保税区

潍坊综合保税区获批后，按照市委、市政府要求，潍坊出口加工区积极向中央编办争取设立新的管理机构。2012 年 11 月 23 日，经省政府研究并报中央编办批准，省政府下发《关于设立潍坊综合保税区管理委员会的通知》，同意设立潍坊综合保税区管理委员会，为省政府派出机构，规格为副厅级，委托潍坊市管理。配备主任 1 名，副主任 3 名；工作机构按照精干的原则在 6 个以内设置，副处级规格。

2013 年 10 月 16 日，潍坊市机构编制委员会下发《关于调整潍坊综合保税区党工委、管委会机构编制等事项的通知》，进一步理顺了内部机构设置。确定设置党政办公室、政治工作部（挂人力资源和社会保障局牌子）、经济发展局（挂安全生产监督管理局牌子）、财政局、规划建设局、市国土资源局综合保税区分局等 6 个行政工作机构，均为副县级规格，各配领导 1 正 1 副。设置社会事业管理服务中心、汶泉社区管理服务中心、海关监管区服务中心、物流管理中心 4 个直属事业机构，均为副县级规格，财政拨款，各配领导 1 正 1 副。同时，党工委、管委会行政编制由 20 名增加至 40 名，事业编制由 15 名增加至 45 名。

2014 年 1 月 10 日，市编委会下发《关于设立潍坊综合保税区市场监督管理局的通知》，同意设立潍坊综合保税区市场监督管理局，为

中央机构编制委员会办公室(批复)

中央编办复字〔2012〕236 号

中央编办关于设立潍坊综合保税区
管理委员会的批复

山东省编办：

《关于设立潍坊综合保税区管理机构的请示》(鲁编〔2011〕38号)收悉。经研究并报中央编委领导同志批准，同意设立潍坊综合保税区管理委员会，作为山东省人民政府的派出机构，规格为副厅级，所需行政编制由你省在中央核定的行政编制总额内调剂解

2012 年 11 月，中央编办批复潍坊综合保税区副厅级管理机构

山东省人民政府办公厅

鲁政办字〔2012〕179 号

山东省人民政府办公厅
关于设立潍坊综合保税区
管理委员会的通知

潍坊市人民政府：

为加强对潍坊综合保税区的统一规划、管理，经省政府研究并报中央编办批准，同意设立潍坊综合保税区管理委员会，为省政府派出机构，规格为副厅级，委托你市管理。配备主任 1 名、副主任 3 名；工作机构按照精干的原则在 6 个以内设置，副处级

2012 年 12 月，省政府批复潍坊综合保税区副厅级管理机构

党工委、管委会内设机构，副县级规格，配领导职数1正2副，业务上接受市食品药品、工商、质检等部门的指导和监督，核定行政编制10名。1月17日，市编办下发《关于设置潍坊综合保税区市场监督管理局内设机构的通知》，同意潍坊综合保税区市场监督管理局内设综合科、监管科（挂潍坊综合保税区市场监督稽查大队牌子）2个科室，均为正科级规格，配科级领导职数2正2副。12月31日，市编委会下发《关于设立市规划局开发区分局的通知》，设立潍坊市规划局保税区分局，均为市规划局派出机构，正科级规格，核定行政编制4名，配局长1名、副局长1名，实行市规划局和保税区双重管理，以市规划局管理为主。12月31日，市编委会下发《关于市属开发区规划管理体制调整涉及机构编制事项的通知》，将潍坊综合保税区规划建设局更名为潍坊综合保税区住房和城乡建设局。

2015年2月16日，市委办公室、市政府办公室下发《关于撤销潍坊出口加工区党工委管委会的通知》，鉴于潍坊综合保税区已通过海关总署等十部委的封关验收并升级取代原潍坊出口加工区相关功能，市委、市政府决定撤销潍坊出口加工区党工委、管委会。5月20日，市编办下发《关于潍坊综合保税区管委会增加编制的批复》，同意为综合保税区增加行政编制10名、事业编制20名。9月24日，市编办下发《关于潍坊综合保税区部分工作机构和直属事业单位内部机构设置的批复》，对综合保税区部分工作机构和直属事业单位内设科室进行设置。其中行政机构方面，党政办公室设立综合科和文秘科；政治工作部增设副主任1名，

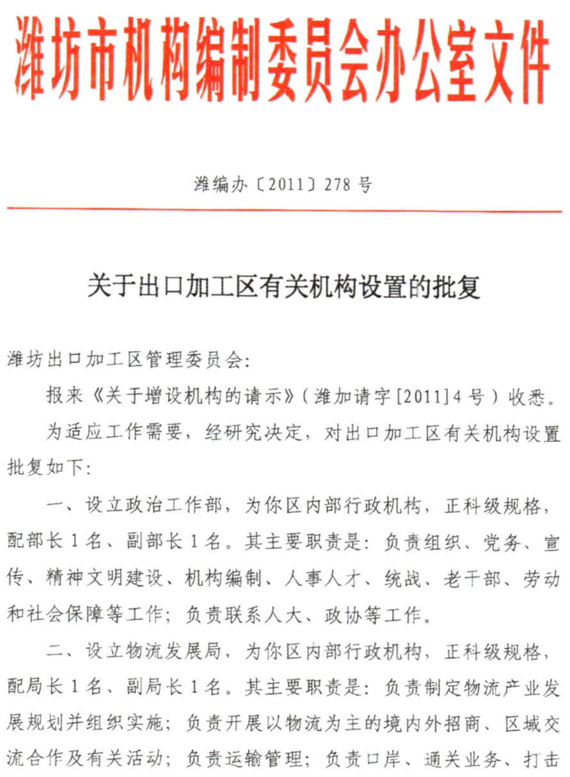
潍坊市机构编制委员会办公室文件

潍编办〔2011〕278号

关于出口加工区有关机构设置的批复

潍坊出口加工区管理委员会：

报来《关于增设机构的请示》（潍加请字[2011]4号）收悉。

为适应工作需要，经研究决定，对出口加工区有关机构设置批复如下：

一、设立政治工作部，为你区内部行政机构，正科级规格，配部长1名、副部长1名。其主要职责是：负责组织、党务、宣传、精神文明建设、机构编制、人事人才、统战、老干部、劳动和社会保障等工作；负责联系人大、政协等工作。

二、设立物流发展局，为你区内部行政机构，正科级规格，配局长1名、副局长1名。其主要职责是：负责制定物流产业发展规划并组织实施；负责开展以物流为主的境内外招商、区域交流合作及有关活动；负责运输管理；负责口岸、通关业务、打击

2011年12月，市编办完善潍坊综合保税区（出口加工区）机构设置

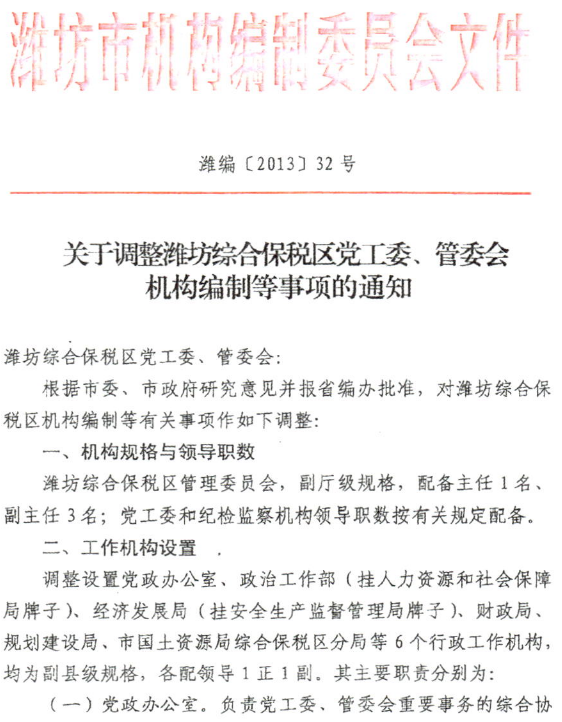
潍坊市机构编制委员会文件

潍编〔2013〕32号

关于调整潍坊综合保税区党工委、管委会机构编制等事项的通知

潍坊综合保税区党工委、管委会：

根据市委、市政府研究意见并报省编办批准，对潍坊综合保税区机构编制等有关事项作如下调整：

一、机构规格与领导职数

潍坊综合保税区管理委员会，副厅级规格，配备主任1名、副主任3名；党工委和纪检监察机构领导职数按有关规定配备。

二、工作机构设置

调整设置党政办公室、政治工作部（挂人力资源和社会保障局牌子）、经济发展局（挂安全生产监督管理局牌子）、财政局、规划建设局、市国土资源局综合保税区分局等6个行政工作机构，均为副县级规格，各配领导1正1副。其主要职责分别为：

（一）党政办公室。负责党工委、管委会重要事务的综合协

2013年10月，市编办理顺潍坊综合保税区内部机构设置

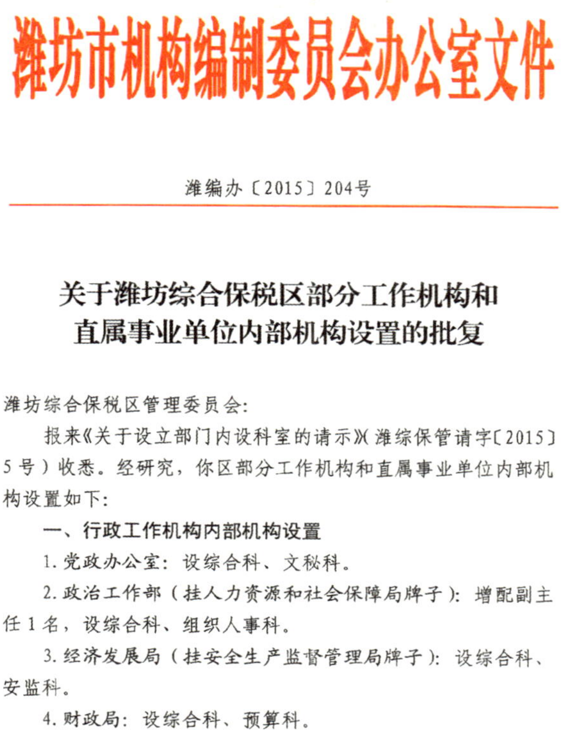

潍坊市机构编制委员会办公室文件

潍编办〔2015〕204号

关于潍坊综合保税区部分工作机构和直属事业单位内部机构设置的批复

潍坊综合保税区管理委员会：

报来《关于设立部门内设科室的请示》(潍综保管请字〔2015〕5号)收悉。经研究，你区部分工作机构和直属事业单位内部机构设置如下：

一、行政工作机构内部机构设置

1.党政办公室：设综合科、文秘科。

2.政治工作部（挂人力资源和社会保障局牌子）：增配副主任1名，设综合科、组织人事科。

3.经济发展局（挂安全生产监督管理局牌子）：设综合科、安监科。

4.财政局：设综合科、预算科。

2015年9月，市编办批复综合保税区工作机构内设科室

设综合科、组织人事科；经济发展局设综合科、安监科；财政局设综合科、预算科；住房和城乡建设局设综合科、建设科；国土分局设综合科、土地规划和利用科。事业单位方面，汶泉社区管理服务中心增配副主任1名，设综合办公室、农业发展办公室、财政经管办公室；社会事业管理服务中心设文化教育办公室、社区服务办公室、卫生和计划生育办公室；海关监管服务中心设公共事业科、综合管理科、园区管理科；物流管理中心增配副主任1名，设综合科、监督管理科、市场发展科、电子商务科。12月21日，市编办下发《关于潍坊综合保税区增设纪工委办公室的批复》，同意政治工作部增设纪工委办公室，负责纪检监察有关工作。

2016年5月3日，市编委会下发《关于汶泉社区管理服务中心更名的批复》，同意汶泉社区管理服务中心更名为汶泉发展区管理服务中心。8月17日，按照省政府、市政府关于不动产登记职责和机构整合的部署要求，经区管委会研究并报市编办批准，同意整合不动产登记职责和设立潍坊市不动产登记中心综合保税区分中心。该中心为市国土资源局综合保税区分局所属公益一类事业单位，正科级规格，财政拨款，设主任1名，定编4名。

2017年12月21日，市编委会下发《关于组建保税区综合行政执法机构的通知》，经市委、市政府研究并报省审批，确定整合保税区内相关执法职责和机构，组建保税区综合行政执法局（挂城市管理局牌子），为管委会内设行政机构，副县级规格，配局长1名、副局长（正科级）1名。同时，将市城市管理行政执法大队（正科级，事业编制8名）调整为属地管理，机构和编制整建制转至综合保税区，改建为综合保税区综合行政执法大队。

第二节　职能部门

党政办公室

2006年4月21日，按照市委、市政府《关于调整潍坊出口加工区管理体制的实施意见》要求，潍坊出口加工区设立党政办公室，正科级规格，领导职数1正1副。8月20日，经潍坊出口加工区编委会研究决定，在区党政办公室加挂区劳动人事局牌子。10月9日，潍坊出口加工区编制委员会核定潍坊出口加工区党政办公室内设机构编制，确定党政办公室内设文秘科、组织人事科，编制4人。

2011年1月，潍坊综合保税区获国务院批

2012—2018 年潍坊综合保税区党工委、管委会领导一览表

表 2

职务	姓名	级别	任职时间
书记	徐洪吉	正县级	2012 年 11 月至 2015 年 1 月
	孙起生	副厅级	2015 年 1 月至 2017 年 2 月
	徐洪吉	副厅级	2017 年 2 月—2018 年 9 月
	朱兰玺	正县级	2018 年 9 月—
主任	徐洪吉	正县级	2012 年 12 月至 2014 年 2 月
		副厅级	2014 年 12 月—
副书记	徐洪吉	副厅级	2015 年 1 月至 2017 年 2 月
	王守全	副县级	2012 年 11 月至 2013 年 6 月
		正县级	2013 年 6 月至 2015 年 5 月
	王得志	正县级	2012 年 11 月至 2013 年 6 月
	王　勇	正县级	2013 年 12 月至 2015 年 11 月
	石铭奎	正县级	2015 年 11 月—
副主任	王　勇	正县级	2013 年 12 月至 2015 年 8 月
	王守全	副县级	2012 年 12 月至 2013 年 6 月
		正县级	2013 年 6 月至 2017 年 6 月
	李　涛	正县级	2017 年 6 月—
	王得志	正县级	2013 年 6 月至 2017 年 6 月
	王有强	副县级	2012 年 12 月至 2013 年 6 月
		正县级	2013 年 6 月—
	张　华	正县级	2017 年 6 月—
	钟光文	正县级	2016 年 12 月至 2017 年 7 月
	郭若慎	副县级	2012 年 12 月至 2015 年 1 月
	蒋建新	副县级	2012 年 12 月至 2015 年 1 月
纪工委书记	刘庆德	副县级	2012 年 11 月至 2013 年 6 月
		正县级	2013 年 6 月至 2017 年 3 月
	关凤云	正县级	2017 年 3 月—
委员	李　涛	正县级	2017 年 6 月—
	王有强	副县级	2012 年 11 月—
	刘庆德	副县级	2012 年 11 月至 2017 年 3 月
	郭若慎	副县级	2012 年 11 月—
	蒋建新	副县级	2012 年 11 月—
	张宗庆	副县级	2012 年 11 月至 2015 年 1 月
调研员	蒋明旺	副县级	2012 年 11 月至 2018 年 1 月
	鲍德海	副县级	2012 年 11 月至 2018 年 1 月
	郭光才	副县级	2017 年 8 月—

续表 2

职务	姓名	级别	任职时间
一级调研员	石铭奎		2018 年 1 月—
二级调研员	刘月军		2018 年 2 月—
	蒋明旺		2018 年 1 月—
四级调研员	刘月军		2018 年 1 月至 2018 年 2 月
	蒋明旺		2018 年 1 月至 2018 年 2 月
	张宗庆		2018 年 1 月—

复后，部门名称相应由潍坊出口加工区党政办公室更名为潍坊综合保税区党政办公室。12 月 21 日，按照市编办《关于出口加工区有关机构设置的批复》要求，党工委、管委会组建区政治工作部，确定将综合材料、对外宣传、督查督办、绩效考核等职能由党政办公室调整至政治工作部，相关人员随之划转。

2012 年 2 月，党工委、管委会下发《关于明确综合保税区各部门、单位工作职责的通知》，确定党政办公室主要职责是：负责综合协调、文件收发、党务公开、政务公开、保密机要、值班管理、应急管理、市长热线、会议组织、行政接待、后勤保障、保利酒店、职工生活、车辆管理、机关信息化建设、机关规范化建设等工作。

2013 年 10 月 16 日，市编委会下发《关于调整潍坊综合保税区党工委、管委会机构编制等事项的通知》，理顺潍坊综合保税区内部机构设置，确定党政办公室升格为副县级机构，配领导 1 正 1 副。

2017 年 7 月，会议纪要、政务公开、党工委会议组织等职能由政治工作部调整至党政办公室。2018 年 2 月，督查督办工作由政治工作部调整至党政办公室。2018 年 5 月，政务热线 12345 工作由党政办公室调整至政务服务中心。2018 年 9 月，综合文字、政策研究、深化改革、两办信息等职能由政治工作部调整至党政办公室。

2018 年 10 月，根据工作实际，党工委、管委会下发《关于潍坊综合保税区各部门（单位）工作职责分工的通知》，进一步明确各部门职责，确定党政办公室主要职责是：负责综合协调、公文处理、政务公开、综合文字、政策研究、深化改革、两办信息、会务组织、会议纪要、督查督办、文书档案、保密机要、值班管理、应急管理、行政接待、后勤保障、公车管理、老干部、请销假、大事记、印章管理、机关规范化建设等工作，及党工委、管委会临时交办的工作。

政治工作部

2011 年 12 月 21 日，市编办下发《关于出口加工区有关机构设置的批复》，批复设立政治工作部，为正科级行政机构，配备部长 1 名、副部长 1 名。2012 年 2 月，党工委、管委会下发《关于明确综合保税区各部门、单位工作职责的通知》，确定政治工作部主要职责是：负责组织、党务、纪检监察、宣传、精神文明、机构编制、人事人才、绩效考核、综合文字、政策研究、政务信息、督查督办、会议纪要、创先争优、机关学习、统战宗教、老干部、劳动、工会、团委、妇联、民主党派、机关网站、大事记、档案等工作；联系人大、政协。

2013 年 10 月 16 日，市编委会下发《关于调整潍坊综合保税区党工委、管委会机构编制等事项的通知》，理顺潍坊综合保税区内部机构设置，确定政治工作部升格为副县级机构，挂人力资源和社会保障局牌子，配领导 1 正 1 副。2015 年 9 月 24 日，市编办下发《关于潍坊综合保税区部分工作机构和直属事业单位内部机构设置的批复》，确定政治工作部增配副主任 1 名，内设综合科和组织人事科，正科级规格。2015 年 12 月 21 日，市编办下发《关于潍坊综合保税区增设纪工委办公室的批复》，同意政治工作部增设纪工委办公室，负责纪检监察有关工作。

2018 年 10 月，根据工作实际，党工委、管委会下发《关于潍坊综合保税区各部门（单位）工作职责分工的通知》，进一步明确各部门职责，确定政治工作部主要职责是：负责全区党组织特别是党的基层组织建设、党员管理、干部工作；综合协调全区人才工作；负责机构编制、人事管理工作；负责人力资源、军转安置等工作；负责宣传工作、意识形态、精神文明工作；负责作风建设、软环境建设、绩效考核、机关学习工作；负责统战、工会、群团等工作。

纪工委办公室

2006 年 4 月，市委、市政府单设潍坊出口加工区党工委、管委会。随之设立中共潍坊市纪委出口加工区工作委员会，为中共潍坊市纪律检查委员会派出机构。2011 年 1 月，潍坊综合保税区设立后，中共潍坊市纪委出口加工区工作委员会更名为中共潍坊市纪委综合保税区工作委员会。2015 年 12 月 21 日，潍坊市机构编制委员会办公室批复同意在区政治工作部增设纪工委办公室，正科级规格。

2018 年 10 月，根据工作实际，党工委、管委会下发《关于潍坊综合保税区各部门（单位）工作职责分工的通知》，进一步明确各部门职责，确定纪工委办公室主要职责是：维护党的章程和其他党内法规，检查党的路线、方针、政策和决议的执行情况，协助党工委推进全面从严治党、加强党风建设和组织协调反腐败工作。受理对党组织、党员违纪行为的检举及党员的控告和申诉，保障党员的权利。履行监督、执纪、问责职责，负责违反党的纪律问题的纪律审查工作。承办党工委和上级纪检监察机关交办的其他事项。

财政局

2006 年 4 月 21 日，按照市委、市政府《关于调整潍坊出口加工区管理体制的实施意见》要求，潍坊出口加工区设立财政局，正科级规格，领导职数 1 正 1 副。7 月 29 日，管委会启用潍坊出口加工区财政局印章。8 月 20 日，管委会成立潍坊出口加工区国有资产管理委员会，在区财政局内部增设国有资产管理局、政府采购中心。10 月 9 日，潍坊出口加工区编制委员会核定财政局内设财政局内设机关财务支付中心、综合预算科、经济建设科，编制 3 人。

2011 年 1 月潍坊综合保税区获批后，部门名称相应由潍坊出口加工区财政局更名为潍坊综合保税区财政局。2012 年 2 月，党工委、管委会下发《关于明确综合保税区各部门、单位工作职责的通知》，确定财政局主要职责是：

负责财政、审计监管、投融资、总部经济、国有资产、会计管理等工作。联系国税、地税、人民银行、银监局及商业银行等单位。

2013年10月16日，市编委会下发《关于调整潍坊综合保税区党工委、管委会机构编制等事项的通知》，确定财政局升格为副县级机构，配领导1正1副。2015年9月24日，市编办下发《关于潍坊综合保税区部分工作机构和直属事业单位内部机构设置的批复》，确定财政局内设综合科和预算科，正科级规格，原潍坊出口加工区科室和加挂牌子不再保留。

2018年10月，党工委、管委会下发《关于潍坊综合保税区各部门（单位）工作职责分工的通知》，确定财政局主要职责是：负责财政、审计、金融、总部经济、国资管理、税收调度、会计管理、财政监督与管理、区国有公司管理监督等工作，履行区国资局职责。

住房和城乡建设局

2006年4月21日，按照市委、市政府《关于调整潍坊出口加工区管理体制的实施意见》要求，潍坊出口加工区设立建设规划局，正科级规格，领导职数1正1副。7月29日，管委会启用潍坊出口加工区建设规划局印章。10月9日，潍坊出口加工区编制委员会核定建设规划局内设综合科、建设科、规划科，编制5人。

2007年5月17日，潍坊出口加工区编制委员会确定在建设规划局加挂潍坊出口加工区环境保护局牌子。8月2日，确定在区建设规划局内设成立潍坊出口加工区建筑工程施工安全监督站、建筑企业养老保障金管理办公室。

2011年1月潍坊综合保税区获批后，部门名称相应由潍坊出口加工区建设规划局更名为潍坊综合保税区建设规划局。2012年2月，党工委、管委会下发《关于明确综合保税区各部门、单位工作职责的通知》，确定建设规划局主要职责是：负责规划、建设、环境保护、旧村改造、房产管理、市政管理、工程监管、招投标、交通、人防、地震、气象、防汛减灾等工作。联系电力、热力、燃气、供水、通讯、广电、交通、公路等单位。

2013年10月16日，市编委会下发《关于调整潍坊综合保税区党工委、管委会机构编制等事项的通知》，确定区建设规划局更名为规划建设局，升格为副县级机构，配领导1正1副。2014年12月31日，市编委下发《关于市属开发区规划管理体制调整涉及机构编制事项的通知》，确定潍坊综合保税区规划建设局更名为潍坊综合保税区住房和城乡建设局。2015年9月24日，市编办下发《关于潍坊综合保税区部分工作机构和直属事业单位内部机构设置的批复》，确定住房和城乡建设局内设综合科和建设科，正科级规格，原潍坊出口加工区科室和加挂牌子不再保留。

2018年10月，党工委、管委会下发《关于潍坊综合保税区各部门（单位）工作职责分工的通知》，确定住房和城乡建设局主要职责是：负责住建、交通、公路（县级以上道路建设、维护、管理）、棚户区改造、提升市区、房地产市场管理、工程建设与监管、物业管理、人防、地震、气象、防汛减灾等工作。承担城建监督、建筑市场监管、工程质量监管、建筑安全监管等工作。

市国土资源局综合保税区分局

2006年10月23日，市编办下发《关于潍坊出口加工区国土资源管理机构的批复》，同意在出口加工区建设规划局挂“潍坊市国土资源局出口加工区分局”牌子，负责出口加工区及产业配套辐射区的国土资源管理工作，原定人员编制和领导职数不变。

2011年12月21日，市编办下发《关于出口加工区有关机构设置的批复》，同意设立市国土资源局出口加工区分局，为正科级事业单位，配备局长1名、副局长1名。2012年2月，党工委、管委会下发《关于明确综合保税区各部门、单位工作职责的通知》，确定国土分局主要职责是：负责土地、矿产资源管理利用、耕地保护与土地执法、地质灾害防治、测绘行业管理等工作。

2013年10月16日，市编委会下发《关于调整潍坊综合保税区党工委、管委会机构编制等事项的通知》，确定市国土资源局出口加工区分局更名为市国土资源局综合保税区分局，为行政工作机构，副县级规格，配领导1正1副。2015年9月24日，市编办下发《关于潍坊综合保税区部分工作机构和直属事业单位内部机构设置的批复》，确定国土分局内设综合科和土地规划与利用科，正科级规格。

2016年8月17日，按照省政府、市政府关于不动产登记职责和机构整合的部署要求，经区管委会研究并报市编办批准，同意整合不动产登记职责和设立潍坊市不动产登记中心综合保税区分中心。该中心为市国土资源局综合保税区分局所属公益一类事业单位，正科级规格，财政拨款，设主任1名，定编4名。

2018年10月，党工委、管委会下发《关于潍坊综合保税区各部门（单位）工作职责分工的通知》，确定国土分局主要职责是：负责土地资源、矿产资源管理和测绘行业的统一管理工作，负责国土资源监察、地质灾害防治工作，负责土地储备、土地开发、复垦与整理项目实施，规范矿产资源的勘察与开采秩序工作，负责城乡建设用地增减挂钩的报批和实施工作，负责土地登记、房屋登记、林业登记等不动产的统一登记和管理工作。

市场监督管理局

2014年1月10日，市编委下发《关于设立潍坊综合保税区市场监督管理局的通知》，同意设立潍坊综合保税区市场监督管理局，为党工委、管委会内设机构，副县级规格，配领导职数1正2副，业务上接受市食品药品、工商、质检等部门的指导和监督，核定行政编制10名。1月17日，市编办下发《关于设置潍坊综合保税区市场监督管理局内设机构的通知》，同意潍坊综合保税区市场监督管理局内设综合科、监管科（挂潍坊综合保税区市场监督稽查大队牌子）2个科室，均为正科级规格，配科级领导职数2正2副。

2018年10月，党工委、管委会下发《关于潍坊综合保税区各部门（单位）工作职责分工的通知》，确定市场监督管理局主要职责是：负责工商、质检、食品药品安全、畜牧、企业集群注册、市场秩序规范管理、保护消费者合法权益、管理经纪人和经纪机构、实施合同行政监管、抵押物登记管理、商标管理、监管企业经营行为。

综合执法局

2017年12月21日，市编委会下发《关于组建保税区综合行政执法机构的通知》，确定整合潍坊综合保税区区内相关执法职责和机构，组建保税区综合行政执法局（挂城市管理局牌子），为管委会内设行政机构，副县级规格，配局长1名，副局长（正科级）1名。同时，将市城市管理行政执法大队（正科级，事业编制8名）调整为属地管理，机构和编制整建制转至综合保税区，改建为综合保税区综合行政执法大队。

2018年10月，党工委、管委会下发《关于潍坊综合保税区各部门（单位）工作职责分工的通知》，确定市场监督管理局主要职责是：负责全区综合行政执法工作。与区有关职能部门联动，依法行使以下项行政处罚权：工商行政管理、质量管理、食品药品管理、经济（发改、经信、物价、统计）管理、粮食流通管理、商务管理、科技管理、财政管理、审计管理、住房和建设管理、人民防空管理（涉密事项除外）、防震减灾管理、交通运输管理、劳动保障管理、卫生计生管理、民政管理、教育管理、农业（含农机、畜牧兽医）管理、林业管理、水行政管理、体育管理等方面，以及法律、法规、规章和省、市人民政府规定的其他行政处罚权。根据市政府职能部门的授权，依法行使城市管理、国土资源管理行政处罚权。

汶泉发展区管理服务中心

2011年6月，按照市委、市政府区划调整决定，汶泉发展区整建制划归潍坊综合保税区管理。2011年12月，市编办下发《关于出口加工区有关机构设置的批复》，确定汶泉发展区管委会挂社会事业局牌子。2012年8月9日，市编办下发《关于确认汶泉发展区管理机构编制和领导职数的函》，确认汶泉发展区党工委、管委会为正科级规格，编制18名，领导职数7名（书记1名，主任1名，其他副科级领导职数5名）。

2013年10月16日，市编委会下发《关于调整潍坊综合保税区党工委、管委会机构编制等事项的通知》，设立汶泉社区管理服务中心，为直属事业机构，副县级规格，财政拨款，配领导1正1副。2015年9月24日，市编办下发《关于潍坊综合保税区部分工作机构和直属事业单位内部机构设置的批复》，核定事业编制22名，增配副主任1名，设综合办公室、农业发展办公室、财政经管办公室，正科级规格，配科长3名、副科长6名。2016年1月27日，市编办下发《关于增加汶泉社区管理服务中心领导职数的批复》，同意汶泉社区管理服务中心增配副主任1名。同时，社区党的干部（包括纪检监察干部）可按有关规定配备，所需职数在汶泉社区管理服务中心现有领导职数内调剂使用。2016年5月3日，市编委下发《关于汶泉社区管理服务中心更名的批复》，同意汶泉社区管理服务中心更名为汶泉发展区管理服务中心。

2018年10月，党工委、管委会下发《关于潍坊综合保税区各部门（单位）工作职责分工的通知》，确定汶泉发展区管理服务中心主要职责是：全面负责汶泉发展区党的建设和社会安全稳定发展工作。负责重点项目、重大工程、棚户区改造等征地拆迁工作；负责农村发展、农村安全、农村稳定、农民增收、村庄管理、农村“三资”监督管理、乡村文明、民政、计生、农业、林业、农机、水利、拥军优属、老龄、残联等工作。

社会事业管理服务中心

2011年12月21日，市编办下发《关于出口加工区有关机构设置的批复》，确定在汶泉发展区管委会挂社会事业局牌子。2013 年 10 月 16 日，市编委会下发《关于调整潍坊综合保税区党工委、管委会机构编制等事项的通知》，设立社会事业管理服务中心，为直属事业机构，副县级规格，财政拨款，配领导 1 正 1 副。2015 年 9 月 24 日，市编办下发《关于潍坊综合保税区部分工作机构和直属事业单位内部机构设置的批复》，核定事业编制 12 名，设文化教育办公室、社区服务办公室、卫生和计划生育办公室，正科级规格，配科长 3 名、副科长 3 名。

社会事业管理服务中心获批后，根据工作需要并未独立开展工作，在 2017 年 8 月之前与汶泉发展区管理服务中心合署办公。2017 年 8 月，党工委、管委会确定将社会事业管理服务中心单设。2018 年 10 月，党工委、管委会下发《关于潍坊综合保税区各部门（单位）工作职责分工的通知》，确定社会事业管理服务中心主要职责是：负责教育、文化、体育、医疗、卫生、劳动保险等工作。

海关监管区服务中心（市政管理局）

海关监管区服务中心前身是潍坊出口加工区园区管理办公室，于 2008 年成立，属临时工作机构，负责园区基础设施管理与维护。2013 年 10 月 16 日，市编委会下发《关于调整潍坊综合保税区党工委、管委会机构编制等事项的通知》，设立海关监管区服务中心，为直属事业机构，副县级规格，财政拨款，配领导 1 正 1 副。2015 年 9 月 24 日，市编办下发《关于潍坊综合保税区部分工作机构和直属事业单位内部机构设置的批复》，核定事业编制 12 名，设公共事业科、综合管理科、园区管理科，正科级规格，配科长 3 名、副科长 3 名。

2018 年 10 月，党工委、管委会下发《关于潍坊综合保税区各部门（单位）工作职责分工的通知》，确定海关监管区服务中心主要职责是：负责城市基础设施管理与维护；负责市政管理、环境保护、园林绿化、市容环卫、公共资源交易、公共机构节能、电力、通信等方面的工作；负责海关监管区及机关办公设施物业管理、安全保卫工作。

物流管理中心

2011 年 12 月 21 日，市编办下发《关于出口加工区有关机构设置的批复》，同意设立物流发展局，为正科级行政机构，配备局长 1 名、副局长 1 名。2013 年 10 月 16 日，市编委会下发《关于调整潍坊综合保税区党工委、管委会机构编制等事项的通知》，设立物流管理中心，为直属事业机构，副县级规格，财政拨款，配领导 1 正 1 副。2015 年 9 月 24 日，市编办下发《关于潍坊综合保税区部分工作机构和直属事业单位内部机构设置的批复》，核定事业编制 19 名，增配副主任 1 名，设综合科、监督管理科、市场发展科、电子商务科，正科级规格，配科长 4 名、副科长 5 名。

2018 年 10 月，党工委、管委会下发《关于潍坊综合保税区各部门（单位）工作职责分工的通知》，确定物流管理中心主要职责是：负责商务工作、物流发展、国际贸易、服务平台、外事侨务、外经外贸、对外合作、对台事务、打击走私、重大活动、电子商务、政策服务、政策研究、自贸区政策复制推广、区区联动、试点争取、旅游等方面的工作。协作做好通关、报检、口岸、机场等方面的工作。

公安分局

潍坊市公安局综合保税区分局于2015年5月经省市编制部门批准成立，8月开始组建，正科级规格，配备局长、政委各1名，副局长2名，核定政法专项编制20名。实行市公安局和综合保税区双重管理，以市公安局管理为主，在辖区范围内行使县级公安机关职权。设立三个内部机构和一个基层派出所。

综合室（挂法制大队牌子）。副科级规格，配备主任1名。负责综合协调、信息调研、文秘文档、财务装备、机关党务、干部人事和警务督察、监察工作；负责110接处警和紧急警务协调处理；负责内部执法监督、行政案件审核把关和刑事案件预审工作；负责上级部门交办的其他工作。

治安管理大队。副科级规格，配备大队长1名。负责治安管理、国内安全保卫、网络安全、出入境管理等工作；负责对派出所进行业务指导；负责上级部门交办的其他工作。

刑事侦查大队（挂禁毒大队牌子）。副科级规格，配备大队长1名。负责刑事犯罪、经济犯罪的侦查侦破和案犯缉捕工作；负责对派出所刑侦工作的业务指导；负责禁毒和反恐怖犯罪等工作；负责打击流窜犯罪；负责上级部门交办的其他工作。

汶泉派出所。副科级规格，配备所长1名，在辖区内履行基层派出所职责。

规划分局

2014年12月31日，潍坊市机构编制委员会下发《关于设立市规划局开发区分局的通知》，设立潍坊市规划局保税区分局，均为市规划局派出机构，正科级规格，核定行政编制4名，配局长1名、副局长1名，实行市规划局和保税区双重管理，以市规划局管理为主。

2018年10月，党工委、管委会下发《关于潍坊综合保税区各部门（单位）工作职责分工的通知》，确定规划分局主要职责是：负责提出本辖区内城市控制性详细规划、建设项目地块规划条件的初步意见；负责建设项目的选址定点和建设用地、建设工程、市政工程、临时建设用地、临时建设工程的规划管理；负责审批范围内建设项目规划实施情况的监督检查和规划批后管理工作；负责辖区街道城乡规划的行业指导工作；承办市规划局及区党工委、管委会交办的其他事项。

政务服务中心

2016年4月，综合保税区政务服务中心正式对外办公。负责政务服务大厅管理服务工作，负责筹备区行政审批中心。负责全区政务信息系统（电子政务云、电子政务内外网、数据资源体系、政务服务体系、业务协调体系）整合共享工作；负责12345市长热线工作。

北区管理办公室

2014年1月27日，为加快北区申报建设步伐，力争年底完成验收并封关运行，根据党工委、管委会要求，结合工作实际，成立潍坊综合保税区北区筹建指挥部，具体负责综保区北区的申报、建设、招商与管理工作。2016年3月28日。经管委会研究决定，进一步理顺北区运行机制，将北区筹建指挥部调整为北区筹建办公室，下设综合处、经发处、建设处三个部门。2018年10月8日，根据管委会《关于潍坊综合保税区各部门（单位）工作职责分工的通知》，更名为北区管理办公室。全面负责潍坊综合保税区北区党的建设和经济社会安全稳定发展工作。负责北区建设、北区发展、北区招商、对接港口和农综区等工作。

综治维稳信访办公室

负责政法、普法、司法、社会治安综合治理、信访、维稳、反邪教等方面工作。

海关办事处

2005年11月7日，经青岛海关党组研究并请示总署批准设立潍坊海关驻出口加工区办事处，内设综合业务科和监管科，负责潍坊出口加工区的海关业务，主要包括监管通关、加工贸易、征收税款；2014年6月1日，改设为综合保税区综合业务科和监管科；2017年11月30日，经济南海关海关党组研究，改设为保税业务监管二科。

国检办事处

潍坊出入境检验检疫局出口加工区办事处筹备处于由山东检验检疫局以鲁检人〔2005〕177文件批复同意设立。2006年4月，两名工作人员入驻潍坊出口加工区并开展工作。2014年11月，成立潍坊综合保税区检验检疫科，负责协调潍坊出入境检验检疫局与潍坊综合保税区业务工作。具体职责：全面负责协调综合保税区内的出入境货物、人员、交通工具的检验检疫监管工作，区内企业卫生注册登记、质量许可、体系认证和日常监管工作，普惠制原产地证和一般原产地证的发证工作，承办潍坊出入境检验检疫局和综保区管委会交办的其他工作。

税务局

国家税务总局潍坊综合保税区税务局，由潍坊综合保税区国税分局、地税分局组建而成，2018年7月20日正式挂牌，副处级规格，设置办公室、法制科、税政科、社会保险费和非税收入科、收入核算科、征收管理科、税收风险管理科、税源管理一科、税源管理二科、人事教育课、机关党委（党建工作科）、纪检组12个正科级内设机构和信息中心、纳税服务中心2个正科级事业单位。

原国税局　潍坊出口加工区国家税务局于2007年6月7日获批设立，正科级级别，于2008年8月开始组建，人员到位4人。2010年10月21日，根据《山东省国家税务局关于印发潍坊市国家税务局机关及系统机构改革方案的通知》要求，经潍坊市国家税务局批准，核定人员编制公务员35名，事业编制5名；设5个正股级内设机构，分别是：办公室、综合业务科、税源管理一、二、三科；1个副科级直属机构，为稽查局；1个正股级事业单位，为信息中心。2014年1月，经山东省国家税务局批准，潍坊出口加工区国家税务局更名为潍坊综合保税区国家税务局，机构级别调整为副处级，设6个正科级内设机构，分别是：办公室、综合业务科、办税服务厅、税源管理一科、二科、三科；1个正科级事业单位，为信息中心。2014年8月28日，潍坊综合保税区国家税务局正式挂牌成立。2015年5月，启用内设机构税源管理二科。全局共有人员25人。

原地税分局　潍坊市地方税务局综合保税区分局于2011年12月1日获批设立，2012年6月1日正式组建完毕对外办公，正科级规格，为市地方税务局的派出机构。内设4个内设机构，分别是：综合科、

征收核算科（办税服务厅）、管理科、党建办（绩效办）。

消防站

潍坊综合保税区消防工作站于2016年7月5日成立，配备大队长一名，主要负责辖区内的消防监督检查、建筑工程审核验收、公众聚集场所开业前检查、火灾调查、大型活动检查及消防安全培训等工作。潍坊综合保税区消防工作站隶属于潍坊消防支队，实行市消防支队和市公安局双重管理。2018年10月，公安消防部队由公安部整体移交应急管理部。

检察室

2013年5月28日，省检察院批复设立潍坊高新技术产业开发区人民检察院派驻潍坊综合保税区检察室。检察室为正科级规格，配备工作人员5名，其中主任1名，工作人员4名。

投资发展有限公司

2007年12月21日成立，前身为潍坊国信国际物流有限公司，注册资本为2亿元，总资产15亿元。依法自主开展国有资本运作，负责优化国有资本布局、提升国有资本运营效率、实现国有资产保值增值和高效配置。具体负责项目投资、建设、运营与融资；负责保税北区土地收储及运营，基础设施建设及管理，重点项目招商与合作；负责所属国有资产管理；负责棚户区改造项目建设；开展房地产开发、集群企业住所托管、商务秘书服务、汽车租赁等业务；负责保利酒店食堂、直营中心的管理与运营；负责党工委、管委会交办的其他工作。

金融控股有限公司

2018年3月2日成立，注册资本2亿元。依法自主开展金融资本投资运作，负责所属国有资产的保值增值。按照公司经营范围，开展商业保理、融资租赁、供应链金融等业务；开展股权投资、项目投资等资本运作，实现金融和项目相互促进；负责党工委、管委会交办的其他工作。

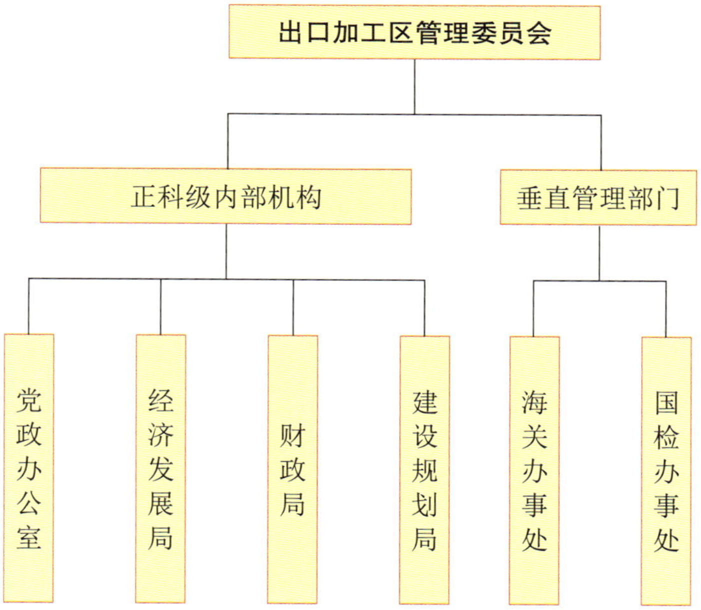

2006年潍坊出口加工区党工委管委会机构设置示意图

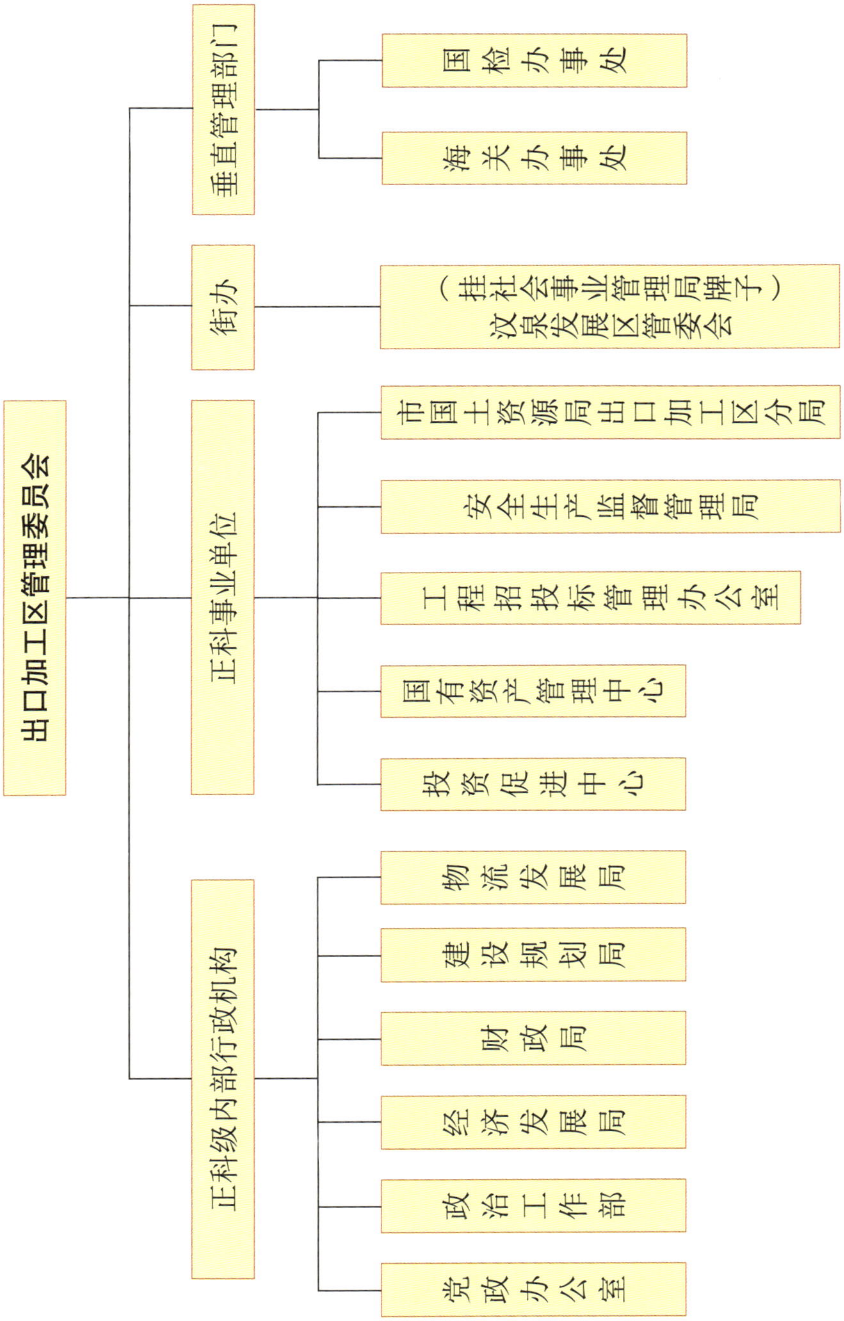

2011年潍坊出口加工区党工委管委会机构设置示意图

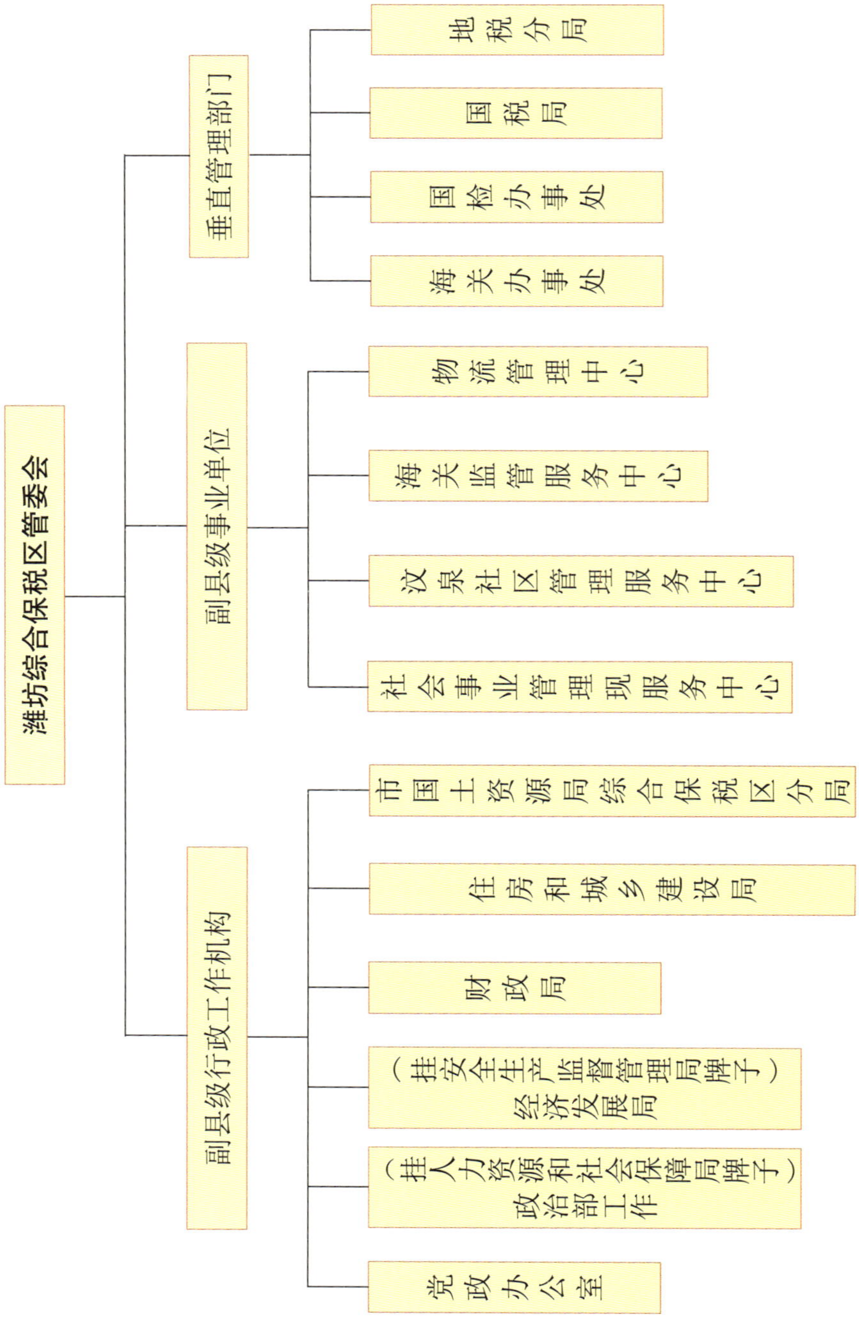

2013年潍坊出口加工区党工委管委会机构设置示意图

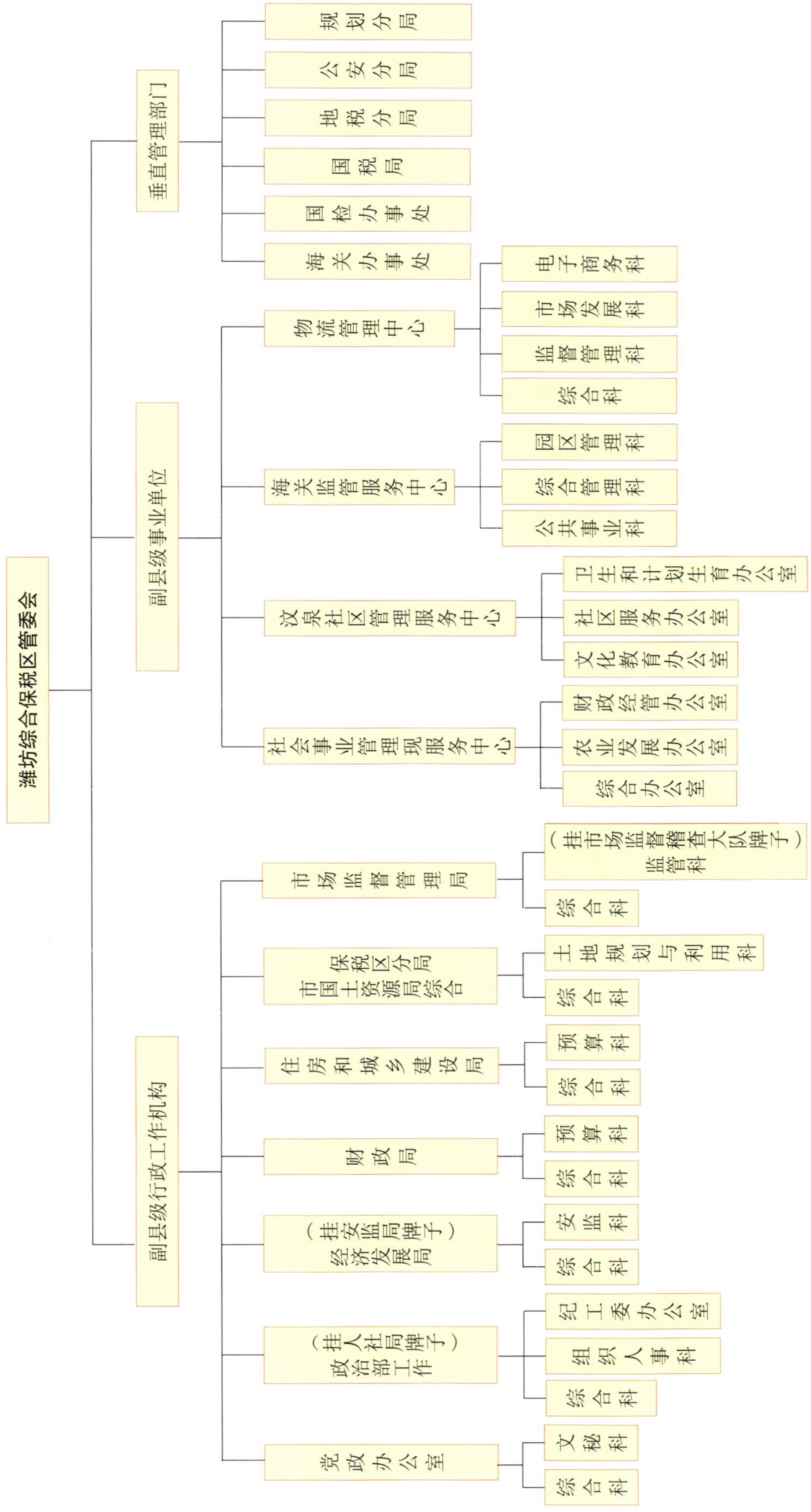

2015 年潍坊综合保税区党工委管委会机构设置示意图

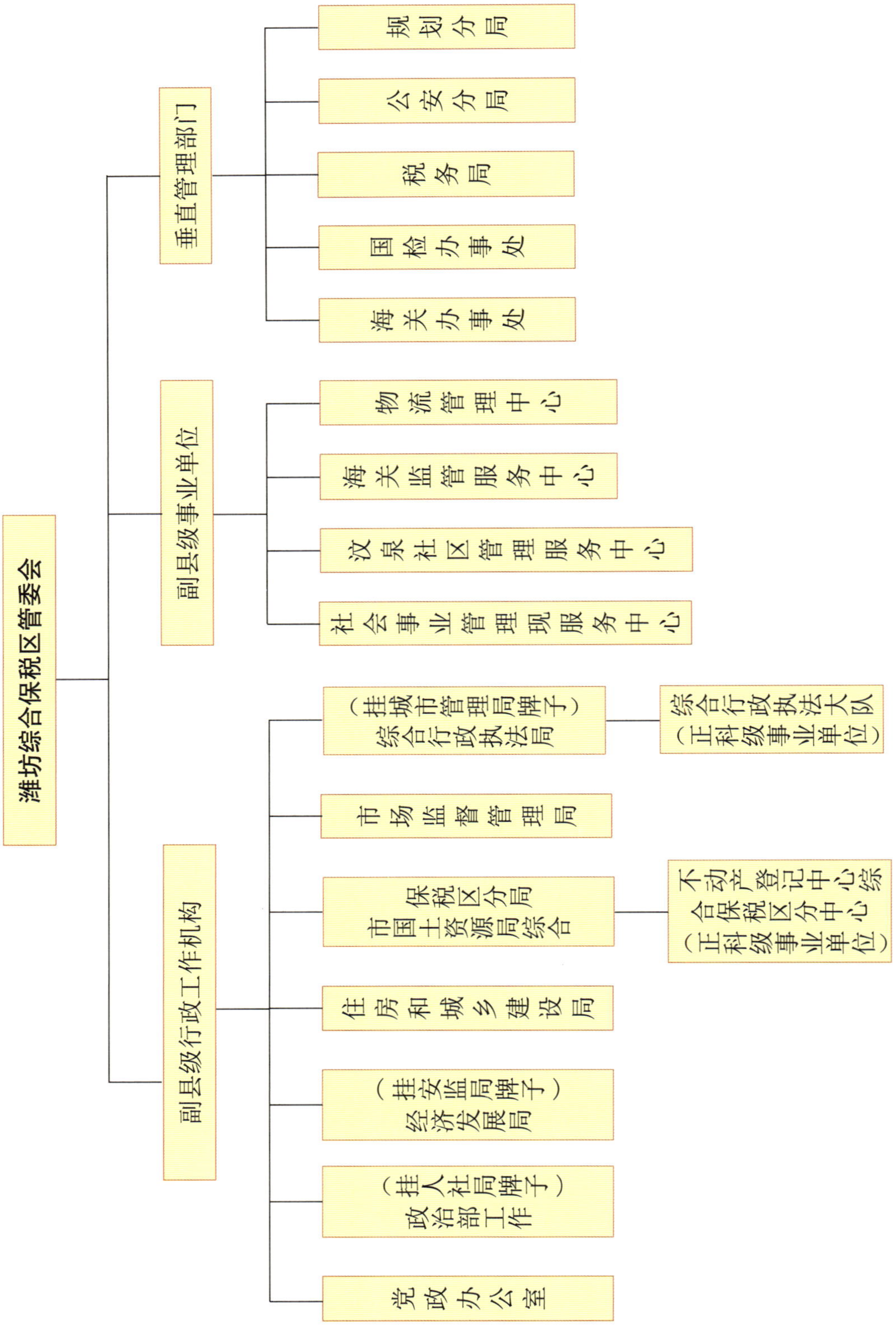

2018年潍坊综合保税区党工委管委会机构设置示意图

备注：各单位内设科室同2015年，其中市场监督管理局的监管科不再加挂市场监督稽查大队牌子

第二编

经济发展

第一章　经济综述

2003—2018年，潍坊综合保税区从小到大、从弱到强、跨越发展，经济实力显著增强。

截至2017年年底，全区共注册企业3000多家，服务潍坊及周边地区企业2200多家，引进了总投资200多亿元的80多个重点项目，初步形成“六个百亿级产业链、五大国际服务平台”的发展框架。

第一节　经济指标

2008年起，潍坊出口加工区进出口额等主要经济指标保持年均增速50%以上。地区生产总值从2008年0.3亿元，增长到2017年的28亿元，增长92倍；工业产值从2008年的0.87亿元，增长到2017年的84.5亿元，增长96倍；税收从2008 年的0.1亿元，增长到2017年的2.82亿元，增长28倍；进出口额从2008 年的1亿元，增长到2017年的91.4亿元，增长90倍，进出口额绝对值位列全市第六位，列全省9个保税区第3名、全国150个保税区前50名。2017年，公共财政预算收入1.73亿元，增长27.8%，增幅列全市第一位。规模以上工业主营业务收入81.4亿元，增长23%，其中高新技术产业占比达89%，位列全市第一。

第二节　经济结构

综合保税区转型之前，出口加工区作为外向型工业园区，只有加工业和少量报关服务业，绝大部分业务为第二产业。2011年，获批综合保税区以后，市政府给综合保税区增设配套区，由23个村组成汶泉发展区。随着配套区开发，

2008—2017年潍坊综合保税区主要经济指标统计表

表3　　单位：亿元

	地区生产总值	增幅	工业总产值	增幅	进出口额	增幅	税收总额	增幅	一般公共预算收入	增幅	固定值产投资	增幅
2008	—	—	0.8673	—	1.2687	—	0.0966	—	—	—	1.0450	—
2009	—	—	0.8205	-5%	1.8344	45%	0.3350	247%	—	—	1.7174	64%
2010	—	—	2.9063	261%	4.0737	122%	0.2800	-16%	—	—	2.4741	44%
2011	1.7	—	4	38%	9.8	141%	0.5	79%	0.33	—	2.9	17%
2012	3.3	94%	2.5	-38%	25.2	157%	0.66	32%	0.5	52%	4.5	55.2%
2013	7.3	121%	27.4	996%	41.1	63%	1.3	97%	0.9	80%	10.9	142%
2014	12.5	71%	40.9	48%	52.9	29%	1.99	53%	1.19	32%	13.89	25%
2015	11.7	-6%	32.2	-21%	59.5	12%	1.94	-3%	1.37	16%	14.39	10%
2016	25.1	115%	68.7	113%	73.8	24%	2.17	9%	1.44	15%	16.63	16%
2017	28	12%	84.5	23%	91.4	21%	2.82	30%	1.74	28%	17.7	9%

第一产业逐步减少，第二产业项目快速增加，增加值从 2008 年 0.18 亿元，增长到 2017 年的 22.7 亿元，10 年时间实现近 126 倍增长；第三产业方面，保税区大力发展总部经济，共引进总部经济 2000 多家，服务业从无到有，2017 年，第三产业增加值达 5.2 亿元。一、二、三产结构占比约为 0 ∶ 8 ∶ 2。

潍坊综合保税区建区之初，立足出口加工区政策，以外向型经济为主要发展方向。2011 年，由出口加工区升级综合保税区，初步形成“政策服务”“高端制造”“国际物流” 三大中心。2012 年，进一步扩展为发展国际加工、国际物流、国际贸易、商务服务“四大产业”。2017 年，获批潍坊综合保税区北区，形成 “一体两翼”发展格局，两区各有服务重点，又相互补充、相互融合，产业布局升级为以“六个百亿级产业链”，加快建设六个园区，推进产业聚集发展、新旧动能转换，打造全市开放发展聚集区。

第二章　发展定位

第一节　发展思路

2005 年，潍坊出口加工区封关运营后，立足实际确定阶段性发展思路，即发挥国家赋予的功能政策优势，大力发展电子信息、生物医药、精密机械制造、机电一体化和农副产品深加工等产业，着力打造全市出口创汇的龙头。2008 年，国家赋予出口加工区保税物流功能，并提出转型升级综合保税区。潍坊出口加工区抢抓机遇，进一步调整完善发展思路目标，即“大服务、

俯瞰发展中的潍坊综合保税区（2018 年摄）

大物流、大加工”同步发展，网内网外一体化经营，立足潍坊、服务山东、辐射全国，着力打造“政策服务、高端制造、国际物流”三大中心。2011 年，潍坊综合保税区获批设立，同年汶泉发展区划归保税区管理。为适应新形势、新要求，潍坊综合保税区确定了“四个一体化”的发展思路，即网内网外一体化、网上网下一体化、国际国内一体化和“四大产业”（国际加工、国际物流、国际贸易、国际商务）发展一体化，着力打造全市对外开放的服务区、外向型经济的聚集区和改革开放的试验区。2013 年，国务院批准设立上海自由贸易试验区，要求形成可复制、可推广的经验，辐射指导全国。潍坊综合保税区主动对接国家战略，进一步修订完善发展规划，坚持世界眼光、国际标准、本土优势、保税特色，主动融入国家“一带一路”战略，对接自贸试验区政策标准，以开放促改革、促转型、促发展，大力实施“网内网外、国际国内、网上网下和四大产业（国际加工、国际物流、国际贸易、商务服务）”一体化发展，加快建立与国际接轨的管理模式和运行方式，建成外向型要素聚集、国际化特色鲜明、行政服务高效、带动作用突出的开放型经济新区域。2015 年，潍坊综合保税区经济社会取得长足进步，“六个百亿级产业链”“五大国际服务平台”的发展框架初步建立，全区发展思路和目标定位更加明确。

第二节　战略定位

围绕更大力度、更宽领域、更高层次推进全市开放发展，潍坊综合保税区聘请海关总署领导、中国保税区出口加工区协会专家，科学编制了“十三五”发展规划和保税北区发展规划，聘请国际知名咨询公司安永（中国）企业咨询有限公司，对全发展进行诊断提升，以世界眼光、国际标准审视和定位保税区，确定了发挥功能优势，推进优势产业集聚发展、功能政策整合提升、生态环境持续改善、体制机制优化创新，把综合保税区建设成为全市开放型经济的聚集区、新旧动能转换的服务区、生态智慧建设的示范区的战略定位。

开放型经济的聚集区。发挥保税区核心功能，加快推进大平台大产业大企业建设，促进电子信息、虚拟现实、高端制造、国际物流、国际贸易、大宗商品交易以及研发设计、信息服务、检测认证、电子商务等产业聚集发展，打造承接国际产业转移、优化区域产业结构、引领全市开放发展的重要载体。

新旧动能转换的服务区。对接国家自贸试验区新政策新模式，深化完善保税区“五大服务平台”，加快进口肉类和冰鲜水产品指定口岸、进口商品直营中心、外贸综合服务平台等建设，全面提升贸易便利化水平，推进行政、投资、贸易、监管、服务等领域改革创新，努力营造国际化的投资贸易环境，着力提升服务外向型企业的能力、带动全市开放发展的能力和促进新旧动能转换的能力，增创全市创新升级、领先发展的新优势。

生态智慧建设的示范区。借鉴东莞松山湖华为基地生态理念，以高于松山湖的特色标准，对保税区周边 20 ～ 30 平方公里进行全域环境整体提升，打造生态一流、设施一流、交通一流、文化一流、科技一流的生态智慧区，争创以虚拟现实和智能硬件产业为支撑、容纳10万人～15

万人的国家级特色小镇，建设环境优美、配套高端、本地人自豪、外地人向往的潍坊东部生态产业新城。

第三节　规划布局

潍坊综合保税区总面积 30 平方公里，分为南区（20 平方公里）、北区（10 平方公里）“一区两片”运营。

南区主要依托青岛港和青岛机场，大力发展以歌尔智能硬件产业园为核心的电子信息产业，打造全国全省领先的智能硬件产业集群。着力建设 6 个百亿级产业链，打造高端国际产业聚集区。全面对接自贸试验区，完善五大国际服务平台，提升贸易便利化水平，服务潍坊及周边地市开放型经济发展。实施全域生态环境整体提升工程，建设国家级特色小镇，打造宜居宜业宜商的一流环境。

北区主要依托潍坊港，立足渤海湾，面向东北亚，对接自贸区，着力建设潍坊国家农业开放发展综合试验区核心区，重点发展食品加工、冷链物流、加工贸易等国际产业，打造国际政策服务、高端装备制造、大宗原材料进出口、临港国际物流、进境水果、肉类和水产品交易五大中心，为潍坊北部 2700 平方公里沿海地区企业服务，建成潍坊滨海海洋经济新区重要增长极，打造全市走向海洋、融入世界的大通道。

南区规划布局

规划面积 20 平方公里，空间总体发展策略：

类别	类别	图例	面积（亩）	比例
B	商业用地		1502	5.03%
R	居住用地		5085	17.04%
A	公共管理公共服务设施用地		127	0.43%
A2	文化设施用地		1313	4.40%
A3	科研教育用地		1830	6.13%
S	道路交通设施用地		6540	21.92%
G	公园绿地		3515	11.78%
E	自然水系		1152	3.86%
M	工业用地		7817	26.20%
U	废弃物处理设施用地		177	0.59%

2017 年潍坊综合保税区南区全域环境提升规划图

网内网外南北对接、向西向北控制、向东向南分期拓展，整个南区规划为“双心辉映、两带延展，生态网络、七组协同”。双心辉映、两带延展即规划以两个核心功能节点构筑两个功能中心，依托汶泉发展区的建设，向外延伸两条功能带，形成东西向宝通街城镇发展轴及南北向杨瓦路城镇发展轴，加强与中心城区的联系，推进城市东拓。生态网络、七组协同即规划依托规划区内外的自然景观资源，以斑块、廊道、基底形成生态骨架，通过不同规模的生态廊道层次化、网络化，构建完善的生态网络体系。生态网络之间构建七个功能组团。

生活服务片区　主要为工业园提供生活配套服务。现代商务生活配套区（张营居住区）即完善建成区服务功能、完善居住配套功能、加强与城区科研教育功能互动，为创新产业提供智慧支持。功能构成主要为商务办公、商业休闲、总部基地、科技研发、教育科研、生活居住、配套服务。现代生活配套区（段家居住区）即完善居住配套功能、优化滨河景观环境，引导区域开发建设。功能构成主要为生活居住、商业服务、配套服务。现代商业生活配套区（汶泉居住区）即依托良好自然景观资源，形成网络聚合的布局模式，强调空间的均好性，构筑绿色生产服务和滨水文化休闲中心，强化多种模式的开发建设，打造配套完善的和谐宜居区。功能构成主要为文化体育、商业休闲、生产服务、教育医疗、生活居住、配套服务。

工业园区　主要布局在北部和南部，工业园区重点突出高效高科技工业，一是引进环保型工业，为综合保税区配套的工业；二是引进技术含量高、产品有竞争力的高效工业；三是引进劳动密集型企业，创造区内劳动力的就业机会。

保税产业区（网内监管区）　根据综合保税区的发展思路打造六个100亿级产业链。功能构成主要为综合产业（物流产业、电子信息、新能源新材料）。

高科技产业区　发展创新产业，现代制造业，落实歌尔硬件制造园及电子信息产业园。功能构成主要为生物医药、电子信息。

新型产业升级区　产业进行改造升级，重点发展新材料新能源产业。功能构成主要为新能源新材料。

高端制造产业区　重点承接为保税加工区进行配套制造，构筑制造业体系。功能构成主要为现代制造业、传统制造业。

北区规划布局

北区本着统一规划、统一布局、统一发展的原则，根据区位及功能布局，将北区规划为围网区、配套区及围网预留区、口岸作业区。

围网区　规划面积2.12平方公里，位于黄海三路以东、黄海一路以西、辽河西七街以南、辽河西四街以北区域。重点发展保税物流、保税加工和保税服务等产业。保税物流即发展现代物流业，重点发展第三方和递四方物流，推广实施VMI和零库存服务，为企业提供全面供应链管理服务；以保税方式进行陆路、铁路、港路多式联运，满足货物的国际中转、国际配送等需求。保税加工即引进外向型产业，进口原材料加工成成品销往国内外，或者从国内采购原材料加工成成品销往国外。保税服务即研发、检测、维修等与货物贸易相关的生产性服务业，和其他创新服务。

潍坊综合保税区北区规划图

配套区及围网预留区 规划面积6.28平方公里，位于疏港路以东、新弥河以西、围网区以北区域。重点打造大宗原材料专业市场以及进境水果、肉类、水产品等产业的分拨中心，发展配套服务。安总原材料进口交易市场是棉花、木材、矿石、橡胶、纸浆等大宗原材料的专业市场，打造面向全国的大宗原材料的交易中心。进境水果、肉类、水产品交易中心为水果、肉类水产品等鲜活累检验检疫口岸及分拨交易中心。围网预留区为重点发展保税物流、保税加工及服务。

口岸作业区 规划面积1.18平方公里，位于新弥河以东、港口以南区域。区域北端与港口连接一体，西端紧邻产业配套区，借助保税区的功能政策，可同时满足国际物流与国内物流发展需要，依托潍坊港港口优势，重点发展口岸物流。贸易交易是作为潍坊港的后方物流处理空间，在货物聚集的前提下，逐渐打造大宗货物、特色货物的专业交易中心，如期货交割中心等。

第三章 产业发展

第一节 出口加工区

2005—2007年，受功能政策单一影响，潍坊出口加工区项目不多，发展不快，进出口额不足5000万元。2008年，潍坊出口加工区提出“项目立区、全员招商”理念，把招商引资作

2010年12月21日，潍坊出口加工区召开潍坊市进出口企业座谈会暨潍坊出口加工区政策优势研讨会

为全区工作的中心之中心、重心之重心、核心之核心，全力推动加快发展。引进山东日科塑胶、香港迪威信家庭饰品、雷力绿色发电设备、大海工艺品等一批项目。至2008年年底，全区实现进出口额1.3亿元，工业总产值8673万元，固定资产投资1亿元。2009年，面对国际金融危机带来的不利影响，全区把招商引资作为全区的中心任务，从班子成员到一般职工全部精力抓招商，所有局室都是招商局，成立工程建设指挥部，建立目标责任制，坚持实行全员招商、小分队招商、重点区域招商，坚持每天巡视、每周调度、现场办公，取得显著成效。至2009年年底，全区共注册各类企业95家，有投产在建项目18个，其中韩国汽车线束、香港迪威信家庭饰品、亿斯特钢管、瑞源仓储等4个项目投产运营；金源勤上、环球管件、中联盛、旷远新超能源电动汽车、锦科国际物流、国弘新能源、上存锂离子电池、大海工艺品、嘉丰物流等14个项目开工建设。全年实现进出口额1.8亿元，比上年增长45%；公共预算财政收入3350万元，比上年增长247%。

2010年，潍坊出口加工区突出抓好国家综合保税区申报、招商引资、保税物流、优化环境等重点工作。截至2010年年底，全区落户项目29个，计划总投资50多亿元，其中当年新上项目13个，引进物流公司30多家，引进总部经济企业100多家，实现进出口额4亿元，增长122%；工业总产值产值2.9亿元，增长261%；固定资产投资2.5亿元，增长44%。2010年，潍坊出口加工区引进总投资10亿元的歌尔电子科技产业园项目，为全区跨越发展奠定坚实基础。12月21日，潍坊出口加工区隆重举行歌尔电子科技产业园项目一期投产、二期开工仪式。市委书记、市人大常委会主任张新起，市委副书记、市长许立全，市级其他领导以及全市科学发展现场观摩点评会议与会人员出席开工仪式。歌尔声学股份有限公司为全国电子元件百强企业，世界电声产业领军厂商。歌尔电子科技产业园项目主要研发、制造、销售微型麦克风、手机用扬声器/受话器等微型电声元器件；蓝牙耳机、头戴耳机等消费类电子产品；电视整机及配件；LED封装及相关应用产品，是三星、松下等世界著名公司的主要或唯一供应商，并为全球最大3D眼镜供应商，年实现进出口额4亿美元。一期建筑面积9万平方米，主要生产主动式液晶快门3D眼镜等电子消费类产品。二期建筑面积24万平方

2009 年，潍坊出口加工区调度重点项目建设

米，年实现进出口额 10 亿美元。该项目的投产建设，为全市及西部地区外向型企业落户出口加工区、享受优惠政策起到示范效应。

第二节　综合保税区

2011 年

潍坊综合保税区招商引资取得新成效。歌尔电子科技产业园项目一期顺利投产，主要生产蓝牙耳机、头戴耳机等消费类电子产品，全年实现产值 3 亿元。总投资 4 亿元的美国佩特来百万台汽车发电机项目开工建设，主要生产船舶、大型汽车、中高端大型机械用发电机，产品在国内外均处于领先水平，市场占有率为全国前列。总投资 8 亿元的圣和新材料项目开工建设，建设 5 条专业化的高档热缩新材料生产线以及研发中心，年产包装新材料 6 万吨，项目一期开工 2 条生产线和研发中心。另外，还洽谈了总投资 2 亿元的韩国 3D 摄像头项目、总投资 1 亿元的裕源物流项目、总投资 1 亿元的汇泉塑胶项目、总投资 5 亿元的中科晶电项目，以及汉能薄膜太阳能电池、香港同方科技孵化器、中国潍坊汽车博览园等一批项目。

潍坊综合保税区国际物流业务量不断扩大，中棉集团、中外运集团、台湾长荣集团等世界著名物流公司入驻，开展保税仓储、国际物流、“一日游”等业务，服务范围达陕西、广东、福建、辽宁、河南等地。国际贸易业务逐步开展，引进法国、意大利、西班牙等地红酒、橄榄油供应商，开展转口贸易、货物贸易等国际贸易业务，逐步培育特色商品展示交易市场。

潍坊综合保税区产业配套区设立后，按照国际、生态、宜居理念，开工建设占地 3360 亩的汶泉国际城集中居住区。该项目分两期建设：一期总投资 3.4 亿元，实施 123 亩和 191 亩两个土地增减挂钩试点项目，集中安置董坊、北徐家庄、东单、西单、官路、新庄等 6 个村的村民，其中 123 亩地块总建筑面积 23 万平方米，建设 11 栋多层、12 栋高层；191 亩地块建设幼儿园、多层、小高层、高层和青年公寓等。二

2011 年 10 月 7 日，综合保税区党工委书记、管委会主任徐洪吉（中）调度全区项目建设

2011 年 11 月 6 日，山东上存锂电池项目举行开工奠基仪式

期项目启动高档次国际化商务生活区建设，打造可容纳 5 万人～ 10 万人生活，集国际商务、教育医疗、居住休闲于一体的外向型生活区，为全市对外开放提供国际化配套环境。

2012 年

潍坊综合保税区首期围网建设取得重大突破。市委副书记、市长刘曙光专门带队赴国土资源部请示汇报，国土资源部部长徐绍史会见，并给予 2000 亩专项土地指标支持。是年 8 月，市委、市政府在保税区召开专题现场办公会，给予解决建设资金 1.5 亿元。10 月，副市长、滨海区党工委书记王树华召开会议研究确定，从滨海城投公司借款 6000 万元，用于保税区围网建设。土地指标落地后 1 个月内，全面完成涉及 5 个村的征地工作，确保围网建设顺利进行。

重点项目加快建设。总投资 10 亿元的歌尔电子科技产业园项目、总投资 8 亿元的圣和塑胶新材料项目、总投资 4 亿元的佩特来百万台汽车发电机项目、总投资 2.5 亿元的上存能源项目、总投资 2 亿元的纳米新材料项目、总投资 2 亿元的电容触摸屏项目、总投资 1 亿元的正信生物医药科技项目、总投资 1.5 亿元的万和能源科技项目、总投资 2 亿元的金源勤上光电项目、总投资 1000 万美元的丰国电子项目等工业项目全面开工建设。同时，引进总投资 6 亿元、建筑面积 12 万平方米的总部经济和研发中心，引进注册资本金 3 亿美元的龙泉投资（潍坊）有限公司、注册资本金 2000 万美元的霍氏石油进出口（中国）有限公司、注册资本金 2000 万元的深圳华科净化工程有限公司等 360 家总部经济企业，努力建成全市重要的总部经济发展平台。

国际物流产业迅猛发展。6月22日，1.5万平方米的“国际商品（红酒）展示交易中心”正式对外营业，引进50多家国外红酒经销商，经营20多个国家、1000多个系列的进口葡萄酒、啤酒、橄榄油等消费品，辐射范围达北京、天津、河北、河南、江苏等地。2012年，潍坊综合保税区审核报关单总量为22272票，同比增长133%，实现进出口总额3.4亿美元，同比增长157%，保税物流总货值4.4亿美元，同比增长41.9%。

2013年

潍坊综合保税区全面完成首期围网建设任务。6月6—7日，潍坊海关关长张越、潍坊出入境检验检疫局局长张艺兵先后到潍坊综合保税区调研首期围网预验收情况。6月21日、9月23日，济南海关副关长胡东升两次到区调研，指导首期围网预验收工作。9月27日，市委常委、副市长孙起生带队赴济南海关对接潍坊综合保税区预验收工作。10月11日，潍坊综合保税区一期围网顺利通过由济南海关和山东省十个厅局组成的联合验收组的预验收。12月26日，潍坊综合保税区一期围网顺利通过由海关总署等国家十部委组成的联合验收组的验收，标志着潍坊综合保税区正式封关运作。

是年，引进中俄国际冷链物流项目，该项目是习近平总书记出访俄罗斯期间中俄两国签署的九大项目之一，是中俄两国农业领域交流合作示范项目，也是农业部国际合作司与潍坊市政府战略合作重点推动的项目。总投资约6.3亿元，总建筑面积10万平方米，建设欧洲标准全自动化恒温库、低温库、常温库和智能化控制中心。同时，潍坊综合保税区虚拟口岸、检验检疫、国际物流等政策服务平台不断完善，到区开展业务企业近1000家，当年实现进出口进出口额6亿美元，同比增长63%，保税区政策服务作用逐步显现。

国际商贸物流快速发展，香港中基物流、中国外运集团、泰国农产品配送等一批大宗原材料进出口项目建成运营，全年进出口棉花、椰丝、聚乙烯、纯碱等大宗原材料10万吨，大宗原材料物流集散地初具规模。国际商品展示交易中心不断扩大规模，经营20多个国家1000多个系列的进口消费品，并规划泰国馆、韩国馆、日本馆、德国馆、台湾馆等国家和地区专馆，打造“永不落幕的国际商品展示交易会”。

民生保障和社会事业稳步推进，实施123亩挂钩项目建设，建成11栋多层、7栋高层住宅楼，

2013年10月，潍坊综合保税区党工委书记、管委会主任徐洪吉（左四）调度全区项目建设

9月董坊村1027户村民顺利搬入新房；开工建设保税区实验学校并投入使用；全部完成辖区内23个村庄饮用水改造，成为全市首个完成改造的县（市、区）；加强城乡环卫一体化建设，村居覆盖率达100%；农村低保标准提高到每人每年2500元；优抚对象生活补贴、义务兵优待金按时足额发放；辖区6所省规范化卫生室全部实施基本药物制度；辖区内免除基本殡葬服务费。

2014年

潍坊综合保税区改革发展实现新突破。全年实现进出口额8.1亿美元，比上年增长29%；审核进出口报关单60285票，比上年增长48.9%；公共财政预算收入1.2亿元，比上年增长32%，是全市平均增幅的近3倍；保税物流货值9.5亿美元，比上年增长42%；工业主营业务收入41亿元，比上年增长49%，主要经济指标增幅连续3年在全国保税区中名列前茅，全国已有30多个单位到区参观学习。在全市科学发展综合考核中获评优秀等次，被评为省级文明单位。

是年，潍坊综合保税区抢抓机遇，迅速启动跨境电商工作。4月30日，跨境电子商务试点方案上报海关总署。7月23日，海关总署出台2014年第56号公告（关于跨境贸易电子商务进出境货物、物品有关监管事宜的公告），允许海关特殊监管区开展“出口型”跨境电商业务。9月29日，市委常委、副市长孙起生带队，到海关总署汇报跨境电子商务工作。海关总署科技司司长陈振冲、加贸司司长张皖生分别会见孙起生一行。经过汇报对接，海关总署特批，允许潍坊进行小范围测试，待取得阶段性成果后，海关总署再正式批复开展试点。为加快业务开展，管委会投资3000万元，于12月启动跨境邮件分拣中心和通关综合服务平台建设，并与京东集团达成了建设跨境电商和区域电商的合作意向，积极洽谈引进阿里巴巴、奕佳商城、淘宝潍坊馆、EMS等一批电商企业，努力形成电商企业集群。同时，按照国际加工、国际物流、国际贸易、商务服务“四大产业”同步推进、同步发展的原则和提升市区的要求，全区筛选确定86个重点项目，总投资200多亿元，坚持每周调度，半月通报，有力推动项目建设。

民生保障和社会事业稳步推进。管委会投资1亿多元用于改善民生，受到群众的赞誉。在2014年度群众满意度测评中，保税区取得88.19分的好成绩，在全市16个县市区（开发区）中位列第6名。加大教育投入，投资2亿多元，用于改善教育事业，其中吸引社会投资1.8

2013年建设中的圣和塑胶新材料项目

2014年建成后的圣和塑胶新材料项目

亿元建设潍坊行知高中，管委会投资2500万元建设保税区实验学校，让群众就近享受优质教育资源。完善道路交通，投资5000余万元，新开工扩建樱前街、桃园街、高七路等主要道路；投资160余万元，全面整修农村断头路、村内路、危桥，区内交通环境全面提升。提高群众居住水平，投资1000余万元，启动6个村的乡村连片治理工程；投资200余万元，新建垃圾中转站等设施；在全市率先完成农村饮用水改造，城乡环卫一体化村居覆盖率达100%。全面完成全区23个村换届工作，组织街办和村两委200多名干部，在市委党校进行为期5天的集中培训，为农村稳定、发展打下良好基础。丰富群众娱乐生活，加快高二路东侧沿街商业开发，完善超市、银行等服务设施，新建8处农村健身广场，新开通“村村通”广播电台、保税手机平台，加强政府与群众的沟通交流，受到群众欢迎。

2015年

潍坊综合保税区跨境电商综合服务平台于7月份正式上线试运行，建设国际采购（纺织品）交易平台、食品和农产品电商平台、惠家家O2O电商服务平台等一批专业电商服务平台，引进中外通、爱购天下、3H母婴等10多家电商平台企业和100多家电商企业，努力推动跨境电商加速发展。在此基础上，抢抓中韩、中澳自贸区新机遇，建设2万平方米的进口商品直营中心，10月对外营业，经营来自50多个国家和地区的2万余种进口商品。进口商品直营中心采用“海外直采、国内直销”模式，潍坊本地企业与韩国、澳大利亚等1000多家企业签订直采协议，商品直接从国外工厂采购，通过海运、空运、陆运、冷链等物流方式直达，价格比国内市场便宜20%～30%，对于抢抓中韩、中澳自贸区建设新机遇，促进进口、拉动消费、扩大开放，打造进口商品展示交易、双边经贸交流合作的重要载体和平台，具有重要意义。

潍坊综合保税区着力推动总投资200多亿元的86个重点项目建设，基本形成“六个百亿级产业链”的发展框架。电子信息产业链，以歌尔电子产业园为龙头，聚集一批电子信息配套企业，为苹果、Facebook、三星、谷歌、微软、华为等国际知名厂商提供配套服务。国际冷链物流产业链，以中俄冷链物流项目为龙头，加快建设国家进口肉类和冰鲜水产品两个指定口岸，打造高端农副产品保税仓储、冷链物流、精深加工和进出口于一体的国际冷链物流产业园。新能源产业链，以佩特来百万台发电机、陆地方舟新能源汽车、

2018年建设中的雷士景泰园商业综合体项目

力神动力电池、三晶 LED 照明等项目为龙头，打造集电机驱动、动力电池、电动汽车、LED 照明在内的新能源产业链。新材料产业链，以总投资 8 亿元的圣和塑胶新材料项目为龙头，聚集华潍新材料、利可生生物、正信科技、康裕医药等一批项目，加速引进一批强链、补链项目，打造新材料产业集群。棉花物流加工产业链，以华奇棉花项目为龙头，聚集台湾中联盛、大地科技、瑞源国际物流等一批棉花企业，打造闻名全国的棉花及棉产品进出口物流交易基地。国际贸易和跨境电商产业园，建成 2 万平方米长江以北最大的进口商品直营中心，整合利用全区 30 万平方米保税仓库，做大做强国际贸易，吸引电商企业和人才在保税区聚集发展，打造集进口、储存、分装、配送、结算于一体的进口商品集散批发交易基地。

抓好国家级项目申报工作。加快申报保税区北区，按照市委、市政府要求，调整发展规划，在潍坊港口附近设立保税区北区，服务北部沿海开发开放。是年，国务院 10 个审批部委有 9 个回函同意。2015 年 11 月，市委、市政府同意把 9.58 平方公里管理范围由滨海区整体划转到保税区。7 月 23 日，潍坊综合保税区进口肉类和冰鲜水产品口岸经国家质检总局批复设立。申报活体肉牛进境口岸。抢抓中澳自贸区设立机遇，8 月 5 日，经国家质检总局批准，潍坊进口澳大利亚肉牛口岸获准筹建，潍坊成为全国首批具备资质的试点城市。申报自贸试验区，依托潍坊农业产业优势，5 月份起草了以现代农业为特色的自贸区申报方案，已获省委、省政府原则同意。

坚持让群众共享发展成果的理念，不断加大民生投入。加大教育投入，建设行知高中、实验学校，让群众就近享受优质教育。完善道路交通，新建扩建 8 条道路，方便群众出行。改善村居环境，完成 6 个村的乡村连片治理，全面完成农村饮用水改造，城乡环卫一体化村居覆盖率达 100%。搭建“保税之声”村村通广播、保税手机信息报、保税微信平台、保税网站等党群沟通新平台，及时将党和政府的声音传递到基层，得到群众的肯定和赞誉。

2016 年

强力推动重点项目建设，总投资 200 多亿元的 80 多个重点项目加快推进。歌尔电子科技产业园，投资 2.3 亿元新上智能头盔和无人机项目，全年实现产值 63 亿元，其中智能头盔项目实现产值 25 亿元。华奇棉花物流加工项目，生产车间和设备安装全部建成，开展棉花加工业务。佩特来百万台发电机项目，北京总部 90% 的产能已搬迁至潍坊。圣和塑胶项目，已与世界 500 强宝钢集团达成独家供货协议，开工建设第 2 条生产线。天津力神项目，已与济南重汽、宇通客

2015 年 7 月，潍坊综合保税区跨境电商服务平台上线运行

车达成合作协议。陆地方舟年产 2 万辆新能源汽车项目，改造现有厂房 2.3 万平方米，开始试生产。北方进口商品物流配送中心项目，建设 1.5 万平方米保税仓库和 2000 平方米地下酒窖，打造北方地区进口商品配送中心、结算中心。

按照自贸区标准，全力开展各项创新性工作，有 1500 多家社会企业到区开展业务，报关单票数占全市的 40%，无纸化通关率达 99%、居济南关区第一位。大力推行通关便利化改革，在济南关区第一个实现了区域一体化通关。复制 11 项自贸区新政策，数量居济南关区首位。获批省级跨境电商综合试验区。开工建设进口肉类和冰鲜水产品指定口岸，申报进口水果指定口岸，努力打造山东半岛冰鲜类产品分拨中心。市场化融资，组建区投资发展公司，与进出口银行合作，落实 4 亿元保税北区建设资金；搭建小微企业统借统还平台并开展业务；与深圳光彩资本合作，设立新能源新材料产业引导基金，市场化融资实现良好开局。

全力抓好国家自贸区申报工作，市政府牵头，潍坊综合保税区负责，制定《潍坊现代农业纳入中国（山东）自由贸易试验区申报范围工作方案》《潍坊现代农业自贸试验区试点任务清单》。1 月 28 日，潍坊市政府在北京召开申报方案论证会，潍坊方案得到与会专家的一致肯定和认可。在此基础上，研究起草《中国（山东）自由贸易试验区潍坊片区综合保税区区块推进工作方案》《中国（山东）自贸试验区潍坊片区工作实施方案》《中国（山东）自贸试验区潍坊片区工作技术性方案》，得到省委、省政府的原则同意。

2017 年

7 月 1 日，潍坊综合保税区北区获国务院批准设立，成为全国首个转型升级后获批“一区两片”的综合保税区。国家进口肉类指定口岸、进口冰鲜水产品指定口岸、进口澳大利亚活体肉牛口岸已获国家批复设立。在以上申报过程中，综合保税区牵头负责，潍坊海关、潍坊国检、市财政局等 12 个部门单位全力配合，创造了“变不可能为可能”的保税区精神，市委、市政府决定给保税区记集体二等功。

潍坊综合保税区 80 多个重点项目进展顺利。占地 1 万亩的歌尔智能硬件产业园确定落户保税区，并列入省新旧动能转换项目库。中俄冷

潍坊综合保税区电子信息产业园一角

链国际物流项目、华奇棉花物流加工项目、佩特来百万台发电机项目、年产 7 万辆陆地方舟新能源汽车项目、天津力神动力电池项目、雷士景泰园项目等一批重点项目进展顺利。大力推行通关便利化改革，在济南关区首个实现区域一体化通关，复制推广 13 项自贸区新政策，有 2000 多家社会企业到区开展业务，报关单票数占全市的 40%。在全省率先推行企业集群注册新模式，2017 年全区新注册企业 720 家，同比增长 134%，其中集群注册登记企业 640 家，占新增企业的 89%。

围绕解决全区生态绿化程度不高、商业氛围不浓、综合配套不全等问题，潍坊综合保税区聘请参与雄安新区规划的清华规划设计院，编制完成全域环境提升概念性规划。规划歌尔绿城国际商业配套、雷士景泰园商业配套、德润绿城商住片区、汶泉国际城商业片区等一批配套项目。

第四章　重点项目

第一节　电子信息产业

引进总投资 30 亿元的歌尔电子科技产业园，主要研发生产智能穿戴、虚拟现实、机器人与无人机等电子产品，为苹果、Facebook、三星、谷歌、微软、华为等国际知名厂商提供配套服务。2016 年歌尔新上虚拟现实智能头盔和无人机 2 个项目，至 2017 年年底已累计实现产值 130 亿元。在此基础上，规划建设占地 1 万亩的歌尔智能硬件产业园，其中网内工业用地 1000 亩，网外工业用地 6000 亩，商务生活配套区 3000 亩，集中布局虚拟现实制造产业。

歌尔电子科技产业园　歌尔股份有限公司是国家高新技术企业，主要研发生产虚拟现实智能头盔、智能穿戴、无人机、智能电视配件、游戏机配件等产品，为苹果、索尼、三星、华为等国际知名厂商提供配套服务，在微型驻极体麦克风领域，市场占有率居国内同行业第一、全球第二；在手机

2011 年歌尔电子科技产业园项目

歌尔电子科技产业园区车间一角

零组件和精密生产、智能制造为基础，积极布局以人工智能为核心的虚拟/增强现实、智能穿戴、智能音频、机器人等战略新兴产业，打造智能产业生态。同时公司大力深化内部管理，回归管理基本面，从精益管理中要效益，不断提升歌尔在全球消费电子领域竞争力。

用微型扬声器、受话器领域，居国内第二；歌尔声学蓝牙耳机 ODM 业务，居国内第一、全球第二。公司电声器件业务和电子配件业务主要面向以智能手机、智能平板电脑、智能可穿戴电子设备、虚拟现实/增强现实等为代表的消费电子领域。以人工智能、新型智能硬件、虚拟现实/增强现实、无人驾驶汽车、智能家居、机器人/无人机等为代表的新的产业应用层出不穷，为公司未来持续发展创造了广阔空间。近两年，公司进一步加强同世界顶级客户的合作关系，不断改进公司质量管理体系，在光学材料、微电子、精密制造方面深入布局，紧紧把握未来消费电子产业的创新脉络。2017 年，公司荣获中国电子信息行业联合会中国电子信息百强第 37 位，中国电子元件行业协会中国电子元件百强企业第 5 位，中华全国工商业联合会中国民营企业制造业 500 强第 168 位。在“人工智能+智能硬件”的新时代背景下，歌尔牢牢把握产业发展机遇，以传感器、

潍坊歌尔电子有限公司是歌尔股份有限公司全资子公司于 2011 年 11 月入驻综合保税区，注册资本金 80560 万元，总投资 40 亿元，总建筑面积 30 万平方米，全部运营后，年进出口额 30 亿美元。2012 年，歌尔总资产 14.3 亿元，实现营业收入 16 亿元，主要生产 3D 眼镜、蓝牙耳机、头戴耳机等产品；2013 年，歌尔总资产 25 亿元，实现营业收入 26 亿元，同比增长 62.5%，主要生产 3D 眼镜、蓝牙耳机、头戴耳机等产品，公司开始大批量游戏手柄；2014 年，歌尔总资产 27 亿元，实现营业收入 37.6 亿元，同比增长 45%，主要生产 3D 眼镜、蓝牙耳机、头戴耳机等产品，

歌尔电子科技产业园

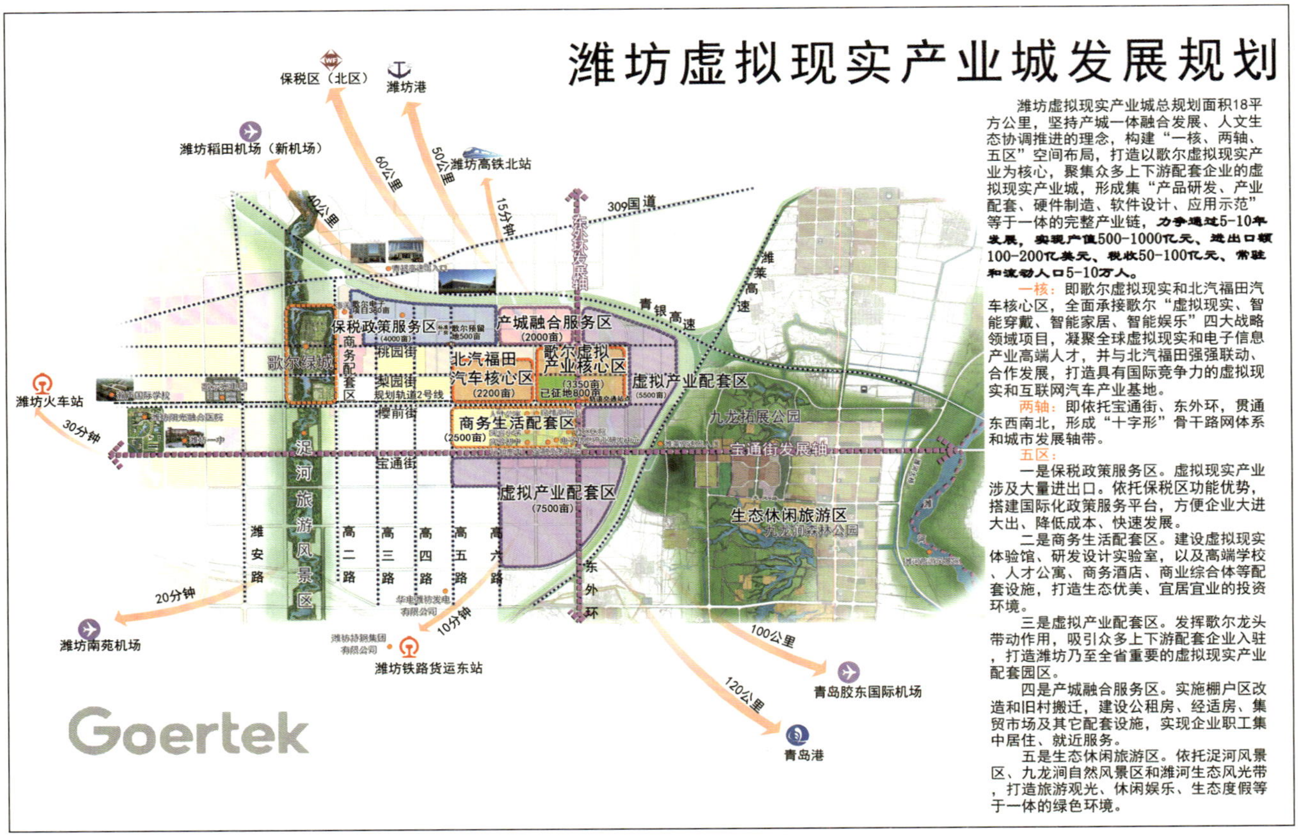

2017年潍坊虚拟现实产业城发展规划图

游戏手柄等产品；2015年，歌尔总资产23亿元，实现营业收入30亿元，同比下降20%；主要生产3D眼镜、蓝牙耳机、头戴耳机等产品，公司开始研发虚拟现实产品。2016年，歌尔总资产35亿元，实现营业收入64亿元，同比增长113%，公司虚拟现实类产品进入量产。2017年，歌尔总资产25亿元，实现营业收入74亿元，总比增长16%，公司虚拟现实产品热销海外。

2018年，歌尔集团利用保税区先行先试优惠政策，推动产业园由游戏机配件生产向主机生产升级，期间与日本索尼公司开展多轮谈判，与富士康、华硕等国际知名代工企业竞争，争取索尼最新一代PS5游戏机主机项目落户保税区。通过努力，歌尔电子与索尼公司已初步达成合作意向。保税区通过代建厂房、产品补贴等形式服务歌尔，投资3亿元代建7万平方米厂房，投资2亿元购买设备供企业租赁使用，根据产品生产周期每年提供约1亿元补贴，扩大歌尔电子的谈判话语权和竞争优势，保障索尼游戏机主机项目顺利落户保税区。

为推动智能硬件和高端制造业膨胀发展，歌尔与亚马逊公司在平板电脑、电子阅读器、自动机器人、智能家居、AR眼镜、医疗穿戴等智能硬件领域开展广泛合作，确定在保税区规划建设占地1万亩的潍坊虚拟现实产业城，其中网内工业用地1000亩，网外工业用地6000亩，商务生活配套区3000亩，集中布局高端智能硬件产业。2018年，先期启动占地800亩的歌尔智能硬件生产基地，建设生产车间面积30万平方米，配套面积20万平方米，实现现有30多亿元产值整体搬迁，扩大生产亚马逊旗下电子产品遥控器、无线耳机、智能音响、智能家居、AR 眼镜、健康产品等智能硬件产品。同时，加快推动链条式、集群式发展，聚集上下游配套企业，打造集“产品研发、产业配套、硬件制造、软件设计、应用示范”等于一体的智能硬件产业园。

第二节　国际冷链物流产业

引进中俄冷链物流项目，获批国家进口肉类和冰鲜水产品两个指定口岸，着力打造高端农副产品保税仓储、冷链物流、精深加工和进出口于一体的国际冷链物流产业园。

国家进口口岸暨中俄冷链国际物流项目　该项目是习近平总书记出访俄罗斯期间中俄两国签署的九大项目之一，是中俄两国农业领域交流合作示范项目，也是潍坊市政府和农业部国际合作司签署的战略合作重点推动项目，由商务部、财政部、国家进出口银行重点支持。项目总投资 6 亿元，总建筑面积 10 万平方米，建设欧洲标准全自动化低温冷库、高温冷库、常温库和智能化控制中心，具有 10 万吨库存规模和年 200 万吨的冷藏周转能力，由世界 500 强企业嘉里大通管理运营，预计 3 年内年出口农副产品 36 万吨，年进出口额 10 亿美元～ 15 亿美元。项目与国家批复的“潍坊进口肉类和冰鲜水产品指定口岸”一体化建设。2018 年 1 月 25 日，潍坊进口肉类和冰鲜水产品指定口岸通过国家正式验收。今后潍坊及周边地区肉类和冰鲜水产品可以直接从保税区进口，能够大大降低物流和运输成本，打造集保税仓储、冷链物流、精深加工和进出口于一体的现代化国际冷链物流体系，建成山东半岛进口冰鲜类产品交易中心。

2016 年建设中的国家进口口岸暨中俄冷链国际物流项目

2018 年建成后的国家进口口岸暨中俄冷链国际物流项目

第三节　新能源产业

引进总投资 4 亿元的佩特来新能源汽车电机驱动项目、总投资 5 亿元的陆地方舟新能源汽车项目、总投资 4 亿元的力神动力电池项目，保税区初步形成包括电机驱动、动力电池、电动汽车、LED 照明在内的新能源产业链，努力打造百亿级新能源产业集群。

佩特来新能源汽车电机驱动项目　该项目

2018 年，建设中的陆地方舟新能源汽车

陆地方舟新能源汽车

总投资 4 亿元，建筑面积 4.2 万平方米，年产值 30 亿元。项目由两部分组成：一是起动机和发电机。由美国佩特来电器有限公司投资建设，年产能 100 万台，产值 15 亿元以上，主要应用于船舶、大型汽车和中高端大型机械，产品技术水平国内外领先，市场占有率在空调客车中达 85% 以上，占中重卡市场 1/3 以上。二是电驱动系统。与加拿大 TM4 集团合资建设，主要研发生产新能源汽车的关键零部件—电机及其控制系统和整车控制器，产品应用于沃尔沃、银隆新能源、北汽福田等国内外众多一线品牌，年产能 2 万台，产值 15 亿元以上。

天津力神锂电池项目 该项目总投资 3 亿元，由全国排名第一的天津力神集团与区内上存能源公司合资建设，利用上存能源现有生产车间，新上电动公交电池、家用汽车电池和消费类电池项目，建设潍坊动力电池生产中心和动力电池维护检测中心，打造山东半岛重要的电池加工、维护、检测中心。天津力神是中海油控股企业，创立于 1997 年，是一家拥有自主知识产权核心技术的股份制高科技企业。现具有 5 亿 Ah 锂离子电池的年生产能力，是迄今国内投资规模最大、技术水平最高的锂离子电池生产企业，市场份额稳居全国第一、全球前五，应用范围涵盖了个人电子消费产品、电动工具、交通运输和储能等领域。2017 年，天津力神项目已与济南重汽、宇通客车达成合作协议，争取天津总部更多产能落户潍坊。

陆地方舟新能源汽车项目 该项目总投资 2 亿元，由山东陆地方舟新能源汽车有限公司投

2018 年山东三晶照明科技有限公司

资建设，新上新能源汽车总装线一条，配套电机生产总装线一条，配套空调总装线一条，吸引新能源产业配套企业入驻，达到年产电动轿车2万台的规模。陆地方舟集团总部自主拥有包括“三大电、三小电”在内的电动汽车的三大核心技术和九项关键技术外，在政府部门备案了8项企业标准，是我国最早专门从事纯电动汽车核心技术研发及生产的国家高新技术企业。主要有纯电动汽车、混合动力大客车、电动中巴、电动校车、高档SUV等电动专用汽车系列产品。产品远销欧美、东亚、东南亚、澳洲等30多个国家和地区。

三晶照明项目　该项目于2015年入驻我区，由山东三晶照明科技有限公司投资建设，利用潍坊综合保税区中心路2号厂房10000平方米，购置LED灯具组装生产线3条，年产LED灯具100万套。2016年新上大功率直流变压器项目，产品居国内领先水平。2017年实现产值2500万元。

第四节　新材料产业

引进投资8亿元的圣和塑胶新材料项目，深化与世界500强宝钢集团的合作，建设5条高档热缩新材料生产线，建成后年产值20亿元，形成高科技、绿色新型包装材料生产基地。以此为龙头，聚集华潍新材料、利可生生物、正信科技、康裕医药等一批项目，加速引进一批强链、补链项目，着力打造新材料产业集群。

圣和塑胶新材料项目　该项目由山东圣和塑胶发展有限公司投资建设，总投资8亿元，主要研发、生产环保型高附加值的特种薄膜，

2012年正在建设中的圣和塑胶新材料项目

2018年圣和塑胶发展有限公司

包括电子产品用膜（红膜、蓝膜等苹果手机生产专用膜）、PLA可降解薄膜、替代进口的抗紫外线窗膜、钢板覆膜等产品，部分产品技术填补了国内同行业空白，居国际领先水平。目前，项目第1条生产线实现正常生产，销售收入1.5亿元。2017年，与世界500强宝钢集团达成独家供货协议。

正信生物科技项目　该项目由正信科技有限公司投资，总投资2亿元，用地面积40亩，主要生产生物保健品及TRFIA超微量检测试剂。运用先进的液体深层发酵法生产以灵芝、冬虫夏草菌丝粉为代表的各类真菌菌丝体，加工成不同类型的成品，比如：胶囊、粉剂等；建设开放性

2018 年佩特来新能源汽车电机驱动项目生产车间

和通用性的 TRFIA（原理与实践）技术平台，其生产的可全自动操作的 TRFIA 检测试剂，已在食品安全领域推广应用，将解决我国超微量检测中落后的技术及对进口产品的依赖，还可大幅降低应用成本。2017 年实现产值 2000 万元。

康裕医药项目　该项目由山东康裕医药有限公司投资建设，总投资 1 亿元，用地面积 27 亩。主要经营新特药，为适应当前的医药市场环境，分为三个部分，一是针对药房诊所等社区卫生及乡镇卫生院的普药物流配送业务；二是新增中药饮片配送及加工业务；三是增加医疗器械及耗材配送业务。2017 年实现销售收入 3 亿元。

利可生生物科技项目　该项目由潍坊利可生生物科技有限公司投资建设，总投资 2 亿元，用地面积 49 亩。主要生产：多肽核苷酸类生物制品、生物发酵中药浓缩提取物、微生态及酶制剂三类产品。项目依托山东中医药大学、山东农业大学为技术指导及产品研发为平台，聘请多位教授作为常年技术顾问，技术力量雄厚，2017 年预计实现产值 1 亿元。

第五节　棉花物流加工产业

华奇棉花物流项目在澳大利亚购买 300 万亩棉田，种植的棉花全部进口到保税区加工销

2015 年建设中的华奇棉花物流加工项目

2018 年建成后的华奇棉花物流加工项目

售，是目前全国唯一一家进口籽棉的企业。项目总投资10亿元建设10条生产线，年进出口额10亿美元、税收5亿元。已建成2条生产线，2017年实现销售额10亿元。以大连华奇为龙头，全区聚集了台湾中联盛、大地科技、瑞源国际物流等一批棉花企业，搭建了国际采购（纺织品）服务平台，力争3年内年进口棉花100万吨，建成闻名全国的棉花及棉产品进出口物流交易基地。

华奇棉花物流加工项目　该项目是保税区百亿级棉花物流加工产业链的龙头项目，是利用中澳自贸区政策，深入对接“一带一路”战略的示范项目。总投资10亿元，是高进出口额、高税收项目，建设10条棉花加工物流生产线，其中南区2条，北区8条，全部建成后年进出口额10亿美元，地方财政收入2亿元。2016年南区2条生产线已建设完成，总建筑面积5万多平方米，主要包括籽棉仓库4栋，棉籽仓库4栋，生产车间2栋，综合楼1栋，年进口加工棉花10万吨。

大地科技项目　该项目由潍坊大地纺织有限公司投资建设，总投资3.35亿元，征地97亩，总建筑面积8万平方米，建设生产车间、仓库、办公楼及配套设施。2015年，国家对棉花配额大幅缩减，国内大多数棉纺企业棉花原料紧缺，加之国内外棉花价格有较大落差，企业对国外棉花需求极为迫切。该项目引进4条高档纺纱生产线，从国外进口棉花，在监管区内纺纱然后销往国内，利用保税区的保税加工政策，规避棉花进口配额的限制，为国内棉纺企业提供高质量、低价格的半成品棉花。其中2013年11月开工建设的棉纺1号车间项目，建设面积为24300平方米，总投资2760万元，已于2014年12月底完工。

第六节　国际贸易和跨境电商产业

建成2万平方米长江以北最大的进口商品直营中心，整合利用全区30万平方米保税仓库，做大做强国际贸易，吸引电商企业和人才在保

2006年改造前的华昇苑标准厂房

2012年改造后的国际商品交易中心

2015年转型后的进口商品直营中心

税区聚集发展，打造集进口、储存、分装、配送、结算于一体的进口商品集散批发交易基地。

潍坊综合保税区进口商品直营中心　进口商品直营中心于2015年10月正式营业，是保税区复制推广上海自贸区保税展示、前店后厂新模式，带动全区跨境电商、保税仓储、国际物流、国际贸易等全面发展的重要举措。项目总投资2亿元，总建筑面积3万平方米，设有世界名品馆、贩福多国际馆、爱购天下国际馆、葡萄酒专营区等区域，经营来自日本、澳大利亚、新西兰、德国、法国、意大利、阿根廷、智利等全球50多个国家的2万余种进口商品，种类涵盖休闲食品、母婴用品、日用百货、厨卫洗化、生鲜冷鲜、酒水饮料、化妆品、保健品等，满足潍坊及周边地市消费者对进口商品的需求。项目采用“海外直采、国内直销”模式，潍坊本地企业与韩国、澳大利亚等1000多家企业签订直采协议，商品直接从国外工厂采购，通过海运、空运、陆运、冷链等物流方式直达，价格比国内市场便宜20%～30%。对于抢抓中韩、中澳自贸区建设新机遇，促进进口、拉动消费、扩大开放，打造进口商品展示交易、双边经贸交流合作的重要载体和平台，具有重要意义。

国际物流标准厂房项目　该项目总投资1.55亿元，规划建设5栋标准厂房，建筑总面积约7.5万平方米，容积率1.77，建筑密度44.2%，绿地率14.6%，建成后年进出红酒、食品等10万吨，进口纸浆2500万立方米。

2008—2018年潍坊综合保税区项目一览表

表4

序号	批复时间	批复文号	项目名称	项目单位	建设地点	用地面积	建设内容	总投资（万元）	建设规模	建设周期	主营业务收入（万元）
1	20080104	潍加经计字〔2008〕1号	蓝领公寓二期	山东吉祥置业集团有限公司	规划路以北、高新四路以西	20.4945亩	总建筑面积22860平方米	3000万元		200801-200901	
2	20080104	潍加经计字〔2008〕2号	吉祥机械加工项目	山东吉祥置业集团有限公司	规划路以南、高新四路以西	60.4980亩	总建筑面积52247平方米，建设厂房、仓库等配套设施	15000万元	年产各类自动、半自动食品机械2万台	200801-200901	
3	20080410	潍加经计字〔2008〕3号	克兰皮茨动力设备项目	山东克兰皮茨动力设备有限公司	规划路以北，高三路以东	租用厂房		50万美元	年生产各类动力设备2000台		
4	20080615	0807090001	瑞源仓储物流项目	潍坊瑞源仓储物流有限公司	规划路以南、高三路以东地块内	30亩	总建筑面积22174平方米，建设仓库8栋	9600万元		200808-200907	350
5	20090820	0907090004	大海工艺品项目	潍坊大海工艺品有限公司	规划路以北、高三路以东地块内	24908平方米	总建筑面积36800平方米，建设厂房2栋	8000万元		200908-201101	
6	20090924	0907090005	嘉丰精细化工出口项目	潍坊嘉丰化工有限公司	规划路南高新三路以东	25416.8平方米	总建筑面积1万平方米，建设生产厂房、仓库及其他附属设施	8133万元	年产各类添加剂3万吨	200910-20109	
7	20091021	潍加经计字〔2009〕28号	丰国汽车线束项目	潍坊丰国电子有限公司		租用宝泰厂房	租用厂房6659平方米	200万美元	年产汽车线束78万套	200910-201009	2200

续表 4

序号	批复时间	批复文号	项目名称	项目单位	建设地点	用地面积	建设内容	总投资（万元）	建设规模	建设周期	主营业务收入（万元）
8	20091120	潍加经计字〔2009〕15号	山东中联盛国际物流保税仓储项目	山东中联盛国际物流有限公司	规划路以南，高三路以西地块	32953 平方米	总建筑面积 2 万平方米，建设保税物流仓库 3 栋及集装箱堆放场站	3000 万元		200912-201111	300
9	20091208	0907090007	山东国弘能源项目	山东国弘能源科技有限公司	规划路以南，高新三路以东地块内	41.73 亩	总建筑面积 3 万平方米，建设生产厂房、仓库及其他附属设施。	15000 万元	年产生物节油产品 15 吨	200912-	
10	20100604	1007090001	3D 眼镜产业化项目	潍坊歌尔科技有限公司	玉清东街以南高新二路以东	租用爱得乐厂房	爱德乐厂房三栋，共计 84700 平方米	2606 万元	年产 3D 眼镜 100 万只	201006-201012	740000
11	201007	1007090002	环球管件项目	山东巨能重工管道有限公司	高新三路以西，桃园街以北	41.55 亩	总建筑面积 18770 万平方米，建设车间及仓库 1 栋、综合楼 1 栋	26000 万元		201012-201111	
12	20100903	1007090003	潍坊出口加工区锦科仓储物流项目一期	潍坊锦科国际贸易有限公司	规划路以南，高新四路以西	19920 平方米	总建设面积 22811 平方米，建设保税物流仓库 3 栋	3400 万元		201008-201112	
13	20100903	1007090004	潍坊出口加工区锦科仓储物流项目二期	潍坊锦科国际贸易有限公司	规划路以南，高新四路以西	20412 平方米	总建设面积 23673 平方米，建设保税物流仓库 3 栋	4200 万元		201008-201112	
14	20101110	1007090005	电动公交及电动轿车专用锂电池	山东上存能源股份有限公司	规划路以北、高三路以东	25956 平方米	总建设面积 40000 平方米，厂房及仓库等设施	10000 万元	年产锂离子电池 3800 套	201011-201110	
15	20101121	1007090006	年产 2 万吨纳米超细膨润土新材料项目	潍坊华潍新材料科技有限公司	规划路以北、高三路以东	26531 平方米	总建设面积 30947 平方米，建设厂房、研发中心及仓库等设施	8246 万元	年产纳米超细膨润土 2 万吨	201011-201110	
16	20110319	1107090001	LED 照明系列产品一期工程项目	山东金源勤上光电有限公司	规划路以南、西巡视道以东	华都厂房	总建设面积 10014 平方米，厂房及仓库等设施	12500 万元	年产 LED 照明系列产品 27.8 万套	201103-201107	
17	20110720	1107090015	佩特来年产 100 万台发电机项目	潍坊佩特来电器有限公司	桃园街以南、高新三路以西	52.67 亩	总建设面积 42768 平方米，建设生产车间两栋、实验楼及附属设施	9800 万元	年产车用发电机 100 万台	201107-201212	90000
18	20110816	1107090017	6 万吨聚酯收缩薄膜生产线项目	山东圣和塑胶发展有限公司	梨园街以南、高新三路以西	138.549 亩	总建设面积 110000 平方米，建设生产车间 5 栋、仓库 2 栋、研发中心 1 栋及其他配套设施	80000 亿元	年产聚酯收缩薄膜 6 万吨	201109-201308	8000
19	20110906	1107090018	家用电子游戏机配件扩产项目	歌尔声学股份有限公司	规划路以北、高新二路以东	52.5 亩	总建筑面积 28000 平方米，建设厂房 1 栋。购买全自动生产线、注塑机、焊接机生产设备 1058 台（套），进口设备 82 台（套）	55799 万元	年产动作感受控制器 870 万套、音频配件 1400 万套、视频配件 140 万套，摄像头模组 110 万只	201109-201308	

续表 4

序号	批复时间	批复文号	项目名称	项目单位	建设地点	用地面积	建设内容	总投资（万元）	建设规模	建设周期	主营业务收入（万元）
20	20111227	1107090112	年产 720 吨石英玻璃管及其制品项目	潍坊福泓石英材料有限公司	规划路以北，高三路以东	租用宝泰厂房	宝泰科技三号厂房 6650 平方米	1196 万元	车间改造装修，新上设备 40 余台（套）	201112-201211	
21	20120324	潍加经计字〔2012〕2 号	龙景佳苑项目	潍坊昊辉房地产开发有限公司	樱前街以南，高七路以西	123.3 亩	总建筑面积 22 万平方米，建设高层住宅 12 栋，多层住宅 11 栋	33960 万元		201105-201404	
22	20120421	1207091001	潍坊中外运物流中心项目	潍坊中外运物流有限公司	高新三路以西，规划路以南	52.74 亩	总建设面积 20134 平方米，建设仓库两栋、办公楼一栋及附属设施	6300 万元	年仓储、中转、装卸各类货物 11 万吨	201205-201311	
23	20120502	1207091002	山东裕源保税物流项目	山东裕源物流有限公司	高新五路以西，桃源街以北	40667 平方米	总建设面积 40400 平方米，建设仓库三栋、办公楼一栋及附属设施	4000 万元	年仓储、中转、装卸各类货物 15 万吨	201205-201305	
24	20120505	潍加经计字〔2012〕4 号	中基物流（山东）有限公司物流项目	中基物流（山东）有限公司	高五路以东，桃源街以北	112 亩	总建筑面积 29160 平方米，建设仓库 6 栋	8831 万元	年仓储、中转棉花 12.5 万吨	201205-201304	
25	20120526	潍加经计字〔2012〕5 号	雷士·商务大厦、保利宜家项目	潍坊雷士置业投资发展有限公司	中心路以南、高二路以东	40.02 亩	总建筑面积 64551 平方米，建设商务大厦 1 栋，高层住宅楼 4 栋，服务楼 1 栋	31000 万元		201205-201312	
26	20120801	潍加经计字〔2012〕7 号	雷士研发中心项目	潍坊雷士置业投资发展有限公司	中心路以南、高二路以东	40.02 亩	总建筑面积 69542 平方米，高层研发楼 5 栋，服务楼 1 栋	18000 万元		201208-201403	
27	20120824	潍加经计字〔2012〕102 号	龙景佳苑二期项目	潍坊昊辉房地产开发有限公司	樱前街以南，高七路以西	65 亩	总建筑面积 9.5 万平方米，其中 6 栋高层住宅建筑面积 4.9 万平方米，4 栋商务楼建筑面积 4.6 万平方米	20000 万元		201209-201408	
28	20120821	1207090009	综合保税区歌尔二期项目	歌尔电子有限公司	规划路以北，高新三路以西	245.42 亩	总建设面积 225818 平方米，建设厂房、动力中心、仓库、办公楼及附属设施	54000 万元	年产高保真数字无线麦克风 46 万只、耳机 260 万只，商用高频产品 20 万只	201208-201407	
29	20121201	1207090010	保税仓储中心项目	山东万邦国际物流有限公司	高新五路以西，中心路以南	61.29 亩	总建设面积 22920.6 平方米，建设仓库 4 栋、电子物流研发中心 1 栋及附属设施	14709.6 万元	年仓储、中转货物 200 万吨	201212-201405	
30	20130201	1307090001	山东裕源保税物流项目	山东裕源物流有限公司	高新五路以西，桃源街以北	40667 平方米	总建设面积 40400 平方米，建设仓库三栋、办公楼一栋及附属设施	15860 万元	年仓储、中转、装卸各类货物 35 万吨	201304-201403	
31	20130730	潍加经计字〔2013〕25 号	潍坊国际物流中心	潍坊保税物流有限公司	高五路以西，中心路以南	63.16 亩	总建筑面积 7.5 万平方米，建设 5 栋厂房	15500 万元	年进口红酒、食品等 10 万吨，进口纸浆 2500 万立方米	201310-201503	

续表 4

序号	批复时间	批复文号	项目名称	项目单位	建设地点	用地面积	建设内容	总投资（万元）	建设规模	建设周期	主营业务收入（万元）
32	20130802	1307090004	年产10万吨生物饵料项目	潍坊利可生生物科技有限公司	高五路以西，桃园街以南地块	49亩	总建筑面积3.3万平方米，建设办公楼1栋，厂房6栋，仓库2栋	12000万元	年产生物饵料10万吨	201307-201506	
33	20130807	1307090005	康裕医药物流项目	山东康裕盛世医药有限公司	高五路以西，梨园街以北地块	27.429亩	总建筑面积1.8万平方米，建设仓库、办公楼、卸货平台及附属设施	8000万元	年销售配送药品、医疗器械等1.8亿元	201310-201509	
34	20130807	1307090006	年产1500吨冬虫夏草菌体复配项目	山东正信生物科技股份有限公司	高五路以西，梨园街以北地块	40亩	总建筑面积3.4万平方米，车间、综合楼、办公楼及附属设施	9800万元	年产冬虫夏草菌体制品1500吨	201308-201507	
35	20130806	1307090008	柴油机尾气处理液项目	潍坊万和能源科技有限公司	高五路以西，梨园街以北地块	36亩	总建筑面积25141.2平方米，车间、仓库、办公楼及附属设施	9000万元	年产6万吨柴油机尾气处理液	201308-201407	
36	20130916	潍加经计字〔2013〕27号	昊天城项目	潍坊昊辉房地产开发有限公司	樱前街以南，高新七路以东	191.592亩	总建筑面积34.8万平方米，建设28F商住楼5栋，28F青年公寓1栋，17F住宅楼9栋，15F住宅楼4栋，11F住宅楼2栋，7F住宅楼2栋，6F住宅楼6栋，3F幼儿园1栋及1F、2F、3F商业裙房	120000万元		201310-201709	
37	20130929	1307090009	纳米级超精密运动和定位控制平台开发生产项目	潍坊三星纳米位移技术有限公司	高五路11号	20.5亩	总建筑面积16021平方米，车间、研发中心、办公及附属设施	8000万元	年产8000台纳米级超精密运动和定位控制平台	201310-201508	
38	20130929	1307090010	装载机自动变速器开发生产项目	潍坊三星车辆自动变速器有限公司	高五路11号	28亩	总建筑面积16691平方米，车间、研发中心、办公及附属设施	9000万元	年产25000台自动变速器	201310-201410	
39	20131016	1307090011	国家级食品质量检测认证中心项目	潍坊钧耀信息科技有限公司	高七路以东、樱园街以北	98.94亩	总建筑面积269354平方米，建设检测中心、办公楼、商务楼、公寓、宿舍及餐厅等	100000万元	形成20条食品综合质量检测线，年检测食品样品约200万个	201311-201510	
40	20131104	1307090012	中俄农副产品出口示范基地－冷链仓储物流项目	山东中沃优达物流有限公司	高五路2号	141.621亩	总建筑面积90620平方米，建设恒温库2座，冷藏库2座，超低温库1座，常温仓库2座，制冷机房1座，智能化控制中心1座及其他附属建筑	62993.3万元	冷库储存规模5万吨、年出口农副产品20万吨	201311-201510	
41	20140224	1407090001	棉纺织物及服装生产项目	潍坊大地纺织有限公司	中心路以北高四路以东地块	95.6925亩	总建筑面积79236平方米，建设车间两栋、仓库、办公楼及配套设施	33500万元人民币	年产棉卷1.5万吨，服装10万件	2014年3月—2015年2月	

续表 4

序号	批复时间	批复文号	项目名称	项目单位	建设地点	用地面积	建设内容	总投资（万元）	建设规模	建设周期	主营业务收入（万元）
42	20140605	1407090002	年产 3 万辆电动三轮项目	潍坊雷力发电设备有限公司	潍坊综合保税区规划支路 10 号	6.41 亩	总建筑面积 4270.62 平方米，建设车间一栋	595 万元人民币	年产电动三轮车 3 万辆	2014 年 6 月—2014 年 12 月	
43	20140819	1407090003	进口籽棉加工示范项目	潍坊华奇农产品有限公司	高四路以东、桃园街以北，桃园街 8 号	89990 平方米	总建筑面积 117909 平方米，建设厂房、仓库及附属设施	53500 万元人民币	年加工棉籽 13.75 万吨、皮棉 10 万吨	2014 年 9 月—2015 年 8 月	6000
44	20140819	1407090004	国际商品分拨中心项目	潍坊保税区号角国际商品分拨有限公司	高五路以东、桃园街以北地块内	33333 平方米	总建筑面积 36156.2 平方米，建设办公区、仓储中心、分拨中心、恒温库等	20000 万元人民币	年储存红酒 400 万瓶	2014 年 9 月—2015 年 8 月	
45	20140822	1407090005	潍坊四季优选商贸有限公司物流项目	潍坊四季优选商贸有限公司	桃园街以南高五路以东	11988 平方米	总建筑面积 12000 平方米，建设研发楼、仓储库及附属设施	6300 万元人民币	年销售红酒 100 吨、食品 5000 吨	2014 年 9 月—2016 年 8 月	
46	20150203	1507090001	喷涂线及起动机项目	潍坊佩特来电器有限公司	潍坊综合保税区高新三路与桃园街交叉口西南角		新上发电机喷涂线及起动机生产线	4400 万元人民币	年产 50 万台起动机	2015 年 2 月—2016 年 1 月	
47	20150420	1507090003	年产 2 万吨棉条	潍坊宏远纺织有限公司	潍坊综合保税区桃源街与高五路交叉口西北角		租赁山东裕源物流有限公司现有生产车间 9252 平方米、办公楼 611 平方米，总建筑面积 9863 平方米，购置抓棉机、成卷机、梳棉机、打包机等主要设备 40 台套	2192 万元人民币	年产棉条 2 万吨	2015 年 4 月—2016 年 3 月	
48	20150709	1507090004	年产 2 万吨生物基高分子材料及制品、1100 台（套）塑料加工设备项目	潍坊华潍新材料科技有限公司	潍坊综合保税区规划路以北、高新三路以东华潍新材料厂区内		购置生产设备 24 台（套）	2960 万元人民币	年产 P-PVA、PSB/PVA 复合材料等 2 万吨、双螺杆造粒机、混合机等 1100 台（套）	2015 年 7 月—2015 年 12 月	
49	20150812	1507090005	年存栏 550 头肉牛养殖项目	潍坊丰源农牧发展有限公司	潍坊综合保税区汶泉发展区东单家埠村	46690 平方米	总建筑面积 8328 平方米，建设牛舍 14 座，料库 1 座，消毒室 1 座。	600 万元人民币	年养殖肉牛 550 头	2015 年 8 月—2016 年 7 月	
50	20151207	1507090006	年复配 155 吨兽用药品项目	山东超跃动物保健品有限公司	潍坊综合保税区桃园街以南高五路以西高五路九号		租用潍坊利可生生物科技有限公司厂房 4480 平方米，购置万能型粉碎机、热风循环烘箱等设备 26 台套	600 万元人民币	年复配兽药 155 吨	2016 年 1 月—2016 年 6 月	
51	20151207	1507090007	年复配 125 吨兽用药品项目	山东佳蕴生物科技有限公司	潍坊综合保税区桃园街以南高五路以西高五路九号		租用潍坊利可生生物科技有限公司厂房 3430 平方米，购置液体灌装机、热风循环箱等设备 9 台套	500 万元人民币	年复配兽药 125 吨	2016 年 1 月—2016 年 6 月	

续表 4

序号	批复时间	批复文号	项目名称	项目单位	建设地点	用地面积	建设内容	总投资（万元）	建设规模	建设周期	主营业务收入（万元）
52	20151207	1507090008	年产100万套LED灯具项目	山东三晶照明科技有限公司	潍坊综合保税区中心路2号		租用潍坊综合保税区中心路2号厂房10000平方米，购置LED灯具组装生产线3条	500万元人民币	年产LED灯具100万套	2016年1月—2016年3月	2400
53	20160201	1607090001	年产百万台发电机扩建项目	潍坊佩特来电器有限公司	潍坊综合保税区高新三路与桃园街交叉口西南角		总建筑面积7317.2平方米，建设研发实验室1942.2平方米、扩展厂房5280平方米	700万元人民币		2016年3月—2016年6月	延期至2018年2月
54	20160315	1607090002	10000吨特种薄膜生产线项目	山东圣和塑胶发展有限公司	潍坊综合保税区高新二路888第10排1018号		总建筑面积10020平方米，建设生产厂房一栋	21500万元人民币	年产特种新材料薄膜10000吨	2016年4月—2018年6月	
55	20160406	1607090003	潍坊五洲教育科研基地项目	潍坊五洲教育有限公司	高七路以西、宝通街以北		总建筑面积66502平方米，建设实验楼两栋、图书综合楼一栋、宿舍楼两栋、综合服务楼及室内操场、餐厅、超市、广场等设施。	11000万元人民币	可容纳在校生2400人	2016年4月—2017年3月	
56	20160425	1607090004	潍坊开放型产业基地项目	潍坊综合保税区投资发展有限公司	潍坊综合保税区北区黄海一路以东、辽河西四路街以北地块		总建筑面积303301平方米，建设企业孵化区250225平方米，场站及配套基础设施。	60588万元人民币	可进驻企业300余家	2016年6月—2018年5月	
57	20160517	1607090005	大宗原材料商品展示交易中心项目	潍坊综合保税区投资发展有限公司	潍坊综合保税区北区黄海一路以西、辽河西路五街以北地块		总建筑面积30.935万平方米，建设大宗商品展示交易区8.26万平方米，大宗商品仓储物流区14.375万平方米，散货堆场8.3万平方米。	35020万元人民币	可进驻企业200余家	2016年6月—2018年5月	
58	20160527	1607090006	智能机器人视觉传感器研发及产业化项目	潍坊歌尔电子有限公司	潍坊综合保税区卡口北侧		对现有7063平方米厂房进行内部装修，购置贴附机、激光焊接机、测试机、晶圆清洗机、焊线机等设备188台（套），年产智能机器人视觉传感器25万只。	12802万元人民币		2016年5月—2018年4月	
59	20160531	1607090007	1.76MW分布式光伏发电项目	潍坊中民新能太阳能电力有限公司	潍坊综合保税区卡口北侧歌尔电子厂区		利用歌尔电子有限公司3.2万平方米厂房屋顶建设1.76MW光伏电站，安装太阳能电池板6400块、逆变器54台、交流汇流9台、低压配电柜3台、逆变器光伏监控系统等，年均上网电量193.6万度。	1320万元人民币		2016年5月—2017年4月	

续表 4

序号	批复时间	批复文号	项目名称	项目单位	建设地点	用地面积	建设内容	总投资（万元）	建设规模	建设周期	主营业务收入（万元）
60	20161108	1607090008	动物源性生化系列健康产品开发与产业化项目	山东圣肽生物科技有限公司	潍坊综合保税区中心路以北，高五路以西地块内		总建筑面积 23426 平方米，建设小分子肽生产车间1座，回收加工车间1座，仓库 1 座及配套设施。	13000 万元人民币	年处理动植物及海产品等副产品 8000 吨，生产胶原蛋白肽 1000 吨，肉骨粉 4200 吨，骨油 400 万块。	2017 年 1 月—2017 年 11 月	
61	20161108	1607090009	年产 2 万辆新能源汽车项目	山东陆地方舟新能源汽车有限公司	潍坊综合保税区高二路 888 号第一排 1688 号		对原有 2.3 万平米厂房进行改造，新上新能源汽车总装线一条，配套电机生产总装线一条，配套空调总装线一条。	20000 万元人民币	年产新能源汽车 2 万辆，电动汽车电驱动系统 5 万台，汽车空调系统 5 万套	2017 年 1 月—2017 年 6 月	
62	20170313	1707090001	中国石化销售有限公司山东潍坊第 72 加油（气）站项目	中国石化销售有限公司山东潍坊石油分公司	潍坊综合保税区高六路以东、宝通街以南地块		总建筑面积 1054 平方米，其中站房面积 250 平方米，罩棚面积804平方米。安装储油罐 5 个，双枪加油机 4 台，双气加气机 2 台及其他附属设备。	2390 万元人民币		2017 年 4 月—2017 年 10 月	
63	20170428	1707090002	潍坊歌尔电子有限公司可穿戴产品线绿色设计平台建设项目	潍坊歌尔电子有限公司	潍坊综合保税区高二路以东、综合保税区卡口以北地块		改造厂区内 4 号车间 10000 平方米，进行内部装修，购置高效节能装备、能源控制系统、再回收利用系统等设备 169 台（套），对生产线进行升级改造，建设 2 条可穿戴产品线绿色生产线，打造绿色设计平台	14500 万元人民币	建成后形成年产 HMD 产品 100 万台的生产能力。	2017 年 4 月—2019 年 12 月	
64	20170527	1707090003	山东贩福多进口商品有限公司北方进口商品物流配送中心建设项目	山东贩福多进口商品有限公司	潍坊综合保税区高四路以西，卡口内中心路以南地块	35.28 亩	项目占地 35.28 亩，总建筑面积 15373 平方米，其中建设仓储用房地上 11684 平方米，地下设施630平方米，办公楼、结算中心等 2333 平方米，接待中心 726 平方米；建设安装分装、配送自动化流水线等设施。	13000 万元人民币		2017 年 5 月—2018 年 12 月	

续表 4

序号	批复时间	批复文号	项目名称	项目单位	建设地点	用地面积	建设内容	总投资（万元）	建设规模	建设周期	主营业务收入（万元）
65	20170627	1707090004	山东海兰能源有限公司年产6万吨尾气处理液、电厂脱硝剂建设项目	山东海兰能源有限公司	潍坊综合保税区高五路以西、梨园街北地块		该项目占地24036平方米，建设办公楼及车间等22129.66平方米，购置全自动微膜反渗透38层水净化过滤装置、电感耦合等离子体光谱仪、碳酰二胺喷射系统等生产设备46台套	9000万元人民币	年产环保处理液（剂）6万吨	2017年7月—2019年7月	
66	20170704	1707090005	潍坊力神动力电池系统有限公司高能动力电池系统集成建设项目	潍坊力神动力电池系统有限公司	潍坊综合保税区高三路286号		该项目利用现有车间10000平方米进行改造装修，购置激光焊接机、电阻焊接机、测试机等设备11台套并安装调试。	4000万元人民币		2017年1月—2017年12月	
67	20170725	1707090006	潍坊华潍新材料科技有限公司年产1000吨保水剂项目	潍坊华潍新材料科技有限公司	潍坊综合保税区高三路东、中心路北地块		该项目利用现有车间1395平方米进行改造装修，购置粉碎机、搅拌罐、包装机等设备21台套并安装调试。	100万元人民币		2017年7月—2017年9月	
68	20171204	1707090007	山东潍坊诚信人力资源有限公司"互联网+人力资源"信息服务平台建设项目	山东潍坊诚信人力资源有限公司	潍坊综合保税区高二路318号		租用营业场地，购买硬件耗材等共计44台套，开发软件平台。	500万元人民币		2018年1月—2018年12月	
69	20171215	1707090009	年产百万台发电机扩建项目	潍坊佩特来电器有限公司	潍坊综合保税区高三路与桃园街路口西南角		项目无新增用地，主要利用原有车间及配套设施进行扩建，新增AVI整流桥单元、电刷组件单元、多功能定子单元、小电机装配单元等主要生产设备92台套	3500万元人民币	新增发电机20万台。	2018年1月—2018年6月	
70	20171221	1707090010	山东宾傲3.25兆瓦屋顶分布式光伏项目	潍坊易投新能源科技有限公司	潍坊综合保税区中心街与高三路路口东北		项目利用山东宾傲新能源车辆股份有限公司厂区屋面33000平方米，总装机容量3.25兆瓦；共安装组件280wp规格多晶硅光伏组件11607块，所发电量采用全额上网模式。	1950万元人民币	总装机容量3.25兆瓦	2018年1月—2018年6月	

续表 4

序号	批复时间	批复文号	项目名称	项目单位	建设地点	用地面积	建设内容	总投资（万元）	建设规模	建设周期	主营业务收入（万元）
71	20171221	1707090011	大地纤维 1 兆瓦屋顶分布式光伏项目	潍坊康庆新能源科技有限公司	潍坊综合保税区中心街大纤维科技有限公司厂区内		项目利用潍坊大地纤维科技有限公司厂区屋面 12000 平方米，总装机容量 1 兆瓦；共安装组件 280wp 规格多晶硅光伏组件 3571 块，所发电量采用自发自用、余额上网模式。	600 万元人民币	总装机容量 1 兆瓦	2018 年 1 月—2018 年 6 月	
72	20171225	1707090012	636kw 分布式光伏项目	潍坊中外运国际物流有限公司	潍坊综合保税区高二路 888 号第七排 786 号		项目利用潍坊中外运国际物流有限公司现有屋面 9300 平方米，总装机容量 636kw；共安装组件 265wp 规格多晶硅光伏组件 2400 块，50kw 逆变器 12 台，40kw 逆变器 1 台，达到年发电量 826800kwh。	445.20 万元人民币	总装机容量 636kw	2018 年 1 月—2018 年 6 月	
73	20170707	潍综保经计字〔2017〕1 号	潍坊综合保税区龙景佳苑项目	潍坊综合保税区投资发展有限公司	潍坊综合保税区樱前街以南，高七路以西	67 亩	总建筑面积 138804.69 ㎡，建设高层住宅楼 10 栋，其中 2 栋 11F 住宅楼，8 栋 17F 住宅楼。地上建筑面积 110816.2 ㎡，商业面积 5974.58 ㎡，垃圾站面积 162.88 ㎡；地下建筑面积 27988.49 ㎡，其中地下车库面积 19127.55 ㎡，地下室建筑面积 8860.94 ㎡。	40000 万元人民币		2017 年 7 月 -2022 年 6 月	
74	20170719	潍综保经计字〔2017〕2 号	潍坊综合保税区汶泉发展区北徐家庄片区项目	潍坊综合保税区投资发展有限公司	潍坊综合保税区樱前街以南、杨瓦路以西地块	29.2 亩	总建筑面积 58443 平方米，建设高层住宅 5 栋，其中地上建筑面积 47350 平方米，商业面积 5950 平方米，物业管理用房面积 600 平方米，地下车库面积 10610 平方米	17000 万元	可容纳居民 356 户	2017 年 8 月 -2019 年 1 月	
75	20170719	潍综保经计字〔2017〕3 号	潍坊保税区西南段片区	潍坊综合保税区投资发展有限公司	潍坊综合保税区樱前街以南、高七路以西地块	27.4 亩	总建筑面积 62300 平方米，建设高层住宅 4 栋，其中地上建筑面积 44600 平方米，地下建筑面积 17700 平方米	20000 万元	可容纳居民 360 户	2017 年 9 月 -2019 年 8 月	
76	20170930	潍综保经计字〔2017〕4 号	食用海苔生产加工项目	潍坊花兰水食品有限公司	潍坊综合保税区中心路与高三路路口宝泰产业园一号厂房		租赁标准厂房面积 6650.67 ㎡，购置海苔自动供给器、筛选机、调味机等主要生产设备 46 台套	300 万美元	年产 114480 千克食用海苔生产能力。	2017 年 9 月 -2018 年 8 月	

续表 4

序号	批复时间	批复文号	项目名称	项目单位	建设地点	用地面积	建设内容	总投资（万元）	建设规模	建设周期	主营业务收入（万元）
77	20171121	潍综保经计字〔2017〕5号	景泰园项目	潍坊雷士置业投资发展有限公司	潍坊综合保税区高二路以东、桃园街以北地块	213.54 亩	总建筑面积 311240 平方米，地上建筑面积 217100 平方米，地下建筑面积 94140 平方米；其中一期建设高层住宅17栋，别墅37栋，多层住宅 15 栋，商业一栋；二期商业综合体一栋。	125000 万元	可容纳居民 965 户	2017 年 12 月 -2019 年 12 月	
78	20180209	1807090001	新能源电机驱动系统项目	山东佩特来电机驱动技术有限公司	潍坊综合保税区高三路与桃园街路口西南角		项目无新增用地，主要租用潍坊佩特来电器有限公司部分厂区 10000 平米，其中车间和仓库 4800 平米，购买电机装配线、耐压测试仪、定子装配线、真空浸漆机等主要生产设备 158 台套，	4000 万元人民币	年产 1 万台电机总成、1 万台电机控制器总成、1 万台相电缆总成的生产能力。	2018 年 3 月—2018 年 6 月	项目代码 2018-370793-34-03-006730
79	20180306	1807090002	年产 500MW 高压直流电源及配套电子产品项目	山东中大电源科技有限公司	潍坊综合保税区樱前街北、高四路东地块	95 亩	建设标准厂房、办公楼及配套设施 40492 平方米，购置研发、生产设备 100 台套，	38000 万元人民币	年产 500MW 高压直流电源及配套 LED 电子产品 40 万套。	2018 年 6 月—2020 年 12 月	项目代码 2018-370793-38-03-009445
80	20180307	潍综保经计字〔2018〕1号	潍坊综合保税区大李家项目	潍坊综合保税区投资发展有限公司	潍坊综合保税区樱前街以南、高七路以西地块	11000 平方米	项目总建筑面积 34103 平方米，其中住宅建筑面积 24280 平方米，公用设施和地下储藏室、车库等建筑面积 9823 平方米，住宅设计总套数 216 户。	12000 万元	可容纳居民 216 户	2018 年 5 月 -2020 年 12 月	项目代码 2018-370793-70-02-009362
81	20180416	1807090003	高端虚拟现实（VR/AR）产品绿色设计平台建设项目	潍坊歌尔电子有限公司	潍坊综合保税区卡口以北、高二路东歌尔电子厂区内。		该项目利用现有车间总建筑面积 4000 平方米，对现有生产工艺、技术、装备和配套设施进行更新改造，提高技术装备及绿色化水平，引进主要生产设备 849 台（套），重点研发一套虚拟现实行业绿色设计平台，改建两条“采用产品材料最优化、环境布局最优化、产线装备最优化、综合能耗最优化等跨领域多学科最优化仿真”的虚拟现实产品头戴显示器（HMD）绿色设计平台和示范生产线。	25000 万元人民币	年产虚拟现实头戴显示系统 50 万台的生产能力。	2018 年 4 月—2020 年 3 月	项目代码 2018-370793-39-03-019216

续表 4

序号	批复时间	批复文号	项目名称	项目单位	建设地点	用地面积	建设内容	总投资（万元）	建设规模	建设周期	主营业务收入（万元）
82	20180428	潍综保经计字〔2018〕2 号	潍坊综合保税区道路建设及绿化提升工程 PPP 项目	潍坊综合保税区住房和城乡建设局	潍坊综合保税区海关监管区及配套区内		"1、项目对辖区合计 21269 米 7 条道路和青银高速绿化工程进行提升改造，硬化面积 602908 平方米，绿化面积 1147520 平方米；2、在樱前街以北，杨瓦路以东占地 7800 平方米，建设加油加气站一座；3、项目共设置收费停车位 1675 处。其中在樱前街以北，高七路以西建设占地面积 8316 平方米的立体停车库1座，共设机械式立体车位 305 处，地表停车位 90 处（其中带充电桩车位 45 处）；在高七路（桃园街 - 宝通街）设置智能停车位 680 处；在樱前街（高五路 - 杨瓦路）设置智能停车位 600 处。"	95407 万元		2018 年 7 月 -2021 年 6 月	" 项目代码 2018-370793-48-01-023009 "

第五章　财政金融

第一节　财政收入

2006 年 4 月，市委、市政府设立潍坊出口加工区党工委、管委会。由于建成时间较短、规模偏小、部门岗位设置不全，财政部分工作暂由高新区财政局负责代管执行。为挖掘税源渠道、堵塞税收漏洞，出口加工区局主动与工商局、国税局、地税局等部门对接，采取“先税后证”等方式，实现税款应收尽收、均衡入库，准确、客观地把经济发展成果反映到财政增收上来。

2008 年，根据管委会统一部署，出口加工区成立向洋投资公司作为资金运作平台，多方筹措资金开展项目建设。2010 年 1 月，潍坊出口加工区实行一级财政管理，在市人民银行设立国库专户，独立核算财政收支。

2011 年保税区设立以来，全区充分发挥政策优势，全力引进外向型高、科技含量高、附加值高的优质项目，大力培植以保税物流、保税仓储和特色商品交易为代表的现代服务业等新兴财源，采用合理的税收优惠政策鼓励总部经济招商。2012 年至 2015 年，全区公共财政预算收入平均增幅达40%，连续4年在全国保税区中名列前茅。2016年，全区实现工业主营业务收入65.5亿元，比上年增长100%，增幅居全市第1位；公共财政预算收入1.44亿元，比上年增长15.2%，增幅居全市第2位。2017年，公共财政预算收入1.74亿元，比上年增长27.8%，增幅跃居全市第1位。2018年预计全区公共预算收入2.4亿元，同比增长38%。

2008—2017年潍坊综合保税区一般公共预算收入完成情况统计表

表5　　单位：万元

年　份	年度预算	累计完成	可比增长%
2008	—	—	—
2009	—	—	—
2010	—	1709	176.1
2011	2152	3342	95.6
2012	4178	4520	35.2
2013	5425	9024	76.7
2014	10381	11901	31.9
2015	13718	13748	15.5
2016	15780	14421	15.2
2017	14980	17398	27.8
2018	19138	24331（预计数）	38

2008—2017年潍坊综合保税区一般公共预算收入结构情况统计表

表6　　单位：万元

年　份	税收收入		非税收入	
	数额	比重%	数额	比重%
2008	—	—	—	—
2009	—	—	—	—
2010	1677	98.1	32	1.9
2011	3283	98.2	59	1.8
2012	4371	96.7	149	3.3
2013	8835	97.9	189	2.1
2014	11747	98.7	154	1.3
2015	11350	82.6	2398	17.4
2016	13654	94.7	767	5.3
2017	15216	87.5	2182	12.5
2018	22145	94.92	1186	5.08

2008—2017 年潍坊综合保税区主要税种收入情况统计表

表 7　　　　单位：万元

年份	增值税		营业税		企业所得税		个人所得税		合计			
	数额	增长%	数额	增长%	数额	增长%	数额	增长%	数额	增长%	占收入%	占税收%
2008	—	—	—	—	—	—	—	—	—	—	—	—
2009	—	—	—	—	—	—	—	—	—	—	—	—
2010	30	—	767	—	375	—	18	—	1190	—	69.6	71
2011	62	106.7	1222	59.3	574	53.1	18	—	1876	57.6	56.1	57.1
2012	124	100.0	2071	69.5	593	3.3	35	94.4	2823	50.5	62.5	64.6
2013	491	296.0	3995	54.3	1784	140.8	158	182.1	6428	83.1	71.2	72.8
2014	1439	193.1	2145	—46.3	4584	157.0	250	58.2	8418	31.0	70.7	71.7
2015	1885	31.0	2387	11.3	4352	—5.1	402	60.8	9026	7.2	65.7	79.5
2016	2833	92.7	1127	—28.2	2802	—35.6	738	83.6	7500	—3.8	52.0	54.9
2017	5369	89.5	—	—	3899	39.15	1153	56.1	10420	38.9	59.9	68.5

第二节　财政支出

2010 年至 2017 年，预算支出累计完成 12.3 亿元，年均增长 31%。其中教育累计支出 9628 万元，民生保障支出累计 5132 万元，支农支出累计 6452 万元，保障房支出累计 3553 万元，基本建设支出累计 34370 万元，扶持企业支出累计 20884 万元。

2010 年，是保税区成立国库的第一年，根据《潍坊市财政局关于调整出口加工区有关财政体制等问题的通知》，自 2010 年 1 月 1 日起，潍坊出口加工区实行一级财政管理，在人民银行独立国库专户，独立核算财政收支。全年完成预算支出 3171 万元，其中一般公共服务 1088 万元、科学技术 5 万元、城乡社区事务 937 万元、商业服务业等事务 341 万元、其他支出 800 万元。

2011 年 6 月 25 日，保税区与高新区进行区划调整。区划调整后，原属高新区的汶泉发展区 19 个村，清池街道的 4 个村划入保税区，成立汶泉街道办事处。全年一般预算支出 5989 万元，同比增长 88%。其中，一般公共服务 1829 万元，公共安全 30 万元，教育 452 万元，科学技术 40 万元，社会保障和就业 26 万元，医疗卫生 8 万元，城乡社区事务 2024 万元，农林水事务 529 万元，交通运输 24 万元，资源勘探电力信息等事务 128 万元，商业服务业等事务 641 万元，国土资源气象等事务 87 万元，住房保障支出 151 万元，其他支出 20 万元。汶泉街道划入保税区后，管委会高度重视划入区域的教育、社保、农林水等重点事业支出。仅 2011 年下半年，保税区教育支出达 452 万元，占一般预算支出的 7.5%，有力地保障了校舍维修、校园安保、生均经费等支出；农林水支出达 529 万元，占一般预算支出的 8.8%，重点投入到农村道路等农村基础设施建设项目；社会保障及医疗支出金额较小，主要为 2011 年由高新区负责保障，自 2012 年开始，除新农合、城镇合作医疗、农村养老保险外，其他项目全部由保税区承担。

2018 年 1 月 12 日，财政局局长刘少武安排 2018 年重点工作

2012 年度，全区完成一般预算支出 14183 万元，同比增长 136%。其中，一般公共服务 3204 万元，公共安全 20 万元，教育 1186 万元，科学技术 45 万元，文化体育与传媒 11 万元，社会保障和就业 363 万元，医疗卫生 202 万元，城乡社区事务 5447 万元，农林水事务 543 万元，交通运输 270 万元，资源勘探电力信息等事务 1636 万元，商业服务业等事务 159 万元，国土资源气象等事务 63 万元，住房保障支出 1026 万元。2011 年汶泉街道划入保税区后，管委会高度重视划入区域的教育、社保、农林水等重点事业支出。2012 年，保税区教育支出达 1186 万元，占一般预算支出的 8.4%；农林水支出达 543 万元，重点投入到农村道路等农村基础设施建设项目；社会保障及医疗支出 363 万元，占一般预算支出的 2.6%。

2013 年度，全区完成公共预算支出 13681 万元，同比下降 4%。其中一般公共服务 4308 万元，公共安全 40 万元，教育 1350 万元，科学技术 1182 万元，文化体育与传媒 90 万元，社会保障和就业 370 万元，医疗卫生 336 万元，城乡社区事务 3070 万元，农林水事务 884 万元，交通运输 376 万元，资源勘探电力信息等事物 215 万元，商业服务业等事务 441 万元，国土资源气象等事物 57 万元，住房保障支出 873 万元，国债还本付息支出 89 万元。2013 年是综合保税区正式封关运行的第一年，部分新进入企业建设之中未形成收入。在园区建设、配套项目等各项支出加大的压力下，管委会优先保障教育、社保、农林水、工资等重点支出。同时加大对科技创新型企业的产品研发、市场拓展的扶持力度。

2014 年度，全区完成公共预算支出 26865 万元，同比增长 96%。其中一般公共服务 3453 万元，公共安全支出 231 万元，教育支出 1403 万元，科学技术支出 2490 万元，文化体育与传媒支出 296 万元，社会保障和就业支出 364 万元，医疗卫生与计划生育支出 688 万元，节能环保支出 7 万元，城乡社区支出 14910 万元，农林水支出 1414 万元，交通运输支出 132 万元，资源勘探信息等支出 397 万元，商业服务业等支出 900 万元，国土海洋气象等支出 77 万元，保障房支出 14 万元，国债还本付息支出 89 万元。

2015 年度，全区完成公共预算支出 16909 万元，同比下降 37%。其中一般公共服务支出 5973 万元，公共安全支出 116 万元，教育支出 1042 万元，科学技术支出 39 万元，文化体育与传媒支出 113 万元，社会保障和就业支出 333 万元，医疗卫生与计划生育支出 597 万元，城乡社区事务 2358 万元，农林水支出 1493 万元，交通运输 1000 万元，资源勘探信息 650 万元，商业服务业 2553 万元，国土海洋气象 137 万元，保障房 1 万元，债务付息 504 万元。造成总体支出下降的主要原因为较2014年上级专项资金等一次性支出减少，例如科学技术支出下降98%；城乡社区支出下降84%。

2016年度，全区完成公共预算支出21741万元，同比增长29%。其中一般公共服务支出5664万元，公共安全支出249万元，教育支出2864万元，科学技术支出2558万元，文化体育与传媒支出74万元，社会保障和就业支出434万元，医疗卫生与计划生育支出462万元，节能环保支出5万元；城乡社区事务2692万元，农林水支出937万元，交通运输1085万元，资源勘探信息10万元，商业服务业3936万元，国土海洋气象152万元，保障房5万元；债务付息614万元。

2017年度，全区完成公共预算支出20433万元，同比增长21%。其中一般公共服务支出6187万元，公共安全支出288万元，教育支出1331万元，科学技术支出2345万元，文化体育与传媒76万元，社保和就业支出503万元，医疗卫生与计划生育支出446万元，节能环保支出50万元，城乡社区支出2932万元，农林水支出652万元，交通运输支出85万元，资源勘探信息等支出11万元，商业服务业等支出3209万元，金融支出60万元，国土海洋气象等支出161万元，保障房支出1483万元，债务付息支出614万元。

2010—2017年潍坊综合保税区一般公共预算支出明细表

表8 单位：万元

预算科目	2010年	2011年	2012年	2013年	2014年	2015年	2016年	2017年
一般公共服务	1088	1829	3204	4308	3453	5973	5664	6187
公共安全	—	30	20	40	231	116	249	288
教育	—	452	1186	1350	1403	1042	2864	1331
科学技术	5	40	45	1182	2490	39	2558	2345
文化体育与传媒	—	—	11	90	296	113	74	76
社会保障和就业	—	26	363	370	364	333	434	503
医疗卫生	—	8	202	336	688	597	462	446
环境保护	—		8	—	7	—	5	50
城乡社区事务	937	2024	5447	3070	14910	2358	2692	2932
农林水事务	—	529	543	884	1414	1493	937	652
交通运输	—	24	270	376	132	1000	1085	85
资源勘探电力信息等事务	—	128	1636	215	397	650	10	11
商业服务业等事务	341	641	159	441	900	2553	3936	3209
金融监管等事务支出	—	—	—	—	—	—	—	60
国土资源气象等事务	—	87	63	57	77	137	152	161
住房保障支出	—	151	1026	873	14	1	5	1483
国债还本付息支出	—	—	—	89	89	504	614	614
其他支出	800	20	—	—	—	—	—	—
合计	3171	5989	14183	13681	26865	16909	21741	20433

第三节　金融

风险防控

2017 年，潍坊综合保税区成立金融风险防控工作领导小组暨打击和处置非法集资工作领导小组，区党工委书记、管委会主任徐洪吉任组长，加强对金融风险防控和打击和处置非法集资工作的领导和统筹协调。制定打击和处置非法集资工作领导小组成员单位职责，明确责任分工，充分发挥职能，做好监测预警，加强配合协作，共同做好防范、打击和处置非法集资工作。制定金融突发事件应急预案。先后排查辖区 P2P 网贷机构，“爱福家”“福裕家和”养老项目，宜联贷，网贷机构“现金贷”业务等机构、公司和项目，开展打击逃废金融债务行动和涉金融领域失信行为的排查，保证辖区内群众的财产安全。

资本市场

综合保税区确定的 3 家改制企业全部改制完成，分别为潍坊大地纺织有限公司（更名为潍坊大地纤维科技有限公司）、世通纺织供应链股份有限公司和山东贩福多进口食品有限公司。其中潍坊大地纺织有限公司聘请会计师事务所对公司进行规范化审计，并建立完善现代企业制度。世通纺织供应链股份有限公司和山东贩福多进口食品有限公司（股权代码为 301601，股权简称为贩福多）分别在 2016 年上半年和 2016 年 12 月在齐鲁股权交易中心挂牌上市（因山东贩福多进口食品有限公司批复下达较晚，在 2017 年上报市金融办）。拟在齐鲁股权交易市场上市并且与中介机构签约的企业有三家：潍坊力神动力电池系统有限公司、山东锦川物业管理有限公司、山东普净物业服务有限公司。

机构监管

2018 年，潍坊综合保税区有融资担保公司 1 家—潍坊恒泰融资担保有限公司；有民间融资机构 1 家—潍坊智联民间资本管理股份有限公司。综合保税区认真做好非持证经营融资担保业务公司规范整顿工作，重点摸清辖区内非融资性担保公司底数，准确掌握非融资性担保公司基本情况，按照规范、清理、取缔和查处等分别进行处置，涉及犯罪的移交司法机关。配合做好辖区内融资担保公司、小额贷款公司和民间融资机构的现场抽查检查工作，摸清三类机构整体发展状况和合规经营情况。

第四节　总部经济

2012 年 8 月，按照市委、市政府发展总部经济的系列决策部署，综合保税区以引进企业总部为突破口，将发展总部经济作为区产业升级的动力引擎，加强组织领导，强化政策扶持，搞好总部规划，建设国际贸易总部经济聚集园区，全区经济运行质量和效益不断提升。

2013 年 1 月，管委会制定《关于促进发展总部经济又好又快发展的暂行规定》，明确全区招商引资政策。2014 年 1 月，专门成立总部经济工作领导小组，由党工委书记、管委会主任徐洪吉任组长、管委会班子成员任副组长、各部门局长任成员。领导小组在财政局设总部经济管理服务办公室，王有强任办公室主任、贺波兼任办公室副主任，具体负责总部经济企业的督查调度和协调服务工作。总部经济领导小组对招商工作坚持一月一调度，一月一通报，半年初评，年终总评的督察通报机制。每月通报的排序以完成任务比例排列，在一楼大厅进行展示，以此推动招商工作提速提效。

总部经济发展

2012年引进418家，2013年引进257家，2014年引进208家，实现财政收入4014万元，同比增长17.8%、实现公共预算收入3148万元，同比增长15.8%；2015年引进111家，实现财政收入5965万元，同比增长41%、实现公共预算收入4520万元，同比增长34%；2016年引进258家，实现财政收入7983万元，同比增长33%，实现公共预算收入4785万元，同比增长31%；2017年引进707家，实现财政收入13061万元，同比增长58%、实现公共预算收入6701万元，同比增长60%。保税区共引进总部经济企业1961家（市级2家），国际贸易总部3家。其中潍坊华奇农产品有限公司实现营业收入5607万元，实现税收51万元，实现利润-1437万元，就业人数43人，潍坊佩特来电器有限公司实现营业收入79950万元，实现税收722万元，实现利润2149万元，就业人数890人。

中国农业银行省行棚改贷现场勘查项目

第五节　国资公司

潍坊综合保税区投资发展有限公司　潍坊综合保税区投资发展有限公司负责管理的公司有潍坊综合保税区投资发展有限公司和潍坊向洋投资发展有限公司。2007年12月21日成立，前身为潍坊国信国际物流有限公司，注册资本为2亿元，总资产15亿元，主要经营范围为国有资产经营与管理，以自有资产进行城市基础设施投资与运营，房地产开发，经营，国家允许的货物贸易，集群企业住所托管，法定代表人刘军，下设5个子公司。一是潍坊保税物流有限公司，2010年1月29日成立，注册资本5000万元，经营范围为经海关批准的仓储、物流分拨、国内货运代理、国际贸易。二是潍坊综合保税城市建设发展有限公司，2012年8月8日成立，注册资本2000万元，主要经营范围为以自有资金对外投资，资产经营与管理，土地储备整治与开发，建筑工程安装施工，房地产开发、经营。三是潍坊燕城仓储物流有限公司，2006年4月14日成立，前身为潍坊燕城经贸有限公司，注册资本2684万元，主要经营范围为经海关批准的保税物流、保税仓储业务，货物包装加工及整理，仓库出租。四是潍坊保惠热力有限公司成立于2018年10月8日，注册资金100万元，主要经营范围为热力供应、热力工程、代收热力费。五是潍坊汶泉建筑配套工程有限公司，2013年5月15日成立，注册资本500万元，经营范围为建筑配套工程、市政配套工程、绿化工程的施工。

潍坊综合保税区金融投资控股有限公司　2018年3月2日成立，注册资本2亿元，经营范围为以企业自有资金对外投资。下设4个子公司：一是山东保潍股权投资有限公司，2018年7月11日成立，注册资本1000万元，公司经营范围为以企业自有资金对外投资、投资管理、基金管理、资产管理。二是保信（青岛）商业保理有限公司，2018年7月26日成立，注册资本5000万元，经营范围为商业保理业务；商业保理信息咨询；供应链管理咨询服务。三是潍坊宝瑞企业管理有限公司，2018年7月27日成立，注册资本1000万元，经营范围为企业管理咨询；国家允许的货物及技术进出口；房地产中介；仓储服务；物流服务；销售：建筑材料、机电产品、机械设备及配件、金属材料、金属制品、塑料制品；机械设备租赁（不含金融服务）；物业管理。四是保泰（青岛）融资租赁有限公司，2018年7月31日成立，注册资本2亿元，经营范围为融资租赁业务；租赁业务（非证券、保险、金融类业务），融资租赁信息咨询，货物进出口及技术进出口（不含出版物）。

2018年6月8日，金控公司总经理王恒磊带领部分公司员工到高新区金控公司交流学习

第三编

功能政策

第一章　功能作用

第一节　主要功能

根据国务院要求，潍坊综合保税区具有“国际加工、国际物流、分拨配送、保税展示、货物贸易、服务贸易、虚拟口岸”等功能。

国际加工　综合保税区内生产企业可从国外进口原材料保税加工后出口（或销往国内），或从国内采购原材料入区退税后加工出口。国际加工功能为利用国内外两种资源、产品面向国际、国内两个市场的生产企业提供政策凹地。

国际物流　综合保税区可为区内外进出口企业在采购原材料、产品销售的过程中，为其提供货物保税状态下的仓储、配送、增值加工、国际中转、进口复出口等物流服务，利用最低的物流成本，实现企业的利润最大化。

分拨配送　经国家质检总局批准，综合保税区可实现进口棉花等植物产品在区内就地检验检疫。具备进口肉类和冰鲜水产品指定口岸功能，全市进口肉类、冰鲜水产品可直接从港口运至综合保税区入境，在区内办理检验检疫手续，大大缩短中转时间，降低物流成本。通过货物的“大进大出、快进快出”，搭建连接国内外两个市场的国际物流大通道，提升潍坊市国际化水平。

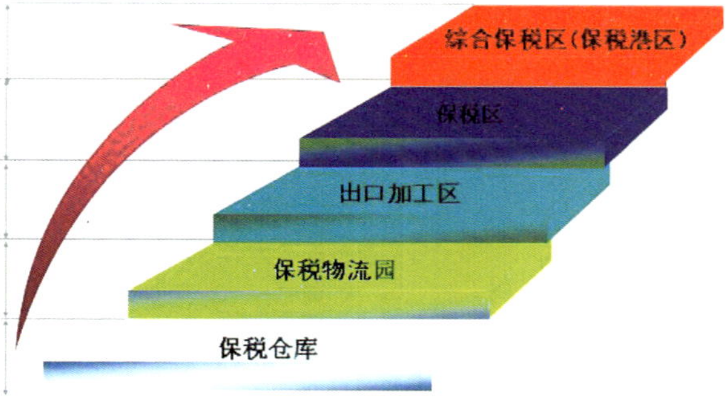

海关保税监管区发展的五个层次

保税展示　综合保税区建有进口商品直营中心，企业商品可进行保税展示及交易，交易后在规定时间内集中缴纳关税，有利于企业“前店后仓”式经营，实现由传统的仓储物流向采购、批发、零售等更广阔的经营模式拓展，满足市民消费需求，推动国际贸易延伸和发展。

货物贸易　综合保税区内允许注册贸易公司，区内各类企业均享有进出口经营权，可从事全球或地区性采购、分销、配送业务。 对入区的货物，可进行进出口集运的综合处理或商业性的增值加工，包括分级分类、分拆分捡、分装、加刷唛码等。

服务贸易　在综合保税区内从事与保税加工、保税物流、货物贸易相关的研发设计、产品测试、售后维修、设备租赁等服务贸易业务，可设立国际航运中心、采购分拨中心、营运结算中心及期货交割中心。

虚拟口岸　引进卡车航班、卡车轮船等业务模式，实现与海关管理系统信息互通、与青岛机场和青岛港口无缝对接，将国际港口和国际机场功能后移到综合保税区，企业在综合保税区可办理一切通关和进出口手续，等同于“无跑道国际机场（虚拟机场）”和“无水国际码头（虚拟码头）”。

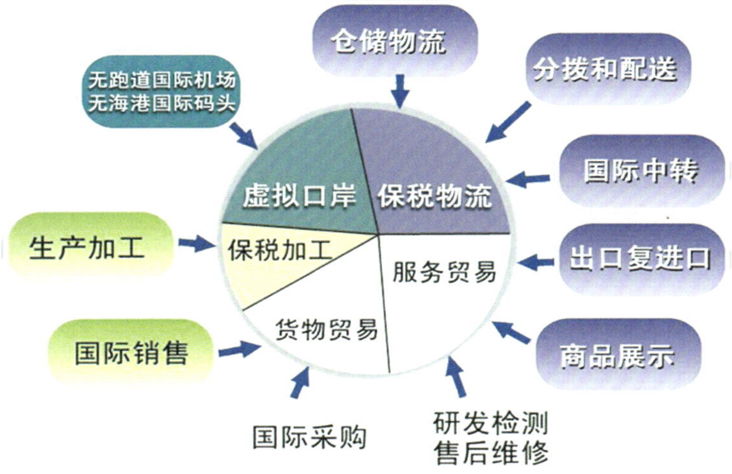

潍坊综合保税区主要功能示意图

综合配套　潍坊综合保税区设有24.83平方公里网外配套区，享受国家级经济开发区和高新技术产业开发区的所有优惠政策，主要安置与网内监管区关联度高的配套企业以及高端制造、国内物流、商务服务等项目，实现网内网外一体化发展。

第二节　带动作用

潍坊综合保税区既有网内监管区，又有网外配套区。网内监管区具有“保税加工、保税物流、货物贸易、服务贸易、虚拟口岸”五大功能，适合落户“大进大出、两头在外”的加工贸易和国际物流项目；网外配套区享受高新区和经济区的优惠政策，可以落户产业配套、高端制造、国内物流、商务服务等项目。网内网外优势互补，相互配套，形成整体合力，为承接国内外大项目提供了优势条件。

政策服务　综合保税区不仅要自身发展，更承担着为社会企业提供系列化政策服务的重任。按照海关总署要求，潍坊综合保税区服务辐射半径300公里，能够为企业提供快捷通关、口岸后移、保税仓储、专业物流、缓交关税、提前退税等服务，使过去只能在港口办理的保税和进出口业务，后移到保税区办理，降低企业经营成本，努力建成潍坊及周边地区对外开放的政策服务平台。

国际平台　综合保税区是“境内关外”，在网内就相当于国外，不缴关税，无增值税，出口退税，通关快捷，进出方便，能够通过货物的“大进大出、快进快出”，成为连接国内外两个市场的国际物流大通道，提升潍坊国际化水平。

项目聚集　跨国公司和外向型大企业一般愿意选择在港口和保税区周边落户，便于办理国际业务和享受优惠政策。综合保税区的设立，能够“筑巢引凤”，吸引大批跨国公司和外向

综合保税区与高新区、经济区比较

	保税区	高新区	经济区
管理部委	海关总署	科技部	商务部
优惠政策	保税、免税、退税、虚拟口岸等一系列优惠政策	基本没有	基本没有
发展要求	具有自身发展和服务社会双重职能，服务辐射半径300公里	自身发展	自身发展
产业重点	政策服务、国际物流、加工制造	高新技术产业、先进制造业	加工制造业
考核指标	进出口额、税收总额	科技、经济、财政收入	地区生产总值、财政收入

型大企业落户，成为承接国际产业转移的重要基地；能够完善提升全市投资环境，为招大商、大招商提供优惠政策和优质服务。

改革创新　综合保税区从诞生到发展，一直是国家对外开放政策先行先试的试验区和改革创新的最前沿。全区各级各部门主动对接国家部委，主动对接自贸区政策，努力建设改革创新的试验区。

2009 年 11 月 19 日，市政府召开青岛国际机场潍坊直通货站政策推介会

第二章　功能拓展

第一节　出口加工区

2005 年 8 月，潍坊出口加工区通过国务院验收组验收并运营。按照海关总署要求，出口加工区开展加工贸易，享有“保税、免税、退税，免配额和许可证”等优惠政策。2008 年 12 月 31 日，国务院办公厅下发《关于保持对外贸易稳定增长的意见》提出：“允许出口加工区拓展保税物流功能和开展研发、检测、维修业务”。2009 年 3 月 20 日，海关总署下发《关于出口加工区拓展保税物流等功能推广工作的函》，潍坊出口加工区正式拓展保税物流功能。当年，全区引进保税物流公司 10 家，主要有中国最大的国际货运代理公司投资的潍坊中外运仓储物流有限公司，全国十大国际物流公司之一山东邦达国际物流公司投资的山东吉通邦达潍坊公司，台湾最大家电集团台湾声宝集团投资的山

2009 年 3 月，潍坊出口加工区拓展保税物流功能后到区开展业务的企业络绎不绝

东中联盛国际物流有限公司等，吸引潍坊、东营、滨州、淄博等地的100多家企业来区办理业务。在全省5家出口加工区中，潍坊行动最快，保税物流业务开展最好，受到商务部和海关总署的好评。2009年12月，潍坊出口加工区举行青岛机场潍坊国际货运空港揭牌仪式，潍坊及西部地区空运货物可在潍坊出口加工区发货或接货，并在出口加工区办理手续，实现了“青岛空港后移”，实现了货物空运的三大变化：即由企业分散运输变为由青岛机场集中运输，由企业承担陆路运费变为由航空公司承担，由在青岛办理通关手续变为在潍坊办理，大大提高了企业通关效率，降低了物流成本，节省了社会资源。

第二节　综合保税区

2011年1月25日，经国务院批准，潍坊出口加工区转型升级为潍坊综合保税区，成为全国第14个获批的综合保税区。按照国务院和海关总署要求，综合保税区具有保税加工、保税物流、货物贸易、服务贸易、虚拟口岸五大主要功能， 在优惠政策上主要有进境保税、入区退税、区内自由、区间保税、放宽管制、区港直通、集中申报、快速中转等，服务辐射半径在200～300公里。2014年，潍坊综合保税区启动跨境电商工作。4月30日，跨境电子商务试点方案上报海关总署。10月，海关总署特批，允许潍坊进行小范围测试。12月，管委会投资3000万元启动跨境邮件分拣中心和通关综合服务平台建设。是年，保税区被济南海关确定为改革试点单位，全面复制推广自贸区政策，年内落实保税展示交易、境内外维修、区间自行运输、批次进出集中申报、简化通关作业随附单证、集中汇总纳税等6项政策措施；推行关检联动“三个一”通关新模式，在海关、国检大力支持下，实现通关报检“一次申报、一次查验、一次放行”，申报事项由143项整合成84项，通关时间缩减一半以上，费用大大降低；申请检验检疫功能下放，经国家质检总局批准，实现进口棉花在保税区就地检验检疫，全市进口汽车在保税区就地报检，全年检验货值30亿元以上；启动进口水果、水产品和肉类等进境口岸申报程序，努力打造全市进口商品的分销基地；“区区联动”正式运作，实现与郑州、南京等保税区的联动发展，成为全国首批实现“区区联动”的保税区之一。

2015年，保税区跨境电商综合服务平台上线试运行，并打造国际采购（纺织品）交易平台、食品和农产品电商平台、惠家家020电商服务平台等一批专业电商服务平台，引进中外通、爱购天下、3H母婴等10多家电商平台企业和

2014年8月，潍坊海关、潍坊出入境检验检疫局在潍坊综合保税区启动“三个一”通关新模式

100多家电商企业。按照海关总署通关一体化改革要求，潍坊综合保税区全面推行无纸化通关，并在试点基础上大幅度取消出口货物的通关单申报，取消出口退税纸质单证进一步提高了通关便利化水平。10月，保税区间结转业务模式通过海关总署验收，实现了与郑州、南京等综合保税区的联动发展。

2016年，保税区功能政策进一步丰富拓展。根据济南海关部署，保税区加大改革力度，在济南关区第一个实现了区域一体化通关，企业可根据需要自主选择采用一体化或者转关模式进行通关，通关效率进一步提升。复制自贸区政策达到11项，吸引1500多家社会企业来区开展业务，无纸化通关率达到99%。

2017年，保税区进一步加强自贸区创新政策的复制推广，试点推行了加工贸易工单式核销、境内外维修等创新业务模式，复制政策数量达到13项，数量居济南关区第一位。在全省率先推行企业集群注册新模式，有效解决小微企业注册登记难题。截至2017年底，全区注册企业1838家，其中当年新注册720家，同比增长134%，集群注册登记企业640家，占新增企业数的89%。

第三章　政策服务

第一节　服务平台

口岸综合服务平台

发依托青岛机场、青岛港，通过电子卡口、集装箱识别、电子关锁等现代化手段，实现与海关管理系统信息互通、与青岛机场和青岛港口无缝对接。企业在潍坊保税区就能开展内陆口岸报关、报检、订舱、装卸、运输等业务，相当于“无跑道国际机场”和“无水国际港口”。

正在通关的物流车辆

2009年12月1日，青岛机场直通货站业务即“卡车航班”业务正式开通，进出口货物的海关通关手续在出口加工区海关办事处办理，出口加工区与青岛机场之间的货物运输由海关指定的“卡车航班”负责运输，运输费用由航空公司承担。

青岛机场开展直通货站业务，使潍坊进出口企业由在青岛机场报关变为直接在潍坊出口加工区报关，出口货物报关后即可由海关监管车辆运至青岛机场直接出境，进口货物由海关监管车直接运至潍坊出口加工区，企业可直接在出口加工区货站提货，不用往返于潍坊与青岛之间，由潍坊到青岛机场的运输费用由航空公司承担。对于企业，通关时间大大缩短，通关效率大大提高，物流运输成本也大大降低；对于潍坊出口加工区，原先由青岛机场进出口的货物，报关环节移至潍坊出口加工区，进出口数据从青岛机场转变为潍坊出口加工区，能够增加区的实际进出口额；对于潍坊海关，报关票数大大增加，海关关税和海关代征增值税也相应增加，能够切实提高潍坊海关业绩；对于当地政府，能够吸引滨州、淄博、东营周边地区进出口企业到区开展业务，增强腹地物流辐射效应，促进全市物流业快速发展，加快实现潍坊成为环渤海物流中心城市，推动潍坊物流业水平的提升和发展。

快捷通关服务平台

启动济青关区一体化通关，过去企业办理出口转关业务，到青岛关区口岸通关需“二次验封”，综合保税区通过创新完善通关业务流程，企业从接单到放行的全部操作在区内都可以完成，真正实现了属地申报、口岸验放、一次查验。

探索与全国保税区之间“区区联动”。争取海关总署同意，探索与国内其他海关特殊监管区之间信息共享，实现各区之间一次查验、一次放行。已实现与郑州、南京等保税区之间货物自由进出，成为全国首批实现“区区联动”的保税区之一。

大力推进通关便利化改革。本着“大开放、大便利、大服务”的原则，复制推广13项自贸区新政策，数量位居济南关区首位；在省内率先推行一次申报、一次查验、一次放行的“三个一”通关报检新模式，通关效率提升50%，被济南海关确定为改革试点区和先行区。

检验检疫服务平台

潍坊此前没有检验检疫权限，企业进出口货物需要到青岛口岸检验检疫，物流成本、时间成本和通关成本相对较高。2012年，潍坊综合保税区申请国家质检总局批准，实现了进口棉花等植物产品检验检疫权下放，货物可以在潍坊保税区就地检验检疫，为企业节省了大量成本。

获批国家进口肉类和冰鲜水产品2个指定口岸。国家对进口肉类、冰鲜水产品实行指定口岸制度，此前潍坊不具备直接进口资格，市面上的进口肉类、冰鲜水产品主要来自上海、广东、青岛等外地口岸。为进一步提升潍坊对外开放

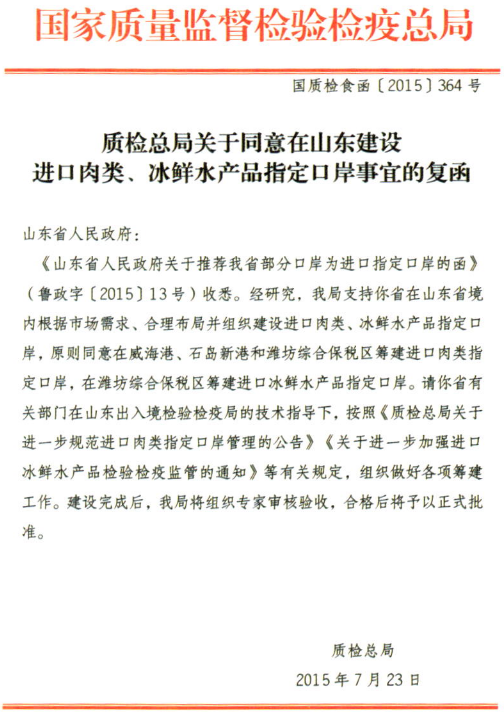
国家质量监督检验检疫总局

国质检食函〔2015〕364号

质检总局关于同意在山东建设进口肉类、冰鲜水产品指定口岸事宜的复函

山东省人民政府：

《山东省人民政府关于推荐我省部分口岸为进口指定口岸的函》（鲁政字〔2015〕13号）收悉。经研究，我局支持你省在山东省境内根据市场需求、合理布局并组织建设进口肉类、冰鲜水产品指定口岸，原则同意在威海港、石岛新港和潍坊综合保税区筹建进口肉类指定口岸，在潍坊综合保税区筹建进口冰鲜水产品指定口岸。请你省有关部门在山东出入境检验检疫局的技术指导下，按照《质检总局关于进一步规范进口肉类指定口岸管理的公告》《关于进一步加强进口冰鲜水产品检验检疫监管的通知》等有关规定，组织做好各项筹建工作。建设完成后，我局将组织专家审核验收，合格后将予以正式批准。

质检总局

2015年7月23日

2015年7月23日，质检总局关于同意在山东建设进口肉类、冰鲜水产品指定口岸事宜的复函

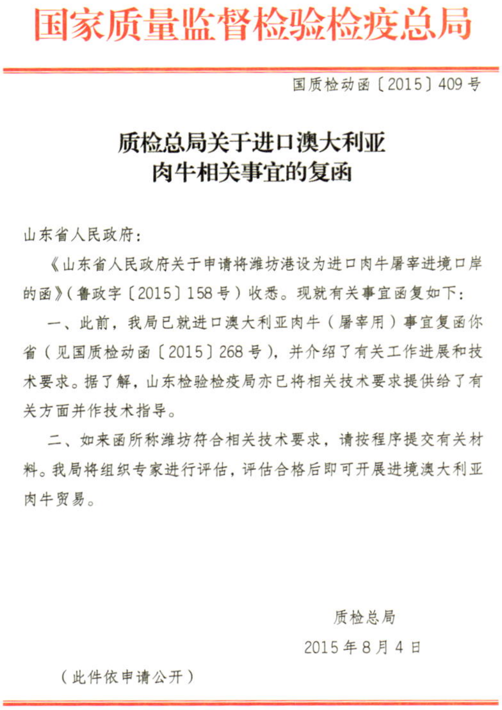

国家质量监督检验检疫总局

国质检动函〔2015〕409号

质检总局关于进口澳大利亚肉牛相关事宜的复函

山东省人民政府：

《山东省人民政府关于申请将潍坊港设为进口肉牛屠宰进境口岸的函》（鲁政字〔2015〕158号）收悉。现就有关事宜函复如下：

一、此前，我局已就进口澳大利亚肉牛（屠宰用）事宜复函你省（见国质检动函〔2015〕268号），并介绍了有关工作进展和技术要求。据了解，山东检验检疫局亦已将相关技术要求提供给了有关方面并作技术指导。

二、如来函所称潍坊符合相关技术要求，请按程序提交有关材料。我局将组织专家进行评估，评估合格后即可开展进境澳大利亚肉牛贸易。

质检总局

2015年8月4日

（此件依申请公开）

2015年8月4日，质量总局关于进口澳大利亚牛肉相关事宜的复函

水平，2014年底潍坊综合保税区管委会牵头，与潍坊出入境检验检疫局联合，共同启动向国家质检总局申报进口肉类和冰鲜水产品2个指定口岸工作。申报过程中，坚持每月向国家质检总局、省检验检疫局汇报对接，完善相关资料，扎实做好相关工作，经过近一年的努力争取，2015年7月，国家质检总局正式批准设立潍坊进口肉类和冰鲜水产品两个指定口岸。2018年1月25日，潍坊进口肉类指定口岸通过国家质检总局专家组验收，成为山东省首个内陆进口肉类指定口岸。

潍坊综合保税区进口肉类指定口岸与中俄冷链物流项目一体化建设，占地面积达2万平方米，设有9个查验闸口，查验平台面积1200平方米，3个独立冷库，库容2000吨，年查验能力可达18万吨。口岸区域包括检验检疫行政办公用房、现场查验专业技术用房、待检区、扣留区、集装箱堆场、冷链查验和储存一体化设施、双通道卡口、检疫处理场所，视频监控、信息化系统等相关配套设施和设备齐全，可实施全程视频监控。潍坊综合保税区进口肉类指定口岸设立后，进口肉类产品可经海港口岸入境后直接运至潍坊，享受进口肉类查验、报关报检、冷链仓储物流和批发贸易一站式快捷服务，大幅降低时间成本和物流费用、有效提高通关效率。

获批国家进口澳大利亚活体肉牛口岸。中澳自贸协定签署以后，潍坊综合保税区管委会抢抓机遇，迅速启动澳大利亚活体肉牛口岸申报工作，与潍坊出入境检验检疫局联合，多次赴省检验检疫局汇报对接，争取将潍坊纳入山东省申报范围。2015年下半年，国家质检总局正式批准潍坊市筹建，潍坊成为全国首批具备资质的试点城市。口岸建成后，来自澳大利亚等国家和地区的活体肉牛将直接从潍坊港入境，

正在通关的物流车辆

并在潍坊市屠宰、加工、分销，有利于进一步发挥潍坊港、中国食品谷等资源优势，打造集肉牛育肥、肉牛屠宰、冷链物流、跨境电商等于一体的国际化高端产业集群。

第二节 业务模式

保税加工 企业将进口原料在保税区加工后销往国外的经营活动。具体政策为综合保税区内企业加工产品的增值部分享受免税政策，企业可以节约加工部分的增值税，下游企业在保税区的加工贸易企业可获得提前退税；加工贸易企业的国内原材料进项税不抵扣，但如果该下游企业设在保税区，上游企业就可以按照规定享受出口退税，而下游企业也可以享受保税区的优惠政策；原材料和产品“两头在外”的加工企业，其进口和出口都享受免关税和增值税政策，最适合落户保税区。

出口复进口 俗称“一日游”，企业将报税料件加工的产品，结转至保税区内加工企业后，销往境外的经营活动。过去，某纺织股份有限公司将棉纱销往中国香港获得退税；下游纺织企业从香港进口棉纱，享受免税政策，然后再加工成纺织品销往境外，实现加工贸易。现在，该公司将棉纱等产品可以直接在保税区办理“一日游”业务，进出口环节均在保税区完成办理，无须再通过香港进出，大大节省时间和物流成本，缓解企业资金压力，加速企业资金周转。

国外设备进口 从国外购买机器设备、仪器仪表等，通常情况企业在设备进口前须提前办理进出口货物征免税证明。由于证件办理审批过程比较长，会造成设备因证件问题无法及时通关，使企业承担高额的滞报金和箱使费，增加企业负担。通过保税区，企业可将设备转关至保税仓储，待证件办理完毕后再从保税区进口，避免因证件办理延时而交纳的滞报金、箱使费等费用，缓解企业的资金压力。

大宗原材料进口 企业在保税区仓储进口大宗原材料，规避配额限制和价格风险。过去，某企业从国外采购原材料由于受到国家配额限制，无法大量进口，且有些原材料属于期货交易商品，价格波动较大，难以规避价格风险。某企业通过综合保税区将采购物资转关至保税区保税仓库仓储，保税区内货物不实行进出口配额管理，可不受配额限制，企业在原材料市场价格较低时，在保税区大量保税仓储，根据国内客户需求适时进口，有效规避价格波动造成的资金损失。

国内料件采购 区内企业从国内采购原材料，国内企业可以提前获得出口退税。举例：过去，某电子企业从比亚迪直接购买电子零部件，比亚迪不能获得退税，且生产过程中需缴纳增值税，成品销往国外。现在，该电子企业从比亚迪将电子零部件出口至保税区获得退税；该电子企业在区内保税加工，成品销往境外，可享受全额保税政策，免征关税、增值税。

国际采购集中配送 区内企业可以从不同国家和地区采购各种原料，经加工组装后集中销往境外。过去，某企业将电池从香港购进，交纳进口税赋，再将蓝牙耳机与电池组装后销往欧洲。现在，该企业将耳机出口至保税区获得退税，同时将电池从香港转关至保税区，在区内进行集中组装后销往欧洲。通过此业务该企业可享受免交关税、增值税，在区内集中组装，提高发货效率，减轻企业资金压力。

合理应对税率风险　货物仓储在保税区内就相当于国外，可以有效规避汇率风险。以前，江苏某化工有限公司将化肥直接出口需缴纳出口关税。该产品2012年出口关税旺季为75%，淡季为7%，税率调整幅度大。旺季订单多，但需缴纳高额关税，淡季税率低，但订单少。现在，该企业淡季时将产品出口至保税区，只需交纳低额关税，待旺季时销往境外，免征高额关税，完全做到合理规避税率调整，有效减轻交税负担，提高企业资金利用率。

有效延续合同手册期限　企业可将货物提前出口到保税区，根据市场行情和客户需求，随时销往境外，供货更加灵活方便。举例：以前，东莞某电器机械有限公司进料合同手册即将到期，但此时并不是货物期货市场高价期，或客户临时取消订单，货物不能如期出口，只能再申请手册延期、余料结转手续。现在，这家企业在手册到期前将产品出口至保税区保税仓储，可获得退税，合同手册即可如期核销，等同于将合同手册无限延期，企业可根据市场行情和客户需求，在仓库内集中装货销往境外，供货更加灵活方便。

配套区项目安置　综合保税区设有一体化管理的网外配套区，一般性生产加工、贸易物流和商务服务等项目，可直接到综合保税区相关部门办理落户手续，各部门提供一流服务，享受国家级经济开发区和高新技术产业开发区的所有优惠政策。

第四章　优惠政策

第一节　国家赋予综合保税区政策

国际加工政策

免税：从境外进区的设备、原材料、基建物资和自用合理数量的办公用品免征进口关税；制成品及边角料、残次品、余料、废料销往境外免征出口关税；企业出口加工产品不征收增值税、消费税。

保税：为加工出口产品所需进境的原材料、包装物件及消耗材料，予以全额保税。

退税：从国内保税区外进入综合保税区的货物视同出口，可办理出口退税；区内企业使用水、电、气实行退税政策。

免证：货物可以在综合保税区和其他国家之间自由进出，除国家另有规定外，不需配额和许可证；海关不实行《登记手册》管理；开展加工贸易业务不实行加工贸易银行保证金台账制度；不实行合同核销，不实行单耗管理。

国际物流仓储及进出口贸易政策

区内存储货物的品种和仓储时间不受限制，可在不改变物权情况下，根据物权单位的指令，将仓储于保税仓库内的货物直接或进行简单加工后自由配送；销往区内、国内其他特殊监管区或境外，不征收增值税、消费税。

区外企业可将多种商品入区获得退税后，根据客户指令集运出口。

国内外采购商从境外采购货物，进入综合保税区，按照区外企业需要，分批次办理出库供货。

加工贸易企业将采购的国产中间产品出口到综合保税区（国内货物进区可视同出口），再由下游加工贸易企业办理进口手续，以达到出口退税的目的。

区内企业可开展研发业务，所用境外和国内的仪器、设备、材料等不受产业限制一律享受免税、保税和退税政策；境外和区外进出的检测货物，享受保税政策；国产出口设备等货物可进入区内保税维修并复运出境。

区内与境外间进出的货物，海关实行备案制，不实行进出口配额、许可证管理。

海关监管政策

海关对综合保税区与境外之间进出口货物实行备案制管理。

综合保税区内企业可向海关集中申报手续。

经海关批准，区内企业可将其进口料件和生产的半成品委托区外企业加工，经加工后返回综合保税区。区外企业也可委托区内企业加工，加工后返回区外。

海关对于综合保税区与其他海关特殊监管区或者保税区监管场所之间往来的货物，实行保税监管。

综合保税区货物不设存储期限。

检验检疫政策

区内企业从境外入区的仓储物流货物以及自用的办公用品、出口加工所需原材料、零部件免予强制性产品认证。

从非保税区进入综合保税区的货物，又输往非保税区的，不实施检验。

经综合保税区转口的应检物，在区内短暂仓储，原包装转口出境并且包装密封状况良好，无破损、撒漏的，入境时仅实施外包装检疫。

对入区后又复出区进入国内市场的货物，在检验检疫有效期内免予实施检疫。

转口应检物出境时，除法律法规另有规定和输入国家或地区政府要求入境时出具我国检验检疫机构签发的检疫证书或检疫处理证书的以外，一般不再实施检验和检疫处理。

区内企业之间销售、转移进出口应检物，免予实施检验检疫。

外汇管理政策

企业可开设经常项目外汇账户及资本项目外汇专用账户，经常项目外汇账户限额需核定。

进出综合保税区的免税、保税货物，以外币计价结算，其他物品进出综合保税区可以外币计价结算，也可以人民币计价结算。

企业不实行合同核销制度，与境外之间的进出境贸易项下的外汇收支，无需向外汇管理局办理收付汇的核销手续，外汇凭相关单证从银行支付。

企业有条件购汇，允许人民币资金注册企业，以不超过其注册资本中实际到位的人民币部分购汇。

中外资企业均可开立外汇现汇账户，企业经营所得外汇实行意愿结汇，外汇收入可以全额留存。

综合保税区配套区优惠政策

综合保税区配套区总规划面积 24.83 平方公里，享受国家级经济开发区和高新技术产业开发区的所有优惠政策。主要安置与网内监管区关联度高的配套企业、利用保税原材料就近加工的企业、先进制造业、贸易物流企业、商务生活服务企业等；以及引进符合产业发展规划的附加值高、辐射带动力强的大项目。

第二节　复制推广自贸区政策

潍坊综合保税区全面跟进对接自贸区，已落实13项自贸区通关便利新政策，数量居济南关区首位，截至2017年年底到区开展业务的企业已达1500多家，报关单票数占全市总量的40%，无纸化通关率达99%，有力地服务了潍坊及周边地区外向型经济发展。这13项通关便利新政策分别是：

保税展示交易　区内企业在区内或者区外开展的保税展示、交易的经营活动。该政策推行前，只允许区内企业在综保区内开展保税展示，不能进行交易。该政策推行后，在综合保税区进口商品直营中心内设立保税展示区域，消费者可在现场进行体验，通过展示交易平台进行订单交易，并根据需要通过物流配送给消费者，售价可比国内市场相同商品优惠20%至30%。

境内外维修　区内企业对来自境外、境内需进行维修处理的货物进行维修并复运出境、出区的经营活动。该政策推行前，仅允许区内企业将生产的出口产品返区维修，但维修业务规范不明确，无法有效监管。该政策推行后，允许综合保税区内企业对来自境外、境内需进行维修处理的货物进行维修并复运出境、出区。如某企业生产的消费电子类产品在国内外市场销量很大，可以利用该政策，提高售后服务和研发检测水平，促进加工贸易向产业链两端延伸。

仓储货物按状态分类监管　允许非保税货物入海关特殊监管区域储存，利用仓储管理系统，与保税货物一同参与集拼、分拨，根据国内外采购订单，确定货物实际离境出口或返回境内区外。该政策推行前，区内保税仓库只能存放进出到境外的国际货物，国内流通货物不允许进区，区内仓库使用率不高。该政策推行后，实现了外贸、内贸货物在保税仓库内同仓分类分区存储，切实提高了区内保税仓库利用率，帮助企业增加经济效益。

区间自行运输　区内企业使用非海关监管车辆，在不同特殊监管区域，保税物流中心之间自行运输货物的作业模式。该政策推行前，区内货物运至其他海关特殊监管区时，采取转关运输方式，必须使用用海关监管车辆运输货物。该政策推行后，允许综合保税区内企业使用非海关监管车辆，在保税区与其他海关特殊监管区域之间自行运输货物，可大大节省企业通关时间和物流成本。根据测算，每车可节省运费800元左右，缩短运输时间半天左右，企业每年可节约物流成本约200余万元。

加工贸易工单式核销　区内生产企业使用ERP系统与海关系统进行联网，海关对企业生产进行定量、动态监管，实现库存数据与企业实际库存数据自动比对的核销方式。该政策推行前，区内生产企业实施电子账册单耗管理核销模式。该政策推行后，企业不再使用单耗管理核销模式，实行以每日工单数据为基础的核销模式。目前，潍坊综合保税区是济南关区唯一试点单位。工单式核销实行后，企业库存差异认定时间从原来的约一两个月减少到一天。

批次进出集中申报　允许区内企业与国内企业间进出货物凭核放单分批办理进出区手续，再集中办理海关申报手续。该政策推行前，通关申报环节需逐票申报为主，集中申报为辅且均在二线实施。该政策推行后，改变传统逐票申报方式，改“一票一报”为“多票一报”，货物先凭核放单办理分批进区手续，在规定期限内再集中办理海关申报手续，能够大大提升企业申报自主权，大幅减少企业申报次数，加快企业物流速度，有效节约通关成本。

简化通关作业随附单证　对备案清单及报关单取消部分随附单证，简化进出区通关手续。该政策推行前，海关在通关申报环节需提交提单、合同、发票、装箱单等纸质随附单据。该政策推行后，海关对一线进出境备案清单以及二线不涉税的进出口报关单取消相关随附单证的要求，随附单证只需提供电子版即可，无需提供纸质单证，既能提高通关效率，又能厉行节约，避免资源浪费，为企业申报提供便利。

统一进出境备案清单　统一简化现有特殊监管区域备案清单格式中的申报项数。该政策推行前，保税区、保税物流园区、保税港区和综合保税区等不同类型海关特殊监管区的备案清单申报项数差别较大。该政策推行后，现有备案清单格式中的申报项数统一简化为30项。综合保税区现在使用的进出境备案清单申报填报项数已由原来的39项简化至30项，取消了一些不必要的填报项，大大提升报关效率，给企业带来通关申报便利。

集中汇总纳税　对经符合条件的进出口纳税者，海关对其一段时间内多次进出口产生的税款集中进行汇总计征的税收征管模式。该政策推行前，海关征税为传统的逐票审核、征税放行模式。该政策推行后，在有效担保前提下，企业在纳税周期内，对已放行货物向海关自主集中缴付税款，推进征缴电子化。据测算，企业应税货物通关时间可节省70%，切实提高通关效率，缓解企业税款资金压力，有利于激发市场主体活力。

仓储企业联网监管　区内仓储企业使用WMS系统与海关系统联网，海关对货物进、出、转、存情况的实时掌控和动态核查的一种监管模式。该政策推行前，区内保税仓库管理采取传统的定期盘库管理模式，未与海关联网。政策推行后，将传统的阶段性盘库方式改为动态、实时的仓库核查模式，提高物流运作效率，实现海关监管和仓储物流运转效率的同步提升。

智能化卡口验放管理　升级改造特殊监管区域、保税监管场所卡口设施，实现卡口进出智能化管理。该政策推行前，货物、车辆进出人工办理手续，效率较低。该政策推行后，配备了智能卡口管理系统、集装箱箱号识别系统、电子关锁系统等软硬件设备，配合分送集报、工单式核销、仓储联网等监管政策，实现通关信息自动采集、自动比对、自动验放等智能化管理，全面提升海关通关效率。

辅助开展保税核查、保税核销和企业稽查　具备相关资质的中介机构接受企业或海关委托，在企业开展主动披露和认证申请，以及海关实施保税监管和企业稽核查等过程中，通过审计、评估、鉴定、认证等活动，提供相关辅助依据的工作。该政策已在区内大型企业试点推广，大大提升海关监管效率，降低监管风险。

特殊监管区域间保税货物快速流转　海关特殊监管区域间企业货物申报由逐票报关改为“分批送货、月底集中报关”方式办理结转手续，特殊监管区域企业可以自行选择采用自行运输或转关运输方式运输，实现了企业网上申报、海关网上审批和无纸化自动放行等功能，提高保税货物流转效率，提升特殊监管区域保税物流、保税仓储等功能优势。目前，我区与郑州保税区已实现流转模式通关。

第三节　综合保税区招商引资政策

2018年2月，根据国务院《关于扩大对外开放积极利用外资若干措施的通知》国务院办公厅《关于促进开发区改革和创新发展的若干意见》《潍坊市招商发展激励政策》文件精神，参照《滨海区加快项目聚集加速蓝色跨越22条》和高新区招商引资政策等文件，党工委、管委会研究出台《潍坊综合保税区招商引资激励政策》。

工业物流项目扶持政策

扶持对象为投资1亿元以上的符合国家规定的电子信息、新能源、新材料、高端装备、汽车制造、节能环保、生物科技、棉花加工、食品冷链、物流等项目。项目须符合国家环保、能耗、安全标准。

对投资1亿元～5亿元的工业物流类项目，采取先缴后奖，投产后用地价格奖励6万元左右/亩。对投资5亿元以上的工业物流类项目，实行“一事一议”。

给予固定资产一次性投资5亿元以上的产业龙头项目重点扶持，在代建厂房及基础设施、代购生产设备等重资产方面及其他有关方面，实行“一事一议”。

对新引进的区外项目或正在建设的区内项目、投资额1亿元以上的企业，项目投产运营后，前3年奖励增值税、企业所得税区级财政贡献的100%，后2年奖励区级财政贡献的50%。免收市以下行政事业性收费（水资源费、排污费、基础设施配套费除外）。土地使用税奖励，对投资额2亿元以上的项目，自实现土地使用税之日起，前2年奖励实缴土地使用税区级财政收入的100%，后3年奖励40%。

对现有企业增加投资的，年纳税总额5000万元（含）以上的企业，税收地方留成比上年增长10%以上部分，补助30%；年纳税总额500万元～5000万元的企业，税收地方留成比上年增长15%以上部分，补助50%。

先进制造业、物流业龙头企业当年营业收入10亿元以上且同比增幅8%以上、5亿元～10亿元且同比增幅12%以上、1亿元～5亿元且同比增幅15%以上，且当年区级财政贡献呈正增长的企业，奖励当年区级财政贡献的15%，最高3000万元。对科技含量高、市场前景好、国家鼓励发展的产业龙头企业可“一事一议”。

外贸出口扶持政策

投资1亿元以上项目运营后，根据项目每年外贸业务量贡献，按照外贸额度奖励比例标准给予奖励。

项目运营前三年年度实现出口额超过2亿美元的，三年后年度实现出口额超过3亿美元的，超额部分每1美元奖励0.003元，最高100万元。

项目运营前三年年度实现出口额超过1亿美元的，三年后年度实现出口额超过2亿美元的，超额部分每1美元奖励0.002元，最高50万元。

扩大对外开放扶持政策

引进的投资1000万美元（含）以上的外资项目，按综合保税区商务主管部门认定的到账外资额的1%奖励。引进的世界500强外资项目，当年到账外资2000万美元（含）以上的，按区商务部门认定的到账外资额的2%奖励。

具有法人资格和对外贸易经营权的各类进出口企业，参加国际展会未纳入省市补助范围的，经综合保税区商务主管部门备案后对参展摊位费按实际发生额的30%给予补助，单个展会最高补助2万元，每个企业每年最多补助3个展会。

对取得省级认定的外贸综合服务企业，补助不超过公共服务平台建设费用的30%，单户企业最高补助10万元。

具有法人资格和对外贸易经营权的各类出口企业，获得质量体系、环境管理体系认证的认证费和产品国际认证的检验检测费，按实际发生额的20%予以资助，单个项目最高5万元。

对从事服务外包业务的企业，当年离岸服务外包合同总金额100万美元以上的（需通过市商务局认定，真实有效的），每1美元奖励0.01元，最高10万元。

电商项目和国家级服务平台扶持政策

每年区级财政贡献200万元以上的电商企业及平台，前3年奖励区级财政贡献的50%。

新认定的国家、省、市级电商示范企业（基地），一次性奖励60万元、30万元、10万元。新认定的省级跨境电商服务平台，一次性给予建设经费补助30万元。

有国家部委批复文件并投资建设的国家级服务平台，对全市对外开放有较大的拉动和服务作用的，待国家验收通过后，可给予实际投资额20%的补助，最高补助1000万元。

总部经济项目扶持政策

参照《综合保税区关于促进总部经济又好又快发展的暂行规定》执行。

人才激励扶持政策

参照《潍坊综合保税区支持人才创新创业暂行办法》执行。

对新引进或新申报入选的国家“千人计划”专家、省“泰山产业领军人才”及相当层次的国家级、省级高层次人才的企业，每引进1名，一次性分别给予50万元、30万元的资金扶持。

对新申报入选市“鸢都产业领军人才”的，每成功入选1名，一次性给予企业20万元科研专项经费支持。

教育项目扶持政策

扶持基础教育项目。非营利性或公益性教育项目，符合国家划拨用地条件的，可划拨供地。营利性或非公益性教育项目奖励至工业用地出让价格，高中阶段学校设置班级60个（含）以上的用地出让价格奖励至11万元/亩、60个以下的用地出让价格奖励至13万元/亩，初中、小学、幼儿园每年级设置班级10个（含）以上的用地出让价格奖励至11万元/亩、10个以下的用地出让价格奖励至13万元/亩。

金融项目扶持政策

对新引进的银行业二级以上分支机构，给予一次性奖励1000万元；对新引进的区级银行业金融机构，在保税区设置分支机构的，给予一次性奖励300万元。

在保税区新引进的银行、保险、证券等法人金融机构，每年按区级贡献的50%予以奖励。金融机构在区内经营不低于5年。

对区内企业公司制改制、挂牌上市奖励。对拟改制企业，待改制完成后，每家资助20万元；对拟在境内主板上市的企业，经山东证监局辅导验收合格后，每家资助80万元；上市申请经企业上市审核机构受理的，每家再资助100万元；对拟在境外直接上市的企业，经境外证券监管机构或证券交易所受理的，每家资助100万元；对拟在境外红筹上市的企业，待挂牌交易后，每家资助100万元；对拟在全国中小企业股份转让系统挂牌的企业，待挂牌后，每家资助80万元；对拟在齐鲁股权交易中心挂牌的企业，待挂牌后，每家资助40万元。上述资助资金的20%用于奖励企业法人。

商贸项目扶持

对建设商业综合体、购物中心、超市、酒店的项目，经认定，实际建筑运营面积超过4万平方米（含）的，一次性奖励开发主体600元/平方米；超过6万平方米（含）的，一次性奖励800元/平方米；超过7万平方米（含）的，一次性奖励1000元/平方米。

对新引进的具有独立法人资格的商业综合体、购物中心、超市、酒店运营企业，经营面积3000平方米以上的，开业后5年内，前三年给予区级收益的100%奖励，后两年给予区级收益50%奖励。对因消费群体不足，2万平方米以上的商场和酒店等商业综合体开业经营确有困难的，可“一事一议”研究扶持政策。

保税北区项目扶持政策

扶持北区区港联动发展。北区项目扶持政策原则上参照本政策和滨海区招商引资政策综合考虑，具体扶持意见由北区根据实际情况提出建议，报管委会研究确定。

引荐人奖励政策

项目引荐人须是投资方出具引荐证明的自然人或法人（每个项目只认定1个引荐人）。外来投资者不能以引荐人身份申报奖励。项目资金须为非财政性直接投资和非区内企业（含区属国有企业）投资。引荐投资7000万元以上的工业物流类项目，按实际固定资产投资的3‰给予奖励；引荐投资3亿元以上的给予5‰奖励；引荐投资

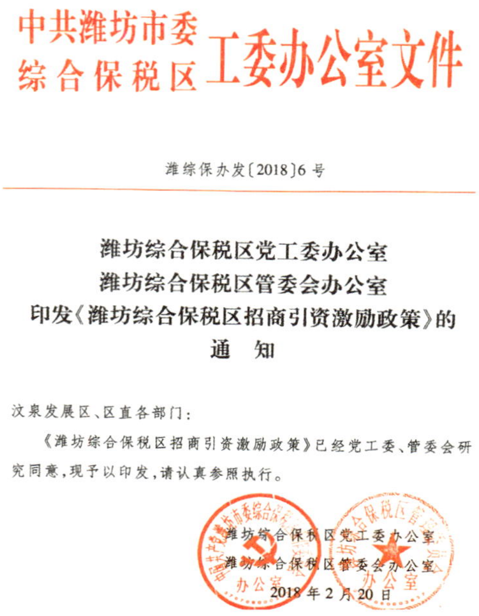

中共潍坊市委
综合保税区 工委办公室文件

潍综保办发〔2018〕6号

潍坊综合保税区党工委办公室
潍坊综合保税区管委会办公室
印发《潍坊综合保税区招商引资激励政策》的
通　知

汶泉发展区、区直各部门：

《潍坊综合保税区招商引资激励政策》已经党工委、管委会研究同意，现予以印发，请认真参照执行。

潍坊综合保税区党工委办公室
潍坊综合保税区管委会办公室
2018年2月20日

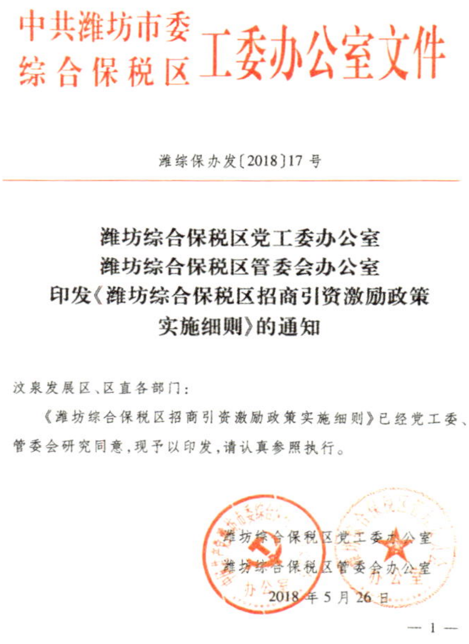

中共潍坊市委
综合保税区 工委办公室文件

潍综保办发〔2018〕17号

潍坊综合保税区党工委办公室
潍坊综合保税区管委会办公室
印发《潍坊综合保税区招商引资激励政策
实施细则》的通知

汶泉发展区、区直各部门：

《潍坊综合保税区招商引资激励政策实施细则》已经党工委、管委会研究同意，现予以印发，请认真参照执行。

潍坊综合保税区党工委办公室
潍坊综合保税区管委会办公室
2018年5月26日

— 1 —

5亿元以上的给予7‰奖励；最高500万元。

实施细则

《政策》所称“项目引荐人”是指引荐符合投资额标准项目的自然人或法人，2013年3月以后未享受项目引荐人奖励的按《政策》兑现奖励，每个项目只享受一次引荐人奖励。2013年3月以前已享受引荐人奖励的不再重复奖励。

《政策》所称的“工业物流项目、商贸项目、

电商项目和国家级服务平台、北区项目、教育项目”等，享受优惠政策的条件界定：①新引进落地的项目或平台。②正在建设、完善、提升，尚未投产运营的项目或平台。③现有存量企业扩产改造新投资的项目或平台。

《政策》所称“对同一项目、同一事项不重复奖励，与区内其他政策（含上级部门要求区里配套或负担资金的政策）重复的，按就高原则执行”，是指同一项目按《政策》条款分别享受相应奖励补助政策，同一项目在土地、税费、外贸出口、外资、人才等同一事项上不重复奖励。对科技含量高、市场前景好、国家鼓励发展的产业龙头项目优惠政策可“一事一议”。

《政策》兑现认定。一是兑现认定牵头部门。①工业项目由经济发展局牵头认定，有关部门配合。②外贸出口、对外开放、电商项目和国家级服务平台由物流局牵头认定，有关部门配合。③人才激励由政治工作部牵头认定，有关部门配合。④教育项目由社会事业局牵头认定，有关部门配合。⑤金融项目由财政局牵头认定，有关部门配合。⑥商贸项目由住建局牵头认定，有关部门配合。⑦北区项目由北区筹建办牵头认定，有关部门配合。二是各牵头部门认定意见，在分管负责人把关的基础上，提交党工委、管委会会议或“3+N”会议研究确定。

潍坊综合保税区服务社会企业一览表

表 9

序号	经营单位名称	序号	经营单位名称	序号	经营单位名称
1	爱普生技术（深圳）有限公司	178	乐金化学（南京）信息电子材料有限公司	355	苏州昆立电子科技有限公司
2	安费诺－泰姆斯（常州）通讯设备有限公司	179	力诺集团股份有限公司	356	苏州明浩电子有限公司
3	安捷利电子科技（苏州）有限公司	180	利昌益塑料包装制品（烟台）有限公	357	苏州市力发电子有限公司
4	安丘福华食品有限公司	181	利昌益塑料包装制品（烟台）有限公司	358	苏州市美泰进出口有限公司
5	安丘市翔宇包装彩印有限公司	182	临安振有电子有限公司	359	苏州维信电子有限公司
6	宝宸（厦门）光学科技有限公司	183	临沂标准纺织贸易有限公司	360	苏州新亚电通有限公司
7	保定天威英利新能源有限公司	184	临沂标准纺织有限公司	361	苏州展亚电子有限公司
8	北京当纳利印刷有限公司	185	临沂市信立达纺织印染有限公司	362	苏州展宇电子有限公司
9	北京合迅威科技有限公司	186	临沂替普国际贸易有限公司	363	苏州紫翔电子科技有限公司
10	北京京磁强磁材料有限公司	187	临邑澳泰纺织有限公司	364	索尼电子（无锡）有限公司
11	北京京东方显示技术有限公司	188	龙丰（潍坊）纺织印染有限公司	365	天宝电子（惠州）有限公司
12	北京京华达电子科技有限公司	189	龙口科达化工有限公司	366	天津阿尔卑斯电子有限公司
13	北京雷德嘉华技术有限公司	190	龙友科技（深圳）有限公司	367	天津洪云特科技发展有限公司
14	北京皮姆斯化学有限公司	191	楼氏电子（潍坊）有限公司	368	天津金云科技有限公司
15	北京千住电子材料有限公司	192	鹿林光电科技（昆山）有限公司	369	天津力神电池股份有限公司
16	北京索爱普天移动通信有限公司	193	茂迪（苏州）新能源有限公司	370	天津普林电路股份有限公司
17	北京泰拓科技发展有限公司	194	美达王板和精密金属（东莞）有限公司	371	天津英硕电子科技有限公司
18	比亚迪股份有限公司	195	美律电子（深圳）有限公司	372	天马微电子股份有限公司
19	缤特力贸易（苏州）有限公司	196	绵竹市红正达商贸有限公司	373	田讯电子（烟台）有限公司

续表 9

序号	经营单位名称	序号	经营单位名称	序号	经营单位名称
20	缤特力通讯科技（苏州）有限公司	197	名幸电子（广州南沙）有限公司	374	威海金丰电子有限公司
21	博铿绝缘塑胶（天津）有限公司	198	名幸电子（武汉）有限公司	375	威海锦富信诺精密塑胶有限公司
22	博森粘合材料（烟台）有限公司	199	南海奇美电子有限公司	376	威海善邻电子有限公司
23	昌乐三得利塑料制品有限公司	200	南京商络电子有限公司	377	威海信诺威电子设备有限公司
24	昌乐天华工贸有限公司	201	南京翔智科技实业有限公司	378	潍坊阿尔法国际贸易有限公司
25	昌乐县金利源电子有限公司	202	南京中电熊猫晶体科技有限公司	379	潍坊邦达吉通国际物流有限公司
26	昌邑豪仕达织造有限责任公司	203	南皮县兴泰五金塑料制造有限公司	380	潍坊博阳纺织有限公司
27	昌邑华奥纺织有限公司	204	南通万德科技有限公司	381	潍坊大地纺织有限公司
28	昌邑华晨纺织印染有限公司	205	南亚电路板（昆山）有限公司	382	潍坊东方钢管有限公司
29	昌邑金峰服装有限公司	206	宁波华顺太阳能科技有限公司	383	潍坊东南国际物流有限公司
30	昌邑市大通纺织有限公司	207	宁波华远电子科技有限公司	384	潍坊丰国电子有限公司
31	昌邑市富强纺织有限公司	208	宁波乐金甬兴化工有限公司	385	潍坊福瑞利纺织有限公司
32	昌邑市华晨悦胜纺织有限公司	209	宁波永祥铸造有限公司	386	潍坊港龙服装有限公司
33	昌邑市丽晶纺织有限公司	210	宁夏共享铸钢有限公司	387	潍坊港通达国际物流有限公司
34	昌邑市鲁昌纺织有限公司	211	宁夏共享装备有限公司	388	潍坊歌尔电子有限公司
35	昌邑市瑞德国际贸易有限公司	212	彭泽县生英贸易有限公司	389	潍坊歌尔精密制造有限公司
36	昌邑市鑫汇织造有限公司	213	千代达电子制造（山东）有限公司	390	潍坊歌尔科技有限公司
37	昌邑市杨金华纺织有限公司	214	青岛爱真德包装有限公司	391	潍坊歌尔贸易有限公司
38	昌邑市愉悦纺织有限公司	215	青岛安普泰科电子有限公司	392	潍坊国丰纺织有限公司
39	昌邑市裖彩工贸有限公司	216	青岛长电电子有限公司	393	潍坊海天棉纺有限公司
40	昌邑源祥印染有限公司	217	青岛长弓塑模有限公司	394	潍坊浩信康迈机械制件有限公司
41	常州高新技术产业开发区声惠电子	218	青岛顶尖电子有限公司	395	潍坊恒泰国际物流有限公司
42	常州精研科技有限公司	219	青岛东彩包装有限公司	396	潍坊鸿佳进出口有限公司
43	常州声泰龙电子音响有限公司	220	青岛东禧包装制品厂	397	潍坊华光散热器有限公司
44	创新科技（山东青岛）有限公司	221	青岛丰合电气有限公司	398	潍坊华信纺织有限公司
45	春焱电子科技（苏州）有限公司	222	青岛凤凰东翔印染有限公司	399	潍坊华绣纺织品有限公司
46	大东骏通（东莞）电子有限公司	223	青岛凤凰印染有限公司	400	潍坊汇达精密印刷有限公司
47	大连阿尔卑斯电子有限公司	224	青岛港俊贸易有限公司	401	潍坊汇信德贸易有限公司
48	大连船舶重工集团有限公司	225	青岛格兰进出口有限公司	402	潍坊加华化工有限公司
49	定颖电子（昆山）有限公司	226	青岛海尔丰彩印刷有限公司	403	潍坊建银织业有限公司
50	东莞阿尔卑斯电子有限公司	227	青岛海美丽进出口有限公司	404	潍坊金城服装有限公司
51	东莞福哥电子有限公司	228	青岛海升电子有限公司	405	潍坊卡蒂娜贸易有限公司
52	东莞富强电子有限公司	229	青岛恒星硅橡胶制品有限公司	406	潍坊凯美食品有限公司
53	东莞高富达塑料制品有限公司	230	青岛华尔工艺品有限公司	407	潍坊凯瑟王国际商贸有限公司
54	东莞华科电子有限公司	231	青岛华潞佳电子科技有限公司	408	潍坊科宁电子有限公司
55	东莞佳位五金制品有限公司	232	青岛惠好电子科技有限公司	409	潍坊兰天纺织有限公司

续表 9

序号	经营单位名称	序号	经营单位名称	序号	经营单位名称
56	东莞捷瑞精密硅胶科技有限公司	233	青岛即发进出口有限公司	410	潍坊雷克兰劳保用品有限公司
57	东莞捷讯橡胶有限公司	234	青岛佳诺电子有限公司	411	潍坊礼尚国际贸易有限公司
58	东莞肯上精密五金有限公司	235	青岛杰恩特喜电子有限公司	412	潍坊利康达塑料包装制品有限公司
59	东莞普立万氯乙烯聚合体有限公司	236	青岛杰菲国际贸易有限公司	413	潍坊利源织造有限公司
60	东莞启益电器机械有限公司	237	青岛锦富光电有限公司	414	潍坊龙达针织有限公司
61	东莞市安焕电子有限公司	238	青岛凯建塑胶包装有限公司	415	潍坊陆港国际货运有限公司
62	东莞市创音电子有限公司	239	青岛凯利电子科技有限公司	416	潍坊绿美国际贸易有限公司
63	东莞市鼎鑫贸易有限公司	240	青岛美德材料科技有限公司	417	潍坊罗帝公爵进出口有限公司
64	东莞市对外加工装配服务公司	241	青岛明和高分子材料有限公司	418	潍坊美格国际经贸有限公司
65	东莞市方振塑胶电子制品有限公司	242	青岛明骏电子有限公司	419	潍坊诺依经贸有限公司
66	东莞市珏烁电子有限公司	243	青岛诺尔信电子科技有限公司	420	潍坊欧尚优品商贸有限公司
67	东莞市凯越进出口有限公司	244	青岛欧凯文实业有限公司	421	潍坊庆德工艺品有限公司
68	东莞市凯云五金制品有限公司	245	青岛日创包装科技有限公司	422	潍坊荣浩化工科技有限公司
69	东莞市科隆威自动化设备有限公司	246	青岛日津电子科技有限公司	423	潍坊瑞田工贸有限公司
70	东莞市乐星电子有限公司	247	青岛赛茵新材料发展有限公司	424	潍坊瑞源仓储物流有限公司
71	东莞市立时电子有限公司	248	青岛山元电子有限公司	425	潍坊润德进出口有限公司
72	东莞市欧星实业有限公司	249	青岛市贤俊龙彩印有限公司	426	潍坊润通进出口有限公司
73	东莞市胜蓝电子有限公司	250	青岛斯凯尔达电子有限公司	427	潍坊塞西尔贸易有限公司
74	东莞市泰威电子有限公司	251	青岛万佳利商贸有限公司	428	潍坊森汇纺织股份有限公司
75	东莞市伟然电子有限公司	252	青岛威世元通电子有限公司	429	潍坊晟林纺织有限公司
76	东莞市玮轩电子科技有限公司	253	青岛伟胜电子塑胶有限公司	430	潍坊市大东方纺织有限公司
77	东莞市玮轩手袋有限公司	254	青岛兴达印务有限公司	431	潍坊市纽兰德进出口有限公司
78	东莞市新秀电子有限公司	255	青岛旭茂包装有限公司	432	潍坊市鹏晟物资有限公司
79	东莞市远骋进出口贸易有限公司	256	青岛旭升印务有限公司	433	潍坊市三田科技有限公司
80	东莞市远翰电子有限公司	257	青岛旭泰精密机械有限公司	434	潍坊市尧舜国际贸易有限公司
81	东莞市智汇五金有限公司	258	青岛英联国际物流有限公司	435	潍坊市早上好智能卫浴科技有限公
82	东莞市智胜金属制品有限公司	259	青岛原彩工贸有限公司	436	潍坊舜天地进出口有限公司
83	东莞太洋橡塑制品有限公司	260	青岛中新华美塑料有限公司	437	潍坊万德孚进出口有限公司
84	东莞拓邦螺丝有限公司	261	青木金属制品（珠海）有限公司	438	潍坊万利来食品有限公司
85	东莞万德电子制品有限公司	262	青州合力包装新材料有限公司	439	潍坊万事达国际物流有限公司
86	东莞昕钰电子通讯有限公司	263	清远市富盈电子有限公司	440	潍坊威尼托贸易有限公司
87	东莞新能源科技有限公司	264	曲靖中铭科技有限公司	441	潍坊蔚博国际贸易有限公司
88	东莞依科聚合物有限公司	265	仁宝光电科技（昆山）有限公司	442	潍坊新港电子有限公司
89	东莞宜安科技股份有限公司	266	荏原机械淄博有限公司	443	潍坊新美达纺织有限公司
90	东莞益鑫电子科技有限公司	267	日本电产科宝（浙江）有限公司	444	潍坊新世昌国际物流有限公司
91	东莞宇球电子股份有限公司	268	山东埃雷米马丹进出口有限公司	445	潍坊新世纪布业有限公司

续表 9

序号	经营单位名称	序号	经营单位名称	序号	经营单位名称
92	东营启隆纺织有限公司	269	山东滨州华润纺织有限公司	446	潍坊新亚矿产资源有限公司
93	东营市丰泰物流有限公司	270	山东大申进出口有限公司	447	潍坊鑫嘉伟经贸有限公司
94	费县广大实业有限公司	271	山东大有印染织造有限公司	448	潍坊信昌达纺织有限公司
95	佛山群志光电有限公司	272	山东孚得源生态纺织科技有限公司	449	潍坊亚盛纺织有限公司
96	抚州市宝洋纺织品有限公司	273	山东高密裕利贸易有限公司	450	潍坊宜联佳经贸有限公司
97	富港电子（天津）有限公司	274	山东歌尔谷崧精密工业有限公司	451	潍坊亿嘉精密吸塑包装材料有限公司
98	富葵精密组件（深圳）有限公司	275	山东共达电声股份有限公司	452	潍坊亿利达染织有限公司
99	富士康精密电子（太原）有限公司	276	山东海化进出口有限公司	453	潍坊亿斯特钢管有限公司
100	富泰华工业（深圳）有限公司	277	山东海天印花有限公司	454	潍坊亿维纺织有限公司
101	富阳加百列进出口有限公司	278	山东豪迈机械科技股份有限公司	455	潍坊亿友工贸有限公司
102	高德（无锡）电子有限公司	279	山东豪迈机械制造有限公司	456	潍坊英威达新材料有限公司
103	高密安华贸易有限公司	280	山东恒安纸业有限公司	457	潍坊永旭精密塑胶有限公司
104	高密利华纺织有限公司	281	山东宏诚家纺有限公司	458	潍坊裕元电子有限公司
105	高密龙达益宏纺织有限公司	282	山东华康科技电子有限公司	459	潍坊沅禾纺织有限公司
106	高密市华友纺织有限公司	283	山东华鑫天成印刷有限公司	460	潍坊蕴江纺织有限公司
107	高密市华振纺织有限公司	284	山东济宁如意进出口有限公司	461	潍坊正达实业有限公司
108	高密市利杰纺织有限公司	285	山东金丽进出口有限公司	462	潍坊智新电子有限公司
109	高密市麒祥纺织有限公司	286	山东九佳进出口贸易有限公司	463	潍坊中外运仓储物流有限公司
110	高密市盛仁纺织有限公司	287	山东巨能重工管道有限公司	464	潍坊中以溴化物有限公司
111	高密市盛仁进出口贸易有限公司	288	山东力诺进出口贸易有限公司	465	潍坊众合安美包装科技有限公司
112	高密市一品棉纺织贸易有限公司	289	山东丽波日化股份有限公司	466	伟创力制造（珠海）有限公司
113	高密天福家纺有限公司	290	山东龙阳化工有限公司	467	纬立资讯配件（昆山）有限公司
114	歌尔声学股份有限公司	291	山东麦克摩菲贸易有限公司	468	文登光圆电子有限公司
115	歌崧光学精密工业有限公司	292	山东默锐科技有限公司	469	沃特福德贸易（上海）有限公司
116	格林美电子设备（天津）有限公司	293	山东渠风食品科技有限公司	470	无锡奥科电子设备有限公司
117	冠溢标准件（深圳）有限公司	294	山东日科化学股份有限公司	471	无锡高千穗灿科技有限公司
118	广东升威电子制品有限公司	295	山东日科塑胶有限公司	472	吴江市天海进出口有限公司
119	广东银禧科技股份有限公司	296	山东日科橡塑科技有限公司	473	武汉典雅时尚商务皮具有限公司
120	广州市雄星塑料制品有限公司	297	山东瑞亿医疗用品有限公司	474	武汉力兴（火炬）电源有限公司
121	广州市政鑫橡塑有限公司	298	山东赛斯服装制品有限公司	475	武宁县兴泰胜贸易有限公司
122	国泰绝缘塑胶（深圳）有限公司	299	山东省高密市华裕纺织有限公司	476	厦门达真电机有限公司
123	海宏科技（东莞）有限公司	300	山东省潍坊市进出口有限公司	477	厦门台和电子有限公司
124	海宇股份有限公司	301	山东寿光神润发海洋化工有限公司	478	厦门威伯特包装有限公司
125	汉唐电子（上海）有限公司	302	山东硕远国际物流有限公司	479	湘潭金子箱包制品有限公司
126	瀚宇博德科技（江阴）有限公司	303	山东松下电子信息有限公司	480	欣旺达电子股份有限公司
127	杭州安费诺飞凤通信部品有限公司	304	山东太阳生活用纸有限公司	481	新纺集团湖州进出口有限公司

续表 9

序号	经营单位名称	序号	经营单位名称	序号	经营单位名称
128	杭州鼎胜进出口有限公司	305	山东万泰创业投资有限公司	482	新纺集团有限公司
129	杭州鸿星电子有限公司	306	山东潍坊华润纺织有限公司	483	新旭电子（潍坊）有限公司
130	杭州金乾复合材料有限公司	307	山东潍坊凯远进出口有限公司	484	信利半导体有限公司
131	杭州真生企画印刷有限公司	308	山东潍坊龙威实业有限公司	485	兴勤（常州）电子有限公司
132	濠玮精密科技（深圳）有限公司	309	山东潍坊齐力国际贸易有限公司	486	烟台爱绿纸塑有限公司
133	和椿科技（昆山）有限公司	310	山东新光股份有限公司	487	烟台大明电子科技有限公司
134	菏泽亿利达纺织有限公司	311	山东新华锦纺织有限公司	488	烟台大明电子有限公司
135	鹤山市环亚贸易发展有限公司	312	山东兄弟国际贸易有限公司	489	烟台大荣电子有限公司
136	宏华胜精密电子（烟台）有限公司	313	山东瀛洋香精香料有限公司	490	烟台富帝塑胶制品有限公司
137	宏启胜精密电子（秦皇岛）有限公司	314	山东裕源经贸有限公司	491	烟台海得力克模具自动化有限公司
138	鸿富锦精密工业（深圳）有限公司	315	山东元利科技股份有限公司	492	烟台明远家用纺织品有限公司
139	湖北瀛通电子有限公司	316	山东中联盛国际物流有限公司	493	烟台三荣科技有限公司
140	华纺股份有限公司	317	上海安费诺永亿通讯电子有限公司	494	烟台市绿保蜂窝材料有限公司
141	华冠通讯（江苏）有限公司	318	上海安和精密电子电器有限公司	495	烟台市西熙印刷有限公司
142	惠阳中建电讯制品有限公司	319	上海池澄国际贸易有限公司	496	烟台市裕同印刷包装有限公司
143	惠州 TCL 金能电池有限公司	320	上海朗仕电子设备有限公司	497	烟台亿杰五金制品有限公司
144	惠州敦盛电子有限公司	321	上海力至优叉车制造有限公司	498	烟台正展精密印刷有限公司
145	济南华北升降平台制造有限公司	322	上海连盈螺丝有限公司	499	依摩泰无锡科技有限公司
146	济南盈通移印系统有限公司	323	上海亮讯信息科技有限公司	500	沂南县中泰工艺品有限公司
147	济宁润仕进出口有限公司	324	上海米克罗弹簧有限公司	501	钇伟（上海）科技有限公司
148	嘉联益科技（苏州）有限公司	325	上海全一通讯技术有限公司	502	银禧工程塑料（东莞）有限公司
149	嘉兴林克思展示器材有限公司	326	上海润联纺织品有限公司	503	英利能源（中国）有限公司
150	健鼎（无锡）电子有限公司	327	上海善媛司服饰有限公司	504	赢创特种化学（上海）有限公司
151	江苏九九久科技股份有限公司	328	上海速腾包装印刷有限公司	505	映发微信息科技（上海）有限公司
152	江苏瓯堡纺织染整有限公司	329	上海协通（集团）有限公司	506	愉悦家纺有限公司
153	江苏普诺威电子股份有限公司	330	绍兴县品亿纺织品有限公司	507	宇骏（潍坊）新能源科技有限公司
154	江苏翔腾新材料有限公司	331	绍兴县正恩进出口有限公司	508	誉铭精密工业（深圳）有限公司
155	江苏亚源制帽有限公司	332	深圳华宝利电子有限公司	509	远东（三河）多层电路有限公司
156	江苏一汽铸造股份有限公司	333	深圳勤本电子有限公司	510	悦虎电路（苏州）有限公司
157	江苏优力恩物流设备工程有限公司	334	深圳市比亚迪锂电池有限公司	511	湛新树脂（上海）有限公司
158	江西合力泰科技股份有限公司	335	深圳市博恩实业有限公司	512	浙江宝纺印染有限公司
159	江西合力泰科技有限公司	336	深圳市东和富电子有限公司	513	浙江东寰高科电子有限公司
160	江西省璐琪电子有限公司	337	深圳市谷拓科技有限公司	514	浙江键富电子有限公司
161	金发科技股份有限公司	338	深圳市海太阳实业有限公司	515	浙江金合电力燃料有限公司
162	锦昉棉业科技有限公司	339	深圳市昊兴达皮具有限公司	516	浙江晶科能源有限公司
163	浚业表带（深圳）有限公司	340	深圳市嘉信源五金有限公司	517	中山立群电子有限公司

续表 9

序号	经营单位名称	序号	经营单位名称	序号	经营单位名称
164	开美化学科技（南通）有限公司	341	深圳市嘉洋电池有限公司	518	中设集团工贸发展有限责任公司
165	凯登制浆设备（中国）有限公司	342	深圳市金百信精密科技有限公司	519	中设集团装备制造有限责任公司
166	康迈（南京）机械有限公司	343	深圳市新纶科技股份有限公司	520	珠海汉凯特电子科技有限公司
167	珂何（上海）食品有限公司	344	深圳市鑫灏源电子科技实业有限公	521	诸城市东方奥诺工贸有限公司
168	科威信（无锡）洗净科技有限公司	345	深圳市雅维科技有限公司	522	诸城市格林纸业有限公司
169	快捷五金制品（苏州）有限公司	346	深圳市益力盛传输技术有限公司	523	资兴（滨州）纺织印染有限公司
170	昆山长盈精密技术有限公司	347	深圳市益力盛电子有限公司	524	淄博达乐贸易有限公司
171	昆山鼎鑫电子有限公司	348	深圳市鹰之源纸制品有限公司	525	淄博万翔化工有限公司
172	昆山华扬电子有限公司	349	深圳市宇阳科技发展有限公司	526	淄博万翔贸易有限公司
173	昆山盛为精密五金有限公司	350	胜宏科技（惠州）股份有限公司	527	淄博威泉国际贸易有限公司
174	昆山信创电子有限公司	351	仕昌电子（深圳）有限公司	528	淄博庄威贸易有限公司
175	昆山兴能能源科技有限公司	352	寿光大地纺织有限公司	529	邹平亿家家纺有限公司
176	莱州市广利印制版有限公司	353	寿光市嘉信生态科技有限公司	530	苏州佳世达电通有限公司
177	兰溪市宝银鑫进出口有限公司	354	苏州佰欧国际贸易有限公司		

第四编

建设与管理

第一章　基础设施

第一节　监管设施

根据《海关特殊监管区域基础和监管设施验收标准》，海关在监管区范围内建设隔离围网、卡口、监管仓库、查验平台、查验场地、通关服务中心、监控指挥中心等基础监管设施，配备了卡口管理系统、集装箱识别系统、车牌识别系统、电子关锁系统、辅助管理系统、视频监控及红外报警系统、综合布线系统等软硬件设备，满足验收标准及监管要求，实现海关全天候、智能化、无盲区实时监管。

南区监管设施

基础设施建设　潍坊综合保税区南区围网面积1.9平方公里，用地符合潍坊城市总体规划和土地利用总体规划，并已办妥土地利用审批手续。首期围网内已完成道路、给水、雨水排放、污水处理、弱电、燃气、电力及场地平整等建设，基础设施达到“七通一平”要求，无生活居住设施。

隔离设施建设　首期围网已建成不间断、全封闭隔离围网8.1公里，采用符合国家标准的金属网状永久性围墙，总高度3.05米，底部为砌砖水泥罩面基台，高度0.5米；中部为金属菱形网状钢架结构，钢管高2.8米，金属网高2.2米，宽1.5米；上部横排三根铁丝网，每根间距0.1米，隔离网内外5米范围内无永久性建筑。电线杆、路灯等配电设备距离围网均大于5米。

卡口、通道　首期围网设有主卡口、内卡口各1个，主卡口设有专用通道8条，内卡口设有专用通道6条，能够满足客车、货车和人员通行要求。卡口按要求安装电子闸门、电子车牌识别、单证识别、IC卡识别、电子地磅、底盘监控和视频监控等设施，卡口与海关实现联网管理。

监管设施　卡口附近设立4.2万平方米的口岸作业区，其中查验场地1.74万平方米，海关、国检监管仓库2500平方米，配有电子地磅、照明设施和视频监控系统，可以开展内陆口岸报

围网隔离设施

主卡口专用通道8条

关、报检、订舱、装卸、运输等业务，能够把沿海城市的国际机场和国际海港功能后移到综合保税区，实现“无跑道国际机场”和“无水国际港口”。建设8.1公里的巡视道，路宽均超过6米，安装有路灯180盏，可实现全程通透无障碍巡逻，确保海关24小时监管。三是建设了完善的视频监控系统，共设有高清枪机336个、智能球机34个、红外报警装置44对，能够对卡口、通道、查验场地、监管仓库等全天候、全方位、无盲区监控。

智能化管理信息系统建设　建设完善的智能化管理信息系统，分为海关物流申报系统、海关辅助管理系统、海关核查核销系统、智能卡口管理系统、区港联动及区区联动系统、H2000订阅分发系统、在途监管系统、智能指挥系统等8个部分，能够通过先进的监管方式，实现各个环节报关数据与物流数据的匹配，确保海关有效监管、企业便捷通关。

海关、国检办公及配套设施建设　建成海关、国检办公楼两座。海关办公楼总面积3400平方米，其中报关大厅423平方米。国检办公楼总面积3600平方米，其中报检大厅359平方米。海关、国检办公楼均设有监控中心和计算机房，配备符合监管要求的网络环境和管理系统。

建设检验检疫熏蒸场站　一期占地面积2940平方米，辅助用房186平方米，设有检验检疫所需的熏蒸消毒或销毁处理场所和设施，警示标志符合安全要求，并配有现场办公用房和消毒器具，以及存放待处理物品的防疫库。

北区监管设施

基础设施建设　潍坊综合保税区北区围网面积1.8779平方公里，区域内土地符合潍坊土地利用总体规划，并按规定程序履行用地报批手续，区内无商业、住宅、营业性生活消费设施，实现七通一平，建成道路、地下管网和供水、供电等相关设施。

隔离设施　潍坊综合保税区北区围网区域与区外之间采用金属网状永久性围墙进行不间断、全封闭式隔离。围网全长6800米，总高度3.35米，其中底部基台高1.15米，中部为金属菱形网状钢架结构，钢管高2.8米，金属网高2.2米，宽1.5米，上部横排3根铁丝网，每根间距0.1米。沿围网周边安装了摄像头、红外报警探测器等设备，可实现对围网周界全覆盖、无盲区监控。

进出卡口、通道设施及监管条件　潍坊综合保税区北区卡口设有专用通道6条，货车通道2进2出，行政通道1进1出，道宽4米；货车通道安装与海关信息系统联网的IC卡车辆识别系统、车牌识别系统、电子闸门放行系统、单证识别系统、电子地磅系统和视频监控系统。客车及人员通道安装了电子闸门放行系统、读卡器及视频监控系统。货车与行政通道均有明显标示，之间设有隔离设施，实现人、货分流。

视频监控

底盘监控

电子车牌识别

IC识别

验货场地和监管仓库　网区内建有3.5万平方米的验货场地，设有1台100吨的电子地磅；整个查验场地安装有照明设施和视频监控系统（枪机摄像头14个、球机摄像头16个）进行无盲区监控，确保查验区内查验活动及货物都处于监管之下。查验平台总面积547平方米，可供10辆待检车同时检验；平台与监管仓库相接，可进行铲车作业，满足全天候查验需求。监管仓库总建筑面积2000平方米，安装了照明设施和视频监控设施，用来存放待查验货物、暂扣货物或其他尚未办结海关手续的货物。

巡逻通道　围网区内沿隔离围网修筑完成总长度5714米的巡逻通道，宽度均超过6米，沿巡逻通道安装照明设施和视频监控系统，海关能够实施24小时持续有效监管。

监控系统　在通关服务中心建有海关监控指挥中心，用于海关24小时监管。建设高标准的视频监控系统，共设有高清防腐蚀枪机189个、智能防腐蚀球机78个、红外报警装置72对，能够对卡口、围网、巡视道等区域进行全天候、全方位、无盲区实时监控，视频存储期限达到180天。

检验检疫处理场所和设施　区内建有检验检疫所需的熏蒸消毒或销毁处理场所和设施，配备现场办公用房和消毒器具；建有检验检疫专业实验室，配备实验室器材，满足检验检疫监管要求。

信息化管理系统　区内建设符合监管要求的网络环境和计算机管理系统，并完成金关工程二期海关特殊监管区域管理系统的上线应用。能够满足海关等部门的管理需求。

办公设施　监管用房，在主卡口设有海关

海关报关大厅

监管用房，其中东西两侧监管用房共79.3平方米，货车进出通道中间设有监管用房79.5平方米，能够满足海关对卡口的监管需求。办公用房，建设有通关综合服务楼1栋，建筑面积7646平方米，一楼设有通关服务大厅，面积930平方米，配备了叫号机、液晶显示屏等设备，设有填单区等方便企业办理业务的相关设施；三楼、四楼为海关办公用房，并设有检验检疫实验室，面积为2303平方米。

第二节　主要道路

道路规划

保税区道路系统在原有路网基础上，结合自然地形，向东延伸。规划干道总长37.65公里，道路广场总面积约4公顷。

区内道路为“八纵五横”网状结构，路面结构以水泥混凝土和沥青混凝土为主，设计等级为一级国道2条，其余为二级城市道路。

区内道路交叉口以平交路口为主，在宝通街与杨瓦路（市东外环）规划一处互通式立交桥。

区内步行系统设计按照海绵城市规划建设要求以绿荫透水砖铺装人行道为主，搭配非机动车慢行道。

道路建设

中心路　是保税区海关围网区内主要交通干道，先后2次进行修建。道路东西全长2308米，道路总宽度分别为60米、52米、42米，其中高二路至高三路段（60米）道路断面分别为8米中心绿化带，两侧依次为16米车行道、1.5米绿化分隔带、2米人行道和6.5米墙基绿化带；高三路至高四路段（52米）道路断面分别为8米中心绿化带，两侧依次为12米车行道、1.5米绿化分隔带、2米人行道和6.5米墙基绿化带；高四路至高五路段（42米）道路断面分别为8米中心绿化带，两侧依次为12米车行道、1.5米绿化分隔带、2米人行道和1.5米墙基绿化带。2004年7月至10月，投资约1425万元，对高二路至高四路段进行修建，新建水泥混凝土路面47488平方米，建设长度1567米，雨污水管道总长度3134米。2011年7月至2013年5月，投资约1267万元，对高四路至高五路段进行修建，新建水泥混凝土路面17784平方米，建设长度741米，雨水箱涵、污水管道总长度约1732米。

中心路

巡视道　作为保税区海关围网区功能性监管闭合道路，先后2次进行修建。道路周长7637米，总宽度8米，道路断面为6米车行道、外侧2米绿化带。2004年8月至2005年5月，投资约1100万元，新建水泥混凝土路面45822平方米，建设雨水管道长度7637米。

樱前街　是保税区东西主要交通干道，先后2次进行修建。道路东西全长2358米，总宽度80米，道路断面为10米中心绿化带，两侧依次为12米车行道、2米绿化分隔带、5米非机动车道、2米绿化分隔带、3米人行道和11米墙基绿化带。2004年5月至8月，投资约679万元，新建北幅水泥混凝土路面28296平方米；2016年7月至2018年8月，投资约849万元，新建南幅水泥混凝土路面28296平方米。

樱前街

桃园街　作为保税区东西主要交通干道，先后2次进行修建。道路东西全长4862米，总宽度70米，道路断面为22米车行道，两侧依次为3米绿化分隔带、3.5米自行车道、1.5米绿化分隔带、2.5米人行道和13.5米墙基绿化带。2004年7月至10月，投资约321万元，对高二路至高三路段进行修建，新建水泥混凝土路面12848平方米，建设长度803米，雨污管道总长度1606米；2013年10月至2014年9月，投资约1100万元，对高三路至高六路段进行了修建，新建水泥混凝土路面29904平方米，建设长度1869米，雨污水管道总长度3738米。

高三路　是保税区南北主要交通干道，道路南北全长1587米，总宽度32米，道路断面为16米车行道、1.5米绿化分隔带、2米人行道和4.5米墙基绿化带。2004年7月至10月，投资约762万元，对北巡视道至梨园街段进行修建，新建水泥混凝土路面25392平方米，建设雨污管道总长度3174米。

高五路　是保税区南北主要交通干道，道路南北全长1418米，总宽度42米，道路断面分别为8米中心绿化带，两侧依次为12米车行道、1.5米绿化分隔带、2米人行道和1.5米墙基绿化带。2011年7月至2012年5月，投资约1178万元，对北巡视道至梨园街段进行修建，新建水泥混凝土路面34032平方米，建设雨污管道总长度2836米。

高六路　道路南北全长5023米，总宽度32米，道路断面为16米车行道，1.5米绿化分隔带、2米人行道和4.5米墙基绿化带。2005年3月至7月，投资约1256万元，新建水泥混凝土路面60276平方米。

高六路

高七路　作为保税区主要交通干道，道路南北全长5474米，总宽度50米，道路断面分别为30米车行道，两侧依次为2.5米绿化分隔带、5米非机动车道、2.5米绿荫人行道。2013年10月至2014年12月，投资约1132万元，对梨园街至宝通街段进行修建，新建沥青混凝土路面26224平方米，建设长度1638米，雨污管道总长度3276米。

高七路

宝通街　宝通街东延伸工程为G309国道一部分，是保税区连接中心城区的主要交通干道，道路南北全长2239米，总宽度120米，道路断面分别为30米车行道，两侧依次为8米绿化分隔带、7米非机动车道、5米绿化分隔带、3米人行道、22米墙基绿化带。2016年9月至2017年11月，投资约2800万元，对高五路至杨瓦路段进行修建，新建沥青混凝土路面67170平方米，生命安全防护设施约6417米。

第三节　重要建筑

海关办公楼　潍坊出口加工区获批后，按照验收标准建设，占地3.55亩，建筑面积3405平方米，2004年开工建设，2005年竣工验收。

国检办公楼　由潍坊雷士置业投资发展有限公司开发代建，保税区管委会回购。占地15.47亩，建筑面积12496平方米，2007年11月开工建设，2008年12月竣工验收。

白领公寓　由潍坊雷士置业投资发展有限公司开发代建，保税区管委会员工市场化购买。占地7.6亩，建筑面积18483平方米，18层，96套，2007年11月开工建设，2009年9月竣工验收。

潍坊出口加工区标准厂房　由潍坊向洋投资发展有限公司投资建设，占地20.3亩，建筑面积16855平方米，4层，2007年3月开工建设，2008年8月竣工验收。

进口商品直营中心　2015年10月正式对外营业。为满足营业要求，保税区2次进行装修完善。2015年8月，启动整体装修，主要包括外墙装饰改造工程，安装铝塑板幕墙、铝合金装饰格栅、外墙面清理、钢支撑发光字、灯箱等；电梯间钢结构工程，新增扶梯楼梯间，建筑面积约800平方米，使直营中心南北两楼连通；大厅改造装修工程，安装石膏板吊顶、成品亚柚色长城木方通吊顶、原定黑色乳胶漆、软膜天花天棚、大理石电梯门套、墙面长城板、灯具线路安装等。2018年2月，启动进口商品直营中心消防改造工程，安装消防报警系统、喷淋系统、智能应急照明疏散系统、消火栓系统、防排烟系统、防火门监控系统，新增扩容消防水箱、消防水池，新增消防疏散楼梯，并对楼内各区域砌筑防火墙做有效的防火分隔。

跨境电商平台　2014年，保税区抢抓机遇，迅速启动跨境电商申报和平台建设工作。2014年4月，形成了跨境电商试点方案并上报海关总署，10月海关总署同意潍坊先行开展跨境

总部经济办公楼

海关办公楼

进口商品直营中心

保利大酒店

电商业务测试。2015年，保税区投资3000万元建设了跨境电商综合服务平台，并于6月通过了济南海关牵头的联调测试，引进了爱购天下、中外通、惠佳佳、3H母婴、国际采购（纺织品）服务平台等一批电商企业，正式开展跨境电商业务。但由于天津爆炸事件，海关总署对所有业务进行清理规范，2015年9月，海关总署出台《关于加强跨境电子商务网购保税进口监管工作的函》，暂停除试点城市外所有地市的跨境电商进口业务，导致保税区跨境电商全部暂停。

国际物流配送中心（标准厂房）　由潍坊保税物流有限公司投资建设，占地63亩，总建筑面积7.4万平方米，2013年10月开工建设3栋标准厂房面积5.5万平方米，2014年9月建成，总投资约8000万元。主要依托综合保税区跨境电商、国际物流、国际贸易、保税研发等功能政策，吸引和培育电子商务、云计算、物联网、游戏动漫、微电子和软件研发等高科技电子企业，打造国内高端的电子信息产业链研发整合基地和创新创业园区。

第四节　重要工程

进口商品直营中心配套工程　外墙装饰改造工程，2015年开工，包括铝塑板幕墙、铝合金装饰格栅、外墙面清理、钢支撑发光字、灯箱等。电梯间钢结构工程2015年8月25日开工，2015年9月23日竣工，新增扶梯楼梯间，建筑面积约800平方米，使直营中心南北两楼连通。大厅改造装修工程，2015年8月开工，2015年10月竣工，项目包括石膏板吊顶、成品亚柚色长城木方通吊顶、原定黑色乳胶漆、软膜天花天棚、大理石电梯门套、墙面长城板、灯具线路安装等。消防改造工程，2018年2月28日开工，2018年5月30日竣工。安装完成消防报警系统、喷淋系统、智能应急照明疏散系统、消火栓系统、防排烟系统、防火门监控系统，新增扩容消防水箱、消防水池，新增消防疏散楼梯，并对楼内各区域砌筑防火墙做有效的防火分隔。

董坊土地挂钩项目　项目位于樱前街以南，高七路以西；占地面积123.3亩；总投资5.76亿元；规划总建筑面积237381.34平方米，其中规划建设12栋高层住宅楼和11栋多层住宅楼，建筑面积分别为93370平方米、42811.89平方米。2009年，山东省人民政府批准的潍坊市2009年城乡建设用地增减挂钩项目。项目资金来源为自筹，建设周期为两年，项目安置用地一期工程，总占地57.5亩，总建筑面积7万平方米，主要建设14栋住宅楼。项目安置用地二期工程，总占地65.8亩，总建筑面积16.7万平方米。项目于2011年年底开工至2013年年底竣工，主要建设9栋住宅楼。2011年4月28日，广东昊天集团下属子公司潍坊昊辉房地产开发有限公司与董坊村正式签约。高新区规划局召开方案会议，通过董坊村旧村改造平面规划设计及建筑单体设计方案，并在项目现场公示，村民未提出任何意见，规划设计及单体方案获批。2011年5月23日，项目正式开工；同年6月，汶泉发展区由高新区划归保税区，2012年11月董坊村完成拆迁，经过2012年11月19日、2011年12月9日两次选房，分配多层348套、高层135套，共计483套房屋。2013年9月24日正式将钥匙分到村民手中，安置人口1027人。

建设中的董坊土地挂钩项目

乡村连片治理 为改善辖区村庄落后面貌，2014年、2016年保税区分两批对辖区16个村进行乡村连片治理。2014年，保税区启动新庄村、官路村、东单家埠村、西单家埠村、南赵庄村、北赵庄村6个行政村乡村连片治理工程。该项目总投资约1667万元，其中争取上级专项资金800万元，区级配套资金867万元；硬化道路0.43公里，2.6万平方米；建排污管道0.7公里；绿化道路0.78万平方米；修建健身广场4处，0.25万平方米；墙体粉刷5.64万平方米；建设文化墙4.3万平方米；建墙体画及橱窗0.56万平方米，标语112条，河道整治200余米。2016年，保税区启动东北段、东南段、西北段、西南段、孙家屯、吴家大路、蔡家集、大李家、吴家埠、郑家集等10个行政村乡村连片治理工程。包括硬化道路10公里、4.8万平方米、主要街道点绿工程；修建排水管道1公里；修建危桥2座；修建郑家集村、吴家埠村、吴家大路村、西北段村、孙家屯村文化广场5处；党员活动中心1处；提升10个村的墙体粉刷、绘制四德宣传画、修建文化墙等美化工程。

农村道路“一事一议”工程 保税区投资建设的“一事一议”农村道路工程，主要包括东北段、东南段、刘家张营至闫家张营段村内道路，修建总长度约1985米，该工程于2014年6月完成招投标并开工建设，中标单位为山东东建市政园林工程有限公司，中标总价为142.5万元，11月竣工并经建设、市政、财政等相关部门联合验收，达到合格要求通车使用，进一步改善了农村交通出行环境。

高七路、樱前街市政配套工程 2017年4月开工，2017年8月竣工。完成樱前街路南900余米地面以下新设雨污水主管道及配套检查井、预留的雨污水支管及末端检查井、雨水管道出水口、通讯管道及照明；高七路施工内容为主路西侧非机动车道、人行道、通讯工程，北起梨园街，南至宝通街。

口岸作业区场站办公用房工程 2015年8月20日开工，2015年10月4日竣工，位于内卡口南侧，建筑面积150.25平方米，该建筑为条形基础、砖混结构，地上一层。

公交停车场工程 2015年8月份开工，工程内容为公交车站硬化，面积为4258平方米，设计结构为C30厚26厘米砼面层+12%石灰土厚15厘米+10%石灰土厚15厘米。

第五节 城市管理

绿化

保税区成立之初，辖区内基本上是农田、村庄，树木稀少，园林绿地较少，2008年以后，为创造优美的招商引资环境，全区绿化工作以增加绿量、提高绿化质量，改善生态环境，坚持道路绿化和庭院绿化相结合，平面绿化与立体绿化相结合，面上绿化与重点绿化相结合，推动全区绿化进一步升级。

2008年，绿化栽植突出大、高、厚、密、多、彩特色，绿化植物以优质高大乔木为主，加大绿化种植密度，增加绿量，做到见缝插绿、见空种树，立体绿化，把生态理念融入城市建设中，把生态文明与保税区工业文明、生态城市建设与保税物流产业发展有机结合起来，把道路当作景观来打造，把绿化作为花园来建设，把城市作为森林来培育，先后打造出中心路、高三路、桃园街等一批绿化样板段，完成政府性绿化投资2000万元，全区绿化覆盖率达19.8%。

2010年，按照潍坊市委、市政府安排部署的城市绿化任务和城市发展的要求，本着“适度绿化、重点抓精品养管”的原则，在绿化建设中坚持高起点规划、高标准建设，不断扩大园区绿化水平，优化改善生态环境，促进经济社会又好又快发展，坚持以人为本、环境优先的原则，以创建宜居城市为目标，为保税区创造良好的生态发展环境，按照高质量、高标准的要求，适度增加绿化，重点抓好绿化精品养护，全面提高保税区园林绿化总体水平，实施规划支路、桃园街等道路绿化提升。

2011年，中心路（高二路—高四路）、高三路（北巡视道—梨园街）两条道路绿化带提升，种植乔灌木1.2万株，模纹7200平方米，草坪1万平方米，投资300万元。2013年，对巡视道围网周边绿化带进行苗木迁移，主要移栽到中心路（高四路—高五路）中心绿化带、高五路中心绿化带，移栽乔灌木750株，投资70万元。2014年，实施保税区办公区广场绿化提升工程，主要栽植朴树、复叶槭、黑松、北海道黄杨等苗木，其中乔木31株、灌木1000株，投资23万元。

2015年，实施保税区进口商品直营中心室外停车场绿化工程，栽植法桐、造型女贞、榆叶梅等苗木，投资12万元。2016年，实施中心路（高四路—高五路）、高五路（北巡视道—

潍坊综合保税区景观一角

梨园街）、桃园街（高三路—高六路）两侧道路绿化工程，共种植乔木 909 株，灌木 5600 株，模纹 8300 平方米，草坪 12000 平方米，总投资 160 万元。

2017 年实施樱前街（高六路—杨瓦路）、梨园街（高二路—高三路）两条道路绿化工程，共种植乔木 2689 株，灌木 3626 株，模纹 14497 平方米，草坪 3405 平方米，栽植花卉 3148 平方米，安装景观石 10 组，总投资 400 万元。实施保税区主次干道苗木补植工程，主要栽植扶芳藤、小叶麦冬、草坪等，补植面积 20000 平方米，投资 130 万元。

亮化

保税区自建区以来路灯全部采用 LED 光源，2016 年 5 月，中心路、高三路、高七路、桃园街路灯全部更换为新 LED 光源，采用高压直流供电系统，由 380 伏的交流电整流为 400 伏的直流电，由三相五线制改为三线制（正极，负极，地线），项目的电缆使用量将降低 50% 以上，大大降低项目电缆的投资。DC 电源由于采用无电解电容设计，灯具的稳定性可靠性大大增加，灯具的整体寿命可达 10 万小时，相当于原来的 3 到 5 倍，大大减少了后期的运营维护费用。采用直流供电，没有线路感抗和电流肌肤效应，损耗大大降低。采用悬浮供电技术，安全性高，不存在漏电，无触电危险。2017 年，对卡口进行亮化，“潍坊综合保税区”中英文采用红色 LED 发光字，卡口装饰流动彩条灯。2018 年，因高七路和桃园街道路扩建，需对两条道路的路灯进行迁移。

净化

保税区成立初期，没有专业保洁队伍。管委会办公楼周边由物业进行清扫。2016 年 5 月，通过公开招标的方式，确定专业保洁队伍，保税区近 50 万平方米的辖区主次干道和围网内道路保洁以及近 20 万平方米的绿化养护项目全部实行外包模式，由专业保洁和物业公司进行管理，将全区主要道路全部实行市场化保洁，按

潍坊综合保税区管委会前绿化景观

潍坊综合保税区海关办公楼前绿化景观

照市环卫处的要求，每日“三扫两洒一冲”。

2013 年 3 月将所有村全部纳入城乡环卫一体化管理体系，各村按每 15 户 1 个的标准配备垃圾桶，村人口在 500 人以下的配备 1 名保洁员，500 人以上的配备 2 名保洁员，2014 年 10 月投资 121 万元建设潍坊综合保税区垃圾转运站一座，规模为 16 间管理房和垃圾压缩处理设备一套，日处理垃圾 120 吨，配备 2 辆垃圾收集车和 2 辆垃圾运输车，实现垃圾日产日清，垃圾车收集到垃圾转运站后统一运送到滨海光大垃圾焚烧发电厂。

2015 年 3 月，全区中型以上餐饮单位都已经同潍坊金信达公司签订协议，餐厨垃圾实现统一收运集中处理，日处置量达到 2 吨以上，完成市里下达的每天 2 吨的任务要求。联合市场监督管理局、城管执法大队、派出所等相关部门，定期进行执法检查，督促餐饮服务提供者建立餐厨废弃物处置管理制度，严肃查处变卖、私拉私收餐厨废弃物行为，通过“保税之声”广播开展宣传教育活动，增强餐厨废弃物产生、收运、利用、处理人员的遵纪守法意识，不断提高社会公众的食品安全和环境责任意识。

根据《城市环境综合整治实施方案》，落实《潍坊市市区门前三包责任制管理办法》，按照“包环境卫生、包市容秩序、包绿化管理、包设施维护、包扫雪除冰”的内容要求，由市政局与沿街单位、经营业户签订“门前五包责任书”，悬挂门前五包责任牌，明确“门前五包”的责任人、责任范围、责任内容，组织各沿街商户负责人，召开现场调度会，对存在问题立即整改，确保沿街市容秩序良好，环境卫生整洁，绿化养护管理到位，营造干净有序的城乡环境，实现城乡环卫一体化全覆盖。

第二章　土地管理

第一节　土地资源概况与耕地保护

南区土地利用情况

2003年12月，海关总署同意设立潍坊出口加工区，规划面积3平方公里，一直到2011年6月份，实际控制区1.57平方公里，全是工业用地。

2011年，区划调整之后，土地总面积18.1827平方公里，全区耕地1060.93公顷、园地13.07公顷、林地87公顷、城镇村及工矿用地414.53公顷、交通运输用地89.47公顷、水域及水利设施用地96.8公顷、其他土地56.47公顷。

潍坊市人民政府文件

潍政请字〔2011〕11号　　　　签发人：许立全

潍坊市人民政府
关于申请潍坊综合保税区用地指标的请示

省政府：

2011年1月25日，国务院以国函〔2011〕11号《国务院关于同意设立潍坊综合保税区的批复》批准设立潍坊综合保税区，规划围网面积5.17平方公里，年内海关总署将会同国家九部委进行封关验收。根据国土资源部"综合保税区围网内土地必须一次性征用，否则不予验收"的要求，我们计划二期扩网2.93平方公里，一次性征用土地4400亩，并搞好围网监管设施等基础设施配套，确保一次通过验收。

另外，根据省政府《关于同意设立潍坊综合保税区的通知》(鲁

— 1 —

2011年1月25日，潍坊市人民政府关于申请潍坊综合保税区用地指标的请示

2012年，土地总面积18.9008平方公里，全区耕地1085.27公顷、园地43.01公顷、林地87.57公顷、城镇村及工矿用地427.80公顷、交通运输用地92.59公顷、水域及水利设施用地97.22公顷、其他土地56.62公顷。

2013年，土地总面积18.9008平方公里，全区耕地979.55公顷、园地38.01公顷、林地82.57公顷、城镇村及工矿用地559.5814公顷、交通运输用地87.59公顷、水域及水利设施用地91.16公顷、其他土地51.62公顷。

2014年，土地总面积18.4848平方公里，全区耕地885.25公顷、园地33.56公顷、林地81.41公顷、城镇村及工矿用地621.07公顷、交通运输用地91.39公顷、水域及水利设施用地82.96公顷、其他土地52.84公顷。

2015年，土地总面积18.4848平方公里，其中农用地999.99公顷（耕地885.02公顷、基本农田193.73公顷），占总面积54%；建设用地795.55公顷，占总面积43%；未利用地52.94公顷，占总面积3%。

2016年，土地总面积18.4867平方公里，其中农用地1157.26公顷（耕地875.17公顷），占总面积62.6%；建设用地667.47公顷，占总面积36.11%；未利用地23.93公顷，占总面积1.29%。人均耕地0.086公顷。

2017年底，土地总面积18.4867平方公里，其中农用地1142.52公顷（耕地862.03公顷），占总面积61.80%；建设用地682.21公顷，占总

面积 36.91%；未利用地 23.93 公顷，占总面积 1.29%。人均耕地 0.085 公顷。

北区土地利用情况

2015 年，潍坊市人民政府批准筹建潍坊综合保税区北区，东至黄海三路、西至疏港铁路东侧铁路绿线、南至辽河西四街、北至辽河西七街、东至海宁路西侧道路绿线、西至疏港铁路东侧铁路绿线、南至辽河西六街、北至疏港铁路货运站区域，以及东至海祥路、西至海林路东侧道路绿线、南至规划主干道、北至沿海防护堤一期区域，土地规划总面积 9.58 平方公里。除海域外已全部为建设用地，其中建设用地 654.73 公顷，占总面积的 68.34%，海域面积 303.27 公顷，占总面积的 31.66%。

耕地保护情况

区管委会与汶泉发展区、村委层层签订耕地保护目标责任书和基本农田保护目标责任书，将耕地保护和依法用地纳入年度考核内容，对耕地保护不力和在项目点评、招商引资中出现违法违规用地的，严肃追究有关单位和个人责任。

2005 年至 2011 年上半年全区面积 1.57 平方公里，都是工业用地。

2011 年，全区耕地面积 1060.93 公顷，其中基本农田面积 193.73 公顷。

2012 年，全区耕地面积 1085.27 公顷，其中基本农田面积 193.73 公顷。

2013 年，全区耕地面积 979.55 公顷，其中基本农田面积 193.73 公顷。

2014 年，全区耕地面积 885.25 公顷，其中基本农田面积 193.73 公顷。

2015 年，全区耕地面积 885.02 公顷，基本农田面积 193.73 公顷。

2016 年，全区耕地面积 875.17 公顷，其中基本农田面积 193.73 公顷。

2017 年，全区耕地面积 862.03 公顷，其中基本农田面积 193.73 公顷。

2011 年至 2017 年，潍坊市政府下达给综合保税区耕地保有量任务目标，全区严格落实耕地占补平衡和耕地总量动态平衡制度，“占一补一、占优补优、先补后占”，圆满完成了市政府下达的耕地保护任务。

第二节　土地规划

土地利用总体规划

2009年开展了土地利用总体规划修编工作。

2010 年 4 月 30 日，省政府批复《奎文区土地利用总体规划（2006—2020 年）》，第二轮土地利用总体规划修编完成。

2011 年，启动潍坊综合保税区土地利用总体规划完善和数据库建设工作，成立专门组织领导机构，制定《潍坊综合保税区土地利用总体规划数据库建设工作方案》，选择山东方元地理信息公司为技术合作单位。

2012 年 10 月 22 日，土地利用总体规划数据库建库完成，省政府批复土地利用总体规划与第二次全国土地调查数据衔接成果。

2013 年，开展土地利用总体规划中期评估和规模边界调整工作及土地整治规划修编备案工作。11 月 26 日，省国土资源厅批复奎文区清池街道土地利用总体规划建设用地规划边界调整，潍坊综合保税区调整建设用地规模 199.5 亩。同年，按照综合保税区围网验收标准要求，认真准备各类图件和数据，形成审查材料，上报

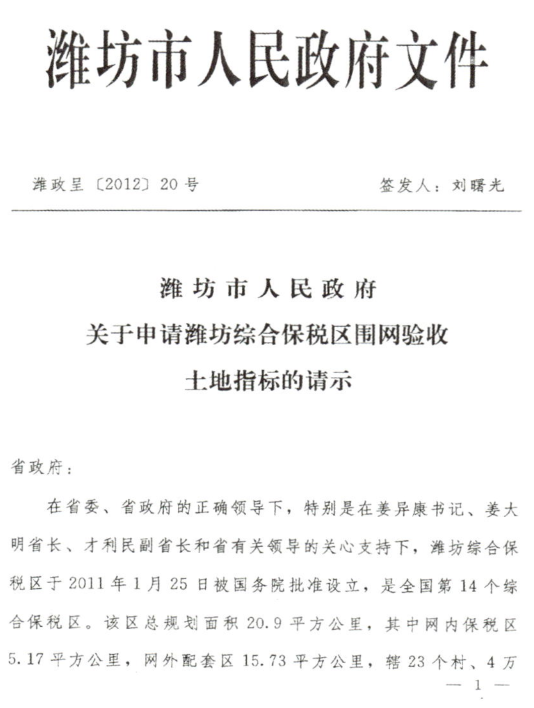
潍坊市人民政府文件

潍政呈〔2012〕20号　　　签发人：刘曙光

潍坊市人民政府
关于申请潍坊综合保税区围网验收
土地指标的请示

省政府：

在省委、省政府的正确领导下，特别是在姜异康书记、姜大明省长、才利民副省长和省有关领导的关心支持下，潍坊综合保税区于2011年1月25日被国务院批准设立，是全国第14个综合保税区。该区总规划面积20.9平方公里，其中网内保税区5.17平方公里，网外配套区15.73平方公里，辖23个村、4万

— 1 —

潍坊市人民政府关于申请潍坊综合保税区围网验收土地指标的请示

上级主管部门，顺利通过省国土资源部审核。

2014年，为保障区实验学校、高七路、宝通街等民生项目用地，开展土地利用总体规划建设用地规模边界调整和预审调整工作，涉及调整建设用地规模共计127.92亩，2014年12月15日调整方案顺利通过省国土资源厅审核批复。同年，为保障潍坊综合保税区北区顺利报批，启动土地利用总体规划修改工作，涉及修改建设用地规模980亩，　2015年3月5日通过省政府审核批复。

2016年，启动土地利用总体规划调整完善方案编制工作，区内基本农田全部调出，新争取规划建设用地总规模5294亩，为保税区经济社会发展提供用地保障，调整完善方案于2017年9月4日通过省政府审核批复。

建设用地指标争取

2007年争取土地指标200亩。

2008年争取土地指标515.435亩，对区内2宗162亩与出口加工区产业布局不符的用地进行了置换。

2009年争取土地指标共计186亩，其中以点供项目争取土地指标136亩。

2010年以点供项目争取土地指标487亩，为出口加工区经济发展提供了用地保障。

2011年6月，市国土资源局向省国土资源厅上报《关于潍坊综合保税区用地指标的请示》；11月，市国土资源局向省国土资源厅汇报并协调业务处室以“四新一海”项目的名义争取新增建设用地指标500多亩。全年共争取新增建设用地指标800多亩，有效解决了全区各项目用地需求。

2012年，争取新增建设用地指标500亩，满足了综合保税区二期围网和项目用地需求。

2013年，保障潍坊综合保税区顺利通过国家级验收用地需求争取落实国土资源部新增建设用地指标1896亩，另外争取新增建设用地计划指标80亩。

2014年、2015年、2016年、2017年，每年的新增建设用地指标分别为100亩、32亩、150亩、249亩。

城乡建设用地增减挂钩

奎文区山后郑城乡建设用地增减挂钩项目董坊村项目区是经2009年省政府批准的潍坊市2009年城乡建设用地增减挂钩项目。规划复垦面积计297.6885亩；可周转指标295.413亩（其中安置区142.3785亩）。2017年底，已经完成董坊村拆旧面积196亩，拆旧户数375户，尚有 20 户未进行拆迁，复垦工作基本完成。

董坊安置区位于樱前街以南、高七路以西，占地面积 123 亩，规划总建筑面积 237381.34 平方米，其中规划建设 12 栋高层住宅楼和 11 栋多层住宅楼，建筑面积分别为 93370 平方米、42811.89 平方米；项目计划总投资 3.4 亿元。

第三节　土地征收与建设用地管理

土地征收

2005 年至 2011 年上半年，共上报 12 个批次建设用地，共 2245.6 亩，将园区内土地全部转为建设用地，保证了入区企业用地，为园区日后的经济腾飞打下了坚实的基础。

2011 年，上报 2 个批次建设用地，共 741.1 亩。确保区划调整之后的土地供应，保证项目用地。

2012 年，上报 2 个批次建设用地，共 571.2 亩。落实责任分工，加快建设用地供地速度，确保重点项目土地供应落实到位。

2013 年，上报 2 个批次建设用地，共 1976.6 亩，其中 1896 亩土地指标为国家计划指标，为保税区的大发展奠定土地基础。

2014 年，上报 2 个批次建设用地，共 132.7 亩，主要为道路用地，为保税区的基础设施建设保障用地。

2015 年，上报 1 个批次建设用地，共 28 亩，主要为道路用地，进一步优化保税区的基础设施建设。

2017 年，上报 1 个批次建设用地，共 221.1 亩，主要为住宅用地和道路用地，为保税区棚户区改造和道路交通提供用地保障。

土地供应

2010 年以前土地供地率均达 100%。

2011 年，全年供应土地 10 宗，面积 28.48 公顷。开展“批而未用土地”专项清理，共清理核查 21 个图斑，面积 70.7333 公顷；处理到位 14 个图斑，面积 33.1333 公顷；收回土地 3 宗，面积 15.1333 公顷；盘活利用土地面积 10 余公顷，处置到位率 93.5%。

2012 年，全年供应土地 8 宗，面积 43.005 公顷，其中工业用地面积 33.293 公顷，仓储用地面积 1.4883 公顷，居住用地面积 8.2237 公顷。

2013 年，全年供应土地 14 宗，面积 66.7336 公顷，其中工业用地面积 25.1996 公顷，仓储用地面积 18.4004 公顷，居住用地面积 12.7728 公顷。6 月，潍坊综合保税区国有建设用地招标、拍卖、挂牌出让网上交易系统平台顺利运行。

市农村确权登记发证督导组到潍坊综合保税区调研

2014 年，全年供应土地

5宗，面积33.0181公顷，其中划拨土地3宗，面积16.4422公顷。盘活低效用地面积10公顷。完成开发区集约利用评价工作。

2015年，全年成交土地1宗，面积3.3333公顷，供应土地1宗，面积3.3333公顷。全年盘活低效利用土地2宗，面积13.7403公顷。

2016年，全年供应土地3宗，面积74.7261公顷。全年盘活低效利用土地1宗，面积4.4667公顷。开展国家级开发区节约集约利用评价更新工作。

2017年，全年供应土地5宗，面积21.7049公顷。全年盘活低效利用土地6宗，面积17.0355公顷。继续开展国家级开发区节约集约利用评价更新工作。

第四节　地籍与不动产登记管理

2009年共办理土地使用证20宗，其中初始登记14宗，变更登记6宗，办理抵押登记10宗，发证合格率100%。

2010年为13家企业办理了土地抵押登记，企业实现融资9000多万元。土地登记30宗，发证合格率100%。

2011年，改进土地登记程序，积极推进“月清季节”土地变更调查机制，严把土地登记关，全年办理国有土地使用权登记13宗，办理国有土地使用权抵押登记15宗，登记面积712.2825亩，抵押金额1.3741亿元，办理抵押权注销登记7宗。

2012年，完成农村集体土地确权登记发证工作，集体土地所有权确权登记发证90宗，宅基地使用权确权登记发证2081宗，集体建设用地使用权地籍调查17宗。全年办理国有土地使用权登记8宗，办理国有土地使用权抵押登记13宗，登记面积41.188公顷，抵押金额1.28亿元，办理抵押权注销登记17宗。

2013年，全年办理国有土地使用权登记12宗，办理国有土地使用权抵押登记17宗，登记面积62.35公顷，抵押金额1.4亿元，办理抵押权注销登记8宗。5月16日，综合保税区农村集体土地确权登记发证和宗地统一编码工作顺利通过验收考核。

2014年，进行辖区内耕地后备资源调查评价和第二次土地调查成果整理汇编工作。推进“月清季结”土地变更调查机制，做好2013年度土地利用年度变更调查工作。全年办理国有土地使用权登记15宗，办理国有土地使用权抵押登记17宗，登记面积56.5603公顷，抵押金额4.4280亿元，办理抵押权注销登记15宗。

2015年，完成2014年度土地利用年度变更调查与遥感监测工作。全年办理国有土地使用权登记1宗；办理国有土地使用权抵押登记6宗，登记面积30.086公顷，抵押金额1.14亿元；办理抵押权注销登记5宗。

2016年，完成2015年度土地利用年度变更调查工作，共核查34个、面积321亩，变更31个、面积298.1亩，变更率91.2%。2016年8月17日，设立潍坊市不动产登记中心综合保税区分中心。自9月9日不动产登记业务正式开始，全年共受理不动产登记各类业务78项，重点做好了昊天城项目分割转移工作。共办理抵押登记9宗，帮助企业融资1.9亿元，助推企业健康发展。

2017年，完成2016年度土地利用年度变更调查工作，共核查34个、面积321亩，变更31个、面积298.1亩，变更率91.2%。完成耕

2017 年，潍坊综合保税区开展地球日宣传活动

地后备资源调查评价工作。全年共办理各类不动产登记业务 300 余件，其中抵押登记 40 余件，帮助企业融资 2.4 个亿。坚持“一次性告知、只跑一次腿”政策，为村民做好农村宅基地查询工作，未发生投诉和信访事件。

第五节　测绘管理

2012 年，完成管辖区 1 ∶ 500 大比例尺地形图建库工作。做好基础测绘成果资料的管理、保存、保密工作。通过多种途径开展国家版图意识教育宣传活动。

2015 年，配合完成潍坊市城区图、提升城区图的协审工作和潍坊市第一次全国地理国情普查专题资料收集工作。做好“8•29”测绘法宣传日宣传工作，制定宣传方案，开展形式多样的普法宣传活动，加大测绘法律法规和行政执法宣传力度。

2016—2017 年，加大测绘地理信息普法宣传力度，搞好“测绘法宣传日”活动，通过上街普法，宣传测绘地理信息及国家版图知识；通过召开座谈会，与村干部面对面交流，普及国家版图和测绘知识，增强社区居民国家版图和地理信息安全意识；通过门户网站平台开设“测绘宣传”专栏，在醒目位置设立宣传主题悬浮图标等。

第六节　土地执法检查

2005 年—2011 年，全区实行围网封闭式管理，没有私搭乱建、违法建房等违法用地现象。

2011 年至 2015 年，在及时解掌握土地管理新政策、新规定基础上，加大土地执法监管力度，坚决杜绝未批先建、批小建大和圈而不建等现象发生，做到土地未批复的坚决不落项目、未合法供地的坚决不开工，开工的坚决按规划供地范围建设。

2016年5月，在全区推行《综合保税区关于实行国土资源执法监察网格化管理的意见》，落实层级，理清责任，有效遏制国土资源违法违规行为，保障土地资源的合法利用。全年动态巡查140次，发现违法占地行为10起，面积8亩，对涉及的人、事均已处理到位。

2017年，制定推行《综合保税区管委会关于加强国土资源执法监管建立共同责任机制的意见》，通过联合执法，畅通信息联络，加强执法队伍，加快处理进度，加大执法力度，将大部分国土资源违法违规行为"发现在初始，解决在萌芽"。全年动态巡查150余次，及时发现并查处违法占地行为8起，面积7亩。

第三章　建筑业管理

《中华人民共和国建筑法》为建筑活动的管理依法行政，规范承发包行为，建立健康、效能、有序、统一的市场秩序，提供了法治保障。保税区建筑市场管理以法律、行政法规、部门规章、地方性法规和地方政府规章为依据，并根据保税区建设市场的发展逐步完善、细化，对从事各种房屋建筑土木工程、设备安装、管线敷设等勘察设计、施工（含装饰装修）、建设监理以及建筑构配件、非标准设备加工生产等发包和承包活动进行监督管理。

第一节　市场管理

2015年9月，保税区根据国家和省、市提出加快建筑市场诚信体系建设，转变市场监管模式的总体要求，以建筑市场监管与诚信一体化平台以从业主体为核心，构建全省建筑市场监管基础数据库，覆盖建设（开发）、勘察、设计、施工、监理、招标代理、造价咨询等所有市场主体的企业、人员和工程项目。平台将工程建设全生命周期中的所有环节（施工图审查、工程项目招投标、合同备案、施工许可、质量管理、安全管理、现场管理、竣工验收）纳入全流程动态监管，形成贯穿全过程的省市协同监管体系。

规范建筑市场　2012年，保税区维护建筑市场秩序，保障工程质量安全，贯彻落实住建部《关于进一步加强建筑市场监管工作的意见》，进一步加强建筑市场监管工作，对从事建筑工

2017年8月16日，住建局长刘珍荣（中）带队检查中俄冷链项目

程总承包、劳务及实施建筑工程劳务活动、劳务分包行为进行了规范。2013年，根据市建设局《关于对建筑市场管理实施包靠督导和考核通报制度的通知》精神，制定《潍坊综合保税区建筑市场管理包靠督导和考核工作实施方案》。2014年10月，按照国家住房城乡建设部《建筑工程施工转包违法分包等违法行为认定查处管理办法（试行）》要求，进一步规范建筑工程施工承发包活动，保证工程质量和施工安全，有效遏制违法发包、转包、违法分包及挂靠等违法行为，维护建筑市场秩序和建设工程主要参与方的合法权益。2017年6月制定《保税区建筑施工违法分包、转包、出借资质等行为专项整治行动方案》和《保税区建筑市场规范管理提升年活动方案》，进一步实现市场监管的标准化、制度化和规范化，完善监管体系，增强监管成效，为建筑业健康发展创造良好的市场环境。

规范交易行为　根据《中华人民共和国招标投标法实施条例》，规定凡进区的施工企业必须申领进区投标许可证，未取得进区投标许可证的，一律不得进区施工。同时规范招标公告发布行为，保证潜在投标人平等、便捷，准确地获取招标信息。2016年1月，根据潍坊市住建局《关于调整非国有资金投资项目备案发包的通知》，实现房屋市政工程招投标监督管理与《山东省建筑市场与诚信信息一体化平台》的对接，网上办理招标业务。

建筑企业管理　严格执行建设部《建筑业企业资质管理规定》《建筑业企业资质管理规定实施意见》和《山东省建筑业企业资质管理实施细则》，对工商注册保税区的建筑业企业按照其拥有的注册资本、净资产、专业技术装备和已完成的工程业绩等资质条件申请资质，经审查合格取得相应等级的资质证书后，方可在其资质等级许可的范围内从事建筑活动。

第二节　清欠维稳

2018年8月30日，区住建局局长于瑞增（右一）带队检查学校防汛工作

2012年，成立保税区清理拖欠工程款和农民工工资领导小组，办公室设在住建局。为从根本上解决建设领域拖欠工程款和农民工工资问题，根据山东建设厅《关于改进和加强建筑业农民工工资支付管理的意见》，实行建设单位、施工单位（指总承包企业和与建设单位直接发生合同关系的专业承包企业）在工程开工前均按工程合同总造价1%的基准比例分别缴纳建筑劳务工资保证金，维护农民工合法权益，维护社会稳定。2017年9月5日研究制定《保税区住建局清欠维稳工作

实施方案》，进一步做好清欠维稳工作的有关要求，迅速、妥善化解建设领域农民工工资等不稳定问题，营造和谐稳定的社会环境，严格落实清欠维稳应急处置工作机制和稳控措施。

第三节　质量安全监督

2011 年 12 月，按照市住建局质量安全监督站分工，成立潍坊市质量监督站综合保税区分站，具体负责办理全区建筑工程质量报建，施工现场质量监督管理工作。

安全管理由区住建局负责，2016 年，制定《潍坊综合保税区安全文明施工管理暂行办法》，要求区内所有办理建设安全监督备案的工程，必须达到安全文明卫生工地标准。严格按照《中华人民共和国建筑法》和相关法律法规规范建筑工程手续办理。先后开展深化“打非治违”专项整治、安全隐患大排查快整治严执法集中行动、安全生产活动月、安全生产大检查、临时用电专项整治、起重机械安全管理等活动； 2017 年，制定《潍坊综合保税区建筑工程安全文明施工费收费及使用管理办法》，对新开工建设的项目，严格监督各阶段安全文明措施费用使用情况，分步分阶段拨付安全文明措施费用；严格规范项目安全达标验收制度，加强了对工程施工安全监督及工程各环节的检查，从建设工程开工条件、初次进场、基础、主体及装修各阶段入手；建立重大危险源台账制度，重点对项目可能存在的较大安全隐患进行跟踪监管，安全管理人员要及时建立危险源台账、建设完成后及时销号。持续开展了安全生产百日攻坚治理行动和执法大检查行动、汛期和夏季及今冬明春施工安全隐患大排查等行动；开展了建筑施工安全生产活动月、冬季施工临时用电专项整治、起重设备安全监管专项整治活动。

2008—2018 年，先后监督建筑单体 180 个，面积 55 万平方米，所监督的雷士商务楼成为全区标志性建筑。2015 年，共建立 44 个单体安全监督台账，办理 25 个单体安全施工措施备案，完善 26 个单体工程安全监督档案；2016—2017 年，共组织建筑工地安全生产专项检查 44 次，接受上级主管部门建设工程质量安全监督工作考核 21 次，累计检查在建工程单体 160 次，出动检查人员 140 人次，下发限期整改通知 79 份，查处安全隐患 290 项。

第四章　安全监管

第一节　监管体制

区经济发展局加挂安全生产监督管理局牌子，主要发挥综合协调职能并承担工商贸企业安全生产监督管理工作。汶泉发展区按照属地管理原则分管本辖区的安全生产工作。保税区安全生产工作坚持以人为本，坚持安全发展，坚持安全第一、预防为主、综合治理的方针，强化和落实生产经营单位的主体责任，建立生产经营单位负责、职工参与、政府监管、行业自律和社会监督的机制。

2018 年 10 月 12 日，省安监局督查组到潍坊综合保税区检查“双体系”创建工作

第二节　监管措施

自建区至 2013 年，保税区始终坚持“安全第一、预防为主、综合治理”的方针，狠抓关键措施的落实，有效地杜绝了各类事故的发生。保税区每年都与部门、汶泉发展区等单位层层签订安全生产目标责任书，每年都积极开展“安全生产月”活动，大力宣传安全生产法律法规，积极开展安全生产教育培训活动，对企业主要负责人和安全生产管理人员进行培训。积极开展各类隐患排查治理工作，确保完成年度安全生产任务。

2014 年至 2015 年，全面落实安全生产目标责任制，层层签订《安全生产目标责任书》，制定下发《管委会有关部门安全生产“一岗双责”》。积极开展安全生产标准化创建活动，设立奖励政策，制定出台了《潍坊综合保税区鼓励安全生产标准化创建办法》。积极开展行政执法和“打非治违”工作，聘请安全生产专家查隐患。积极开展应急救援演练活动。编制、印发了《潍坊综合保税区安全生产事故灾难应急预案》《潍坊综合保税区防震救灾应急预案》《潍坊综合保税区安监局安全生产应急预案》《潍坊综合保税区危险化学品安全事故应急救援预案》和《潍坊综合保税区安监局自然灾害救助应急预案》等应急预案。

2016 年至 2017 年，进一步落实安全生产工作责任。明确管委会班子成员安全生产职责分工。落实安全生产“一县一册”实名制管理。认真落实“管行业必须管安全、管业务必须管安全、管生产经营必须管安全”制度，明确管委会负有安全生产监督管理职责部门的监管范围和对象，实行分级分类监管。监督企业落实安全生产主体责任，督促企业依法建立、健全安全生产责任制并组织开展监督检查。进一步加强应急救援体系建设，加强风

2018 年 6 月 15 日，潍坊综合保税区开展“安全生产咨询日”活动

险分级管控和隐患排查治理“双重预防机制”建设。建立完善应急救援体系建设，及时修订和完善应急预案。积极安排部署应急救援预案演练并监督检查。支持推动企业加快建立安全风险管控体系和隐患排查治理体系建设。建立健全“双重预防机制”建设工作机制。组织企业开展风险点排查，建立风险管控档案，形成“一企一册”。进一步加强安全生产宣传教育培训和安全文化建设，推进安全生产标准化规范化建设。积极组织开展“安全生产月”“职业病防治法宣传周”“安全生产法宣传周”等主题宣传活动。积极推动企业安全生产标准化规范化建设，圆满完成年度创建达标任务。积极组织有关部门开展道路交通、建筑施工、危险化学品、消防、特种设备、有限空间等重点行业领域专项整治。建立管委会隐患挂牌督办机制并开展工作。积极开展安全生产隐患大排查快整治严执法行动。不断推进职业健康监督管理。监督用人单位按规定进行职业危害项目申报；作业现场职业危害因素治理和劳动者职业健康监护达标。组织开展重点行业领域职业病危害专项整治工作。通过执法检查，及时督促企业做好职业病危害因素检测和网上申报工作。自建区以来，从未发生一次工贸行业领域安全生产亡人事故。

第五章　环境治理

第一节　环境污染治理

水污染治理工作

按照保税区“河长制”工作职责，制定各社区和相关部门年度工作任务书，并按项目化管理要求推进。开展全区河道沿线非法排污口及污水违规排放专项整治行动。加快推进河道治理和“污水零直排区”建设。并将检查结果通报各社区和河长单位，督促落实治污责任。

大气污染防治

按照潍坊市环保局的要求，成立潍坊综合保税区大气污染治理工作领导小组，制定《潍坊综合保税区G20峰会空气质量保障方案》《潍坊市保税区中日韩空气质量保障措施实施方案》《潍坊综合保税区大气污染治理问责办法（试行）》，制定工作任务分解表、考核办法及评分细则等，并建立大气污染防治工作月报制、露天焚烧、垃圾秸秆巡查监管周报制。制定保税区建筑工地扬尘控制实施细则，开展“百日整治行动”，落实建筑工地“五个100%”管理。建立秸秆禁烧长效管理机制，加强秸秆综合利用，全区秸秆综合利用率达100%。2017年共出动检查人员30人次，检查重点管控单位60家次，发现并整改问题12处。

严控重污染高耗能行业

保税区初步形成了“电子信息、冷链物流、跨境电商、棉花物流加工、新能源、新材料”六个100亿级产业链的发展框架，对入区的行业类别进行严格把关，重污染高耗能行业一律禁止入区，为全区绿色健康发展奠定基础。

2017年8月11日，综合保税区召开中央环保督察组督察潍坊市工作动员会

网格化环境监管各种规章制度》《潍坊综合保税区环境保护委员会关于加强网格化责任落实的通知》《潍坊综合保税区网格化环境监管体系实施方案》《潍坊综合保税区环境监管网格化工作考核办法》文件的要求，制定全区考核实施细则，对各级网格人员进行了培训。每个月按时上报潍坊综合保税区网格化环境监管体系汇总表、潍坊综合保税区网格化环境监管体系建设运行情况调度表，保税区网格化监管工作有序推进。

固废管理

2017年，保税区进一步加强危险废物规范化管理工作，组织2家重点危险废物企业开展危险废物“双达标”创建，组织2家重点企业完成危险废物核查，所有危险废物按照正规手续转移处置。

第二节 环境保护监察

环评审批

2017年，保税区累计办理各类建设项目环境影响评价许可8项，其中报告表、报告书8项。所有重点项目中，环保部门有审批权限并具备审批条件的环保项目审批率为100%。出具2017年计划出让地块环评意见5个。出具地产类建设项目环境影响评价备案表4家。开展违法违规建设项目全面清理行动，促使“未批先建”“未验先投”违法违规项目完善相关环保手续。

环保网格化管理

2017年保税区按照《潍坊综合保税区网格化环境监管体系实施方案》《潍坊综合保税区

第三节 环境保护宣传

环境监察及应急演练

保税区环保没有执法权，但环保部门积极参加2017年潍坊市环境监察、执法大练兵等活动，并取得监察先进个人的嘉奖。以中央环保督查为契机，加强对环保问题的处置能力，及时处理7起中央环保督察交办件。参加2017年全市辐射应急演练暨业务技能比武竞赛，并取得应急演练先进个人的嘉奖。督促各地各社区开展环境应急事故演练工作。

环境宣教

2017年围绕“6·5”世界环境日等节日，加大环保宣传力度。继续加强环境信息公开，在区政府信息公开平台网站公开信息60 条，完善舆情监控回应机制，收集相关舆情信息并积极作出回复。

第五编

政治建设与社会事业

第一章　党建工作

第一节　组织架构

2006年4月21日，市委、市政府下发《关于调整潍坊出口加工区管理体制的实施意见》，设立中共潍坊市委出口加工区工作委员会、潍坊出口加工区管委会。

2012年4月9日，潍坊市编委下发《关于设立综合保税区党工委、管委会的通知》，同意设立中共潍坊市委综合保税区工作委员会、潍坊综合保税区管理委员会，暂与中共潍坊市委出口加工区工作委员会、潍坊出口加工区管理委员会一个机构、两块牌子。

2011年6月，汶泉发展区党委成立。2011年6月，汶泉发展区党委成立。2012年9月，综合保税区机关党委成立，下设6个党支部：党政办公室、政治工作部支部，建设规划局、安监局支部（含园区办、在建工业项目），财政局、经济发展局及投产工业企业联合支部，国土分局、物流发展局及物流企业联合支部，国税支部（含海关）和地税支部（含工商、国检）。2016年调整（设立）潍坊综合保税区党工委所属党组织后，机关党委下设党政办公室党支部、政治工作部党支部、经济发展局党支部、财政局党支部、住房和城乡建设局党支部、市场监督管理局党支部、国土资源分局党支部、海关监管区服务中心党支部、物流管理中心党支部、北区筹建指挥部党支部、规划分局党支部、国税党支部、地税党支部和公安分局党总支，共14个党组织。2017年3月，妇工委成立；5月，团工委成立。截至2018年5月，机关党委共有支部（总支）14个，汶泉发展区党委共有支部22个，企业党支部3个，全区共有党员840名。

2017年3月，妇工委成立；5月，团工委成立。截至2018年5月，机关党委共有支部（总支）14个，汶泉发展区党委共有支部22个，企业党支部3个，全区共有党员840名。

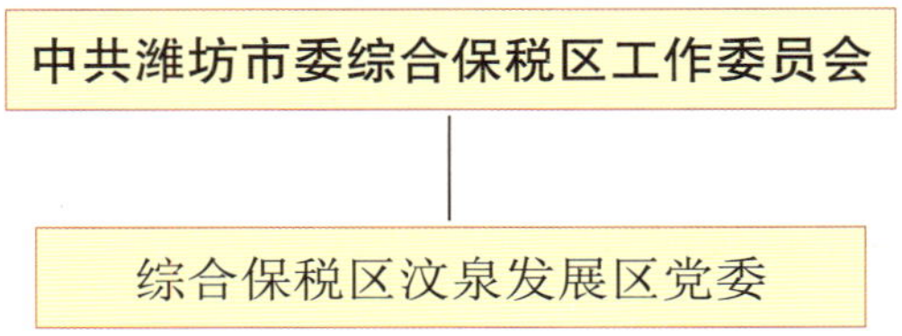

2011年6月机构设置框架图

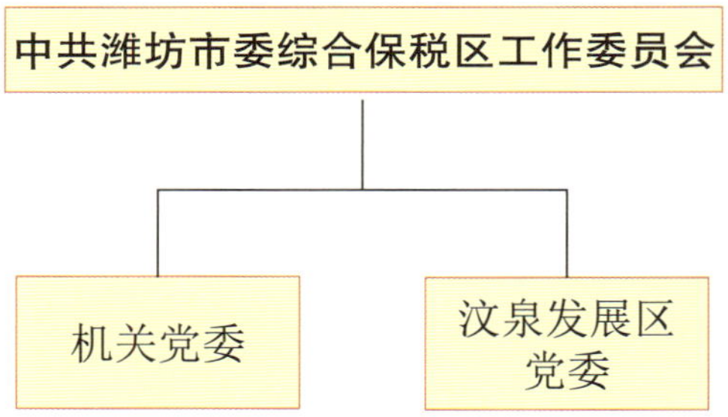

2012年9月机构设置框架图

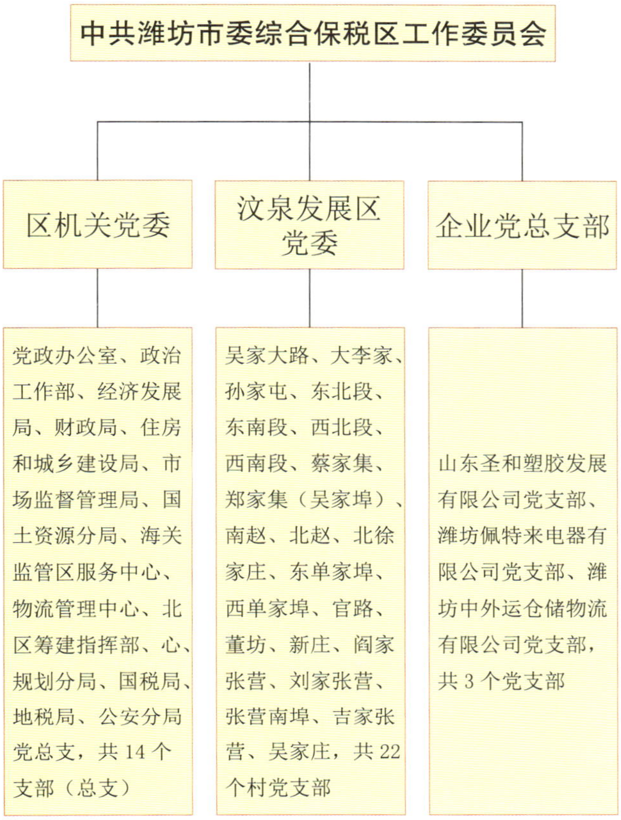

2016 年 3 月机构设置框架图

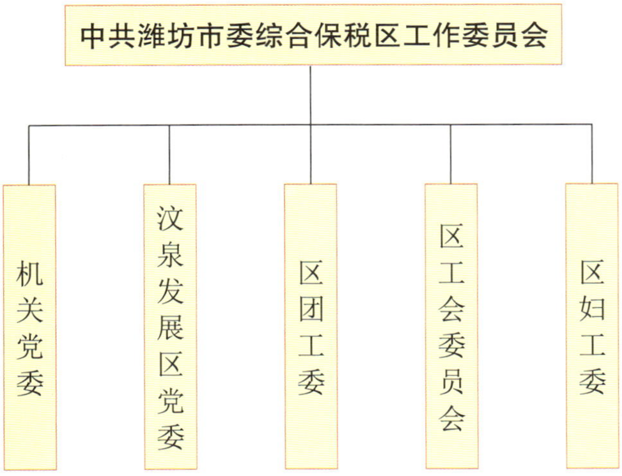

2017 年 5 月机构设置框架图

第二节　管党治党

建区以来，综合保税区认真贯彻落实中央和省市委全面从严治党的部署要求，牢固树立政治意识、大局意识、核心意识、看齐意识，切实担负起党要管党、从严治党的政治责任和担当，营造了风清气正、心齐劲足的政治生态。

全面落实党建工作主体责任。牢固树立“抓好党建是最大政绩”的理念，年初召开全区加快发展大会，对全区党的建设、经济发展、社会事业进行安排部署。2015 年，党工委出台《关于进一步加强基层服务型党组织建设的实施意见》，明确全区基层党建工作的指导思想、任务目标、具体措施和组织保障，为全区党建工作开展奠定了基础。2016 年 7 月，在建党 95 周年之际，党工委召开全区党的建设工作会议，表彰 32 名优秀共产党员、7 名优秀党务工作者、13 个先进基层党组织，并对全面加强党的建设进行安排部署。随后，党工委出台了全区落实意识形态责任制实施方案、基层党建三年行动计划等制度文件，每年制定年度任务清单、问题清单和责任清单，坚持半月调度、每月通报、半年总结，切实加强党的建设。

切实加强班子自身建设。严肃党内政治生活，严守党的政治纪律和政治规矩，制定党工委、管委会议事规则和党内政治生活制度，严格落实“三会一课”制度，定期召开民主生活会、组织生活会，班子成员带头自觉参加所在党支部的组织生活，自觉接受党组织和党员的监督和帮助。严格执行民主集中制，参照市委、市政府关于现行会议的做法和要求，修订完善了全区会议制度，明确区党工委会议、党政联席会议、专题会议、民主生活会、“3+N”会议等五种形式，凡“三重一大”事项一律提交党工委会议，按照集体领导、民主集中、个别酝酿、会议决定的原则，由集体讨论、按少数服从多数作出决定。

2016年12月，潍坊综合保税区党工委专题研究党建工作

完善党建工作体系。保税区建区之初，处在爬坡过坎的困难阶段，人员少、党员少，党建体系不够完善。2014年，保税区建立完善了党建工作体系。党工委层面，成立党建领导小组和领导小组办公室，配强党建专职工作力量，切实加强组织领导。机关党建方面，区直部门全部单设党支部，党员和组织生活正常化经常化。社区党建方面，建成3个新型农村社区，择优选派了一批党组织书记和成员，推动半数以上镇街力量和警务力量下沉社区，村支部书记到社区集中上班，实现实体化运转。农村党建方面，着重选优配强村“两委”班子尤其是村党组织书记，引导各村制定3年发展计划，推行农村党员积分制管理，涌现了官路、东单等部分先进基层党组织和优秀党支部书记，2个软弱涣散村班子全部完成转化。两新组织方面，新设立3

2016年7月11日，潍坊综合保税区召开党建工作会议

个党总支和2家非公企业、1家国有企业党支部，实现了党的组织和活动全覆盖。

着力提升基层党组织服务能力。扎实推进包村联户，班子成员带头每人包靠1～2个村，联系10～20户群众，及时帮助协调解决困难和问题。开展了“两转变、两提升”活动，全区上下转变观念、转变作风，提升境界、提升标准，凝聚起了强大的发展合力，形成了创新、创业、创先、创优的浓厚氛围。开展“三送一创”活动，班子成员和部门负责人带头向基层送政策（法律）、送服务、送温暖，各级党组织和党员先锋模范作用不断强化。不断强化基层基础，新设了1000平方米的政务服务大厅，实现审批事项“一站式”办结。投资320万余元，建成1800平方米的3个新型农村社区，实行了“只到一个地方、只跑一趟腿、只找一个人”的“三个一”便民服务机制。新建和修缮23处村级党群服务站，按照高于全市平均水平的标准落实村干部待遇，切实保障村级组织正常运转。完善干群沟通平台，投入400多万元建成可视党建系统，并免费为文明户提供手机、网络、有线电视，搭建了“保税之声”村村通广播、保税手机信息报、保税微信平台、保税网站等党群沟通新平台，及时将党和政府的声音传递到基层，得到了群众的肯定和赞誉，在全市群众满意度测评中保税区连续多年位于全市前列。

2016年5月24日，市委常委、副市长、综合保税区党工委书记孙起生（左二）带队调研农村社区建设

切实加强党风廉政建设。把党风廉政建设纳入全区经济社会发展和党的建设总体布局，做到同部署、同检查、同考核。每年层层签订党风廉政建设责任书，实行季度汇报、半年点评、全年考核，确保党风廉政建设责任制落到实处。严格落实党工委书记对班子成员专题约谈、班子成员对部门负责人廉政谈话、纪工委对新提拔干部任前谈话等制度，加强正反面廉政教育，从源头预防腐败发生。加强执纪监督，严格落实“中央八项规定”精神，组织开展了党的建设等六个方面综合巡查和“为官不为”等一系列专项整治，梳理完善了5个方面28项规章制度，凡“三重一大”事项一律集体决定，工程招投标、大额资金使用等严格按法律、按制度、按程序办事，确保各项工作规范化、制度化、程序化。

全力抓好作风建设。经过多年艰苦创业，

2016 年 6 月 7 日，管委会主任徐洪吉（左二）带队调研农村社区建设

保税区发展从无到有、从小到大，实现了由全国末位到全国领先的跨越赶超。潍坊综合保税区的发展不仅仅是区域经济发展史，更是金字招牌的“夺宝”史，体现了保税区人“敢为人先、百折不挠、担当进取、团结奉献”精神，凸显了他们特有的闯劲、干劲、韧劲和后劲。2018 年 2 月 23 日，市委、市政府发文表彰了保税区“变不可能为可能”的宝贵精神并，给予潍坊综合保税区管委会记集体二等功奖励。

第三节　基层党建

机关党建

2012 年 9 月 17 日，设立潍坊综合保税区机关党委。机关党委设书记 1 名，副书记 1 名，组织、宣传、纪检、文体等委员共 6 名。各党支部设书记 1 名，支部委员 3 名。机关党委下设党政办公室、政治工作部支部，建设规划局、安监局支部（含园区办、在建工业项目），财政局、经济发展局及投产工业企业联合支部，国土分局、物流发展局及物流企业联合支部，国税支部（含海关）和地税支部（含工商、国检）等 6 个党支部。由蒋明旺、逄峰为机关党委正、副书记，王欣伟、刘珍荣、贺波、李宗福、崔振文、刘佩华分别为所在支部党支部书记。

2016 年 3 月 16 日，区党工委对机关党委各支部进行调整。机关党委下设党政办公室党支部、政治工作部党支部、经济发展局党支部、财政局党支部、住房和城乡建设局党支部、市场监督管理局党支部、国土资源分局党支部、海关监管区服务中心党支部、物流管理中心党支部、北区筹建指挥部党支部、规划分局党支部、国税党支部、地税党支部和公安分局党总支，共 14 个党组织。

社区党建

2011 年 6 月，汶泉发展区整体由潍坊高新区划归综合保税区，在区党工委、管委会领导下，汶泉发展区围绕基层治理、基层服务、基层发展三大任务，强化参谋职能，搞好配合服务，各项工作取得新突破。

加强社区建设。区划调整后，汶泉发展区探索研究社区建设治理新模式，先后多次到临朐、安丘、高密、昌邑等地实地参观学习。2015 年，福田社区、段家社区、宝通社区在原有办公场所基础上进行装修改造，并新建张营社区，改造社区于 2016 年 7 月入驻，实现实体化运转。

2017年7月，为节约资源、方便管理，把原先的四个社区，整合为宝通、段家、张营三个管理区。理顺社区党组织关系。通过自愿报名、竞职演讲、民主测评等环节开展社区党总支书记竞争上岗，通过双向选择的方式确定社区总支副书记和社区工作人员，确保机关工作人员中50%以上人员下沉到社区工作服务。同时，组织各村支部书记到社区集中办公，进一步壮大社区工作人员队伍，充实基层力量。积极稳妥推行公章管理权限下放。将村级公章管理权限下放至各社区，安排专人保管，规范使用程序，更好地方便群众办事。

促进党组织融合。按照“有利于扩大党组织覆盖、有利于党员教育管理、有利于党组织作用发挥”的要求，打破传统以村为单位的封闭式党建模式，探索社区大党委模式，升格社区党组织为党委，负责全面推进所辖村的党建工作。宝通社区融合东单家埠、西单家埠、新庄、官路、南赵、北赵等6个农村党支部，党员139名；福田社区融合北徐家庄、大李家、蔡家集、吴家大路、董坊等5个农村党支部，党员141名；段家社区融合东北段、西北段、东南段、西南段、孙家屯等5个农村党支部，党员97名；张营社区融合刘家张营、吉家张营、阎家张营、张营南埠、郑家集（吴家埠）、吴家庄等6个农村党支部，党员179名。2017年7月，4个社区整合为3个管理区后，宝通社区融合东单家埠、西单家埠、新庄、官路、南赵、北赵、北徐家庄、董坊等8个农村党支部，段家社区融合东北段、西北段、东南段、西南段、孙家屯蔡家集、吴家大路等7个农村党支部，张营社区融合刘家张营、吉家张营、阎家张营、张营南埠、郑家集（吴家埠）、吴家庄、大李家等7个农村党支部，通过该组织设置模式，统筹推进区域内

2017年12月1日，潍坊综合保税区举办学习宣传贯彻党的十九大精神专题党课

各阶层各单位党建工作。

构建共治共享社区治理体制。实行22个农村党支部书记到社区集中上班，逐步弱化以村为主体的小单位治理模式，强化社区治理模式，扩大社区治理体系，增强社区治理能力，完善激励机制，探索实现“以奖代补”，激发共治动力，有效调动各方积极性。

加强党员培训。结合市委组织部，区党工委的党员培训计划与要求扎实做好党员培训工作。2016年3月4日，组织各村支部书记和党建工作人员进行“鸢都先锋党建云平台”信息录入系统和应用系统的专项培训，提高平台管理人员的业务素质和平台的利用率。2017年，分两批次组织党员进党校培训学习，并先后组织党员多次进行集中培训。

农村党建

综合保税区共有23个村，22个党支部（郑家集村、吴家埠村联合党支部），共有党员627名。其中，吴家埠村，共有村民32户、党员6名；郑家集村，共有村民271户、党员31名；吴家大路村，共有村民58户、党员16名；大李家村，共有村民259户、党员48名；孙家屯村，共有村民85户、党员14名；东北段村，共有村民126户、党员26名；东南段村，共有村民94户、党员16名；西北段村，共有村民135户、党员18名；西南段村，共有村民142户、党员30名；蔡家集村，共有村民259户、党员28名；南赵村，共有村民218户、党员25名；北赵村，共有村民142户、党员29名；北徐家庄村，共有村民180户、党员32名；东单家埠村，共有村民102户、党员14名；西单家埠村，共有村民93户、党员18名；官路村，共有村民252户、党员33名；董坊村，共有村民294户、党员31名；新庄村，共有村民129户、党员18名；阎

2017年12月29日，潍坊综合保税区党工委召开村“两委”换届动员部署会议

2016 年，潍坊综合保税区党工委副书记石铭奎（右二）到农村基层调研

体活动；同时，企业支部还认真组织党员学习中共十八大、十九大精神，充分发挥了党员在企业中的模范带头作用，进一步增强了企业的凝聚力。

家张营村，共有村民 398 户、党员 42 名；刘家张营村，共有村民 249 户、党员 44 名；张营南埠村，共有村民 157 户、党员 20 名；吉家张营村，共有村民 66 户、党员 23 名；吴家庄村村，共有村民 231 户、党员 22 名。

“两新”组织党建

2016 年 3 月 16 日，中共潍坊市委综合保税区工作委员会，设立山东圣和塑胶发展有限公司党支部、潍坊佩特来电器有限公司党支部、潍坊中外运国际物流有限公司党支部。至 2018 年 5 月，分别有党员 7 名、12 名、4 名。企业支部设立以来，积极组织企业党员、职工参加全区马拉松比赛、羽毛球比赛、篮球比赛等文

学校党建

2014 年 12 月 10 日，潍坊综合保税区实验学校党支部成立，校长张青任党支部书记主持党务工作。学校党支部共有正式共产党员 9 名(退休党员 1 名），其中正高级职称党员 1 人，中级职称 5 人，初级职称 3 人；具有研究生学历的 2 人，具有本科学历的 7 人。支部委员会由党支部书记、组织委员、宣传委员 3 人组成。学校党支部成立以来，在社会事业管理局党总支的直接领导下和全体支部成员不断努力下，积极发挥引领作用，不断强化党员学习教育，对党建工作不断探索、不断积累、不断完善，努力建设一支党性强、奉献精神强、思想解放的先锋党员队伍，为学校发展及各项工作开展提供积极有力的组织保障。

第二章　主题教育

2014年以来，按照中央、省委和市委统一部署，保税区党工委先后开展了群众路线教育、“三严三实”专题教育、“两学一做”学习教育等主题教育，市委第四巡察组对保税区进行了巡察，通过一系列主题教育和巡察检查，全区各级党组织管党治党意识明显增强，全面从严治党有了显著提升。

第一节　群众路线教育

根据中央和省、市委统一部署，2014年3月7日，党工委在保利大酒店五楼会议室召开党的群众路线教育实践活动动员大会，制定下发《关于深入开展党的群众路线教育实践活动的实施意见》，确定全区群众路线教育实践活动，自2014年3月开始，9月基本完成。市委派出第二十三督导组，对保税区教育实践活动进行督查指导，主要成员：督导组组长、寒亭经济发展区党组书记石铭奎；督导组副组长、市委组员办副主任、组织部干部三科科长肖建华；督导组成员、市经济发展软环境投诉中心受理科副科长张倩；督导组成员、市人大办公室老干科科员赵宗良。保税区参加教育实践活动的单位包括：党工委、管委会领导班子，区直各部门，汶泉发展区及村党组织。教育内容分为“学习教育、听取意见，查摆问题、开展批评，整改落实、建章立制”三个环节。活动开展以来，全区上下认真贯彻“照镜子、正衣冠、洗洗澡、治治病”的总要求，以“为民务实清廉”为主要内容，着力解决党员干部“四风”问题和群众反映强烈的突出问题，取得了良好成效。

2014年3月7日，潍坊综合保税区党工委召开党的群众路线教育实践活动动员大会

宗旨意识和群众观点更加牢固。党工委把每周五确定为机关党员集中学习日，党工委、管委会领导班子先后开展6次集中封闭学习，各级各部门普遍开展了不少于3天的集中学习。先后邀请北京明德经纶研究院、济南海关、市纪委、山东诚公律师事务所等部门机构的专家学者，来区举办系列专题讲座30多次，赴上海自贸区和杭州、宁波等保税区考察学习，进一步提高全员素质能力。组织开展第二届潍坊半

程马拉松比赛、“为民务实清廉”主题演讲比赛等系列活动，举办机关、农村党组织书记专题培训班20余次。通过系统学习教育，广大党员干部受到了一次生动深刻的马克思主义群众观点教育，进一步增进了同群众的感情，拉近了同群众的距离，增强了做好群众工作的本领。

党性修养进一步增强。2014年3月份开始，通过“大走访大调研”、召开座谈会、发放意见表、设置意见箱等多种渠道，先后走访了23个村、4000多户群众和100多家企业，区级层面共发放征求意见表800余份，面对面听取了260余名党员干部群众的意见建议。党工委、管委会领导班子成员带头，各级各部门之间、党员干部之间，深入开展了谈心谈话。在此基础上，各级党员领导干部认真进行自我查摆、撰写对照检查材料，党工委、管委会领导班子对照检查材料先后修改19次，班子成员有的达到20多次，其他各级各部门领导干部也都进行了多次修改，真正做到了见人见事见思想。专题民主生活会和组织生活会上，各级领导干部敢于揭短亮丑、真刀真枪，起到了脸红心跳、出汗排毒、治病救人、加油鼓劲的作用，达到了“团结—批评—团结”的效果，切实提高了领导班子解决自身问题的能力。

社会民生大幅改善。活动一开始，就牢牢抓住“四风”这个焦点，领导班子带头开展自查自纠，确保了活动不走过场。活动开展以来，全区“三公”经费同比下降5%；文件会议同比减少了近1/3，有效刹住了“四风”蔓延的势头。根据上级要求和全区实际，确定了53项专项整治任务，研究细化了具体可行的整治措施，确保了问题整改不打折扣。大力兴办民生实事，在全区财力紧张的情况下，投资1个多亿用于民生改善，在全市率先完成了辖区内农村饮用水改造；探索推行了被征地农民养老保险制度，解决被征地农民的养老问题；新建了保税区实验学校、潍坊行知学校，解决了群众就近上学问题；新建了高七路、桃园街、樱前街等一批区内道路，对农村出村路、村内路、危桥等进行了统一整修，新设5个自行车站点，新增79路公交车，方便了群众出行。

党员干部作风持续改进。把建章立制作为加强作风建设的关键性措施来抓，进一步健全完善了会议制度、绩效考核办法、加快软环境建设意见等8个方面31项规章制度，强化了对不良作风的刚性约束。实施了工作项目化、项目责任化、责任考核化、考核奖惩化“四化”工作机制，把全区所有工作量化成项目，按项目要求抓落实。严格执行各项规章制度，确定了26项问责和责任追究事项，开展“庸懒散浮”、纪律松弛等专项整治活动，各级党员干部贯彻落实中央八项规定更加坚决，为民务实清廉更加自觉，工作效率进一步提高，党风政风有了明显好转。

第二节 “三严三实”专题教育

2015年，中央决定在县处级以上领导干部中开展“三严三实”专题教育。5月19日，市委常委、副市长、区党工委书记孙起生同志为全区各级领导干部讲专题教育党课，正式启动“三严三实”专题教育。专题教育突出“三严三实”主题，聚焦对党忠诚、个人干净、敢于担当，认真学习党章和党的各项纪律规定，深入学习习近平总书记系列重要讲话，认真学习中央和省、市委关于加强党性党风党纪教育系列文件，深刻理解抓改革、稳增长、促转调等重大决策部署，强化责任担当，着力攻坚克难，奋力推进经济持续健康发展。

高质量讲好专题党课。专题教育以讲党课的形式开局起步，5月19日，市委常委、副市长、区党工委书记孙起生同志为全区各级领导干部讲专题教育党课。6月2日，区党工委副书记、管委会主任徐洪吉为全区党员干部作了题为“认真践行‘三严三实’，打造忠诚干净担当实干的干部队伍”的专题党课。6月底前，党工委、管委会其他班子成员也在分管领域头讲“三严三实”专题党课。通过层层讲党课，深刻讲清了“三严三实”的重大意义和丰富内涵，讲清了“不严不实”的具体表现和严重危害，讲清了“三严三实”的实践要求，为教育开展奠定了坚实基础。

高质量组织好专题学习研讨。专题教育分3个专题学习研讨，每个研讨约2个月时间。专题一主题是：严以修身，加强党性修养，坚定理想信念，把牢思想和行动的“总开关”。7月10日，党工委召开研讨会，党工委副书记、管委会主任徐洪吉带头作了题为“做官先做人，做人先修身”的发言，随后其他班子成员结合各自思想和工作实际，交流了学习体会。专题二主题是：严以律己，严守党的政治纪律和政治规矩，自觉做政治上的“明白人”。8月24日，党工委采取逐人领读、集体学习的方式，原原本本学习了《习近平谈治国理政》、《习近平关于党风廉政建设和反腐败斗争论述摘编》的有关篇目和中央、省委有关文件。随后围绕主题依次发言，互动讨论，达到了相互启发、深化认识、共同提高的效果。专题三主题是：严以用权，实实在在谋事创业做人，树立忠诚、干净、担当的新形象。10月26日，党工委召开研讨会，班子成员结合各自实际，进行了研讨发言和深入交流，市纪委派员列席指导。

高质量召开民主生活会。按照“三严三实”专题教育安排，经市委批准， 2015年12月29日下午和31日上午，区党工委领导班子召开专题民主生活会。市委常委、副市长、综合保税区党工委书记孙起生主持会议。市纪委、市委组织部派员到会指导。会上，孙起生首先代表保税区党工委领导班子，查摆了修身做人、用权律己、干事创业、遵守党的政治纪律、政治规矩和组织纪律、落实党风廉政建设主体责任和监督责任等5个方面的不严不实问题，针对查摆出的问题深入剖析了原因，明确了今后的努力方向和整改措施。

2015年5月19日，市委常委、副市长、区党工委书记孙起生（左二）为全区各级领导干部讲专题教育党课，启动“三严三实”专题教育

随后，党工委班子成员逐一进行对照检查，认真查摆自身存在的不严不实问题，做到了触动思想、触及灵魂。党工委领导班子成员之间开展了严肃坦诚的相互批评，起到了相互教育、相互警醒、共同提高、共同进步的效果，达到了“团结—批评—团结”的目的。

2017 年 6 月 7 日，潍坊综合保税区召开“两学一做”暨“作风建设年”工作会议

通过“三严三实”专题教育，全区上下思想认识和政治站位进一步提高，党内政治生活，健全完善班子运行机制、党内政治生活等制度进一步完善，全区党的建设水平进一步提高，并带动全区各项事业快速发展。

第三节　“两学一做”学习教育

2016 年，中央决定在全体党员中开展“学党章党规、学系列讲话，做合格党员”学习教育。2017 年，中央决定推进“两学一做”学习教育常态化制度化。“两学一做”学习教育不是一次活动，不分批次、不划阶段、不设环节，突出正常教育，以党支部为基本单位，以“三会一课”等党的组织生活为基本形式，真正把全面从严治党落实到每个支部、每名党员，真正把党的思想政治建设抓在日常、严在经常。

学习教育内容：一是学党章党规。逐条逐句通读党章，明确做合格党员的标准和条件；认真学习《中国共产党廉洁自律准则》《中国共产党纪律处分条例》《中国共产党党员权利保障条例》等，牢记党规党纪，牢记党的优良传统和作风。二是学系列讲话。认真学习《习近平总书记系列重要讲话读本（2016 年版）》，深刻领会习近平总书记系列重要讲话的基本精神，深刻领会党中央治国理政新理念新思想新战略的基本内容，

2016 年 6 月 17 日，潍坊综合保税区组织机关党员到红色教育基地学习

2016 年 6 月 17 日，潍坊综合保税区组织机关党员到红色教育基地学习

掌握增强党性修养、践行宗旨观念、涵养道德品格的基本要求，自觉用讲话精神武装头脑、指导实践、推动工作。三是做合格党员。增强政治意识、大局意识、核心意识、看齐意识，主动向党中央看齐，向党的理论和路线方针政策看齐，做讲政治、有信念，讲规矩、有纪律，讲道德、有品行，讲奉献、有作为的合格党员。

学党章党规、学系列讲话。全区各党支部按照“三会一课”制度要求，制定学习讨论计划，每月至少组织一次学习，每季度召开一次全体党员会议，每次确定一个专题组织交流讨论，采取个人学、集中学、宣讲解读学、典型示范学等方式，确保学好基本内容、领会好精神实质、解决好思想认识问题。2016 年 8 月、11 月、12 月，党工委围绕“尊崇党章、遵守党规，严守纪律规矩，加强道德修养”“践行党的宗旨，干事创业、积极作为、担当奉献”“不忘初心，继续前进”等 3 个主题分别进行了专题研讨。2017 年 1 月 19 日，党工委召开“两学一做”民主生活会，聚焦政治合格、执行纪律合格、品德合格、发挥作用合格，紧密结合自身实际，从思想、组织、作风、纪律等方面深入查摆存在的突出问题，深刻剖析原因，提出实实在在的整改措施，巩固扩大“两学一做”专题教育成果，切实改进工作作风。

做合格党员。党工委按照“四讲四有”、“四个合格”要求，细化不同层面、不同领域的合格党员标准，教育引导广大党员干部以政治合格、执行纪律合格、品德合格、发挥作用合格为参照系，主动对照、时时检视、即知即改，真正在信仰信念、纪律规矩、修身律己、责任担当上强起来，引导党员立足岗位作贡献当先锋。对机关事业单位党员，重点深化争创群众满意窗口、行业服务标兵、优质服务品牌活动，落实党员履行岗位目标责任、直接联系服务群众等制度，引导党员主动融入中心、服务大局，模范履职尽责，认真解决群众诉求，密切党群干群关系。对窗口单位和服务行业，重点落实党员挂牌上岗、党员示范窗口等制度，引导党员亮明身份、转变作风，提高服务效能。对农村党员，重点推行党员积分制管理，落实党员设岗定责、践诺履约等制度，激励农村党员带领群众发展致富奔小康。对国有企业和非公有制企业、社会组织，重点落实党建示范点、党员示范岗、党员责任区等制度，激励引导党员争当生产经营的能手、创新创业的标兵、履行社会责任的模范。对学校党员，重点要求增强党员意识，提升职业道德修养和业务素养，敬业修德、奉献社会。

第四节　潍坊第一轮巡察

2017 年 3 月 28 日，市纪委、市委组织部召开了全市第一轮巡察工作部署会议，确定由市委第四巡察组对保税区进行为期一个月的巡察，具体时间为 4 月 7 日至 5 月 11 日。市委第四巡察组组长刘琳、副组长王同章、毛玉东，成员有张恩光、王成玉、杨军强、吴月亮、李威峰。巡察对象和范围主要是：党工委、管委会领导班子、班子成员及其他市管干部，省管干部不在巡察范围。4 月 7 日，党工委召开市委第四巡察组巡察综合保税区工作动员会，市委巡察工作领导小组成员朱朝辉同志代表市委巡察工作领导小组讲话，市委第四巡察组组长刘琳同志讲话，区党工委书记、管委会主任徐洪吉代表保税区领导班子表态发言，党工委、管委会领导班子成员，以及正科级以上干部参加会议。

2017 年 7 月 4 日，根据市委统一安排，市委第四巡察组向保税区党工委反馈巡察情况。市委巡察工作领导小组成员朱朝辉代表市委巡察工作领导小组，向综合保税区党工委书记徐洪吉传达了市委书记刘曙光关于巡察工作的重要讲话精神，市委第四巡察组组长刘琳、副组长王同章、毛玉东反馈了巡察情况。随后，刘琳同志代表市委巡察组向综合保税区党工委领导班子进行了反馈，朱朝辉同志对巡察整改工作提出要求。徐洪吉同志主持会议并作表态发言。

市委巡察反馈充分肯定了党的十八大以来，潍坊综合保税区党工委的工作成绩，并指出了党的领导核心作用发挥不够、管党治党意识弱化、作风建设不扎实等问题，要求全区上下充分发挥党工委的领导核心作用，深入学习贯彻习近平总书记系列重要讲话精神，积极推进中央、省、市委有关决策部署的贯彻落实。健全完善党建工作体制，全面落实好党中央“两学一做”学习教育常态化制度化要求。全面落实从严治党要求，强化监督执纪问责，建立健全纪检机构、配齐配强纪检干部，将反腐倡廉不断引向深入。持之以恒抓好作风建设，不折不扣地贯彻落实中央八项规定精神，深入扎实开展“作风建设年”活动，建立作风建设长效机制。

2017 年 4 月 7 日，潍坊综合保税区党工委召开市委第四巡察组巡察综合保税区工作动员会

巡察反馈后，党工委对反馈问题高度重视，坚持高标准、严要求，坚决抓好整改落实。7 月 4 日反馈当天下午，党工委就召开会议，成立巡察整改领导小组，研究制定贯彻落实意见。7 月 14 日，党工委召开专题民主

生活会，对照巡察反馈意见，主动查摆和认领问题，深刻剖析问题根源，开展了严肃认真的批评和自我批评，进一步明确努力方向和整改措施。党工委压实整改任务，对反馈问题逐项进行分析梳理，确定了3个大类10个方面34项整改任务，并定期召开会议推进整改事项落实，截至2017年底反馈问题已全部整改到位，并向社会公示。

第五节 “作风建设年”活动

2017年4月18日，潍坊市召开全市“作风建设年”活动动员大会，确定在全市范围内开展“作风建设年”活动作。本次“作风建设年”活动展以“主动作为、主动担当、依法作为”为主题，以深化“两学一做”、弘扬“四种精神”、强化“五个导向”、健全“七项机制”为主要内容。

召开动员大会。2017年7月15日，综合保税区召开“作风建设年”推进工作会议，贯彻落实全市开展“作风建设年”活动现场推进会议精神，集中参观了站南广场片区综合改造工程拆迁现场，印发《关于表彰全区开展“作风建设年”活动重点工作突破先进集体和先进个人的决定》，安排部署下步工作任务。2018年4月28日，综合保税区在保利酒店五楼召开全区党建工作暨深化“作风建设年”活动大会，总结2017年工作，安排部署2018年任务，扎实推进全区深化“作风建设年”活动。

潍坊市开展“作风建设年”活动

简　报

第 85 期

潍坊市开展“作风建设年”活动领导小组办公室　　2017年7月20日

国务院正式批复设立潍坊综合保税区北区

综合保税区：变“不可能”为“可能”

综合保税区是国务院批准设立的特殊监管区域，是国内最接近自贸试验区的开放经济区域。全市开展“作风建设年”活动以来，综合保税区在有关部门配合支持下，大力弘扬冲得上、拿得下、能攻坚、敢克难的精神，历时3年多的北区申报在今年取得最终突破。7月1日，潍坊综合保税区北区获国务院批复设立，成为全国首个获批“一区两片”的综合保税区。保税北区位于潍坊港南部，总面积10平方公里，未来将结合潍坊港口优势、保税政策优势，实现保税区与潍坊港联动发展，建设全市走向海洋、融入世界的大平台大通道。

2017年7月20日，潍坊市开展“作风建设年”活动简报表扬潍坊综合保税区

开展寻标对标提标达标行动。按照“全国争一流、行业树标杆”的要求，确定“省内对标青岛保税港区、省外对标郑州新郑综合保税区、东莞松山湖高新区”的比学赶

2017年7月15日，潍坊综合保税区“作风建设年”推进工作会议

超目标，精心准备学访内容，集中开展对标学访，推动好做法、好经验在我区落地生根。2017 年 7 月 20 日，区党工委书记、管委会主任徐洪吉带队赴青岛保税港区进行对标学访，7 月 17 日—22 日区党工委副书记石铭奎带队赴郑州综合保税区、东莞松山湖高新区开展寻标对标学习。2018 年，确定“省内对标青岛保税港区、省外寻标杭州综合保税区、南京综合保税区”的目标。4 月 15 日—20 日，区党工委书记、管委会主任徐洪吉带队，赴南京、杭州等地寻标对标，重点学习两地在发展理念、产业转型、招商引资、改革创新、政策服务等方面的先进经验做法，努力推动全区实现更高层次新发展。各级党组织均深入开展对标学访一次，在境界视野、精神状态、工作作风、发展思路、方法方式、服务效能等方面有了新的提升。各级党组织坚持“走出去”与“请进来”相结合，采取到对标单位考察、请对标单位介绍经验等形式，与对标单位进行了全面对接交流。

2017 年度保税区突出工作成果一览表

表 8

序号	成果名称	主要内容
1	获批全国首个转型升级后“一区两片”的综合保税区	2017 年 7 月 1 日，国务院正式批复设文潍坊综合保税区北区，成为全国首个转型升级后获批“一区两片”的综合保税区。潍坊综合保税区管委会被市委、市政府荣记集体二等功
2	获批 3 个国家级进口指定口岸	经国家质检总局批复，先后设立进口肉类、冰鲜水产品和澳大利亚活体肉牛 3 个国家指定口岸。2018 年 1 月 25 日，潍坊进口肉类指定口岸顺利通过国家质检总局专家组验收，成为山东首家内陆进口肉类指定口岸
3	实现项目建设重大突破	占地 1 万亩的歌尔智能硬件产业园落户保税区，列入全省新 1 旧动能转换项目库。以虚拟现实为核心的电子信息产业加快发展，全年实现产值 70 亿元，高新技术产业占比达 89%，列全市第 1 名。2017 年全区实现进出口额 91.4 亿元，列全省 9 个保税区第 3 名、全国 150 个保税区前 50 名。公共财政预算收入增幅 27.8%，列全市第 1 名
4	推行通关便利化改革	在济南关区首个实现区域一体化通关，复制推广了 13 项自贸区新政策，数量居济南关区首位。吸引潍坊及周边地市 1500 多家社会企业来区开展业务，报关单票数占全市的 40%
5	在全省率先推行企业集群注册模式	加强商事制度改革，在全省率先推行企业集群注册，有效解决小微企业注册登记难问题，全区新增企业 874 家，其中集群注册登记企业 746 家，占新增企业数的 85%

说明：资料来源于 2018 年 3 月潍坊市开展“作风建设年”活动领导小组办公室《县市区、市属开发区及市直部门（单位）党政主要负责人 2017 年度突出工作成果汇编》

第三章　纪检监察

中共潍坊市纪委综合保税区工作委员会（原中共潍坊市纪委出口加工区工作委员会）认真落实党章赋予的职责，全面履行监督、执纪、问责职能，推动全区党风廉政建设和反腐败工作不断向纵深开展，使全区党风廉政建设和反腐败工作逐步走上标本兼治、综合治理、惩防并举、注重预防的轨道。

第一节　组织机构

潍坊出口加工区于2003年12月经国务院批准设立，随之设立中共潍坊市纪委出口加工区工作委员会，为中共潍坊市纪律检查委员会派出机构。2011年1月，综合保税区获国务院批准设立，中共潍坊市纪委出口加工区工作委员会更名为中共潍坊市纪委综合保税区工作委员会，属中共潍坊市纪律检查委员会派出机构。2015年12月21日，潍坊市机构编制委员会办公室批复同意在区政治工作部增设纪工委办公室，正科级规格，负责全区纪检监察有关工作。

潍坊综合保税区纪工委（出口加工区纪工委）人员情况一览表

表9

任职时间	姓名	职务	备注
2003.12月至2011.1	刘庆德	出口加工区党工委委员、纪工委书记	
	王欣伟	工作人员（兼）	2011.7不再兼任
	徐　朋	工作人员（兼）	
2011.2—2017.3	刘庆德	综合保税区党工委委员、纪工委书记	
	吴熙涛	纪工委办公室主任	2015.7调任
	徐　朋	工作人员（兼）	2011.7不再兼任
	王　纲	工作人员	2011.8—2013.6
	吴伟光	工作人员	2013.7调任
2017.4—	关凤云	综合保税区党工委委员、纪工委书记	
	吴熙涛	纪工委办公室主任	
	吴伟光	工作人员	

第二节　落实党风廉政建设责任制

2009年，出口加工区纪工委狠抓党风廉政建设，年初对全年党风建设和反腐败工作进行部署，与所有区直部门签订党风廉政建设责任书，制定印发《领导班子成员党风廉政建设责任制岗位职责》。

2010年，出口加工区纪工委以党风廉政建设责任制为主线，全面推进党风廉政建设工作，年初对2010年度全区党风廉政建设和反腐败工作进行部署，与所有区直部门签订《出口加工区2010年度党风廉政建设责任书》，明确各级领导干部职责。制定印发《领导班子成员党风廉政建设责任制岗位职责》，对领导班子成员在党风廉政建设中承担的责任做出具体说明。

2011年，出口加工区在全区加快发展大会上专题安排部署落实党风廉政建设责任制工作。年初按照领导干部“一岗双责”的要求，自上而下层层签订党风廉政建设责任书，进一步规范各级干部的工作行为。出台《潍坊综合保税区2011年党风廉政建设责任制实施办法》《党风廉政建设责任制检查考核实施细则》等制度，实行百分制考核，并作为评先树优、干部奖惩任免的重要依据。

2012年，综合保税区纪工委认真落实上级纪委和区党工委工作安排，年初党工委制定下发《领导班子成员党风廉政建设岗位职责》，与各部门签订《党风廉政建设责任书》，做好党风廉政公开承诺工作。积极推进党务公开工作，建立和完善13项党务公开工作制度。认真做好党风廉政示范村创建活动，利用网络、宣传栏等多种形式，加大宣传发动，并选树了东北段村作为市级党风廉政建设示范村。

2013年，综合保税区纪工委组织召开全区中层以上干部会议，传达学习中央、省、市关于厉行勤俭节约反对铺张浪费的有关精神。修订下发《领导班子成员党风廉政建设岗位职责》，与各部门签订《党风廉政建设责任书》，同时党工委、管委会全体班子成员和各部门负责人作出党风廉政公开承诺。

2015年1月13日，潍坊综合保税区召开2014年度述廉大会

2014年，综合保税区纪工委认真贯彻中央、省和市委关于落实“两个责任”的要求，召开专题述廉会议，层层传导压力，筑牢责任体系。积极协助党工委抓好党风廉政建设和反腐败各项工作，制定下发《潍坊综合保税区领导班子成员党风廉政建设岗位职责》，与10个区直部门签订《潍坊综合保税区2014年度党风廉政建设责任书》，党工委、管委会全

2017 年 6 月 20 日，潍坊综合保税区举办党规党纪专题教育报告会

体班子成员和区直各部门主要负责同志全部作出党风廉政公开承诺。印发《潍坊综合保税区惩防体系 2013—2017 年实施细则》《关于进一步加强软环境建设的意见》，将全区反腐倡廉工作细化为 3 个大项，确定 26 项问责和责任追究事项，推动反腐倡廉工作制度化。

2015 年，综合保税区纪工委年初协助区党工委召开全区党风廉政建设大会，修订下发《党政领导班子成员党风廉政建设岗位职责》、与 10 个管委会直属部门签订党风廉政建设责任书；每季度 1 次向区党工委汇报工作。修订下发全区党风廉政建设责任追究制度，协助党工委每半年开展 1 次落实党风廉政建设责任制情况督促检查，严肃追究相关责任。

2016 年，综合保税区纪工委认真协助党工委加强党风廉政建设和反腐败工作。年初调整充实纪工委班子成员，年内先后向党工委汇报工作 13 余次。修订下发《党政领导班子成员党风廉政建设岗位职责》、层层签订《党风廉政建设责任书》。协助党工委开展日常督查与定期考核，及时发现问题、限期整改。

2017 年，综合保税区纪工委协助党工委召开会议，对全区党风廉政建设工作作出具体安排。修订下发《党政领导班子成员党风廉政建设岗位职责》，层层签订党风廉政建设责任书。探索创新“两个责任”落实工作措施，建立“三级联动、四张清单、动态考核”工作体系（三级联动：区级、街道部门、村；四张清单：各级党组织领导班子主体责任清单、各级党组织主要负责人“第一责任人清单”、各级班子成员“一岗双责”清单、各级纪委监督责任清单；动态考核：各部门每季度上报日常考核材料，半年和全年定期检查，述廉述责会议报告）。召开 10 个区直部门落实主体责任情况约谈会议，反馈存在问题清单 15 份，并召开全区整改工作现场推进会，督促整改提升。

第三节　廉政宣传教育

2009 年，出口加工区纪工委结合深入学习实践科学发展观活动，加强中国特色社会主义理论体系和党性党风党纪的教育，引导党员干部坚定理想信念。组织学习观看崔学选、王伯祥等同志先进事迹，教育鼓舞全区干部职工。坚持每周五集中学习制度，聘请具有丰富纪检工作经验专家进行专题报告，加强党员干部廉政教育。

2010年，出口加工区纪工委组织学习《党员领导干部廉洁从政若干准则》等准则、规定，通过领导干部带头学、中层骨干及全体党员集中学和组织考试等形式，强化学习效果。同时，积极开展廉政警示教育，组织观看反腐警示片，保持警钟常鸣。

2011年，出口加工区纪工委突出抓好三个教育：一是专题教育。邀请上级领导、专家、学者来区举办党风廉政专题讲座，参加市检察院组织的反腐倡廉警示教育，筑牢干部思想防线。二是岗位教育。针对建设、国土、财政、经发等重点领域、关键岗位的人员，开展点对点、面对面廉政教育。三是提醒教育。通过发放提示桌牌、定期发送廉政手机短信等形式，经常性开展提醒教育。

2012年，综合保税区纪工委以开展“恪守从政道德、保持党的纯洁性”主题教育活动为平台，抓好反腐倡廉正反面教育。一是邀请市纪委领导做廉政教育专题报告，邀请高新区检察院领导为全区村四职干部进行反腐倡廉教育。二是经常性开展廉政正面教育。总结挖掘汶泉发展区官路村党支部书记、村委会主任徐永章先进事迹，用典型人物的先进事迹教育全区干部职工。三是注重日常廉政教育。结合《廉洁从政若干准则》《农村基层干部廉洁履行职责若干规定》，坚持每季度组织1次集中廉政学习，并组织收看《廉政中国》《每月一课》《忏悔录》等节目，做到廉政教育常抓不懈。

2013年，综合保税区纪工委认真贯彻中央、省、市要求，开展“与勤俭同行、创廉政机关”主题活动。组织全员认真学习党的十八大和十八届三中全会以及习近平总书记系列重要讲话精神，收看《四风之害》《狠刹浪费之风》《坚决反对特权》等教育片，同时，在电子屏幕、宣传栏等设置反腐倡廉格言警句，并召开廉政

2016年3月26日，潍坊综合保税区组织各村支部书记、入党积极分子到红色教育基地学习

2018 年，潍坊综合保税区组织机关党员干部观看《“象牙塔”里的蜕变》文化座谈会，不断加强廉政文化建设。

2014 年，综合保税区纪工委将党风廉政建设和反腐败宣传教育工作纳入党的宣传思想和干部教育培训及工作总体部署，邀请市纪委、市检察院、山东诚公律师事务所等作《党风廉政建设》《深化行政审批制度改革和如何做好信访工作》《预防职务犯罪》等专题报告，分批组织干部参观高新区驻保税区监察室、收看《刘贞坚腐败案件警示录》等警示教育片，举办《为民、务实、清廉》主题演讲比赛，深入开展廉政文化进机关等活动，推荐国土分局申报全市廉政文化建设示范点，不断营造廉政文化浓厚氛围。

2015 年，综合保税区纪工委强化党性党风党纪教育和道德品行教育，组织全区党员到市委党校进行集中轮训，邀请市纪委、市检察院等举办专题报告，并组织全区干部到高新区驻保税区检察室、潍坊监狱警示教育基地、高新区法院进行警示教育，集中观看《前车之鉴》警示教育片。深入开展“守纪律、讲规矩、做表率”教育活动，举办“守纪律、讲规矩、做表率”主体演讲比赛。组织全区正科级领导干部统一参加全市德廉知识测试。组织全区农村两委干部学习农村党员干部德廉和党风党纪知识测试题库材料汇编，通过机试、笔试两种方式对全区 46 名街办干部、110 名村两委干部进行测试。

2016 年，综合保税区纪工委围绕“两学一做”学习教育，组织开展“宣传月”活动，深入学习宣传习近平总书记系列重要讲话精神及新颁布的党内准则、法规、条例。认真开展党章党纪党规集中学习活动，编印《廉洁自律准则》和《纪律处分条例》专题教育学习读本，把廉洁自律准则、纪律处分条例和问责条例宣讲到全体党员干部，邀请市纪委研究室主要负责人就学习《廉洁自律准则》和《纪律处分条例》，做专题辅导报告，开展“两项法规”知识竞赛活动，区直单位及驻区部门 13 支代表队参赛，评选出团体前 3 名和 4 名优秀选手，并在全市知识竞赛活动中被评为全市优秀组织奖。加大警示教育力度，组织学习《潍坊市党员领导干部违纪违法典型案件警示录》读本，观看《国企党员干部违纪违法案件》《潍水镜鉴》警示教育片，以身边人身边事警示党员干部遵规守纪；同时及时组织全区党员干部观看反腐专题片《永远在路上》。加大通报曝光力度，对保税区查处的违纪问题下发通报 2 期，并将上级通报曝光的典型案例和问题及时转发，起到很好的警示震慑作用。

认真组织全区正科级非领导职务党员干部及以下人员德廉和党风党纪知识集中学习测试活动，促进领导干部廉洁履职，全区共有99人参考，第一次集中测试及格率为87.9%。

2017年，综合保税区纪工委强化廉政教育，抓源头预防，重点抓好四项工作：深化“两准则、三条例”学习教育。结合“两学一做”学习教育，组织全区党员干部集中学习党规党纪。编印《学习党规党纪，严守纪律底线》学习材料汇编，全区每1名党员下发1本。突出纪律意识和规矩意识教育。以深入开展“作风建设年”活动为契机，研究制定全区廉政教育工作方案，确定四个专题的系列教育。邀请市纪委党风政风监督室副主任荆毅作“落实中央八项规定精神”的专题辅导报告；邀请寿光市委常委纪委书记王霞同志作“严守党的纪律和规矩”的专题辅导报告；组织分别观看警示教育片《永不停歇的征程》和反腐舞台剧《失却的银婚》。同时，结合村两委换届工作，开展农村廉政教育，努力营造良好换届环境。强化廉政谈话提醒。建立完善廉政谈话提醒制度，年初与管委会直属部门负责人进行廉政谈话，以会代训召开基层社区村主要负责同志座谈会，年中召开区直部门负责人集体约谈会议，坚持抓早抓小，对存在苗头性、倾向性问题的党员干部及时约谈、函询、诫勉谈话，防止小问题演变成大问题。加强廉政文化建设。组织部分区直部门单位前往昌乐、寿光、昌邑等地进行廉政文化、廉政建设等学习，指导区直各部门（单位）开展机关廉政文化建设，区直各部门已全部设置廉政文化墙。

第四节　纪律检查

保税区纪检监察机关自成立起，始终紧跟形势发展，绕党和政府的中心工作，按照实事求是的原则，纪律面前人人平等的原则，坚持群

2017年，潍坊综合保税区举办“作风建设年”主题演讲比赛

众路线的原则，保党员和行政工作人员合法权益的原则，充分发挥“保护、惩处、监督、教育”的职能作用，全面加强纪律检查工作，为维护政治稳定社会和谐，促进经济跨越发展做出了重要贡献。

2003—2011年，出口加工区纪工委紧围绕市委、市政府和出口加工区党工委的中心工作，结合建区时间短、人员新的区情和特点，积极探索抓廉政建设的方式方法，工作重点是深化廉政教育、建立健全廉政制度、优化发展软环境，为全区经济加快发展提供坚强保证，其间未查处违规违纪案件。2012年区划调整划辖23个农村后，保税区纪检监察信访、纪律审查工作才陆续开展。

2012年，综合保税区纪工委认真做好违纪查处工作，按照“保稳定、优环境、促发展”的原则，加大执纪办案力度，着力解决发生在群众身边的腐败问题，为全区发展提供有力保障，全年全区查办案件3起，对2名违法党员作出开除党籍处理，对1名违纪党员给予党内警告处分。

2013年，随着区划调整有社会事务工作后，纪检监察信访投诉举报数量激增，查办案件数量也相应增加。在这种情况下，区纪工委高度重视信访办案工作，加大信访办案力度，落实纪检监察办案补贴，为查办案件工作提供有力保障。工作中紧紧围绕发生在群众身边10个方面的腐败问题，加大执纪办案力度，严肃查处损害群众切身利益的突出问题，重点对涉及项目建设、土地征用与补偿过程中存在的侵占集体资金、资产、资源，利用职权谋取非法利益的农村党员、干部违纪违法案件进行重点查处。全年综合保税区纪工委共查办问题13起，其中破坏软环境建设方面6起、基层党员干部违法

2018年4月9日，潍坊综合保税区区党工委书记、管委会主任徐洪吉（左二）在市委党校为辖区新任村“两委”干部讲党课

违纪5起、庸懒散浮问题2起，共处分党员9人，其中开除党籍5人，党内警告4人，另外诫勉谈话3人，批评教育3人。

2014年，综合保税区纪工委继续围绕中心大局，认真履行监督职责。开展廉政风险防控，从严监督检查。扎实开展制度廉洁性评估工作，着力构建权责清晰、流程规范、措施有力、预警及时的廉政风险防控机制。重点查找产生腐败行为的风险内容和发生在群众身边的腐败问题及其表现形式，2014年重点查处基层旧村改造、土地征用、政府专项资金使用和农村干部以权谋私、办事不公、作风粗暴等问题；从严执纪问责，深化正风肃纪。围绕加强作风建设，紧盯“四风”问题，深化正风肃纪，开展了工作纪律松弛专项整治、“五清一治理”、整治“会所中的歪风”、整治群众办事难问题、整治乱收费、乱罚款、乱摊派、整治收“红包”及购物卡；等等。全年共开展专项巡查12余次，作风纪律明察暗访40余次；先后查处违反上级规定问题8个，查处工作纪律松弛、庸懒散浮等案件5起；腾退超标办公用房905平方米，有效刹住“四风”蔓延的势头；转职能，突出主业主责。回归主业，抓牢主责，对综合保税区纪工委书记、汶泉发展区纪委书记职责分工进行调整，专职负责纪检监察工作，不再分管纪检监察工作以外的其他工作。大力清理议事协调机构，不再参与政府采购招投标监督等非主业工作。积极开展“三八六”环保行动、“三张清单”、节能减排、保障性安居工程建设等政策落实情况的监督检查，确保各项政策落到实处；转方式，强化执纪监督。把查办案件作为最基础、最根本的职责，始终保持惩治腐败高压态势。突出执纪监督，严抓作风建设，春节、元旦、清明、“五·一”等重要节日节点，对公车私用、公款吃喝、公款旅游等群众反映强烈的问题进行专项暗访检查。2014年共受理上级和群众来信来访9起，处结蔡家集、吴家庄等案件8起，下发通报8期，批评教育5人。

2015年，综合保税区纪工委认真履行全面治党监督责任，从严执纪问责，加大正风肃纪。围绕加强作风建设，紧盯“四风”问题，组织开展作风纪律明察暗访40余次，查处违反中央八项规定精神问题1个，给予1人组织处理。围绕上级决策、决议及重要工作部署加强督查，严肃查处为官不为，贪腐谋私，执法不公，违规经商办企业等问题，查处该类问题案件3起，给予3人党政纪处分。发挥纪律审查的威慑作用，着力查办重点领域、关键环节和群众身边的“四风”和腐败案件，查处该类问题案件4起，给予2人党纪处分、2人组织处理，移交司法机关窝案1起5人。加强监督制约，从源头预防腐败发生。严格落实廉政谈话制度，抓早抓小，有针对性的开展廉政谈话，年初同10名管委会直属部门主要负责人进行廉政谈话，年中对部分征地村两委成员、街办有关干部进行廉政谈话，年底召开全区述廉述责会议，组织党工委、管委会全体领导班子成员，区直各部门主要负责同志向区纪工委述廉述责。同时对2015年新提拔的8名副县级干部和3名提拔重用的正科级干部进行任前廉政谈话。深化巡查监督。在常规巡查的基础上，汇同财政、审计、街道等部门组织开展村级财务管理、征地拆迁、政府采购等专项巡查。通过调阅执法部门执法记录档案、回访被执法人员、参与事故调查等方式，主动对行政执法部门开展事中、事后巡查，不断强化对行政执法部门的监督。

2016年综合保税区纪工委认真开展巡察监督。按照市纪委的要求，借鉴派驻组在市直巡察的经验，2016年8、9月份开展全区综合巡察工作，及时发现区直10部门（单位）存在的问题33个，并督促整改。围绕加强作风建设，紧盯“四风”问题，加强对中央八项规定精神落实情况的监督检查，每个月进行2～3次明察暗访，2016年共查处违反中央八项规定精神问题1起，给予2人党纪处分。围绕中央、省、市和党工委、管委会的重大决策、决议及重要工作部署加强督查，紧盯党的纪律执行，继续深入开展“为官不为”专项整治，2016年共查处问题2个，组织处理2人。突出纪律审查重点，发挥纪律审查的威慑作用，先后开展对党员干部违法犯罪清理、侵害群众利益的不正之风和腐败问题、行政审批等领域中介服务突出问题、农村“三资”管理等4项专项整治，2016年共查处问题7起，给予9人党纪政纪处分。

2017年，综合保税区纪工委把握运用“四种形态”，不断强化监督执纪问责，驰而不息纠正“四风”，严肃查处群众身边的不正之风和腐败问题。完善信访举报渠道。结合市委巡察组对保税区巡察，在管委会办公大楼、海关办公大楼、雷士办公楼等位置，新设立4处举报箱，公开举报电话和邮箱。建立区级微端举报平台，按照省纪委要求在管委会微信公众号上设立“微举报”功能。完善明察暗访常态化机制，印制下发《潍坊综合保税区开展作风建设常态化明察暗访工作办法》《潍坊综合保税区党员干部作风建设巡察监督工作实施意见》，建立区级明察暗访人才库，不定期开展明察暗访，上报市纪委问题线索1条。坚持问题导向，严肃查处“四风”方面问题。紧盯五一、端午节、国庆等重要时间节点，加大对中央八项规定精神落实情况的监督检查力度。2018年以来对区直各部门单位发纪律要求通知3次，给党工委管委会领导班子成员发提醒建议3次。跟踪村级审计，全面发现问题。积极对接组织部门，以村级审计工作数据为基础，突出问题导向，督查规范整改3类、8个方面问题。明确整治重点，有针对性开展专项整治。开展扶贫领域资金拨付、管理和使用等方面的专项检查，主要是低保资金。保税区无市级及以上贫困村，全区共有153户贫困户，保税区采区财政资金托底方式，全部纳入农村低保范围。突出纪律审查威慑作用，加大对农村干部违规违纪问题的查处力度。重点查处在村集体“三资”管理、土地征收和惠农资金发放等方面存在的问题，2017年共立案调查3起，党纪处分3人、移送司法机关1人，组织处理9人。

第四章　人民团体

第一节　工会

2008 年 7 月 1 日，潍坊市总工会印发《关于成立潍坊出口加工区工会工作委员会及工会工作委员会组成人员的批复》，同意成立潍坊出口加工区工作委员会。委员会由王守全、刘珍荣、窦秉超、李兆鑫、张晓寒（女）5 人组成，王守全同志为主任，刘珍荣、窦秉超为副主任。潍坊出口加工区工会经费审查委员会由刘珍荣、王霞（女）、周明 3 人组成，刘珍荣兼任经费审查委员会主任。工会委员会成立后，工会工作人员全部是兼职人员组成，没有专职机构，具体工作由党政办公室负责。2009 年，综合保税区成立政治工作部，工会工作由政治部负责。

工会委员会成立以来，按照工会工作章程及潍坊市总工会的要求，健全工会组织，先后成立了中外运工会委员会、中联盛国际物流有限公司工会委员会、佩特来有限公司工会委员会等十几家工会组织。丰富职工文体活动，积极为职工办实事、难事，先后开展了为职工送温暖、劳模先进评选、“安全查保促”、创建工友之家等活动，其中为职工送温暖活动，每年为十几名企业困难职工、农民工过春节送去了温暖。有 1 人被授予全国五一劳动奖章称号、1 人授予富民兴鲁劳动奖章称号、4 人被授予市级劳模称号、3 人被授予富民兴潍劳动奖章称号。2012，潍坊综合保税区申报的保税物流工友创业园并被市总工会评为先进创业园，并奖励 10 万元工作经费。为区内企业 200 多名职工办理了工会服务卡，可用于看电影、免费骑自行车等业务。

2018 年 8 月，保税区正式启动筹建潍坊综合保税区总工会工作。8 月 17 日，党工委召开会议研究通过了成立保税区总工会工作事项和成立总工会领导班子人事工作安排。8 月 24 日，保税区向市总工会上报《关于成立保税区总工会暨召开区工会第一次会员代表大会的请示》《潍坊综合保税区党工委关于保税区总工会领导班子人选的报告》。

2014 年潍坊综合保税区举办首届机关羽毛球赛

2017 年潍坊综合保税区举办首届机关篮球赛

第二节　团工委

2016 年 3 月，潍坊综合保税区举办妇工委成立大会

2016 年 3 月，按照综合保税区党工委潍综保发〔2016〕12 号《关于成立中国共产主义青年团潍坊综合保税区工作委员会的通知》要求，成立中国共产主义青年团潍坊综合保税区工作委员会。设有书记 1 名，副书记 1 名，组织委员、宣传委员、文体委员各 1 名（团干部均为兼职）。公安分局、地税分局获 2017 年度市级青年文明号，汶泉发展区团工委获 2017 年度市级优秀团委、中外运物流公司团支部获 2017 年度市级优秀团支部。

2017 年 5 月 4 日，开展“传承五四爱国志，青年岗位创新功”主题活动，邀请奎文区教育局副局长周立孟为全区青年作“五四运动及意义”专题报告、邀请潍坊北海学校原校长李静为实验学校学生作“正道少年、责任人生”主题报告。2017 年成功举办潍坊综合保税区“创先争优勇担当，我为保税添光彩”主题演讲比赛；2017 年 7 月成功举办青年职工趣味篮球赛。2018 年 5 月 4 日，开展“不忘初心树理想，青年建功新保税”暨纪念“五四青年节”团工委表彰大会，深入挖掘并表彰了一批政治觉悟高、思想品德好、工作作风扎实的优秀青年和优秀团支部，形成引领导向作用。2016—2018 年连续三年成功举办三届潍坊综合保税区半程马拉松赛。

第三节　妇工委

2008 年 3 月，成立出口加工区妇女工作委员会，成员 2 名。2016 年 7 月，成立潍坊综合保税区妇女工作委员会，设主任 1 名、副主任 1 名、委员 3 名。

妇工委成立以来，认真贯彻落实党的各项方针政策，坚持“党建带妇建”，拓展组织覆盖、工作覆盖，强化政治功能、服务功能。坚持用社会主义核心价值体系引导全区妇女坚定理想信念、筑牢精神支柱，提高妇女的科学文化水平和思想道德素质，形成了一支稳定的高素质的妇女干部队伍。探索新形势下妇女工作思路，围绕中心、服务大局。围绕服务大众创业万众创新，深入企业送政策、送服务，助推加快企业转型升级，引领妇女群众立足岗位、创业建功。切实维护妇女合法权益，开展“两癌”免费筛查和新农村新生活培训，营造全区维护妇女儿童良好氛围。深化“巾帼建功”活动内涵，引导巾帼文明岗亮身份、亮标准、亮承诺，创一流、创先进、创品牌。先后产生了省巾帼建功标兵、市优秀妇女干部、市巾帼建功标兵、市三八红旗手、市妇女儿童工作先进个人等多个先进典型，并产生了市妇女儿童工作先进集体、三八红旗集体、巾帼文明岗等多个先进集体。

第五章　教育

第一节　管理机构

2011年11月，设立综合保税区社会事业管理局，与汶泉发展区机关合署办公，其中设教科文卫办公室，负责日常教育教学工作管理，学校经费来源为区财政拨付。2017年12月，综合保税区社会事业管理服务中心成立，设文教办，负责日常教育教学工作管理。

第二节　学前教育

2011年至2013年，全区有民办幼儿园3所（博凯幼儿园、段家幼儿园、郑家集幼儿园），3—6周岁在园幼儿240名，入园率达100%。对辖区内的户籍适龄幼儿免收学前管理费，从2012年春季开始实行学前三年免管理费，惠及辖区内适龄幼儿约500名。2013年，全年拨付3所幼儿园管理费32.4万元，拨付保税区幼儿就读于高新区幼儿园管理费32.8万元。2013年，资助44名学前幼儿，拨付资金2.46万元。

2014年辖区共有3处幼儿园，在园幼儿共230名，幼儿教职工27人。投入40万元进行了内部提升改造。

2015年3处民办幼儿园，在园幼儿185名，幼儿教职工24人。

2016年3处民办幼儿园，在园幼儿177名，幼儿教职工22人。

2017年3处幼儿园均属民办园，分别是博凯幼儿园、段家幼儿园、郑家集幼儿园，在园幼儿共170名，幼儿教职工26人。

第三节　义务教育

小学　2011年6月区划时，全区共有小学2所（段家小学和官路小学），在校生432人，适龄儿童入学率100%。

2013年10月，开工建设潍坊综合保税区实验学校1号教学楼，规划为九年一贯制学校，

潍坊综合保税区实验学校体育足球特色教育

潍坊综合保税区实验学校举行第一届小学毕业典礼

规划占地面积100亩，总建筑面积4万余平方米，60个教学班，包括36个小学班和24个初中班，可容纳学生2800名。

2014年，全区有1处义务教育学校（规划为九年一贯制学校，只有小学部），3处民办幼儿园，在园幼儿230名，幼儿教职工27人。辖区教育服务人口1.2万人。

是年10月，小学部1号教学楼建设完成，建筑面积6772平方米，工程建设总投入2500万元，教学楼内外教学、办公设施设备完全按照省标配套；高标准配备多媒体教育教学设备；建成高标准塑胶操场，安装宽带网络、公共广播、视频监控，全部数字一体化设置，安全监控实现校园全覆盖。完成校舍标准化建设任务，同年通过义务教育发展均衡区创建验收。撤销原两处村小段家小学和官路小学，将两校师生并入新启用的保税区实验学校。学校共有小学6个年级12个教学班，在校小学生447人，在编教职工32人。从潍坊市校长后备人才库中遴选，通过组织考察，正式聘请潍坊市实验学校的1名副校长担任新成立的保税区实验学校校长。

2015年区实验学校共有小学6个年级12个教学班，在校小学生460人，在编教职工32人。10月，启动全面改薄和解决大班额工程，开工建设区实验学校2号教学楼。该工程建筑面积6382平方米，投资1300万元，为初中部教学使用，容纳3个年级6个教学班300名学生。

2016年区实验学校学校共有小学6个年级

2011年8月15日，潍坊综合保税区党工委书记、管委会主任徐洪吉到辖区段家小学、官路小学调研

12 个教学班，在校小学生 483 人。

2017 年区实验学校学校共有小学 6 个年级 13 个教学班，在校小学生 501 人。

初中　2011 年至 2015 年，保税区没有初中，小学毕业生到高新区学校上学。

2016 年，全区有 1 处义务教育学校（开设初中部），初中 1 个年级 2 个教学班；初中生 91 人。12 月，区实验学校 2 号教学楼建设竣工，开始内部配套施工。

2017 年，全区有 1 处义务教育学校（开设初中部），初中 2 个年级 4 个教学班；初中生 164 人。8 月，区实验学校 2 号教学楼内部配套完成投入使用。

第四节　高中教育

2015 年 11 月，启动潍坊行知学校新校规划建设，该校为驻区普通高中（复读学校），民办公助性质，列入提升市区和解决大班额建设项目。管委会安排有关部门、村委全面完成土地征迁任务。该项目规划总投资约 1.8 亿元，占地 101.3 亩，建筑面积 5.5 万平方米，主要建设有图书办公楼、教学楼、实验楼、学生宿舍、生活公寓楼及食堂等。新校由潍坊元泰置业有限公司和潍坊市国信教育投资有限公司共同投资建设，新校建成使用后，将容纳高中部每年级 12 个班、每班 48 人，复读部 12 个班、每班 60 人，教学规模将达到 48 个班级，在校生 2448 人。

2016 年潍坊行知学校新校建设任务全面完成，开始内部配套施工。

2017 年 12 月，潍坊行知学校新校内部配套完成正式启用。

第五节　教学教研

教学成果

综合保税区实验学校 2014 年 10 月 20 日成立，通过学生、家长问卷及访谈得知，学生没有养成良好的阅读习惯和阅读方法，阅读也缺少整体规划，选择图书缺少针对性，在哪个阶段读何种书缺少必要的指导。大部分学生的闲暇时间不能有效规划和科学利用。学生的校内阅读又受时间、空间、环境等因素制约，满足不了学生阅读需求。基于此，学校开发了“悦读·向上”课外阅读校本课程。通过开展“悦读·向上”教学：学生阅读习惯逐渐养成，阅读写作能力整体提升。通过树立榜样、创设氛围、开

2014 年 10 月 24 日，潍坊综合保税区党工委书记、管委会主任徐洪吉到新建保税区实验学校调研

展活动、师生共读激发学生阅读兴趣，使学生的阅读水平、写作水平不断提高。近年来，学生作品多次在市级刊物发表，在“华人作文大赛”等征文比赛中 37 位学生获奖， 15 名同学荣获市级“读书之星”称号，3 名同学所在家庭被评选为潍坊市“书香家庭”，3 名同学评选为潍坊市“国学小名士”。实现了课内课外链接延伸的“立体阅读” 。校外阅读由学校教务处负责，学校语文、数学、科学、英语等学科教师和班主任教师负责实施，在全校层面组织开展阅读提升工程。学校教师研究的小课题《农村小学学困生阅读能力提高策略的研究》《农村小学趣味数学阅读提高学生理解能力》《课外阅读中班级共读书目的交流展示方式方法研究》立项为潍坊综合保税区教育科研小课题并顺利结题。学校多名学生的双线英语知识构建图获奖，多名英语教师被评为《双线英语》优秀指导教师。实现了课内与课外链接延伸，拓展了阅读空间。打造了“书香校园”品牌。激发与培养学生良好的课外阅读动机了已逐渐成为学校教育教学的一大特色。学校书香校园—“阅读 +”体系建设逐步形成，探索了“问题导引的整本书阅读课的教学模式”，开发学校阅读校本课程，形成了浓厚的阅读氛围。近年来，学校评选“书香家庭”60 名，区级评选“书香家庭 12 名”。建立了家校读书互动机制。充分挖掘家长资源，通过“亲子阅读”，构建学习型家庭，营造了孩子成长的理想环境。学生的点滴进步激励全校教师在以后的教育教学中，继续精钻深研，把学生培养成读书人，给学生最美好的童年，让书香浸润学生的心灵，让阅读成为学生一生的习惯。

综合保税区实验学校地处农村，由原来的两所村级小学（段家小学和官路小学）于 2014 年 10 月合并搬迁新校，现有七个年级共 574 名学生（小学部 483 人，初中部七年级 91 人）。学

2018 年 9 月 9 日第 34 个教师节，潍坊综合保税区党工委书记、管委会主任徐洪吉（右三）到潍坊行知学校、区实验学校进行走访慰问

2012 年 9 月 10 日，潍坊综合保税区召开庆祝教师节表彰大会

校坚持活动育人，注重养成教育、体验教育和实践活动，注重合理有效利用节假日时间，开阔学生视野，培养学生的发现、探究、创新能力。建校之初，学校通过调查问卷、访谈、头脑风暴等多种形式，了解农村学生成长发展需求，分析学生成长环境现状，寻求促进农村学生成长的切入点，经反复讨论，最后研究确定“研学旅行”教学模式，并作为一项课程资源来开发。此课程资源丰富，地域文化、现代科技、社会发展、人生规划与职业指导、自然环境等都是研学旅行课程的资源点，为此，学校多次组织学生走出校门进行研学之旅。通过开展研学之旅：教师增强了“课程意识”。教师不能“教”研学体验课程，而是要为学生的研学创设一定的教育情境、营造良好的精神氛围，把充分的时间和空间留给学生。学生综合能力得到了提升。如搜集和处理信息能力、分析和解决实际问题能力、交流和合作能力、沟通和交往能力、表达和演讲能力、创新和实践能力等，为学会生存、学会学习、学会合作、学会做人奠定了良好的基础。学生兴趣特长得到激发。学生第一次走进京广书城、第一次到足球俱乐部、第一次在专家面前展示自己的作品，这些第一次为学生埋下了一颗兴趣与特长的种子。学生心理素质明显增强。学生们更愿意表现自己、展示自己，面对困难和问题不再退缩和回避，勇于承担责任，保持良好的心态，学会了宽容和忍耐，变得更加自信和阳光。

教学研究

学校教研工作主要包括校本教研、校际教研、参加市教科院组织的活动，广泛走出去，积极请进来，提升教学研究水平。下放学校教育教学自主权。区社会事业局做好行政方面协调工作，成立全区教育教学研究工作办公室，学校校长兼任教研办公室主任，负责本区各级各类教育教学研究工作。以学校为教学教研平台，对接市级各业务指导部门开展日常业务工作。学校主要领导担任教学教研负责人，聘任主要学科的教研组长担任教研员，并兼任其他学科的教学研究工作。2015 年区教师优质课大赛一等奖 3 名，二等奖 3 名，三等奖 4 名；2016 年区教师基本功大赛一等奖 5 名，二等奖 7 名，三等奖 10 名，优秀奖若干；2017 年区教育科研小课题结题 11 项；2017 年区课堂大赛一等奖 11 名，二等奖 7 名，三等奖 11 名。2015 年市级“一师一优课”2 人。2016 年市级“一师一优课”4 人，省级“一师一优课”2 人。

第六节　教师队伍

2011 年 6 月区划时，官路小学有 9 名教师，段家小学有14名教师。2011年8月，新招区聘教师11名。2013年8月，新招考教师5名，全区共有在职教师32人。2014年8月，在编教职工32人。2015年8月，在编教职工33人。2016年8月，公开招聘在编优秀专任教师5名，全校在编教职工37人。2017年8月，公开招聘在编优秀专任教师8名，全校在编教职工39人。

第七节　校舍建设

2013年10月开工建设潍坊综合保税区实验学校1号教学楼，规划为九年一贯制学校，规划占地面积100亩，总建筑面积4万余平方米，60个教学班，包括36个小学班和24个初中班，可容纳学生2800人。

2014年10月，小学部1号教学楼建设完成1号教学楼建筑面积6772平方米，工程建设总投入2500万元，教学楼内外教学、办公设施设备完全按照省标配套；高标准配备了多媒体教育教学设备；建成了高标准塑胶操场，安装了宽带网络、公共广播、视频监控，全部数字一体化设置，安全监控实现校园全覆盖。至此，完成了校舍标准化建设任务，同年通过了义务教育发展均衡区创建验收。

2015年10月，启动全面改薄和解决大班额工程，开工建设区实验学校2号教学楼。该工程建筑面积6382平方米，投资1300万元，为初中部教学使用，容纳3个年级6个教学班300名学生。2016年底，2号楼建成投入使用。

第八节　高考招生

潍坊行知学校是潍坊市教育局直属学校，成立于2008年。新校区位于潍坊综合保税区高七路与宝通东街交叉口西北角，占地10万平方米，建筑面积6万平方米。学校教师总数165人，教学班38个，学生总数1800人。2017年潍坊行知学校新校建成，2018年2月，整体迁至我区。

由于潍坊行知学校来区时间短，前期没有建设标准化考场，经协调，2018年潍坊行知学校学生在潍坊一中参加夏季高考。随着潍坊行知学校招生规模不断扩大，高中生源不断增加，参加高考人数将越来越多，潍坊一中考点将不能满足高考需求，潍坊行知学校学生高考面临巨大的社会压力。为解决潍坊行知学校高考问题，经党工委、管委会研究，成立综合保税区招生考试委员会，由党工委副书记石铭奎任主任，郭若慎、蒋明旺任副主任，党政办、政治部、经发局、财政局、住建局、市场监管局、综合执法局、汶泉发展区、社会事业局、市政局、公安分局、行知学校等部门主要负责人为委员，统筹领导和管理全区普通高等学校招生考试、普通高中学业水平考试等教育招生考试工作。

为加强和规范全区考试管理，更好地方便考生、服务考生，经研究，在潍坊综合保税区社会事业管理服务中心文化教育办公室加挂招生考试办公室牌子。招生考试办公室在招生考试委员会的指导下，具体负责各类考试工作。

第六章　社会事业

第一节　政务服务

潍坊综合保税区政务服务中心，于 2015 年 10 月成立，于 2016 年 4 月正式对外办理业务，目前共 5 名工作人员。

主要业务

组织协调中心日常工作；负责中心信息宣传、综合性文稿起草工作；负责中心的文电、会务、档案、督办、政务公开、安全保密、应急管理等工作；负责中心资产管理、财务及后勤保障等工作。

负责提出纳入或退出中心的窗口单位及其审批服务事项；负责纳入中心审批服务事项的流程优化、信息公开、业务指导和办件监控工作；牵头监督窗口单位落实中心有关业务规程、制度等工作；协调解决窗口单位业务办理过程中出现的意见分歧；负责中心电子审批系统的规划开发、管理维护和硬件设备的采购维护；指导监督窗口单位推进网上审批工作。

制定完善中心考核管理办法和各项日常管理制度并组织监督实施；负责窗口单位及其工作人员日常管理和综合培训；负责窗口单位及

2016 年 6 月 30 日，市委常委、副市长、潍坊综合保税区党工委书记孙起生（右一）走访慰问辖区老党员和困难群众

2014 年 1 月 7 日，潍坊综合保税区党工委书记、管委会主任徐洪吉（左二）走访慰问辖区老党员和困难群众

其工作人员月度、年度考核工作；负责窗口单位及其工作人员服务质量和办事效率的评价工作；负责处理服务对象对窗口单位及工作人员的投诉并提出处理建议。

负责全区政务信息系统整合共享工作，该项工作共涉及电子政务云建设、电子政务内网和外网建设、数据资源体系建设、政务服务体系建设、业务协同体系建设等 5 大项 19 小项工作；负责 12345 市长热线工作。

工作成效

以贯彻落实 “一次办好”改革为重点，更好的服务保障新旧动能转换，减少审批流程，缩短审批时限，实现 “只跑一次腿”，全心全意服务群众，甘做企业指路灯，增加群众和企业的满意度，为保税区经济建设保驾护航，处处为保税区争光。

提升改造政务服务大厅，将单一窗口整合为综合窗口，变多头受理为“一窗受理”，主要履行业务咨询、事项受理、材料移交、统一发证、全程监督等职能。各审批部门统一进驻后台审批区，履行材料审查、现场勘查、专家评审、公示、听证、作出决定、结果反馈等职能。

完善全区政务服务体系建设。推进全区网上政务服务平台使用。推进办事材料目录化、标准化、电子化，开展在线填报、在线提交和在线审查；提供网上申报、网上办理的一站式服务和精细化服务，最大限度精简办事程序，减少办事环节，改进服务质量。

第二节　民政管理

2011 年 6 月区划调整以来，保税区民政工作始终坚持依法依规、以为人民群众服务为宗旨，通过不断完善各项惠民制度，确保民生政策落实到位。

救助

2017年12月，汶泉发展区有低保人员92户129人，特困人员66人，其中集中供养9人，通过政府购买服务高新区的服务，入住高新区敬老院；分散供养57人。

农村低保标准提高到每人每年不低于4300元，并为80周岁以上高龄低保人员发放高龄补贴，80～89周岁的每人每月100元，90～99周岁的每人每月200元。

保税区通过政府购买服务的形式，入住高新区敬老院，特困人员集中供养基本生活标准每人每年1.2万元，分散供养基本生活标准每人每年7200元，此准从2016年5月开始执行。照料护理标准，分三个档次，不能自理的每人每月360元，半自理的每人每月250元，自理的每人每月150元，此标准从2017年12月开始执行。

重点救助对象包括特困人员、低保对象、20世纪60年代精减退职老职工等，分别给予资助参保、门诊救助、住院救助。

临时救助，对因火灾、交通事故等意外事件及家庭成员发生重大疾病等原因，导致基本生活暂时出现严重困难的家庭给予一定帮助。

社会福利

保税区户籍且年满80周岁以上老年人发放生活补贴，其中80～89周岁的老人每人每月提高至200元，90～99周岁的老人每人每月提高至300元，100周岁以上的老人每人每月提高至1000元，另80周岁以上的老年人每年生日时发放200元的生日补助。此标准从2016年6月起执行。

为60～80周岁的老年人每年赠送30元的意外伤害保险。此标准从2016年6月起执行。生活补助扩大不分级别，不分类别的低保残疾人生活补贴标准提高到每人每月120元，并率先在全市范围内非低保二级以上残疾人生活补贴每人每月60元。护理补贴扩至二级以上残疾人每人每月80元。建区以来及时调整优抚对象抚恤金，2018年 复员军人20名，“三属”1名，伤残军人7名，带病回乡、参战人员9名，烈属子女3人，60周岁以上退役士兵106名。落实免除基本丧葬费用。严格落实孤儿、困境儿童政策。2018年6月，保税区有孤儿2名，困境儿童1名，全部按政策每月社会化发放。

第三节　卫生医疗

区园区社区卫生服务中心

保税区园区社区站成立于2012年12月12日，承担辖区内23个自然村1.2万人口的居民

潍坊综合保税区园区社区卫生服务中心

健康档案建立、健康教育、预防接种、儿童健康管理、孕产妇健康管理、老年人健康管理、高血压糖尿病患者健康管理、严重精神障碍患者管理、传染病和突发公共卫生事件报告和处理、儿童老年人中医药健康管理、卫生协管、结核病患者健康管理公卫医疗工作，及基本医疗工作。

保税区园区社区卫生服务站自2014年5月27日升级为保税区园区社区卫生服务中心，中心位于潍坊高新二路318号潍坊综合保税区商务楼，目前共服务人口1.25万人。截止到2018年9月30日共建立居民电子健康档案10901人，健康管理65岁及以上老年人口1143人、管理0～6岁儿童738人、管理高血压患者888人、糖尿病患者286人、管理严重精神病患者74人，为辖区居民每月做一次健康教育讲座、每年做9次面向公众的健康教育咨询活动。中心目前共组建6组家庭医生签约团队，为全区居民做好签约内容服务，签约人群覆盖率分别为重点人群70%普通人群30%。

保税区园区社区卫生服务中心目前共有24名公卫和医疗工作人员，2名研究生、3名本科、5名专科、2名中医师、6名中专以及其他公卫工作人员。中心检验室目前配置设备：5分类血常规分析仪、尿液分析仪、血生化分析仪、血流变仪器、彩超机。2018年计划投资90余万元，改造320平方米，建设中医馆，为中心更好的发展，使中心业务做大做强，更好的服务辖区内群众。

其他医疗机构

2012年12月24日，辖区内审批设置17家村卫生室，董坊村第一卫生室、董坊村第二卫生室、南赵庄村李素红卫生室、南赵庄村杨丕祥卫生室、东单家埠村卫生室、官路村卫生室、西单家埠村卫生室、西南段村卫生室、郑家集村第一卫生室、北徐家庄村卫生室、郑家集村第二卫生室、西北段村第一卫生室、西北段村第二卫生室、大李家村第二卫生室、大李家村第一卫生室、阎家张营村李兰盈卫生室、阎家张营村闫斌和卫生室。其中，董坊村第一卫生室、南赵庄村李素红卫生室、官路村卫生室、西南段村卫生室、郑家集村第一卫生室、北徐家庄村卫生室、阎家张营村李兰盈卫生室7家为实施基本药物的省规范化卫生室。2013年10月25日，歌尔科技园厂区审批设置潍坊歌尔集团有限公司保税厂区医务室。2017年1月12日，设置审批保税王锡彩诊所，执业地点樱前街市场内。

第六编

依法治区

第一章　公安工作

第一节　警务工作

2015 年

按照“边工作、边谋划、边筹建”工作方针，全力做好了安保维稳、严打整治、治安防控、公共安全监管、队伍整体素质提升等工作，完成了分局办公区域的搬迁、调整，各项软硬件建设基本就绪，公安分局各项工作职能顺利开展。圆满完成进口商品直营中心开业、全市科学发展观摩点评、中日韩产业博览会、国庆节、元旦、春节以及各级“两会”等重要安保任务30余次，确保万无一失；建立了警民联调机制，成功化解矛盾纠纷15起；抓好了重点人员管控及不稳定因素摸排化解工作，将辖区重点人员分类建档，逐人立册，落实责任，专人管控，有力确保了社会面大局稳定。积极开展打击农村霸邪分子和妨害企业生产经营、破坏企业生产秩序专项行动，严厉打击各类违法犯罪行为；坚持警情数据导向，科学布警，建立了周分析、月研判的数据分析工作机制；加大信息采集整合力度，通过“大走访”活动，采集各类信息，及时更新基础信息数据库，确保了信息数据准确、鲜活，为打防工作提供了强有力的信息支撑。重要节点启动一级巡防机制，实行网格化治安巡控，预防、打击街面违法犯罪；积极推进“天网工程”建设，推动视频监控从重点区域、交通枢纽向村庄、企业、住户发展。坚持重点企业、九小场所常态化消防检查，积极开展彩钢板建筑治理等专项行动，督促整改隐患285处；狠抓校园校车安全管理，定期对学校、校车进行专项检查，及时排查安全隐患，组织师生校园安全演练、安全教育讲座3次，打造平安校园；确定了治安管辖区域划分，积极推动消防、交警等专业机构设置，提升消防安全监管及交通管理水平。推进队伍正规化建设，注重建章立制，建立分局规章制度18项，规范各项工作流程，形成以制度管人、按制度办事的工作模式；推进执法规范化建设，强化民警教育培训，全面提升民警执法能力素质，年内先后举办专题培训6期；推进廉洁勤政建设，强化纪律作风养成，打造“忠诚、敬业、高效、卓越”团队。

2018 年 1 月 2 日，潍坊综合保税区公安分局举行升国旗暨重温入警誓词仪式

2015 年 9 月 30 日，潍坊市委副书记、市长刘曙光（左二）到保税区调研社会稳定工作

有效提升。积极开展严厉打击暴力及霸邪分子以及打击“盗抢骗”、电信诈骗等各类专项行动，不断提升打击防范效能。加强公共安全隐患排查治理。紧盯消防、校园、校车、危爆物品、烟花爆竹等重点领域，开展各类安全检查整治活动。全面助力经济发展，成立了局长任组长，各单位负责人为成员的服务企业经济发展领导小组，全面开展服务企业发展各项工作。并建立健全警企联系工作机制。搭建警企沟通平台。定期开展“警营开放日”“警企共建”等主题活动，积极构建警企联动、警民互动的工作格局。开辟“企业办事绿色通道”，推出服务企业十项措施，提高服务效率和质量。注重党建工作，培养优良党风。成立分局党总支，深入开展“两学一做”学习教育，以党建促队建，不断提升队伍精神风貌和工作效能。新招录优秀大学生辅警 17 名，规范了警辅人员管理，开设“保税公安讲堂”，全面开

2016 年

进一步完善机构设置和基础建设，设立了消防工作站，并配备专业工作人员；成立了区禁毒委员会，进一步加强了吸毒人员、易制毒企业排查管控；开展刑事科学技术前期准备工作，搭建指纹采集系统以及现场勘查管理系统，基本设备配备到位。执法办案闭环管理系统等业务工作系统已经安装运行就绪，各类应用平台已开始接入，逐步开展人员的系统培训、应用工作；购置 24T 执法记录仪数据采集站及 40T 数据存储服务器搭建起执法记录仪管理平台，每人配备一台执法记录仪；投资 560 余万元的“天网工程”一期完成招标并开始建设，各项基础工作有序开展。着力做好安保维稳工作，强化应急处突力量、装备和机制建设。制定突发事件处置工作预案，固定形成了 20 人的反恐处突常备力量。购置运兵车等反恐装备，反恐处突维稳能力

2016 年 6 月 30 日，市委常委、副市长、潍坊综合保税区党工委书记孙起生（右三）到公安分局调研

2017 年 4 月 5 日，潍坊市副市长、市公安局长吴磊（左二）到潍坊保税区调研指导

200%。推动群防群治，推行平安指数，扎实开展常态化巡防，落实社区民警、辅警一线工作法，充分发挥“一村一警务助理”作用，最大程度的压减发案，刑事发案率同比下降了 51.9%，实现了“两抢”案件零发案。加强公共安全监管，指导企业健全内部安全防范措施，开展培训 3000 余人次、消防实战演练 8 次；切实抓好重点场所、重点单位安全隐患排查整改，有效防范了重大事故发生。加强基层基础建设，重点建设“天网工程”，建成基本覆盖全区的高清视频监控网络，建设了高清视频可视指挥系统、分局及派出所档案室，对执法办案区进行升级改造，配齐了亟须的刑事技术设备和 4 辆警用电动巡逻车，基层基础攻坚年度任务全部完成。建立公安机关全程参与重大项目工作机制，提前介入，主动开展工作，做好不稳定因素风险评估；

展全警培训活动，举办各类培训活动 23 次。组织开展健步走、乒乓球赛、篮球友谊赛等警察文体活动，积极参加全区马拉松比赛、全区党风廉政教育知识竞赛以及全市公安机关大练兵大比武等活动，并取得了良好的成绩。

2017 年

以中共十九大安保为主线，紧紧围绕“三个一切”总要求，统筹推进情报预警、重点稳控、社会面管控工作，健全完善运行机制，妥善处置敏感案事件，实现了公安部“三个不发生”、省委“五个不发生”目标，完成了各级“两会”、“一带一路”国际合作高峰论坛等重大活动安保维稳任务，确保了“大事不出、小事也不出”。组织开展“打霸治痞”和破案会战专项行动，对 16 项违法犯罪行为实施重点打击，抓获处理各类违法犯罪分子 52 名，破获各类案件 50 起，破案率同比上升 56%，抓获违法犯罪人员同比上升 62%，移诉数同比上升

2017 年 5 月 11 日，潍坊综合保税区召开打霸治痞专项行动动员部署大会

积极参加全区联合执法行动12次，特别是在宝通街拓宽项目、环保督查等工作中充分发挥职能作用，保障了工程项目顺利开展。队伍建设取得长效发展，深入开展“作风建设年活动”，主动向社会公开承诺23项，推出服务企业十项措施，优化服务、整肃形象，赢得社会点赞。以党建促队建，以党风促作风，落实全面从严治党、全面从严治警主体责任，全年未发生民警、辅警违法违纪案件。加强教育培训，开设“保税公安讲堂”，通过举办各类实战实用的培训活动，促进业务水平和素质提升。落实从优待警各项措施，开展人文式暖警爱警工程建设，进一步凝聚队伍合力，提升整体战斗力。

2016年8月26日，潍坊综合保税区公安分局组织开展全区消防安全演练

第二节　消防管理

潍坊综合保税区消防工作站于2016年7月5日成立，配备大队长1名，主要负责辖区内的消防监督检查、建筑工程审核验收、公众聚集场所开业前检查、火灾调查、大型活动检查及消防安全培训等工作。潍坊综合保税区消防工作站隶属于潍坊消防支队，实行市消防支队和市公安局双重管理。

2016—2017年，管委会多次召开消防工作会议，安排部署消防工作任务，与行业主管部门签订年度消防工作目标责任书，下发各类消防工作方案9个，明确行业部门责任，落实企业主体责任。联合各级行业主管部门、汶泉发展区共组织开展检查8次，出动人员100余人次，排查社会单位160余家次，整改消除火灾隐患270余处。开展检查微型消防站建设，全区规模企业、社区建立微型防站100余处。推动辖区企业开展消防标准化建设，消防控制室达标活动。组织辖区社会单位开展大型消防培训演练活动6次，培训2800余人次，组织全区微型消防站实战演练4次，建立辖区社会单位微信群，累计推送消防信息800余条，印发各类消防宣传培训彩页1万余份；印发农村消防安全挂图30条，消防“三提示”“四个能力”挂图以及家庭教育读本等1000余册。成立以来，先后被综合保税区党工委管委会评为2016年度全区平安建设工作先进单位和安全生产先进单位，2017年，被评为中共十九大安保维稳工作先进单位。

汶泉派出所履行对辖区九小场所消防行政处罚的职责，对于消防隐患拒不整改的单位，按照相关法律要求给予处罚。每季度对辖区开展一次全面的消防检查，督促、指导各单位场所整改消防安全隐患，及时处理涉及消防安全的重大问题；深入辖区进行定期的消防宣传活动，通过张贴宣传标语、入户进行消防知识讲解等方式，不断提高辖区群众的消防安全意识，确保了消防安全形势安全稳定

第二章　检察工作

第一节　机构与职责

机构

2013年5月28日，山东省人民检察院批复同意设立潍坊高新技术产业开发区人民检察院派驻潍坊综合保税区检察室，8月，潍坊市机构编制委员会办公室正式批准成立。9月，开始办公场所、设备的筹建和筹备工作，至2017年年底，综合保税区检察室办公区建筑面积近500平方米，总投资240余万元。检察室为正科级规格，配备工作人员5名，其中主任1名，工作人员4名。内设接访（检察接访大厅）、业务（诉讼监督室、视频接访室、举报受理室、调解室、社区矫正室、信息联络员室、图书阅览室、监控室、党员活动室、档案室10个功能室）、办公、警示教育、检察文化宣传、后勤保障6个功能区。

职责

接收群众举报、控告、申诉，接待群众来访；发现、受理职务犯罪案件线索；开展职务犯罪预防工作；受理、发现执法不严、司法不公问题，

潍坊综合保税区开展检察工作宣传活动

潍坊综合保税区检察室积极化解矛盾纠纷

对诉讼中的违法问题依法进行法律监督；开展法制宣传，化解社会矛盾，参与社会治安综合治理和平安创建；监督并配合开展社区矫正工作，参与并促进社会管理创新；开展为民、便民、利民服务和涉农检察，依法保障群众的合法权益；派出院交办的其他事项。

第二节　业务工作

2013—2017 年，高新区院派驻潍坊综合保税区检察室，立足法律监督职能，按照省、市院下发的《派驻基层检察室工作细则》，扎实开展检察工作，弥补基层法律监管缺失，创新检察机关参与社会管理途径。

构建业务对接一体化工作机制，破解基层监督难题。为真正把法律监督触角延伸到村居、农户，使检察工作扎根基层，潍坊检察院研究制定检察业务部门与派驻检察室工作对接制度，对侦监、公诉、职务犯罪侦查、控申等科室与检察室工作的衔接作出了明确规定，构建上下一体化工作机制，业务对接，职能联动，强化对基层执法部门的监督，使法律监督触角纵到底、横到边、全覆盖。

积极化解矛盾纠纷，参与社会治安综合治理和平安创建。充分发挥检察室贴近基层、贴近群众的优势，聘请 102 位民生检察信息联络员，切实将发现矛盾纠纷的触角延伸到基层，并且同辖区基层站所、基层组织建立及时高效矛盾化解联动机制，切实将矛盾纠纷化解在基层，消灭在萌芽状态，有力促进社会和谐稳定。

积极开展法制宣传，筑牢基层干部反腐倡廉的防线。2017 年 12 月 4 日全国法制宣传日，检察院保税区检察室警示教育基地迎来第一批参观人员。潍坊综合保税区国土资源局局长李增福一行 8 人到院预防职务犯罪警示教育基地进行参观学习。此次参观采用现代多媒体呈现方式，以举案说法、警示教育为核心，通过展示职务犯罪典型案例，深入剖析职务犯罪的特点规律，让参观人员感受到职务犯罪的直接危害。

另外，检察室工作人员还以座谈的形式，向参观人员全面讲解职务犯罪产生的原因、表现形式，并就其职业特点提出针对性的预防措施，进一步增强警示教育的感染力和实效性。该项工作也刊登在检察院、市院内网，供广大干警查看。

监督并配合开展社区矫正工作，参与并促进社会管理创新。针对保税区无司法行政机关，社区矫正工作相对滞后的现状，院检察室工作人员从10月开始对辖区的社区矫正工作进行调查摸底，帮助汶泉街办理清社区矫正管理体制，确定将该工作放在汶泉街办综治维稳中心，制定两人主管该项工作。并积极同我院公诉科干警联系，制定每月派出一名法律人员给社区矫正人员上法制科，该项工作初步纳入正规。

第三节　检察室信息化

按照山东省检察院派驻基层检察室信息化建设规范要求进行建设，总投资80余万元。已完成网络分级保护系统，共有内外网、电话、有线电视、安全监控、远程视频系统，配备电脑台式机8台、笔记本2台、打印机1台、空调14台、办公用车1辆、下防巡防车1辆，建有高标准视频接访室，已实现与市院、区院三级网实时连接，互联网、政务网均已联通。

检察室建有集声、光、电、影等现代科技手段于一体的警示教育基地和检察文化宣传阵地，总投资近60万元。对近年来查处的典型涉农、海关、经济等领域的职务犯罪案例进行展示、剖析，视频点播区收入70余个警示教育案例以及院检察文化专题片，生动直观地展示院业务工作成绩和检察文化建设成果。检查室用100余天的时间克服保税区机关办公场所小而少的限制，克服资金短缺的困难，基本上按要求完成建设任务，基本上达到要求的装备水平。

第三章　综合执法

第一节　机构设立

2011年10月，行政区划调整，汶泉发展区划入潍坊综合保税区，汶泉发展区组建城管执法队伍，属内设机构，日常工作由潍坊市城市管理行政执法支队派驻人员指导监督，主要工作治理乱搭乱建、乱栽乱植，乱倾乱倒现象，以及对流动摊贩、广告牌匾、横幅、小广告等市容市貌的管理。汶泉发展区分管城管执法工作负责人辛元奎，市城管支队派驻人员有李迎成、王志国。2012年5月，管委会设立内部机构“综合执法局”，负责城管执法、安全生产执法、食品药品执法、信访维稳工作。负责人吴熙涛。

2015年3月10日，潍坊市城市管理行政执法支队综合保税区执法大队正式挂牌成立，并从市城市管理行政执法支队派驻执法人员，大队长王寿斌。负责各类城市管理问题的立案、查处和执行。负责辖区内行使法律、法规、规章规定的市容环境卫生管理、城市规划管理、市政管理、城市绿化管理、市政公用事业管理方面的行政处罚权。行使法律、法规、规章规定的环境保护管理方面对社会生活噪声污染、建筑施工噪声污染的行政处罚权，行使法律、法规、规章规定的工商行政管理方面对无照商贩的行政处罚权，行使有关法律、法规、规章规定的相对集中行政处罚权。2015 年 6 月，保税区综合执法职能划入市政局，局长刘少武，副局长、分管负责人刘新忠。整合执法资源，建立联合执法工作机制，并成立联合执法巡查队伍。以城管执法大队为主体，从公安分局、国土分局、市场监管局、汶泉发展区等部门各抽调人，组成巡查队伍，对全区范内进行执法巡查。联合执法巡查队伍的办公场所、工作安排、业绩考核、工作经费、车辆装备由联合执法办公室负责，实行集中办公、统一调度管理。

2017 年 12 月 21 日，潍坊市编委《关于组建潍坊综合保税区综合行政执法机构的通知》批准组建保税区综合行政执法局，为管委会内设行政机构，副县级规格，配备局长 1 名、副局长（正科级）1 名；成立潍坊综合保税区综合行政执法大队，为综合行政执法局所属事业单位，正科级规格，财政拨款，编制 8 人。2018 年 1 月，保税区综合行政执法局成立，党工委委员郭若慎兼任局长，牟灵波任执法局四级调研员。2018 年 3 月，潍坊国土资源局综合保税区分局副局长赵文泉调任综合行政执法局副局长。

综合行政执法局职责为负责贯彻执行党和国家及省、市有关方针政策和法律、法规；组织研究拟订潍坊综合保税区综合行政执法管理措施及相关管理政策。负责制定潍坊综合保税区综合行政执法发展规划，经批准后组织实施；制定潍坊综合保税区行政执法年度工作计划及专项整治方案，并组织实施。负责潍坊综合保税区综合行政执法方面的法律法规政策宣传教育、业务培训、协调服务、监督检查和考核等相关工作。负责在潍坊综合保税区辖区内，根据市政府职能部门的授权，依法行使以下全部或部分行政处罚权：城市管理、工商行政管理、质量管理、食品药品管理、安全生产管理、经济（含物价、节能、统计）管理、粮食流通管理、商务管理、科技管理、财政管理、审计管理、住房和建设管理、人民防空管理（涉密事项除外）、防震减灾管理、交通运输管理、劳动保障管理、国土资源管理、卫生计生管理、民政管理、教育管理、农业（含农机、畜牧兽医）管理、林业管理、水行政管理、体育管理、文化市场（文化、新闻、出版、广电）管理等方面的行政处罚权和省、市对开发区综合行政执法的其他行政处罚权。负责指导、监督、检查和协调汶泉发展区综合行政执法工作

第二节　执法工作

市容市貌治理

2011 年，对杨瓦路、樱前街、宝通街等主要路段占道晾晒玉米进行专项整治。24 小时不间断的巡查、查扣违法车辆等办法，遏制随处乱倒垃圾现象。2012 年，对樱前街、宝通街、杨瓦路等主要路段占道晾晒小麦进行专项整治。制止乱搭乱建 8 起。严查乱倒垃圾现象，查扣违法车辆 4 起。2013 年，城管队员每天进行 4 次巡查，责令停止各类违法建房行为 30 多起，查处并制止辖区内其他地方乱倒、乱卸行为 20 多起。2014 年，对樱前街、宝通街、杨瓦路等主要路段占道晾晒小麦进行专项整治。责令停

止各类违法建房行为40多起。严查乱倒垃圾现象，24小时不间断的巡查，查扣违法车辆5起。清除大型广告牌匾3处，清除私拉横幅92条，清理小广告900余处 。2015年，责令停止各类违法建房行为60多起，查扣盗采膨润土机械5辆，查处并制止辖区内其他地方乱倒、乱卸行为120多起，清除大型广告牌匾4处，清除私拉横幅162条，清理小广告1700余处。

创城工作

2015年，落实《潍坊市市区门前三包责任制管理办法》，按照“包环境卫生、包园林绿化、包市容市貌”的内容要求，与辖区沿街单位、经营业户签订“门前三包”责任书，明确“门前三包”的责任人、责任范围、责任内容，组织各沿街商户负责人，召开现场调度会，对存在问题立即整改，确保沿街市容秩序良好，环境卫生整洁，绿化养护管理到位，营造干净有序的城乡环境。2016年，组织一次对辖区流动摊点整治工作，集中整治行动，实现巡查执法全覆盖，特别是在巡查时间上实现24小时全覆盖，并增派夜间值班，利用15天时间对辖区小商贩的乱摆摊、乱停乱放的行为进行集中整治，集中整治清理固定、流动商贩84余处，下达限期改正通知书6份。下达责令停止违法行为通知书19份。2016年，及时采取有效措施，开展重点区域，露天烧烤，占道经营各项整治工作，落实门前三包，规范经营秩序，取得明显成效。其中取缔商务楼南侧摊点群1个，辖区内露天烧烤3处，清理小广告、宣传条幅1200余条，拆除破损广告牌匾9块。市容市貌提升工作，清理各类小广告、宣传版面、横幅1320条，对辖区主次干道道路两侧的广告进行了涂刷，与沿街经营业户签订“门前三包”责任书，增加道路清扫、洒水车作业次数，提高保洁标准，巩固创城成果，确保在观摩点评、创城检查等重要节点，保持良好的市容环境。在中心城区前两次城市工作考核中综合成绩分别列第三、第四位。

执法工作

2015年，加强野外焚烧秸秆管理，对重点时段、重点区域加大昼夜巡查力度，并随车配备了扑火工具，发现焚烧秸秆违法行为立即制止，制止15起焚烧秸秆的苗头性行为。开展企业未批先建、批后多建的查处工作。针对园区内部分企业前期存在的违规建设问题，加大巡查力度，同时积极协调上级业务部门，并配合国土、规划等单位，调查取证，完善材料，发现、治理了8起未批先建、批后多建的企业。2016年，坚持昼夜值班不间断巡查，发现并制止乱倒渣土垃圾15起，查扣车辆2起，罚款处理4起，累计清理渣土300余车。有效制止乱搭乱建6处，拆除违章建设2处，制止乱采乱挖2起，乱栽乱植3起，“四乱”现象得到遏制。

2017年，制定实施方案，排查上报建成区范围内违法建设6宗，累计违法占地面积6.46万平方米，违法建筑面积9.6万平方米。完成违法建设治理4宗，罚款处置7.11万平方米，收缴罚金389万元，补办临建手续148平方米，完成任务量的74%。拆除新增违建4处，共计491平方米。拆除各类宣传版面广告牌匾41块162平方米。制止乱倒渣土、垃圾13起，查扣车辆4起，罚款处理6起，累计罚款13510元。清理渣土、垃圾6处，乱搭乱建12起，清理乱植苗木1500余株。

2018 年，加大力度抓班子建设和执法队伍建设，制定学习、巡逻交接班、执法人员考评交流和领导带班等制度。按照管理重心下移的原则，将执法大队派驻汶泉发展区，充实了基层执法力量。

根据辖区实际，以宝通街、樱前街、桃园街、健康街、杨瓦路等各主次干道为重点，并辐射延伸周边各街巷，组织执法队每天上路开展机动巡查、集中整治和定点守候，并通过落实路段管理责任，强化上路督查，切实抓好治理。共依法取缔流动摊点 50 多起，清除乱张贴 100 多张，清理乱堆放 50 多处，拆除沿街各类雨遮、构筑物近 30 多处。拆除店牌店招 20 面，拆除擅自设置外打灯 15 家。

组织拆除违法建设面积近 2000 平方米。完成违建治理 2 宗，收缴罚金 200 余万元。制止乱倒渣土、垃圾 15 起，立案 9 起，查扣车辆 5 起，罚款处理 4 起。清理渣土、垃圾 10 余处，私搭乱建 5 处。

第四章　市场监管

第一节　管理体制

2006 年 12 月，按照潍坊市工商局《关于成立潍坊出口加工区工商行政管理筹备处的通知》要求，潍坊出口加工区工商行政管理筹备处正式挂牌设立，为潍坊市工商行政管理局派出机构，正科级单位。工商筹备处负责对潍坊出口加工区围网内企业进行监督检查、个体经济管理、市场管理，除此之外的工商企业登记、商标管理、广告管理、经济合同管理等工作转接到潍坊市工商局高新分局进行办理，对外资企业、国企等大型企业的工商登记由市工商局进行办理。是年，潍坊出口加工区从潍坊市高新区接管企业 53 家、个体工商户 13 户，构成最初的监管对象。

2007 年 12 月，工商筹备处为方便协调市局和出口加工区工作，简化工作流程，便于快捷服务，经潍坊市工商局批准，将工商企业受理和登记权限一并转入高新区工商局。2009 年 6 月，经筹备处向潍坊市工商局请示，在高新分局设立专门账户代为管理。潍坊市工商局将潍坊出口加工区内网外企业和个体工商户登记注册、商标管理、广告管理、经济合同管理等业务委托高新工商分局进行集中办理，并负责对其进行年检、验照和日常属地管理；出口加工区网内企业和个体工商户由潍坊市工商局登记管辖，日常属地监管由工商筹备处负责。

2011 年 3 月，经潍坊市工商局批准，原潍坊出口加工区工商筹备处改为潍坊综合保税区工商筹备处，成为过渡性机构，除人员编制属潍坊市工商局外，其他权限由筹备处独立行使。

2014 年 1 月，潍坊市机构编制委员会下发《关于设立潍坊综合保税区市场监督管理局的通知》，经市委、市政府研究并报省编办批准，同意设立潍坊综合保税区市场监督管理局，为党工委、管委会内设机构，副县级规格，配领导职数一正两副，新成立的市场监管局业务上接受潍坊市食品药品监督管理局、潍坊市工商局、潍坊市质量技术监督局的指导和监督。市场监管局负责对辖区内生产、流通、消费环节的食品安全和药品安全性、有效性实施统一管理，另外负责工商行政管理、质量技术监督工作以及承办党工委、管委会交办的其他工作。同月，潍坊市机构编制委员会下发《关于设置潍坊综合保税区市场监督管理局内设机构的通知》，同意潍坊综合保税区市场监督管理局内设综合科、监管科（挂潍坊综合保税区市场监督稽查大队牌子）2个科室，均为正科级规格，配科级领导职数2正2副。3月，原市工商局潍坊人民商城分局8人、高新区分局1人划拨到综合保税区市场监管局，另外从综合保税区管委会调入1人共同组建综合保税区市场监管局。是月，国务院发布《注册资本登记制度改革方案》，潍坊综合保税区市场监管局向潍坊高新区学习“一表制”审批、市场准入各相关部门进行跨部门流程、“五个一”模式等先进经验，简化了审批流程，为围网内外企业服务。5月，按照《关于潍坊综合保税区市场监督管理局市场主体登记管辖权限等问题的批复》，潍坊市工商局全面赋予潍坊综合保税区市场监管局关于名称核准、登记管辖、营业执照注册号、档案管理、监督管理等各项权限。7月，综合保税区市场监督管理局向申请人颁发第一张“多证合一”工商营业执照。

2015年7月，国务院批准潍坊综合保税区将2.12平方公里围网面积调整至潍坊港口周边，设立潍坊综合保税区北区。潍坊综合保税区市场监督管理局发展对北区围网内企业的登记注册、监管等由进行统一管理。

2016年10月，潍坊综合保税区管委会印发《关于印发潍坊综合保税区企业集群注册登记管理实行办法的通知》。同年，潍坊综合保税区管委会将辖区内畜牧监管、免疫防疫等职能并入市场监管局。市场监管局成为集食品药品、工商、质监、畜牧四项职能的综合性行政机关，业务上分别接受潍坊市食品药品监督管理局、潍坊市工商局、潍坊市质量技术监督局和潍坊市畜牧兽医管理局的指导和监督。是月，市场监管局增强放管服改革效能，激发市场活力先试先行，对企业注册登记制适时作出调整，在综合保税区创新性采取企业集群注册登记制。2017年12月22日，潍坊市工商局下发《关于试行市场主体住所（经营场所）申报承诺制的通知》，将潍坊综合保税区率先推行的企业集群注册登记制向全市推广先进经验。

第二节　工商管理

企业注册

2006年11月筹备处开始办公起，工商筹备处仅负责围网内企业的监督检查、个体经济管理、市场管理工作，而工商企业登记、商标管理、广告管理、消费投诉处理、公平交易等相关工商业务由市工商局进行办理，无独立的工商企业注册登记权限，并且此时监管对象少，仅从高新区接管企业53家，个体工商户13家。从2009年6月开始，除日常监管由工商筹备处负责外，网外工商业务由高新工商分局负责，网内工商业务由市工商局负责。2011年1月潍坊出口加工区转型升级为潍坊综合保税区，潍坊综合保税区的工商企业登记管理和日常执法监管基本沿袭以前的工作机制，直到2014年1月综合保税区市场监管局的成立。2014年5月22日，按照《关于潍坊综合保税区市场监督管理局市场主体登记管辖权限等问题的批复》，潍坊市工商局全面赋予了潍坊综合保税区市场监管局关于名称核准、登记管辖、营业执照注册号、档案管理、监督管理、消费投诉处理等各项权限。5月28日，综合保税区市场监督管理局局长于瑞增，向申请人颁发第一张“多证合一”工商营业执照，正式以潍坊综合保税区市场监管局名义对网内外企业、工商户独立登记并颁发证照。

2016年10月，潍坊综合保税区在全省率先实行集群注册登记。多个企业以一家托管机构的住所（经营场所）地址，作为住所登记，并由该托管机构提供住所托管服务，形成企业集群集聚发展的注册登记模式。住所托管服务，主要包括开展代收邮件、信函、法律文书等基本服务，同时又鼓励托管机构开展代理企业登记、企业年报公示，代理记账、报税，提供投融资、股权并购、企业重组等服务。由托管机构开展以上专业化服务有利于入驻企业集中精力开展生产经营和科技创新。只要是无需特定经营场所企业，或者暂不具备经营场所条件的小微企业、初创企业等，都可以进行住所托管，申请集群企业注册登记，从而实现无办公场所也可投资设立公司。该制度的实施，打破潍坊综合保税区企业发展的瓶颈，极大地释放了企业自身活力，成效初显。

集群企业办理工商登记及其他部门许可审批及登记备案时，所需提交的繁多住所证明以一张托管证明代替，无需实际办公或经营场所即可开展经营活动，进一步放宽住所登记条件，降低企业准入门槛和成本，简化登记手续。托管公司作为注册载体，可以为入驻企业代理办理工商登记、许可审批、记账、报税等，提供“一站式”专业服务。企业只需将相关手续交由托管企业代办，省去中间来回办理的烦琐和两个

2018年8月3日，市场监督管理局开展食品安全检查

工作日等待拿证时间，为入驻企业节省了时间成本，使集群企业可以专注于企业业务的发展，为创业团队、创业精英创造良好的政务环境。托管公司兼具创业孵化器的功能，通过自身专业优势，深入整合入驻企业的丰富资源，为集群企业发展提供了优质的土壤。

2016年新设立登记各类企业349家，另外从高新区迁入765家企业。到2016年年底，除注销企业，全区共有企业1222家，其中集群登记住所托管企业27家。2017年新设立企业884家，此时全区共有企业2090家，集群登记住所托管企业达899家，随着集群注册的广泛深入开展，至2018年5月31日，全区共有企业2966家，其中集群登记住所托管企业有1620家。

市场监管

市场监管局深入开展对企业年报公示工作，积极引导市场主体按时年报，并主动向社会公示。截至2017年底，企业公示率为88.32%，个体公示率为95.07%，农民专业合作社公示率为100%。

扎实做好市级“守重”企业公示工作，推进全市信用体系建设。经过预审报、企业注册、企业申报、企业走访、企业初审、各部门函询、报送等一系列环节市场监管局共推荐守合同重信用企业7家，市局批准5家企业成为守合同重信用企业，市级守合同重信用企业推荐工作深入开展。积极通过抵押登记股权出质登记为企业破解融资难的瓶颈，自市场监管局成立以来共办理股权出质11件，抵押登记7件，为企业融资2.3亿元。

认真查处违法违规行为。截至2018年5月31日，市场监管局共组织开展煤炭市场整治攻坚行动、安全生产专项整治行动、“3·15”国际消费者权益日系列活动等20余次。开展专项检查行动，逐户排查涉嫌经营危险品的70余家企业；对可能涉及非法投资、担保、融资及违法金融类户外广告的17户企业进行走访排查；对辖区内12户煤炭业户进行逐户排查，集中对3家煤炭业户进行抽检，确保煤炭质量质量全部合格。此外，配合相关部门取缔6户煤炭户；对辖区23个村中的438户个体工商户进行全面检查，发现2户无证经营业户，责令他们办理营业执照。

完善消费投诉渠道。开通“12315”网络投诉，积极处理消费者的投诉举报，大力宣传消费法规和消费知识，至2018年5月31日共计受理网络投诉105件，满意率达100%。

2017年4月20日，市场监督管理局组织食品安全“三一监管”宣传活动

第三节　食品药品监督管理

2011年8月起，潍坊综合保税区开始负责食品药品监督管理工作。2014年1月，市场监管局成立后，该项工作纳入市场监管局职能范围，主要承担保税区辖区内生产、流通、餐饮环节食品安全和药品的安全性和有效性实施统一管理；负责指导食品药品经营主体市场准入管理，组织指导食品药品质量安全监管，开展食品药品安全监督检查，对不符合食品药品安全标准的食品药品进行监督管理。

国家食品安全示范城市创建

2014年，国家提出创建食品安全城市，区党工委、管委会高度重视，成立以党工委书记、管委会主任徐洪吉为组长，相关部门分管领导为成员的“潍坊综合保税区创建国家食品安全城市领导小组”，印发《潍坊综合保税区创建国家食品安全城市实施方案》，明确创建目标和各有关部门的创建任务，提出工作要求，对创建工作实行责任制管理。潍坊综合保税区市场监管局认真落实主体责任，明确任务目标，深抓工作落实，扎实开展国家食安示范城市创建工作。

2015年，市场监管局认真落实党中央、国务院决策部署，深化商事制度改革，转变市场监管理念，明确监管职责，创新监管方式，提升食品药品安全治理能力。创新监管模式，实行“三一监管”制度，即建立“一企一档”“一店一档”“一户一档”。分类建立食品、药品、医疗器械、化妆品保税区企业分级分类信用监管档案，摸清辖区食品安全风险点和风险区域，所有行政相对人电子和纸质档案实行网格化监管全覆盖，不留食品安全监管死角和隐患。食品监管人员对每村、每户、每店、每企留下监管痕迹，认真落实领导干部到网，工作人员进格，协管人员到点，实行定岗、定责、定人、定事，横向到边，纵向到沿，做到工作精细化；服务“双创”工作，严把行政许可关口。提高服务意识，强化为民监管思想，强化为民服务意识，坚持积极推行“三个一”工作制（资料一单清、一站式服务和多位一体的便捷服务），现场摆放审批手册和服务指南，办理食品经营许可32件，事事体现工作的服务性和便利性；加大信息化“智慧化”监管和法规培训，熟练掌握食品视频监管和应急指挥视频系统，同时逐步展开食品经营许可系统、食品生产许可系统等十二项平台软件，试点开展移动执法手机终端APP系统，开展大数据监管，保质保量完成信息化监管工作。

截至2018年5月底，共为93户市场主体核发“食品流通许可证”，其中企业64户，个体工商户29户。保税区食品经营证照悬挂率达100%。

餐饮服务企业监管

加强事中事后监管，落实企业主体责任。印制《保税区食品药品监督管理操作手册》，提高日常监管工作效能；制定年度、季度、月度巡查计划和年度飞行检查计划并扎实组织实施，实行现场检查全覆盖；制定《保税区食品药品飞行检查实施方案》《保税区食品安全责任约谈实施方案》，增强对失信或存在问题隐患单位的检查频次，形成立体的食品安全监管体系，防范区域性、行业性食品安全事件的发生。

2017年，市场监管局以提升“三小”为重点，制定《潍坊综合保税区贯彻山东省食品小作坊小餐饮和食品摊点管理条例实施方案》，完善监管机制，掌控监管底数，夯实基础，扎牢篱笆。在保税区12家小作坊小餐饮和食品摊点全面推行“亮证经营、安全承诺、原料公示、单据留存、操作规范、场所清洁”六项提升行动，采取先易后难、先主后次、先大后小、先点后面的工作方针，运用“疏堵结合、分类监管、综合治理”的工作方法，达到“规范一批、提升一批、淘汰一批”的工作目标。

截至2018年5月底共受理市长热线食品类5起，食品、化妆品消费者投诉1起，处理率100%，约谈企业3起。

食品药品科普宣传站

2017年6月29日，潍坊市成功获评国家食品安全示范城市，潍坊综合保税区市场监管局助力潍坊市国家食品安全示范城市创建工作也得到了潍坊市委、市政府的高度肯定和赞扬，并于2018年5月获得“潍坊市国家食品安全示范城市先进集体”荣誉称号。

药品领域监管

市场监管局不断规范药品监管保障，优化药品监管模式，继续开展以“六统一、六禁止、六承诺、三服务”为主要内容的药店规范提升行动。牢牢抓住药品质量监管这条主线，强化药品标准监管，大力巩固药品GSP认证成果，突出抓好药品流通领域集中整治，进一步规范药品市场秩序。加强药品源头治理，市场监管局积极组织执法力量，深入开展药品、医疗器械、保健品、化妆品等专项整治。开展中药材、中药饮片、胶囊剂药品、医疗机构制剂配置单位、药包材质量专项检查，严格防止擅自添加未经批准的原料、药物等非食品原料的保健食品进入销售渠道，完成药品抽验25批次，进一步严厉打击制售假劣药品和违法违规经营药品行为；深化药品流通监管，至2018年5月31日，共有6家药店获得新版GSP认证证书和药品零售许可，对潍坊百姓福大药房连锁有限公司蔡家集店等3家连锁药店开展流通领域药品专项检查，组织周密，措施得力。

第四节　畜牧安全管理

2017年11月，保税区畜牧业务由汶泉发展区划到市场监管局，主要负责重大动物疫病防控、畜产品及畜牧投入品质量安全、畜牧面源污染防治、信息统计上报及相关业务培训等工作。2018年，有畜牧专业人员3人。市场监管局承接畜牧兽医管理职能起，认真组织开展重大疫病防控、畜产品质量安全、畜牧兽医网格化管理、畜牧行业安全生产迎接中央环保督查、畜牧检测等相关工作，共出动畜牧兽医监管执法人员20次。

重大疫病防控

2018年年初，与各村签订责任书，明确各部门防控责任。共调拨高致病性禽流感疫苗10万毫升、牛羊口蹄疫疫苗2.69万毫升、A型口蹄疫疫苗0.4万毫升、猪口蹄疫疫苗3万毫升、小反刍兽疫0.9万毫升，坚持集中免疫和日常程序化免疫相结合，保证高致病性禽流感、口蹄疫、小反刍兽疫等重大动物疫病的防疫密度和防疫质量，确保辖区内不发生重大动物疫情。

积极应对H7N9禽流感疫情。2018年春季，市场监管局针对H7N9禽流感严峻形势，对辖区养禽户进行普查。积极向管委会汇报，争取检测

2018 年 4 月 18 日，市场监督管理局开展畜牧产品质量安全检查

资金，委托诸城绿安检测有限公司对辖区所有养禽场进行病原学检测，检测结果均为阴性；购买消毒药品及时发放到各养殖户，支持并督促养殖户做好消毒灭源工作。全区未发现 H7N9 病例。

重点开展小反刍兽疫、布病等动物疫情排查，针对近年来小反刍兽疫、布病严峻的防控形势，加强对牛、羊养殖户的管理，组织人员对辖区内的活牛、活羊等易感动物进行全面排查，对养殖规模较大的牛羊养殖户发放宣传画、明白纸，积极组织、指导养殖户做好消毒灭源工作。对辖区内羊进行小反刍兽疫疫苗接种，未发现疑似疫情。

畜产品质量安全监管

加强畜禽养殖环节监管，督促和指导养殖场户建立健全养殖档案生产记录，加强对饲养场户用药用料、消毒灭源、免疫、无害化处理等重点环节的监督检查，严格查处假冒伪劣兽药，严禁饲养环节使用“瘦肉精”等违禁药物。对奶牛养殖场户加大监督检查力度，做好生鲜乳质量安全监管工作，严厉打击违法添加非使用物质和滥用食品添加剂的行为，确保不出现生鲜乳质量安全问题。严厉查处和打击不法商贩制售假劣兽药、饲料、病死畜禽等非法活动，确保养殖环节的畜产品质量安全。

加强病死畜禽无害化处理监管工作。针对综合保税区畜牧业标准化程度不高，畜禽养殖多呈“低、小、散”的饲养模式，基础设施薄弱、养殖户防疫意识较弱等弊端，市场监管局多措并举做好病死畜禽无害化处理工作。开展病死畜禽排查，组织专门力量对辖区内道路两旁、河流、村庄房前屋后、特别是养殖场户周围 500 米范围内乱丢病死畜禽情况进行拉网式大排查，发现丢弃的病死畜禽，立即进行无害化处理；加强宣传教育，组织工作人员告诫饲养生猪 50 头以上的养殖户落实病死畜禽无害化处理措施，严禁随意乱丢病死畜禽，并将保税区《告养殖户的一封信》发放到各家各户，广泛宣传。

畜牧兽医网格化管理

为建立健全基层动物防疫和畜产品质量安全网格化监管体系，综合保税区在人员、编制紧张情况下，经研究，管委会领导同意招聘 3 名防疫安全协管员，人员待遇在最低工资标准的基础上，再增加补贴 600 元左右，即发放到个人手中的工资达 2400 元左右。防疫协管员日常在社区工作，人员到位后，做好人员培训，明确岗位职责，做到网格划分到位、责任落实到位、工作措施到位。

第五节　质量技术监督

潍坊综合保税区质量技术监督工作自2014年市场监管局设立后展开，之前相关工作由市质监局负责。市场监管局成立后，在质量技术监督工作方面主要开展了对辖区特种设备的监管、强制检定计量器具的监管、特种设备安全、标准化建设、质量建设工作、信息上报工作及上级交办的其他工作。

特种设备登记监管

2017年国家实行新《特种设备使用管理规则》，市场监管局认真组织学习，并指导帮助企业建立健全各项安全管理制度，受到企业的好评。至2018年5月底，共计新登记注册台特种设备80台，其中包括电梯36台、叉车30台、压力容器8台、车用电瓶3台、起重机2台、锅炉1台。

强制检定计量器具备案监管

市场监管局按照《中华人民共和国计量法》相关实施细则及《中华人民共和国强制检定的工作计量器具检定管理办法》要求，在全区深入摸底排查，不断加强强制检定计量器具备案工作，督促各企业及有关单位落实主体责任，对所使用强制检定计量器具及时上报，市场监管局对上报的器具核实后进行登记注册备案，以便对强制检定计量器具备案情况进行督导检查。至2018年5月31日，登记注册备案的强制检定计量器具共有196台（套）。

特种设备安全监管

市场监管局以特种设备安全隐患排查活动为载体，深入贯彻落实特种设备安全隐患大排查快整治严执法集中行动、安全生产月活动、安全生产百日攻坚治理行动等，成立专门的工作领导小组，制定详细的工作方案，多次邀请特检院潍坊分院的专家对企业的特种设备进行了安全隐患排查。排查范围包括潍坊歌尔电子有限公司等在内的10余家企业，针对排查中发现的问题，专家和市场监管局检查人员将当场提出整改意见，填写特种设备现场安全监督检查记录并且存档，责令企业尽快落实整改。市场监管局就整改意见的落实和企业整改的效果及时跟进检查，确保安全隐患排查效果落到实处。

标准化建设

贯彻全市质量发展刚要，加强标准化工作。积极引导、扶持企业和科研机构积极参与或主导国家标准和行业标准制定，鼓励支柱产业和传统优势产业专利与技术标准相结合，形成优势产业事实标准。山东圣和塑胶发展公司以“技术标准自主创新”引领标准化建设，制定《双向拉伸聚乳酸薄膜标准》，参与“PLA可降解薄膜”的国家标准制定工作，成为技术标准创新和引领产业优化升级的主力军。市场监管局在市政府网站上找到了支持企业参与标准化建设的文件，成功为圣和塑胶公司申请了企业参与标准化建设奖。

第七编

汶泉发展区

第一章 综述

汶泉发展区是潍坊综合保税区辖区内唯一的镇街管理机构，总面积约 20 平方公里，耕地 12601 亩，人口 4023 户、1.24 万人。辖区内无大型河流、堤坝、水库，尤其是南部部分村庄地势较高，地下水层深，历来属易旱地区。区内地势平坦，微有小起伏，地貌类型为剥蚀准平原。基岩以上的土层厚度 2 ～ 3 米，洪积坡积成因，以壤土为主。常年以种植小麦、玉米为主，有小面积占地果木，无大规模蔬菜种植。

2009 年，汶泉发展区成立。2011 年区划调整后，发展区完成保税区二期围网、宝通街拓宽改造、青银高速公路改造、行知学校、高七路等项目近 7000 亩征地任务。2012 年，董坊村实现整体搬迁，完成辖区 23 个村饮水改造工程。2013 年，建立完善城乡环卫一体化体系。2014 年，新建并启用九年一贯制的保税区实验学校，开始分两批大力实施 16 个村的乡村连片治理项目。2017 年，启动实施北徐家庄、西南段村棚户区改造工程，拉开全域棚改序幕。

至 2018 年，汶泉发展区设宝通管理区、张营管理区、段家管理区 3 个管理区，辖 23 个村。先后荣获山东省安全生产先进集体、潍坊市文明单位、潍坊市学习型党组织建设示范点、潍坊市城乡环卫一体化工作示范镇街、潍坊市创建国家森林城市工作先进集体、潍坊市先进职工之家等荣誉称号。

2009 年 2 月，汶泉发展区成立，全体工作人员合影

第一节 建置沿革

2009 年 2 月，汶泉发展区由潍坊高新技术产业开发区清池街道划出成立，面积 28.4 平方公里，辖 32 个村，5061 户 15858 口人，耕地面积 22772 亩。2011 年 6 月区划调整，汶泉发展区整建制划归潍坊综合保税区管理，杨瓦路以西，高新二路以东，青银高速以南 23 个村划归汶泉发展区。

至 2018 年，汶泉发展区设宝通管理区、张营管理区、段家管理区 3 个管理区，辖阎家张营村、刘家张营村、吉家张营村、张营南埠村、吴家庄村、郑家集村、吴家埠村、大李家村、北徐家庄村、蔡家集村、董坊村、吴家大路村、

2017 年 3 月 16 日，省地矿局党委书记、局长赵志远（左三）到汶泉发展区调研

等职能。2013 年 10 月，市编办调整潍坊综合保税区党工委、管委会机构编制，设置“潍坊综合保税区汶泉社区管理服务中心”，规格为副县级单位。2016 年 5 月，市编办批复“潍坊综合保税区汶泉社区管理服务中心”更名为“潍坊综合保税区汶泉发展区管理服务中心”，其他不变。2017 年 12 月，保税区单独设立社会事业管理服务中心，汶泉发展区管理服务中心不再承担教育、卫生、文化、社保等职能。

新庄村、官路村、南赵村、北赵村、东单村、西单村、孙家屯村、东北段村、东南段村、西北段村、西南段村 23 个村。

第二节　机构设置

2009 年筹建初期，汶泉发展区下设党政办公室、社会事务管理办公室、计划生育管理办公室、规划建设管理办公室、财政经管统计所、安全生产监督管理所、城市管理监察所等科室。其中党政办公室编制 1 人，财政经管统计所编制 2 人，社会事务管理办公室编制 2 人，计划生育管理办公室编制 2 人，规划建设管理办公室编制 1 人，安全生产监督管理所编制 1 人，城市管理监察所编制 2 人。事业单位机构建制规格为股级。

2011 年 7 月，汶泉发展区党委、管委会更名潍坊综合保税区汶泉街道党委、汶泉街道办事处，原职能不变，同时加挂潍坊综合保税区社会事务管理局牌子，增加计划生育、文化教育、卫生体育、农林水畜、农机、民政、劳动保障

至 2018 年，汶泉发展区内设党政办公室、党建人事办公室、财政经管办公室、规划建设办公室、计划生育办公室、综治维稳办公室、农业发展办公室、安全环保办公室、社会事务办公室、宣传中心 10 个办公室。有正式在编人员 19 人，“三支一扶”3 人，区聘人员 45 人，自聘人员 1 人。

第三节　改革创新

社区体制改革

2017 年 5 月，汶泉发展区调整理顺管理体制，挑选精兵强将，集中精力物力，将权力下放、财力下沉、人员下派、重心下移，实现社区实体化运行。原 4 个社区调整为张营、段家、宝通 3 个管理区（社区），分别在张营社区党群服务中心、段家社区党群服务中心和宝通党群服务中心办公。汶泉发展区 4 名正科级干部、2 名副科级干部以及 21 名机关干部超过 50% 的力量下沉社区，承担农村党建、廉政建设、安全

2018 年 10 月，汶泉发展区管理服务中心开展“新时代、新银龄”老年文化艺术节文艺汇演

生产、信访稳定、村容村貌、社会事业、环境保护、项目征地、棚改拆迁、经济发展、卫生计生、文化宣传等各项工作任务。

依托党群服务中心“一厅一校十室”开展便民服务。梳理 33 项服务事项清单，全部下沉到社区；制定公共服务事项目录和便民服务指南，并在网上公开；实行“只到一个地方、只跑一趟腿、只找一个人”的“三个一”便民服务机制，确保群众就近享受高效、快捷的服务。

2018 年 5 月，15 名城管队员下沉社区，进一步增强了管理区执法力量。

安全监管标准化

2016 年，汶泉发展区以安全生产网格化管理为基础，通过规范各项安全管理工作制度、任务和流程，推行安全生产管理工作常态化、标准化。规范汶泉发展区安全生产组织架构，明确各级安全生产管理人员。对纳入汶泉发展区安全生产“一岗双责”管理的部门职责进行规范，明确和落实各级岗位人员的安全生产工作岗位职责及安全监管操作流程，规范网格化管理划分原则及网格设立标准，实现生产“网格”管理全覆盖、无盲点。规范制定汶泉发展区安全生产事故应急处置标准，规范制定企业落实安全生产主体责任标准。自安全监管标准化创建后，每月定期组织汶泉发展区、各管理区相关人员现场检查，逐级落实安全监管标准化模式并予以运行，进一步落实安全生产“一岗双责”工作，实现安全监管的法制化、规范化、科学化、系统化，达到辖区安全监管“责任无盲点、任务无盲区、衔接无障碍”的无缝管理目标，保障辖区安全生产形式平稳可控。

乡风文明创建

2016 年、2017 年连续两年在农村大规模开展文明户、文明村创评活动，制定出台“文明户”遵纪守法、讲究卫生、倡树新风等 6 个方面 35 项标准要求，“文明村”班子协作、秩序管理等 6 个方面 21 项标准要求。对评选出的文明户、文明村进行挂牌表彰及物质奖励，引导广大群众自我管理、自我教育、自我提升，争当社会主义核心价值观的践行者、中华优秀传统美德的传承者，养成强烈的社会责任意识、规则意识、集体意识、主人翁意识。到 2018 年，累计评选出文明户 2542 户，文明村 6 个，分别占汶泉发展区总户数的 65%、总村数的 26。

第四节　征地拆迁

汶泉发展区管理服务中心是潍坊综合保税区征地拆迁民事协调工作的主要承办单位。成立以来，累计完成保税区二期围网、行知学校、

2015 年 2 月，管委会副主任、汶泉发展区党委书记蒋建新（右五）带队调研实验学校基础建设情况

宝通街拓宽改造等超过 7000 亩征地任务，为全区发展提供了空间支持。

2010 年至 2012 年，完成北汽福田项目 2163 亩征地任务。

2011 年，完成福田配套项目区 62 亩、福田变电站项目 40 亩、董坊改造储备项目 123 亩、191 亩龙景家园项目征地任务。完成高五路、中心路道路建设项目征地 164 亩。

2012 年，完成二期围网项目 2200 亩、中基物流项目 100 亩、新富汽车项目 351 亩、裕源物流项目 238 亩征地任务。

2013 年，完成保税区实验学校项目 30 亩。

2014 年，完成行知学校 150 亩、福田东片区 236 亩征地任务及道路建设项目桃园街 64 亩、高七路 62 亩征地任务。

2016 年，完成青银高速拓宽改造项目 70 亩、宝通街拓宽改造项目 210 亩、梨园街项目征地 15 亩征地任务。2017 年，完成青银高速绿化项目 167 亩征地任务。

2018 年，完成陆地方舟汽车项目 90 亩征地、杨瓦路拓宽改造项目 353 亩征地任务。

第五节　基层党建

发展区党建和村级党建

汶泉发展区党委有基层党组织 27 个，其中 3 个管理区党总支部、22 个农村党支部、1 个机关党支部、1 个产业党支部。

汶泉发展区始终坚持以党建统领工作全局，以党的建设凝聚开拓进取、干事创业、加快发展的强大合力，推动汶泉各项工作取得进步。重点推进“作风建设年”活动、“两学一做”学习教育常态化制度化、村党支部书记“四诺履职”、党员积分制管理、党群服务中心（站）建设等工作。

2018 年 6 月，汶泉发展区党委书记、管委会主任李致颖（左三）带队赴钢城街道学习棚改经验

2016 年 3 月，汶泉发展区召开党委实施农村党员积分制管理工作会议

推进“作风建设年”活动。2017 年、2018 年汶泉发展区深入开展“作风建设年”活动，发展区党委班子坚持领导带头、以上率下，通过严态度、严标准、严纪律，层层立标杆、作示范，引导党员干部争先进、创佳绩。公开承诺 10 项“担当作为、创争一流”任务目标，开展寻标对标提标达标行动，制定专项工作方案、行动计划，确定学习赶超标杆，开展学访活动，推动各项工作提档升级。

“两学一做”学习教育常态化制度化。汶泉发展区以支部生活日、阳光议事日、党支部书记“四诺制”、农村党员积分制管理、“三务”公开规范化管理为抓手，采取集中组织专题讨论、授课辅导、手抄党章、学习测试等形式多样的活动，全面推动“两学一做”学习教育落在实处、做在细处、融入日常、抓在经常，全面提高党员素质、增强了党员干部干事创业本领。

村党支部书记“四诺履职”。2016 年 6 月，汶泉发展区根据《潍坊市村党组织书记“四诺履职”管理办法（试行）》精神，实施村党支部书记“四诺履职”管理。通过“年初对岗定诺、月度依标践诺、季度按绩点诺、年度述职评诺”，规范村党支部书记履职行为，加强日常管理监督，激发干事创业热情，促进农村改革发展，有效解决部分村党支部书记履职尽责不到位、不作为乱作为等问题，村党支部书记责任意识进一步增强、岗位工作进一步规范、履职绩效进一步优化。

党员积分制管理。2016 年 3 月，汶泉发展区开始推行农村党员积分制管理，以落实全面从严治党为主线，着力增强党员党性意识、强化纪律规矩意识、发挥先锋模范作用，围绕强党性、提素质、严纪律、树形象，突出问题导向、坚持群众公认、务求简便易行，以量化考评激发党员队伍活力，提高党员队伍建设水平。

2017 年，汶泉发展区作风建设年活动学习推进大会

党群服务中心（站）建设。2016年，汶泉发展区实施农村社区党群服务中心和村级党群服务站建设，通过服务设施硬件改造和服务软件的升级，推进党群服务阵地和服务内容的标准化、规范化建设，建成“以农村社区党群服务阵地为中心，村级党群服务站为组成”的党群综合服务体系，在基层党建与基层服务的有机融合上做实做好，使基层党建更接地气，增强基层党建工作的活力。至2016年年底，宝通、段家、张营3个党群服务中心、23个农村党群服务站全部改造完成，投入使用。到2018年，汶泉发展区各党群服务中心、党群服务站作用不断发挥，成为党联系和服务群众的紧密纽带，真正打通服务群众的“最后一公里”。

党风廉政建设

夯实廉政主体责任。在每年年初及时研究部署年度党风廉政建设和反腐败工作，将反腐倡廉工作任务逐项分解，分别压实到党政班子成员肩上，做到每项工作有责任领导、有具体责任人组织落实。结合基层特点，将惠农资金发放、选人用人、工程建设等问题作为重点，进行定期监督检查、明察暗访，并将监督考核结果作为干部任用、评先树优的重要依据。同时注重发挥“发展区、社区、村”三级网络的监督作用，充分动员30名村务监督委员会成员和广大党员群众投入到党风廉政工作中来，将干部廉洁情况置于群众监督之中。

强化廉政制度建设。聚焦基层权力依法规范运行，继续推行村级“资金、账目、公章”三代管，抓好党务政务村务公开。各村对村里的账务账目、集体资产的经营情况、各类补助的发放等群众普遍关心的问题全部实行公开，接受群众监督，增加工作透明度。抓好《汶泉发展区机关厉行节约反对浪费规定》《机关干部管理制度》《汶泉发展区机关财务管理制度》《汶泉发展区工作绩效考核办法》等规章制度的贯彻落实，有效规范干部学习、用车等。充分调动干部的工作积极性、增强工作责任感，逐步实现“用制度管人”“用制度管事”。用好执纪监督“四种形态”实现用制度管权不放任，用制度管人不松懈，用制度管财不简化，形成不敢腐、不能腐、不想腐的良性生态。

引导党员干部讲纪律守规矩。持之以恒抓好党规党纪的学习，购买《中国共产党纪律处分条例》《党章》《习近平新时代中国特色社会主义思想三十讲》1000余册，党员人手一本，积极开展学习《中国共产党纪律处分条例》、

2018年10月，汶泉发展区召开重点工作调度会议

新《党章》以及《习近平新时代中国特色社会主义思想三十讲》等活动，组织党员干部参加《中国共产党纪律处分条例》网络在线测试。除此之外每年组织干部参加全市德廉知识测试，定期组织副科级以上干部及各办公室、各管理区党建指导员、各村党支部书记观看廉政建设警示教育片，进一步增强了党规党纪教育实效性。坚持高位推动、高压传导，强化教育提醒、日常监管、专项治理、追责问责，持续推进中央八项规定、实施细则精神和省委《实施办法》、市委《实施意见》的贯彻落实，驰而不息深纠“四风”。坚持逢节必查，紧盯元旦、春节、端午、中秋等重要节点，通过大会宣传、小会传达、下发文件等形式，开展廉政提醒，坚决抵制群众反映强烈的“四风”问题。

加强廉政文化建设。培育发展区特色廉政文化，在段家管理区积极打造廉政文化示范管理区，开设6块廉政文化宣传栏，张贴8幅宣传画，组织党员干部集中学习观摩，使党员干部树立了廉政自律意识，增强了拒腐防变能力。同时利用好“潍坊保税之声”村村通广播平台，推进反腐倡廉教育，不断增强廉政文化的渗透力和影响力。

第六节　综合治理

城乡建设管理

2015年，研究出台《潍坊综合保税区农村建设秩序管理办法》，引导群众通过宅基地置换、货币补偿等方式参与旧村改造，鼓励迁村并点、统一拆迁改造，逐步实现全域城市化。同时鼓励各村盘活用好闲置、废弃、低效利用的宅基地，增加村集体收入。2017年，出台《关于严禁乱搭乱建的紧急通知》，对违法乱搭乱建问题实行属地管理，由社区、村干部加强巡查，发现问题，坚决依法处理，狠刹违法乱搭乱建歪风。同时依法依纪实行工作问责，有效促进了农村建设秩序稳步推进。

信访维稳

实施信访维稳“网格化”管理。2017年，建成由汶泉发展区（镇街）、3个社区（张营管理区、宝通管理区、段家管理区）、23个村组成的三级网格化管理模式，共划分27个网格，有30名网格员，均配备手机终端设备。全区23个村“一村一警务助理”实现全覆盖，配备23名警务助理，负责日常安保维稳。

深入开展信访积案化解。定期开展重点约访、带案下访、包案化解、督办落实等工作，全力化解信访存量。对各类特殊群体和一些老访户，坚持“一手抓解困、一手抓维稳”，用

2016年9月7日，潍坊综合保税区党工委副书记石明奎（右二）带队检查环境卫生整治

真心、真情取得当事人的理解和支持。实行“一案一包”，每个案子都有一名包案领导，一个包靠工作组，制定工作方案，落实化解措施，取得了良好成效。

环境综合整治

2013年，建立覆盖全区的城乡环卫一体化运转体系。投入资金加强城乡环卫基础设施配套，规划建设了日处理垃圾120吨的垃圾压缩站，购置采购 4台环卫作业车辆、1台9吨垃圾运输车辆，按照每15户1个的标准统一购买配备垃圾桶，并对辖区所有村庄干道旁房屋外墙进行统一粉刷。建立“住户集--村庄收—环卫运--区处理”的垃圾管理体系，每天对辖区及围网内主要街道进行清扫，真正做到垃圾日产日清。建立“管委会—发展区--环卫所--村”四级管理监督考核的全覆盖调度检查网络，管理、监督、考核环环相扣，一层抓一层，一级抓一级，层层抓落实。同时进一步完善经费保障措施。在区财政适当补贴、资金鼓励的基础上，依据“垃圾产生者对垃圾处理承担责任”的原则，出台生活垃圾处理收费制度，加快城乡环卫基础设施建设步伐，解除环卫作业经费的后顾之忧。

2017年，开展高六路环境整治。滋补路面18000平方米，清运垃圾12272立方米，完成绿化103亩，栽种苗木7000棵。

第七节　民生事业

棚户区改造

2010年，汶泉发展区启动董坊村旧村改造；2012年11月完成村庄拆迁；2012年11月、12月两次组织选房；2013年9月正式交房，实现安置人口1027人。

2017年，汶泉发展区紧抓棚户区改造政策机遇，启动实施北徐家庄、西南段村304户棚户区改造工程，拉开了全域棚改序幕。

2018年，启动张营片区棚户区改造工程，完成闫家张营土地储备项目47亩、刘家张营土地储备项目251亩、吉家张营土地储备项目139亩征地任务。

乡村连片治理

汶泉发展区以新农村建设为契机，以生态文明乡村建设为载体，以现代产业为依托，积极开展乡村连片治理。2014年，成功将辖区内宝通管理区官路、新庄等7个村申报为山东省“乡村连片治理”试点区，市、区级财政资金补助1300余万元，硬化路面2.1万平方米，种植防护林500余亩，修建完善健身广场7处。2016年，争取市、区两级财政补资金1500余万元，村级自筹资金50万元，将辖区内段家管理区东北段、西北段等10个村纳入“乡村连片治理”范围。硬化道路10公里，点绿工程4.8万平方米；修建排水管道1公里、危桥2座；修建文化广场5处，党员活动中心一处；提升10个村的村容村貌建设，包括墙体粉刷、绘制四德宣传画、修建文化墙等美化工程。通过连续实施“乡村连片治理”， 实现了优美环境的大连片、美丽乡村的全覆盖。

饮水安全改造工程

2012年，汶泉发展区实施饮水安全改造工程，采取安装净水设备、家用净水器和接入自来水管网等方式，进行饮水安全改造。除接入市自来水管网的3个村和已经安装净水设备的1个村外，集中对未接入市自来水管网的19个村进行改造。为刘家张营、郑家集等17个村安

乡村连片治理前东单家埠村村委门前广场

乡村连片治理后东单家埠村村委门前广场

装净水设备17套；为人口较少的吴家大路、吉家张营2个村每户安装净水器，共109台。改造后辖区集中供水率100%、饮用水安全达标率100%。

由于地质结构的特点，东单家埠、西单家埠、新庄等村地下水资源极为匮乏，历来群众生活用水比较紧张，特别是干旱季节，人畜饮水非常困难。2017年，为解决群众吃水难问题，汶泉发展区争取到省第四地质矿产勘查院支持，免费为辖区缺水村勘探打井6眼，初步解决了村民饮水难的问题，惠及群众2200余人。

乡村道路延伸工程

2014年，修建樱前街、桃园街、高七路道路5200米；整修硬化东北段、东南段等4个村1800米村内道路建设；新建吉家张营桥，方便了群众出行，惠及广大群众。

2017年，汶泉发展区全面整修农村断头路、村内道路，全面建成12条、总长度5000米的乡村道路，实现农村道路由带状到网络化转变，群众出行更加方便。

第八节　社会事务

社会救助

2015年，潍坊综合保税区印发《潍坊综合保税区关全面建立临时救助制度的通知》《关于印发＜潍坊市综合保税区关于建立社会救助“一门受理、协同办理”机制的实施意见＞的通知》《关于印发＜潍坊综合保税区社会救助管理办法＞的通知》；2017年，印发《关于进一步提高城乡低保和农村特困人员供养标准的通知》《关于做好困难群众冬季采暖保障工作的通知》文件，不断完善救助制度，提高辖区内困难群众生活水平。

全区有低保人员92户129人。2018年，农村低保标准每人每年不低于4300元。实行困难老年人高龄补贴制度，为80周岁以上高龄低保人员发放高龄补贴，80～89周岁的每人每月100元，90～99周岁的每人每月200元。

特困人员补助执行标准，分散供养每人每年7200元，集中供养每人每年1.2万元。从2017年12月开始，按照自理能力发放护理补贴费用，照料护理标准，分三个档次，不能自理的每人每月360元，半自理的每人每月250元，自理的每人每月150元。全区有特困人员66人。其中9人通过政府购买服务高新区的服务，入住高新区敬老院集中供养，其余57人分散供养。

严格落实孤儿、困境儿童救助政策。至2018年，保税区有孤儿2名，其中，集中供养1人，分散供养1人；困境儿童1名，全部按政策每月社会化发放救助金。

积极开展医疗救助、临时救助及冬春救助活动。医疗救助重点救助特困人员、低保对象、20世纪60年代精减退职老职工等，分别给予资助参保、门诊救助、住院救助。临时救助，对因火灾、交通事故等意外事件及家庭成员发生重大疾病等原因，导致基本生活暂时出现严重困难的家庭给予一定帮助。冬春救助每年救助一次，严格按规定程序办理。

社会福利

积极开展高龄补贴制度，并不断扩大享受待遇人员范围和提高补助标准。2009年起，为90周岁以上的老年人每人每月发放80元，百岁老人每人每月发放100元，2011年扩大到为86周岁以上的老年人发放高龄补贴。2012年，百岁老人每人每月发放400元。2013年，百岁老人每人每月发放600元。2014年，为80～89周岁的老年人每人每月发放80元，90～99周岁的老年人每人每月发放110元，百岁老人每人每月发放800元。2016年6月，为80～89周岁的老人每人每月提高至200元，90～99周岁的老人每人每月提高至300元，100周岁以上的老人每人每月提高至1000元。

开展老年人生日补助、重阳节补助。为80周岁以上的老年人发放生日礼物，由原来的生日蛋糕变为200元生日补助。为90周岁以上的老年人每年发放九九老年节补助，每人补助300元。

开展银龄安康保险补助。60～80周岁的老年人，由原来的每人每年赠送10元的意外伤害保险，2016年6月提高每人每年30元。

积极开展残疾人补助制度，并不断扩大范围和提高标准。至2018年，保税区实行将困难残疾人生活补助标准扩大到不分级别、不分类

2011-2018年潍坊综合保税区低保、特困人员救助情况明细表

表10

项目 年份	低保			特困人员		
	救助标准	救助户数	救助人口	救助标准	集中供养	分散供养
2011	每人每年不低于2000元	394	730			
2012	每人每年不低于2300元	232	387	集中供养每人每年6000元，分散供养每人每年3200元	13	1
2013	每人每年不低于2500元	239	398	集中供养每人每年7000元，分散供养每人每年3400元	14	1
2014	每人每年不低于3000元 每人每年不低于4000元	156	215	集中供养每人每年7000元，分散供养每人每年3600元，2014年7月集中供养每人每年9600元，分散供养每人每年6000元。	12	1
2015	每人每年不低于4000元	122	165	集中供养每人每年9600元，分散供养每人每年6000元。	12	1
2016	每人每年不低于4000元	102	151	集中供养每人每年12000元，分散供养每人每年7200元	12	57
2017	2017年12月每人每年不低于4300元	105	150	集中供养每人每年12000元，分散供养每人每年7200元	10	55
2018	每人每年不低于4300元	67	89	集中供养每人每年12000元，分散供养每人每年7200元	9	55

别的低保残疾人生活补贴标准提高到每人每月120元，并率先在全市范围内实行非低保二级以上残疾人生活补贴每人每月60元。护理补贴扩至二级以上所有残疾人每人每月80元。

优抚安置

严格按上级规定及时足额发放各类优抚资金，优抚对象由2011年区划以来的伤残军人3人、“三属”1人、老复员军人50人、带病回乡6人、参战1人、烈士子女3人、60周岁以上的农村籍退役士兵82人，到2018年的伤残军人7人、“三属”1人、老复员军人18人、带病回乡8人、参战1人、烈士子女3人、60周岁以上的农村籍退役士兵102人。2017—2018年，安置退役士兵公益性岗位10人。2011—2018年，送兵36人，退伍28人。

丧葬管理

积极推行移风易俗和落实免除基本丧葬补贴制度。指导各村成立红白理事会组织，建立红白理事会章程，全面推行移风易俗。从2013年全面落实免除基本丧葬补贴制度。

2018年1月10日，吉家张营村村委换届

老龄宣传

积极开展老年法宣传、敬老月活动。保障老年人合法权益是全社会的共同责任。每一村设一法律顾问，为老年人免费提供法律方面的援助。每年开展文艺会演活动，丰富群众文化生活，满足群众文化需求。

村委会换届

指导各村进行村委会换届。2015年1月完成23个村的村委会换届任务，成功选出村委会主任23名，村委成员46名。2018年1月，成功选出村委会主任23名，村委会副主任及村委会成员74名。

第九节　计划生育

生育计划批复

2016年1月1日全面二孩政策实施以来，按《山东省人口与计划生育条例》规定，实行一孩、二孩服务登记，至2018年10月，共登记706人，再生育审批生育服务登记11人。

奖扶特扶

为1933年1月1日以后出生，1973年以来没有违反计划生育，年满60周岁，无违反计划生育的农村独生子女家庭和双女户家庭父母，发放每人每月80元的扶助金。2016年7月开始特别扶助，为独生子女死亡家庭夫妻发放每人每月800元的特别扶助金。根据上级统一部署，随着经济社会发展水平提高和生活支出增加，实行特别扶助金动态增长机

2013 年 8 月 9 日，潍坊综合保税区召开人口和计划生育工作会议

制。在失独家庭失去子女 30 日内，由县级卫生计生部门负责发放一次性抚慰金。其中为女方 49 周岁以下或男方 49 周岁以下单亲计生失独家庭发放一次性抚慰金 5000 元，为女方 49 周岁以上或男方 49 周岁以上单亲计生失独家庭发放一次性抚慰金 1 万元。

妇幼保健

根据潍人口发〔2012〕31 号文件要求，凡符合计划内生育条件的育龄夫妇（包括符合条件的流动人口），可享受 240 元政府全额补贴的免费孕前优生健康检查。根据 2001 年 6 月 20 日《母婴保健法实施办法》第十六条规定，所有新婚登记的育龄夫妇（包括符合条件的流动人口），均可享受 130 元政府全额补贴的免费婚前医学健康检查。根据《中共潍坊市委潍坊市人民政府关于进一步健全完善人口和计划生育政策推动体系的意见》要求，辖区内符合规定生育一、二孩的育龄妇女（包括符合条件的流动人口），在妊娠 15 ～ 20 周之间均可享受国家免费唐氏筛查项目检查。查出高危或临界风险者，需要做羊水穿刺或基因检测，基因检测全部费用 800 元，其中需本人自费 400 元，剩余部分由市、区两级政府承担；羊水穿刺手术费用 910 元，全部由市、区两级政府承担。辖区内所有已婚，且无生育意愿的夫妇均可领取使用国家免费发放的避孕药具。

独生子女保障

2016 年 1 月 1 日开始，从申请当月至子女年满 18 周岁止，无违反计划生育的农村独生子女及家庭，发放每人每月 10 元、每户每年 30 元奖励。

流动人口政策

自 2009 年 10 月 1 日起，户籍、计生关系不在汶泉发展区管理，年龄 18 ～ 49 岁之间的外来务工、经商人员在本辖区长期居住的纳入汶泉发展区处流动人口管理，享受与辖区常住人口均等化计划生育服务，婚检、孕检、药具发放、流动人口健康包、一孩二孩服务登记，均实行免费制度。户籍、计生关系在辖区管理的年龄在 18 ～ 49 岁之间的育龄群众因务工、经商到潍坊市八区以外区域的，确认工作地点后，汶泉发展区计生办办理《流动人口婚育证明》，《流动人口婚育证明》实行免费制度，同时流出地、流入地进行双重管理，应享受的计划生育服务不变。

第二章　宝通管理区

宝通社区位于汶泉发展区东南部，樱前街以南，高六路以东。社区驻地在官路村，有9名工作人员。辖董坊村、吴家庄村、东单家埠、西单家埠、官路、新庄、南赵庄、北赵庄8个村。2018年，有人口4620人、1540户，村两委干部54人，党员193人，村民代表268人；土地8756.52亩，旧村址面积1636亩。辖区地下水资源缺乏，属缺水地区，制约农业发展。辖区各村紧靠潍坊热电厂，群众收入主要来源为外出打工、农业生产。辖区有2条河流，一条经官路村西流经南赵村西、经吴家庄村东到郑家集，一条经官路村流经南赵村东，流向北赵村东到蔡家集。辖区有古树 5 颗，其中北赵庄村内有古槐3颗，树龄一颗大约在500年、两颗在300年，董坊村有古槐1颗，树龄在500年左右，官路村有楸树一颗，树龄大约60年左右。

第一节　南赵庄村

地理环境

南赵庄村位于汶泉发展区东南8公里处，与潍坊行知学校隔宝通街南北相望，东临杨瓦路，西临高新六路，南与官路村邻，北挨宝通东街与北赵庄村为邻。村东富康河，河头发源地村东涝埠子沟头，流向由南向北，河流总长约1200米。村庄主街东西走向，整体规划呈长方形，所在行政区域为清池街道。全村属平原地带，海拔87米左右。

村名由来

明初村内发现元代坟，墓内石砖刻有“赵庄”二字。明洪武年间（1368—1398），杨姓由山西洪洞县迁此，杨英立村乃称赵庄。后冯姓立北赵庄，此村遂称南赵庄。

姓氏人口

中华人民共和国成立初期，全村500余人口。2018年，全村有218户688人，其中男性330人、女性358人。有杨、代、王、张、冯、初、郭、陈8姓（女娶男迁入1人）。因婚姻关系迁入女性2人，系哈尼族，其他均系汉族。其中杨姓98户310人，代姓70户221人，初姓18户56人，张姓12户38人，王姓9户28人，郭姓7户19人，冯姓5户16人。

隶属沿革

1948年潍县解放后，属潍南县张营辖区。1951年属潍北县。1953年属潍县。1958年段家人民公社成立，属该公社。1961年核算单位下放，南赵庄村分6个小队。1980年进行地名普查标准化处理时，因名称地名不符，更名为涌泉人民公社。1984年划归坊子区涌泉乡。2000年，涌泉乡撤销，划归坊子区车留庄镇。2003年，车留庄镇撤销，划归潍坊高新区清池街道。2009年2月，划归潍坊高新区汶泉发展区。2011年6月，区划调整划归潍坊综合保税区汶泉发展区管理服务中心。

经济发展

村庄占地面积400余亩，耕地面积1082亩，村人均耕地1.8亩。有沟渠10余亩，道路18亩，林地20亩，房屋260余幢。2013年9月，因加油站项目，村西宝通街与高六路口东南角征地19.8亩；2014年，村北宝通街与高七路西北角“潍坊行知学校”征地85.51亩；2016年宝通街征地80.02亩。

村西、村东南属丘陵，村庄周围为褐土，土质肥沃为农作物高产田，农作物主要种植小麦、玉米以及经济作物花生。20世纪80年代前，村种植黄烟、棉花为主，是主要经济来源。

60—70年代，村大搞农田基本建设，全村土地统一划方整平，大搞水利建设，打大井12眼，修水渠300米，灌溉面积600余亩，购置中小型拖拉机、播种机、脱粒机15台，农业生产稳步发展，粮食连年丰收。70年代，村交公粮728320公斤，其中小麦284527公斤，仅1976年上交粮食任务114885.5公斤，成为全公社农业生产先进典型单位之一。村集体经济大发展，有砖窑1处，油坊、磨坊、醋坊、刷纸业各1处，年产值6万余元。

1992年，潍坊发电厂废水排放自西向东流入村，村西建拦河坝1处，修水库1个，蓄水量1.5万立方米。2007年，西水东调挖水渠600米，修建桥涵6个，借自然湾修建小型水库3个，蓄水4000立方米。在原基础上，2015年扩建蓄水规模，蓄水8000立方米。村民以联户为单位，铺设地下塑料管道20条，总长约6000余米，全村总耕地面积灌溉率95%以上，全部实现水利化，粮食生产旱涝保丰收。

改革开放后，民营经济崛起。至2018年，全村有以机床加工为主的个体工商户33户，其中机床加工4户、中小型建筑队5个、餐饮商业14户、家具沙发3户、挖掘机4户5台、十轮汽车3户3辆。

1957年，供销联社在村设门市部1处。1992年撤销，并入小李家供销社。1983年起，每逢5日、10日赶集。

社会事业

社会保障。2010年，实行农村新型养老保险政策，每人每年缴费100～5000元不等。村民可自由选择缴费档次，年满45周岁人员必须参保，年满60周岁开始领钱，基本养老金每月60元。2010年实施时，可以支取钱的有120人。2013—2016年，全村被征土地185.33亩，失地保障金每亩1.5万元存入失地村民养老账户，村民60周岁开始领取，每人每月220元左右。2017年，基本养老金每月130元，加上失地保障金，村民年满60周岁每人每月350元。

村庄建设。1974年，村委办公室有6间，设有党员活动室、会议室，给水、排水、电力、通信主体设施齐全。1976年开始，实施新农村规划建设，全村规划南北、东西大街各1条。房屋从原先的5米加宽到现在的9米、10米宽，客厅的设计越来越宽敞，更加宜居人性化。建房材料也从过去的土木结构到现在的砖混结构，90%以上农户住上新房。1980年12月份全村通电。2000年，村家家有彩电、冰箱、洗衣机，60%以上的农户安上电脑，95%以上的农户按上电话、手机等，90%安上有线电视。2008—2012年，政府实施“村村通”工程，进村道路和大街全部水泥和沥青硬化，累计长度2公里。2003年全村用上自来水。2012年，政府出资给村按上净水器，全村人喝上纯净水。2014 年，政府实施“乡村连片治理”工程，集中整治“三大堆”，2015 年，村大街栽上绿化树，安装健身器材，村容村貌得到非常大的改观。2010 年，安装路灯 20 盏，重新修建村东富康河桥 1 座。2017 年，重修村南小桥 6 座。2018 年，全村有轿车 100 余辆，农用车辆每家都有，大型拖拉机 3 台，联合收割机 3 台，排灌机械包括水泵，达到 90% 以上。

村庄管理。2003 年 5 月，制定村民组织，财务管理，社会秩序，村规民约，文明户评比等制度，以此规范和约束村民的不良行为。2017 年 2 月，被评为保税区农村基层工作 2016 年度“先进单位”，被评为发展区 2016 年度文化宣传工作“先进单位”。

医疗卫生。1968 年，实行合作医疗，有赤脚医生 3 名。2006 年，村民全部加入新型合作医疗。2018 年，村有卫生室 2 处，医务人员 4 名。杨洪绪妻郭氏，村中名医，祖传秘方专治小儿中风症、麻痹症等。老中医代京成，用祖传秘方专治小儿口疮、妇科等疑难杂症，名扬乡里。

教育。1951 年建村小学，有校舍 11 间。1959 年建完全小学、农业中学。1970 年设联办中学，建校舍 24 间，占地面积 2200 平方米。1978 年撤销并入王家屯初级中学。2001 年完全小学撤销，并入官路完小。自中华人民共和国成立至 2018 年，全村有大中专毕业生和在校生 45 名，硕士研究生 4 名。

文化生活。50 年代前后，村民自发组织发掘传统民间艺术，以高跷、龙灯、旱船等文艺活动为主，每逢春节、元宵节活跃在民间，深受民众欢迎。1964 年后，以团支部为主导的文艺演出队，以歌舞、曲艺、小品等形式，自编自演配合社会主义教育运动节目。村民李爱娥自发组织 10 余人，组成秧歌队、广场舞活跃在大街小巷。

文物古迹

庙堂。村西自明代原有雹泉爷庙 3 间，庙地 10 余亩，其院落较大，院内有古松树、白杨树，古树参天。农历四月十五、六月初一的大型庙会日，有大型文艺娱乐活动、大型香火及市场贸易，远近闻名。中华人民共和国成立初期，庙宇被毁，古树遭伐。1998 年，民间自发捐款重建庙堂 3 间，内塑神像 3 尊。另村中部有土地庙 3 间，解放初期被毁。2018 年，仅存余址。

孝父泉。初姓始祖，清咸丰元年（1851）病故，孝子守墓 3 年，每天挖土筑坟不止，筑起坟头 30 余米高，占地约 300 平方米，并挖出地塘 1 个，泉水喷涌，当时作为村民饮用水，池塘后人起名为“孝父泉”，此传说至今流传。70 年代，因水位下降，已干枯。1974 年村庄规划，坟头被平掉。

人物

代永长，1944 年生，毕业于山东大学，在德州市任电力工程师，局长职务。

代洪荣，1930 年生，曾任小学教师、校长、中学校长，县教育局任职。

杨洪福，1934 年生，大学文化，曾任中学教师，校长职务。代永海，1946 年生，大学文化，任山东畜牧学院教师、副教授。

代洪彩，1947 年生，毕业于烟台大学，任昌潍师专教师、副教授。

杨兆隆，1946 年生，大学文化，曾任中学教师、校长、乡教委成员。

杨传德，1927 年生，曾任小学教师，潍县文化馆长职务。

杨新胜，1973 年生人，毕业于山东化工学院，省调干生，2018 年任淄博市高清县委副书记，县长职务。

在革命战争和社会主义建设时期，村中先后参军入伍有 37 人。初可成、初可文、王者南、初丰树、杨传修、代永来、杨丕寿、王云德、杨继恩、杨继松、代洪连 11 人参加过抗美援朝。

初可成，1924 年生，1948 年参加革命，1951 年 6 月牺牲于朝鲜战场。代洪贡，1922 年生，1944 年参加革命，历经过多次战役，淮海战役牺牲。这 2 人均被追认为烈士。

张天元，1950 年生，1970 年入伍，历任班长、排长、连长、营长、团长职务，转业福州市海关任职。

初丰成，1937 年生，1958 年参军入伍，历任班长、排长、连长、副营等职务，转业后任涌泉乡财政所长，副科级。

2018 年，村有党员 23 名。

初丰来，1955 年第一个加入中国共产党。初丰来、代洪飞、代永清、庄学杰、代永治、常玉花、代继林先后任村党支部书记；杨春亮、代京奎、初丰来、杨传信、代洪飞、冯维顺、杨丕坡、代洪云、杨德福、代永治、杨传民、代吉春先后任村行政负责人。

第二节　北赵庄村

地理环境

北赵庄村位于潍坊市区东邻，汶泉经济发展区管委会东南约 6 公里处，东界北徐家庄，西与吴家庄接壤，北与蔡家集相邻，南与南赵村相望。海拔高度 87 米，聚落南高北低，高差在 5 米左右。村落南北长约 580 米，东西宽约 250 米。主街南北向，全村主要南北大街 2 条，东西街道 4 条，全村总面积 1000 余亩，其中耕地 800 余亩。村东富康河，发源于南赵村东的涝埠子沟，往下流经蔡家集、大李家、段家、付家等村，1974 年断流。

村名由来

北赵村在明末清初有冯姓迁入立村，清朝中期郭姓从潍坊郭宅大户迁入，后王姓从诸城巴山迁来，赵庄分为南赵、中赵、北赵，自古北赵与中赵就合在一起对外统称北赵。

姓氏人口

全村主要姓氏有冯、郭、王三姓，另外有 4 户养老女婿迁入，分别为郝、刘、梁、李 4 姓，居民 142 户 441 人，其中男性 208 人、女性 233 人。冯姓 70 户，郭姓 34 户，王姓 37 户，均系汉族。

隶属沿革

中华民国，村属夏密区流源寺。1948 年，潍县解放后属潍北县。1953 年，潍南潍北县合并统称潍县。村先后划归潍县木村区、张营区、第 17 区赵庄乡。1954 年农业合作化时期，与南赵村合并成立南赵庄农业生产合作社。1958 年，段家人民公社成立，南北赵分社成立段家公社北赵庄生产大队，下设 4 个生产队。1980 年，公社驻地从大李家村迁往涌泉村西新建驻地后，更名为涌泉人民公社。1984 年，撤县设区，更名为坊子区涌泉乡北赵村。2000 年，涌泉乡撤销，划归坊子区车留庄镇。2003 年，车留庄镇撤销，划归为潍坊高新区清池街道。2009 年 2 月，划归潍坊高新区汶泉发展区。2011 年 6 月，区划调整划归潍坊综合保税区汶泉发展区管理服务中心。

经济发展

种植业。北赵村地势比较平坦，地下水源不足。全村800余亩耕地，主要分布在后园、东荒、一棵松、一颗柳、西埠、小荒等地块。粮食作物以小麦、玉米、地瓜为主，经济作物有黄烟、棉花。

1983年，实行联产承包责任制后，撤销生产小队，全村各项工作统属大队管理，将全村837亩可耕地，分为口粮田、经济田和机动田分包到户，每人分得口粮田1亩、经济田0.5亩、林果田0.5亩、机动田0.25亩，实行计划种植定产到户，按照上级分配将农业税、粮食征购任务及集资提留分到个户，年终个户按照任务上交大队，剩余产值归农户。1984，栽植山楂200亩，成为坊子区在涌泉乡山楂发展的重点村。1982—1986年，村成为全涌泉乡黄烟、棉花种植示范村，黄烟收购站和棉花收购站在村驻有专门技术员，对黄烟、棉花的栽植进行专业指导。公社和乡每年都在村召开现场会。2000年后，农田以种植小麦、玉米为主。2002年，发展丹参、黄芪、板蓝根等中草药种植，增加农户经济收入。

农业机械与农田水利。1958年，人民公社化后，大队和生产队先后购置泰山25拖拉机1台，泰山12拖拉机2台，还添置抽水机、喷灌机、小型收割机、播种机、小麦脱粒机等，处于全公社农业机械化领先。1970年，大队组织全村男女劳力70余人在村东修建塘坝1座，小型水库1座，打大口井4眼、小口井4眼、机井1眼。2001年，在村南开挖引水沟600余米，引进潍坊发电厂废水入村，改善了农田的灌溉条件，由1976年小麦亩产不过百斤，突破亩产千斤，小麦、玉米两季亩产过吨粮。

副业。解放初期，村民除了农业种植，还有拍屋匠（主要指用麦草修理土草房）、喇叭匠（红白喜事的吹鼓手）、织布匠，全村鼎盛时有7台织布机，当时归马宿织布社管理，炒制草纸的有郭玉孝和冯维芹2家。1958年，为扩大副业收入，村里开起磨坊、粉坊、洪炉等。1945年，村设有集市，每逢农历二、七为集市日，当时市场比较繁荣，开茶炉4家，开面食7家，肉铺1家，还有牲口市、粮食市、布衣市、青菜市、杂货市等。1956年，集市迁往蔡家集，1958年后，迁往大李家。

中华人民共和国初期，村民王兆仁开设杂货铺1处，1955年公私合营，合并于大李家供销合作社，王兆仁成为供销社职工。1954年，上级借用冯道先土房3间在村设立北赵公营合营供销合作社，1959年搬往南赵村。

社会事业

村庄建设。1982年，全村通电。1983年，村办公室由坟砖草屋搬入砖瓦房。1984年，村庄进行新的规划。全村共设南北大街1条，东西环村路各1条，南北房屋共10排，南北大街东2排，每排16间共3户，街西一排16间共3户。1987年，村西环路西边追加房屋一排6间。1989年，借用山东省黄维海开发项目通上自来水。1991年，群众集资安上有线电视。2001年，全村最后一处泥草房拆除，换成砖瓦房。2014年，村借助国家对农村道路改造政策，对村内主要街道硬化1100米，栽植路化树木745株，栽植冬青1000余米，安装路灯63盏，修建健身广场1处，内设各种健身器械和篮球场，村民有了良好的健身场所。至2018年，村内供水、电力、通信等设施齐全，主要街道都进行了硬化、绿化、亮化。

医疗卫生。解放初期（1950—1954），村由个人租用冯佃元西屋 2 间开设个人诊所 1 处，当时叫“洋药房”。1959 年，段家公社卫生院借用郭玉栋北屋 2.5 间开设农村诊疗所 1 处，有中西医生 3 人。1964 年迁入南赵村。1968 年，建立乡村卫生室，卫生人员从村社员中推荐，经上级培训，成为“赤脚医生”，1983 年撤销。

教育。1951 年，村设小学 1 处，只收一年级学生，租用郭玉杰场园屋 2 间，白天学生上课，晚上识字班扫盲，设教师 1 人、代课老师 1 人。1953 年，学校合并于南赵小学。1962 年，上级在村设立小学 1 处，招收村一、二年级学生，教室是村自建的土屋 4 间，配教师 1 人，1984 年与南赵高小合并。1968 年，与周边 8 个村联合办起南赵联合初中，1976 年撤销。

文化生活。解放初期（1950—1954），村组建小戏班、高跷队、旱船队，农闲时在村或周边村庄演唱京剧，吕剧等，高跷队和旱船队农闲时排练，春节、元宵节时在村或周边村庄演出。1951 年，两支队伍为抗美援朝募捐钱、粮、物；1955 年，为宣传公私合营，到张营区治浑街去演出并得奖。

社会保障。2011 年村开始征地，每亩土地补偿款 4.8 元，青苗补偿款 900 元，社会保障金 1 万元，征地补偿的 80% 发放到村民手中，全村平均每人按照 1.7 亩发放，多余部分归集体，用于正常增加人口的补偿。2015 年，第四批征地每亩补偿 6.5 元，青苗补偿每亩 1.8 万元，失地保障金每亩 1.5 万元，仍按每人 1.7 亩发放，多余归村集体。村集体从 2010 年开始缴纳居民养老保险。2018 年参加居民养老保险率和医疗保险率达 100%，其中居民养老保险由个人承担，居民医疗保险由村集体全部承担。截至 2018 年 4 月，全村共被征用土地 409.62 亩，尚有可耕地 355 亩。

文物古迹

古庙。村原有古庙 2 座，均在村河的东崖，先后在 1951 年和 1961 年因年久失修而倒塌。2010 年秋，村个体户冯晓明自筹资金将村南河东崖老观音庙，移往村西埠顶，并定于每年的农历三月二十三日、九月九日为庙会日。

古树。村有 3 棵古槐树，其中在村中南侧的 1 棵，树干直径约 1.5 米。据考证，此树大约生长于明朝末年，是人栽还是自然生出已无从考证，此树被潍坊市人民政府列为重点保护树木。

人物

冯廷阳，烈士，1911 年出生，1937 年参加革命，1938 年加入中国共产党，在八路军第四野战军任排长，1942 年负伤后调离，曾任抗日根据地区委书记、潍南县副县长、武工队长等职。1943 年秋，在张金扬孟发动群众时被日伪军杀害，年仅 32 岁。

冯显仁，烈士，1938 年参加革命，八路军鲁东游击队第七支队战士，1938 年在掖县战斗中牺牲。

郭景山，1959 年 12 月出生，潍坊民盟第六、七、八次代表会代表，中国民主同盟会盟员，中国楹联学会会员，中国硬笔书法协会会员，山东省书法协会会员，山东省书法家协会，潍坊书法家协会会员，山东民盟书画院秘书长，潍坊民盟书画院常务副院长。

郭景峰，1970 年出生，中国人民解放军空军工程学院毕业，分配于中国人民解放军空军导弹部队。2018年任副师长，在天津驻扎。

郭树典，坊子区第十、十一届人民代表和坊子区第六届中共党员代表大会代表。

2018年，村有共产党员29人，其中女性5人。郭玉寿，1948年入党。

代洪飞、郭廷升、冯维成、王乐友、郭树青、冯佃峰、郭树典、王乐平、王永法先后任村党支部书记；郭玉寿、杨传仪、郭玉杰、冯维范、冯维功、冯汉仁、冯显周、王乐海、王乐起、王乐平、冯晓明先后担任村行政负责人。

第三节　东单家埠村

地理环境

东单家埠村位于潍坊综合保税区东南12公里，东邻杨瓦路100米，西距潍坊电厂2000米，南邻潍莱高速100米，北距宝通街2000米。聚落西高东低，南北长300米，东西宽260米。

村名由来

明成化年间（1465—1487）立村，因地势较高为埠，后埠下有王姓居住，取名“下单家埠”，后人因下单家埠名字不雅，改名东单家埠村。

据王姓家谱，明嘉靖年间（1522—1566），王姓首先从昌邑花埠迁入。郭姓是清乾隆年间迁入，至1986年消失。陈姓是清乾隆四十年（1775）由下密周家（正北偏东12公里）迁入，其先祖是明洪武年间（1368—1398）从南京迁于潍县陈家地方寺，后迁下密周家居住四代，再后迁入该村。清道光年间（1821），于姓从潍县双杨碑子村迁入。李姓是清咸丰年间（1851—1861）由乡大李家村迁入，单姓是清道光年间（1821—1850）从西单家埠村迁入，杨姓是清咸丰年间（1851—1861）由邻村杨庄迁入，郝姓是清光绪年间（1875—1908）由车留庄迁入。刘姓、彭姓、孙姓，入赘到村。2017年，全村有陈、单、杨、于、郝、王、李、刘、彭、孙10姓，102户，306人。

经济建设

农业生产。村内农业生产以种粮为主，有小麦、玉米、高粱、地瓜，经济作物有黄烟。80年代，注重果品生产，有山楂园、苹果园180亩，其经济作物以花生为主。1982年，村落实生产责任制。2000年，全村发展规模化养殖，有养猪50头以上、养鸡千只以上专业户7家。2010年，全村通过土地流转180亩，建奶牛养殖场1处，存栏奶牛420头；肉牛场2处，存栏300头。

村办企业。70年代，村办企业有木器加工、家禽孵化、食品加工等。1982年后，大队仅存木器加工，经营到1984年。1986年，由单继贞、陈会龙、陈会武、陈会金、杨善友、陈会聚成立东单家埠村第一个铸造厂。铸造厂为村龙头企业，1990—1995年，铸造厂给村民缴纳当年全部集资提留的50%，并在春节看望和资助寡孤老人与困难户。2017年，上缴国家税收150余万元，吸纳全村及周边就业人口200多人。2010年，潍坊志同铸造有限公司被潍坊工商局命名为“守合同重信用”企业。2011年，被山东省工商局评定为省级“守合同重信用”企业。

至2018年，全村有铸造厂4家、机械加工1家、车床加工3家。全村有商业网点1个，民用建筑队2支，轿车60辆，货车6辆，农用车及拖拉机50辆，大型农业机械3台。

社会事业

村庄建设。1974年，全村进行新村规划，

东单村党群服务站

四合院南北长17米、东西宽12米，房屋东西12米、南北5米，土房变砖房。1986年，规划房屋东西12米南北7米。1995年，通过“村村通”工程，硬化村内东西大街2条。2014年通过“一事一议”资金，硬化村内南北大街3条，东西大街1条。2017年通过“一事一议”资金，硬化村内南北大街2条，并全部绿化。

1981年全村通电，安装200千伏、100千伏、380千伏变压器3台。从1985年开始，打深水机井13眼。1986年完成全村通自来水。1998年安装有线电视，入户率达90%，安装固定电话71部。2014年，搭建净化水设施1套。

社会保障。2010年全村实行养老保险制度。2011年，60周岁以上人口每月发放60元。2017年，60周岁以上人口每月发放130元。村长寿老人杨李氏，女，生于1911年9月16日，上级补助每月生活费1000元。

教育卫生。1975年，村设卫生所1处，配医务人员2名。1996年，90%村民参加农村新型医疗保险。

清代村内有私塾学校，解放后设小学，2001年合并为官路小学。中华人民共和国成立后，全村有本科以上学生14人。

文化娱乐。村民向来喜欢文化娱乐，解放前村有秧歌高跷队，解放前夕村组建京剧小剧团。1951年抗美援朝初，小剧团演出京剧《失汉城》，获潍北县13区一等奖。1951—1960年，节日演出京剧节目，如《人面桃花》《玉堂春》《铡美案》《空城计》《武家坡》《桑园会》等。1961—1970年，改唱吕剧，演出节目《小姑贤》《喝面叶》《王汉喜借年》《龙凤面》《李二嫂改嫁》《金戒指》等，自编自演《金戒指》参加潍县政府1964年戏曲现代剧会演，获得创作奖、二等奖、演员奖。2014年，建起文化大院500平方米，广场舞、扭秧歌成为村主要娱乐项目。

人物

清乾隆年间（1739—1795），陈兴治家有方，善观土地粮食行情，逐渐变富，至晚年拥有五顷大地，五子经营，富甲一方，被誉为土财主、活财神。

“大刀”王春，参加清军，身高力大，跟随傅振邦，招为马夫。据说傅振邦大刀重达64斤，王春能耍三个五花，从此出名。

陈兆麟，平生乐善好施，救济穷人，对乞丐照顾甚多，于清同治十一年（1872）获赠丐帮横匾一块（实物仍存），获善人称号。

陈克敏，曾任山东省府文员、省参议员，民国初告老还乡。

单际传，清光绪年间（1875—1908）学成车木匠，手艺精湛，到潍河以东创业，遍及昌邑、掖县、高密地界，深受群众欢迎，至今后代仍有从事木匠者。

陈树森，1951 年入伍，分配到浙江省空军后勤，任大队长，营级军衔，后任临朐县工商局局长，现退休。

陈会恩，14 岁写春联。1997—2005 年，共参加 10 次全国书画展，获 3 次金奖、2 次铜奖，入书十部典籍。2005 年，中国书画研究院特邀作品参赛，获金奖并聘为研究员。2005 年 2 月，拍卖中国当代实力派书画，香港国际拍卖有限公司特邀陈会恩征稿于拍卖图鉴入书。

陈兰全、杨善德、陈树杰、陈会武、初可俊先后任党支部书记；陈树瑞、陈树凡、王新富、于其福、杨善德、陈兰全、陈树杰、陈会武、陈会宝先后任村行政负责人。

第四节　西单家埠村

地理环境

西单家埠村位于潍坊综合保税区东南 10 公里处，地势东低西高，村东西高低相差 8 米，东邻东单家埠村约 100 米，南邻山庄村 2000 米，东邻菜园村 2000 米，北邻南赵庄 2000 米，西邻董坊村 1000 米。

村名由来

单家埠村是单至在明朝成化年间（1465）由高密县迁入，因地势较高，取名单家埠。后因村东姓王的又立一村叫单家埠，所以分成东西单家埠。清朝初年，隋鼎由清池镇王家油坊迁入，田均礼由寒亭区东冢子后村迁入。清朝末年，姓于的由冢子后迁入。1923 年，林传清从临沂地区迁入。据说清朝郑板桥时期，钱仁斋曾在单家埠居住，无留后人。2018 年，村内有单、田、隋、于、林 5 姓，总人口 295 人、93 户。

隶属沿革

清末属于莱州府潍县。1948 年潍县解放后，属潍南县张营区所辖，1951 年属潍北县 13 区，1953 年属潍县。1958 年段家人民公社成立，属该公社。1980 年地名普查标准化处理时，因其名称与驻地名不符，更名为涌泉人民公社，1984 年划归坊子区涌泉乡，2000 年涌泉乡撤销，划归坊子区车留庄镇，2003 年车留庄镇撤销，划归潍坊高新区清池街道，2009 年 2 月，划归潍坊高新区汶泉发展区。2011 年 6 月，区划调整划归潍坊综合保税区汶泉发展区管理服务中心。

经济发展

西单家埠村 55% 为埠地，45% 为涯地，以种粮为主，有小麦、玉米、高粱、地瓜，经济作物为黄烟。1984 年种植山楂 80 亩，因山楂难以销售，1995 年逐步还田。2018 年，经济作物以花生为主，每年约种植花生 300 亩。1992 年开始发展养殖，养鸡千只以上 3 户。2000 年逐步发展养猪，全村共有养猪户 3 户，每户达百头以上。

村商业网点 1 个、民用建筑队 4 个，有轿车 60 辆，货车 3 辆，农用车仅拖拉机 50 辆，大型农业机械 5 台。

社会事业

村庄建设。80 年代，进行新村规划建设。

西单家埠村村民委员会

1982 年全村通电用上电灯。1987 年开始，打深水机井 6 眼，能用的 4 眼，彻底解决吃水问题。2006 年硬化村内东西大街一条。2014 年，安装净水设施一套。2015 年硬化南北大街 1 条。2017 年，有线电视入户率达 20%，安装电话 60 部。

教育卫生。1972 年，设村卫生室，主要以骨科为主，骨科大夫 2 名，卫生员 1 名。2000 年，有卫生室 1 处，医务人员 1 人，百分之百的村民参加医疗保险。

清有私塾学校，解放后设有小学，2000 年合并到管路小学。中华人民共和国成立以来，考出全日制本科以上大学生 17 人，研究生 2 人。

文化娱乐。村里的秧歌高跷队、小剧团等与东单家埠共同成立。小剧团五六十年代主演京剧，六七十年代改唱吕剧。在潍县政府 1964 年戏曲现代剧会演中，陈会恩获创作奖、演出二等奖，陈会恩、于绍河获演员奖。2000 年，村组织秧歌队。

人物

清朝道光年间（1821—1850），单风来学习骨科为周围老百姓治病，相继传授后人单兆海、单鸿章、单学诗、单继周、单连明。祖祖辈辈悬壶济世为民排除痛苦，在清朝宣统年间，邻村百姓送匾额一块“惠周桑梓”，获“善人”称号。

单继恭，1913 年生于中医世家，1937 年参加八路军，1942 年加入中国共产党，历任团卫生队队长、二十二军正科长、开封专署卫生处副处长、安阳市卫生局顾问等职。

单连俊，1965 年毕业于沈阳畜牧大学，后成为教授。

林西明、单际荣、田国明、单际让、田国兴、隋寿彬、单宝华、隋洪花、单保华先后任党支部书记；林西明、单亦公、田学贤、单际庆、田国明、单保华、隋明欣先后任村行政负责人。

第五节　官路村

地理环境

官路村位于潍坊市城区东部，汶泉发展区驻地东南 7 公里处。东与新庄村隔路相望，西与华电潍坊发电有限公司一路之隔，南与董坊村旧址为邻，北与南赵庄村隔河相望。交通便利，高新六路途经村庄，北距宝通街 500 米，距潍莱高速 2000 米。村庄整体规范，聚落成“田”字形。全村总面积 1.18 平方公里，其中耕地

官路村党群服务站

0.99568平方公里，村庄占地面积0.184平方公里，有房屋260余幢。村属平原地带，海拔93米左右。村西有小河。

村名由来

据传明朝洪武年间（1368—1398），此地是莱州府到青州府必经之路，故取名官路。村由王姓、亓姓、徐姓三姓立村。王姓最早由何迁来无从考证，亓姓于寒亭南迁居至此，徐姓于昌邑迁居至此。后又有尹、段、于、杨、李、刘、周、徐、马、张、辛等姓迁入。2018年，全村居民252户、864人，1人为哈尼族，其余为汉族。

隶属沿革

1948年潍县解放后，村属潍南县张营区所辖。1951年归入潍北县，1953年属潍县。1958年成立段家人民公社，划归该公社。1980年，进行地名普查标准化处理，因其名称与驻地名不符，更名为涌泉人民公社。1984年划归坊子区涌泉乡。2000年涌泉乡撤销，划归坊子区车留庄镇。2003年车留庄镇撤销，划归高新区清池街道。2009年2月，划归潍坊高新区汶泉发展区。2011年6月，区划调整划归潍坊综合保税区汶泉发展区管理服务中心。

经济发展

全村耕地1493.52亩。中华人民共和国成立初期种植黄烟，后期改种果树，如山楂、苹果、桃树等。2018年，主要农作物有小麦、玉米等，果树已经很少。

1991年，村建立副业1处，主营车辆的座椅坐垫等，1994年废弃。村西高六路以西有1家具厂、车间2处，工人11人。村有2家便利商店。村外有养鸭场1个、养羊场1个、养猪场2个，共3200平方米。2018年，村民人均收入6900元。

社会事业

村庄建设。1983年，电力系统安装完成，居民摆脱用煤油灯、蜡烛时代。1991年，全村统一安装自来水。1994年，村里安装电话。2007年，村庄的西面、东面、南面各有储水池1个，设有机井用于灌溉。村主街由土路—砂石路—硬化路，逐渐转变。2009年，进行1次硬化，2014年，硬化水泥路面达到90%。2012年安装村净化水设备，居民开始饮用纯净水。至2018年，村民房屋全部变成砖房，院子进行水泥硬化，拥有电视、冰箱等家用电器，有线电视网络通遍整村，手机普及。代步工具有电动车。村民有装载机1部、十轮汽车3辆，有农作物收割机械2台。

1993年，被评为市级文明村。2013年，被评为市级社会维稳先进单位。2016年，被评为市级民主法治先进单位。村民张显光，被评为潍坊市劳模、优秀共产党员。2016年，村评出善行义举四德典型人物28人。

教育卫生文化。村原有“赤脚医生”1名。1988年建立309平方米的卫生室1处，内有医务人员1名。2003年开始使用新农合，村民看病可以报销。2009年农村合作医疗开始施行，2015年居民合作医疗开始施行，村民使用合作医疗看病均可报销费用。2018年，90%的农户参加新型农合，半数的人参加家庭医生签约。每年都进行免费的两癌筛查、老年人查体等，村医务室对村民建立健康档案。

1986年建立官路村小学，2014年新校区建立，小学从该村迁到北赵庄村。至2018年，村有大学生66人，研究生3人。

2009年，村建立1900平方米的文化广场，文体设施齐全，很多村民跳广场舞、打乒乓球、打篮球等。

人物

解放战争时期，村有6人参军。中华人民共和国成立后，村有11人参军，2人转业提干。

于士亨，1934年生，1951年参加中国人民解放军，后进入国防部。

段兴信，参加过平型关战役，后任参谋。

尹中堂，在新疆建设兵团农技师，任高级技师。

尹福堂，1949年南下，中华人民共和国成立后在青岛山大医院总务科任科长。

李瑞平，1966年生，2018年任潍坊市政协委员、长城门窗公司董事长。

李恩之，1930年生，曾任重庆冶金厂厂长。

尹兆平，1966年生，任坊子区农业开发办主任。

杨新正，1962年生，任坊子区供销社区社主任。

于士升，1971年生，任坊子区眉村工业发展区党委书记。

1995年，村有党员17人；2018年，有党员33人。

徐京江、于丙信、尹京堂、尹寿堂，于孝朋，亓庆年、杨传法、刘德明、段兴年、于士元、张显光、徐永章、尹兆福先后任党支部书记。

第六节　董坊村

地理环境

董坊村位于潍坊综合保税区东8公里处，东与北赵村相邻，南与潍坊综合保税区实验学校相邻，西邻高六路，北与福田多功能汽车厂毗邻。2012年11月，老村址拆迁。2013年9月，搬迁至樱前街与高六路以东300米，新福田多功能汽车厂对面龙景佳苑小区。村属平原地带，海拔70米，总面积1.02平方公里，其中耕地0.78平方公里。小区主街南北走向，聚落呈田子形，整体规则。

村庄由来

明朝洪武年间（1368—1398），村民以移民性质从山西洪洞县老槐树底迁入。董姓入住立村，得名董房。后有姜、李姓入住。中华人民共和国成立后，“董房”改写为“董坊”。

至2018年，全村有孙、郝、张、马、刘、郎、宗、王、岳、于、孔、杨12姓。孙姓，由寒亭区北埠子九龙街道孙家搬入；郝姓，由潍坊高新区新钢街道后车留庄村搬入；张姓，由坊子区凤凰街道北沟西村搬入；马姓，由坊子区九龙街道河下村搬入；刘姓，由诸城、潍坊搬入；郎姓，由坊子区坊安街道南流搬入；于姓，由寒亭区夏密于家搬入；孔姓，由蒙阴搬入；杨姓，由寒亭区杨家埠经济开发区大捋庄搬入；宗姓，由寒亭区箕子埠迁入；王姓，由北海丰台迁入；岳姓，由坊子区九龙街道岳家村搬入。村有楼房483套，居民392户，人口943人，其中男性502人、女性441人，均系汉族。

隶属沿革

1954年，成立初级社。1955年，成立高级社，属潍县车留庄公社于官乡管辖。1957年公社化后，又以驻地命名为董坊大队，属潍县车留庄人民公社。1980年撤销公社改乡并划为坊子区，更名为坊子区车留乡董坊村。1996年撤乡改镇，更名为坊子区车留镇董坊村。2003年划为高新区清池街道，2009年2月，划归潍坊高新区汶泉发展区。2011年6月，区划调整划归潍坊综合保税区汶泉发展区管理服务中心。

经济发展

1949年开始，村以农业为主，种植农作物以小麦、玉米、地瓜、棉花、黄烟为主。1996年开始，村在车留庄党委政府的领导下，村两委与潍坊发电厂积极协调，电厂招工优先使用村里劳动力，并组建卸煤队，让村民增加了收入。2018年，居民人均年收入8996元。

村里企业有孙跟东于1993年成立的建筑公司，孙福华于1996年成立的塑编制品有限公司，孙健于1994年成立的装修公司。服务行业有张传奇的来家吃饭大酒店，孙志海的董坊志海酒店，郝曰孝的烟酒茶批发部等。

社会事业

村庄建设。2009年，整修街道并进行路面硬化，硬化面积达1万多平方米，包括对村里五横三纵的街道，进行全面硬化、绿化，安装路灯，水泥路面硬化面积达到100%。村有公交车直通居民小区，交通便利。村给水、排水、电力、通信、广电、文体设施齐全，暖气、天然气配套齐全，有活动文化广场。

社会保障。2008年，村的山地被征用为公墓用地，利用补偿的占地款，为村民全额加入农村新型养老保险，村民女55周岁、男60周岁的，每月都领取养老金。合作医疗、养老保险等每年由村集体统一垫付。

名人传说

常令公山，原名常岭埠。从九龙街道山庄村起到官路村东，山峰比较明显。传说到北海是尽头，但往北不太明显。据说明朝开国大将常遇春到山东平叛，路过饮马泉，其军师说“到了饮马泉别饮马”，常遇春没听，结果饮马后病死在饮马泉。为了纪念常遇春，因此把常岭埠改为常令公山。

人物

孙延令（1884—1960）字寿亭，毕业于掖县师范学校。1920年，同蔡明五倡办车留庄第一所高级小学，1922年出任潍县东区督学。1936年回乡创建小学，集资建校。1940年夏，被众人推荐为乡长。1941年秋，他从国民党潍县党部主要负责人王明义手中救出共产党员栾道述。1947年春节，正他在家中掩护了中共张营区区长李成仁。次子孙德山1937年就奔赴延安，走上革命道路。1960 年，孙延令病逝于北京次子家中，终年 76 岁，其事迹已载入《坊子区志》。

孙德三，1912 年生，孙延令次子，1977 年任中华人民共和国计划委员会秘书、经济委员会华北组组长，厅级干部。

郝希升，1954 年生，曾任江西省委法律部部长，厅级干部。

张广军，1962 年生，2018 年任中共坊子区人大常委会副主任，副县级干部。

孙德贤，董坊村最早的共产党员，曾任董坊村支部书记。孙光令、孙玄令、张广乃、孙恒令、郝希谦、张传坡、毛桂英、郝明光、张传孝先后任村党支部书记。郎益三、刘庆河、孙有昌、孙希昌、毛桂英、郝明光等先后任村委会主任（大队长）。

第七节　吴家庄村

位置

吴家庄村位于汶泉发展区管委会东南 6 公里处，居高六路东西两侧，南靠宝通街 309 国道，北邻樱前街北汽福田多功能汽车厂，东面同董坊楼区相望，西面是高五路。

姓氏人口

村内主要有吴、李两大姓氏。吴姓，从汶泉发展区吴家埠村和坊子区九龙街道胡家庄村迁入，其祖籍为新昌街道马宿村，因吴姓最早迁入，故命名吴家庄村。李姓，从清池街道候孟村迁入。杨、郑、王等姓氏，系村民招养老女婿迁入。80 年代，村有 132 余户，587 人。2018 年，村有 231 户，人口 740 余人，均系汉族。

隶属沿革

1914 年，属潍县第七区蔡家集镇。1945 年，中共潍南县成立。1947 年，村属潍南县张营区。1950 年，村属潍北县。1953 年，属潍县张营区赵庄乡。1955 年，村成立初级合作社。1956 年，村成立高级合作社。1958 年 9 月，村属潍县段家人民公社。1981 年，村属潍县涌泉人民公社。1984 年，村属潍坊市坊子区涌泉乡。2000 年，涌泉乡被撤销，归属坊子区车留庄镇。2003 年，属高新区清池街道。2009 年 2 月，划归潍坊高新区汶泉发展区。2011 年 6 月，区划调整划归潍坊综合保税区汶泉发展区管理服务中心。

经济发展

20 世纪 80 年代，村耕地为 1460 亩。2003 年，修建樱前街、宝通街、高六路，占用村耕地 360 余亩。2010 年，北汽福田多功能汽车厂征地，占用村耕地 200 余亩。2018 年，村有耕地 890 亩。

村耕地分布寒浞河东西两侧，种植小麦、玉米、地瓜、黄烟、棉花等。20 世纪 60 年代，进行农业基础设施建设，整修加深中型水库 1 座，筑成拦水坝 6 座，大口井 8 眼，小口井 35 眼，机井 30 眼，利用地下水浇灌耕地面积达 20% 以上。1981 年，村实行土地联产承包责任制，黄烟种植户达到 90%。1983 年，村第一次发放土地使用证，承包期为 15 年。1999 年，土地使用证延包 30 年。1990—1993 年，村连续 4 年被评为粮户贡献先进单位。

社会事业

村庄建设。1982 年，吴家庄成为涌泉公社第三个通电照明的自然村。1996 年、1999 年、2001 年，村经过三次电改，电力负荷达到正常运行水平。100% 的住户看上彩电，80% 的住户用上冰箱，70% 的住户用上洗衣机，45% 的用户装上宽带，买上电脑，55% 的住户改装数字电视。

村民的经济收入以外出打工为主，人均年收入达3000元以上。

2002年，由车留庄镇政府工作队的协助，村内通出十字大街，打通环村路。2003年1月，修建宝通街、樱前街，2004年，高六路通车，3条公路占用360余亩土地，使村公路环绕，改变村内阴天下雨出行难。

2006年10月，潍坊市高新区清池街道制定《村规民约自治章程》，村委出台财务和土地管理制度。2009年2月，潍坊综合保税区成立，村划为汶泉发展区管辖。村施行“村村通”工程，整修村内十字大街700余米，硬化路面，安装路灯26盏。同年秋天，铺设自来水管道，全村喝上自来水。

2010年，村被征用土地200多亩，落成福田山东多功能汽车厂，村“两委”利用村级政府可留用的20%的款项建设7间办公室、21间商品房。为60周岁以上的老人，缴纳农村居民养老保险金。实行中央医保政策，村集体按时为村民缴农村合作医疗保险费，直到2014年。

教育卫生。1966年开始，把解放后留下来的1所小学，办的有声有色。1997年，村办小学合并于官路小学。

1969年，村设卫生所1处，由李建春、李秀珍、李庆和、李桂信、李尊虎轮流负责。2018年，村卫生室由齐世霞负责。

人物

李建芳，1936年，在潍县广文中学读书时，参加中共地下党组织。后在家中组织发动群众联合抗日时，被当地反动组织发现，杀害于潍河，就义时年仅19岁，后被上级党组织追认为革命烈士。

李庆兰，1944年，由地方武装转入部队参军。抗美援朝战场上立功受奖，从辽宁锦州部队团长离休，2018年居住部队疗养院。

李庆寿，1946年参军，在淮海战役中牺牲，年仅25岁，被追认为革命烈士。

李尊胜、李庆茂、吴兴奎、李尊和、李后吉、李林洪6人参加抗美援朝斗争，李尊胜立功入党。村内另有24人到部队去服过兵役。2018年，有1人为现役军人。

李林柱、李尊忠、李建华、李建甲、李庆功、李建猛、李尊千、吴继龙、李鹏涛、李光波先后任村支部书记；李建祥、李尊周、李建松、李尊唐、李建猛、李林、吴兆智、李鹏涛、李光华、郝江兰先后任村行政负责人。

第八节　新庄村

地理环境

新庄村位于潍坊市区东部，汶泉发展区管委会东南10公里处，杨瓦路（潍坊东环路）穿村而过。东邻潍莱高速公路，与坊子区朱家营村、蔡园村、张家屯村接壤，北邻汶泉发展区北徐家庄村，西邻汶泉发展区官路村，南临汶泉发展区东单家埠村和西单家埠村。村庄地势平坦，总体走向南高北低，属平原地带，海拔一般为82米左右。村庄主街东西走向，整体规则，聚落呈正方形。村庄占地185亩，耕地1178亩。2017年夏天，硬化大街4条。

村名由来

明洪武二年（1369年），凌氏始祖姬封后人，从河北枣强县转迁至安丘凌河院，其中一族支在此歇脚并长期居住，起名凌先庄。后有孟、王、闫、吉、安等姓搬迁至此形成杂姓村。中华人

新庄村村民委员会

民共和国成立后更名新庄村。2017 年冬，全村 128 户，388 人。凌姓 51 户，占全村人口 40%；孟姓 31 户，占 24%；王姓 27 户，占 21%；其他姓氏 19 户，占 15%。村民均为汉族。

人物

闫文礼，1950 年参加抗美援朝牺牲，革命烈士。

凌树荣，1929 年 8 月 15 日出生，1949 年 3 月 8 日参军。总参部办公厅，正师级。

凌立刚，少校军衔，首都经济贸易大学国有资产处办公室主任。

凌树宽，男，博士，1982 年 8 月出生，中国航天员科研训练中心航天医学基础与应用国家重点实验室副研究员，担任中国载人航天工程航天员系统相关子系统主管设计师。

隶属沿革

1948 年潍县解放后，属潍南县张营区所辖。1951 年属潍北县，1953 年属潍县。1958 年，段家人民公社成立，属该公社。1980 年，地名普查标准化，更名涌泉人民公社。1984 年，划归坊子区涌泉乡。2000 年，涌泉乡撤销，划归坊子区车留庄镇。2003 年，车留庄镇撤销，划归潍坊高新区清池街道。2009 年 2 月，划归潍坊高新区汶泉发展区。2011 年 6 月，区划调整划归潍坊综合保税区汶泉发展区管理服务中心。

经济发展

中华人民共和国成立后，新庄村人发起磨坊、粉坊、弹棉花房、香油房、豆腐坊、月饼房等买卖，涌现出不少技工师傅。村生产以农业为主，主要农作物有小麦、玉米、花生等。随着很多企业在村周边落户，村劳动力基本上就工上班，或从事运输业、建筑业和第三产业。

村里有新建篮球场、文化广场和农家书屋。

吉化南、孟贤帮、凌树江、王相路、吉光树、凌立胜先后任村党支部书记。

第三章　张营管理区

张营管理区位于汶泉发展区西北部，樱前街以北，健康街以南，高二路以东，高六路以西，管理区驻地位于樱前街与高五路交叉路口向北500米。辖区有阎家张营村、刘家张营村、张营南埠村、吉家张营村、蔡家集村、大李家村6个行政村，人口1560户、4500人，有村两委干部31人、党员211名、村民代表190人。土地总面积约2900亩。辖区内通过多年征地，已基本无耕地，村民主要从事打工或者家庭小作坊生产。辖区内有河流两条：一是东泥河，流经吉家张营村、刘家张营村，另一条由北赵庄村流经蔡家集村。

刘家张营村的古槐树龄超过120年。

张营管理区为保税区发展提供了土地资源，累计征地4000多亩，现已开展六村的棚户区改造，提升辖区内居民居住环境。辖区内各村村集体无收入，基本依靠政府征地收入。

第一节　大李家村

地理环境

大李家村位于潍坊市政府东南15公里，高新区6号路至7号路间，北距健康街2.5公里，南距樱前街1.5公里，北与郑家集、吴家大路为邻，西与刘家张营接壤，村东以暴沙河为界，河东是西北段，村东南与蔡家集为邻。村中有小河（暴沙河支流）南北穿过，有东西主街1条，长约600米，南北宽约400米。

村名由来

大李家村又称东李家，因村最早有石磨又称磨李家。何年立村无从考证。村内曾挖出元朝坟墓，证明元朝时有人定居于此。《大李家族谱》记载，明朝洪武年间（1368—1398），李姓从云南省迁入潍县城，后有李姓分支，从潍县城东迁于此。分为3大支系，三世祖李荣、李富为1支系，李禹为1支系，五世祖李春节为1支系，经繁衍至2018年已到23世，大李家至少有近500年历史。2018年，全村有278户，890人，村民均姓李，汉族。

隶属沿革

明朝至清朝，属莱州府潍县流延社。1945年划归潍北县下密区，1950年划归潍北县张营区，1955年划归潍县13区。1958年，成立人民公社属潍县段家人民公社，公社驻地机关、医院、粮站、邮局等部门设在村，原郑家集的集贸市场迁入村。1983年，潍县撤销，划坊子区涌泉公社，1984年改为涌泉乡。2000年涌泉乡撤销划归坊子区清池镇。2003年划归为高新区清池街道，2009年2月，划归潍坊高新区汶泉发展区。2011年6月，区划调整划归潍坊综合保税区汶泉发展区管理服务中心。

经济发展

1949年中华人民共和国成立，村有110户，630人，土地2300余亩，主要集中在村南、村西。地片较集中平整，分散各户，但不均匀，经互助组、合作社至人民公社，土地归集体所有。传统农业种植以小麦、高粱、谷子、地瓜为主，经济作物以黄烟为主。公社化后，全村1个大队，分7个小队，以种粮为主，黄烟仍作为各队的经济来源。20世纪70至80年代，大搞农田水利基本建设，全村土地整平、划方。1975年，成立红炉组，并购置空气锤，加工电力设备配件。1976年，购置25马力拖拉机1台。1978年，在村西建起窑厂1座。李后敏担任支部书记期间（1977—1983年），先后开挖村南和村西大口水井3眼，在村前小河和村西小河修水库2座，起名“三八水库”，并修筑配套水渠，购置柴油机水泵等提水机械。1981年，购置大型夹板锤，主要加工水管法兰盘等自来水设备配件。1982年，购置50拖拉机1台，用于农业生产和运输。1984年，坊子区大力发展林果业，种植山楂200余亩。

1984年，完善生产责任制，实现土地分配到户，农户自主经营，分工购置耕牛、车辆、抽水机。当时全村有耕牛100多头，车辆80多辆，抽水机20多台。大量使用化学肥料，粮食翻倍增长，经济收入大幅提高。1985年，在原窑厂基础上建起砖窑1座，村里成立绣花组、木工组。

2006年，全国取消农业税。2010年，北汽福田汽车厂落户高新区，占用村土地1400余亩，80%的农民没有土地，靠打工获取经济收入。

20世纪90年代起，村民李继成投资10万元建起翻砂厂，李后明建编织袋厂，李后荣、李传信建家具厂，李清坤成立建筑公司，李永义建奶牛养殖场，李清勇建生猪养殖场，有规模以上养鸡户5家。

社会事业

村庄建设。1980年，全村通电。2000年，对东西大街进行拓宽、取直、垫平、修整，打通村中南北大街，并安装沿街路灯；对村中小桥进行重修，由原来低矮的砖砌拱桥改为石砌3孔拱桥，取名“连心桥”，意即党民连心之意。2003年，全村开通自来水。2013年，建起村文化广场，并安装各种活动器材供村民休闲娱乐。2015年，对自来水进行二次改造，并安装大型净水设备，使用智能卡交费用水。2016年，对3条南北街和村前东西街

大李家村村民委员会

整修，铺设水泥路。2018 年，村里有大型变压器 3 台，电视、电话普及率 100%，空调、洗衣机、电脑基本普及，生活生产电器化。

医疗卫生。中华人民共和国成立初期，中医李廷训为村民治病，中华人民共和国成立后，其子李清杰承父业继续为村民服务。1959 年，公社驻大李家，设段家公社卫生院，有专业医生 13 人。1975 年，卫生院迁至涌泉，村成立卫生室，开办合作医疗。改革开放后，成为私人诊所。2003 年，村实行合作医疗制度。

教育。民国时期，村有大李家完全小学。1950 年，潍北县下密区完全小学设在大李家，有学生 200 余人，教职工 20 多人。1959 年公社进驻，村仅有低年级小学。1973 年，公社迁走，村成立完全小学 1 至 5 年级，有学生 120 多人，公办教师 1 人，民办教师 9 人。1976 年，小学又设 2 个初中班，1978 年结束，仍为小学。从解放后到 2018 年，考出去的大中专学生 80 多人，其中博士生 2 人、博士后 1 人、研究生 5 人、本科生 30 余人。

人物

李清民，1956 年考入泰安畜牧大学，曾任济宁市畜牧局局长。

李新波，上海医科大毕业，博士，毕业后留学加拿大，移居美国。

李正军，清华大学毕业，博士，在清华大学任教。

李海龙，浙江大学毕业，博士后，在浙江大学任教。

解放后，村民应征入伍 40 多人，转业到机关的有 6 人。

1946 年以前，村入党人员有李廷乐、李廷磊、李廷庆、李廷孟、李廷岭等。2018 年，全村有党员 51 人。

李福生、李清义、李清喜、李永新、李后敏、李清勇、李清东、李廷华、李兴胜、李书宽、李清坤、李后明先后任村党支部书记；李廷智、李清江、李福高、李清东、李清义、李清喜、李后春、李永新、李廷华、李兴胜、李后川、李清坤、李后明先后任村行政负责人。

第二节　蔡家集村

地理环境

蔡家集村位于潍坊综合保税区东 6 公里，东北方向与西南段、西北段相望，西北方向与大李家村连接，西向福田多功能汽车厂毗邻，南向与北赵庄村、北徐家庄相对。村居落于两河之间，呈方形，东西两河系瀑沙河支流上游。

村名由来

卜姓系原住民（原村名失考），后蔡姓由高铁官庄（原属车留庄乡）迁入，发展 20 余户，人丁兴旺，故改村名为蔡家集。后徐、冯、杨等姓相继迁入。卜姓于清嘉庆年间（1796—1820）湮没，其后不可考。蔡姓族人，于清末大部分迁徙关东，人丁逐渐稀少，传至 16 世余 1 户，无嗣，乃由高铁官庄出绍 1 人承嗣传承至今。冯姓于明万历年间（1573—1620）由北冯村迁入。杨姓由东北段家村迁入（据传与冯姓迁入时间相仿，无考）。徐姓由东北段家村迁入（据传早于冯、杨两姓，无考）。孙姓于清同治（1862）年由孙家村迁入。潘姓于清光绪末年（1875—1980）由潍县城东上虞河村迁入。庄姓于清乾隆（1736—1795）由大庄家村迁入。李姓于 20 世纪 30 年代外甥继迁入。2018 年，有冯、杨、徐、孙、潘、庄、李、蔡8姓（姓氏按人口多少排列）。全村265户，802人。

隶属沿革

清宣统二年（1910），潍县办自治分城乡16区，划蔡家集区，下辖下蜜社、流延社、上清池社、下清池社。1914年，村属潍县第七区蔡家集镇。1945年，中共潍南县成立，区内解放区属之。1947年属潍南县张营区，1950年属潍北县，1953年属潍县治浑街区郑家集乡。1954年成立初级合作社，1955年成立高级合作社，1958年9月属潍县段家人民公社，1981年属潍县涌泉人民公社，1984年属潍坊市坊子区涌泉乡。2000年，涌泉乡撤销，属坊子区清池镇。2003年，属高新区清池街道。2009年2月，划归潍坊高新区汶泉发展区。2011年6月，区划调整划归潍坊综合保税区汶泉发展区管理服务中心。

农业

1956年，在瀑沙河上游截流修建小型水库1座。

20世纪60年代，大搞农业基本建设。农业生产曾为段家公社每年的夏收秋播提供多次示范现场会。1965年，在技术员刘兆信指导下套种棉花。1965—1980年，打大口井12眼，机井3眼，修建灌溉渠，引水库之水、井水灌溉农田。1976年全村耕地统一划方整平，机井方68亩，西洼方70亩，沙河头方32亩，南洼方34亩，郭家湾方85亩，15号路南、北山楂地方61亩，西瀑沙河西岸山楂地方26亩，村西方38亩，村北方77亩，杏里木方40亩，15号路南、北方104亩，好里方50亩，村东方71亩，菜园井方37亩，风车井方78亩，苗圃方14亩。

1985年农业结构调整，种山楂树120亩。1986—2000年，村民在承包地里钻机井35眼，安装浇地水泵60多台，水浇面积达90%以上。

1993年，村民发展经济，建塑料大棚，20余户村民养合同肉食鸡。

村原有耕地1045亩。耕地属黑壤，无沙砾，土质肥沃，地面平整，宜耕种，为农作物高产田。粮食作物主要有小麦、玉米和地瓜，经济作物以黄烟为主。2010年，福田汽车厂征地85亩。2011年，集中居住区征地106亩。2013年9月15日，路南项目征地523亩。2018年，耕地仅余331亩。

工商业

中华人民共和国成立前，蔡家集村是远近闻名的集市贸易市场，1938年遭日军轰炸后，村民驱赶集市至北赵庄村、郑家集村，1958年开始迁至大李家村。

清末及民国初年，设蔡家集区、蔡家集镇，设局子（相当派出所），辖至清池等十几个社村。蔡家集村是潍县至青岛、昌邑至坊子方向必经之地，为交通要道。当时商贸繁荣，村十字口设有石制公斗，街面多店铺，有顺和堂、益增等钱号、钱庄、粮行、粮庄数家，还有7座油坊、8座店、十几挑火烧扁担、烧锅（酒业）、炉坊（铸造）、染印坊、3家中西药铺，多为合伙经营，房屋以租赁形式组成。粮食、物资运输车辆络绎不绝。生意做至青岛、济南、烟台、威海等城市。

1959年，段家公社的工业设在蔡家集村，有红炉组、木业组、杀猪组、缝纫组、粉坊组、供销社等。

1976—1982年，组建村办副业，技有术人员4人，从业人员40多人；建厂房20间，办公室3间，有车床车间、木工车间、铸造车间，安装140发电机组、495发电机组；有50拖拉机1台，495汽车1辆，12拖拉机1台。建成油坊、磨坊。90年代，村民告别以农业为生的传统经济模式，大部分转向生产和加工、建筑业施工与安装。村内有自办日用品商店2处，百姓大药房1家，沙发床垫厂1家，铝件铸造厂1家，钻井队1家，建筑队1个，村民经济来源以打工为主。

社会事业

村庄建设。20世纪30年代初，为御战乱防匪患，环村修筑圩子墙，圩子高3～4米，壕沟宽4～5米，设东、南、西、北四大门，东圩子设刺条。随时代变迁，圩墙失修，水土流失，村民取土、复种、建房等原因，于20世纪80年代末，逐渐销迹。

1978年，建村委会办公用房13间。1984年全村通电，安装50千瓦变压器1部。1990年，新建村委办公室5间。1996年，东瀑沙河建石拱桥2座，西瀑沙河建石拱桥1座，16、17号路建石拱桥2座，苗圃地东南角建石拱桥1座，工程全靠肩挑人抬建成。进村道路及十字大街全部水泥硬化，累计长度1.5千米，面积达0.4万平方米。2003年，全村用上自来水。2007年，换250千瓦变压器1部。2012年11月，村民吃上纯净水，建小广场160平方米。2014年，村主街安装路灯30盏，晚上照明3个小时；2015年，在村北新装250千瓦变压器1部

村民生活。中华人民共和国成立前就有文体活动的好传统，表演吕剧《小姑贤》《拾玉镯》《狮子楼》《王定保借当》《借年》等传统剧目全剧。逢年过节有高跷、旱船、跑竹马等文体节目。1955年，组建业余庄户剧团，团长杨德兴，演员20余人。1957年，上级组织文艺会演，参赛剧目《挑女婿》获二等奖。

1979年，村委购24英寸日本产彩色电视机1台，村民、临近村村民晚上到村委会收看电视节目。1984年全村通电后，照明换上电灯，生活用上电器。2000年，村民全部安装有线电视。2008年至2017年，全村共有各类轿车130余辆。至2018年，彩电村民拥有率100%，冰箱村民拥有率60%、洗衣机村民拥有率70%，45%以上的户安装电脑，有电话80余部，手机普及。

村规民约。2006年10月，高新区清池街道统一制定第一个《村规民约自治章程》，分8章54节，包含总则、村级政务决策与管理、村民的权利和义务、土地管理与规划建设、婚姻家庭和计划生育、治安管理、户口管理与村民待遇、附则等内容。

教育卫生。1965年，实行合作医疗，村设卫生所1处，有“赤脚医生”5人。2005年，村民全部加入新型农村合作医疗。

中华人民共和国成立前期，设学堂1处，先生冯树之。1950年设蔡家集小学。1965年小学扩建，名为段家联中，有教室24间、办公室7间，学生200余人，教师15名，1984年学校迁至西南段村西头。

中华人民共和国成立后，全村考出本科以上毕业生和在校生12名，其中硕士研究生1人。

古树古迹

村后原北门大门西约30米，生有古槐一棵，树龄400余年，树直径110厘米，树高约15米，属益增遗产，市文物局有记载。村东端建有关

帝庙，殿堂3间，建造年代失考，于20世纪60年代初拆除。村后建有土地庙，庙屋1间，建造年代失考，于20世纪60年代中期拆除。

人物

蔡绍文，1949年入伍，参加抗美援朝。冯西光，1950年入伍，烈士，牺牲在抗美援朝战场。杨书德，1951年入伍，1956年入党，立二等功一次，三等功一次。

冯会民，蔡家集村党支部副书记兼民兵连长。1979年，在上级党委组织民兵训练时，涌泉民兵王乐林因心慌把拉弦的手榴弹扔在掩体中，危急时刻，冯会民奋不顾身将手榴弹扔出掩体，避免了伤亡，受到县武装部表彰，记三等功。

冯克平，1984年5月当选为潍坊市坊子区第十届人大代表，1987年4月当选为潍坊市坊子区第十一届人大代表，1981—1982年被评为潍县模范党员，1983年被评为坊子区模范党员。

冯志文，1958年毕业于北京地质学院，任地质学院教授。

冯英光，毕业于山东师范学院，沾河县中学任教，调任潍坊市坊子区二十八中学任工会主席。

冯延东，大学毕业后，在潍城区任经委主任。

冯秀兰，山东大学本科毕业，原任山东电视台618台台长，副高级工程师、副教授。

孙明波，大学毕业后，在黄岛中国石油公司任职，教授。

徐东东，天津大学在读博士生。

冯效栋，大学毕业，任高密市副市长、公安局局长。

徐丙胜、冯西铎、冯克明、冯克文、杨书德、冯克平、冯会民、冯效智、冯悦东、冯克荣、冯会玉、冯强、冯克湖先后任村党支部书记；冯克福、杨书德、冯会民、冯克荣、冯会玉、冯强、冯效强、冯效利先后任村行政负责人。

第三节　吉家张营村

地理环境

吉家张营村位于汶泉发展区管委会东南2公里处，东泥河西岸，樱前街以北，北邻刘家张营村，村西是张营南埠村。村庄地形平坦，聚落呈长方形。

村名由来及隶属沿革

清咸丰年间（1851—1861），吉化龙由寒亭区吉家夏密迁入立村。因近靠张营，以吉姓取名，故名吉家张营村。立村后主要有吉、庄、闫、段等姓。2017年，有65户、203人。

1958年，属潍县治浑街公社。1972年，属潍县清池公社。1984年，属潍坊市坊子区清池镇。2003年，区划属潍坊市高新区清池街道。2011年6月，区划调整划归潍坊综合保税区汶泉发展区管理服务中心。

经济发展

村原有耕地362亩，主要地块是村东梨树地、村南机井地和山楂地。粮食作物主要有小麦和玉米，经济作物以黄烟、棉花为主。1975—1982年，在村东南角开采蓝泥加工出售。1988年，在山楂地南头挖大口井2眼，改善灌溉条件。2003年，高新四路占地25亩；2009年，伟士昕项目征用28亩；2012年，新富汽车项目征用200.85亩；至2018年，剩余耕地108.15亩。综合保税区把剩余耕地储备征用，村民经济来源主要以打工为主。

社会事业

村庄建设。1977 年，在村南建进村路大桥 1 座，在东泥河建生产路桥 1 座。1981 年，全村安装电力设施。1982—1991 年，建村庄规划房屋 93 间，并规划大街小巷，提升村民的居住条件，改善村容村貌。

2006 年，村民出资 7450 元、捐款 12100 元，潍坊高创中心捐款 10000 元、高创中心党员捐款 1000 元，对村内街道进行硬化。2008 年，建村委办公室南屋。2009 年，建村委办公室北屋，并购买办公设备提升办公条件，村内安装路灯 17 盏。2013 年，村公墓搬迁至常令公山。2014 年，通过“一事一议”资金，修建高四路进村大桥。同年，修建村民娱乐广场 1 处，面积 185 平方米，安装健身器材。

社会保障。2008 年至 2012 年，全村居民医疗保险、养老保险由村集体出资，支出医疗保险 2.514 万元、养老保险 37 万元，村民参保率达 100%。2013 年起，养老保险村集体负责一半（11.55 万元），村民自付一半，医疗保险村集体出资 19.114 万元。

教育。恢复高考后，全村考取本科 6 名、研究生 1 名。

人物

中华人民共和国成立后，村有 10 人应征入伍保家卫国。庄文南第一个加入中国共产党，2017 年全村有党员 22 人。

吉寿华、庄守南、庄宗海、吉贵海先后任村党支部书记；吉济道、吉贵山、庄宗海、吉贵丰、吉贵海、阎润、庄宗祥先后任村行政负责人。

第四节　阎家张营村

地理环境

阎家张营村位于潍坊综合保税区东南 1 公里处，东泥河西岸，东与刘家张营村相邻，南与吉家张营村和张营南埠相接，西和佩特来、北和保税区相望。村东有东泥河支流，平原地形，南高北低，北宽南窄，村居呈反 L，主街南北方向。

村名由来及隶属沿革

战国时期，齐国张将军曾在此扎营（村西有齐营埠），故名张营。明洪武二年（1396），阎姓由山西省洪洞县大槐树迁入，改称阎家张营村。2018 年，有阎、刘、李、齐 4 姓，436 户，1150 人。

抗日战争时期，村属潍县第六区、第七区。解放战争时期，为潍南县张营区。中华人民共和国成立以后，属潍北县第十区。1953 年，划为潍县第十七区。1958 年，属潍县治浑街人民公社。1981 年，属潍县清池人民公社。2003 年，属潍坊高新区清池街道。2011 年 6 月，区划调整划归潍坊综合保税区汶泉发展区管理服务中心。

经济发展

村属平原地带，村耕地面积 1753 亩，被保税区征地 1026 亩。粮食作物主要有小麦、玉米和地瓜，经济作物以黄烟、棉花为主。1976 年，全村耕地统一划方整平，北坡打机井 4 眼、庄稼地打井 3 眼，马塘子地大口井 4 眼，西坡 4 眼，水浇面积 80% 以上。

1962 年，成立木业社，购买机器磨、弹花机、轧花机。1975 年，买泰山—12 小型拖拉机。1979 年，建成电镀厂，2006 年关停。1998 年，

阎家张营村中心大街

建学校，从小学到联中，首任校长丁志明。1971年，入校新生9人。1993年，建起四村小学，砖瓦房27间，接收阎家张营、刘家张营、吉家张营、张营南埠等4个村的学生。

村民闫明广搞起家庭木器加工作坊，专做床品。2008年，阎亮和在家中搞起沙发加工作坊。

社会事业

1981年，全村通电，有100千瓦变压器1台，户户照明用上电。1988年打机井，户户安上自来水，解决几代人靠肩挑车推吃水的历史性问题。2007年，新上250千瓦变压器1台。2016年，在村委广场旁新安250千瓦变压器1台。家家户户用上彩色电视机，洗衣机家庭拥有率65%，冰箱村民占有率70%，电脑宽带村民占有率40%，手机村民占有率75%，有固定电话200余部，有线电视用户200余户。每逢五排十赶集。

1965年，实行合作医疗，村设卫生所1处，有赤脚医生2名。2005年，村民全部加入新型农村合作医疗。2018年度参保近800人，村民医疗保障得到实惠。2018年有165人缴纳养老保险。

1949年后，小学至四、五年级分散在自然村内，借用民房上课（地点不固定）。1970年

人物

闫继昌，1980年考入潍县师范，1982年毕业后，先后在潍县33中学治浑街分校、潍坊四中、潍坊市坊子区教师进修学校任教，1991年调入坊子区劳动局，2004年以后调入坊子区房管局，正科级。

阎春和，1953年入伍，分到华东军区27军81师243团炮兵营，后任作战参谋；1976年，转业到潍县高里公社供销社任主任。

阎恩修，1959年入伍，转业后到涌泉粮管所任所长，后调坊子粮食局工作，科级退休。

闫坤山，1968年入伍，1982年转业到潍县公安局，1983年调任坊子区荆山洼派出所所长，后调到坊子公安分局，正科级。

阎兰图，1980年始从事教育，高级教师。

1950年，闫绪和第一个加入中国共产党。2018年，全村有党员42人。

阎绪和、闫清胜、闫忠田、闫洪田、闫顺田、阎发修、阎信广、闫飞修先后任村党支部书记；闫绪和、闫明礼、闫连修、闫朋昌、阎平昌、阎坤和、闫发修、闫林广、阎信广、闫才广先后任村行政负责人。

第五节　刘家张营村

地理环境

刘家张营村位于潍坊综合保税区管委会东南 1.5 公里处，东临浞河西岸，西接阎家张营村，南临吉家张营村，北至桃园街。地处平地，总面积 520 亩。2018 年，耕地面积 260 亩，村落占地 252.4 亩。东浞河支流南北贯穿村中，交通不便，历代祖先曾多次建桥。

村名由来及隶属

明朝万历年间（1573—1620），刘氏从车留庄迁入落户，居东浞河崖边，取名刘家河崖，因近依张营，故名刘家张营。2018 年，全村有 298 户、760 人，有刘、庄、柴、阎、吕等姓，村民多为汉族，有少量满族、彝族。

1958 年，属潍县治浑街公社。1972 年，属潍县清池公社。1984 年，划归潍坊市坊子区清池镇，由公社管理变为行政村管理。2003 年，属潍坊市高新区清池街道。2011 年 6 月，区划调整划归潍坊综合保税区汶泉发展区管理服务中心。

经济发展

村民主要经济来源是务工收入。村有机井 2 个，村东机井供应全村生活用水。村内建有 80 平方米图书室 1 处，300 多平方米健身广场 1 处，村北大街有 30 平方米小型健身场地 1 处，有 LED 路灯 90 余盏。

80 年代实行包干到户，村涌现出一批从事木工、沙发、机械加工、床芯产业的民营企业家。庄宗起经营红木嵌银厂，刘效仁经营华德动力机械厂，庄玉玺经营个体酒店，刘高之经营床芯加工厂，刘德之经营兴德机械加工厂等。

征地拆迁

2008 年，紫鸢乳业有限公司落户，占地 25

张营社区棚改规划

亩余地。2009 年至 2010 年，修建高五路工程，北邻郑家集村地。

2011 年，北汽福田项目落户高五路东片区，征地 212.394 亩。

2012 年春，启动裕源物流项目土地 169.413 亩，1 个月后启动新富汽车项目土地 82.6155 亩，该项目位于紫鸾乳业有限公司项目北邻。

2012 年中期，中心路项目进驻。下半年，保税区二期围网项目、高五路西片区、网外 5 米及高五路东一片区、桃源街项目 5 大项目启动，征用土地 440 余亩。

2013 年，高五路西片区征地，村公墓搬到常令公山。

2008 年至 2013 年，刘家张营村累计被征用土地近 1000 亩。2018 年，村剩余耕地 240 余亩。

社会事业

村庄建设。2002 年，村两委干部共同出资在村东首钻机井 1 处，供应全村饮用生活用水。完成电力线路改工程，全村初次使用路灯。2012 年初，村东自备井处安装净化水房 1 处，供应全村村民饮用净化水。

2006 年，借助“村村通”项目，对村主要街道进行硬化。2008 年，新建村委办公室 6 间。2009 年购买相关办公设备，提升办公条件。同年于村委西侧修建村民娱乐广场 1 处并安装健身器材。

社会保障。2008 年开始，全村实行养老保险政策，采取个人出资、村集体补助、财政补贴相结合的办法。每年村集体拿出近 6 万元补贴。全村实行医疗保险参保率达 100%。居民医疗保险每年医疗保险费由村集体出资统一办理一档缴费，群众办理二档医疗保险的，向村委缴纳部分差额即可。已办理职工和学生医疗保险的，村集体给予发放村集体补贴部分。2008 年开始，村累计担负医疗保险费近 60 万元。

教育。1971—1992 年，村民上小学在村办学校；1992—1995 年，在李家张营。1995—2008 年，闫家张营、刘家张营、张营南埠、吉家张营共同修建 4 村小学，村民筹资 8000 多元共同修缮张营四村小学。2008 年至 2013 年，学校合并到李家张营。2013—2015 年，高新区泥景学校实行九年一贯制义务教育。2016 年，新增学生到保税区实验小学就读。

恢复高考后，全村考取研究生 5 名、本科生 20 余名、专科生 40 余名，有 10 余人从事教育工作。

基层组织建设

2018 年，在刘家张营村新一轮的村两委改选工作中，村两委干部共计 6 人；全村现有近 50 余名退役军人，党员 33 人，村民代表 32 人，退休老干部 2 人。村历任党支部书记刘法之、刘道佐、刘效强。

第六节　张营南埠村

地理环境

张营南埠村地处高二路以东、高四路以西、桃园街以南、樱前街以北中间地带，西北距综合保税区汶泉发展区管委会 1.5 公里，西临二甲李村、邱家村，北临阎家张营村，东临刘家张营村、吉家张营村，南与黄家张营村、李家张营村、吕家张营村接壤。村落大体呈正方形，占地 200 余亩。村内地形高洼不平，呈阶梯状，村东半部分北高南低，总体上东高西低，水从村西北角流出，注入泥河。地处平原，2001 年，

张营南埠村村民委员会

土地总面积 1218 亩。2009 年土地储备后总面积 500 亩，耕地面积 200 亩。

村名由来

张营南埠村是潍县城东名村，名号“潍县城东二十五里”。史上曾三改其名，最早叫千家店，后改为万盛庄，又改为张营南埠庄，更名时间已经无法考证。根据家谱记载，清朝雍正年间（1722—1735）叫张营庄。万盛庄旧址在现村址以西偏南约 500 米处，旧村址上生活遗迹明显，破碗、破盆、碎瓦片、兵器时有出土。2003 年，电力施工挖出北宋窖藏 1 个，出土铜钱数千枚，北宋历代年号都有。明朝洪武年间（1368—1398）因瘟疫迁到现址，刚过来时仍叫万盛庄，村西三官庙里现存重修钟楼善人碑有记载。

万盛庄东北角有一黄土埠，因南西两面地势平缓，只有北面地势陡峭，故称为南埠，此埠是周围各村制高点。明初有军队在此安营，首领姓张，故称为张营，于是万盛庄亦叫张营庄。当时村子很小，人口不多，为抵御匪患，跟闫家、刘家、吉家联合起来统称“四合堂”。后南面黄家、李家等三村也申请加入，统称“七张营”。为区别最南边小村南张营，其余五村在张营前加上姓氏以示区别，万盛庄在张营后面加了南埠二字，从此张营南埠庄村名诞生。当地有“先有四合堂，后有七张营”之说。

人口

村民姓氏有“三刘两张加一徐，夏马明邹代卞斐”之说。刘姓是村内最大的家族，人口占全村的 80%。始祖刘士通、刘士敬、刘士三于明永乐年间（1403—1424）自山西省洪洞县迁至寒亭区仓上庄，历六世，刘应魁、刘应斗自清雍正年间（1723—1735）迁至张营。邹姓是全村最老的居民，祖上是从潍河东邹家庄迁来，家谱失传，时间无法考证。杨姓是从董流迁来，至今已传 11 代。张姓是潍坊北边张家庄迁入。斐姓清末举家闯关东，代姓于清末民初举家迁移到赵庄，卞姓于 20 世纪 80 年代消失。

2018 年，村有居民 160 余户，580 余人，除 1 人是拉祜族、2 人畲族、1 人黎族外，其余均为汉族，有刘、邹、杨、张 4 姓。

隶属沿革

商夏周时期属寒国，国都寒亭。春秋战国时期属齐国，国都临淄。南宋时期受金国管辖，清朝时期属潍县流延社，中华民国属潍县六区。中华人民共和国成立后划归潍北县十一区，1958年划归潍县治浑街人民公社。1984年，属潍坊市坊子区清池镇；2003年属高新区清池街道；2011年6月，区划调整划归潍坊综合保税区汶泉发展区管理服务中心。

经济发展

清代，村内有染坊10多座，将白棉布染成红布在潍县城销售。有木板年画社1处、绳子社3处、醋房1处，还有从事绑扫帚、白铁、建筑、木工的各种手工艺人。抗日战争期间，国民党杂牌军厉文礼、李化远部进驻张营南埠。他们在埠顶上修据点，重修围墙，工期达一年之久，老百姓苦不堪言。村内企业全部倒闭，耕地有2000余亩荒芜，劳务市场消失。

中华人民共和国成立后，1956年成立初级农业合作社，全村划分为4个村民组。1958年成立人民公社，张营南埠村更名张营南埠生产大队，村民小组叫生产小队。1958年张营片改营，营部在李家张营。村里成立公共食堂，各户的粮食都收走，铁锅都砸，谁家也不准冒烟。"营部"从村调走土地1000多亩，村耕地只剩1000亩左右。三年自然灾害中，村民生活困难，草根树皮都吃光，一些五六十岁的老人因饥饿死去。

1966年开始"文化大革命"，成立革命委员会，村里所有的文物都被"造反派"砸烂。1970年以后，社会相对稳定。在"农业学大寨"口号号召下，进行较大规模的农田水利基本建设，二队维修西水库，一队、三队、四队挖大口井、打机井。

1978年改革开放后，村结束30年"地瓜干是主粮，人拉碌碡来打场，鸡腚眼当银行"的集体生活。1980年人民公社解体，生产队集体财产全部拍卖，土地由一年一分，改为二三年一分，耕地使用相对固定，化肥投放量大幅加大，粮食亩产从生产队时的一百多斤提高到五六百斤。种植作物除了小麦玉米五谷杂粮，还有经济作物黄烟、棉花、花生等。多数村民有了耕牛、畜力车等，不再使用独轮二把手车，"手拿、肩扛、扁担挑"的历史结束。

80年代末90年代初，村里出现小型农机，如12马力拖拉机、小型脱粒机、小型收割机、潜水泵等。黑白电视、摩托车进村。村民有了存款，少数人成了"万元户"，安装座机电话。90年代中期，村里出现大量的专业户，有农机、服务、钻井、建筑、运输、家具制造、跑床垫、养殖等。2000只规模以上的养鸡户有10多户，养奶牛2头3头10多头的不等，养猪近100头的2户，还有狐狸、鹌鹑等特种养殖。村西设置养殖区。

1997年，以支部书记刘建民为首，村两委到处参观学习，考察适合的发展项目。村利用地势较高便于挖姜井储存，黄土地适合大姜生长等条件，推广大姜生产。高峰期全村种植面积40多亩，总产量30多万斤。1999年，国家将土地经营权延长至30年不变，农业发展进入快车道。村大型农机有佳木斯联合收割机、50拖拉机、旋耕犁、播种机等，农业实现全面机械化。

2003年，潍坊市组建综合保税区，村西北坡200余亩耕地被征用，征地款每亩1.82万元归集体，青苗补偿费每亩900元归个人。村两委用征地款为村里60岁以上老年人买养老保险，养老费每月按时发放。全村有户口村民加入合作医疗。2006年，村制定村规民约，实行大学生奖励制度，大学生每人1000元，大专每人800元。全村安装路灯。

2009年，村安装纯净水设备。当年，村除北门外、东围子外，其他土地均被国家征用，征地款每亩4.8万元，附着物除外，共得征地款4000万元。2010年春，按每人7.8万元分掉，加上青苗补偿费，每人得8.16万元。剩余的作为村公益事业储备费用，用于每年为全村代交合作医疗费，为新增老年人买保险，道路维修，安装净化水设施，健身广场等。2011年6月村划保税区，2018年2月综合保税区为张营社区启动棚户区改造工程。

文物古迹

三官庙。位于后街西门路北，占地约20亩，从南向北有三门口、钟楼、火池亭、正殿、高阁。钟楼内有千斤大铁钟1个。正殿内供有天官、地官、水官神像。高阁前门有十三步石灰岩台阶，内供陈光磊神像，雕梁画栋，壁画满墙。院内有百年古柏树200株，三门口外有千年古白杨树1株。1948年，为支援潍县战役，“四合堂”伐树，送金屯村给解放军使用。现仅存正殿。

关帝庙。在南门西侧围墙内，内有关公“夜读春秋”神像，左有关平，右有周仓。院内有古柏2株。“文化大革命”中全毁。

武举庄园。村北胡同有清乾隆丙子科武举刘可忻住宅，前门在后街，后门在大后街，胡同两头均有大门、耳屋，前门挂牌匾 “齿德具尊” 冯誉骥为其提词，牌匾现存于刘炳河家中。门外有上马石、下马石、牌坊旗杆吊斗。

村南胡同有清乾隆癸酉科武举刘维嵩住宅，胡同内全部青砖铺地，北大门挂有牌匾“虎帐谈经”，屋顶装饰有哈巴狗、钢鋩兽。

埠顶。埠顶是张营南埠村制高点，其上有300年树龄古柏180株。2000年，修济青高速公路卖土40万立方米，取土时有泥人、泥马、陶器出土。

旧村址。比现村址略小，四面有围墙，夯土结构高五六米，四面有大门，外面有壕沟，四角有炮台，街道有四横两纵。四横有大前街、前街、后街、大后街，两纵有东车道、西车道（又称西沟）。

重要事件

1945年农历八月二十一日凌晨，八路军潍南县大队攻打张营南埠，南门被炸毁，李化远部跳围墙逃走。自此进入拉锯阶段，白天是国民党的天下，晚上共产党活动。在此期间有2个妇救会长、1个农救会长被杀，白色恐怖笼罩全村。1947年，所有八路军、共产党干部家属，都向东“转移”到胶东解放区。1948年潍县战役期间，村内住满从胶东赶来的八路军，民兵积极参与抬担架等后勤工作。4月27日潍县解放，张营南埠随同一起彻底解放。

人物

刘可忻，字君赏，号廷瑞，乾隆丙子科武举第二十一名，后推守府食七品俸禄。

刘维嵩，字申甫，号全安，乾隆癸酉科武举第三十六名，后推守府食七品俸禄。

刘兆魁，字芋祯，号占斗，太学生，布政司选举乡饮介宾，钦命提督，山东省学政翰林院侍读加三级。

刘兆兴，字道南，布政司选举乡饮介宾。

刘兆吉，太学生。

刘兆凤，字鸣岐，武庠生。

刘兆麟，字呈瑞，武庠生。刘兆祥，号梦兰，太学生带产（四十大亩，每亩2000平方米），出继武举刘可忻为嗣孙。

刘长清，更名永清，号海平，武庠生。

刘杨清，字崇德，武庠生。

刘潭清，又名殿清，字国英，武庠生。刘曰清，字效廉，号尽忠，修武校尉，武库生，对天文气象颇有研究，预测之事多有应验，对指导农业发展取得神奇的收效，称颂为“云魔举人”。

刘静修，号亦安，又名万选，太学生。

刘敬修，号松岭，又名万年，武庠生。

刘勤修，刘氏十三世孙，号致中，又名万春，武庠生。

刘谨修，号敬斋，太学生。

刘德修，字万春，武术教师，道光年间应试科举，武试过关，主考官索贿纹银三百两，即可中举，德修其实家道颇丰，但耻于其行，分文不出，虽未中举，却得千载美名传。

刘可宗，更名代舟，字济川，邑庠生。

刘世奇，字善，武庠生。

刘承志（1920—1983），原名刘德升，1939年参加八路军许世友部山东纵队五支队，1940年加入共产党，1946年因战负伤，失去左上臂，被评为二等甲级残废军人。

刘树声，参加过鲁南战役，解放后历任潍县副县长，峡山水库潍县民工团总指挥，县级潍坊市副市长等职。

刘树芳，1948年入伍，参加过渡江战役，解放上海时壮烈牺牲，革命烈士，葬于上海烈士陵园。

刘树桂，参加渡江战役，跟随大军直至福建，参加福州解放战斗。

刘国庆，南下干部，南京解放后，在南京公安任职。

李存英，妇救会主任，1946年春被国民党枪杀在家中。

刘汝亲，农救会长，1947年为八路军收集情报被国民党逮捕，在治浑街被活埋。

吕四香，妇救会长，1946年被捕，受过酷刑，宁死不屈，壮烈牺牲。

刘连德，国家第一批飞行员，副师级离休，居潍坊空军干休所。

邹洪禄，中华人民共和国成立后第一个大学生，毕业于山东大学化学系，大学毕业后入伍，在国防科委第七研究院服役，正师级离休，居北京。

刘树山，济南铁路中专高才生，毕业后工作于铁路大厂，20年后调潍坊大拖担任工程师。

刘树楷，毕业于山东省公安干校，工作于山东省公安厅，后调潍坊市东关街办任司法助理，历年先进工作者，副科级退休，擅长编剧、导演，多才多艺，“文化大革命”中导演样板戏《红灯记》演出后得到好评。

刘国柱，毕业于兰州铁道学院土木工程系，国家注册一级建造师，毕业后就业于潍坊市第四建筑工程公司，任总经理，公司党委书记，坊子区党代表，先后获“坊子区劳动模范”，“坊子区优秀企业家”等称号。

基层组织建设

张营南阜村新中国成立后历届村党支部书记刘洪升、邹洪寿、刘春元、刘炳之、刘建民。

第四章　段家管理区

段家管理区位于保税区东部，东与坊子区工业发展区孙家庄为邻，南与坊子区九龙街办王家屯为邻，北接青银高速。内有暴沙河南北贯通。下辖北徐家庄、东南段、郑家集等 9 个村，共 1158 户、3579 口人，有党员 194 名。

第一节　东南段村

建置区划

东南段村位于潍坊综合保税区汶泉发展区驻地东 3.5 公里处，村居坐落在东、西暴沙河之间，东与坊子工业发展区孙家庄为邻，西与西南段为邻，南与坊子区九龙街道王家屯村为邻，北与东北段为邻。

村名由来

清雍正年间（1723—1735），西北段村一支段姓迁入该村，因在 3 个段家东南角而得名东南段。清道光年间（1821—1850）孙姓由孙家屯村迁入。清末，西南段村的一支段姓迁入，李姓由东李家庄迁入。民国年间，梁姓由梁家庄入赘迁入。2018 年，村有 101 户、309 人，其中党员 16 人、退伍军人 17 人。

隶属沿革

清朝，属莱州府潍县流延社。1945 年划归潍北县下密区，1950 年划归潍北县张营区，1955 年划归潍县 13 区。1958 年，成立人民公社属潍县段家人民公社，1983 年，潍县撤销，划坊子区涌泉公社，1984 年改为涌泉乡。2000 年涌泉乡撤销划为坊子区清池镇。2003 年后划归为高新区清池街道，2009 年 2 月划归为高新区汶泉发展区，2011 年 6 月划归潍坊综合保税区汶泉发展区管理服务中心。

经济发展

村占地 961 亩，其中村址 130 亩，耕地 400 亩，果园 180 亩，经济作物 53 亩，河道、道路约 260 亩。生产以农业为主，主要农作物有小麦、玉米、花生等。2002 年，村贯通村中心十字大街，铺设沙土，主干街道全部硬化、亮化。2014 年发展高效农业，种植大樱桃 45 亩。2018 年，有 1 处家具厂，业主孙志刚。全村实现全天候自来

东南段村民委员会

水供水，并配有净化水设备。建有小型健身广场 1 处，位于村委办公室南侧，约 200 平方米，健身器材 1 套，供村民健身活动。

人物

孙立英，就读于燕京大学，民国年间，担任甫台县县长。

孙官一，曾在济南公安厅任职（县级）。

段德三，在湖南省湘潭县任粮食局局长。

段德九，曾在朱里十六区任第一副区长。

段兆三，曾在省监农场任办公室主任。

孙明华，曾在长岛某部任后勤部长，转业后任潍坊市农委主任。

孙立浩，曾任昌乐县武装部长，后因病回乡。

蔡兰芬，曾任昌乐县妇联主席，后回乡任支部书记。

李良吉，曾在淄博任公社书记。

孙夕庆，部队转业后任坊子区安监局主任，正科级。

孙志栋，在空五师任营级干部。

段有道、段兆升、蔡兰芬、宋淑贞、段有聪、孙夕洪、段志宝、孙明忠先后任村党支部书记。

第二节　西南段村

建置区划

西南段村位于保税区汶泉发展区东面 9.5 公里处，东临瀑沙河，西与大李家为邻，南与北徐家庄为邻，北与西北段为邻。村庄总面积 0.76 平方公里，其中耕地 0.58 平方公里。村庄属平原地形，整体基本呈方形，街道东西走向。

村名由来

明洪武二十一年（1388 年），从山西洪洞县老槐树底迁入。当时段振、段琢、段海三兄弟，由山西东行，先到了济南章丘屯，后又结伴东行来到了此地。兄弟三人先居住在十字沟河的西北角，后老二段琢搬到东北角，老三段海搬到西南角，东南角由西北、西南、东北三角人员集聚而成，因 4 村的居民都姓段，所以村名就叫东北、西南、东南、西北 4 段家，对外统称“段家”。全村主要以段姓为主，有段、杨 2 姓，有 140 户、410 人。

隶属沿革

中华人民共和国成立前期，西南段村属潍南县下密区。1955 年后，属洛庄区段家乡，1958 年公社化后，属潍县段家公社。1981 年，属坊子区涌泉乡。2000 年，属坊子区清池镇。2003 年，属潍坊高新区清池街道。2009 年 2 月，划归潍坊高新区汶泉发展区。2011 年 6 月，区划调整划归潍坊综合保税区汶泉发展区管理服务中心。

1956 年成立西南段小学，1984 年设立西南段联合中学。1967 年村里培养第一名乡村医生，后来又成立医疗合作社、农村卫生室，2000 年以后，成立社区卫生室。村东北角有小庙 1 处，每年六月二十四为小庙会。

经济发展

民国初期，全村有毛驴 90 多头、骡马 10 余匹、大车 8 辆，是远近闻名的买卖村，骡马大车主要跑烟台贩布，毛驴主要南北贩盐、东西贩煤和水果。

1973 年，潍坊军分区驻村支农。段志海任村支部书记时，在军分区首长的支持下，开启老潍县村购拖拉机先河，搞“大寨田”，实行新村规划。段兆瑞当支部书记后，动员潍坊红木嵌银厂厂长段兆汉创办潍坊嵌银厂分厂，成为当时坊子区村办企业的典型代表，全村男女

西南段村村民委员会

1947 年 4 月，中共潍南县委县政府在村召开公审大会，依法将 2 名反革命分子公开枪决，对烈士安葬。

段兆月，1929 年生，1978 年任内蒙古自治区公安厅厅长。

段广三，1929 年生，1974 年任山东省公安厅政治部主任。

段秀英，1950 年生，1973 年任中共潍县县委常委，兼杏埠公社党委书记，1991 年任寒亭区副区长，1997 年任寒亭区政协副主席到退休。

劳动力成了工人，红木嵌银雕刻手艺成为村的传统项目。

2018 年，全村有耕地 864 亩，房屋 160 余处，村庄总占地 1138 亩，经济以农业为主，主要种植小麦、玉米。

人物

解放战争时期，段汉清、段广三、段凤林、段凤之、段德品、段德禄、段德随、段有花、段兆兰、段兆月、段德转、段有廷、段有亮、段有全、杨在寿、段德喜参军。段德水、段桂香（女）、段志英（女）参加革命工作。在此期间牺牲烈士 4 名，段德水，段有花，段德喜，段汉清。被杀害革命家属 2 名，段德和、段德品兄弟 2 人之妻。

段德水，曾任夏密区农牧会长，烈士。1946 年 10 月，中共潍南县夏密区委书记王忠强、农牧会长段德水、干部徐良返回村开展工作，由于反革命分子向敌告密被围，敌人久攻不下，放火烧房，王忠强拉响最后一颗手榴弹，光荣牺牲，负伤的段德水、徐良被敌活埋，英勇就义。

段有明，1946 年生，2002 年任奎文区党校校长。

段有涛，1956 年生，1993 年任青岛市农委办公室主任。

段德禄，1930 年生，1968 年在牡丹江军队医院任副院长。

段有廷，1928 年生，1965 年任益都县城关公社党委书记，后任青州皮革厂党委书记兼厂长。

段凤林、段志英、段桂香于中华人民共和国成立前参加工作，干部，享受副县级待遇。

段兆汉，潍坊嵌银厂厂长。

段有道，潍坊六中校长。

段有兴，寒亭区综合实验小学校长。

段兆庆，赵庄小学校长。

段志海，潍坊商学院教导主任，教授。

段志新，山东省青岛农业大学教授。

段效宏，职业技术学院教授。

2018 年，全村有党员 29 名。

段德转、段兆修、段志海、段有涛、段兆瑞、段志兴、段有一、段有勇、段志龙、段兆兴、段建伟先后任村党支部书记；段风任、段志兴、段志和、段兆聪、段兆兴、段建伟、段国栋先后任村行政负责人。

第三节　东北段村

建置区划

东北段村位于潍坊综合保税区汶泉发展区管理委员会驻地东 5 公里处。东与孙家庄村接壤，西与西北段村一河之隔，北与王家村接壤，南与东南段村一河之隔。村处西瀑沙河东岸，平原地型，东高西低，东西长 300 米，南北长 500 米，村居呈方形，主街东西向。

村名由来

清朝前，名叫河下村。后来，段氏从山西洪洞县大槐树迁来，分散在暴沙河各岸，先叫四崖（东北崖、东南崖、西北崖、西南崖），后改名四段家（东北段、东南段、西北段、西南段）。2018 年，全村有徐、段、孙 3 姓，共 124 户、383 人，均系汉族。

隶属沿革

1949 年 10 月 1 日前，属潍县夏密区流延社。1956 年 10 月初级合作社成立，划归潍县段家乡。1958 年 10 月，划归潍县段家人民公社。1980 年 10 月，区县分划，划归为坊子区涌泉乡。2000 年，涌泉乡划分时，划归为坊子区清池镇。2003 年，划归高新区清池街道。2009 年 2 月，划归潍坊高新区汶泉发展区。2011 年 6 月，区划调整划归潍坊综合保税区汶泉发展区管理服务中心。

经济发展

1949 年新中国成立后，历经互助组、初级合作社、人民公社，村民逐步走上社会主义集体化道路。1968 年，建在村东南小型水库 1 座，时粮食亩产达 500 公斤以上。20 世纪 70 年代，耕地 700 亩，粮食种植以小麦、玉米为主，产量逐年增高。

1980 年开始村规划，每户规划面积 250 平方米。村民全部逐步住进宽敞明亮砖瓦房。1981 年，实行以户为单位的联产承包责任制，种植结构由粮食型逐渐向经济型转移，全村通电，家家用上照明电灯。1999 年，倾全村之力修垫村东西大街 2 条。2002 年，铺设主管道 560 米，户户用上自来水。2005 年，村民全部参加新型农村合作医疗。2007 年，国家扶持资金 10 余万元，建起办公室 4 间，办公设施齐全。

东北段段党群服务站

村设有村两委办公室、党员学习室、文化活动中心、计划生育活动室、电子阅览室、财务监督活动中心。2009 年，施行“村村通”工程，村内东西大街、连村路全部铺上柏油。2010 年安装路灯。2014 年 11 月，小学学校合并于潍坊综合保税区实验学校。

2017 年，村内全部实施水泥硬化，共 2000 多米，并建健身广场 1 处。养老保险、医疗保险覆盖全村。村民有轿车、面包车、农用车、三轮车、摩托三轮、电动车等各种车辆，排灌机械、拖拉机、脱粒机等农业机械。

人物

村有 26 人参加中国人民解放军。2018 年，徐宏任北京二炮军政委。徐世明任济南空军医院主任，段凯华任莱阳军区连长。段有明、徐云光、徐世亮、段兆和、徐丙芝、徐世华先后任村党支部书记。

第四节　西北段村

地理环境

西北段村位于杨瓦路与济青高速公路立交桥交叉口西南角，东与东北段村接壤，西与大李家村一河之隔，北接青银高速路南侧，南与西南段村毗邻。村处东瀑沙河西岸，平原，东西长 350 米，南北长 260 米，村居呈凌型，主街东西向。

村名由来

明成化年间（1465—1487），段姓从山西洪洞县迁入潍县乡柳园寺（刘缘寺），后来此定居并建村，更名段家村。后来，以村庄的地理位置东西沟、南北河（东暴沙河）为分界，沟南为西南段，沟北为西北段，河东为东北段。全村皆段姓，全村共 135 户、390 人，均系汉族。

隶属沿革

中华人民共和国成立前，属潍县夏密区流延社。1956 年 10 月成立初级合作社，属潍县段家乡。1958 年 10 月，成立潍县段家人民公社西北段大队。1966 年 10 月，成立村革命委员会。1980 年 10 月，区县分划，划归为坊子区涌泉乡。2000 年，涌泉乡划分，属坊子区清池镇。2003 年，属高新区清池街道。2009 年 2 月，划归潍坊高新区汶泉发展区。2011 年 6 月，区划调整划归潍坊综合保税区汶泉发展区管理服务中心。

经济发展

1965 年，村东北建小型水库 1 座。灌溉粮田 80 亩，时粮食亩产达 700 公斤以上。20 世纪 70 年代，全村耕地 757 亩，粮食种植以小麦、玉米为主，产量逐年增高。1976 年 10 月，成立铸造厂。1978 年 9 月，又兼做粉坊厂。1981 年，实行以户为单位的联产承包责任制，种植结构

西北段村民委员会

由粮食型逐渐向经济型转移，开始种植核桃、苹果树、大葱、草莓。1981年全村通电，家家用电灯照明。1987年始村规划，每户规划面积250平方米，村民全部逐步住进宽敞明亮砖瓦房。1988年，段孝刚买第一辆货车（天津130），间隔5个月买第二辆货车（北京130）。1994年，段有博买第一辆轿车（长城豪克）。陆续村民有了轿车、面包车、货车、农用车、三轮车、摩托三轮、电动车、排灌机械、拖拉机、脱粒机、联合收割机等农业机械。2000年，村集体投资3万元，实行电网改造。2007年，施行“村村通”工程，铺路东西大街1条。2016年10月，村委安装1台磁化水设备供全村村民饮用。2016年5月，健身广场建设完成。2016年10月，自来水管道重新整改，村1户1表1管，不间断供水。2016年10月，进行村委办公室及大院改造，连片治理，街道硬化，健身广场及小公园建设。2017—2018年发展农田电力，为东北坡、西坡及西南坡安装动力电，实现农田电力全覆盖。设有村两委办公室，党员学习室，文化活动中心，计划生育活动室，电子阅览室，财务监督活动中心，三务公开公示栏。养老保险、医疗保险覆盖全村。

到2018年，村有轿车、面包车120余辆。电风扇、彩色电视机、电冰箱、洗衣机普及到户，移动、有线、联通网络进村到户，电脑120台，手机350部。务工劳力180余人，全村人均收入6500元。曾获“全省民主法治示范村（社区）”等荣誉称号。

段德敖、段兆辉、段孝颜、吉彩英、段有利、段有枝、段效森、段孝刚先后任村支部书记；段德任、段有庭、段有增、段有枝、段有利、段有洪、段有会、宋雪梅先后任村行政负责人。

第五节　孙家屯村

建置区划

孙家屯村位于东瀑沙河西岸，青银高速公路南侧，距汶泉发展区3公里。解放前，村属潍南县管辖，解放后属潍县管辖。1983年，属坊子区段家公社。1984年，属涌泉乡。2000年，属坊子区清池镇。2003年，属高新区清池街道。2009年2月，划归潍坊高新区汶泉发展区。2011年6月，区划调整划归潍坊综合保税区汶泉发展区管理服务中心。

村名由来

村原董氏居住，史称董家。明末清初，孙氏从寒亭区朱里镇东南堤村迁入，改为孙家。

孙家屯党群服务站

1984年，段家公社改为涌泉后，改称孙家屯。全村共有78户、254人。

经济发展

村民靠生菜（绿豆芽、黄豆芽）、种菜、养殖、打工谋生。有村委办公室1处（4间）230平方米。有小商店1处。1981年全村通照明电。2001年，用上自来水。2005年，施行“村村通”工程，铺上柏油道路。2017年，硬化村内各主街道路；建成占地300平方米的广场，配备健身器材。2018年，人均收入4000元左右。

人物

村上清朝辛卯年出过举人，名孙斐字文侯。

孙瑞刚、孙瑞恒，解放前参加革命，参加过解放东北，中华人民共和国成立后参加抗美援朝。

孙明习，山东畜牧学院教授。

孙志栋、孙明选、孙明尧、孙明允、孙志升先后任村党支部书记。

2018年，全村有退伍军人17人，硕士研究生5人，本科生、专科生9人。

第六节　吴家埠村

建置区划

吴家埠村位于综合保税区汶泉发展区管委会东5公里处，东与孙家屯相邻，西与保税区二期围网相邻，南与吴家大路、郑家集相连，北与济青高速路相毗邻。村庄东西走向，东高西低，聚落呈菱形。村庄总面积248.6亩。村处原黄土埠，古时高出地面五六米，又称龙泉山。山西侧下有一眼泉水，常年流淌，古称龙眼。据传此处系龙山文化遗址，曾出土过陶器等。村东有月河、暴沙河两条河流。

吴家埠村何年立村，无从考证。据《吴氏族谱》记载，光绪三十一年（1905年）后，始祖擎东有三子，大祖迁居今莱阳，二祖有德迁居今马宿，三祖有才迁居龙泉山。因地处黄土埠，以姓氏故名吴家埠，后戴氏迁入，戴氏一族是潍坊南胡住村戴氏的分支，于太平天国动乱时期十七世祖戴广盛、戴广友二兄弟从南胡村到（龙泉山）避难后留此居住。

民国初期，为防御匪患，绕村修筑围子墙，下部用三合土夯成，上部用土坯垒砌，四面各设大门及角门。当时到吴家埠村避难的有远近十几个村的人们。后一部分吴氏从吴家埠析出，另立吴家大路村。一部分吴氏去了郑家集。

1980年，全村20户、50余人，有吴、代（由戴简化）2姓，均系汉族。2018年，村有33户、87人。

1950年，村属潍北县。1955年成立初级社，1958年与10多个村成立潍县段家人民公社。1961年成立吴家埠生产队，属郑家集大队六小队，1980年从郑家集析出。1984年6月，由潍县划归坊子区涌泉乡。2000年，涌泉乡撤销，划归坊子区清池镇。2003年，划为高新区清池街道。2009年2月，划归潍坊高新区汶泉发展区。2011年6月，区划调整划归潍坊综合保税区汶泉发展区管理服务中心。

经济发展

全村面积248.6亩，境内为黄土地，河流沟壑地较多，原有耕地102.6亩，分散在村东坡、南崖、菜园、后地、郑家集南等。种植玉米、地瓜、小麦等农作物，黄烟、棉花等经济作物。

1981年，实行土地承包到户。1984年，开始新村规划，房屋由3米宽的土坯房，建成9

吴家埠村村民委员会

米宽的砖瓦房。1984 年，从郑家集拉电入户，家家用上照明电。1990 年，村安装变压器 1 台。1999 年，国家电网改造。2000 年，村安装有线电视。2002 年，村铺设自来水管道，引坊子自来水进村到户，解决吃水难问题。2005 年，政府修 6 号路，硬化至村北头。2005 年，参加新型农村合作医疗。2009 年，村民参加居民养老保险。满 60 周岁的老人养老金逐年上涨，由每月 55 元上升到 2018 年的每月 130 元。社区医院每年免费为老年人查体，医疗保险养老保险实现全覆盖。

2010 年，建设福田新能源项目占地 10 亩。2016 年，综合保税区进行连片治理，政府扶持资金硬化村主街路 180 余米。同年，建村委办公室 1 处 200 平方米。2017 年 3 月，协商拆除村民 2 间房屋，打通南北街，硬化道路 120 余米；建活动广场 1 处 310 平方米，安装健身器材供村民休闲娱乐；11 月，安装水泥杆路灯 12 盏。2017 年，村人均收入 4200 元。彩电、冰箱、洗衣机等家用电器基本普及，移动网络进村到户，人民生活水平大幅提高。

2018 年，村有耕地 92.6 亩，种植果树、玉米、小麦等，实现农业种植机械化。村民到附近企业打工，开办个体商店为主要经济来源。

人物

戴俊之，1921 年 1 月生，1940 年 1 月入伍，1940 年 11 月加入中国共产党。入伍后任山东纵队 1 支队炮兵连战士。1942 年 10 月，任鲁中 1 团 2 营书记。1944 年 9 月，任团直副政治指导员。1946 年 6 月，任东北民主联军第 3 纵队 7 师 16 团 2 营 6 连指导员。1947 年 9 月，任第 19 团政治处组织股股长。1948 年 12 月，任东北野战军第 40 军第 118 师 352 团指导员。参加四平战役、辽沈战役、平津战役。1955 年 1 月，任第 16 军第 32 师 94 团政治处主任。1959 年 3 月，任炮兵基干团证处主任。1960 年任副政委。1963 年 10 月，任沈阳军区通信总站政委。1970 年 12 月，任沈阳军区司令部管理局副政委，1978 年 10 月离休。1955 年 9 月，被授予少校军衔，后晋升中校军衔。荣立一等功 1 次、三等功 1 次，荣获三级独立自由勋章和三级解放勋章。其子代湘生、代宁生都参军入伍，2018 年任团级以上干部。

代德荣，1954 年 6 月出生， 1970 年 12 月入伍，2001 年退休，正团职上校军衔。

吴悦斌，吴家埠村的第一个大学生，1935 年出生，1959 年考入北京地质学院，毕业后留校任教，后任大学教授。

代德庆，1966 年出生，毕业于山东轻工业学院，美林集团工程师，副处级。

吴纳纳，1984 年出生，毕业于四川成都理工大学，2018 年，任寒亭电视台主任。

1956 年，吴兴功第一个加入中国共产党。2018 年，全村有党员 6 人。

郑希德、郑希成、吴兆海、吴悦周、宋秀美、郑法亮、郑龙海先后任村支部书记。吴兴功、代云三、吴兴廷、吴悦耀、代德才、吴兴川、吴法刚、吴兆强、代云发、吴发庆、代德利先后任村行政组织负责人。

第七节　吴家大路村

建置区划

吴家大路村位于潍坊综合保税区汶泉发展区管理委员会东 5 公里处，东与孙家屯村接壤，西与郑家集村隔河相望，北与寺后村段相邻，南与大李家村毗邻。村处西瀑沙河西岸，地处平原，偏东高、西低，东西长 190 米、南北长 190 米，村居呈方形，主街东西向。村总面积 0. 23 平方公里，耕地面积 0. 16 平方公里。

明朝洪历年间，吴氏由山西京南（卢沟桥附近）迁至吴家埠村，三世从吴家埠析出，立村于驿道（俗称官大道）旁，以姓氏故名吴家大路村。新中国成立后，添刘、樊 2 姓。2018 年，全村有吴、刘、樊 3 姓，共 58 户、209 人，其中吴姓 52 户。

中华人民共和国成立前，属潍县夏密区流延社。1956 年 10 月，成立初级合作社，属潍县段家乡；1958 年 10 月，成立潍县段家人民公社吴家大路大队；1984 年 10 月，属坊子区涌泉乡；2000 年，涌泉乡划分，属坊子区清池镇。2003 年，属高新区清池街道；2009 年 2 月，划归潍坊高新区汶泉发展区；2011 年 6 月，区划调整划归潍坊综合保税区汶泉发展区管理服务中心。

经济发展

1949 年后，历经互助组、初级合作社、人民公社阶段，村民逐步走上社会主义集体化道路。1968 年，村东北建小型水库 1 座，可灌溉粮田 80 亩，时粮食亩产达 700 公斤以上。20 世纪 70 年代，耕地 240 亩，粮食种植以小麦、玉米为主，产量逐年增高。

1980 年开始，施行新村规划，每户居住面积 250 平方米，村民住进砖瓦房。1981 年，实行以户为单位的联产承包责任制，种植结构由粮食型逐渐向经济型转移，开始种植核桃、苹果树、大葱、草莓。全村通电，家家用上照明电灯。1999 年，村修垫村东西大街 2 条。

2000 年，村投资 3 万元，实行电网改造。2002 年，铺设主管道 560 米，户户用上自来水。2005 年，村民全部参加新型农村合作医疗。2007 年，国家扶持资金 10 余万元，建起办公室

吴家大路村支部委员会

4间，设有村两委办公室、党员学习室、文化活动中心、计划生育活动室、电子阅览室、财务监督活动中心。2009年，村施行“村村通”工程，村内东西大街、连村路全部铺上柏油。2010年，安装路灯，全村统一为每户安装一台净水设备。

2017年，村内环东西街、南北路完成水泥硬化5条600米，并建健身广场1处。2018年，村民有轿车、面包车60余辆，农用车、三轮车、摩托三轮、电动车等各种车辆，排灌机械、拖拉机、脱粒机等农业机械，80余辆。

人物

中华人民共和国成立后，村有14人参军。

吴法太，1968年参军，县级干部。

吴法星，1963年参军，正科级。

1947年，吴法付第一个加入中国共产党。2018年，全村有党员14人。

吴法付、吴廷元、吴法浩、吴兆姜、吴继凯、吴兆甲、吴兆友、吴法平先后任村党支部书记；吴廷元、吴法浩、吴继凯、吴法平先后任村行政负责人。

第八节　郑家集村

建置区划

郑家集村西邻综合保税区，东邻月河，北邻青银高速路，南邻桃园街，距汶泉发展区管委会5公里。村地处平原，聚落呈方形，月河向北汇入瀑沙河。

吕、张氏为原住户，始称吕家庙子。清康熙年间，村设立大型集市，以郑氏命名，故名郑家集。全村共有271户，782人，均系汉族，有郑、孙、吴、纪、冯、高、施等姓。

1955年成立初级社，1958年与10多个村成立段家人民公社。1961年成立郑家集生产大队。1984年6月，由潍县划归坊子区涌泉乡管辖。2000年，涌泉乡撤销，划为坊子清池镇。2003年划为潍坊高新区清池镇街道，2009年2月，划归潍坊高新区汶泉发展区。2011年6月，区划调整划归潍坊综合保税区汶泉发展区管理服务中心。

经济发展

村庄总面积0.18平方公里，耕地面积0.2平方公里，种植玉米、小麦等。村原有土地1710亩，2010年开始，经过福田新能源项目、高五路项目、中基项目、裕源物流项目、围网项目、桃园街项目征地后，2018年，村有耕地300亩，全部种上桃树、核桃树等果树。

1980年左右，村有多个木匠铺子，其中有吴兆河、吴继先、孙跃滨、纪玉福等骨干户，木工产业兴盛一时，但后因各种原因改做其他。2018年，村有卫生室2个、商店2个、工厂3个、幼儿园1个。

社会事业

村庄建设。1981年，全村正式通电。1999年，开始村路面整修，进行电网改造。2004年，完成自来水入户。街道牵头修高六路，给村民建周转房。2009年，村庄主要街道安装路灯，2018年有路灯58盏。2010年，政府出资对出村路道路进行硬化。2012年，村出资硬化村后街，在高六路西侧建娱乐广场。村安装自来水净化器。2012年开始，村民几乎家家有小轿车。2017年，村建公用设施用地740平方米，办公室1处，300平方米活动室1处，文化娱乐广场1525平方米。

社会保障。1998年，村里适龄村民参入社

郑家集村活动广场

会养老保险。2008 年开始，村民陆续加入合作医疗保险。2011 年，年满 45 周岁的村民全部参加养老保险。到 2015 年，村民都加入农村居民医疗保险。

教育卫生。1970 年，村里建立卫生室，卫生员有冯忠华、吴瑞兴等，2018 年，卫生员有刘金娥、郑希刚等。

1966 年，村成立郑家集小学，5 个教学班。1985 年，郑家集小学撤销。1999 年，郑家集小学合并到北冯小学。

娱乐活动。村民有爱好文化娱乐的习俗。解放初期，每逢佳节（春节、元宵节）举办跑高跷、扭秧歌、划旱船等活动。2012 年，村建立文化娱乐室、娱乐广场等，村民业余生活丰富，晚上跳广场舞。

名胜古迹

明朝时，村东头修建三官庙 1 座，有道士。村西修土地庙，供人祭祀。郑氏一族建有郑氏祠堂，古典威武，已失修全无。

村北 500 米，有高埠高出地面 5 米，面积 6 万平方米，西侧下有泉水，常年流淌咸水，古称龙眼。泉北侧，建有龙王庙，供人们祭拜。土埠系龙山文化，因修青银高速，挖去 1/3 多，河南省历史博物馆组织挖掘，出土大量的陶器、鼎足等。

2018 年，村有古杨树 1 棵，古槐 2 棵，树龄皆 500 年左右。

人物

解放战争时期，孙光信等 15 人参加淮海战役支前，孙光昌等 4 人参加渡江战役支前。中华人民共和国成立初期，郑希路、孙明昭、郑希胜、孙明彩 4 人赴朝抗击美军，孙明昭在 26 军荣立多次战功。村有现役退伍军人 19 人，在服役 1 人。

孙光宽，曾任老潍县商会副会长。老潍县东流传 “西有李希三，东有孙光宽”之说。

孙洪寿烈士墓在村公墓。

郑来礼，早期投身革命，在解放军队伍中多次荣立战功，升职副团级，后转业到潍县人民武装任部长。

郑来树，早期参加解放军（八路军），团级退休。

吴邦晋，在福州军区团级干部后转业。

纪玉三，改革开放前期任潍坊市物资局局长。

郑来宾，曾在孙中山领导的军队中任师长，因病英年早逝。

郑来秀，16 岁出走，在国民党军中任南京市副市长、宪兵队长，后去台湾。

孙明德，郑家集村第一个大学生，曾任益

都市宣传部部长，淄博市报社总编辑。

孙志利，任山东海化集团中心副总经理。

孙明河，任区纪委派驻二组副书记，正科级检查员。

1977 年恢复高考制度后，考取本科以上学生 33 人。其中，硕士研究生有郑林林、郑江涛、纪正正、吴旺成、郑海东等，博士生有郑洋洋、吴梅 2 人。

1955 年，冯悦来第一个加入中国共产党。2018 年，全村有党员 31 人。

郑希、郑希成、郑希勤、郑法玉、郑雷、郑法亮、郑龙海先后任村党支部书记；吴兆辉、郑希森、郑希俭、孙明坤、郑东国、孙志波、郑龙海先后任村行政负责人。

第九节　北徐家庄村

建置区划

北徐家庄村位于潍坊市综合保税区东部汶泉发展区境内，东与潍坊市坊子区张家屯村为邻，南与新庄村为邻，西与北赵庄村为邻，北与西南段家村为邻。村落地势南高北低，聚落呈凸型，整体不规则，主街南北走向，村庄被杨瓦路分隔，海拔 70 米。

明初，徐氏由四川成都府鹰紫乡迁入山东茌平，由茌平迁入潍县东乡辛木社新立北徐家庄村。村名沿用至今，徐姓为主，于姓有 2 户。2018 年有居民 178 户，人口 668 人，其中男 338 人，女 330 人，汉族为主，因婚姻关系有苗族、彝族。

1949 年解放后，北徐家庄村属潍县张营区赵庄乡管辖，1957 年划为段家乡。1958 年改为段家人民公社，公社化后又以驻地命名北徐家庄大队，属潍县段家公社，分为 4 个生产队。1984 年，撤销公社改乡，划为坊子区涌泉乡北徐家庄村。2000 年，涌泉乡撤销，属坊子区车留镇。2003 年，车留镇被撤销，属高新区清池街道。2009 年 2 月，划归潍坊高新区汶泉发展区。2011 年 6 月，区划调整划归潍坊综合保税区汶泉发展区管理服务中心。

经济发展

解放前，以农业为主，贫困落后。1968 年实行村办合作医疗，有赤脚医生 1 名。1970 年，大队搞副业，包括铁业、木业、织布业。1978 年，在全公社第一个安上电。有纺织配件厂，工人达到 50 多人，全村收入在全公社达到最高记录。副业的发展带动农业的发展，化肥、水利的投入使农业的粮食产量达到高峰。

北徐家村村民委员会

1991年，北徐家庄村在全乡第一个接上自来水的。1994年，全村逐步安装程控电话，到2017年底人人都有手机，年轻人用上智能手机。2003年全村户户安上有线电视，户户都有彩色电视机。全村的养殖业有大的发展，养鸡、养羊、养猪达到10户。

村庄原有耕地1100亩，主要农作物为小麦、玉米花生等。2011年，“119”项目征地70亩；2015年，项目征地236亩；剩余耕地794亩。征地后，215人参加被征地农民养老保险，其中37人年满60周岁开始领取被征地农民养老保险金，每人每月不低于86元。2011年开始，全村实行农村居民养老保险，人人都参加居民养老保险，年过60周岁的老人每人每月领取金额不低于130元的养老金。到2017年，全村每户都有汽车，汽车总数达178辆。全体村民都参加农村居民医疗保险。居民年人均收入5500元。

新中国成立后，建立小学一至四年级，单明令、徐家善、赵德科、付中升先后任小学校长，有300多名学生在本校毕业。恢复高考以来到2017年底，有大学生46名，其中研究生有徐群壮、徐琦、徐家鑫、徐慧珍、徐群亮、徐俊良、徐苗苗、徐小青、徐海迪。

20世纪50—70年代，村民成立农村庄户剧院，演出过《梁山伯与祝英台》《芦荡火种》《红嫂》《革命梆声》《杨立贝》《智取威虎山》、《三月三》等剧目，出现一批小有名气的演员。

人物

徐训之第一个加入中国共产党，至2018年全村有党员32人。

徐训之、徐家起、徐海元、徐成华、徐深元、徐家坤、徐成华、徐功元、徐涛元先后任村党支部书记；徐海元、徐家起、徐贵元、徐深元、徐庆元、徐啓之、徐排元、徐家勤、徐功元、徐家峰任村行政负责人。

人物简介

历任党工委、管委会领导成员简介

孙起生

孙起生 1969年2月生，山东沂源人，1992年9月加入中国共产党，1993年7月参加工作，在职研究生学历，经济学博士。1989年9月至1993年7月，山东师范大学物理系物理专业学习；1993年7月至1994年4月，德州电机厂技术员；1994年4月至1995年8月，共青团德州市（地）委宣传部科员；1995年8月至1996年1月，共青团德州市委组织部副部长；1996年1月至1997年4月，共青团德州市委组织部副部长兼德州青少年宫党支部书记；1997年4月至1998年4月，共青团德州市委组织部部长；1998年4月至2001年2月，共青团德州市委副书记（1996年9月至1999年6月，在山东省委党校在职干部研究生班经济学专业学习；1999年7月至2000年7月，在新加坡南洋理工大学南洋商学院管理经济学专业学习，获理学硕士学位）；2001年2月至2003年1月，武城县委副书记；2003年1月至2006年2月，共青团德州市委书记（2005年4月至2005年10月，参加山东省青年干部班赴美国马里兰大学公共管理专业学习）；2006年2月至2010年2月至，乐陵市委副书记、市长；2010年2月至2010年4月，宁津县委副书记（主持工作）；2010年4月至2011年12月，宁津县委书记、县人大常委会主任（2007年9月至2011年1月，在北京交通大学经济管理学院产业经济学专业学习，获经济学博士学位）；2011年12月至2013年11月，潍坊市委常委、副市长，市政府党组副书记；2013年11月至2015年1月，潍坊市委常委、副市长，市政府党组副书记，市国资委党委书记；2015年1月至2015年11月，潍坊市委常委、副市长，市政府党组副书记，市国资委党委书记，潍坊综合保税区党工委书记；2015年11月至2017年2月，任潍坊市委常委、副市长，市政府党组副书记，潍坊综合保税区党工委书记。

徐洪吉

徐洪吉 1958年10月出生，山东诸城人。1976年5月参加工作，1988年2月加入中国共产党。在职研究生学历，1976年6月至1978年3月诸城栗行中学民办教师。1978年3月至1979年12月，昌潍商校学生。1979年12月至1983年7月，潍坊商校教师。1983年7月至1985年8月，杭州商学院学习。1985年8月至1988年2月，潍坊商校教师。1988年2月至1990年1月，潍坊市政府办公室秘书。1990 年 1 月至 1993 年 9 月，潍坊市政府办公室副科级秘书。1993 年 9 月至 1998 年 4 月，潍坊市政府办公室正科级秘书、秘书二科科长（1993 年 8 月至 1995 年 12 月在中央党校函授学院经济管理专业在职学习）。1998 年 4 月至 2001 年 5 月，潍坊市政府办公室助理调研员。2001 年 5 月至 2004 年 2 月，潍坊市政府驻外机构管理处主任。2004 年 2 月至 2006 年 12 月，潍坊市政府副秘书长、驻外机构管理处主任（2001 年 9 月至 2004 年 6 月在省委党校经济管理专业在职学习）。2006 年 12 月至 2008 年 8 月，潍坊市政府副秘书长、沿海开发办（油区办）主任、党组书记。2008 年 8 月至 2012 年 11 月，潍坊出口加工区党工委书记、管委会主任。2012 年 11 月至 2014 年 12 月，潍坊出口加工区党工委书记、管委会主任，潍坊综合保税区党工委书记、管委会主任。2015 年 1 月至 2017 年 3 月，潍坊综合保税区党工委副书记、管委会主任。2017 年 3 月，任潍坊综合保税区党工委书记、管委会主任。

朱兰玺

朱兰玺 1969 年 11 月生，山东潍坊人，研究生学历，1992 年 7 月参加工作，1992 年 6 月加入中国共产党。1988 年 9 月至 1992 年 7 月，山东工业大学水利及土建工程系工业与民用建筑专业学习；1992 年 7 月至 1994 年 10 月，临朐县临朐镇团委副书记、镇政府文书；1994 年 10 月至 1995 年 8 月，奎文区委组织部干事，办公室副主任；1995 年 8 月至 1997 年 4 月，奎文区委组织部办公室主任；1997 年 4 月至 1999 年 1 月，奎文区人大副秘书长、办公室副主任；1999 年 1 月至 2000 年 8 月，奎文区廿里堡街道党工委副书记、街办主任；2000 年 8 月至 2002 年 12 月，潍城区政府党组成员、区长助理（2001 年 3 月至 2001 年 7 月，参加潍坊市委党校中青年干部培训班学习；2001 年 9 月至 2001 年 12 月，参加潍坊市首批青年干部赴德国培训班学习；2000 年 9 月至 2003 年 6 月，在山东省委党校在职研究生班经济管理专业学习）；2002 年 12 月至 2003 年 1 月，寿光市委常委；2003 年 1 月至 2006 年 5 月，寿光市委常委、宣传部部长；2006 年 5 月至 2006 年 12 月，寿光市委常委、组织部部长；2006 年 12 月至 2007 年 1 月，寿光市委常委；2007 年 1 月至 2008 年 1 月，寿光市委常委、市政府副市长、党组副书记；2008 年 1 月 2009 年 1 月，寿光市委常委、市政府副市长、党组副书记，市城市基础设施建设投资管理中心主任；2009 年 1 月至 2009 年 4 月，寿光市委常委、市政府副市长、党组副书记；2009 年 4 月至 2009 年 7 月，寿光市委副书记、市政府代市长、党组书记；2009 年 7 月至 2014 年 3 月，寿光市委副书记、市政府市长、党组书记；2009 年 7 月，补选为寿光市人民政府市长；2014 年 3 月至 2018 年 9 月，寿光市委书记、市委党校校长。2018 年 9 月，人潍坊综合保税区党工委书记、管委会一级调研员。

韩国庆 1958 年 11 月出生，山东昌乐人。省委党校在职大学学历，1975 年 8 月参加工作，1983 年 7 月加入中国共产党。1975 年 8 月至 1976 年 10 月，昌乐县下乡知青；1976 年 10 月

韩国庆

至 1980 年 10 月，昌潍地区硝铵广；1980 年 10 月至 1992 年 3 月，昌乐县财政局科员、农财股科长、农发基金科长、党组成员（1988 年 8 月至 1991 年 6 月中央党校函授学院党政专业在职学习）1992 年 3 至 1992 年 12 月，潍坊市政府驻京办事处接待科副科长；1992 年 12 月至 1994 年 8 月，潍坊市驻京办事处办公室主任；1994 年 8 月至 2000 年 8 月，潍坊市驻京办事处副主任；2000 年 8 月至 2003 年 9 月，潍坊高新区财政局局长（1999 年 9 月至 2001 年 12 月，山东省委党校经济管理专业在职学习）；2003 年 9 月至 2006 年 4 月，潍坊高新区管委会副主任（正县级）2006 年 4 月至 2008 年 8 月，任潍坊出口加工区党工委书记、管委会主任。

王　勇

王　勇　1963 年 3 月出生，山东安丘人。在职研究生学历，1984 年 7 月参加工作，1985 年 7 月加入中国共产党。1980 年 9 月至 1984 年 7 月，山东农业大学畜牧兽医系兽医专业学生。1984 年 7 月至 1987 年 7 月，潍坊市寒亭区里疃乡团委书记。1987 年 7 月至 1989 年 12 月，潍坊市坊子区委党史委干部。1989 年 12 月至 1990 年 5 月，共青团潍坊市坊子区委农工部部长。1990 年 5 月至 1991 年 3 月，潍坊市坊子区清池镇党委组织委员。1991 年 3 月至 1992 年 12 月，潍坊市坊子区清池镇纪委书记。1992 年 12 月至 1993 年 12 月，潍坊市坊子区清池镇党委副书记。1993 年 12 月至 1995 年 2 月，潍坊市坊子区车留庄镇党委副书记、镇长。1995 年 2 月至 1998 年 2 月，潍坊市坊子区车留庄镇党委书记。1998 年 2 月至 2001 年 2 月，潍坊市坊子区坊子镇党委书记。2001 年 2 月至 2003 年 1 月，临朐县副县长、政府党组成员。2003 年 1 月至 2004 年 11 月，临朐县委常委、秘书长、办公室主任。2004 年 11 月至 2006 年 12 月，临朐县委常委、组织部部长。2006 年 12 月至 2007 年 1 月，昌乐县委常委。2007 年 1 月至 2007 年 10 月，昌乐县委常委、副县长。2007 年 10 月至 2009 年 1 月，潍坊市峡山生态经济发展区党工委副书记、管委会副主任。2009 年 1 月至 2011 年 1 月，潍坊市峡山生态经济发展区党工委副书记、管委会副主任，市峡山水库管理局党委书记。2011 年 1 月至 2011 年 11 月，潍坊市峡山生态经济发展区党工委副书记、管委会主任，市峡山水库管理局党委书记。2011 年 11 月至 2013 年 6 月，潍坊市水利局副局长（正县级）。2013 年 6 月至 2013 年 12 月，潍坊市委群众工作委员会办公室主任。2013 年 12 月至 2015 年 8 月，潍坊综合保税区党工委副书记、管委会常委副主任。2015 年 8 月至 2015 年 11 月，任潍坊综合保税区党工委副书记。

石铭奎　1963 年 1 月出生，山东高密人。在职研究生学历，1982 年 7 月参加工作，1985 年 5 月加入中国共产党。1982 年 7 月至 1985 年 8 月，高密县阚家一中教师、中心小学教务主任。

石铭奎

1985年8月至1987年8月，山东电大潍坊分校。1987年8月至1988年3月，高密县教育局科员。1988年3月至1989年7月，高密县人事局科员。1989年7月至1992年12月，高密县委组织部干事。1992年12月至1995年3月，高密县委组织部干部科科长（副科级）。1995年3月至2001年3月，高密市委组织部副部长。2001年3月至2002年12月，高密市夏庄镇党委书记。2002年12月至2008年2月，昌邑市委常委、组织部部长。2008年2月至2011年12月，潍坊市寒亭区委常委、副区长。2011年12月至2012年4月，潍坊市寒亭区委副书记。2012年4月至2014年3月，潍坊市寒亭区委副书记、寒亭经济技术开发区党组书记。2014年3月至2015年11月，寒亭经济技术开发区党组书记。2015年11月至2018年1月，潍坊综合保税区党工委副书记。2018年1月，任潍坊综合保税区党工委副书记、管委会一级调研员。

王守全

王守全 1968年5月出生，山东五莲人。在职研究生学历，1991年7月参加工作，1990年5月加入中国共产党。1987年9月至1991年7月，江西财经学院计划统计系统计专业学生。1991年7月至1996年9月，潍坊市统计局综合统计科科员。1996年9月至2000年1月，潍坊市统计局国民经济核算科副主任科员。2000年1月至2000年12月，潍坊市统计局办公室主任科员。2000年12月至2002年12月，青州市政府副市长（挂职）。2002年12月至2006年4月，寿光市政府副市长。2006年4月至2012年11月，潍坊出口加工区党工委副书记、管委会副主任（2004年9月至2006年6月，武汉大学软件工程专业在职学习，2006年6月获工程硕士学位）。2012年12月至2013年6月，潍坊综合保税区党工委副书记、管委会副主任。2013年6月至2015年5月，潍坊综合保税区党工委副书记（正县级）、管委会副主任。2015年8月至2017年6月，任潍坊综合保税区管委会副主任。

李　涛

李　涛 女，1979年12月出生，山东潍坊人。经济学博士学历，2008年7月参加工作，2002年5月加入中国共产党。2008年7月至2009年8月潍坊市金融证券办工作。2009年8月至2010年1月潍坊市金融证券办金融协调科主任科员。2010年1月至2011年12月潍坊市金融工作办公室副县级干部。2011年12月至2014年12月潍城区政府副区长。2014年12月至2017年6月潍坊市金融工作办公室副主任、党组成员。2017年6月任潍坊综合保税区党工委委员、管委会副主任。

关凤云

关凤云 女，1964年5月生，山东青州人。在职研究生学历，1980年7月参加工作，1984年12月加入中国共产党。1980年7月至1985年7月，益都县邵庄乡民办教师、益都师范学生。1985年7月至1986年3月，青州市工农子弟学校教师。1986年3月至1995年12月，共青团青州市委学少部部长、副书记。1995年12月至1999年9月，青州市杨家庄镇党委副书记、镇长、党委书记（1994年9月至1996年12月，在山东省委党校在职涉外经济管理专业学习）。1999年9月至2001年6月，省委党校党政干部研究生班两年脱产学习。2001年6月至2002年2月，青州市郑母镇党委书记。2002年2月至2003年1月，潍坊市奎文区人民政府副区长、党组成员。2003年1月至2006年12月，潍坊市奎文区委常委、宣传部部长。2006年12月至2011年11月，潍坊市奎文区委常委、纪委书记。2011年11月至2013年12月，潍坊市纪委、监察局派驻第四纪检组书记、监察室主任。2013年12月至2017年3月，潍坊市纪委、监察局派驻第六纪检组书记、监察室主任。2017年3月，任潍坊综合办公室党工委委员、纪工委书记。

王得志

王得志 1969年10月出生，山东安丘人。在职研究生学历，1993年7月参加工作，1992年12月加入中国共产党。1989年9月至1993年7月，山东理工大学（原山东工程学院）机械制造专业学生。1993年7月至1994年8月，原潍城区廿里堡镇党委秘书、党政办副主任。1994年8月至1997年7月，潍城区委组织部干事、秘书。1997年7月至1998年3月，潍城区委组织部组织科科长。1998年3月至2000年3月，潍城区委组织部组织科长兼党员电教中心主任。2000年3月至2000年8月，潍城区大柳树镇党委副书记。2000年8月至2006年6月，潍坊高新区党工委委员、管委会主任助理（其间2001年9月至2004年6月，在山东省委党校经济管理专业在职研究生学习）。2006年6月至2010年8月，潍坊出口加工区管委会副主任。2010年8月至2012年11月，潍坊出口加工区党工委副书记。2012年11月至2013年6月，潍坊综合保税区党工委副书记。2013年6月至2017年6月，任潍坊综合保税区管委会副主任（正县级）。

王有强

王有强 1960年6月出生，山东昌邑人。大学学历，1983年7月参加工作，1986年1月加入中国共产党。1979年8月至1983年7月，曲阜师范学院政治专业学习。1983年7月至1988年9月，昌潍师专专科学校教师。1988 年 9 月至 1994 年 9 月，潍坊市人民政府办公室秘书、副科级秘书。1994 年 9 月至 1995 年 8 月，潍坊市奎文区人民政府办公室副主任。1995 年 8 月至 1998 年 8 月，潍坊市奎文区大虞街道党工委副书记、办事处主任。1998 年 8 月至 2002 年 1 月，潍坊市奎文区计划委员会主任。2002 年 1 月至 2007 年 1 月，潍坊市奎文区财政局局长、党组书记。2007 年 1 月至 2007 年 10 月，潍坊市奎文区政府副区长。2007 年 10 月至 2012 年 11 月，潍坊出口加工区管理委员会副主任。2012 年 11 月至 2013 年 6 月，潍坊综合保税区管理委员会副主任。2013 年 6 月，任潍坊综合保税区管理委员会副主任（正县级）。

刘庆德

刘庆德 1960 年 9 月出生，山东临朐人。大学学历，1981 年 7 月参加工作，1984 年 12 月加入中国共产党。1976 年 9 月至 1978 年 10 月，随迁下乡青年（计算连续工龄）。1978 年 10 月至 1981 年 7 月，昌潍农业学校农机专业学习。1981 年 7 月至 1984 年 3 月，临朐县城关镇农机站技术员。1984 年 3 月至 1985 年 9 月，临朐县纸纺乡团委书记。1985 年 9 月至 1988 年 6 月，潍坊市委党校脱产学习。1988 年 6 月至 1989 年 1 月，共青团临朐县委干事。1989 年 1 月至 1992 年 6 月，临朐县委组织部干事。1992 年 6 月至 2004 年 1 月，潍坊高新区管委会秘书、副科长、科长。2004 年 1 月至 2006 年 6 月，潍坊出口加工区筹建办副主任、出口加工区管理局副局长。2006 年 6 月至 2007 年 8 月，潍坊出口加工区管委会主任助理、党政办主任。2007 年 8 月至 2008 年 11 月，潍坊出口加工区管委会副调研员。2008 年 11 月至 2012 年 11 月，潍坊出口加工区纪工委书记。2012 年 11 月至 2013 年 6 月，潍坊综合保税区纪工委书记。2013 年 6 月至 2017 年 3 月，任潍坊综合保税区纪工委书记（正县级）。

张　华

张　华 1979 年 2 月出生，山东即墨人。哲学博士学历，2008 年 12 月参加工作，1997 年 3 月加入中国共产党。1997 年 9 月至 2002 年 9 月，中国科技大学学生。2002 年 9 月至 2008 年 12 月，美国加利福尼亚大学尔湾分校博士研究生。2008 年 12 月至 2010 年 9 月，市政府重大项目办公室见习科员。2010 年 9 月至 2013 年 11 月，市政府重大项目办公室副县级干部。2013 年 11 月至 2017 年 6 月，潍坊滨海经济技术开发区党工委委员、管委会副主任。2017 年 6 月，任潍坊综合保税区党工委委员、管委会副主任。

崔秀芝 女，1959 年 11 月出生，山东利津人，大学学历，1981 年 7 月参加工作，1990 年 12 月加入中国共产党。1981 年 7 月至 1985 年 7 月，利津县百货公司会计。1985 年 8 月至 1967 年 8 月，东誉市体育局会计。1987 年 9 月至 1990 年 10 月，东营市体育运动学校会计。1990

崔秀芝

年11月至2006年6月，东营市体运动学校总务科副科长、科长、办公室主任、工会副主席。2006年7月至2009年2月，东营市体运动学校副校长。2009年3月至2010年6月，任潍坊市综合保税区副调研员。

钟光文 1967年10月出生，山东安丘人。大学学历，1990年7月参加工作，1995年6月加入中国共产党。1990年7月至1993年4月，安丘市第三中学教师。1993年4月至1994年10月，高新区社会事业局秘书。1994年10月至1998年10月，高新区新城街道党委秘书、团委书记。1998年10月至2000年3月，高新区社会事业局文教卫生科科员。2000年3月至2002年2月，高新区管委会办公室秘书。2002年2月至2005年1月，高新区新闻中心副主任。2005年1月至2007年3月，高新区党工委、管委会办公室综合科科长。2007年3月至2008年4月，高新区党政办公室副主任、综合科科长。2008年4月至2009年6月，高新区党政办公室副主任、城市建设管理局局长。2009年6月至2010年2月，高新区建设局局长、城建局局长。2010年2月至2011年3月，高新区建设局局长、规划分局局长。2011年3月至2011年7月，高新区建设局局长、党委书记，规划分局局长。2011年7月至2013年5月，高新区建设局局长、党委书记。2013年5月至2016年12月，高新区建设局局长、党委书记，南木林县委副书记、常务副县长（援藏）。2016年12月至2017年7月，潍坊综合保税区党工委委员、管委会副主任。

钟光文

郭若慎 1963年1月出生，山东高密人。在职大学学历，1980年11月参加工作，1985年4月加入中国共产党。1984年12月至1990年7月，防化一团警通连司务长、后勤处助理会计师。1990年7月至2000年7月，26军后勤部财务处正连职、副营职、正营职、副团职助理员（1996年9月至1999年7月，在南京政治学院经济管理专业在职学习）。2000年7月至2004年9月，26军后勤部财务处副处长。2004年9月至2005年1月，潍坊高新区房产管理局副局长（正科级）。2005年1月至2006年7月，潍坊高新区出口加工区管理局副局长。2006年7月至2008年11月，潍坊出口加工区建设规划局局长。2008年11月至2010年8月，潍坊出口加工区管理委员会副调研员。2010年8月至2012年11月，潍坊出口加工区管委会副主任。2012年11月至2015年1月，潍坊综合保税区管委会副主任。2015年1月至2018年2月，潍坊综合保税区海关监管区服务中心党委书记。2018年2月，任潍坊综合保税区综合行政执法

郭若慎

局局长。

蒋建新

蒋建新 1974年3月出生，山东青州人。在职研究生学历，1995年7月参加工作，1994年6月加入中国共产党。1992年9月至1995年7月，沈阳工业学院就读。1995年7月至1997年11月，青州市昭德街办秘书。1997年11月至1999年12月，青州市公安局秘书。1999年12月至2003年6月，青州市委政法委秘书、调研科长。2003年6月至2006年12月，青州市委防范和处理邪教问题领导小组办公室副主任（2004年9月至2006年7月在山东省委党校脱产读研究生）。2006年12月至2007年10月，青州市谭坊镇党委副书记。2007年10月至2009年1月，青州市委政法委副书记（正科级）。2009年1月至2009年6月，青州市云驼风景区党工委副书记、管委会主任（2008年10月在职考取中国海洋大学公共管理硕士研究生，并于2011年6月获取硕士学位）。2009年6月至2010年1月，高新区清池街道党委副书记、办事处主任。2010年1月至2011年1月，高新区建设局副局长。2011年1月至2011年1月，高新区管委会副县级干部。2011年1月至2012年1月，潍坊出口加工区管委会副县级干部。2012年1月至2012年12月，潍坊综合保税区管委会副县级干部兼任汶泉发展区党委书记。2012年12月至2015年1月，潍坊综合保税区党工委委员、管委会副主任兼任汶泉发展区党委书记。2015年1月，任潍坊综合保税区党工委委员、潍坊综合保税区汶泉社区管理服务中心党委书记（其间，2017年7月到重庆市开州区扶贫办挂职）。

姜涛

姜　涛 1978年11月生，山东烟台人。在职省委党校研究生学历，2000年7月参加工作，1997年12月加入中国共产党。1996年9月至2000年7月，聊城师范学院美术系美术教育专业学习。2000年7月至2001年2月，广饶县原花园乡乡长助理。2001年2月至2003年7月，广饶县民政局办公室科员。2003年7月至2004年12月，东营市委统战部办公室科员。2004年12月至2006年8月，东营市委统战部经济科副主任科员。2006年8月至2008年2月，东营市委统战部办公室副主任。2008年2月至2012年9月，东营市委统战部党派科科长（2008年9月至2011年6月，中共山东省委党校法学理论专业在职学习，2011年6月，获省委党校研究生学历）。2012年9月至2014年2月，潍坊市滨海经济开发区先进制造业产业园管委会副主任。2014年2月至2016年1月，潍坊市政府办公室组织人事科科长。2016年1月至2018年10月，潍坊市政府督查室副主任。2018年10月，任潍坊综合保税区党工委委员、政治部主任。

蒋明旺 1963年10月出生，山东高唐人。在职大专学历，1980年11月参加工作，1984年12月加入中国共产党。1980年11月至1981

蒋明旺

年1月，莒南县55532部队。1981年1月至1983年9月，临沂146医院战士。1983年9月至1984年7月，济南陆军学院后勤训练大队学员。1984年7月至1985年1月，坦克八师装甲步兵团司务长。1985年1月至1996年10月，步兵138师413团司务长、副连职助理员、副股长、股长。1996年10月至1998年2月，坊子区人武部副营职助理员。1998年2月至1999年2月，奎文区人武部后勤科科长。1999年2月至2004年7月，潍坊军分区后勤部正营职助理员、供应科科长。2004年7月至2007年2月，潍坊军分局第二干休所。2007年2月至2008年11月，潍坊军分区第二干休所政委。2008年11月至2012年11月，潍坊出口加工区管理委员会副调研员。2012年11月至2017年10月，潍坊综合保税区管委会副调研员。2017年10月至2018年1月，潍坊综合保税区管委会四级调研员。2018年11月至2月，潍坊综合保税区三级调研员。2018年2月，任潍坊综合保税区管委会二级调研员。

刘月军 1965年5月出生，山东寿光人。在职研究生学历，1986年7月参加工作，1998年6月加工中国共产党。1982年9月至1985年7月，山东莱阳师范学校师范专业学生。1985年7月至1987年12月，山东莱州二十三中学教师（1996年7月至1999年6月在山东干部函授大学经济管理专业在职学习）。1987年12月

刘月军

至1990年9月，寿光城里学校教导主任。1990年9月至1991年7月，羊口盐场公路通讯站文书。1991年7月至1995年9月，羊口盐场党委宣传部干事。1995年9月至1999年9月，海化集团企业文化中心干事。1999年9月至2000年12月，海化集团企业文化中心副科级干事。2000年12月至2001年10月，海化集团企业文化中心电视台副台长。2001年10月至2003年12月，潍坊海化开发区党政办公室副主任。2003年12月至2005年1月，潍坊海化开发区党政办公室主任科员、副主任。2005年1月至2006年7月，潍坊海化开发区党政办公室副主任、研究督查室主任。2006年7月至2007年4月，潍坊滨海开发区党政办公室主任、研究督查室主任。2007年4月至2008年11月，潍坊滨海开发区党政办公室主任。2008年11月至2013年8月，潍坊滨海经济开发区管委会副调研员、党政办公室主任。2013年8月至2017年10月，潍坊综合保税区管委会副调研员。2017年10月至2018年1月，潍坊综合保税区管委会四级调研员。2018年11月至2月，潍坊综合保税区三级调研员。2018年2月，任潍坊综合保税区管委会二级调研员。

鲍德海 1962年12月出生，山东昌邑人。大学学历，工学学士学位，1987年7月参加工作，1985年12月加入中国共产党。1983年7月至1987年7月，青岛理工大学机械工程专业学习。

鲍德海

1987年7月至1989年3月，济南铝制品厂技术科副科长。1989年3月至1992年1月，潍坊市技术开发中心副经理。1992年1月至1993年12月，潍坊高新区经济发展处副主任。1993年12月至1994年11月，潍坊高新区经济发展局副主任。1994年11月至1999年1月，潍坊高新区计算机中心副主任。1999年1月至2005年1月，潍坊高新区物价局副局长。2005年1月至2006年7月，潍坊高新区安全生产监督管理局局长。2006年7月至2011年8月，潍坊出口加工区经济发展局局长，主任助理。2011年8月至2012年11月，潍坊出口加工区管委会副调研员（副县级）经济发展局局长。2012年11月至2014年8月，潍坊综合保税区管委会副调研员、经济发展局局长。2014年8月至2018年1月，潍坊综合保税区经济发展局局长。2018年1月至2018年2月，潍坊综合保税区经济发展局局长、管委会三级调研员。2018年2月，任潍坊综合保税区党政办公室党总支书记，管委会三级调研员。

张宗庆 1966年4月出生，山东潍坊。在职省委党校大学学历，1988年7月参加工作，1988年4月加入中国共产党。1986年9月至1988年7月，青岛化工学院精细化工专业学习。1988年7月至1992年7月，潍坊溶剂厂。1992年7月至2000年10月，潍坊高新区建设环保局科员、综合科副科长（1994年9月至1997年6月在中共山东省委党校业余本科班学习）。2000年10月至2008年3月，潍坊高新区建设局副局长。2008年3月至2008年4月，潍坊高新区清池街道党委副书记、办事处主任。2008年4月至2009年1月，潍坊高新区清池街道党委副书记、办事处主任兼浞河规划建设办公室主任。2009年1月至2009年2月，潍坊高新区清池街道党委副书记、办事处主任。2009年2月至2011年6月，潍坊高新区汶泉发展区党委书记。2011年6月至2012年1月，潍坊出口加工区汶泉街道党委书记。2012年1月至2012年11月，潍坊出口加工区党工委委员。2012年11月至2015年1月，潍坊综合保税区党工委委员。2015年1月至2017年10月，潍坊综合保税区管委会副调研员。2017年10月，任潍坊综合保税区管委会四级调研员。

张宗庆

郭光才 1969年10月出生，山东昌乐人。大学学历，工程硕士学位。1990年7月参加工作，1996年3月加入中国共产党。1988年9月至1990年7月，山东省淄博人民警察学校学生。1990年7月至2001年11月，潍坊市公安局技术侦察科、指挥中心办事员、科员。

郭光才

2001年11月至2006年5月，潍坊市公安局指挥中心指挥调度室副主任。2006年5月至2008年6月，潍坊市公安局指挥中心指挥调度室主任。2008年6月至2010年9月，潍坊市公安局峡山生态经济发展区分局副局长、党委委员。2010年9月至2011年11月，潍坊市公安局特警支队副支队长。2011年11月至2015年8月，诸城市公安局政委、党委副书记。2015年8月至2017年8月，潍坊市公安局综合保税区分局局长、党总支书记。2017年8月，任潍坊综合保税区管委会副调研员、潍坊市公安局综合保税区分局局长、党总支书记。

综合保税区部门负责人简介

逄　峰

逄　峰 1971年7月出生，山东诸城人。在职研究生学历，1993年7月参加工作，2002年3月加入中国共产党。1989年9月至1993年7月，安徽机电学院纺织工程系纺织工程专业学生。1993年7月至1998年10月，潍坊市纺织品进出口公司职员。1998年10月至2002年4月，潍坊市事业单位登记管理办公室科员（2001年9月至2004年6月，在武汉大学在职攻读公共管理专业硕士学位）。2002年4月至2005年12月，潍坊市事业单位登记管理办副主任。2005年12月至2008年1月，潍坊市留学回国人员创业服务中心副主任（正科级）（2006年8月至2006年10月，在原国家人事部中国博士后科学基金会帮助工作）。2008年1月至2010年4月，潍坊市事业单位登记办副主任（正科级）。2010年4月至2010年10月，潍坊市事业单位登记管理局副局长（正科级）。2010年10月至2012年1月，潍坊市机构编制委员会办公室政策法规科科长。2012年1月任潍坊综合保税区政治工作部主任。2018年2月，任潍坊综合保税区政治部主任、管委会三级调研员。

贺　波

贺　波 1970年7月出生，山东潍坊人。在职研究生学历，1991年7月参加工作，1999年6月加入中国共产党。1988年9月至1991年7月，菏泽医学专科学校临床医学专业学生。1991年7月至1995年5月，潍坊市第二人民医院医生。1995年5月至2002年1月，潍坊市开源实业有限公司财务经理。2002年1月至2005年1月，潍坊高新财政局会计管理局科员。2005年1月至2006年7月，潍坊高新区财政局会计管理局副局长。2006年7月至2007年2月，潍坊出口加工区财政局副局长。2007年2月至2016年1月，潍坊出口加工区财政局局长。2016 年 1 月至 2017 年 8 月，潍坊综合保税区财政局副局长。2017 年 8 月，任潍坊综合保税区社会事业管理服务中心党委书记。

窦秉超

窦秉超 1970 年 1 月出生，山东临朐人。大学学历，1994 年 9 月参加工作。1990 年 7 月至 1994 年 7 月，辽宁大学电子科学工程系微电子专业学习。1994 年 7 月至 1996 年 8 月，潍坊民用航空管理局通信导航科科员。1996 年 8 月至 1999 年 1 月，潍坊民用航空管理局通信导航科副科长。1999 年 1 月至 2001 年 3 月，潍坊市昌乐县河头镇副镇长。2001 年 3 月至 2003 年 1 月，潍坊市昌乐县崔家庄镇副镇长。2003 年 1 月至 2003 年 12 月，潍坊市昌乐县阿陀镇副镇长。2003 年 12 月至 2006 年 7 月，潍坊高新区招商一局科员（保留副科级）。2006 年 7 月至 2007 年 2 月，潍坊出口加工区经济发展局副局长。2007 年 2 月至 2012 年 1 月，潍坊出口加工区投资促进局局长。2012 年 1 月至 2015 年 4 月，潍坊出口加工区物流发展局局长。2015 年 4 月至 2018 年 2 月，潍坊综合保税区物流管理中心主任。2018 年 2 月，任潍坊综合保税区党政办公室主任。

刘珍荣 1967 年 8 月出生，山东诸城人。大学学历，1991 年 7 月参加工作，2000 年 9 月加入中国共产党。1987 年 9 月至 1991 年 7 月，杭州商学院统计专业学习。1991 年 7 月至 1998 年 11 月，潍坊糖酒站业务员、部门经理。1998 年 12 月至 2003 年 12 月，安丘市关王镇副镇长、兴安街办副书记。2004 年 1 月至 2006 年 4 月，潍坊高新区统计局（出口加工区筹建办工作）。2006 年 7 月至 2007 年 2 月，潍坊出口加工区办公室副主任主持工作。2007 年 2 月至 2007 年 4 月，潍坊出口加工区建设规划局主任科员。2007 年 4 月至 2009 年 3 月，潍坊市规划局出口加工区分局局长。2009 年 3 月至 2015 年 4 月，潍坊出口加工区建设规划局局长。2015 年 4 月至 2018 年 2 月，潍坊综合保税区住房和城乡建设局局长。2018 年 2 月，任潍坊综合保税区经济发展局局长。

刘珍荣

刘少武

刘少武 1966 年 1 月出生，山东诸城人。大学学历，1989 年 7 月参加工作，1994 年 1 月加入中国共产党。1985 年 9 月至 1989 年 7 月，青岛建筑工程学院环境工程专业学习。1989 年 7 月至 1992 年 7 月，潍坊区市政工程公司施工队施工员。1992 年 7 月至 1993 年 7 月，潍城区市政工程公司生产科技术员。1999 年 7 月至 2001 年 6 月，潍城区市政工程公司第二分公司经理。2001 年 6 月至 2009 年 2 月，潍城区市政工程公司副经理。2009 年 2

月至2012年9月，潍坊出口加工区建设规划局副局长、工程招投标管理办公室主任。2012年9月至2015年4月，潍坊出口加工区建设规划局主任科员。2015年4月至2017年8月，潍坊综合保税区管委会副调研员。2017年8月，任潍坊综合保税区财政局局长。

于瑞增

于瑞增 1965年8月出生，山东胶南人。省委党校在职大学学历，1986年7月参加工作，1993年11月加入中国共产党。1983年9月至1986年7月，山东省畜牧兽医学校学生。1986年7月至1987年12月，胶南县柏乡兽医站干部。1987年12月至1988年8月，潍坊市土产杂品总公司干部。1988年8月至1995年3月，潍坊市工商行政管理局机动车辆交易所科员。1995年3月至1997年5月，潍坊市工商行政管理局商广科科员。1997年5月至1998年2月，潍坊市工商行政管理局生资所科员。1998年2月至2002年7月，潍坊市工商行政管理局公平交易局科员。2002年7月至2008年1月，潍坊市工商行政管理局合同管理科副科长。2008年1月至2011年8月，潍坊出口加工区工商筹备处主要负责人兼潍坊市工商行政管理局高新分局副局长。其中2008年1月至2009年1月，编制兼任潍坊市工商行政管理局公平交易局综合科科长；2009年1月至2010年10月，编制兼任潍坊市工商行政管理局高新分局党组成员，友谊工商所所长。2010年10月至2011年8月，兼任潍坊市工商行政管理局高新分局党组成员。2011年8月至2013年4月，潍坊市工商行政管理局总经济师。2013年4月至2014年3月，潍坊市工商行政管理局人民商城分局党委书记、局长。2014年3月至2015年4月，潍坊综合保税区市场监督管理局负责人。2015年4月至2018年2月，潍坊综合保税区市场监督管理局局长。2018年2月，任潍坊综合保税区住房和城乡建设局局长。

王欣伟

王欣伟 1978年10月出生，山东高密人。在职省委党校大学学历，1999年8月参加工作，2005年6月加入中国共产党。1995年9月至1999年9月，山东省潍坊艺术学校器乐专业学习。1999年9月至2006年3月，潍坊市奎文区人事局录用流动科科员（2002年9月至2004年12月在中共山东省委党校业余本科班学习）。2006年3月至2006年8月，中共潍坊奎文区委组织部电教中心干事。2006年8月至2006年11月，潍坊市奎文区广文街道办事处副主任。2006年11月至2008年8月，潍坊出口加工区党政办公室副主任。2008年8月至2015年4月，潍坊出口加工区党政办公室主任。2015年4月至2018年2月，潍坊综合保税区党政办公室主任。2018年2月，任潍坊综合保税区市场监督管理局局长。

李宗福 1968年9月出生，山东青州人。大学学历，1992年8月参加工作，1995年7月

李宗福

加入中国共产党。1988年8月至1992年8月，吉林建筑工程学院学习。1992年8月至1993年10月，山东省青州市房地产管理局科员。1993年10月至1995年6月，山东省青州市城建开发公司科员。1995年6月至2001年11月，山东省青州市房地产综合开发管理办公室科长副主任。2001年11月至2003年6月，山东省青州市建设局收费科科长。2003年6月至2005年12月，山东省青州市规划办公室工会主席。2005年12月至2007年2月，山东省青州市国土资源局党委委员、纪委书记。2007年2月至2009年3月，潍坊市国土资源局出口加工区分局副局长。2009年3月至2013年10月，潍坊市国土资源局出口加工区分局局长（2008年4月至2011年6月在中国海洋大学农村与区域发展专业学习、获得农业推广硕士学位）。2013年10月，任潍坊市国土资源局综合保税区分局局长。

李致颖

李致颖 1980年10月出生，山东诸城人。在职研究生学历，2003年8月参加工作，2001年11月加入中国共产党。2003年8月至2004年1月，高密市密水街道主任助理（2003年8月经山东省委组织部批准选调生）。2004年1月至2004年3月，高密市密水街道主任助理、党政办副主任。2004年3月至2004年8月，共青团高密市委（借调帮工）。2004年8月至2005年12月，共青团高密市委组织部长。2005年12月至2006年12月，高密市醴泉街道挂职副书记。2006年12月至2007年6月，共青团高密市委副书记。2007年6月至2008年1月，共青团高密市委副书记、党组成员。2008年1月至2010年2月，高密团市委副书记、党组成员、正科级干部。2010年2月至2012年11月，高密市朝阳街道党工委副书记、纪工委书记（纪工委统一管理后升格为正科级；2010年11月至2011年11月，在潍坊市人力资源和社会保障局挂职担任副科长）。2012年11月至2014年1月，潍坊综合保税区经济发展局主任科员、副局长。2014年1月至2014年4月，潍坊综合保税区汶泉发展区党委副书记。2014年4月至2014年4月，潍坊综合保税区汶泉发展区党委副书记、管委会主任。2014年4月至2015年9月，潍坊综合保税区汶泉发展区党委副书记、管委会主任。2015年9月至2017年8月，潍坊综合保税区汶泉社区管理服务中心副主任。2017年9月至2018年2月，潍坊综合保税区汶泉社区管理服务中心主任、副书记。2018年2月，任潍坊综合保税区汶泉社区管理服务中心主任、书记。

阚永美 女，1966年6月生，山东诸城人，2004年10月加入中国共产党，1989年7月参加工作，大学本科学历。1985年9月至1989年7月，重庆建筑工程学院工民建专业学习；1989年7月至1992年8月，潍坊市规划处设计室工

阚永美

作；1992年8月至2000年7月，潍坊市规划设计研究院工程室工作；2000年7月2006年6月，潍坊市规划设计研究院建筑分院总工程师；2006年6月至2007年4月，潍坊市规划设计研究院总工办主任；2007年4月至2014年11月，潍坊市规划局奎文分局副局长；2014年11月至2015年3月，潍坊市规划局坊子分局副书记、副局长；2015年3月，任潍坊市规划局综合保税区分局局长。

张继玉

张继玉 1963年11月出生，山东安丘人，1996年9月加入中国共产党，1986年7月参加工作，大学学历。1982年9月至1986年7月，山东师范大学物理系物理专业学习 1986年7月至1989年5月，山东省潍坊市职工大学教师；1989年5月至1996年1月，青岛海关所属潍坊海关保税科科员（科员级）；1996年1月至1998年3月，青岛海关所属潍坊海关调查技术科副科长（副科级）；1998年3月至1998年6月，青岛海关所属潍坊海关保税科副主任科员（副科级）；1998年6月至2001年7月，青岛海关所属潍坊海关副科级审计员（副科级）；2001年7月至2002年12月，青岛海关所属潍坊海关监管技术科副科长（副科级）；2002年12月至2005年11月，青岛海关所属潍坊海关监管技术科科长（正科级）；2005年11月至2009年9月，任青岛海关所属潍坊海关驻出口加工区办事处综合业务科科长（正科级）。

李燕西

李燕西 1969年3月出生，山东临朐人，2003年11月加入中国共产党，1991年7月参加工作，大学学历。1989年9月至1991年7月，海关总署秦皇岛海关学校海关管理专业学习；1991年7月至1992年7月，青岛海关所属潍坊海关货运监管科试用期干部；1992年7月至2001年7月青岛海关所属潍坊海关货运监管科科员（科员级）；2001年7月至2003年2月，青岛海关所属潍坊海关加工贸易监管科副科长（副科长）；2003年2月至2004年1月，青岛海关所属潍坊海关加工贸易监管科副科长（副科长）（主持工作）；2004年1月至2005年11月，青岛海关所属潍坊海关通关科副科长（副科长）；2005年11月至2006年6月，青岛海关所属潍坊海关驻出口加工区办事处监管科副科长（副科级）；2006年6月至2009年9月，任青岛海关所属潍坊海关驻出口加工区办事处监管科科长（正科级）。

李　涛 1977年6月生，山东寿光人，2004年9月加入中国共产党，1999年7月参加工作，省委党校研究生学历。1995年9月至1999年7月，山东大学法学院法学专业学习；

李涛

1999年7月至2000年7月，青岛海关所属潍坊海关调查科试用期干部；2000年7月至2001年7月，青岛海关所属潍坊海关保税科科员（科员级）；2001年7月至2003年1月，青岛海关所属潍坊海关调查科科员（科员级）；2003年1月至2004年2月，青岛海关所属潍坊海关办公室科员（科员级）；2004年2月2005年11月，青岛海关所属潍坊海关驻诸城办事处科员（科员级）；2005年11月至2008年4月，青岛海关所属潍坊海关办公室副主任（副科级）；2008年4月至2009年7月，青岛海关所属潍坊海关机关党支部副书记（正科级）；2009年7月至2009年9月，青岛海关所属潍坊海关正科级政工员（正科级）；2009年9月至2012年5月，任青岛海关所属潍坊海关驻出口加工区监管科科长（正科级）。

李庆华

李庆华 汉族 1966年9月生，山东寿光人，1992年11月加入中国共产党，1989年7月参加工作，大学学历。1987年9月至1989年7月，昌潍师范专科学校政治系政治专业学习；1989年7月至1991年8月，山东省潍坊市寿光市第四中学团委书记；1991年8月至1996年10月，山东省潍坊市寿光市教委干部；1996年10月至1999年4月，青岛海关所属潍坊海关办公室科员（科员级）1999年4月至2001年7月，青岛海关所属潍坊海关调查技术科科员（科员级）；2001年7月至2004年1月，青岛海关所属潍坊海关监管技术科副科长（副科级）；2004年1月至2007年1月，青岛海关所属潍坊海关办公室副主任（副科级）；2007年1月至2007年2月，青岛海关所属潍坊海关办公室主任科员（正科级）；2007年2月至 2012年5月，青岛海关所属潍坊海关稽查科科长（正科级）；2012年5月至 2014年6月，任青岛海关所属潍坊海关驻出口加工区办事处监管科科长（正科级）（2012年12月因机构调整变更为济南海关所属潍坊海关）。

毛洪清

毛洪清 1971年2月生，山东诸城人，2001年11月加入中国共产党，1992年7月参加工作，省委党校大学学历。1990年9月至1992年7月，昌潍师范专科学校数学系数学专业学习；1992年7月至1995年9月，昌潍师范专科学校人事处教师；1995年9月至2000年10月，青岛海关所属潍坊海关保税科科员（科员级）；2000年10月至2001年7月，青岛海关所属潍坊海关保税科副科长（副科级）；2001年7月至2003年5月，青岛海关所属潍坊海关办公室副主任（副科级）；2003年5月至2005年9月，青岛海关所属潍坊海关调查科副科长（副科级）；2005年9月至2006年6月，青岛海关所属潍坊海关稽查科副科长（副科级）；2006年6月至2012年5月，青岛海关所属潍坊海关监管技术科科长（正科级）；2012年5月至2014年6月，青岛海关所属潍坊海关审批备案科科长（正科级）；（2012年12月因机构调整变更为济南海关所属潍坊海关）；2014年6月至2017年6月，任济南海关所属潍坊海关驻综合保税区综合业务科科长（正科级）。

朱耀武

朱耀武 1975年9月生，山东诸城人，2001年6月加入中国共产党，1995年8月参加工作，省（区、市）委党校大学学历。1993年9月　月至1995年7月，烟台大学法律系金融证券法专业学习；1995年7月至2002年4月，山东省潍坊市诸城市人民法院审判员；2002年4月至2002年11月，青岛海关所属潍坊海关驻诸城办事处科员（科员级）； 2002年11月至2005年11月，青岛海关所属潍坊海关加工贸易监管科科员（科员级）；2005年11月至2009年4月，青岛海关所属潍坊海关驻诸城办事处副主任（副科级）；2009年4月至2012年5月，青岛海关所属潍坊海关驻诸城办事处主任（正科级）；2012年5月至2012年12月，青岛海关所属潍坊海关稽查科科长（正科级）；2012年12月至2014年6月，济南海关所属潍坊海关稽查科科长（正科级）；2014年6月至2015年9月，济南海关所属潍坊海关审批备案科科长（正科级）；2015年9月，任济南海关所属潍坊海关副调研员（副处级）。

卢健

卢　　健 1954年10月生，山东荣成人，1986年4月加入中国共产党，1972年1月参加工作，大专学历，英语专业。1972年1月至1975年8月，青岛市科委工作；1975年8月至1978年8月，山东大学外文系英语专业学习；1978年8月至1989年10月，山东合成纤维研究所干部、办公室副主任；1989年9月至1992年1月，潍坊商检局干部、检务科副科长；1992年1月至1994年3月，潍坊商检局政工科科长；1994年3月至1997年4月，潍坊商检局党组成员、纪检组长；1997年4月至1998年2月，滨州商检局党组成员、纪检组长；1998年2月至1999年11月，青州商检局副局长；1999年11月至2000年4月，潍坊检验检疫局青州办事处副主任；2000年4月至2005年9月，潍坊检验检疫局青州办事处主任；2005年9月至2013年4月，潍坊检验检疫局出口加工区办事处筹备处主任。

韩振涛 1964年2月生，山东潍坊人，1993年7月加入中国共产党，1987年7月参加工作，大本学历，工学士学位。1983年9月至1987年7月，沈阳工业大学机械系机械制造及设计工艺专业学习；1987年7至1993年9月，潍坊商检局业务三科检验员；1993年9至1994年7月，东北财经大学商检系统英语强化班学习；

韩振涛

1994年7月至1998年4月，潍坊商检局业务三科工程师；1998年4月至1999年11月，潍坊青州商检局业务科副科长（主持工作）；1999年11月至2009年1月，潍坊检验检疫局机电化矿科副科长；2009年1月至2014年11月，潍坊检验检疫局出口加工区办事处筹备处副主任（正科级）；2014年11月，任潍坊检验检疫局综合保税区检验检疫科科长。

郑兆乾

郑兆乾 1966年7月出生，山东安丘人，1993年10月加入中国共产党，1987年7月参加工作，在职研究生学历，农业推广硕士，1985年9月至1987年7月，山东农业大学土化系土地资源专业学习；1987年7月至1988年8月，潍坊市坊子区农牧局科员；1988年8月至1990年4月，潍坊市坊子区土地管理局科员；1990年4月至1994年2月，潍坊市坊子区政府办公室秘书；1994年2月至1995年2月，潍坊市坊子区政府办公室秘书、信息科科长，秘书科科长；1995年2月至1996年8月，潍坊市坊子区政府办公室副局级秘书；1996年8月至1998年3月，潍坊市坊子区政府办公室副主任、副秘书长；1998年3月至2000年7月，潍坊市坊子区埠头镇党委副书记、镇长，（期间，1996年8月至1999年7月，在莱阳农学院经济管理专业在职学习，获大学学历；1997年9月至1999年12月，在山东省委党校经济管理专业在职学习，获省委党校大学学历），2000年7月至2001年4月，潍坊市坊子区外经委党委委员、副主任（正科级）；2001年4月至2002年5月，潍坊市坊子区建设委员会党委副书记、副主任、城市管理监察中队党支部副书记、队长；2002年5月至2005年3月，潍坊市坊子区司法局党组书记、局长；2005年3月至2012年9月，潍坊市坊子区检察院党组副书记、副检察长（其间，2004年9月至2006年12月，在山东省委党校法律专业在职学习，省委党校大学学历；2005年2月至2008年12月，在青岛农业大学农业推广专业在职学习，获农业推广硕士学位）；2013年6月至2017年2月，任保税区检察室主任。

李常兴

李常兴 1969年8月出生，潍坊市潍城区人，1996年6月加入中国共产党，1991年8月参加工作，大学学历，法学学士。1987年9月至1991年7，西南政法学院经济法专业学习；1991年8月至1994年8月，潍坊市潍城区人民检察院助理检察员；1994年8月至2003年12月，潍坊市奎文区人民检察院助理检察员、检察员，反贪局综合科科长，反贪局侦查一科科长；2003年12月至2008年12

月，潍坊市奎文区人民检察院副科级检察员、反贪局侦查一科科长、民行科科长、反渎局局长、检委会委员；2008 年 12 月至 2012 年 3 月，潍坊市奎文区人民检察院正科级检察员、反贪局副局长；2012 年 3 月至 2012 年 8 月，潍坊高新区人民检察院正科级干部；2012 年 8 月至 2015 年 1 月，潍坊高新区人民检察院正科级检察员、民行科副科长；2015 年 1 月至 2016 年 4 月，潍坊高新区人民检察院民行科科长；2017 年 2 月，任保税区检察室主任。

刘佩华

刘佩华 1964 年 2 月生人，1986 年 3 月加入中国共产党，1984 年 10 月参加工作，大学学历。1984 年 10 月至 1988 年 5 月，寿光市寒桥乡政府经费会计；1988 年 5 月至 1990 年 3 月，寿光市寒桥乡财政所预算会计；1990 年 3 月至 1994 年 6 月，寿光市寒桥乡财政所副所长；1994 年 6 月至 2003 年 5 月，寿光市地方税务局羊口征收分局局长；2003 年 5 月至 2004 年 11 月，潍坊市地方税务局海洋化工高新技术产业开发区分局副科级干部；2004 年 11 月至 2005 年 7 月，潍坊市地方税务局海洋化工高新技术产业开发区分局副局长；2005 年 7 月至 2009 年 2 月，寿光市地方税务局党组成员、纪检组长；2009 年 2 月至 2009 年 6 月，潍坊市地方税务局主任科员；2009 年 6 月至 2012 年 3 月，潍坊市地方税务局农业高新技术产业开发区分局主持工作负责人；2012 年 3 月至 2018 年 7 月，潍坊市地方税务局综合保税区分局局长；2018 年 7 月，任国家税务总局潍坊综合保税区税务局党委副书记、副局长。

闫伟宁

闫伟宁 山东昌乐人，1959 年 8 月出生 汉族 中共党员；1998 年 1 月至 1998 年 11 月潍坊市国税局办公室科员；1998 年 11 月至 1999 年 4 月潍坊市国税局办公室 副主任科员；1999 年 4 月至 2001 年 5 月，潍坊市国税局办公室副主任；2001 年 5 月至 2001 年 12 月潍坊市国税局机关服务中心副主任；2001 年 12 月至 2008 年 8 月潍坊市国税局办公室主任；（2001 年 9 月至 2004 年 6 月吉林大学会计学专业学习）；2008 年 8 月至 2010 年 11 月，任潍坊出口加工区国家税务局局长。

崔振文

崔振文 山东潍坊人，1961 年 2 月出生，中共党员；1987 年 5 月至 1993 年 5 月，山东省潍坊市税务局市属企业征收处税政科副科长；1993 年 5 月至 1995 年 3 月，山东省潍坊市税务局市属企业征收处检查科科长；1995 年 3 月至 1996 年 2 月，山东省潍坊市国家税务局市直分局检查科科长；1996 年 2 月至 1998 年 3 月，山东省潍坊市国税局市直征收分局副局长；1998年3月至2010年11月，山东省潍坊市国税局稽查局副局长（2000年9月至2003年7月，中共中央党校成人教育学院经济管理专业研究生学习）2010年11月至2013年4月，山东省潍坊出口加工区国家税务局局长；2013年4月至2016年7月，山东省潍坊滨海经济技术开发区国家税务局局长助理；2016年7月，任山东省潍坊市奎文国家税务局副调研员。

王宁

王　宁　山东潍坊人，1968年10月出生，中共党员；1989年12月至1993年2月，山东省潍坊潍城区税务局办事员；1993年2月至1994年7月山东省潍坊市税务局开发区分局征收处专管员；1994年7月至1999年3月，山东省潍坊市国税局开发区分局科员；（1994年9月至1997年7月，山东省经济管理干部学院财务会计专业学习）；1999年3月至2003年5月，山东省潍坊市寒亭区国家税务局河滩分局局长；（1997年9月至1999年12月，中共山东省委党校经济管理专业学习）；2003年5月至2007年3月，山东省潍坊经济技术开发区国税局副局长；2007年3月至2011年11月，山东省潍坊经济开发区国税局副局长；2011年11月至2013年4月，山东省潍坊经济开发区国税局副局长（主持工作）；2013年4月至2014年8月，山东省潍坊出口加工区国家税务局党组书记、局长；2014年8月至2018年1月，山东省潍坊综合保税区国家税务局党组成员、副局长（2015年9月至2018年6月，在中共山东省委党校经济管理专业学习在职研究生）2018年1月，任山东省昌邑市国家税务局 党组书记、局长。

高斌

高　斌　山东安丘人，1971年5出生，中共党员；1993年7月至1994年7月诸城市税务局相州税务所专管员；1994年7月至1995年3月，诸城市国税局办公室秘书；1995年3月至1999年4月，潍坊市国税局开发区分局科员；1999年4月至2002年1月，潍坊市国税局稽查局稽查执行三科副科长；（1997年9月至2000年7月，在吉林大学会计学专业学习）2002年1月至2005年9月，潍坊市国税局办公室副主任；2005年9月至2010年3月，潍坊市国税局征管科科长；2010年3月至2013年2月，潍坊市国家税务局办公室主任；（2008年9月至2011年7月，在东北大学软件工程专业学习）2013年2月至2014年7月，潍坊高新技术产业开发区国税局党组成员、副局长，潍坊市国家税务局办公室主任；2014年7月至2014年8月，潍坊综合保税区国家税务局党组书记、局长，潍坊市国家税务局办公室主任；2014年8月至2017年11月，潍坊综合保税区国家税务局党组书记、局长；2017年11月至2018年6月，潍坊市国家税务局党组成员、总会计师；2018年6月至2018年10月，潍坊市税务局联合党委委员总会计师；2018年10月，任潍坊市税务局党委委员总会计师。

刘宝平

刘宝平 山东青州人，1967.02出生，中共党员；1984年9月至1988年7月，山东大学中文系汉语言文学专业学习；1988年7月至1992年7月，潍坊市税务局市属企业征收处专管员；1992年7月至1993年11月，潍坊市税务局二科科员；1993年11月至1994年7月，潍坊市税务局办公室秘书；1994年7月至1995年3月，潍坊市国税局办公室秘书；1995年3月至1996年8月，潍坊国税市直分局办公室副主任；1996年8月至1998年11月，潍坊市国税局直属征收分局办公室主任；1998年11月至2001年5月，潍坊市国税局征管科副科长（挂职锻炼）；2001年5月至2001年8月，潍坊市国税局办公室副主任；2001年8月至2001年12月，潍坊市国税局人事科副科长；2001年12月至2005年9月，潍坊市国税局人事科科长；2005年9月至2008年7月，潍坊市国税局人事教育科科长；2008年7月至2009年1月，潍坊市国税局人事教育科科长，潍坊高新区国税局副局长；2009年1月至2012年11月，潍坊高新区国税局副局长；2012年11月至2017年11月，潍坊高新区国税局党组成员、副局长；2017年11月至2018年10月，潍坊综合保税区国家税务局 党组书记、局长；2018年7月至2018年10月，任潍坊综合保税区税务局联合党委书记局长。

冯建伟 1981年2月出生，山东潍坊人，

冯建伟

2003年11月加入中国共产党，2001年12月参加工作，本科学历。历任副中队长、政治指导员、助理工程师等职务。

张琪

张 琪 1984年10月生，山东潍坊人，2008年6月加入中国共产党，2007年6月参加工作，本科学历，硕士学位。2003年9月至2007年6月，在山东轻工业学院计算机科学与技术专业学习；2011年12月至2015年12月，在中国人民武装警察部队学院学习，取得安全工程硕士专业学位；2018年4月，任潍坊市消防支队司令部政治协理员（保税工作站负责人），先后荣立三等功1次，个人嘉奖4次。

张青

张 青 女，1966年1月生，山东泰安人，1996年7月加入中国共产党，1984年7月参加工作，本科学历，教育学学士。1982年9月至1984年6月，内蒙古牙克石林业师范数学专业学习；2005年3月至2007年

1 月，西南大学网络教育学院教育学专业学习；1984 年 7 月至 1985 年 8 月，内蒙古牙克石一中教师；1985 年 9 月至 1995 年 4 月，内蒙古牙克石四中教师；1995 年 5 月至 2000 年 9 月，潍坊五中科研主任；2000 年 10 月至 2002 年 2 月，潍坊外国语学校教务主任；2002 年 3 月至 2014 年 5 月，潍坊市实验学校副校长；2014 年 6 月，任潍坊综合保税区实验学校校长。

荣誉称号

单位获得市级以上荣誉

综合保税区党工委、管委会

2003年，被市委、市政府评为潍坊出口加工区申报工作先进单位，给予记二等功奖励。

2003年，被市文明办评为市级文明单位。

2014年，被市委、市政府评为年度综合考核优秀等次。

2014年，潍坊综合保税区管委会机关被山东省精神文明建设委员会授予省级文明单位称号。

2017年，被市委、市政府评为年度综合考核优秀等次。

2017年，被市委、市政府记集体二等功。

2017年，被市委、市政府授予推动全市经济社会发展特殊贡献奖。

政治工作部

2012年，被市委宣传部评为全市理论教育工作先进单位。

2014年，被市委宣传部评为全市理论教育工作先进单位。

2015年，被市委、市政府评为创建全国文明城市工作先进单位。

经济发展局

2017年，被山东省人力资源和社会保障局、山东省经济和信息化委员会、山东省公务员局评为“全省经济和信息化工作先进集体”。

国土分局

2012年，被市国土资源局评为全市国土资源工作优秀单位。

2013年，被市国土资源局评为全市国土资源工作优秀单位。

2013年，被市人力资源和社会保障局、市档案局评为全市档案管理工作先进集体。

2014年，被市加快推进农村集体土地确权登记发证和宗地统一编码工作领导小组评为全市农村集体土地确权登记发证工作先进单位。

2014年，被市国土资源局评为全市国土资源工作先进单位、获评全市国土资源系统“双十佳工作”。

2014年，被市委、市政府评为潍坊市文明单位。

2015年，被市国土资源局评为全市国土资源工作先进单位、获评全市国土资源系统“双十佳工作”。

2016年，被省档案局评为全省档案工作科学化管理先进单位。

2016年，被市国土资源局评为全市国土资源工作先进单位、获评全市国土资源系统“双十佳工作”。

2017年，被山东省精神文明建设委员会评为“省级文明单位”。

2017年，被市国土资源局评为全市国土资源工作先进单位、获评全市国土资源系统“双十佳工作”。

政治工作部

2003 年，被市委宣传部评为理论教育工作先进单位。

经济发展局

2003 年，被市商务局评为全市对外贸易工作先进单位。

2003 年，被市发改委评为 2013 年固定资产投资先进单位。

2003 年，被统计局调查队评为服务业小微企业监测调查工作先进单位。

2003 年，被市外事与侨务办公室评为全市外事工作突出贡献单位。

物流管理中心（物流发展中心）

2017 年，被潍坊市妇联授予潍坊市巾帼文明岗称号。

市场监管局

2016 年，被潍坊市妇联授予潍坊市巾帼文明岗。

2018 年，被市委、市政府评为潍坊市创建国家食品安全示范城市工作先进集体。

公安分局

2016 年，公安分局被潍坊市文明委评为市级文明单位。

2017 年，公安分局刑侦大队被潍坊市公安局记集体三等功。

2017 年，公安分局被潍坊市委、市政府评为全市党的十九大安保维稳工作先进集体，并记集体三等功。

汶泉发展区

2003 年，被市计生委评为全市计划生育工作先进镇（街）和全市科学管理创建活动先进镇（街）。

2003 年，被农村集体土地确权登记颁证工作领导小组评为农村集体土地确权登记发证先进单位。

2017 年 7 月，汶泉发展区管理服务中心被潍坊市妇女联合会评为潍坊市三八红集体和潍坊市先进基层妇女组织。

2017 年 3 月，汶泉发展区管理服务中心被潍坊市人民政府评为潍坊市创建国家森林城市工作先进集体。

2017 年 10 月，汶泉发展区管理服务中心被潍坊市文明办、潍坊市市政局评为潍坊市城乡环卫一体化工作示范镇街。

2016 年 8 月，汶泉发展区管理服务中心被市委宣传部、市人社局、市司法局、市普法办评为 2011 年至 2015 年全市普法依法治理工作先进单位。

2016 年 12 月，汶泉发展区管理服务中心被潍坊市总工会评为先进职工之家。市财政局

2015 年 11 月，刘家张营村党支部被潍坊市建设学习型党组织工作协调小组评为潍坊市学习型党组织建设示范点。

2018 年 7 月，阎家张营村党支部被潍坊市委评为先进基层党组织。

2018 年 9 月，被山东省委评为抗洪救灾先进基层党组织。

国税局

2003 年，被省文明委评为省级文明单位。

地税分局

2003 年，被省文明委评为省级文明单位。

财政局

2003 年，被市财政局评为 2013 年度农村综合改革工作先进集体。

2003 年，被市金融办评为 2013 年度金融服务工作先进单位。

税务局

2013 年 12 月 29 日，潍坊市地方税务局综合保税区分局被山东省精神文明建设委员会评为省级文明单位。

2014 年 3 月，潍坊市地方税务局综合保税区分局办税服务厅被潍坊市妇女联合会、潍坊市“双学双比”“巾帼建功”竞赛活动协调小组办公室评为“潍坊市巾帼文明岗”。

2014 年 3 月 27 日，潍坊市地方税务局综合保税区分局被潍坊市委宣传部确立为“市级理论大众化示范点”。

2015 年 4 月 27 日，潍坊市地方税务局综合保税区分局办税服务厅被潍坊市总工会评为“潍坊市工人先锋号”。

2017 年 4 月 25 日，潍坊市地方税务局综合保税区分局被山东省总工会授予“富民兴鲁劳动奖状”。

2017 年 12 月，分局办税服务厅被共青团潍坊市委评为“2015—2016 年度潍坊市青年文明号”。

检察室

2014年8月，被潍坊市人民检察院评定为“规范化检察室”。

2016年1月，被山东省人民检察院评定为“一级检察室”。

海关办事处监管科

2003 年，被济南海关评为济南关区“四好”优秀科室先进集体称号。

个人获得市级以上荣誉

党工委、管委会领导

徐洪吉

2004年，被潍坊市委、市政府记两个二等功。

石铭奎

2017年，被市委组织部授予嘉奖荣誉称号。

关凤云

2017年，被市委组织部授予嘉奖荣誉称号。

郭若慎

2007 年 2 月，被山东省安全生产委员会评为全省安全生产先进个人。

蒋建新

在挂职扶贫重庆市开州区工作期间，于 2018 年 9 月，被中共重庆市开州区委员会、重庆市开州区人民政府评为“重庆市开州区脱贫攻坚工作先进个人”。

鲍德海

2016 年 1 月被潍坊市政府评为首届中日韩产业博览会先进个人记三等功。

郭光才

2017 年，被潍坊市委、市政府评为“全市党的十九大安保维稳工作先进个人”，并记个人二等功。

党政办公室

王永昌

2016 年 1 月，获市政府办公室 2015 年度全市政府系统优秀调研成果一等奖。

2017 年 3 月，获市政府办公室 2016 年度全市政府系统优秀调研成果一等奖。

冯宝祎

2014 年 1 月，被市政府办公室评为 2013 年度全市政府信息公开工作先进个人。

周 杰

2017 年 4 月，被市维护稳定工作领导小组、市信访工作联席会议、市社会治安综合治理委员会评为全市全国“两会”维稳安保工作先进个人。

政治工作部

王磊

2012 年 8 月，全市政府系统机关公文大赛获三等奖。

2014 年 1 月，获 2013 年度潍坊市政府系统调研工作先进个人。

2017 年 3 月，《赴浙闽鄂桂四省五地海关特殊监管区考察调研报告》获 2016 年度潍坊市政府系统优秀调研成果一等奖。

2017 年 3 月，《赴东莞、重庆、成都等地考察调研报告》获 2016 年度潍坊市政府系统优秀调研成果三等奖。

李兆鑫

2008、2009、2011、2013 年，被市委宣传部评为潍坊全市宣传工作先进个人。

2008 年被 评为潍坊全市社会科学工作先进个人。

2009 年被评为全市优秀宣传干部。

2010 年被潍坊全市组工调研信息工作先进个人。

2010 年、2011 年被市政府办公室评为全市信息工作先进个人。

2010、2011、2012、2013、2014 年被潍坊日报、潍坊晚报、潍坊新闻网评为优秀通讯员。

2014 年潍坊市授予富民兴潍劳动奖章称号。

2015 年被潍坊市委、市政府评为创建全国文明城市工作先进个人。

张 灏

2013 年 2 月，被潍坊市委宣传部评为 2012 年全市优秀理论教育工作者。

2014 年 2 月，被潍坊市统战部评为 2013 年全市统战工作先进个人。

2015 年 1 月，被潍坊市委办公室评为 2014 年全市党委信息工作先进个人。

2015 年 12 月，被潍坊市委办公室评为 2015 年全市党委信息工作先进个人。

2017 年 3 月，被潍坊市政府办公室评为 2016 年全市政府系统优秀调研成果三等奖。

2016 年 4 月，被政府办公室评为 2015 年度全市政府系统政务信息工作先进个人

李国杰

2016 年 4 月，被市政府办公室评为 2015 年度全市政府系统政务信息工作先进个人。

2017 年 3 月，参与起草的《赴浙闽粤桂四省五地海关特殊监管区考察调研报告》被市政府办公室评为 2016 年度潍坊市政府系统优秀调研成果一等奖。

2018 年 4 月，被市政府办公室评为 2017 年

度全市政府系统政务信息工作先进个人。

2018 年 4 月，被市委组织部评为 2017 年度全市组工调研信息工作先进个人。

隋晓阳

2016 年 4 月被共青团潍坊市委评为“潍坊市优秀共青团员”。

经济发展局

纪立德

2008 年，被市政府安全生产委员会评为全市安全生产工作先进个人。

2009 年，被省政府安全生产委员会评为全省安全生 产工作先进个人。

2010 年，被省安监局评为全省安全生产监督管系统先进个人，记三等功一次。

2011 年，被省安监局评为全省安全生产监督管系统先进个人，记三等功一次。

2012 年，被省政府安全生产委员会评为全省安全生 产工作先进个人。

魏　林

2014 年，被国家统计局潍坊调查队评为潍坊市规下服务业抽样调查先进个人。

2015 年，被山东省统计局评为山东省第三次经济普查先进个人。

2017 年，被山东省第三次农业普查领导小组评为山东省第三次农业普查先进个人。

2017 年，被山东省 1% 人口抽样调查工作协调小组评为山东省 1% 人口抽样调查先进个人。

市场监督管理局

张维东

2018 年 5 月 31 日 ，被市委、市政府授予“创建国家食品安全示范城市”先进个人，记嘉奖。

张学垒

2013 年 1 月 7 日　被潍坊市畜牧局授予潍坊市畜牧兽医工作先进个人。

汶泉发展区管理服务中心

辛元奎

2018 年 4 月，被山东政法委、山东人力资源和社会保障厅评为二等功。

易春玲

2012 年，被山东省人力资源和社会保障厅评为全省基层宣传文化工作先进个人。

李松刚

2012 年 4 月，被潍坊市人民政府征兵办公室评为征兵工作先进个人。

2011 年 1 月，被潍坊市人力资源和社会保障厅、市委防范和处理邪教问题领导小组办公室评为全市防范和处理邪教工作。三年会战先进个人。

2016 年 12 月，被潍坊市总工会评为全市优秀基层工会主席。

陈秀娟

2018 年 3 月，被潍坊市妇女联合会评为潍坊市维护妇女儿童权益先进个人。

2017 年 11 月，被潍坊市委、市政府评为十九大安保维稳嘉奖。

马　朋

2015 年 11 月，被潍坊市委、潍坊市人民政府评为三等功。

王　艳

2018 年 4 月，被潍坊市总工会评为潍坊市富民兴潍劳动奖章。

王乐升

2016 年 7 月，被省委宣传部人力资源保障厅评为司法厅普法治理先进个人。

徐雪莲

2018 年 5 月，被潍坊市财政局评为潍坊市优秀共产党员。

尹兆福

2016 年 6 月，被潍坊市委评为潍坊市优秀共产党员。

刘道佐

2017 年 4 月，被省综治办、省人力资源社会保障厅、省公务员局评为全省社会治安综合治理先进个人，记三等功。

社会事业局（社会事业管理服务中心）

陈　晓

2018 年，被山东省妇女联合会授予山东省巾帼建功标兵。

2008 年，被潍坊市妇联授予潍坊市优秀妇女干部。

2010 年，被潍坊市服务业办公室授予现代服务业先进工作者。

2011 年，被潍坊市妇联授予潍坊市三八红旗手。

2011 年，被潍坊市妇联潍坊市妇女创先争优先进个人。

马寿营

市级以上劳动模范，社会事业管理服务中心文教办。

市政管理局（海关监管区服务中心）

徐金吉

2017 年 ，被潍坊市城市违法建设治理行动领导小组办公室评为年度违法建设治理工作先进个人。

2017 年 ，被潍坊市环保局评为全市辐射事故应急演练暨业务技能比武竞赛先进个人。

2018 年 ，被潍坊市环保局评为全市辐射事故应急演练暨业务技能比武竞赛先进个人。

冯纪东

2011 年 5 月，被山东省环保厅、山东省农业厅、山东省海洋与渔业局、山东省统计局评为山东省第一次全国污染源普查先进个人。

2017 年 1 月被潍坊市环保局评为 2016 年全市辐射事故应急演练暨业务技能比武竞赛先进个人。

2018 年 1 月，被潍坊市环保局评为 2017 年全市辐射事故应急演练暨业务技能比武竞赛先进个人。

2018 年 6 月，被潍坊市环保局 2017 年潍坊市环境监察工作、执法大练兵先进个人。

物流管理局（物流管理中心）

王建新

2014 年，被潍坊市打击走私综合治理领导小组办公室授予全市反走私工作先进个人。

牛　芳

2017 年，被潍坊市打击走私综合治理领导小组办公室授予全市反走私工作先进个人。

公安分局

王升燕

2016 年 2 月，被潍坊市公安局给予嘉奖一次。

2018 年 3 月，被潍坊市公安局记个人三等功。

杜增凯

2016 年 2 月，被潍坊市公安局给予嘉奖一次。

2018 年 1 月，被山东省公安厅评为“全省公安机关基层基础建设三年攻坚战 2017 年度成绩突出个人”。

2018 年 3 月，被潍坊市委、市政府评为“社会治安综合治理先进个人”，并给予个人嘉奖。

张　琨

2017年2月，被潍坊市公安局记个人三等功。

冀小婷

2017年2月，被潍坊市公安局给予嘉奖一次。

王　兵

2017年5月，被共青团山东省委评为“山东省优秀共青团员”。

袁庆雷

2018年1月，被潍坊市公安局评为“全市公安机关破案会战成绩突出个人”，并记个人嘉奖。

贾永辉

2018年3月，被潍坊市公安局给予嘉奖一次。

窦忠强

2018年3月，被潍坊市公安局给予嘉奖一次。

冯建伟

2018年3月，被潍坊消防支队记个人三等功。

孙　彬

2018年6月，被潍坊消防支队记个人三等功。

规划分局

阚永美

2003年2月，获潍坊市人力资源和社会保障局工作嘉奖奖励。

2003年至2006年，均获得潍坊市规划局年度先进工作者称号。

2018年3月，被潍坊市妇女联合会评为巾帼建功标兵。

政务服务中心

韩国鹏

2013年1月，被市委办公室评为2012年潍坊市保密工作先进个人。

2013年1月，被市委办公室评为2012年潍坊市党的机关公文处理工作先进个人。

2013年1月，被市委办公室评为2012年潍坊市政府机关公文处理工作先进个人。

2014年2月，被市长公开电话评为2013年潍坊市长公开电话先进个人。

2015年2月，被市长公开电话评为2014年潍坊市长公开电话先进个人。

2016年1月，被市人社局、保密局评为2015年潍坊市保密工作先进个人。

2016年3月，被市政府办公室评为2015年潍坊市长公开电话先进个人。

海关

张继玉

2008年1月，被青岛海关授予嘉奖。

2008年6月，被潍坊市直机关工委授予优秀共产党员。

2009年2月，被青岛海关记三等功。

毛洪清

2015年2月，被济南海关授予嘉奖。

2016年2月，被济南海关授予嘉奖。

朱耀武

2018年2月，被济南海关授予嘉奖。

国检

韩振涛

2013年，被山东检验检疫局记三等功。

2018年，被山东检验检疫局记三等功。

区级先进单位

2011年度潍坊综合保税区先进单位

一、招商引资工作先进单位（4个）

经济发展局

国土资源局

物流发展局

海关驻区办事处

二、财源建设工作先进单位（5个）

财政局

工商筹备处

规划建设局

国土资源局

国税局

三、软环境建设工作先进单位（5个）

财政局

党政办公室

国土资源局

国检筹备处

园区管理办公室

四、农村工作先进单位（6个）

汶泉街办

董坊村

官路村

刘家张营村

郑家集村

北赵村

五、计划生育工作先进单位（5个）

汶泉街办计生办

吴家庄村

东单家埠村

新庄村

东北段村

六、先进工业企业（5个）

潍坊歌尔科技有限公司

山东金源勤上光电有限公司

山东日科塑胶有限公司

潍坊佩特来电器有限公司

山东圣和塑胶发展有限公司

七、先进物流企业（4个）

潍坊瑞源仓储物流有限公司

潍坊港通达国际物流有限公司

潍坊邦达吉通国际物流有限公司

潍坊中外运仓储物流有限公司

2012年度潍坊综合保税区先进单位

一、突出贡献奖（7个）

政治工作部

国土资源局

财政局

汶泉发展区

规划建设局（园区管理办公室）

物流发展局

潍坊歌尔电子有限公司

二、总部经济工作先进单位（7个）

财政局

物流发展局

国税局

国土资源局

政治工作部

规划建设局

工商办事处

三、招商引资工作先进单位（4个）

经济发展局

物流发展局

财政局

汶泉发展区

四、软环境建设先进单位（4个）

地税局

工商办事处

政治工作部

财政局

五、信息宣传工作先进单位（3个）

政治工作部

汶泉发展区

国土资源局

六、安全生产工作先进单位（11个）

安全生产监督管理局

汶泉发展区

规划建设局

经济发展局

物流发展局

党政办公室

园区管理办公室（城发公司）

山东上存能源股份有限公司

潍坊瑞源仓储物流有限公司

潍坊市巨能重工管道有限公司

潍坊雷士置业投资发展有限公司

七、文明单位（9个）

国税局

地税局

海关办事处

国检办事处

工商办事处

党政办公室

财政局

国土资源局

园区管理办公室（城发公司）

八、农村工作先进单位（8个）

汶泉发展区郑家集村

汶泉发展区官路村

汶泉发展区北赵庄村

汶泉发展区东单家埠村

汶泉发展区吉家张营村

汶泉发展区孙家屯村

汶泉发展区汶泉社区

汶泉发展区财政经管办公室

九、征地和旧村改造工作先进单位（5 个）

汶泉发展区董坊村

汶泉发展区郑家集村

汶泉发展区刘家张营村

汶泉发展区阎家张营村

汶泉发展区规划建设办公室

十、计划生育工作先进单位（5 个）

汶泉发展区北赵庄村

汶泉发展区新庄村

汶泉发展区东北段村

汶泉发展区郑家集村

汶泉发展区计划生育办公室

十一、先进企业（13 个）

潍坊歌尔电子有限公司

山东上存能源有限公司

山东圣和塑胶发展有限公司

潍坊佩特来电器有限公司

潍坊艾普触控科技有限公司

潍坊丰国电子有限公司

潍坊优传供应链管理有限公司

潍坊欧美亚国际葡萄酒有限公司

潍坊保税区 9 号酒窖有限公司

潍坊邦达吉通国际物流有限公司

潍坊港通达国际物流有限公司

潍坊瑞源仓储物流有限公司

山东中联盛国际物流有限公司

2013 年度潍坊综合保税区先进单位

一、突出贡献单位（6 个）

政治工作部

财政局

园区管理办公室

地税分局

国税局

国土分局

二、综合保税区验收工作先进单位（10 个）

海关办事处

国检办事处

物流发展局

汶泉发展区

财政局

党政办公室

政治工作部

规划建设局

园区管理办公室

国土分局

三、总部经济工作先进单位（8 个）

财政局

地税分局

规划建设局

综合执法局

政治工作部

汶泉发展区
工商筹备处
党政办公室

四、招商引资工作先进单位（2个）

经济发展局
物流发展局

五、软环境建设先进单位（5个）

政治工作部
地税分局
综合执法局
国税局
工商筹备处

六、信息宣传工作先进单位（4个）

政治工作部
汶泉发展区
地税分局
国土分局

七、安全生产工作先进单位（4个）

综合执法局
经济发展局
物流发展局
党政办公室

八、农村工作先进单位（6个）

北赵庄村
刘家张营村
董坊村
新庄村
东单家埠村
郑家集村

九、计划生育工作先进单位（3个）

新庄村
西南段村
汶泉发展区计划生育办公室

十、先进企业（12个）

潍坊歌尔电子有限公司
山东圣和塑胶发展有限公司
潍坊佩特来电器有限公司
山东上存能源股份有限公司
潍坊丰国电子有限公司
山东巨能重工管道有限公司
潍坊昊辉房地产开发有限公司
潍坊雷士置业投资发展有限公司
潍坊中外运仓储物流有限公司
潍坊瑞源仓储物流有限公司
山东中联盛国际物流有限公司
潍坊优传供应链管理有限公司

2015年度潍坊综合保税区先进单位

一、绩效考核先进单位（6个）

公安分局
政治工作部
国土分局
国税局
物流发展局
财政局

二、基层党建先进单位（7个）

汶泉发展区党委
保税区实验学校

汶泉社区党总支

东单家埠村党支部

刘家张营村党支部

西南段村党支部

董坊村党支部

三、总部经济先进单位（5个）

市政管理局

住房和城乡建设局

经济发展局

汶泉发展区

政治工作部

四、招商引资先进单位（4个）

经济发展局

物流发展局

财政局

住房和城乡建设局

五、信息宣传先进单位（5个）

政治工作部

汶泉发展区

地税分局

国土分局

公安分局

六、服务企业先进单位（8个）

党政办公室

海关办事处

国检办事处

国税局

地税分局

市场监督管理局

检察室

中国农业银行股份有限公司潍坊开发区清池支行

七、安全生产先进单位（9个）

汶泉发展区

住房和城乡建设局

经济发展局

物流发展局

公安分局

市政管理局

市场监督管理局

党政办公室

北区筹建指挥部

八、先进企业（19个）

（一）生产企业先进单位

潍坊歌尔电子有限公司

潍坊佩特来电器有限公司

山东圣和塑胶发展有限公司

潍坊力神动力电池系统有限公司

潍坊华奇农产品有限公司

山东三晶照明科技有限公司

潍坊丰国电子有限公司

潍坊大地纺织有限公司

潍坊利可生生物科技有限公司

潍坊万和能源科技有限公司

山东康裕医药有限公司

山东正信生物科技股份有限公司

（二）物流企业先进单位

爱购天下电子商务有限公司

潍坊九利正韩国商品工厂店运营管理有限公司

潍坊优传供应链管理有限公司

潍坊邦达吉通国际物流有限公司

山东裕源物流有限公司

山东中联盛国际物流有限公司

潍坊瑞源仓储物流有限公司

2016年度潍坊综合保税区先进基层党组织名单

财政局党支部
住房和城乡建设局党支部
国土资源分局党支部
海关监管区服务中心党支部
公安分局党总支
国税党支部
山东圣和塑胶发展有限公司党支部
汶泉发展区机关党支部
福田社区党总支
官路村党支部
吉家张营村党支部
董坊村党支部
西南段村党支部

2016年度潍坊综合保税区先进单位

一、综合考评先进单位（11个）

政治工作部
经济发展局
市政管理局
公安分局
地税分局
住房和城乡建设局
市场监督管理局
国土分局
国 税 局
汶泉发展区
北区筹建办公室

二、总部经济先进单位（9个）

财 政 局
国 税 局
物流发展局
地税分局
市政管理局
住房和城乡建设局
经济发展局
政治工作部
国土分局

三、招商引资先进单位（4个）

经济发展局
北区筹建办公室
物流发展局
投资公司

四、服务企业先进单位（13个）

海关办事处
国检办事处
国 税 局
地税分局
规划分局
经济发展局
党政办公室
政治工作部

国土分局

市场监督管理局

财 政 局

物流发展局

投资公司

五、平安建设先进单位（11 个）

汶泉发展区

北区筹建办公室

党政办公室

公安分局

执法大队

消 防 站

检 察 室

住房和城乡建设局

市政管理局

规划分局

实验学校

六、安全生产先进单位（14 个）

汶泉发展区

经济发展局

住房和城乡建设局

物流发展局

市政管理局

市场监督管理局

公安分局

执法大队

消 防 站

北区筹建办公室

国检办事处

财 政 局

政治工作部

党政办公室

七、“三送一创”先进单位（8 个）

公安分局

国 税 局

地税分局

国土分局

海关办事处

检 察 室

汶泉发展区段家社区党总支

汶泉发展区党建人事办公室

八、农村基层工作先进单位（6 个）

东 单 村

西北段村

北 赵 村

官 路 村

吉家张营村

南 赵 村

九、先进企业（29 个）

潍坊歌尔电子有限公司

潍坊佩特来电器有限公司

潍坊华奇农产品有限公司

山东圣和塑胶发展有限公司

潍坊力神动力电池系统有限公司

山东三晶照明科技有限公司

潍坊华潍新材料科技有限公司

潍坊大地纺织有限公司

潍坊丰国电子有限公司

潍坊利可生生物科技有限公司

潍坊万和能源科技有限公司

山东正信生物科技股份有限公司

山东中沃优达物流有限公司

潍坊中外运仓储物流有限公司

山东中联盛国际物流有限公司

山东贩福多进口商品有限公司
爱购天下电子商务有限公司
潍坊瑞源仓储物流有限公司
潍坊邦达吉通国际物流有限公司
世通纺织供应链股份有限公司
潍坊五洲和兴电气安装有限公司
山东省保时通信息网络有限公司潍坊分公司
潍坊爱信诺航天信息有限公司
山东国康保险代理有限公司
潍坊市水利建筑设计研究院
山东省邮电工程有限公司潍坊分公司
山东潍坊诚信人力资源有限公司
潍坊市水利工程建设监理中心
山东浩博水利建设有限公司

潍坊综合保税区“作风建设年”活动重点工作突破先进集体

一、先进集体（3个）

汶泉发展区（社会事业局、信访办）
公安分局
市场监督管理局

2017年度潍坊综合保税区先进单位

一、综合考评先进单位（12个）

汶泉发展区
财 政 局
国土分局
市政管理局
公安分局
海关办事处
国检办事处
国 税 局
地税分局
规划分局
保税区实验学校
投资公司

二、突出贡献先进单位（10个）

北区筹建办公室
市场监督管理局
汶泉发展区
政治工作部
市政管理局
公安分局
海关办事处
国检办事处
规划分局
投资公司

三、党的建设先进单位（12个）

政治工作部
国土分局
汶泉发展区党委
财政局
公安分局

党政办公室
纪工委办公室
国税局
地税分局
检 察 室
保税区实验学校
海关办事处

四、党风廉政建设先进单位（5 个）

纪工委办公室
汶泉发展区
国 税 局
地税分局
国土分局

五、总部经济先进单位（10 个）

地税分局
国 税 局
社会事业管理服务中心
物流管理中心
市政管理局
经济发展局
住房和城乡建设局
财 政 局
政治工作部
市场监督管理局

六、服务企业先进单位（10 个）

经济发展局
物流管理中心
市场监督管理局
市政管理局
财 政 局
公安分局
海关办事处
国检筹备处
国 税 局
地税分局

七、平安建设先进单位（12 个）

汶泉发展区
北区筹建办公室
公安分局
综治维稳信访办公室
执法大队
市场监督管理局
经济发展局
住房和城乡建设局
国土分局
消 防 站
检 察 室
党政办公室

八、先进社区（1 个）

宝通管理区

九、先进村（7 个）

吉家张营村
大李家村
西北段村
吴家大路村
官 路 村
东单家埠村
西单家埠村

十、先进企业（28 个）

潍坊歌尔电子有限公司
潍坊佩特来电器有限公司
潍坊华奇农产品有限公司
山东圣和塑胶发展有限公司
山东三晶照明科技有限公司

潍坊大地纤维科技有限公司
山东陆地方舟新能源汽车有限公司
潍坊力神动力电池系统有限公司
潍坊华潍新材料科技有限公司
潍坊丰国电子有限公司
潍坊利可生生物科技有限公司
山东中沃优达物流有限公司
潍坊中外运仓储物流有限公司
潍坊瑞源仓储物流有限公司
山东贩福多进口商品有限公司
山东中联盛国际物流有限公司
潍坊雷士置业投资发展有限公司
山东省保时通信息网络有限公司潍坊分公司
潍坊五洲和兴电气安装有限公司
潍坊亿航人力资源开发有限公司
青岛通运人力资源开发有限公司潍坊分公司
山东瑞康康裕医药有限公司
山东国康保险代理有限公司
山东潍坊诚信人力资源有限公司
潍坊市水利建筑设计研究院
江苏建兴建工集团有限公司潍坊分公司
山东省邮电工程有限公司潍坊分公司
山东浩博水利建设有限公司

区级先进个人

2012 年度潍坊综合保税区先进个人

一、管委会机关事业单位（17 人）

王　磊　徐　朋　辛国栋　冯宝祎
王青生　李晓峰　徐海波　张　健
房　伟　王　飞　陈　晓　郭伟华
纪立德　王　霞　丛　珊　厉　勇
邓桂忠

二、驻区部门（8 人）

张树青　韩振涛　李欣泽　刘　涛
宿　磊　姜官真　何　方　李增河

三、汶泉发展区（40 人）

易春玲　李刚庆　岳丽娟　李松刚
王慧珍　陈秀娟　谭庆荣　马永峰
李迎成　付文娟　姚荣海　辛家峰
吴伟光　王法乾　张　波　徐雪莲
李　利　王乐升　郭幸幸　张鹏滨
张俊艳　张海明　杨　剑　徐功元
毛桂英　陈会武　单保华　段效森
段兆兴　孙明忠　刘建民　杨春光
刘效强　郑法亮　李后明　吴兆友
石英侠　孙　娜　徐晓宇　刘　凯

2012 年度潍坊综合保税区招商引资项目引荐人

潍坊歌尔电子有限公司	王得志	山东裕源物流有限公司	王守全
山东圣和塑胶发展有限公司	王有强	山东万邦国际物流有限公司	刘庆德
潍坊佩特来电器有限公司	李宗福	潍坊华潍新材料科技有限公司	鲍德海
潍坊艾普触控科技有限公司	鲍德海	潍坊福泓石英材料有限公司	鲍德海
中基物流（山东）有限公司	贺　波	潍坊昊辉房地产开发有限公司	张宗庆
潍坊中外运物流有限公司	王守全	潍坊市早上好智能卫浴科技有限公司	蒋建新

2013 年度潍坊综合保税区先进个人

刘　军　李兆鑫　王　磊　魏　林
孙明远　徐海波　房　伟　郭　凯
赵　洋　卞雪骞　李晓峰　郭伟华
周志国　张　帅　邓桂忠　李长吉
侯敬龙　王希良　韩振涛　李欣泽
刘文昊　李增河　朱　童　张晓颖
宿　磊　赵子言　王治国　陈秀娟
牟海英　王慧珍　王　艳　谭庆荣

张学明　李迎成　刘海霞　王法乾
杨　剑　张鹏滨　张　波　王法禹
张琳琳　谭鑫增　王秀霞　孟祥坚
尹兆福　吉贵海　徐丙芝　李后明
徐涛元　刘国之　杨春光　孙玉波
郝明光　吴继敏　郭景斌　尹兆亮
初可俊　杜丽芹　吉凤龙　冯　恺
王　颖　徐晓宇

2015 年度潍坊综合保税区先进个人

一、管委会机关事业单位（29 人）

韩国鹏　王青生　张　灏　徐得举
吴伟光　魏　林　徐海波　陈常委
房　伟　王　霞　李守钦　李冬梅
张维东　牛　芳　王俊浩　赵　洋
王建新　徐金吉　杨清凯　邓桂忠
李晓峰　王秀梅　窦忠强　杜增凯
贾永辉　孙新涛　王　兵　李瑞华
王玉宝

二、驻区部门单位（10 人）

毛洪清　韩振涛　肖　磊　姜　辰
何　方　姜官真　朱　童　陈　蕾
刘　涛　李芳珊

三、汶泉发展区（10 人）

马　朋　刘海霞　陈秀娟　李迎成
王慧珍　王　艳　张学明　牟海英
张海明　谭庆荣

四、实验学校（5人）

李汝霞　石英侠　徐晓宇　刘玉峰

高书娟

五、优秀村干部（6人）

尹兆福　吉贵海　孙明忠　徐涛元

代永治　郑龙海

2016年度潍坊综合保税区优秀共产党员

冯宝祎（女）　党政办公室科员

王　磊　政治工作部副主任

吴伟光　政治工作部科员

于凤杰（女）　经济发展局综合科科长

冯　佳（女）　财政局科员

张　健（女）　财政局科员

王　飞　住房和城乡建设局科员

张　帅　国土资源分局科员

褚衍连　市场监管局监管科科长

牛　芳（女）　物流管理中心科员

徐金吉　海关监管区服务中心科员

李晓峰　北区筹建办科员

肖耀明　公安分局党总支委员、副局长

袁庆雷　公安分局刑侦大队党支部书记、大队长

孙华杰　国税局科员

宿　磊　国税局科员

陈　蕾（女）　地税分局征收核算科（办税服务厅）科长

贺　昕　规划分局科员

冯益强　山东圣和塑胶发展有限公司副总经理

李刚庆　汶泉发展区管理服务中心农业办公室主任

王慧珍（女）　社会事业管理服务中心科员

王　艳（女）　社会事业管理服务中心科员

谭庆荣（女）　社会事业管理服务中心科员

张学明　汶泉发展区管理服务中心科员

吉风龙　实验学校副校长

刘道佐　刘家张营村党支部书记

单保华　西单村党支部书记

徐涛元　北徐家庄村党支部书记

李后明　大李家村党支部书记、村主任

孙明忠　东南段村党支部书记

孙志升　孙家屯村党支部书记

郭景斌　北赵村党支部委员、村会计

2016年度潍坊综合保税区优秀党务工作者

张　灏　　　政治工作部科员
陈　晓（女）　物流管理中心副主任
刘文昊　　　地税分局综合科科长
李　敏　　　汶泉发展区管理服务中心副主任
易春玲（女）　汶泉发展区管理服务中心综合办公室主任
刘海霞（女）　社会事业管理服务中心科员
陈会武　　　东单家埠村党支部书记

2016年度潍坊综合保税区先进个人

一、管委会机关事业单位（34人）

冯宝祎　张耀华　王　磊　隋晓阳
郇　静　隋　弘　贺　波　冯　佳
李长吉　刘珍荣　郭　兵　张　帅
牛　芳　赵　洋　张原麒　刘少武
蒋　涛　张维东　孟　繁　张宗庆
鲍　超　马　政　贾永辉　李　源
朱华南　王　莉　于鹏程　刘承俊
牟彩菲　李瑞华　王玉宝　贺　昕
李纯玲　傅雪芳

二、驻区部门单位（15人）

韩振涛　代田田　张建勋　刘　阳
陈卉茹　王范明　姜　辰　朱　童
刘文昊　刘　涛　高晓晨　李芳珊
辛永强　刘　凯　冯建伟

三、汶泉发展区（12人）

李致颖　李　敏　易春玲　李刚庆
张学明　王法乾　张　波　张琳琳
杨　剑　郭浩华　王乐升　张鹏滨

四、实验学校（7人）

吉凤龙　马寿营　李汝霞　石英侠
李尊莹　王文辉　崔娜娜

潍坊综合保税区“作风建设年”活动先进个人名单

辛元奎　冯丽丽　李　敏　李刚庆
李迎成　房　伟　贾永辉　孙新涛
窦忠强　辛国栋　孟　繁

2017年度潍坊综合保税区先进个人

一、管委会机关事业单位（38人）

王永昌　周　杰　周伟伟　逄　峰
王　磊　李国杰　吴伟光　刘珍荣
隋　弘　袁铭苡　谢珺珺　刘少武
陈常委　李长吉　周　成　王建新
李一然　张　宁　张天宇　刘新忠
徐金吉　冯纪东　马　卓　袁鹏飞
杨吉亭　李文杰　张晓光　邢邦涛
焉　敏　冯　佳　于亚南　郭浩华
刘付荣　曹建强　厉　勇　张晓磊
李纯玲　锡振华

二、驻区部门单位（33人）

贾玉慧　史亚萍　张爱霞　韩振涛
何　方　郭东霞　肖　磊　刘　阳
张晓颖　陈卉茹　刘文昊　陈　蕾
刘　涛　殷　静　王冰冰　孙　彬
曹　鹏　解立军　李　源　冀小婷
王　莉　傅　生　汤　红　刘承俊
赵建斌　王玉宝　李瑞政　王栋祥
李瑞华　赵帅帅　高洪航　苏嘉豪
吴旭升

三、汶泉发展区（17人）

辛元奎　李　敏　马　朋　杨　剑
王法乾　张　波　田　文　赵经伟
牟春明　段孝金　张茂鑫　刘　宇
毛林才　张　翔　孙　煜　李姿慧
郝斌元

四、实验学校（11人）

张　青　吉凤龙　石英侠　王文辉
李尊莹　王春平　崔　娜　韩效慧
马　靖　王海云　李安宁

五、优秀村干部（9人）

尹兆福　李后明　单保华　吴兆友
郝明光　郑龙海　冯效利　刘效强
宋雪梅

文献辑存

潍坊出口加工区文件

潍坊市人民政府关于申请转报国务院在潍坊市设立农副产品出口加工区及加工区所享受优惠政策的请示

潍政请〔2003〕14 号

省政府：

潍坊是全国较早实施农业产业化的地区之一，是全省农副产品生产、出口、加工的重要基地，在潍坊设立农副产品出口加工区非常可行，也非常必要。

关于在潍坊设立农副产品出口加工区一事，我们在充分研究论证的基础上，于 3 月 8 日向省政府报送了《潍坊市人民政府关于设立潍坊农副产品出口加工区的请示》，省委、省政府主要领导及省政府分管领导表示赞同，并指示我市抓紧工作，争取早日报批，省外经贸厅、青岛海关也表示全力支持。我市又向国家外经贸部、国家海关总署作了专题汇报，得到了肯定。根据省领导和国家外经贸部、国家海关总署关于尽快研究制定潍坊农副产品出口加工区所享受优惠政策的要求，我市及时组织人员赴外地参观学习，并征求了外经贸、农业、海关、国税、地税、商检等有关部门和相关企业意见，在此基础上，拟定了《潍坊市人民政府关于赋予潍坊农副产品出口加工区优惠政策的建议》。现将政策建议呈报省政府。

请求省政府尽快研究审查《潍坊市人民政府关于设立潍坊农副产品出口加工区的请示》及《潍坊市人民政府关于赋予潍坊农副产品出口加工区优惠政策的建议》，并转报国务院。

二〇〇二年三月三十日

中共潍坊市委潍坊市人民政府
关于加快潍坊农副产品出口加工区开发建设的意见

为加快对外开放步伐，培植新的经济增长点，努力实现全市经济社会向更高水平发展，经研究，决定对潍坊农副产品出口加工区（以下称农副产品出口加工区）实施重点开发建设，并提出如下意见。

一、选址和规划

农副产品出口加工区位于潍坊国家高新技术产业开发区北部，济青高速公路15号出入口南侧，北临济青高速公路，南至梨园街规划主干道，西到高新二路景观大道，东至高新四路规划主干道，总用地面积2. 62平方公里。其中一期建设1.46平方公里，二期建设1.16平方公里。其功能分区包括加工区、仓储区、商品展示区、办公区和海关监管设施区。

农副产品出口加工区规划用地，由市国土资源管理局与高新技术产业开发区管委及清池镇、相关村调整为建设用地，农副产品出口加工区管委与清池镇、相关村一次性签订合同，分年度支付相关村和农民的征迁补偿，具体办法由农副产品出口加工区管委与清池镇及相关村研究制定；农副产品出口加工区规划用地根据项目和融资情况分期分批办理使用手续，由市国土资源管理局会同农副产品出口加工区管委本着有利于开发建设和融资的要求具体操作；农副产品出口加工区规划范围内的土地，未经出口加工区管委批准，各有关村不得对外出让或出租、搞新的开发建设及栽植各种乔灌木、开采挖土等。

二、产业定位

潍坊农副产品出口加工区的产业定位要与全市产业结构调整相结合，立足于发挥潍坊及山东半岛农副产品出口加工优势，引进资金和先进技术，培植农业龙头企业，发展农副产品规模出口，开展为农副产品出口服务的加工、仓储贸易、运输等业务，逐步建成农业新品种、新技术引进和农产品加工研发中心，构筑我市对接国际市场平台，形成具有国际竞争力的农副产品出口加工基地。

潍坊农副产品出口加工区以农副产品出口加工龙头企业为主，进驻企业投资额不低于150万美元，产品出口比例不低于70%。先期入驻重点是禽畜肉、蔬菜、水产、粮食深加工等骨干出口加工企业。

三、基础设施配套

本着“高起点规划、高标准建设、高水平运作、高效益开发”的指导思想，农副产品出口加工区实行生产设施、服务设施和环境设施同步规划，同步建设，突出环境特色，建设园林生态型园区。基础设施建设所需资金，由市、区财政先期投入一部分，其余由出口加工区管委自筹解决。必要时，可由市开发投资公司为其担保融资。农副产品出口加工区的土地出让金由市财政局实施监管，全部用于出口加工区基础设施配套建设。

为尽快达到农副产品出口加工区封关运作标准，各有关部门要抓紧做好以下几方面工作：

1、市水利局负责按规划要求铺设一条至出口加工区的自来水管道，保证日供水能力20000立方米以上；

2、市建设局负责按规划要求铺设一条排污管道，并负责建设出口加工区污水处理设施；

3、市供电局负责在出口加工区外围建设35KV变电站一座，原则上与高新区现有供电站合并改造解决；

4、高新区管委负责采取市场化运作方式建设供热站一一座，以达到供暖、供气标准，并负责路面硬化工程建设；

5、市环保局负责农副产品出口加工区的环境评价工作。

四、财政与税收

1、自农副产品出口加工区管委成立之日起，5年内享受全额拨款事业单位待遇。5年后，另行确定。

2、农副产品出口加工区未正式封关运行之前，市政府按照国家级出口加工区的税收政策对待入驻企业。对于实收税金超出国家级出口加工区税收标准部分，在本年度内由市财政给予等额财政资金扶持。

五、管委会的机构设置和权责

1、农副产品出口加工区管委为市政府派出机构，代表市政府负责农副产品出口加工区的行政事务管理、招商引资、规划建设和对企业、基地的管理与服务等工作，并享有独立决策权，对农副产品出口加工区实行统一领导和封闭式管理。要突出加工区政策特别、通关快捷、服务规范的优势，按照国家级出口加工区运作模式的要求，争取各方支持，理顺管理体制，研究制定政策，强化服务功能，建立符合国际惯例、高效运作的管理体制和运行机制，营造一流的投资环境。

2、授予农副产品出口加工区管委县级行政事业性收费权、检查豁免权。

（1）除特殊情况外，对农副产品出口加工区内企业一般不作检查，属于法律、法规有明确要求的，委托管委会代行职责。确需到农副产品出口加工区执法或检查时，必须报市政府批准，在区管委登记后方可进行。

（2）市直部门的原各种收费由农副产品出口加工区管委会负责管理，入驻企业涉及的行政事业性收费原则上实行零收费。

3、授予农副产品出口加工区管委会在辖区内的县级审批权，只向有关部门备案。对需由市以上部门审批的事项，由农副产品出口加工区管委或相关部门代揿文稿，市有关部门提供文头、文号，并积极配合办理相关手续，由农副产品出口加工区管委直接上报并承担相应的行政、法律责任。具体包括：

（1）农副产品出口加工区的详细规划、建设项目规划及“一书两证”的核发等项目规划和建设方面的审批工作，市政府委托农副产品出口加工区管委全权负责。在市级管理权限内，农副产品出口加工区管委可自行审批出口加工区内建设工程；自行管理农副产品出口加工区内建设工程城建档案；负责农副产品出口加工区内城市监察管理的执法和行政处罚；农副产品出口加工区内房产的开发、确权、抵押、租赁、中介服务、转让等业务，在市建设局的指导配合下，由农副产品出口加工区管委会负责登记、发证和管理。

（2）投资在 1000 万元以下的建设项目由农副产品出口加工区管委审批，限额以，上项目由农副产品出口加工区管委审核后，市发展计划委提供文头、文号，并积极配合农副产品出口加工区管委上报审批。

（3）投资 1000 万美元以下的外资项目由农副产品出口加工区管委审批，限额以上项目由农副产品出口加工区管委审核后，由市外经贸局配合农副产品出口加工区管委上报审批。

（4）农副产品出口加工区内的详细规划、开发、利用及管理由农副产品出口加工区管委负责；农副产品出口加工区内土地的依法出让、出租由区管委代市政府审批；需要上报审批的建设用地，由市国土资源局安排专人入驻加工区管委，全权负责土地征用方面的工作。

（5）农副产品出口加工区内企业自营进出口权的申报、进口设备的申报、产品质量的认定、新产品的申报、高科技产品项目的申报等，由农副产品出口加工区管委会同市有关部门审核后直接上报办理。

（6）在农副产品出口加工区内注册的企业，由农副产品出口加工区管委审批后，在市工商局直接办理登记；税务部门对农副产品出口加工区内纳税人的税收实行单列科目，单独核算。

各部门、各单位要从加快发展的大局出发，把支持潍坊农副产品出口加工区开发建设，作为一项政治任务和应尽的责任，尽快统一思想，理顺关系，确保农副产品出口加工区权限落实到位。各有关部门在为入驻出口加工区的项目办理项目注册、卫生检疫、消防安全、技术监督、环境保护、水土保持、劳动用工、社会治安等市级审批事项时，要随报随办，即时办结，真正做到积极配合，全力支持。

六、组织领导

成立潍坊农副产品出口加工区开发建设领导小组，负责农副产品出口加工区开发建设的领导工作。

二〇〇三年四月十日

山东省人民政府关于申请设立潍坊农副产品出口加工区的请示

鲁政发〔2003〕60 号

国务院：

我省潍坊市是全国较早实施农业产业化经营的城市，是山东省农副产品集中产区和具有较强竞争力的生产、加工、出口基地。为适应加入世界贸易组织新形势，增强潍坊市农副产品国际竞争力，特申请设立潍坊农副产品出口加工区。

一、设立潍坊农副产品出口加工区的必要性和优势

潍坊是农副产品出口大市。近几年，受国际贸易技术壁垒影响，进口国门槛越来越高，潍坊市农副产品出口遇到了较大的冲击和挑战。为适应入世新形势需要，通过设立农副产品出口加工区，大量引进先进技术、优良品种、加工设备，带动优质农副产品生产基地的建设，能够进一步提高农

副产品品质和精深加工水平，提高农产品国际竞争力，扩大农副产品出口，增加农民收入。

潍坊农业资源丰富，产业化水平较高，具备设立农副产品出加工区的有利条件：

（一）区位优势。潍坊处于山东半岛中部，海岸线长 113 公里。市内交通便捷，基础设施完善。距青岛和济南仅 100 多公里；胶济铁路、大莱龙铁路和济青高速公路纵贯全境；拥有 2 个二类开放港口和 1 个公路直通口岸；通讯发达，电力充足，劳动力资源丰富；国家级高新技术产业开发区和国家计委批准的农业高新技术开发区基础设施完善；潍坊东临日、韩，是日、韩农副产品进口的重要产地，贸易量正逐年增加。

（二）资源优势。目前，潍坊市已初步培育形成了以瓜菜、果品、畜牧、水产为主的四大主导产业，建立起了禽肉、蔬菜、博烟等 20 多个农副产品出口基地。近几年，全市瓜菜、果品总户分别超过 1200 万吨和 100 万吨，区内有全国最大的蔬菜批发市场。形成了辐射 30 多个省（市、自治区）的蔬菜集散中心地。畜牧产值超过 100 亿元，是全国重要的禽肉生产、加工出口基地。

（三）加工优势。潍坊市水利、电力、劳动力资源丰富，具有一定规模的农副产品加工龙头企业 1200 家，年加工能力达到 1020 万吨。其中，三资企业 600 余家，实际利用外资 3. 8 亿美元，并有 7 家禽肉出口企业获欧盟注册，占全国的一半。

（四）出口优势。全市已有 500 多种农副产品通过加工进入 120 多个国家和地区，年出口额近 4 亿美元。其中禽肉出口占全省出口额的四分之三和全国的四分之一；蔬菜出口品种达 120 多个，年出口 20 余万吨，创汇 1.2 亿美元以上；淀粉精深加工能力达 110 万吨，占全国的三分之一；色素年产 2 亿克，占世界贸易量的 50%。

（五）质量保证优势。潍坊市为适应和扩大农副产品出口需要，引进了日、韩、欧盟、俄罗斯等多个国家和地区的农副产品质量标准，制定与国际接轨的农副产品质量标准 120 多项；投资近亿元建成了市级检测中心、32 个县级检测站和 1000 多个基层检测点，这都为在潍坊市设立农副产品出口加工区创造了条件。

二、潍坊农副产品出口加工区的功能定位与运作模式

（一）功能定位。通过设立农副产品出口加工区，运用区内的优惠政策和良好的环境，吸引跨国公司和国内大企业进区兴办加工出口企业，实现大进大出；引进世界先进加工技术和装备，提升加工出口水平；引进先进的种养技术和优良品种，建立优质农产品生产基地；以日、韩、台市场为主，扩大农产品加工出口，带动农业产业走向国际市场。

（二）运作模式。潍坊农副产品出口加工区除具备出口加工区的政策功能外，还应具有自己的特点。

1. 鉴于农业是一个特殊产业，农产品体积大、价值低，并不易储存、不易长途运输，加工企业所需原料主要来自国内的实际，潍坊农副产品出口加工区必须实行加工区企业带标准化基地的运作模式。基地主要是指区内企业在区外设立的原料生产和初加工场所。

2. 经海关批准，区内企业根据经营范围和出口规模，可在区外通过租赁、承包、股份合作等方

式设立标准化生产基地；基地属于区内企业的原料生产车间，不具备独立的法人资格，区内企业对基地实行人财物的全面管理；海关对区内企业采取现场管理，对基地实行后续稽查监管。

3. 基地设计标准为：蔬菜单个区域面积不少于1000亩，养鸡场存栏规模不少于1万只，养猪场存栏规模不少于2000头，肉牛育肥场存栏规模不少于500头，肉羊场存栏规模不少于1000只，水产品养殖水面（工厂化养殖设施）不小于500亩（5000立方米），及区内企业在区外设立的原料生产和初加工场所。

（三）选址。潍坊农副产品出口加工区拟设立在潍坊国家高新技术产业开发区西北部，规划面积3平方公里，其中一期建设1. 39平方公里，二期建设1. 61平方公里，总控制面积20平方公里。

三、建议国家赋予潍坊农副产品出口加工区的政策

潍坊农副产品出口加工区除享受出口加工区的政策外，再赋予以下政策。

（一）区内企业进口的农业生产资料、原料（含进口的种子、种苗、种畜、种禽、肥料、饲料和饲料添加剂，动、植物药物等），予以免征关税和代征税，根据需要也可以从国内列名企业中采购饲料粮，实行“以产顶进”退（免）税政策。

（二）区内企业享受农业产业化经营重点龙头企业的优惠政

（三）区内企业可从事转口贸易、仓储、展示、零售、物流等业务。

（四）区内产品销往境内区外免征关税。

（五）区内企业从区外收购产品，产品含进口料件不超过20%的，对供货企业按一般贸易出口全额退税。

（六）区内企业免收检验检疫费。当否，请批复。

二○○三年七月十一日

山东省人民政府市关于设立以农副产品出口加工为主的潍坊出口加工区的请示

鲁政发〔2003〕90号

国务院：

潍坊市位于山东半岛中部，辖12个县市区，总人口850万，总面积1.58万平方公里，海岸线长113公里，2002年实现国内生产总值895亿元，财政总收入76亿元，农民人均纯收入3643元。

潍坊市是全国较早提出并实施农业产业化经营的城市，是山东省农副产品出口加工的重要基地，为了进一步促进潍坊市农副产品和其他工业产品加工贸易的发展，特申请设立以农副产品出口加工为主的潍坊出口加工区。

一、潍坊市区位优越

潍坊市位于山东半岛中部，是山东半岛沿海地区从区位和经济上联系带动中西部地区的重要枢纽，具有承东启西的重要作用。市内有三条铁路、三条高速公路、二个港口、一个机场、一个公路直通口岸、一个国家级高新技术产业开发区。潍坊市东临日韩，是日、韩、台的重要贸易伙伴。潍坊外向型经济发展了，必然带动辐射中西部地区，具有重要的经济和政治意义。

二、潍坊市农副产品出口加工量比较大，农业产业化水平比较高

改革开放以来，潍坊市农业和农村经济发展经历了“商品经济大合唱一贸工农一体化一发展高产优质高效农业一实施农业产业化经营”等几个阶段。在农业发展的每一个阶段，农副产品出口加工企业对解决“三农”问题都起到了非常重要的作用。由于出口加工企业的带动，潍坊农业呈现出四大优势：一是出口优势。目前，潍坊市有 500 多种农副产品通过加工进入了 120 多个国家和地区，年出口额 8 亿多美元。其中禽肉出口占全省出口额的四分之三和全国的三分之一；蔬菜出口占全省出口额的 30% 和全国的 10%；饲料色素出口占世界贸易量的 50%；淀粉精深加工占全国的 35%，出口也占全国较大比重。近几年，潍坊市农副产品出口保持了年增长 20% 以上的势头。二是加工优势。在出口加工企业的带动下，潍坊市加工型农业产业化龙头企业已发展到 1200 多家，其中出口加工企业已达 700 多家。加工企业从业人员达 20 多万人，每年有 1100 多万吨农产品通过加工进入了国内、国际两个市场。三是产业优势。潍坊市农业已初步形成了以蔬菜、畜牧、果品、水产为主的四大主导产业。其中，蔬菜种植面积达 360 万亩，总产量达 1100 万吨，寿光蔬菜批发市场，已辐射全国 30 多个省市自治区；畜牧产值超过 100 亿元，是全国重要的禽肉生产、加工、出口基地。四是农民增收优势。据统计，潍坊市农民收入有 70% 来自加工企业带动的产业化经营，20% 来自出口加工企业。

三、潍坊市加工贸易基础较好自立芳各基金

到 2002 年，潍坊市加工贸易企业 520 多家，年进出口额 10 多亿美元。其中，农副产品加工贸易企业 200 多家；以电子加工业、纺织服装业等为主的加工贸易企业 300 多家。通过设立潍坊出口加工区，一是，可以为加工贸易企业在集中规范管理、简化放宽手续、宣传引导等方面提供便捷高效的系列化服务，以提高出口效率；二是，可以通过出口加工区进口大量的辅助材料、添加剂、调味品、容器和包装物等，极大改善加工产品的内在质量、品质、形态和包装形象，提高出口产品的附加值和档次，这也完全符合国家“以进养出”的对外开放政策；三是，可以把出口加工区作为潍坊对外开放的窗口和观摩国外加工技术的平台，加强与国际合作交流的前沿阵地，并以此为载体，吸引更多跨国公司和国内大企业进区兴办加工贸易企业，进一步提高经济外向度。

四、潍坊市高度重视设立出口加工区工作

目前，潍坊市已成立了由市主要领导负责的领导小组和工作班子；组织有关人员赴外地出口加工区进行了学习考察；聘请专家进行了可行性研究报告和环评报告的编制；水、电、路等部分基础设施项目已经开工建设。

综上所述，潍坊市区位优越，农副产品出口量大，加工贸易比较发达，完全具备设立出口加工

区的条件。初步设想：以农副产品出口加工为主的潍坊出口加工区，应具备出口加工区的所有功能和政策，该区主要为出口加工项目以及农副产品出口加工末端工序或其他配套项目提供便捷、高效的出口加工平台。

潍坊出口加工区拟设立在潍坊国家级高新技术产业开发区内，具体选址在：北起济青高速公路、南到梨园大街、西起高新四路、东至高新六路，规划建设面积 3 平方公里，不需要新征用土地。

另外，建议国家除在潍坊设立出口加工区外，还要集合国家有关优惠政策，重点扶持潍坊区域内所有农副产品出口加工企业和所属生产基地，力争把潍坊建成全国农副产品生产、加工、出口示范基地。

以上请求当否，请批复。

二〇〇三年十月九日

关于设立潍坊农副产品出口加工区的意见

绍史同志：

遵示，8 月 11 日下午，我们约请发展改革委、财政部、国土资源部、农业部、商务部、海关总署、税务总局和外汇局有关司局的负责同志，就山东省政府提出设立潍坊农副产品出口加工区及配套农副产品生产基地问题，进行了沟通了解。现简要汇报如下：

各部门的同志一致认为，作为农副产品出口大省，山东省提出设立农副产品出口加工区及生产基地的设想，其出发点是好的，对于进一步整合农副产品出口资源，探索调整农业结构、提高农副产品质量和国际竞争力、支持农业发展以及增加农民收入的有效途径，有着积极的意义。但是，由于设立农副产品出口加工区是一件新生事物，没有现成的模式，目前山东省提出的设想还不够清晰、具体，并且存在一些问题和政策障碍，主要是：

一、关于功能定位问题。设立出口加工区的主要目的是规范加工贸易管理，变“放养”为“圈养”，主要政策是对企业为加工出口产品所需进口的原材料及相关生产设备实行保税（进口不征税，出口不退税）。山东要求设立的农副产品出口加工区，旨在加工本省初级农产品，通过引进优良品种等提高初级农产品的品质，通过引进先进设备进行加工增加农副产品的附加值，是否有必要采用现行出口加工区的模式，把农副产品加工企业连同种养殖生产基地一起封闭集中在“境内关外”的区域内，值得认真研究。另外，如果通过进口国外农产品加工复出口，还可能对国内农产品造成冲击。

二、关于经济可行性问题。设立出口加工区需要实行全封闭监管，基础设施建设投入大，入区企业应是产品增值率高、需要实行零库存和快速通关的企业。而农副产品加工增值率不高，加工周期长，采用出口加工区模式的经济可行性值得进一步论证。有关部门提出，按山东目前的设想，初期基础设施投入至少需2亿元人民币以上，且都需由地方政府出资。如把这笔钱直接用于改善农业生产和加工条件，效果可能会更好。

三、关于加工贸易管理问题，按现行加工贸易政策，为种植养殖等出口产品而进口的种子、种苗、化肥、饲料、添加剂、抗生素等，属加工贸易禁止类商品。目前我国也尚未单就某一产业或产品而设立出口加工区。

四、关于优惠政策问题。山东主要是要求给予税收优惠政策。财政部、税务总局的同志提出，现行政策有的本身就比较优惠（如“十五”期间，对进口种子、种畜鱼种和非营利性种用野生动植物种源免征进口环节增值税，对钾肥、三元复合肥免征进口环节增值税等），有的将出台进一步的优惠措施（如正在酝酿将农产品出口退税率普调至13%），有的调整起来有一定难度（如对出口加工区的加工产品内销一律征税的问题）。他们认为，对山东的要求，可以通过进一步完善现有政策措施的办法来解决，不必非要设立出口加工区。

五、关于开发区清理问题。国务院办公厅已发文暂停审批新设立和扩建各类开发区（园区），对现有各类开发区进行清理。据国土资源部的同志介绍，山东属开发区清理的重点省，其设立农副产品出口加工区的用地指标能否解决，也是个问题。

此外，农副产品出口加工区与生产基地如何配套衔接，也需进步细化明晰。据农业部和商务部的同志介绍，制约我国农副产品出口的主要因素是农产品安全质量和国外的贸易壁垒问题，如何解决这一问题需另谋良策。我们研究认为，促进农产品出口事关农业发展和农民增收，党中央、国务院高度重视，国务院领导同志十分关心。对山东省主动探索促进农产品出口措施的做法应充分肯定，要本着积极的态度予以大力支持。为此，我们建议：

一、关于在潍坊设立农副产品出口加工区的问题，请海关总署继续会同有关部门，与山东省政府进一步沟通，研究提出处理意见。

二、关于如何更快更好地实现通过提高初级农产品品质和农副产品加工的规模化、集约化、现代化来扩大农产品拉头出口，从而提高农民收入的目标，请山东省政府组织有关部门和专家进一步研究论证，提出经济上、技术上可行的具体方案。发展改革委、财政部、农业部、商务部、海关总署、税务总局、质检总局等部门要给以指导和帮助。

特此报告。

国办秘书二局

2003年8月12日

海关总署关于同意设立山东潍坊出口加工区的函

署加函〔2003〕420 号

山东省人民政府：

你省上报国务院的《关于设立以农副产品出口加工为主的潍坊出口加工区的请示》（鲁政发〔2003〕90 号），国务院已批转我署商有关部门办理。经商有关部门，并报请国务院同意，现就设立山东潍坊出口加工区的有关问题函告如下：

一、同意在潍坊国家级高新技术产业开发区内设立山东潍坊出口加工区，面积控制在 3 平方公里以内。

二、山东潍坊出口加工区的建设，要按照《国务院办公厅关于进行设立出口加工区试点的复函》（国办函〔2000〕37 号）的有关规定执行。要在土地规划到位，基础设施开发完毕，实现“七通一平”的地域内进行规划、建设，不得搞新的重复建设，不得另辟新的土地和扩大面积。

三、出口加工区的机构设置要按照不增设行政管理机构的原则，依托原开发区管委会作为行政管理部门，不再新设行政管理机构。

四、潍坊出口加工区在确定地理位置（四至范围）和面积后，请尽快将有关情况和工作方案（随附简图）函报海关总署，待海关总署批复确认后，按照海关总署关于印发《出口加工区隔离设施及海关有关监管设施标准》的通知（署税〔2000〕311 号）、海关总署关于印发《关于对出口加工区卡口设置专用通道的要求》的通知（署税〔2000〕680 号）的规定进行规划建设和封闭围网。

五、潍坊出口加工区筹建工作完毕后，出口加工区所在地区的主管直属海关应按照海关总署关于印发（出口加工区（试点）报批及海关监管隔离设施验收程序》的通知（署税〔2000〕398 号）和《海关总署关于认真做好新增设出口加工区规划建设和验收工作的通知》（署加函〔2003〕151 号）的有关规定，做好出口加工区的预验收工作。

六、出口加工区的验收工作将按照“成熟一个，验收一个，启动一个”的原则开展。请潍坊出口加工区按国务院有关批复精神和上述意见积极做好各项准备工作，待海关总署会同有关部门验收合格后，该封闭区域享受国家赋予出口加工区的各项政策。

二〇〇三年十二月五日

关于潍坊出口加工区一期基础设施建设项目可行性研究报告的批复

鲁计投资〔2004〕656号

潍坊市计委：

你委《关于呈报潍坊出口加工区一期基础设施建设项目可行性研究报告的请示》（潍计投资〔2004〕86号）收悉。经研究，批复如下：

一、为加快区域经济发展，推进产业国际化、现代化进程，完善出口加工区服务功能，同意你市建设出口加工区一期基础设施项目。按照《海关总署关于同意设立山东潍坊出口加工区的函》（署加函〔2003〕420号）的要求，出口加工区设在潍坊国家级高新技术产业开发区内，不得搞新的重复建设，不得另辟新的土地和扩大面积。

二、项目主要建设内容包括：建设监管仓库1200 平方米，海关监管配套设施8136平方米，围网6200米，道路14.62 公里，铺设水、电、热力、通讯等管网97.4公里。工程占地40.73公顷。

三、项目总投资控制在22300万元以内，所需资金由潍坊市和项目单位自筹解决。

请据此开展有关工作。

二〇〇四年七月二日

潍坊市人民政府关于解决潍坊出口加工区建设用地问题的函

潍政函〔2004〕35号

省发政委：

去年11月，国家发改委以发改办农经〔2003〕1204号文批准建设以潍坊市行政区为主的山东省农副产品出口基地。当年12月，国家发改委、国土资源部、海关总署等8部委会签，国务院批准，海关总署以署加函〔2003〕420号批复，正式设立潍坊出口加工区，这是全国唯一一个以农产品加工为主要方向的出口加工区。出口基地和出口加工区的建设，对于促进潍坊市的农副产品出口和出口加工企业的发展起到了很好的引导和促进作用。1—3月份，在受到高流感影响，大批高肉不能出口的情况下，潍坊农产品出口货值10548万美元，同比增长了8.9%。潍坊出口加工区建设也取得新的进展。在上级的正确领导和关心支持下，我们立即成立专门机构，着手对出口加工区的测绘、规划设计、征地调查、用地报批准备、群众工作及下一步被征地农民的安置方案等前期工作进行筹备，目前都已全部完成。同时，我们从潍坊市农业产业化发展的实际出发，把农产品出口基地和潍坊出口加工区建设作为解决全市“三农”问题的重要措施来抓，积极实施农业的产业化、标准化、国际化，普及无公害农产品生产。同时，引导诸城外贸集团、得利斯公司、乐港公司等市内大型骨干农副产品出口加工龙头企业进区发展，进一步增强其农副产品出口加工的龙头带动作用，加大外向型经济发展的力度。在此期间，我们还充分利用国家级出口加工区这块招牌进行招商引资，效果明显。目前已有总投资 1.2 亿元的中韩合资有机大豆乳汁项目、总投资 6 亿元的中美合资衣康酸项目等 10 多个农副产品出口加工项目亟待进区建设。

根据《海关总署关于同意设立山东潍坊出口加工区的函》“同意在潍坊国家级高新技术产业开发区内设立山东潍坊出口加工区，面积控制在 3 平方公里以内”的要求，本着集约用地、保护耕地的原则，根据土地利用总体规划和城镇建设规划，结合进区项目用地需求，我们计划整个出口加工区分两期围网建设，一期用地 1.7 平方公里，请批复。

如无不当，请转报国家发改委。

二〇〇四年六月十二日

关于呈报潍坊出口加工区基础设施建设项目可行性研究报告的请示

潍计投资〔2004〕86 号

省计委：

潍坊出口加工区是经国务院同意，由海关总署以署加函〔2003〕420 号文件批准设立的。目前该项目可行性研究报告已经潍坊市工程咨询院编制完成，现将有关情况报告如下：

一、建设规模：规划占地面积 3.85 平方公里。围网控制面积 3 平方公里，其中农副产品加工区 1.4 平方公里。监管办公区 0.06 平方公里。

二、 总投资及资金来源：该项目投资估算为 60470 万元，其中农副产品加工区投资 21504 万元。项目建设资金由潍坊市高新技术产业开发区财政局出资 30000 万元，潍坊市东方 国有资产经营管理有限公司筹集 30470 万元。

三、建设地点：潍坊出口加工区位于市高新区东部，北依济青高速公路十五路口的南侧，南至梨园大街，东临高新五路规划主干道，西临高新二路规划主干道。

四、建设期限：项目建设期计划三年，拟于 2004 年开工建设，2007 年 5 月份建成。

五、经济及社会效益：项目的建设将为潍坊市吸引外资，引进技术，调整产品结构，建立一批新的高新技术产业提供一个新的平台，对于培植新的经济增长点，增加就业，扩大出口创汇、发展外向型经济具有积极的推动作用。项目建成后，将容纳出口加工企业约 100 家，每年出口创汇可达 10 亿美元。

现将该项目可行性研究报告随文呈上，请审批。

二〇〇四年四月二十五日

潍坊综合保税区文件

潍坊市人民政府关于潍坊出口加工区转型为综合保税区的请示

潍政请字〔2009〕70号

省政府：

潍坊出口加工区于2003年12月经国务院批准设立，2005年8月通过国家九部委联合验收，现有投产、在建项目16个，总投资20亿元，全部达产后可实现进出口贸易额10亿美元。因受出保税加工政策单一、政策不配套、货物贸易功能缺位等因素制约，其综合优势未得到有效发挥。为进一步完善潍坊出口加工区的保税物流功能，带动潍坊及周边地区的货物贸、易发展，基于潍坊实际，特申请将潍坊出口加工区转型为综合保税区。现将有关情况报告如下：

潍坊市区位优势明显。该市是山东半岛蓝色经济区重要组成部分，区位优越，交通便利，市场腹地大，辐射能力强。该市距青岛、烟台、日照等港口均在200公里左右，距济南、青岛国际机场分别为180公里、120. 公里。潍坊机场是省内最大货运机场。胶济铁路横穿潍坊，高速公路济青、济青南线、潍莱、青银、东青等交汇潍坊。潍坊出口加工区距潍坊铁路货场站2公里，紧靠高速公路枢纽；地理位置非常优越。

潍房出口加工区已基本具备转型条件。潍坊出口加工区于2003年12月经国务院批准设立，2005年8月通过验收封关运行。该区自封关运行以来，已投产和在建项目11个，总投资15亿元。2009年新开工工业项目10个，总投资20亿元；新开工保税物流项目7个，入区开展保税物流项目30多家，预计全年可完成进出口额2亿美元，实现保税物流货值3亿美元，已具备较为扎实的转型基础。

潍坊出口加工区转型为综合保税区意义重大。该区域及周边地区产业基础雄厚，潍柴动力、北汽福田、山工机械、福田重工等知名大企业对跨国配送要求十分迫切。目前潍坊市有物流企业1900余家，但缺乏国际高端物流体系，国际贸易、服务贸易发展条件滞后。潍坊出口加工区转型为综合保税区，有利于吸引跨国高端物流集团入驻、加快形成以大物流为主要内容的现代服务业，有利于国际资本、技术等要素向内陆腹地延伸和辐射，整合优势资源，推进产业集聚，提升该区域及周边地区的开放型经济水平。

当否，请批复。

二〇〇九年九月二十一日

山东省人民政府关于潍坊出口加工区转型为综合保税区的请示

鲁政发〔2009〕109 号

国务院：

为进一步完善潍坊出口加工区的保税物流功能，加快推进山末半岛蓝色经济区发展战略实施，特申请将潍坊出口加工区转型

潍坊现有规模以上工业企业 4326 家，但纺织、化工、机械、电子等支柱产业多属资源型产业，加工水平和国际市场占有率较低。潍坊作为全国较早实现农业产业化的地区，禽肉、蔬菜出口分别占到全国的 1/3 和 1/10，但因加工技术条件欠缺，农产品精深加工水平和附加值偏低。我市迫切需要利用综合保税区这一平台，引进先进加工设备、技术和管理，提高产品加工水平，扩大对外出口，提高国际市场占有率，推动经济结构优化升级。

潍坊是山东半岛环渤海物流圈建设的重要城市，物流企业已发展到 1900 余家，其中鲁东物流中心重点项目 46 个。我市日用消费品、钢材、机电、医药、图书等专业物流配送范围已覆盖全省，海化、潍柴、福田、新郎等第三方物流已走向全国。但国际高端物流体系尚未形成，国际贸易、服务贸易所占比重低、规模小。潍坊出口加工区转型为综合保税区，有利于吸引跨国高端物流集团入驻、整合物流信息资源、加快形成以大物流为主要内容的现代服务业。

潍坊与淄博、滨州、东营等地毗邻，出口加工区转型后，其保税范围将覆盖潍坊、淄博、滨州、东营等省内城市和其他地区。上述地区外贸业务量较大，但因就近缺少贸易服务区，许多外贸业务只能在香港、韩国、青岛等地开展，距离远，成本高。潍坊出口加工区转型为综合保税区，可为潍坊及周边地区开展外贸业务提供相关服务，减少业务成本，创造更多效益。

潍坊是半岛地区通往内陆的交通枢纽，交通区位优势独特。陆路交通发达，水路、航空交通便捷。胶济铁路、济青、南济青、环渤海、潍莱高速公路横贯东西，309、206 国道贯穿市境；距青岛、济南两个国际机场分别为 120 公里和 180 公里，距韩国首尔、釜山及日本东京仅 1 小时航程；距青岛港和潍坊港分别为 150 公里和 50 公里。

我们认为，我市已具备发展保税物流的基础条件特申请省政府同意潍坊出口加工区转型为综合保税区。如无不妥，请转报国务院批准。

当否，请批示。

潍坊市人民政府关于在潍坊出口加工区基础上申请设立综合保税区的请示

潍政请字〔2010〕11 号

省政府：

为贯彻落实胡锦涛总书记视察山东重要讲话精神，加快实施黄河三角洲高效生态经济区、山东半岛蓝色经济区和胶东半岛高端产业聚集区发展战略，打造国际化服务平台，特申请在潍坊出口加工区基础上设立综合保税区。

一、设立潍坊综合保税区的必要性

（一）黄河三角洲高效生态经济区和山东蓝色经济区发展的需要。2009 年 11 月，国务院将黄河三角洲高效生态经济区上升为国　家发展战略，并在规划中提出了支持设立综合保税区的措施。2009 年 4 月，胡锦涛总书记视察山东，作出了建设山东蓝色经济区的重要指示。省委、省政府也作出了打造山东半岛蓝色经济区和胶东半岛高端制造业聚集区的战略部署。山东“三区”覆盖地域生产总值和外贸进出口分别占全省的 50% 和 80% 以．上。潍坊出口加工区是黄河三角洲地区唯一的海关特殊监管区，又是山东“蓝色区”和“高端区”的重要特殊监管区。设立综合保税区后，能够为黄河三角洲等“三区”建设搭建重要国际平台，加快现代国际物流服务体系建设，吸引大项目落户，推动产业升级，促进“三区”战略的实施。

（二）整合延伸山东半岛多个海港和空港口岸功能的需要。潍坊是连接山东半岛和内陆地区的交通枢纽。山东半岛现有青岛、日照、烟台、威海、潍坊 5 个国际海港和青岛、烟台、威海 3 个国际机场，围绕潍坊呈扇形分布，全部由高速公路和铁路干线连接贯通。青岛空港和海港已成为仅次于北京、上海的全国重要运输口岸，正在打造东北亚航运中心，每年进出口货物 2000 多亿美元。为延伸青岛空港和青岛海港服务链条，更好地服务西部内陆地区，2009 年 11 月，青岛机场在潍坊出口加工区设立国际货运直通场站，实现了“青岛空港后移”；2010 年 3 月，青岛海港和台湾长荣集团合作，将在潍坊出口加工区设立国际集装箱中心，实现“青岛海港后移”。围绕加快现代物流体系建设，统筹利用腹地资源，根据潍坊及周边地区广大进出口企业的要求，我市下步还将与日照、烟台、威海的空港和海港建立直通模式。设立潍坊综合保税区后，能有效整合虚拟口岸、铁路运输、保税加工、保税物流、货物贸易、服务贸易等多种功能，打造连接沿海和内陆地区的国际化服务平台，为山东西部地区通过沿海口岸的进出口货物，在潍坊综合保税区办理通关和运输手续，由专业物流公司集中运输，无需企业往返沿海各口岸，从而使整个胶东半岛的空港、海港功能得到进一步提升，通关服务更加高效便捷，经济和社会效益都将非常明显。

（三）大项目落户发展的需要。潍坊出口加工区一期围网内已基本开发完毕，共引进项目 20 个，总投资 50 亿元；目前新引进急需落地项目 15 个，需用土地 4 平方公里，其中仅 3 个大项目就需土地约 2 平方公里，迫切需要扩大围网面积。这三大项目分别是：世界 500 强企业日本京瓷公司电子配件项目，总投资 6 亿美元，建设半导体零部件生产中心，年实现进出口额 15 亿美元；日本东芝液晶显示屏项目，总投资 22 亿元人民币，年实现进出口额 11 亿美元；冷链物流项目，依托潍坊现代农业和工业优势，由中国外运集团与台湾阳明海运集团、韩国 STX 集团合作，总投资 20 亿元人民币，申请组建国际冷链集团，年可实现进出口额 10 亿美元。

二、我市具备设立综合保税区的条件

（一）区位优越，腹地广阔。我市地处山东半岛中部，东邻青岛、烟台，西接淄博、东营、滨洲，南临临沂、日照，北靠渤海莱州湾，是东部沿海地区向西部内陆地区延伸的重要通道，具有广阔的发展腹地。据统计，我市及淄博、东营、滨州、泰安、莱芜、德州、济宁、菏泽、临沂 9 市有外贸进出口企业 3 万多家，2009 年实现地区生产总值 16400 亿元，进出口额 368 亿美元，地方财政收入 927 亿元，分别占全省的 52.8%、23.2% 和 47. 4%，市场潜力十分巨大。

（二）产业基础雄厚。潍坊产业门类齐全，布局合理，配套能力强。一是农业优势显著。潍坊是全国农业产业化经验发源地，我市寿光市是胡锦涛总书记的联系点，农副产品加工业总量占全国的一半，禽肉、蔬菜出口分别占全国的 40% 和 20%。二是工业发展迅速。2009 年，潍坊规模以上工业企业达到 4348 家，完成主营业务收入 6918.3 亿元，有 32 种产品居全国同行业前列，45 种产品生产规模居全省同行业第一。三是流通贸易繁荣。潍坊已成为全国大型农产品集散中心和山东半岛商贸物流中心。2009 年，潍坊物流企业达 2100 多家，年交易额 600 多亿元，其中物流总额过 50 亿元的企业 18 家，过 100 亿元的 5 家。

（三）配套设施完善。申请设立的综合保税区拟在潍坊出口加工区的基础上建设。潍坊出口加工区于 2003 年 12 月经国务院批准设立，一期围网 1.7 平方公里已开发完毕，除引进落户一批重点工业项目外，还引进了 20 多家物流公司，有 300 多家企业来该区开展业务，已实现保税物流货值 7 亿美元。区内项目全部达产和虚拟口岸整合运作后，年可实现进出口额 50 多亿美元。

三、潍坊综合保税区发展规划

申请设立的综合保税区，拟在原批复潍坊出口加工区 2.6 平方公里的基础 _ 上扩大到 6.6 平方公里（四至为：西至高新二路、东至高新七路、南至樱前街、北至玉清街，符合我市城乡总体规划和土地利用总体规划）。综合保税区初步规划为保税加工、保税物流、虚拟口岸、铁路物流、服务贸易五大功能园，努力创建黄河三角洲和环渤海地区经济开放的先导区、聚集区、示范区。特请省政府给予审核同意，如无不妥，请转报国务院。

当否，请批示。

二〇一〇年一月十五日

山东省人民政府关于在潍坊出口加工区基础上设立潍坊综合保税区的请示

鲁政发〔2010〕14号

国务院：

为贯彻落实胡锦涛总书记视察山东重要批示精神，加快实施山东半岛蓝色经济区、黄河三角洲高效生态经济区和胶东半岛高 端产业聚集区发展战略，特申请在潍坊出口加工区基础．上设立潍坊综合保税区。现将有关情况报告如下：

一、设立潍坊综合保税区的必要性

设立潍坊综合保税区，对于进一步提升山东对外开放水平，加快实施重点区域带动战略意义重大。一是黄河三角洲高效生态

经济区和山东半岛蓝色经济区建设的需要。2009年4月，胡锦涛总书记视察山东，作出了建设山东半岛蓝色经济区的重要指示。2009年11月，国务院将黄河三角洲高效生态经济区上升为国家发展战略，并在规划中提出了支持设立综合保税区的措施。潍坊出口加工区是黄河三角洲地区唯一的海关特殊监管区，也是山东半岛蓝色经济区的重要特殊监管区。设立综合保税区后，将为推动区域发展搭建重要开放平台，加快现代国际物流服务体系建设，推动产业升级，促进重点区域带动战略的实施。二是整合延伸山东半岛海港和空港口岸功能的需要。潍坊是连接山东半岛和内陆地区的交通枢纽。山东半岛现有青岛、日照、烟台、威海、潍坊5个国际海港和青岛、烟台、威海3个国际机场，全部由高速公路和铁路干线连接贯通。青岛空港和海港已成为全国重要的运输口岸，正在打造东北亚航运中心，每年进出口货物2000多亿美元。为延伸青岛空港和青岛海港服务链条，更好地服务中西部内陆地区，2009 年11月，青岛机场在潍坊出口加工区设立国际货运直通场站，实现了“青岛空港后移”，每年可为潍坊企业办理进出口额20多亿美元；青岛海港将于2010年3月与台湾长荣集团合作，在潍坊出口加工区设立国际集装箱中心，实现“青岛海港后移”，每年为潍坊企业办理进出口额50多亿美元。潍坊市还将加快与日照、烟台、威海的空港和海港建立直通模式，进一步完善物流链条，带动电子信息、机械制造、纺织服装、化工、造纸、农产品加工等重点产业发展，今后中西部地区通过沿海口岸300多亿美元的进出口货物可在潍坊办理通关和运输手续。设立潍坊综合保税区，有利于整合虚拟口岸、铁路运输、保税加工、保税物流、货物贸易、服务贸易等多种功能，打造连接沿海和内陆地区高效、便捷的对外贸易服务平台，提升空港、海港综合服务功能，通关服务更加高效便捷，经济和社会效益显著。三是推进与跨国公司战略合作、项目落户发展的需要。潍坊出口加工区一期围网内已基本开发完毕，目前新引进急需落你地项目15个，需用土地4平方公里，其中仅总投资6亿美元的世界500强企业日本京瓷公司电子配件项目、总投资22亿元的日本东芝液晶显示屏项目、总投资20亿元由中国外运集团与台湾阳明海运集团、韩国STX集团合资建设的国际

冷链项目等 3 个大项目就需土地约 2 平方公里，原来批复的二期 0.9 平方公里的土地远远满足不了现在的需要，迫切需要扩大围网面积。

二、设立潍坊综合保税区的可行性

（一）区位优势明显。潍坊市是山东半岛蓝色经济区和黄河三角洲高效生态经济区的重要组成部分，区位优越，交通便利，市场腹地大，辐射能力强。距青岛、烟台、日照等港口均在 200 公里左右，距济南、青岛国际机场分别为 180、120 公里，潍坊机场是省内最大货运机场。胶济铁路横穿潍坊，济青、济青南线、潍莱、青银、东青等高速公路交会于潍坊。潍坊出口加工区距潍坊铁路货场站 2 公里，紧靠高速公路枢纽，地理位置非常优越。

（二）市场腹地广阔。潍坊市地处山东半岛中部，东邻青岛、烟台，西接淄博、东营、滨州，南临临沂、日照，北靠渤海莱州湾，是东部沿海地区向西部内陆地区延伸的重要通道，具有广阔的发展腹地。据统计，潍坊及山东半岛西部的淄博、东营、滨州、泰安、莱芜、德州、济宁、菏泽、临沂 9 市有外贸进出口企业 3 万多家，2009 年实现生产总值 16400 亿元，进出口额 368 亿美元，地方财政收入 927 亿元，分别占全省的 52.8%、23.2% 和 47.4%，市场潜力十分巨大。

（三）产业基础雄厚。潍坊市产业门类齐全，布局合理，配套能力强。农业优势显著。潍坊是全国农业产业化经验发源地，农副产品加工业总量占全国的一半，禽肉、蔬菜出口分别占全国的 40% 和 20%。工业发展迅速。2009 年，潍坊规模以上工业企业达到 4348 家，完成主营业务收入 6918.3 亿元，有 32 种产品居全国同行业前列，45 种产品生产规模居全省同行业第一。流通贸易繁荣。潍坊是全国大型农产品集散中心和山东半岛商贸物流中心。2009 年，潍坊物流企业达 2100 多家，年交易额 600 多亿元，其中物流总额过 50 亿元的企业 18 家，过 100 亿元的 5 家。

（四）具备基础条件。潍坊出口加工区于 2003 年 12 月经国务院批准设立，2005 年 8 月通过验收封关运行，一期围网 1.7 平方公里已开发完毕。该区自封关运行以来，共引进工业项目 20 个，总投资 50 亿元，还引进了 20 多家物流公司，有 300 多家企业来该区开展业务，已实现保税物流货值 7 亿美元。区内项目全部达产和虚拟口岸整合运作后，年可实现进出口额 50 多亿美元。

三、潍坊综合保税区发展规划

申请设立的综合保税区，拟在原批准的潍坊出口加工区 2.6 平方公里的基础上扩大到 6.6 平方公里，规划区域符合城乡总体规划和土地利用总体规划，其四至范围：西至高新二路、东至高新七路、南至樱前街、北至玉清街，地块集中，面积适度，便于封闭运营和管理。综合保税区初步规划为保税加工、保税物流、虚拟口岸、铁路物流、服务贸易五大功能园，努力创建黄河三角滨洲和环渤海地区经济开放的先导区、聚集区、示范区。

当否，请批复。

二〇一〇年一月二十四日

省委书记姜异康、省长姜大明
向副总理王岐山推荐设立潍坊综合保税区联名信

尊敬的岐山副总理：

您好！十分感谢您对山东工作的关心、支持和帮助。

过去的一年，在党中央、国务院的坚强领导下，我们努力克服国际金融危机造成的困难，全省经济平稳较快发展，各项工作取得了新的进步。2009年，全省实现生产总值33805.3亿元，增长11.9%；全社会固定资产投资19031亿元，增长23.3%；社会消费品零售总额12363亿元，增长19.1%；地方财政收入2198.5亿元，增长12.3%；城镇居民人均可支配收入17811元，农民人均纯收入6119元，分别增长9.2%和8.5%。在工作中，千方百计稳定外需，努力保市场、保份额，进出口完成1386亿美元，其中出口795.7亿美元，分别下降12.4%和14.6%，实际到账外资80.1亿美元。

按照您关于保税区、出口加工区、保税物流园区等特殊区域整合为综合保税区的重要指示精神，在您的关心支持下，去年我省青岛、烟台已分别转型为保税港区。这对于推动山东对外开放，提升外向型经济水平，具有重要意义。从全省布局考虑，我们申请在山东潍坊出口加工区基础上设立国家综合保税区。

潍坊出口加工区是2003年12月经国务院批准设立的，2009年1月，国务院赋予保税物流功能。2009年11月，设立了青岛机场潍坊直通场站，实现了“青岛空港后移”。2010年3月，青岛海港和台湾长荣集团合作，将设立国际集装箱中心，实现了“青岛海港后移”。目前，潍坊出口加工区已引进项目20个、总投资50亿元，引进物流公司20家，有300多家企业来区开展业务，已实现保税物流货值7亿美元。区内项目全部达产和虚拟口岸整合运作后，年可实现进出口额50多亿美元。

潍坊出口加工区是黄河三角洲地区唯一的海关特殊监管区，并处在山东半岛蓝色经济区的重要位置上。设立综合保税区后，既能为黄河三角洲高效生态经济区建设搭建重要国际平台，又能够使青岛、烟台、威海、日照的海港和空港功能更充分地发挥作用，开辟连接沿海和内陆地区高效便捷的开放通道，加快现代国际物流服务体系建设，吸引大项目落户，推动产业升级，提升山东省开放水平，为经济社会又好又快发展创造更好条件。

2009年9月，我们向国务院呈报了《山东省人民政府关于潍坊出口加工区转型为综合保税区的请示》，国务院已转到海关总署征求意见。恳求岐山总理在百忙中给予关心支持。

恳请您来山东视察指导工作。春节即将来临，在此给您拜年，衷心祝愿您新春愉快、阖家幸福！

此致

敬礼！

姜异康　姜大明

2010年1月28日

国务院关于同意设立潍坊综合保税区的批复

国函〔2011〕11 号

山东省人民政府、海关总署：

你们关于设立潍坊综合保税区的请示收悉。现批复如下：

一、同意设立潍坊综合保税区，规划面积 5.17 平方公里，四至范围：东至高八路，南至梨园街和樱前街，西至高新二路，北至玉清街。（具体以界址点坐标控制，详见附件）潍坊综合保税区封关验收后，不再保留潍坊出口加工区。

潍坊综合保税区的功能和有关税收、外汇政策按照《国务院关于设立洋山保税港区的批复》（国函〔2005〕54 号）的有关规定执行。

三、山东省人民政府要严格实施土地利用总体规划和城市总体规划，拟定综合保税区的开发建设实施方案和产业发展规划，按规定程序履行具体用地报批手续，在节约集约利用土地资源的前提下进行建设。

四、潍坊综合保税区实行封闭管理。要按照海关特殊监管区域有关规定组织综合保税区隔离监管设施的建设，待条件具备后，由海关总署会同有关部门进行验收。

五、海关总署要会同有关部门切实做好潍坊综合保税区的监管、服务工作，促进其健康有序发展，为推进加工贸易转型升级作出贡献。

二〇一一年一月二十五日

海关总署关于潍坊综合保税区规划建设有关事宜的函

署加函〔2011〕126 号

山东省人民政府：

2011 年 1 月 25 日，国务院批复同意设立潍坊综合保税区（详见国函〔2011〕11 号）。为落实国务院批复精神，建设发展好潍坊综合保税区，现就有关事宜丽告如下：

一、综合保税区是海关特殊监管区城属国家级特定功能区，请你省履行对其的行政管理职责，明确归口管理部门，设置行政决策商效、服务功能齐全的综合保税区管理机构。保证综合保税区管委会的管理权，全面协调和指导综合保税区的规划、意设和发展工作，推动综合保税区按照经济规律的需求加快发展。

二、潍坊 综合保税区整合了原潍坊出口加工区，具备较好的发展基础，请你省根据国务院批复要求，按照中央经济工作会议要；求，把特殊区域的发展与稳外需、扩内需政策相结合，充分利用两个市场、两种资源，合理规划区内产业布局，引导符合转变经济发展方式和调整经济结构要求的新兴产业入区发展。根据特殊区域的产业配套和生活服务需求，统‘筹规划，为特殊区城配昼必要的产业配套区。

三、潍坊综合保税区应严格按照国务院批准的四至范围和面积进行规划建设，且必须办妥土地利用审批手续后方可施工。同时，应依法补偿安置失地农民，坚持以工业用地为主，严格执行工业项目建设用地控制指标和招标拍卖挂牌出让，严禁房地产开发用地，合理、集约、高效利用土地资源。在主管部门和投资建设单位会同青岛海关确定具体规划方案后，报送海关总署审核，并按照《海关总署关于印发（海关特殊监管区域基础和监管设施验收标准）的通知》（看加发〔2007〕143 号）有关规定进行建设。

四、潍坊综合保税区要严格按照《国务院关于设立洋山保税港区的批复》（国函〔2005〕54 号）规定的范图开展业务，根据综合保税区的功能和政策，加大招商引资力度，引导适合的项目入区发展。

五、潍坊综合保税区建设工作完毕后，应严格按照我暑有关规定，做好预验收工作。具体内容和程序如下；

（一）潍坊综合保税区管理机构分别向山东省人民政府和青岛海关提出预验收书面申请；

（二）青岛海关牵头，会同当地相关部门组成预验收小组，依据《海关特殊监管区域基础和监管设施验收标准》进行预验收，并由。预验收小组写出验收评估意见，预验收小组组长签署预验收结论和评审意见；

（三）预验收合格后；青岛海关与潍坊市人民政府共同签署《预验收纪要》，内容主要包括综合保税区基础和监管设施建设等惰况；

（四）山东省国土管理部门在预验收合格后致函国土资源部，提请国土资源部对综合保税区预验收范围内的土地项目利用手续进行审核确认；

（五）国土资源部确认同意后，由山东省人民政府致函青岛海关，提请青岛海关向我署申请正式验收；

（六）青岛海关向我署上报申请正式验收的请示（随附山东省人民政府申请验收的函、《预验收纪要》和国土资源部对综合保税区预验收范围内的土地项目利用审核确认的手续）。

六、请你省严格按照国务院批复要求和上述意见做好各项准备工作。待上述条件具备后，我署将根据国务院批复，会同有关部门组成联合验收组对潍坊综合保税区进行验收。验收合格后，联合验收组将与你省共同签署《验收纪要》，颁发《综合保税区验收合格证书》，我署对青岛海关申请验收的请示进行批复，海关按照《海关总署关于修改＜中华人民共和国海关保税港区管理暂行办法＞的决定》

（海关总署令第 191 号）对综合保税区实施监管。

特此致函。

二〇一一年三月四日

山东省人民政府关于同意设立潍坊综合保税区的通知

鲁政字〔2011〕32 号

潍坊市人民政府：

根据《国务院关于同意设立潍坊综合保税区的批复》（国函〔2011〕11 号）精神，现就有关事项通知如下：

一、同意设立潍坊综合保税区，规划控制面积 5.17 平方公里，四至范围：东至高八路，南至梨园街和樱前街，西至高新二路，北至玉清街，（具体以界址点坐标控制，详见附件）。你市要按照国务院批准的四至范围和面积，科学制定综合保税区发展规划和建设实施方案，依法用地。潍坊综合保税区封关验收后，不再保留潍坊出口加工区。

二、潍坊综合保税区的功能和有关税收、外汇政策按照《国务院关于设立洋山保税港区的批复》（国函〔2005〕54 号）的有关规定执行。你市要用足用好政策，把综合保税区建设成投资强度大、产出效益高、生态环境好的开放型经济示范区，使其在实施山东半岛蓝色经济区、黄河三角洲高效生态经济区两大国家战略中发挥重要节点平台作用。

三、加强产业配套区建设，增强辐射带动作用。要根据区内发展规划和产业定位，设置与网内监管区一体化管理的网外产业和商务生活配套服务区，延长企业生产链，解央网内监管区造血功能不足问题，满足企业和职工的商务和生活需要，促进综合保税区可持续发展。加强与邻近开发区的产业合作、联动发展，扩大辐射带动作用。

四、合理设置综合保税区管理机构。潍坊综合保税区是在潍，坊出口加工区转型升级的基础上设立的，你市要根据新的发展需要，科学合理地配置综合保税区管理机构和职能。要进一步解放思想，积极探索发展的新模式，在管理体制、运行机制等方面大胆创新，把潍坊综合保税区打造成体制机制创新的示范区。

五、要加快相关设施建设，严格按照海关特殊监管区域有关规定，加快综合保税区隔离查验监管设施建设，待条件具备后，及时向省政府报告，并向国家有关部委申请验收运作。

六、强化开放引领，更好地为全省对外开放服务。国务院批复设立潍坊综合保税区，充分体现了国家对山东对外开放工作的高度重视和大力支持。你市要把潍坊综合保税区的规划建设放到事关全省对外开放全局的高度，提高思想认识，集中力量把综合保税区建设好。要围绕山东半岛蓝色经济区、黄河三角洲高效生态经济区的产业定位，选好一批符合国际产业转移规律和国家保税政策，体现本地资源又能与周边地区形成错位发展的优质投资项目，争取早日入区，早见成效，为全省扩大开放和经济发展做出积极贡献。

二〇一一年二月十八日

山东省人民政府办公厅关于潍坊综合保税区规划建设有关事宜的通知

鲁政办字〔2011〕40号

潍坊市人民政府：

潍坊综合保税区已经国务院批准设立。为认真贯彻国务院批复精神，加快潍坊综合保税区规划建设，经省政府同意，现就有关事宜通知如下：

一、充分认识建设好潍坊综合保税区的重要意义

设立潍坊综合保税区，将有效整合和延伸我省海港和空港的口岸功能，对黄河三角洲高效生态经济区和山东半岛蓝色经济区建设产生积极推动作用。要站在全省对外开放全局的高度，增强加快发展的紧迫感和责任感，统一思想，创新举措，推动综合保税区跨越式发展。

二、合理设置综合保税区管理机构

潍坊综合保税区是国家级特定功能区。你市要按照要求，科学合理配置综合保税区的管理机构，做好综合保税区的规划建设、功能开发和日常管理工作。

三、重点抓好二期扩网和配套区设立工作

要根据海关总署要求，抓紧做好二期扩网建设工作，严格按照国务院批准的四至范围和面积进行围网建设。要严格履行土地利用审批手续，合理、集约、高效利用土地资源。要合理设立与网内一体化管理的网外产业配套区和商务生活配套区，切实增强综合保税区可持续发展能力和配套能力。

四、认真做好综合保税区验收的各项准备工作

综合保税区建成后，要按照海关总署关于综合保税区验收程序的有关规定，做好预验收准备工作。预验收通过后，由潍坊市人民政府与青岛海关共同签署《预验收纪要》，并向省政府报告，经省政府同意后由青岛海关向海关总署申请正式验收。验收合格后，省政府将与联合验收组签署《验收纪要》，并向综合保税区管委会颁发《综合保税区验收合格证书》

二〇一一年四月六日

潍坊市人民政府关于申请潍坊综合保税区用地指标的请示

潍政请字〔2011〕11号

省政府：

2011年1月25日，国务院以国函〔2011〕11号《国务院关于同意设立潍坊综合保税区的批复》批准设立潍坊综合保税区，规划围网面积5.17平方公里，年内海关总署将会同国家九部委进行封关验收。根据国土资源部“综合保税区围网内土地必须一次性征用，否则不予验收”的要求，我们计划二期扩网2.93平方公里，一次性征用土地4400亩，并搞好围网监管设施等基础设施配套，确保一次通过验收。

另外，根据省政府《关于同意设立潍坊综合保税区的通知》（鲁政字〔2011〕32号）“要根据区内发展规划和产业定位，设置与网内监管区一体化管理的网外产业和商务生活配套区”的要求，今年计划先期启动700亩产业和商务生活配套区开发，实行网内网外一体化经营，促进综合保税区可持续发展。以上两项共需用地5100亩，特申请农转用土地指标5100亩。

当否，请批示。

二〇一一年三月一日

潍坊市人民政府关于对潍坊综合保税区进行正式验收的请示

潍政呈〔2013〕88号

省政府：

2011年1月国务院批复潍坊综合保税区总规划面积5.17平方公里，首期围网面积1.9平方公里，我市严格按照《海关特殊监管区域基础和监管设施验收标准》，在国务院批准的四至范围内进行规划建设，按规定全部办理了用地审批手续，用地符合城市总体规划和土地利用总体规划。首期围网范围内基础设施达到“七通一平”要求，办公、监管等设施已按标准建成。2012年11月，中央编办和省政府批准设立潍坊综合保税区管委会，为省政府派出机构，委托潍坊市管理，享受市级经济管理权限，下设经济发展局、规划建设局等管理服务机构，能够满足企业各类业务开展需要。

我市高度重视潍坊综合保税区发展，于2011年6月在网外规划了15平方公里的产业和商务配套区，完善各项配套设施，实行网内网外一体化、网上网下一体化、国际国内一体化和国际服务、国际加工、国际物流、国际贸易、国际商务“五大产业”一体化发展，建成全市对外开放的服务区、外向型经济的聚集区和以开放促改革的试验区，力争通过3—5年发展，实现年进出口额100亿美元、总税收30亿元。

2013年10月11日，潍坊综合保税区顺利通过了省联合预验收组的预验收。

预验收结束后，潍坊综合保税区对省联合预验收组提出的意见建议，进行了认真整改落实，进一步完善了监控机房不间断电源、监控录像、报检大厅标准化窗口建设等相关工作，已达到正式验收要求。

现根据海关总署《关于潍坊综合保税区规划建设有关事宜的函》(署加函〔2011〕126号)有关规定，特请省政府协调济南海关，报请海关总署于2013年12月上旬对潍坊综合保税区进行正式验收。

当否，请批示

二〇一三年十一月二十二日

潍坊综合保税区北区文件

山东省人民政府关于调整潍坊综合保税区规划的请示

鲁政呈〔2014〕19号

国务院：

潍坊市位于渤海湾南畔，是山东半岛蓝色经济区和黄河三角洲高效生态经济区的“叠加区”，区位优势明显，产业基础雄厚。潍坊港发展迅速，是山东省重要的地区性港口、国家一类开放口岸。潍坊综合保税区于2011年获国务院批准设立，一期围网已通过海关总署等10部委正式验收。为加快实施国家区域发展战略，推动环渤海湾南畔开发建设，特申请将潍坊综合保税区尚未围网区域调整出部分面积至潍坊港南部，作为潍坊综合保税区北区，实现区港联动，打造我省面向东北亚的对外开放新平台。

建设潍坊综合保税区北区，有利于进一步促进当地现代物流服务体系建设，打造环渤海湾南畔区域性国际物流中心，承接国际产业转移，推动区域经济转型升级。把潍坊综合保税区分南、北两区运营，可实现产业布局和政策功能的优势互补。南区（即原综合保税区）主要依托青岛港和青岛国际机场，重点发展电子信息、精密机械、研发设计、总部经济、跨境电子商务、展览展示等高端产业，带动和提升潍坊产业结构升级；北区主要依托潍坊港口，重点发展临港保税加工和临港保税物流，进一步带动环渤海地区外向型经济发展。目前，潍坊综合保税区引进了一批适合在港口附近落地的进出口加工和国际物流项目，有山东龙威集团投资 13 亿元的海港物流园项目、大连伟琳集团投资 10 亿元的澳大利亚进口棉花加工项目、中棉集团投资 6 亿元的进口棉花仓储物流项目、山东裕源集团投资 3 亿元的大宗原材料分拨配送项目、山东日科集团投资 2 亿元的 PVC 抗冲型改性剂项目、香港金石集团投资 4 亿元的进口木材加工项目等 10 多个项目。这些项目既需要借助港口优势提高运营效率，又需要充分利用综合保税区的功能政策降低企业成本，建设潍坊综合保税区北区将对促进这些临港产业的快速发展提供有力保障。

潍坊综合保税区经国务院批准规划面积 5.17 平方公里，一期围网 1.9 平方公里已通过海关总署等 10 部委正式验收，尚有 3.27 平方公里没有围网，拟从中调出 2.12 平方公里至潍坊港南部，作为潍坊综合保税区北区，四至范围是：东至黄海三路、南至辽河西四街、西至黄海一路、北至辽河西七街。该区域符合城乡总体规划和土地利用总体规划，地块集中，面积适度，距离港口较近，便于封闭运营和海关监管。调整后原潍坊综合保税区（现称南区）规划面积变为 3.05 平方公里，四至范围是：东至高七路、南至梨园街、西至高二路、北至玉清街。

当否，请批复。

二〇一四年四月四日

海关总署关于潍坊综合保税区规划调整的请示

署加发〔2017〕105 号

国务院：

2014 年 4 月 16 日，我署收到国务院办公厅转来的《山东省人民政府关于调整潍坊综合保税区规划的请示》（鲁政呈〔2014〕19 号、办 742），要求我署商有关部门研究办理。我署会同国家发展改革委、财政部、国土资源部、住房城乡建设部、商务部、税务总局、工商总局、质检总局、外汇局进行了认真研究，形成了一致意见。现请示如下：

一、有关情况

2011 年 1 月国务院批准在潍坊出口加工区基础上整合设立潍坊综合保税区，规划面积 5.17 平方公里，其中一期 1.9 平方公里于 2013 年 12 月 26 日通过验收，现已封关运作。2016 年，潍坊综合保税区实现进出口值 11.4 亿美元，同比增长 24.4%，增幅居山东省现有海关特殊监管区域首位，发展势头良好。此次山东省人民政府提出对潍坊综合保税区进行区位调整，方案具体为：在保持国务院批准规划面积不变的基础上，将潍坊综合保税区尚未验收区域面积3.27平方公里中的2.12平方公里调整至沿海的潍坊港南部，设立潍坊综合保税区北片区，依托潍坊港，重点发展临港保税加工和保税物流，进一步带动环渤海地区外向型经济发展。

二、研究意见

为促进区域协调发展和培育新的增长极，国务院分别于2009年和2011年批复同意黄河三角洲高效生态经济区发展规划和山东半岛蓝色经济区发展规划，潍坊地处上述两个区域发展规划范围内。目前，潍坊综合保税区发展质量和势头良好，在潍坊港南部新设潍坊综合保税区北片区，既是贯彻落实国家区域发展战略的需要，也有利于充分发挥综合保税区的功能政策优势，通过区港联动发展，提升潍坊市对外开放水平，各部门一致同意潍坊综合保税区区位规划调整。

三、下一步工作建议

综合各部门意见，建议国务院批准山东潍坊综合保税区区位调整（一）调整后的潍坊综合保税区规划面积仍为5.17平方公里，共两个区块。区块一为南区，规划面积3.05平方公里（含已验收的1.9平方公里），四至范围：东至高七路、南至梨园街、西至高二路、北至玉清街。区块二为北区，规划面积2.12平方公里，四至范围：东至黄海三路、南至辽河西四街、西至黄海一路、北至辽河西七街。

（二）潍坊综合保税区区位调整后，山东省人民政府需按照

国家有关规定重新设置综合保税区界桩，落实具体范围；严格实施土地利用总体规划和城市总体规划，按规定程序履行具体用地报批手续，依法补偿安置失地农民，坚持以工业用地为主，严格执行工业项目建设用地控制指标和招标拍卖挂牌出让，严禁房地产开发用地，合理、集约、高效利用土地资源。同时，严格按照海关特殊监管区域有关规定组织综合保税区隔离监管设施的建设。待条件具备后，由我署会同有关部门进行验收。

四、关于综合保税区规划调整有关问题的说明

潍坊综合保税区规划调整涉及增加综合保税区区块，为落实国务院要求，深入做好区域整合工作，我们对此类综合保税区设立后增设区块或面积调整等情事作了认真研究，提出以下规范处理原则：

（一）认真落实国务院关于促进海关特殊监管区域科学发展以及整合优化的指示、工作部署，继续推进整合优化工作。对已设立或在出口加工区等区域基础上整合设立的综合保税区，要充分发挥好其功能政策优势，提高土地利用率和综合运行效益。切实落实好退出机制，对土地利用率低、运行效益差的区域，责令整改、核减面积或予以撤销。

（二）对已设立或整合设立的综合保税区原则上在设立后短期内不进行区块、面积调整，避免出现利用“一区多片”、扩大面积等方式变相新设海关特殊监管区域的情事。

（三） 综合保税区符合以下情况的，对其提出的合理调整要求可予以支持：一是国家战略要求

进一步扩大开放，需要综合保税区功能政策予以支持的；二是当地具有海港、空港区位优势，依托海港、空港可以实现区港联动，有利于充分发挥综合保税区物流、加工等功能作用的；三是已围网区域土地利用率和运行效益高，发展势头好，有重要项目需入区发展的。对此类综合保税区调整，可支持其在不突破原规划面积的前提下新设一个区块，总区块控制在两块以内。

我们将按照上述原则，继续做好有关综合保税区设立后增设区块或面积调整等工作。

妥否，请审批。

国务院办公厅关于同意潍坊综合保税区规划调整的复函

国函办〔2017〕70 号

山东省人民政府、海关总署：

你们关于潍坊综合保税区规划调整的请示收悉。经国务院批准，现函复如下：

国务院同意潍坊综合保税区规划调整。调整后的潍坊综合保税区规划面积不变，仍为 5.17 平方公里，共分两个区块。区块一为南区，规划面积 3.05 平方公里（含已验收的 1.9 平方公里），四至范围：东至高七路、南至梨园街、西至高二路、北 至玉清街；区块二为北区，规划面积 2.12 平方公里，四至范围：东至黄海三路、南至辽河西四街、西至黄海一路、北至辽河西七街。（具体以界址点坐标控制，详见附件）

二、潍坊综合保税区规划调整后，山东省人民政府要按照国家有关规定重新设置保税区界桩，落实具体范围。要合理、集约、高效利用土地资源，严格实施土地利用总体规划和城市总体规划，按规定程序履行具体用地报批手续，依法补偿安置失地农民，坚持以工业用地为主，严格执行工业项目建设用地控制指标和招标拍卖挂，牌出让，严禁房地产开发用地。

三、要严格按照海关特殊监管区域有关规定组织综合保税区隔离监管设施的建设，待条件具备后，由海关总署会同有关部门进行验收。

2017 年 7 月 1 日

中共潍坊市委潍坊市人民政府关于表彰潍坊综合保税区管委会等先进集体的通报

潍委〔2018〕21 号

各县市区委、人民政府，市属各开发区党工委、管委会，市委各部委，市政府各部门，各重点企业，各高等院校，各人民团体，潍坊军分区：

近年来，按照市委、市政府部署要求，潍坊综合保税区管委会牵头负责，潍坊海关、潍坊出入境检验检疫局、市财政局、市发改委、市国土局、市规划局、市住建局、市商务局、市工商局、市国税局、国家外汇管理局潍坊市中心支局、潍坊滨海开发区管委会等 12 个部门（单位）全力配合，勇于担当作为，奋力开拓进取，积极向国家争取发展平台，着力优化全市开放格局，我市相继获批潍坊综合保税区北区、国家进口肉类指定口岸、国家进口冰鲜水产品指定口岸、国家进口澳大利亚活体肉牛口岸等四个国家级平台，为全市开放发展作出了重要贡献。

设立潍坊综合保税区北区，是市委、市政府着眼潍坊未来发展、加快建设海洋经济新区的重大决策，对于高水平推进“四个城市”建设、着力打造“海上潍坊”对外开放平台具有重要意义。潍坊综合保税区北区的审批，与新批准设立综合保税区程序一样，涉及批准的部委多，加之“一区两片”综合保税区在全国没有先例，通过审批的难度很大。面对十分艰巨的任务，潍坊综合保税区管委会与潍坊海关、潍坊出入境检验检疫局、市财政局等 12 个部门（单位），以高度的责任感和锲而不舍的精神，不辞辛苦、不畏艰难、紧密协作，以钉钉子的精神深入细致做工作，历时 3 年多艰苦努力，最终赢得了国家十部委的一致认可。2017 年 7 月 1 日，国务院正式批复设立潍坊综合保税区北区，成为全国首个转型升级后获批“一区两片”的综合保税区。保税区北区将依托潍坊港，实现与港口联动发展，对扩大国际物流贸易、承接国际产业转移、打造面向东北亚的对外开放新平台将发挥重要作用。

为更好发挥综合保税区服务全市对外开放的功能作用，在申报北区过程中，综合保税区管委会与潍坊出入境检验检疫局同步汇报对接国家质检总局、山东出入境检验检疫局，用好用活用足国家政策，先后获批进口肉类、冰鲜水产品和澳大利亚活体肉牛三个国家指定口岸。今年 1 月 25 日，潍坊进口肉类指定口岸顺利通过国家质检总局专家组验收，成为山东首家内陆进口肉类指定口岸。三个口岸全部建成后，货物可经港口入境直接运至潍坊，对我市打造区域性国际物流和分拨配送中心，加快建设集保税仓储、冷链物流、精深加工和进出口于一体的国际冷链物流体系和高端产业集群，进一步扩大潍坊乃至全省对外开放，将产生重要影响。

在潍坊综合保税区北区等四个国家级平台的申报过程中，综合保税区管委会和 12 个部门（单位），把责任扛在肩上，把担当抓在手上，出色完成了市委、市政府交办的任务，充分体现了全市“作风建设年”

活动“主动作为、主动担当、依法作为”的主题，创造了“变不可能为可能”的宝贵精神。这种精神，集中体现了“改革创新、敢为人先”的精神，在“国内没有先例可循、地方确有发展需要”的情况下，敢想敢试、勇于突破，开辟了事业发展新境地，并推动了全国综合保税区“一区两片”原则和标准的设立，成为全国海关监管区域发展的标杆；体现了“百折不挠、坚韧不拔”的精神，面对困难压力，发扬“铁板钉钉”作风，笃定信心、勇于挑战，始终以诚心和执着争取支持，推动了全市开放发展新跨越；体现了“担当进取、激情创业”的精神，以对潍坊发展高度负责的态度，心无旁骛、脚踏实地，始终保持创业激情，努力创出一流业绩；体现了“凝心聚力、无私奉献”的精神，坚持用目标增强信心，用发展凝聚力量，用事业增进团结，形成了众志成城、决战必胜的强大合力。

为进一步强化干事创业导向，引导全市各级各部门和广大党员干部更加奋发有为、担当进取，市委、市政府决定，给予潍坊综合保税区管委会记集体二等功奖励，给予潍坊海关、潍坊出入境检验检疫局、市财政局记集体三等功奖励，给予潍坊滨海开发区管委会、市发改委、市国土局、市规划局、市住建局、市商务局、市工商局、市国税局、国家外汇管理局潍坊市中心支局通报表扬。

希望受到表彰的先进单位珍惜荣誉，再接再厉，按照“全国争一流、行业树标杆”的目标要求和国家验收标准，全力推进综合保税区北区等重大平台建设，更好地服务全市开放发展。各级各部门要以先进单位为榜样，按照市委、市政府的部署要求，牢牢把握走在前列的目标定位，围绕加快推动全市高质量发展，持续深作风建设，全力推动进位争先，在新时期奋力实现各项工作新突破，为加快打造“四个城市”、建设富裕文明充满活力的现代化强市作出更大贡献！

中共潍坊市委

潍坊市人民政府

2018 年 2 月 23 日

管理体制文件

潍坊市人民政府办公室关于成立潍坊出口加工区筹建工作领导小组的通知

潍政办发〔2003〕197 号

各县市区人民政府，市属各开发区管委会，市政府各部门、各直属机构：为加强对潍坊出口加工区筹建工作的组织领导，集中优势力量，打好出口加工区规划建设和招商引资攻坚战，市政府决定成立潍坊出口加工区筹建工作领导小组，现将组成人员名单公布如下：

组　长：鞠献宝　（副市长、潍坊高新区党工委书记、管委会主任）

副组长：王永福　（潍坊高新区党工委副书记）

　　　　韩国庆　（潍坊高新区管委会副主任）

成　员：房士华　（潍坊高新区招商局局长）

　　　　国同豹　（潍坊高新区组织部副部长）

　　　　高　奇　（潍坊高新区经发局副局长）

　　　　李　洪　（潍坊高新区财政局副局长）

　　　　王清春　（潍坊高新区建设局副局长、国土规划局局长）

　　　　傅恩波　（潍坊高新区清池街道党委书记）

　　　　李　华　（潍坊高新区公安分局副局长）

领导小组下设办公室，韩国庆同志兼任办公室主任，程宜全、李占寿同志为办公室副主任，吕传昌、吴熙涛同志为成员，具体负责出口加工区筹建期间的组织管理和综合协调工作。

二〇〇三年十二月三十一日

关于设立潍坊出口加工区管理机构的批复

潍编〔2004〕8号

潍坊高新技术产业开发区管委会：

报来《关于设立潍坊出口加工区管理机构的请示》（潍高管请字〔2004〕1号）收悉。

按照出口加工区机构设置的有关规定精神，为加强工作协调和统一管理，促进出口加工区发展，经研究，同意设立山东潍坊出口加工区管理委员会，与高新技术产业开发区管委会一个机构两块牌子；同时，在开发区内设立山东潍坊出口加工区管理局（挂山东潍坊出口加工区管委会办公室牌子），具体负责出口加工区的综合管理工作一并承担出口加工区管委会的日常工作。出口加工区管理局为副县级规格，核定机关编制8名，所需人员从高新技术产业开发区内调剂解决（除工勤人员外，所有工作人员必须具备大学本科以上学历）。

此复。

二〇〇四年九月十三日

中共潍坊市委办公室　潍坊市人民政府办公室
关于印发《关于调整潍坊出口加工区管理体制的实施意见》的通知

办字〔2006〕25号

各县市区委、人民政府，市属各开发区党工委、管委会，市委各部委，市政府各部门，市直各重点企业，各高等院校，各人民团体，潍坊军分区：

《关于调整潍坊出口加工区管理体制的实施意见》已经市委、市政府研究同意，现印发给你们，请认真贯彻落实。

中共潍坊市委办公室

潍坊市人民政府办公室

2006年4月21日

关于调整潍坊出口加工区管理体制的实施意见

为进一步加快潍坊出口加工区（以下简称加工区）发展步伐，促进体制、机制创新，充分发挥其带动和辐射功能，根据市委、市政府研究的意见，现对加工区管理体制的调整，提出如下实施意见。

一、管理体制

将加工区从潍坊高新技术产业开发区（以下简称高新区）划出，单独设立加工区党工委、管委会，为市委、市政府派出机构，实行合署办公，正县级规格，享有市级经济管理权限。参照市里对高新区的管理模式，实行“特区特管”政策，辖区内的一切经济管理事务，由加工区党工委、管委会实行统一领导、统一规划、统一管理，由市政府分管加工区的领导全面负责。加工区的统计数据，纳入高新区上报范畴。

二、管辖区域

把加工区管辖区域为国家批准的3平方公里围网区和监管办公区，即：高五路以西、高二路以东、玉清街以南、梨园街以北（其中，高二路以东、健康街以南、加工区办公楼以北由市里统一规划的占地190亩的生物科技园除外）。

为了给加工区的产业配套和辐射留有空间，自加工区南侧至宝通街规划为产业配套辐射区，其中规划1000亩作为加工区生活设施建设用地。该区域仍由高新区管辖。

三、职责任务

加工区党工委、管委会的主要职能是：

（一）贯彻落实党的路线、方针、政策，组织实施市委、市政府对加工区的决定、决议和决策，负责加工区的党务、群团等有关工作。

（二）组织制订加工区总体规划和产业政策，经市政府批准后组织实施。

（三）根据国家、省有关出口加工区的法规并参照国际通行规则，拟定加工区管理的各项具体管理办法，经市政府批准后实施。

（四）负责加工区规划、基础设施建设。

（五）发布加工区的投资导向目录，负责招商引资，协助工商部门办理企业登记及其他管理事宜。

（六）根据有关规定，负责加工区市属国有资产的管理。

（七）办理加工区中方人员因公短期出国和赴港澳及境外培训的报批手续。

（八）协调海关、检验检疫、国税、地税、外汇、国土、公安等管理机关在加工区开展有关业务。

（九）承办市委、市政府交办的其他事项。

四、人员编制

加工区党工委、管委会下设党政办公室、经济发展局、财政局、建设规划局等 4 个内部机构，均为正科级规格。原设在高新区的加工区管理局同时撤销。原加工区管理局的现有在编在职人员划转到加工区管委会；其他所需人员分期分批从高新区和市直有关部门选调，或面向国内外公开选聘。新进出口加工区的人员，除工勤人员外，一律为大学本科（第一学历）以上学历。

加工区内部机构的职能分工为：

1. 党政办公室。负责综合协调、文秘档案、政策法规、调研督查、宣传、信访、行政事务等工作；负责组织、人事、编制、纪检监察、政法、群团等工作。

2. 经济发展局。负责招商引资、经贸发展、外经外贸、工业、科技、统计、安全生产、外事、劳动和社会保障等工作。

3. 财政局。负责财政、内部审计、国有资产、会计管理等工作。

4. 建设规划局。负责园区规划建设、环境保护、房地产和城市管理等工作。

按照精简高效和逐步到位的原则，核定加工区机关编制 20 名，其中：从高新区划出原核定加工区管理局的编制 8 名，从市直单位按照“总量不变、内部调剂”的原则划转 12 名。

加工区党工委、管委会设领导职数 1 正 3 副。其内部机构领导职数，一般按 1 正 1 副配备，个别工作量大、人数较多的，增配副职 1 人。

五、资产经费

加工区视同一级财政管理单位。建区初期因基本没有财政收入，暂按市级财政预算单位管理，在国库单设户头，单独统计收支。按规定由高新区划转的经费作为加工区正常经费基数，以后逐年核定增加，具体由市财政局核定。区内财政收入由市国税局、地税局单独设立征管机构或指定征管机构代为征管。收入缴入高新区国库，年终结算上缴市级。

高新区原配备给加工区管理局使用的车辆、办公用品等，按照“物随人走”的原则划转到加工区，并按照有关规定办理交接手续。

加工区一期基础设施建设和监管办公区投资所形成的固定资产，根据国有资产管理的有关规定，用于基础设施投入所形成的债务，由高新区承担，市政府给予政策支持；利用BT方式建设的标准厂房，由高新区、加工区与投资企业协商收购并经营。

加工区今后基础设施建设所需投入，主要按照市场化的原则运作和筹集资金。

六、其他问题

1. 加工区内的社会事务和村庄搬迁由高新区负责。

2. 高新区公安分局在加工区内设立公安派出所，负责社会治安工作。

3. 市国土部门在加工区内设立办事机构，负责土地管理方面的有关工作。

4. 工商、税务、药监、技术监督等垂直管理的部门，根据工作需要在加工区设立相应机构或配备专门人员负责有关工作。

二〇〇八年二月二十八日

关于公布潍坊出口加工区党政办公室、各局内设机构编制的通知

潍加编发〔2006〕3号

党政办公室、各局：

根据市委、市政府《关于调整潍坊出口加工区管理体制的实施意见》（办字〔2006〕25号），为进一步理顺管理体制和工作关系，适应出口加工区发展需要，经研究，同意加工区党政办公室、各局内设机构及编制人数确定如下：

一、党政办公室（劳动人事局）内部设文秘科、组织人事科，编制4人；

二、经济发展局内部设综合计划科、企业促进科、外经外贸科，编制4人。

三、财政局内部设机关财务支付中心、综合预算科、经济建设科，编制3人。

四、建设规划局内部设综合科、建设科、规划科，编制5人。

内设机构职能的配置，应在各局（办）职能范围内合理配置。

出口加工区编制委员会

二〇〇六年十月九日

关于调整潍坊出口加工区财政局、建设规划局内设机构编制的通知

潍加编发〔2006〕4号

党政办公室、各局：

为进一步落实市委、市政府《关于调整潍坊出口加工区管理体制的实施意见》（办字〔2006〕25号），理顺关系，经研究，同意将出口加工区财政局、建设规划局内设机构调整如下：

一、财政局：

1、增设国有资产管理局：负责加工区国有资产评估立项，审核确认、统计评价，经营性国有资产的管理、考核，国有资产处置收入的核算、管理等工作。

2、增设政府采购中心：负责执行政府采购政策，编制政府采购目录草案，审核年度政府采购计划，制定政府采购的实施性办法，受理政府采购投诉及其他有关政府采购事务。

二、建设规划局：

1、成立质量监督站：负责区内建设工程质量监督管理及工程监理、综合验收等工作。

2、成立招投标办公室：负责区建设工程的招投标管理。新成立的内部机构编制按照“总量不变”的原则由各局内部调剂。

出口加工区编制委员会

二〇〇六年十月九日

关于潍坊出口加工区国土资源管理机构的批复

潍编办〔2006〕38号

潍坊出口加工区管理委员会：

报来《关于在潍坊加工区设立国土机构的请示》（潍加管请字〔2006〕113号）收悉。

根据国土资源管理机构的设置要求和你区的实际工作需要，经研究，并报经市委、市政府领导同意，你区建设规划局挂“潍坊市国土资源局出口加工区分局”牌子，负责出口加工区及产业配套辐射区内的国土资源管理工作，原定人员编制和领导职数不变。

“潍坊市国土资源局出口加工区分局”实行双重领导、以出口加工区为主的管理体制，即：人员、

经费和党务、群团工作由出口加工区管理；业务工作接受市国土资源局的领导，领导班子成员及相应职级的干部，按照潍政办发〔2005〕63 号文件的有关规定参照其他市属开发区管理。

此复。

二〇〇六年十月二十三日

关于出口加工区有关机构设置的批复

潍编办〔2011〕278 号

潍坊出口加工区管理委员会：

报来《关于增设机构的请示》（潍加请字〔2011〕4 号）收悉。为适应工作需要，经研究决定，对出口加工区有关机构设置批复如下：

一、设立政治工作部，为你区内部行政机构，正科级规格，配部长 1 名、副部长 1 名。其主要职责是：负责组织、党务、宣传、精神文明建设、机构编制、人事人才、统战、老干部、劳动和社会保障等工作；负责联系人大、政协等工作。

二、设立物流发展局，为你区内部行政机构，正科级规格，配局长 1 名、副局长 1 名。其主要职责是：负责制定物流产业发展规划并组织实施；负责开展以物流为主的境内外招商、区域交流合作及有关活动；负责运输管理；　负责口岸、通关业务、打击走私综合治理方面的组织协调等工作。

三、设立安全生产监督管理局，为你区直属事业单位，正科级规格，配局长 1 名、副局长 1 名。其主要职责是：负责安全生产、政法、维稳、信访、群众等工作。

四、设立市国土资源局出口加工区分局，为你区直属事业单位，正科级规格，配局长 1 名、副局长 1 名。其主要职责是：负责土地、矿产资源管理利用、耕地保护与土地执法、地质灾害防治、测绘行业管理等工作。同时，建设规划局不再挂市国土资源局出口加工区分局牌子。

五、汶泉发展区管委会挂社会事业管理局牌子。其他不变。

二〇一一年十二月二十一日

中共潍坊市委潍坊市人民政府关于调整潍坊高新技术产业开发区和潍坊综合保税区区划范围及管理体制的意见

潍发〔2011〕16 号

（2011 年 6 月 21 日）

为认真贯彻落实国务院、省政府关于批准设立潍坊综合保税区的文件精神，充分发挥其功能作用，实现更好更快发展，经研究决定，现就调整潍坊高新技术产业开发区和潍坊综合保税区区划范围及管理体制问题提出如下意见：

一、区划调整

将现隶属于潍坊高新技术产业开发区的汶泉发展区管理机构整建制划归潍坊综合保税区。青银高速公路以南汶泉发展区的 19 个村庄（包括社区）继续归汶泉发展区管理；以北的 13 个村庄（包括社区）由潍坊高新技术产业开发区管理。将潍坊综合保税区二期围网规划区内清池街道的 4 个村庄划归汶泉发展区，纳入潍坊综合保税区管理。

潍坊综合保税区的管理机构力求精简高效，除保留现有机构、人员编制外，全面接收汶泉发展区正式在编人员；如无特别需要，不得增加管理机构和人员编制。公安、教育、卫生、计划生育等工作，由市直各相关部门负责协调管理，必须设立机构的，原则上由市直部门派驻。潍坊综合保税区内整体规划、重大项目建设由市政府统筹并审批，市政府分管领导全面负责，由潍坊综合保税区党工委、管委会统一领导、组织实施和管理。潍坊综合保税区的统计数据单独统计上报。

二、区域界定

调整后的潍坊综合保税区的区划范围是：青银高速公路以南、高新二路以东国务院批准的潍坊综合保税区围网范围和青银高速公路以南汶泉发展区的部分区域。具体包括：国务院批准的潍坊综合保税区围网范围 5.17 平方公里（含清池街道 4 个村、汶泉发展区 2 个村）；青银高速公路以南汶泉发展区 17 个村占地。其中，北汽福田汽车项目仍属于潍坊高新技术产业开发区，并将宝通街以北、樱前街以南、高新五路以东、高新七路以西的地块作为北汽福田汽车项目预留地。

三、资产经费

由市财政局牵头，做好财政体制理顺、有关财税基数划转等工作。划转单位的资产和债权、债务一并移交潍坊综合保税区。

潍坊综合保税区实行一级财政管理，独立核算财政收支。按照属地原则，潍坊综合保税区管辖区域内实现的各项财政收入全部缴入市人民银行国库专户，区级财政支出由潍坊综合保税区统筹安排。潍坊综合保税区内财政收入由市国税局、市地税局的单设机构或指定征管机构代为征管。

四、组织实施

调整潍坊高新技术产业开发区和潍坊综合保税区区划范围及管理体制工作，在市委、市政府的统一领导下进行。各级各有关部门要以全市经济社会发展大局为重，坚决执行市委、市政府决定。市直有关部门要各司其职，各负其责，相互支持，密切配合，共同做好工作。由组织、人事部门负责做好人员编制交接工作，财政、审计部门负责做好财政基数划转、资产清查、财务审计等工作，民政部门负责做好区划变更调整工作，规划部门负责做好区划调整过程中的规划工作，国土资源部门负责做好为两区发展配置土地资源工作。要严格遵守组织人事纪律、财经纪律和廉政纪律，对违法违纪行为依法严肃查处。要做好深入细致的思想政治工作，教育引导干部群众自觉维护市委、市政府的决策部署，积极支持潍坊高新技术产业开发区和潍坊综合保税区建设发展。要及时发现和化解各种矛盾，维护社会稳定，确保各项工作顺利推进。要加快工作进度，争取6月底前基本完成潍坊高新技术产业开发区和潍坊综合保税区区划及管理体制调整工作任务。

山东省人民政府办公厅关于设立潍坊综合保税区管理委员会的通知

鲁政办字〔2012〕179号

潍坊市人民政府：

为加强对潍坊综合保税区的统一规划、管理，经省政府研究并报中央编办批准，同意设立潍坊综合保税区管理委员会，为省政府派出机构、规格为副厅级，委托你市管理。配备主任1名、副主任3名；工作机构按照精干的原则在6个以内设置，副处级规格。其他机构编制事项由你市按有关规定研究确定。

山东省人民政府办公厅

2012年11月23日

关于调整潍坊综合保税区党工委、管委会机构编制等事项的通知

潍编〔2013〕32号

潍坊综合保税区党工委、管委会：

根据市委、市政府研究意见并报省编办批准，对潍坊综合保税区机构编制等有关事项作如下调整:

一、机构规格与领导职数

潍坊综合保税区管理委员会，副厅级规格，配备主任1名、副主任3名；党工委和纪检监察机

构领导职数按有关规定配备。

二、工作机构设置

调整设置党政办公室、政治工作部（挂人力资源和社会保障局牌子）、经济发展局（挂安全生产监督管理局牌子）、财政局、规划建设局、市国土资源局综合保税区分局等 6 个行政工作机构，均为副县级规格，各配领导 1 正 1 副。其主要职责分别为：

（一）党政办公室。负责党工委、管委会重要事务的综合协调工作；负责综合文稿的起草和规范性文件、管理规定的研究和制订工作；负责文电、会务、“机要、档案、督办等机关日常工作；承担信息、安全、保密、信访、政务公开等工作；负责保税区对外联络、咨询和其他重要活动的策划、筹备、组织等工作；负责机关后勤服务、财产管理和其他行政事务工作；承办党工委、管委会交办的其他工作。

（二）政治工作部（挂人力资源和社会保障局牌子）。负责党的基层组织建设、党员管理、干部和人才工作；负责宣传、精神文明建设和新闻舆论引导工作；负责机构编制、人事管理工作；负责劳动就业和社会保障工作；负责统战、群团工作；负责绩效考核工作；负责人大、政协相关工作的衔接和联络；承办党工委、管委会交办的其他工作。

（三）经济发展局（挂安全生产监督管理局牌子）。负责拟定全区国民经济和社会发展计划，经批准后组织实施；负责招商引资工作的综合协调、指导、督查；负责按规定权限审批进区的投资项目，做好进区项目的落地和跟踪服务工作；负责区内节能减排工作；负责统计管理工作；负责安全生产监督管理工作；承办党工委、管委会交办的其他工作。

（四）财政局。负责编制全区财政预算和决算，经批准后组织实施；负责筹集、调度、管理财政预算内、外资金和开发建设资金；负责指导、检查、监督区内各类单位执行国家财经法规和财会制度；负责政府采购、国有资产监督管理、金融管理和国库集中支付工作；组织协调税收征管工作；负责会计管理及审计工作；承办党工委、管委会交办的其他工作。

（五）规划建设局。承担城市规划、环境保护、环境综合整治工作；负责区内城市基础设施和市政公用设施建设与管理、园林绿化管理、市容环卫管理、环境保护和城建监察工作；负责建筑市场管理、工程质量管理、建设工程招投标、建筑安全监察等工作；负责旧村改造规划及改造项目的建设管理服务工作；承办党工委、管委会交办的其他工作。

（六）市国土资源局综合保税区分局。负责辖区内土地资源、矿产资源和测绘行业的统一管理工作；负责国土资源执法监察工作；负责土地储备、土地开发、复垦与整理项目实施，规范矿产资源的勘查与开采秩序工作；负责城乡建设用地增减挂钩的报批和实施工作；承办市国土资源局和保税区党工委、管委会交办的其他工作。

三、直属事业机构设置

设置社会事业管理服务中心、汶泉社区管理服务中心、海关监管区服务中心、物流管理中心等 4

个直属事业机构，均为副县级规格，财政拨款，各配领导1正1副。其主要职责分别为：

（一）社会事业管理服务中心。负责辖区内教育、文化、卫生、计划生育、农林水畜、民政、司法、老龄等方面的管理服务工作；承办党工委、管委会交办的其他工作。

（二）汶泉社区管理服务中心。负责汶泉社区所属村庄党的基层组织建设、基层政权建设、群团组织建设和基层社会管理服务工作；负责辖区农业和农村发展、征地补偿、旧村改造、环境整治等工作；负责向群众提供政务咨询、再就业指导等便民利民服务；承办党工委、管委会交办的其他工作。

（三）海关监管区服务中心。负责海关监管区（围网）内的物业管理、安全保卫工作；负责协助海关、国检做好通关卡口、查验场站、熏蒸场地等的管理服务工作；负责保税仓库、标准厂房等的租赁和维护工作；承办党工委、管委会交办的其他工作。

（四）物流管理中心。负责物流行业管理和企业服务工作；协调解决物流行业运行中出现的重大问题并向管委会提出意见建议；承担辖区内物流发展、市场建设、运输管理、区区联动工作；协调做好口岸、通关、打击走私工作；负责海关、国检、机场、港口等口岸查验单位的联系协调工作；承办党工委、管委会交办的其他工作。

四、人员编制及结构

党工委、管委会的行政编制由20名增加至40名，事业编制由15名增加至45名。

工作人员要具有从事相关工作的职业素养。熟悉外经外贸、招商引资、财政、金融、投融资、物流管理及城乡建设规划等工作的人员不少于70%，其中熟悉保税业务且具有硕士研究生以，上学历的高层次人才不少于20%。利用新增编制招录工作人员，熟悉保税业务且具有硕士研究生以上学历的应不少于30%。新增事业编制人员全部实行聘用制。

组建情况于三个月内报市编办备案。

潍坊机构编制委员会

2013年10月16日

关于设立潍坊综合保税区市场监督管理局的通知

潍编〔2014〕6号

潍坊综合保税区党工委、管委会：

经市委、市政府研究并报省编办批准，同意设立潍坊综合保税区市场监督管理局。现将有关事项通知如下：

一、机构设置

设立潍坊综合保税区市场监督管理局，为党工委、管委会内设机构，副县级规格，配领导职数1正2副，业务上接受市食品药品、工商、质监等部门的指导和监督，二、主要职责

（一）负责对辖区内生产、流通、消费环节的食品安全和药品的安全性、有效性实施统一监督管理；

（二）负责工商行政管理、质量技术监督工作；

（三）承办党工委、管委会交办的其他工作。

三、人员编制及结构

核定行政编制10名，全部具有行政执法资格；三分之二以上具有大学专科以上学历；综合管理人员不超过总编制数的30%，执法人员不低于总编制数的70%。所需人员全部从市直工商系统划转。

请将所设立的市场监督管理局组建情况于2月底前报市编办。

潍坊机构编制委员会

2014年1月10日

关于设立市规划局开发区分局的通知

潍编〔2014〕49号

市属各开发区管委会，市直有关部门：

根据《关于调整理顺市区规划管理体制和明确职责划分的通知》（潍办发〔2014〕42号）的有关规定，经研究，现将设立市规划局开发区分局事宜通知如下：

一、机构设置

设立潍坊市规划局高新区、滨海区、保税区、峡山区、经济区分局，均为市规划局派出机构，正科级规格，名称统一规范为“潍坊市规划局XX区分局”。其中：高新区、滨海区分局分别核定行政编制10名，各配局长1名、副局长2名；保税区、峡山区、经济区分局分别核定行政编制4名，各配局长1名、副局长1名。

各分局实行市规划局和所在开发区双重管理，以市规划局管理为主。

二、人员编制

各分局所需编制，按照“编制随职能走”的原则，分别从各开发区划转，划转后高新区、滨海区、保税区、峡山区、经济区行政编制分别由142名、130名、50名、77名、67名调整为132名、120名、46名、73名、63名。所需工作人员，按照“人随事走”的原则，分别从各开发区现从事规划管理工作的人员中划转，不足部分由市规划局根据工作需要在系统内调剂。

三、主要职责

各分局主要职责是：贯彻执行国家、省、市有关城乡规划的政策、法律、法规、规章；负责提

出本辖区内城市控制性详细规划、建设项目地块规划条件的初步意见；负责本辖区内（市级审查范围外）建设项目的选址定点和建设用地、建设工程、市政工程、临时建设用地、临时建设工程的规划管理，审批和发放《建设项目选址意见书》、《建设用地规划许可证》、《建设工程规划许可证》和《建设工程竣工规划验收合格证》；负责审批范围内建设项目规划实施情况的监督检查和规划批后管理工作；负责本辖区内各街道城乡规划的行业指导工作；承办市规划局交办的其他事项。

请相关部门在 1 个月内将落实情况报市编办备案。

关于市属开发区规划管理体制调整涉及机构编制事项的通知

潍编〔2014〕52 号

市属各开发区管委会：

根据《关于调整理顺市区规划管理体制和明确职责划分的通知》（潍办发〔2014〕42 号）的有关规定，经研究并报市委同意，现对市属开发区规划体制调整涉及机构编制事项通知如下：

一、规划体制调整后，各开发区不再承担规划管理职能，撤销潍坊滨海经济技术开发区规划局。

将潍坊市环境保护局滨海区分局由滨海区直属事业单位调整设置为滨海区党工委、管委会内部机构，副县级规格，核定领导职数 1 正 2 副。

三、将潍坊滨海经济技术开发区中央商务区开发建设管理服

务中心机构规格调整为副县级，仍为滨海区管委会直属事业单位，定编 19 名（所增编制滨海区内部调剂），核定领导职数 1 正 2 副。

四、将潍坊综合保税区规划建设局更名为潍坊综合保税区住房和城乡建设局。

请相关开发区在 1 个月内将落实情况报市编办备案。

潍坊市机构编制委员会

2014 年 12 月 31 日

中共潍坊市委办公室潍坊市人民政府办公室
关于撤销潍坊出口加工区党工委管委会的通知

潍办字〔2015〕11 号

各县市区委、人民政府，市属各开发区党工委、管委会，市委各部委，市政府各部门，各重点企业，各高等院校，各人民团体，潍坊军分区：

鉴于潍坊综合保税区已通过海关总署等十部委的封关验收并升级取代原潍坊出口加工区相关功能，根据国务院国函〔2011〕11号文件关于潍方综合保税区封关验收后不再保留潍坊出口加工区的要求，经市委、市政府研究，决定撤销潍坊出口加工区党工委、管委会。

中共潍坊市委办公室

潍坊市人民政府办公室

2015年2月16日

关于潍坊综合保税区管委会增加编制的批复

潍编办〔2015〕104号

潍坊综合保税区管委会：

《关于增加人员编制的请示》（潍综保管请字〔2015〕16号）收悉，为进一步适应工作需要，经市编委会研究，同意为潍坊综合保税区管委会增加行政编制10名、事业编制20名。

潍坊市机构编制委员会

2015年5月20日

关于潍坊综合保税区部分工作机构和直属事业单位内部机构设置的批复

潍坊综合保税区管理委员会：

报来《关于设立部门内设科室的请示》（潍综保管请字〔2015〕5号）收悉。经研究，你区部分工作机构和直属事业单位内部机构设置如下：

一、行政工作机构内部机构设置 1. 党政办公室：设综合科、文秘科。

2. 政治工作部（挂人力资源和社会保障局牌子）：增配副主任1名，设综合科、组织人事科。

3. 经济发展局（挂安全生产监督管理局牌子）：设综合科、安监科。

4. 财政局：设综合科、预算科。

5. 住房和城乡建设局：设综合科、建设科。

6. 市国土资源局综合保税区分局：设综合科、土地规划与利用科。

以上内设科均为正科级规格，共核定科长12名、副科长6名。

二、直属事业单位内部机构设置

1. 汶泉社区管理服务中心：核定事业编制 22 名，增配副主任 1 名；设综合办公室、农业发展办公室、财政经管办公室，正科级规格，配备科长 3 名、副科长 6 名。

2. 社会事业管理服务中心：核定事业编制 12 名，设文化教育办公室、社区服务办公室、卫生和计划生育办公室，正科级规格，配备科长 3 名、副科长了名。

3. 海关监管区服务中心：核定事业编制 12 名，设公共事业科、综合管理科、园区管理科，正科级规格，配备科长 3 名、副科长 3 名。

4. 物流管理中心：核定事业编制 19 名，增配副主任 1 名；设综合科、监督管理科、市场发展科、电子商务科，正科级规格，配备科长 4 名、副科长 5 名。

以上事业单位核定编制后，你区事业编制总量不变。

潍坊市机构编制委员会办公室

2015 年 9 月 24 日

关于潍坊综合保税区增设纪工委办公室的批复

潍编办〔2015〕257 号

潍坊综合保税区党工委、管委会：

报来《关于设立纪工委办公室的请示》（潍综保管请字〔2015〕10 号）收悉。经研究，同意你区政治工作部增设纪工委办公室，正科级规格，负责纪检监察有关工作，核增正科级领导职数 1 名。

潍坊市机构编制委员会办公室

2015 年 12 月 21 日

历年重要工作安排

徐洪吉同志在2009年度全区加快发展大会上的讲话

（2009年2月16日）

同志们：

这次全区加快发展会议，是经党工委、管委会研究决定召开的。主要任务是全面贯彻落实中央、省、市经济工作会议精神，回顾去年工作，分析当前经济形势，安排部署今年工作任务，动员全区上下以科学发展观为指导，紧紧抓住拓展保税物流等功能的重大机遇，进一步解放思想，二次创业，全力开展招商引资，努力开创加快发展的新局面。下面根据党工委、管委会研究的意见，我讲七个方面的问题：

一、2008年工作简要回顾

2008年，全区上下以科学发展观统揽全局，突出工作重点，破解制约因素，各项工作保持了良好发展态势。全区完成固定资产投资8400万元，完成工业总产值8200万元，完成进出口总额1523万美元。总结全年工作，主要抓了以下几方面：

（一）进一步理清发展思路。通过组织到青岛、烟台、威海、天津、大连、张家港、无锡、广西北海等国内先进出口加工区和保税区进行考察学习，借鉴外地经验，结合我区实际，经过反复研究论证，确定了今后3-5年我区的发展思路和目标。1、发展思路是：立足潍坊区位、交通、产业优势，走以“大物流带大生产”的发展路子，努力建设“两大中心”，一是加工贸易中心：在网内外建设产品兼顾国内外两个市场的电子信息、精密机械、机电一体化、生物医药、农副产品精深加工等大型加工贸易集聚中心；二是物流交易中心：利用政策优势，建设辐射西部及全国的大宗棉花、纸浆、橡胶、建材、农副产品等大型专业物流批发配送交易中心。2、发展目标是：到2012年全区引进各类企业累计150家以上，完成投资额40亿元，实现年进出口贸易额15亿美元，实现年保税物流货值20亿美元，人口规模达到5-8万人。

（二）全面做好转型准备工作。国务院提出拟将出口加工区转型为综合保税区后，管委会高度重视，立即展开有关工作。一是积极争取上级支持。多次到国务院办公厅、海关总署、商务部、国土部等国家有关部委汇报工作，增加感情，扩大交流，了解信息，争取支持，取得了较好的效果。二是开展政策研究。按照市委、市政府的要求，对转型综合保税区后的政策、环境、方向、效益、利弊和对全市企业服务等方面进行了调研分析，分别形成了《关于综合保税区政策、环境、方向、效益、利弊的调研分析报告》，编制了《保税物流手册》，还聘请国务院研究室、国务院发展研究中心、中国保税区协会的专家，编制了《潍坊出口加工区转型为综合保税区及设立配套区的可行性研究报告》，这些都为我们开展保税物流工作做了大量前期准备工作。去年底国务院为出口加工区增加保税物流功能后，与其他加工区相比较，我们反应最快，行动最早，开展业务多，受到了外界的赞扬。三是进行宣传推介。出口加工区增加保税物流功能，是新生事物，是优惠政策，为尽快达到家喻户晓，服务企业，管委会认真抓了宣传推介工作。通过利用各种新闻媒体、设立指示牌、寄发贺年信等多种形式，将这一利好消息，在春节前后分别传递到了潍坊、东营、淄博、滨州等上千家进出口企业。同时还筛选出几十家重点进出口企业，进行登门拜访，一对一的宣传推介。宣传效果良好，很多企业与我们联系业务。四是抓了保税物流招商工作。瑞源保税仓储项目一期竣工，青岛保税区橡胶交易中心5万平方米的仓储设施即将开工。我们还与中外运、中棉、天津天联、青岛海程邦达、潍坊鹿港国际、潍坊恒联集团、东科电讯等10多个项目达成了入区意向。

（三）招商引资和项目建设有新进展。全区共有投产、在建项目10个，总投资10.2亿元。其中2008年新引进项目5个，分别是大海工艺品项目、克兰皮茨动力设备项目、瑞源仓储项目、香港迪威信项目和东夷高科技织造项目。在建在谈项目进展顺利，其中日科化学项目正在进行设备安装，香港迪威信家庭饰品项目3月份投产，大海工艺品项目、白领公寓等项目建设正常，商务楼即将交付使用，山东中泰海川电子科技项目很快落户，佛山市佳明电视项目、潍坊盛瑞机械等十几个项目正在洽谈中。

（四）基础设施配套进一步完善。完成了区内支路给水管道铺设、网内强电电缆铺设及职工公寓1000千伏安箱式变压器安装调试工作，职工公寓燃气配套工程已完成，网内热力配套工程基本完工，并完成了监管区及网内主干道的绿化、亮化工程，区内的物业、安保、管理等工作运转正常。

（五）机关规范化管理进一步加强。一是海关、商检、工商、国税、地税等驻区部门管理规范、业务熟练、服务到门、企业满意，环境比区外宽松。二是管委会内部新建修订规章制度30多项，并认真贯彻执行，进一步规范了机关管理。三是按照复合型人才的要求，通过组织学习、实践训练、传帮带等方式，进一步提高了全员综合素质。

应该说，过去的一年，经过广大干部职工和驻区部门及落地企业的共同努力，全区经济发展有一定起色。但也必须清醒地看到，工作中还存在着很多困难和问题：一是招商引资形势严峻。国际经济衰退进一步发展，国际市场疲软，贸易保护抬头，出口难度加大，企业投资下降，这样差的经济大环境，对我们招商引资极为不利。二是招商引资成果不大。一方面，今年初才赋予保税物流功能，之前只能保税加工出口，由于政策单一，影响了两个市场项目入区，制约了招商；另一方面，招商重点不突出，招商措施不过硬，招商方式太单一，没有实行招商责任制，干好干坏一个样，导致招商情况较差，全年没有引进好项目、大项目，形势严峻。三是经济总量太小。由于项目少，特别是大项目更少，导致区内发展慢，总量小。全年进出口总额不到2000万美元，是南方先进地区的几十分之一，甚至百分之一，可持续发展能力较差。四是机关管理不规范。表现在人事管理较乱，闲散人员过多、实用人员太少，外行人员过多、业务型人才太少，离精简高效的管理要求相差很远；创新意识不强，旧的条条框框束缚着人的思想，缺乏工作魄力和活力；落实力度不够，层层存在着说得多、做得少，安排的多、落实的少，务虚的多、实干的少，严重缺乏工作落实力和执行力；协作配合有问题，管委会内部局室的配合、管委会与驻区部门的配合、管委会与落户企业的配合等，由于种种原因，都不同程度地存在着这样那样的不协调和不到位问题，井水不犯河水的“单干”现象、强调自己重要而忽视大局现象也比较突出，直接影响到办事效率和质量；另外，机关的科学管理、文化建设、节约办事等方面，都缺乏比较好的管理运行办法和措施。上述问题，必须在今年工作中一件件地认真研究解决。

二、2009年工作思路和目标任务

2009是中华人民共和国成立60周年，也是我区加快发展的起步年、关键年，做好今年的工作任重而深远。今年经济工作指导思想是：全面贯彻落实中央、省、市经济工作会议精神，按照市委、市政府“一三六三四”的工作思路，进一步解放思想，转变作风，创新举措，加大招商，开展保税物流，加强机关规范化建设，确保全区经济工作迈上新台阶，开创加快发展新局面。2009年经济工作主要目标任务是：完成固定资产投资3亿元，实现工业总产值3亿元，完成进出口额1亿美元，完成保税物流货值2亿美元，实现财政总收入1000万元。

今年的经济发展目标任务，是根据市委、市政府的要求，由党工委、管委会反复研究确定的，是实事求是和量力而行的，全区上下必须统一思想，加大措施，坚定不移完成。应该看到，完成全年任务，会碰到困难，但有利因素也很多，主要有：一是市委、市政府高度重视。去年以来，随着出口加工区的转型，市委、市政府主要领导和分管领导多次听取我区专题汇报，并做出重要批示和要求，自去年8月份我来加工区后，张新起书记对加工区的批示有4次，许立全市长有3次，全力支持我区工作；市人大、市政协和市直有关部门也十分重视和支持加工区的工作。这都是加快发展的重要组织保证。二是增加了保税物流等功能。2008年12月31日，国务院同意出口加工区增加保税物流等功能，2009年1月9日，海关总署等11部委在京召开会议进行专题安排。出口加工区拓展功能后，实现了由过去单一型业务，向保税加工、保税物流、货物贸易、服务贸易等综合性转变。应该说，区内功能多了，政策宽了，洼地效应有了，带动辐射作用强了，有利于我们招商引资，也有利于打造成全市对外开放的重要平台。三是服务企业的机构全部到位。海关、国检、工商、国税、地税等上属部门已全部到位开展工作，并且派来的都是德才兼备的优秀人才，在区内可办理一切手续，为企业服务的体系已经形成。四是各项奖惩措施已出台。今天，出台了两个文件，分别是《经济指标任务分配及奖惩办法》和《发展总部经济的暂行规定》，下步严格按照文件进行考核，该奖的奖，该惩的惩，形成干事创业的竞先激励机制。五是大家的心态比较好。从机关到企业，大家心齐、气顺、劲足、风正，合心、合力、合手，干事创业氛围正在形成。

三、转变观念，以思想的大解放推动经济的大发展

2009年，我们面临各方面的压力越来越大。首先是市委、市政府寄予了很高的期望，其次是全市人民都在看着我们，再是海关总署关于出口加工区发展考核办法已出台，每年的考核结果直报国务院和11部委及省政府。从海关总署对2008年全国出口加工区排名情况看，我市排在了全国的后面，情况十分不好。面对如此多的新情况和新问题，我们必须以新的思想指导新的实践，以高度的责任感、使命感和危机感，解放思想，转变观念，以思想的大解放推动全区的大发展。全区上下要牢固树立四种思想：

一是牢固树立“发展是硬道理”的思想。邓小平同志二十年前就提出：“发展才是硬道理”，“发展是解决所有问题的根本”，这一论断千真万确。就我区来说也是这样，没有发展，没有项目，一切无从谈起。只有项目多了，人气旺了，财力强了，辐射力大了，才能担当起在全市经济发展的龙头，才能为全市对外开放作出贡献，各种荣誉地位也就随之而来。目前必须扭住发展不放松，要发展，首先要抓项目，要抓项目必须扭住招商引资，今年全区的一切工作必须服务和让位于招商引资，抓招商引资就是抓发展。项目有了，全盘皆活。没有项目，全盘皆输。

二是牢固树立“改革创新”的思想。创新是一个民族发展进步的不竭动力。没有创新就没有发展。创新也是一种生产力。要下决心从一些旧的条条框框和旧的思维惯式束缚中解放出来，正确面对过去，好的继续发扬，错的坚决改掉。工作中要大胆改革、大胆创新、大胆尝试、大胆否定，旧的不去新的不来，在否定中前进，只要有利于发展，只要符合法律规定，一切都可以实践。要练就一种迎着风浪干事业、冒着风险抓机遇、克服困难求突破、审时度势谋发展的创新实干精神和作风。在全区营造一种改革创新者奖，循规守旧者惩的工作氛围，在方方面面、大大小小、角角落落都要改革创新，今年要设立改革创新奖，年终评比兑现。

三是牢固树立“有作为才有地位”的思想。坚决反对当一天和尚撞一天钟，无所事事，无所作为，不负责任，虚度光阴的人和事。管委会不是慈善机构，也不是养尊处优的地方，这里是战场、是前线、是工地，更是一个艰苦创业、激情创业、一流创业的竞争平台。这里不能养闲人，不能养无本事的人，更不能养违法乱纪的人，没有业绩的人、没有用处的人、违规乱纪的人该去哪就去哪，真正建立起能者上、好者奖，庸者下、多者走的用人机制，在全区创造一流的用人机制，一流的员工队伍，一流的工作业绩。

四是牢固树立“服务企业”的思想。企业是发展的根本，企业是衣食父母，没有企业一切等于零。全区上下必须深刻牢记这一道理，痛下决心，坚决营造亲商、安商、便商、富商的投资环境，帮助企业做大做强。一切围绕着企业转，围绕着项目转，围绕着招商引资转。坚决改正门难进、脸难看、事难办的生冷硬衙门作风，坚决改正吃拿卡要的不良风气，更不允许违法乱纪现象发生。继续推行“服务承诺制、项目包靠制、现场工作制、限时办结制、督办

考核制”等五制服务管理。今年管委会成立软环境投诉办公室，设立投诉电话和投诉信箱，建立企业评议部门制度，半年一评议，年终一总评。对评议好的，要大张旗鼓地表扬；对有问题的，属于管委会内部的人员，不管是谁都要严肃查处，严肃处理，属于上属驻区部门的，管委会将以书面形式反映到所属单位。此项工作，由区纪工委牵头抓好落实。

四、全员行动，迅速掀起招商引资新高潮

出口加工区运行三年多来，主要抓了一些基础设施配套工作，招商引资欠缺，进区项目特别是大项目和好项目少而又少，导致全区经济总量小，发展慢，在全省和全国排名落后，已经到了痛下决心，背水一战的关键时刻。说一千，道一万，唯一的出路，唯一的办法，就是下决心把好项目、大项目引进来。为此，党工委、管委会确定今年为全区招商引资年。招商引资是全区的头等大事，是压倒一切的中心工作，是中心之中心，重心之重心，核心之核心，一切工作都要服务于、服从于招商引资，特别在人力、财力和精力上都必须坚定不移地向招商倾斜，确保完成全年任务目标。

（一）要突出招商重点。今年招商引资重点是引进三种类型项目，即加工出口项目、保税物流项目和总部经济项目。1、加工出口类项目：包括原料、产品两头在外的项目，或利用国内原料加工出口的项目，也可发挥网外配套区的作用，引进产品兼顾国内外两个市场的大项目。2、保税物流类项目：重点引进专业第三方物流、货代企业、大型原材料供应商以及企业保税仓储、保税仓储设施建设项目等。3、总部经济类项目：重点引进商贸物流、信息服务、会计法律、中介服务、技术检测认证服务、餐饮、建筑安装、交通运输等现代服务业及生产性高新技术企业。各部门要围绕招商重点，结合各自实际，扎扎实实开展招商活动。

（二）要挖掘动员招商力量。一是全员招商。今年，管委会各室局对外都是招商局，负责同志和一般同志都是招商的骨干和主体，各自都要利用每人的社会关系资源，八仙过海，各显身手，想尽一切办法，采取一切措施，全力以赴引项目。管委会班子成员要带头招商，完成任务，为人师表，为其他同志做出表率。二是驻区部门招商。驻区部门也是我们大家庭中的一员，他们掌握着国家的执法权力，有着较高的业务素质，服务着全市企业，招商条件和资源十分丰富。今年各部门的业务量不是很大，时间相对宽余，请驻区部门也要全力以赴抓好招商引资。管委会也为你们分配了指标任务，请你们带个好头，做个榜样。我们来自五湖四海，来自各个部门，为了一个共同目标，汇集到这个平台上，这既是缘分又是机遇，各自都要珍惜相处，从我做起，发光放热，增砖添瓦，实现价值，做出贡献，出口加工区的丰碑上永远会有奉献者的记录。三是市直部门招商。市直部门尤其是市招商局、外经贸局、外办、台办等涉外单位，都掌握着丰富的项目资源，要与他们建立招商联动机制，把客商引过来，把项目引进来，管委会各室局要主动与这些部门加强联系，沟通有无，一有信息，马上跟踪办理。四是市级领导招商。市级领导有高端社交、高端朋友、高端资源，要积极争取他们的关怀和支持，利用他们帮助引进大项目、好项目。要攀高门，结洋亲。管委会班子成员、各部门主要负责同志都要注意加强和市级领导的沟通，勤请示，多汇报，借力招商，借力发展。脱离领导，做不成大事。五是办事处招商。今年重点是在青岛、厦门、广州等地区设立招商办事处，聘请专业招商人员，帮助牵线搭桥。大家如有重要招商资源可以推荐给管委会聘用。六是利用区区联动机制招商。青岛保税区是老大哥，他们建区早，发展快，近几年又和我们建立区区联动机制，山东宝泰公司已进区发展。下步，我们要研究如何深层次地和青岛保税区合作，利用他们优势补我们的短处，促进招商引资，推动加快发展。

（三）要丰富招商方式。一是抓好节会招商。重点是风筝会、鲁台会、青岛潍坊周、厦门投洽会、广交会等节会，要提前谋划，做好准备，招商不搞形式，不走过场，讲求实效。二是抓好以商招商。重点利用已引进的项目、正在洽谈的项目、接触过的项目等，加强与他们交流，利用他们帮助招商，实施以商招商。三是抓好网上招商。重点利用好我区门户网站、山东招商网、潍坊信息港等网站，及时发布引进项目、标准厂房招租、优惠政策等信息，扩大对外吸引力。四是抓好小分队招商。小分队招商是今年一个非常重要的招商方式。可以两人一组或几人一组，要精干、快速、高效、实用，分别到重点地区、重点单位、重点企业展开一对一招商。

（四）要创新招商措施。一是建立招商引资目标责任制。今年的招商任务分配及奖惩办法已经出台，各部门目标任务也已十分明确。下步要严格考核奖惩兑现，对完不成任务的，实行年终考核“一票否决”。二是在人力、财力、精力等方面向招商引资倾斜。在人力上，要选拔精兵强将用于招商。每个部门、每位工作人员都会招商，都能招商。在财力上，要全力保障招商经费支出。在精力上，经济部门100%精力用于招商，非经济部门也要拿出80%的精力用于招商，有关业务工作利用业余时间完成。人人都能招商，人人都会招商，人人都是招商主力军。三是进一步加大宣传推介力度。利用各类新闻媒体、户外广告、门户网站、新闻发布会、宣传推介会、客商联谊会、企业座谈会、给企业发一封信（或电子邮件）、编印投资指南、制作宣传片等多种形式进行宣传推介，进一步提高我区知名度。

五、抓住机遇，实现保税物流发展新突破

目前，国务院已赋予保税物流等功能，这是加快发展的重大历史机遇。原来没有功能要功能，没有政策要政策，现在功能政策都有了，我们没有任何理由再等了。今后关键是抓好宣传推介，抓好招商引资，抓好业务启动等工作，实现保税物流工作的新突破。

一是加强推介力度。兵马未动，粮草先行。宣传的作用十分重要。今后在继续策划和加大新闻媒体宣传的同时，还要联合海关、国检等部门，成立宣讲推介小组，深入全市各县市区及淄博、东营、滨州等地区，邀请当地重点企业，开展集中宣讲活动，宣讲开展的业务，宣讲优惠政策，宣讲带来的好处。经发局、物流办要扎扎实实做好这项工作。

二是对重点企业展开招商活动。筛选电子信息、机械制造、纺织服装、农副产品等行业的重点进出口企业和物流公司，进行登门拜访，算账讲解，把有意愿入区的企业引进来。经发局、物流办要建立项目信息库，全面汇集国内外重点进出口企业、物流企业、货代企业名单，及时编印成册印发给各部门，人手一册，便于对外联络。此事我已安排过多次，请尽快完成。

三是积极引进大宗原材料供应商。对全市需求量大的棉花、橡胶、塑料、纸浆等原材料，要千方百计引进这些供应商，一个大供应商能形成一个大市场，他们的带动辐射作用不可估量，要通过他们建立辐射潍坊及西部地区乃至全国的原料物流中心、商流中心和信息中心。

四是全面做好业务启动工作。尽快选择几笔业务实际进行操作，以检验我们的工作方法是否合理、工作手段是否完备、工作程序是否适宜，并列出存在的问题和不足，借鉴外地做法，尽快完善提高，全面完成业务启动。

六、加强管理，进一步改善招商引资硬环境

重点抓好四项工作：一是抓好基础设施的维护和补缺。今年不再开工大的基础设施配套，主要是对已完成的配套工程进行管理、维护、补缺，特别在水、电、热、气、路、绿、亮等方面，要认真贯彻这一原则。二是加强安全生产、社会稳定等工作。进一步强化安全生产管理，落实好安全生产责任制，执行好各项安全法规，确保安全生产。同时，加强园区平安建设，努力化解各类矛盾，积极创建和谐平安园区，为投资者提供良好的发展环境。三是抓好园区管理工作。要建立规范的通关工作流程，对进出车辆、人员实行分类管理，为企业提供便捷的通关环境。对园区内公用设施、环境卫生等也要及时维护保养。要加强值班、加强巡逻、确保园区安全。四是加强区内外已开工建筑工程的管理工作。确保各项在建工程保质保量完成，并加强审计和移交。

七、求真务实，进一步转变工作作风

工作作风关系到工作成果，完成一流的工作任务必须有一流的工作作风和一流的工作要求。全区上下必须十分重视做好这方面的工作：

一要在落实上狠下功夫。空谈误国，实干兴邦。没有落实，一切等于零。落实力、执行力也就是生产力。不会抓落实，就不会工作，抓落实是每个人的基本功。全区上下必须在落实上狠下功夫。要在全区大力倡导少说空话、多干实事，少务虚、多务实的工作作风；要重结果、讲实效，不搞形式主义和劳民伤财；要扑下身子、真抓实干，不要浮在上面，汇报头头是道、实干寥寥无几；要善始善终，不要虎头蛇尾、半途而废；要只争朝夕、立说立行，不要浪费时间、空耗生命；要追求高效、干脆利落，不要拖泥带水、办事拖沓、效率低下；要崇尚合作，不要推诿扯皮、不听招呼、唯我独大。一切在落实上出主意、想办法、做文章、下功夫，使各项工作横到边、纵到底。

二要大力推行一线工作法。各级各部门都要深入一线工作，率先垂范，亲力亲为，一级领着一级干，一级干给一级看，坚决杜绝层层批示、层层转达的官僚主义作风。从管委会班子成员到各部门的负责同志不要把自己看成是多大的官，有多大的权。要淡化官气，淡化权力，淡化霸气，放下架子，虚心干事，既是指挥员又是战斗员，和一线打成一片，在一线解决问题，在一线锻炼成长。

三要抓主要矛盾。各级各部门要有清晰的工作思路，明确的工作重点，突出的工作措施，善抓主要矛盾，解决主要问题，推动全盘发展。

目前全区工作中，发展是主要矛盾，发展中招商引资又是主要矛盾，只有抓好招商引资，才是抓住了主要矛盾，才能全盘皆活。

四要团结协作。人心齐泰山移。特别是在当前的困难形势下，更需要我们凝心聚力，团结协作，共同拼搏。一是不要怕吃亏。今天的吃亏就是明天的便宜，今天的便宜就是明天的吃亏。黑夜之后是黎明，白天之后是黑夜。事物就是这样周而复始发展，明白了这个道理，就会坦然面对吃亏。二是要协作相处。团结出健康，团结出干劲，团结出实绩，团结出干部。单打独斗，单枪匹马，永远也成不了气候。协作是时代的要求，也是人类社会实践发展的要求，违者必惩。三是要有丰富的情商。对人要有感情，对事情要有热情，工作起来要有激情，努力形成积极向上、团结协作、激情创业的工作氛围。

五要加强学习。坚持周五学习制度，采取多种学习方式，重点学业务、学政策。通过学习，使人人都能成为明白人和业务通，人人都是复合型人才，人人都是投资环境，人人都能独当一面。

六要严肃工作纪律。严格按照管委会制订的规章制度办事，对违规违纪事项，发现一起，处理一起，绝不姑息迁就。

七要加强考核督查。有部署无检查等于零。今年要加大考核督查力度，每月通报，半年初考，年终总考，考核结果与个人利益和职务升迁挂钩。经发局负责招商责任制考核督查。办公室负责日常工作督查，并将督查结果按时通报。

八要加强基层组织和廉政建设。按照党的基层组织建设规定，将全区各部门各单位的党员进行一次调查摸底，健全组织机构，加强属地管理，保障党员权利，并建立全区廉政建设责任制，健全和完善预防腐败体系，努力形成为民、务实、清廉、节约的良好风气。

九要加强全区文化建设。充分发挥文化在形成凝聚力、创造力、战斗力等方面的作用，大力开展各种文化、体育、联谊等娱乐活动，逐步锤炼出以“团结务实、拼搏创新、清正廉洁、高效正派”为核心理念的园区文化。

同志们，出口加工区的发展使命已经落在了我们肩上，全区的每个部门、每个单位、每个同志都担负着光荣而艰巨的发展重任。让我们在市委、市政府的正确领导下，以更加振奋的精神，更加饱满的热情，更加百倍的干劲，更加扎实的作风投入到当前工作中，在推进全区经济又好又快发展中创佳绩，立新功，为确保全年任务目标完成而努力奋斗。

（徐洪吉 时任潍坊出口加工区党工委书记、管委会主任）

徐洪吉同志
在2010年度全区加快发展大会上的讲话

（2010年2月23日）

同志们：

这次全区加快发展会议，主要任务是全面贯彻落实市委十届九次全体会议和全市经济工作会议精神，回顾总结工作，安排部署今年任务，动员全区上下，以科学发展观为指导，进一步解放思想，创新举措，再接再厉，乘势而上，推进全区经济又好又快发展。下面，根据党工委、管委会研究的意见，我讲两个方面问题：

一、2009年工作回顾

2009年是极不寻常的一年。面对国际金融危机带来的不利影响，在市委、市政府的正确领导下，全区深入贯彻落实科学发展观，解放思想，创新举措，迎难而上，成效显著。主要表现在以下几个方面：

（一）招商引资实现新突破。去年我们把招商引资作为全区的中心任务来抓，从班子成员到一般同志100%精力抓招商，所有局室都是招商局，建立了招商引资目标责任制，坚持实行了全员招商、小分队招商、重点区域招商等有效措施，取得了显著成效。2009年，全区共注册各类企业95家，其中新开工生产加工类项目15个，总投资40亿元，引进总部经济企业70家，引进物流公司10家，入区开展保税物流业务的企业达100多家。特别是引进了一批符合国家产业政策的好项目，如总投资7亿元的金源勤上光电LED产业基地项目、总投资3亿元的中联盛国际物流项目、总投资1000万美元的韩国现代汽车线束项目、总投资1.3亿元的上存锂离子电池项目、总投资1.5亿元的国弘新能源项目、总投资2.6亿元的环球管件项目、总投资1.8亿元的锦科国际物流项目等。

（二）保税物流快速发展。去年初，国务院赋予出口加工区保税物流新功能。我们紧紧抓住这一重大机遇，迅速研究政策，广泛宣传推介，积极开展业务，有效推动了保税物流业务的快速发展。全年引进保税物流公司10家，吸引了潍坊、淄博、东营、滨州及西部地区100多家企业来区办理业务，实现保税物流货值2.6亿美元，产生了很大的社会效益，在全省5家出口加工区中，我们行动最快，业务开展最好，受到了上级领导的一致好评。在这方面，我们突出抓了三项创新性工作：一是完成了青岛空港后移。去年11月，青岛机场在我区设立了潍坊货运空港，今后全市每年通过青岛空港进出口的20亿美元货物，可在我区办理空运和通关手续，不用再去青岛了，为企业大大提高了通关效率，降低了物流成本。二是积极运作青岛海港后移。由世界航运巨头—台湾长荣海运集团与台湾最大家电集团—台湾声宝集团合作，在我区建设国际集装箱中心，负责潍坊及周边地区通过青岛海港50多亿美元进出口货物的通关运输和分拨配送，建成后将实现青岛海港后移潍坊。三是实现了“直通式”海关监管模式。去年4月，青岛海关批准我区实行“直通式”海关监管模式，12月份正式运行，企业货物在我区通关后，青岛海关即认同放行，使困扰多年来的出口手续转关复杂问题得到解决，直接为企业节省通关费用50%以上。

（三）申报综合保税区稳步推进。申报国家综合保税区是市委、市政府为服务“三区”建设做出的重大战略决策。为加快申报步伐，我们采取一切措施，积极向前推进。去年9月，我市申请设立综合保税区的《请示》上报国务院；今年1月24日，根据海关总署提出的意见，我们对《请示》进行充实完善后第二次上报了国务院；1月19日，许立全市长、初宝杰副市长带队赴海关总署进行了汇报对接；1月28日，张新起书记、许立全市长又促成了省委、省政府主要领导给王岐山副总理写信推荐；2月5日，王岐山副总理已将信转到海关总署办理。短短几个月，我市申报力度之大，受到海关总署的好评，为申报工作创造了良好条件。

（四）项目建设不断加快。目前，全区共有投产在建项目18个，其中韩国汽车线束、香港迪威信家庭饰品、亿斯特钢管、瑞源仓储等4个项目已投产运营；在建的金源勤上、环球管件、中联盛、旷远新超能源电动汽车、锦科国际物流、国弘新能源、上存锂离子电池、大海工艺品、嘉丰物流等14个项目进展顺利，2010年5月后全部投产达效。在项目建设上，突出做了三方面工作：一是成立工程建设指挥部。坚持每天巡视、每周调度，吃住在工地，现场办公，现场解决问题，有效地加快了项目建设进度。在去年底的全市观摩点评会上，得到了市委、市政府领导的充分肯定。二是落实项目包靠责任制。管委会每位领导和各局室负责同志都落实了包靠项目，加强联系，跟踪服务，全力帮助企业协调解决落户建设过程中的问题，促进了项目加快建设和投产。三是强化安全生产。严格落实安全生产责任制，采取定期检查与不定期抽查相结合的方式，对区内生产企业、建筑工地以及闲置厂房进行安全生产大检查，全年共发现安全隐患20多处，建筑质量问题80多处，并责令及时进行了整改，全年未发生重大安全事故，确保了安全生产。

（五）设立了产业配套区。去年初，市委、市政府为我区规划设立了8平方公里的产业配套区。一方面，我们邀请国务院研究室、国务院发展研究中心、海关总署、中国保税区协会的专家，进行了专题调研论证，编制了可行性研究报告，并聘请市规划局进行了总体规划。另一方面，配合市国土局进行了土地修编，3月份省里审批，为下步加快发展奠定了基础。

（六）规范化管理进一步加强。一是认真学习实践科学发展观。去年3月份至8月份，按照市委要求，认真组织开展了学习实践科学发展观活动，经过学习调研、分析检查、整改落实三个阶段，圆满完成了各项任务，进一体提高了全员思想认识，转变了工作作风，促进了各项工作开展。二是进一步加强了软环境建设。在全区大力推行了“服务承诺制、项目包靠制、现场工作制、限时办结制、督办考核制”等五制服务管理。这个办法的实施，一方面营造了一流的投资环境；另一方面受到了许立全市长的充分肯定，并以市政府文件转发各县市区和市直各部门。三是狠抓了制度落实。新建修订各项工作规范、会务接待、财务管理、文秘工作、值班工作等规章制度30多项，并认真贯彻执行，机关管理逐步走上正轨。四是规范了资产管理。对全区标准厂房、职工公寓、商务楼、白领公寓等所有资产进行了登记，完善了区内新建项目、租赁项目、酒店等协议合同，明确了管理部门，实行统一规范化管理，促进了资源的合理利用。五是强化了融资和财政税收工作。

应该说，过去的一年是出口加工区实现重大突破的一年，各项工作受到了市领导和市有关部门的高度评价，市委、市政府主要领导多次对出口加工区进行表扬。以上成绩的取得，是全区上下共同努力奋斗的结果，也是上属驻区各部门大力支持的结果，更是全区企业大干快上的结果。在此，我代表党工委、管委会向大家表示衷心的感谢！在看到成绩的同时，也应该清醒地看到问题和不足，主要表现在：一是在招商引资方面。全员招商发动不够，有的部门招商任务完成出色，有的部门没有引进一个项目，招商工作很不平衡。就是已引进的项目，也存在小项目多、大项目少的问题，招商引资质量急需提高。二是保税物流方面。“一日游”业务开展较多，保税仓储、出口集运、分拨配送以及研发、检测、维修等带来实际进出口额的业务开展较少，全年实现进出口额仅完成2300万美元，离目标要求相差很远。三是机关管理方面。存在着有的部门服务意识不强，甚至为难企业的问题；规章制度定的多，执行不够，有的方面存在着不按规章制度办事的问题；工作计划性不强，存在着“跟着感觉走”，想到哪干到哪的问题，缺少计划性、预见性和创新性；作风被动拖沓，“等、靠、拖”思想严重，积极主动争取上级政策、资源、项目不够；机关学习和文化建设没有持之以恒等等。以上问题，必须在今后的工作中认真加以解决。

二、2010年工作思路和目标任务

2010年是全市“十一五”规划的决胜年，也是我区加快发展的关键年，做好今年的工作，意义重大而深远。今年工作指导思想是：全面贯彻落实市委十届九次全体会议和全市经济工作会议精神，围绕打造山东半岛高端“国际物流”和“加工贸易”两大中心，突出抓好国家综保区申报、招商引资、保税物流、项目建设、机关规范化管理等工作，确保全区实现跨越式发展。2010年经济工作主要目标任务是：完成固定资产投资10亿元，完成进出口额20亿美元，保税物流货值10亿美元，完成总税收3000万元。

应该看到，完成全年任务，会碰到困难，但有利因素也很多，主要有：一是国内外经济形势较去年大为转好。从国际看，2010年世界经济有望实现恢复性增长，对于我区吸引外资、扩大进出口额将产生积极影响。从国内看，国家继续实行积极的财政政策和适度宽松的货币政策，黄河三角洲高效生态经济区上升为国家战略，山东半岛蓝色经济区、高端产业聚集区建设加快推进等，为我区发展带来了难得的机遇。二是市委、市政府高度重视。去年以来，市委、市政府主要领导和分管领导多次听取我区汇报，并多次来区现场调研，全力支持我区工作，领导关心与支持是加快发展的重要保证。三是功能政策进一步完善。2009年1月增加了保税物流功能；2009年12月青岛机场在我区设立了国际货运空港；今年3月青岛海港国际集装箱中心即将开工建设。我区已经成为集保税加工、保税物流、虚拟口岸等多种功能于一体的优惠政策区。功能政策的不断完善，为加快招商引资、打造全市对外开放新平台创造了有利条件。四是有驻区各部门的齐心协力。经过一年多的磨合，海关、国检、工商、国税、地税等上属驻区部门以出口加工区发展为己任，协调配合，高效服务，积极作为，形成了齐心协力谋发展的良好氛围，必将为今后发展提供强大动力。五是有一个较好的工作基础。经过去年的艰苦奋斗，全区招商引资、保税物流等各项工作都上了一个新台阶，并建立了完善的管理服务制度，为今年的跨越发展奠定了良好基础。

2010年，大事难事多，机遇挑战并存，压力动力同在，全区上下必须统一思想，抢抓机遇，扬长避短，迎难而上，突出抓好以下七项工作：

（一）牢固树立四种观念，奋力实现新跨越。思想是行动的先导。只有在思想上先人一步，才能在发展上高人一筹。今年，全区上下要牢固树立四种观念：

一是牢固树立“政绩第一”的观念。“政绩第一”就是必须有“实实在在的、让大家口服心服的工作成果”，就是“在其位必须谋其政”，就是“有作为才有地位”，就是“发展才是硬道理”。今后，我们衡量一个部门和一个人，关键是看政绩和所做的贡献。这是衡量好差的唯一标尺。要建立干部奖惩机制，对工作有政绩，并做出突出贡献的，要大张旗鼓地奖励提拔；对工作平庸，无所作为，不负责任的，要严厉问责，轻则批评检查，重则调整岗位、甚至降职。在全区上下形成一种比政绩、比作为、比贡献的良好工作竞争氛围。

二是牢固树立“招商第一”的观念。招商引资始终是我区第一位的任务，没有招商就没有发展，没有项目一切无从谈起。2010年，全区一定要突出招商引资重点，全区所有工作要服务于和服从于招商引资，下决心引进一批“大高外”项目。坚决克服招商引资“与己无关”的不作为思想，努力开创招商引资新局面。

三是牢固树立“服务第一”的观念。企业是全区的上帝，没有企业全区就没有存在的必要。全力为企业服务并加快企业发展是管委会和驻区各部门义不容辞的责任。全区上下必须深刻认识这一道理，认真执行“五制”服务管理，进一步强化服务意识，坚决杜绝“门难进、脸难看、话难听、事难办”和“吃拿卡要”的不良风气，真正树立起高效廉洁、主动热情的机关形象，营造亲商、安商、便商、富商的投资环境。

四是牢固树立“大局第一”的观念。出口加工区是一个有机整体，全区每个部门、每个企业、每个人都是这个整体的一部分。只有大局好了，每个局部才能有更好的发展。当大局和局部发生矛盾时，局部必须服从大局，这是纪律。要正确处理好个人利益与集体利益、部门利益与全局利益、眼前利益与长远利益的关系，识大体，顾大局，互相理解，互相支持，互相包容，互相学习，互相尊重，团结合作，和谐共处，共荣共生，形成合力，共促发展。

（二）下大决心申报国家综合保税区，确保年内申报成功。申报国家综保区是全市“三区”建设的需要，是整合延伸山东半岛海港、空港功能的需要，也是潍坊出口加工区加快自身发展的需要。今年要把申报综保区作为全区的一项重要任务突出抓紧抓好，力争今年申报成功。突出抓好两项工作：

一是加大申报攻关力度。申报综合保税区涉及海关总署、国家发改委、国土资源部、财政部、建设部、商务部、税务总局、国检总局、外汇管理局、工商局等11个部委，申报工作涉及面广，工作难度大。下一步，要成立由管委会主任总负责，有关人员参加的申报工作小组，负责信息了解、组织攻关、申报条件准备等工作，形成合力，加快推进。

二是积极创造申报条件。申报国家综合保税区不是简单的翻牌，而是必须有实实在在的发展需要。我们必须从两个方面做好准备工作，迎接上级部委的检查验收。⑴要加大招商引资力度，尽快落户一批大、高、外项目，为申报工作提供坚强支撑。⑵要做好扩网范围内村庄搬迁、基础设施配套及土地修编等工作。

（三）全力以赴抓好招商引资，实现大项目引进新突破。2010年招商引资的任务目标是：引进工业项目20个以上，物流项目10个以上，总部经济企业60家以上，总投资60亿元以上。重点在“大、高、外”项目上下功夫，做好以下工作：

一是突出招商重点。今年招商引资重点仍然是生产加工、保税物流、总部经济三类项目。在生产加工项目上，要逐步提高项目入区门槛，瞄准世界500强和中国500强企业，着力引进一批投资规模大、科技含量高、外向型的大项目，实现从“大招商”到“招大商”的转变。在保税物流项目上，重点围绕青岛空港和海港后移，引进第三方物流公司和规模大、信誉高的中介货代公司，以及跨国公司和国内大型企业的研发、检测、维修和售后服务中心。在总部经济项目上，围绕强化税源建设，积极引进销售收入高、纳税量大的交通运输、建筑安装、会计法律、中介咨询等现代服务业企业。

二是强化区域招商。重点在日韩、中国台湾地区、南方以及省内重点城市下功夫，求突破。第一，日韩招商。要加强与日本京瓷公司的联系，并选择合适时间，组成专门招商团队，赴日本京瓷总部对接招商。要利用好韩国汽车线束项目搭建的韩资招商平台，大力实施以商招商。第二，台湾招商。要专程赴台湾拜访长荣集团、声宝集团和阳明集团，加快推进国际集装箱中心项目和国际冷链物流项目谈判建设步伐。第三，南方招商。要在深圳、东莞项目引进上率先实现突破，并开创上海、浙江、江苏等地区招商新局面。第四，省内招商。发挥我市承东启西的区位优势，积极对接青岛、烟台、威海，迎接东部产业向西部转移，同时又要迎接西部内陆地区产业向沿海地区转移。

三是创新招商措施。第一，要继续实行招商引资目标责任制，做到人人头上有任务，年终按照规定进行评比奖惩。第二，要坚持小分队招商。实践证明，小分队招商是见效最快、效果最好的招商方式，今年要继续坚持。管委会各主任和分管部门要至少成立1到2支小分队，全区要至少有10支小分队，分别到重点地区、重点企业进行招商。第三，要做好节会招商、以商招商、网上招商等工作。发挥好风筝会、鲁台会等重点节会作用，提前准备，联系客商，力争签约落户一批项目。要加强与区内企业的感情交流，提高服务水平，让区内企业招引其他企业来区投资。要利用好我区门户网站、潍坊信息港、山东招商网等网站，及时发布优惠政策和招商信息，并随时关注网上的项目投资动态，一有合适项目，马上跟上联络，做好网上招商。

四是抓好在谈项目签约落地。主要有：⑴台湾长荣集团和台湾声宝集团合作投资的国际集装箱中心项目，力争3月份开工建设，6月份正式运营。⑵总投资2亿元的东音潜水泵项目，力争4月份开工建设。⑶总投资6亿美元的世界500强日本京瓷公司电子配件项目，加快谈判步伐，力争尽早落户。⑷由中国外运集团与台湾阳明海运集团、韩国STX集团合作的国际冷链物流项目，要加快谈判，力争上半年谈成。⑸总投资22亿元日本东芝液晶显示屏项目，力争年内落户。⑹总投资5亿元的北京华电科技集团太阳能电池项目，力争年内落户。

（四）突出抓好保税物流业务，努力实现全年进出口额20亿美元。要突出做好三项工作：

第一，加快潍坊国际货运空港业务运作。目前青岛空港后移已完成，业务运作已开始。下步，一是加大宣传力度。一方面，要利用电视、报纸、电台、网站等多种方式，掀起新一轮的宣传高潮。另一方面，要联合海关、国检等部门，深入全市各县市区及淄博、东营、滨州等地企业，开展点对点、面对面宣讲，吸引周边地区企业来区开展业务。党政办、物流办负责抓好落实。二是尽快完善运作平台。加快潍坊保税物流有限公司注册，尽快与航空公司签订货运协议，理顺航空公司、物流公司、货代公司以及进出口企业的关系，建立起完善的货物空运业务平台。三是迅速开展业务。要尽快开展市场调研，核算运作成本，进行实际操作，查找出问题和不足，并尽快完善，迅速扩大业务量。

第二，加快推进青岛海港后移。青岛海港每年进出口货物达2000多亿美元，已成为仅次于北京、上海的全国重要运输口岸。青岛海港后移潍坊，对带动全市外向型经济发展将产生巨大推动作用。下步，要加快国际集装箱中心项目建设，力争6月份前建成；加强与台湾长荣集团的联系，提前做好业务开展的各项准备工作，确保7月份开展业务。同时，参照青岛港口后移模式，积极探索与省内烟台、日照、威海、潍坊等港口建立合作关系。

第三，积极开展大宗原材料进出口、国际贸易以及研发、检测、维修等业务。要大力拓展大宗原材料进出口业务，发挥区内瑞源仓储、锦科国际物流等企业作用，积极引进全市需求量大的棉花、橡胶、塑料、纸浆等原材料供应商，形成特色原材料进出口贸易市场。要重点引进跨国公司和国内大企业的研发、检测和售后服务中心，在服务贸易上实现新突破。要以欧莱雅葡萄酒进口分销模式为模板，积极开展货物进口分销、样品展示订货、产品集运出口等货物贸易业务，建立起辐射潍坊及西部地区的特定商品交易中心。要广泛引进规模大、信誉度高的货代公司和第三方物流公司入区，充分发挥其客户资源优势，带动潍坊及周边地区企业来区办理进出口业务，扩大我区进出口额。

（五）加强项目建设和园区管理，打造一流投资环境。重点抓好四项工作：一是要继续发挥工程建设指挥部的作用。现场办公，现场调度，现场解决问题，促进项目加快建设。二是搞好现有资产管理。要继续完善园区各类房产租赁手续，强化规范管理；尽快完成白领公寓、商务楼的回购、审计、验收等工作；做好绿化养护交接工作；完善网内热力配套工作。三是加强安全生产工作。要抓好区内建设项目和已投产项目的整顿与规范，落实好安全生产责任制，执行好各项安全法规，确保安全生产。同时，要加强物业管理，加强值班巡逻，确保园区安全。四是积极争取土地指标。要加强与省市国土部门的联系，采取项目点供等方法，千方百计争取土地指标，力争年内一期围网剩余土地指标落实到位，并积极争取二期围网土地指标。

（六）抓好财政和投融资工作，增强资金保障能力。搞好财政和投融资工作，是全区加快发展的重要保障。一是要积极做好融资工作。要加强与中国银行、国家进出口银行、商业银行、兴业银行等金融机构的联系，研究制定融资方案，拓宽融资渠道，积极争取长期贷款，提供资金保障。二是努力培植税源。要加强与工商、国税、地税等部门的协调配合，破除影响企业纳税的各种不利因素，创造良好的纳税环境，全力为企业提供服务。要积极引进有税收的总部经济项目，努力扩大税源。三是尽快设立国库。做好市财政和人民银行的工作，力争早日设立成功。

（七）强化机关规范管理，进一步转变工作作风。完成一流的工作任务就必须有一流的工作作风。今年在作风建设上，要重点抓好以下工作：

一是强化制度执行。制度的生命在于执行，再好的制度如果不去执行，也会形同虚设。要抓好制度学习，使人人知道如何遵守制度。要抓好领导带头，领导干部要以身作则，牢固树立制度面前无特权的意识。要抓好监督检查，通过抽查、督查和暗访等多种形式，督促制度的执行，确保制度落到实处。区纪工委和党政办公室要扎实做好这项工作。

二是强化工作落实。空谈误国，实干兴邦。没有落实，一切等于零。不会抓落实，就不会工作。抓落实是每个人的基本功。全区上下必须在落实上狠下功夫，使各项工作横到边、纵到底，按时保质完成各项工作。抓落实的基本要求：⑴要明确任务，知道干什么。⑵要反复调查研究，弄清怎么干。⑶要脚踏实地，亲临一线，亲力亲为，事无巨细，持之以恒，扎扎实实地抓，认认真真的地干。⑷要举一反三，总结对比，在本行业是不是干出了一流的工作成绩。

三是强化干部队伍建设。要坚持“德才兼备、以德为先”和“用能人、用好人”的原则，大胆提拔重用能干事、干成事、不出事的人，切实做到思想不能乱，作风不能软，组织不能散，干部不能懒，打造一支过硬的干部队伍。

四是强化党风廉政建设。要加强廉政教育，按照“一岗双责”的要求，严格落实党风廉政建设责任制，健全和完善预防腐败体系，努力形成为民、务实、清廉、节约的良好风气。同时，要坚决实行企业评议部门制度，年终对管委会各部门和驻区各部门进行评议，公开评议结果，自觉接受企业和群众监督。

五是强化机关学习和文化建设。学习是永恒的主题。要坚持不懈抓好周五学习，从现在起按月排出学习计划，采取邀请专家讲座、观看业务光碟、组织学习讨论等多种方式，加强机关学习，打造一支复合型人才队伍。要切实抓好机关文化建设。突出“以人为本”，实行人性化管理，为干部职工创造良好工作和生活条件；突出典型示范，通过开展“机关文明创建”、“机关服务品牌”评选等活动，树立先进典型；突出特色活动，充分发挥区工会、团工委、妇联等组织的作用，组织开展丰富多彩的文化、体育、联谊活动，丰富干部职工文化生活，促进交流，凝聚人心，进一步增强干部职工的集体意识、荣誉意识和团结意识。

同志们，2010 年是出口加工区发展过程中最关键的一年，任务艰巨、责任重大、使命光荣，让我们在市委、市政府的正确领导下，团结一致、开拓创新、扎实工作，为确保全年任务目标完成而努力奋斗。

（徐洪吉 时任潍坊出口加工区党工委书记、管委会主任）

徐洪吉同志
在 2011 年度全区加快发展大会上的讲话

（2011 年 9 月 5 日）

同志们：

在综合保税区刚刚获批和区划调整基本到位之际，我们召开这次全区加快发展大会，主要任务是全面贯彻落实中央、省、市的一系列工作部署，回顾总结上半年工作，分析当前形势，安排部署下半年任务，动员全区上下，进一步解放思想，开拓创新，激情创业，争创一流，全力推动全区经济更好更快发展。下面，根据党工委、管委会研究的意见，我讲四个方面问题：

一、上半年工作简要回顾

今年上半年是极不平凡的半年。在市委、市政府的正确领导下，我区成功获批综合保税区，区划调整基本到位，招商引资、保税物流、项目建设、农村和社会稳定等各个方面都取得了新的成绩。上半年，全区固定资产投资同比增长 116%，进出口额同比增长 152%，保税物流货值同比增长 128%，税收总额同比增长 277%。主要抓了以下七项工作：

（一）成功获批潍坊综合保税区。今年 1 月 25 日，潍坊综合保税区获国务院批准设立，成为全国第 14 个综合保税区。2 月 23 日，省政府召开新闻发布会，向社会各界进行了隆重推介。按照国务院和海关总署要求，综合保税区具有保税加工、保税物流、货物贸易、服务贸易、虚拟口岸五大主要功能，服务辐射半径在 200 ～ 300 公里。可以说，综合保税区的批复设立，来之不易，资源稀缺，政策优惠，意义重大。必将对全市及山东西部地区发挥重要的外向型政策服务、大项目聚集和国际化平台作用。

（二）区划调整基本到位。为扩大发展空间，提高可持续发展能力，6 月 21 日市委、市政府确定将青银高速公路以南、高二路以东 23 个村庄划归综合保税区管理。区划调整后，综合保税区发展空间进一步拓宽，总规划面积 16.37

平方公里，其中网内保税区5.17平方公里，网外配套区11.2平方公里。目前区划调整交接基本完成，使综合保税区走上了网内网外有机结合的科学发展道路。

（三）招商引资取得新成效。上半年，全区集中精力抓招商。目前全区共有项目29个，总投资120亿元，全部达产后，年可实现进出口额50多亿美元；引进物流公司38家、总部经济企业153家。另外，还有一批在谈大项目。特别引进了歌尔科技、100万台汽车发电机、100万吨棉花进口、6万吨热收缩膜、中联盛国际物流、中外运电子配送等一批大项目、好项目，为今后保税区发展奠定了基础。

（四）保税物流快速发展。全力加快了青岛海港和青岛机场功能后移潍坊的业务运作，为全市及周边地区200多家企业提供服务，着力打造潍坊“无水国际大港”和“无跑道国际机场”。大力开展了国际物流业务，中棉集团、中外运集团、台湾长荣集团等世界著名物流公司已入驻，上半年实现保税物流货值6.5亿美元，同比增长128%。

（五）项目建设和园区管理不断加强。一是狠抓了项目建设进度。认真落实项目包靠责任制，充分发挥工程建设指挥部的作用，现场办公，现场解决问题，加快了项目建设进度。二是开工建设了二期围网内中心路和高五路两条主要道路。三是实施了园区绿化、亮化提升工程。从去年下半年开始，对中心路、巡视道、支路等绿化进行了整形提升，中心路全部更换为LED路灯，美化了园区环境。四是引进了超市、银行等服务机构，进一步完善了生活设施配套。

（六）规范化管理进一步加强。一是深化完善“五制”服务。以深入开展创先争优、党务公开和“以人为本、执政为民”主题实践活动为契机，深化完善“服务承诺制、限时办结制、现场工作制、项目包靠制、督办考核制”等五制服务，进一步提高了工作效率、强化了工作落实。二是实行企业评议部门制度。按照市委要求，去年年底首次组织全区企业对管委会各部门和驻区各部门进行了打分评议，今年上半年又对全区企业进行了走访，对提出的问题进行了研究整改，有效促进了工作效率和服务水平的提高。三是强化了财政税收和融资工作。在区划交接过程中，认真做好了资产和债权债务移交、财政基数划转等各项工作。在融资方面，加强了与有关金融机构的联系。在税收方面，国税、地税、工商等部门给予了大力支持和帮助，保证了税收工作顺利进行。

（七）民生保障和社会事业稳步推进。近年来，汶泉街办紧紧围绕加强基层建设、增加农民收入、推进城乡一体化的主题，团结、务实、学习、创新，社会管理和农村建设稳步推进。一是大力推进了集中居住区项目建设。在经济底子薄，基础设施差的困难情况下，积极建设汶泉集中居住区，改善和提升群众生活环境。先期建设董坊等村安置房，目前项目进展顺利。二是加强基层党建工作。狠抓了村级班子建设，按照组织程序，选出了新的党支部和村委会班子，为农村工作的顺利开展奠定了基础。大力推进基层党建制度化、规范化，完善了村级民主管理制度，定期召开会议，分析、研究和解决工作中出现的问题。三是维护社会稳定。积极开展矛盾纠纷排查和不稳定因素摸排工作，建立社会稳定台账，及时介入，化解矛盾，维护了社会稳定。四是强化安全生产。全区认真落实安全生产责任制，采取定期检查与不定期抽查相结合的方式，积极开展施工安全、消防安全、烟花爆竹、危险化学品、校园安保等领域的专项整治，对存在的安全隐患及时督促整改，上半年未发生安全事故，确保了安全生产。五是做好计划生育工作。按照国家计划生育政策，认真落实人口计生目标管理责任制，加强流动人口和已婚育龄妇女的综合管理服务，做好计划生育工作。

应该说，上半年是实现重大突破的半年。这是市委、市政府正确领导、市直各有关部门大力帮助的结果，是上属驻区各部门大力支持的结果，更是全区上下奋力拼搏、激情创业的结果。在此，我代表党工委、管委会向大家表示衷心的感谢！

在看到成绩的同时，也应清醒地认识到存在的问题和不足，主要表现在：一是经济总量不大。虽然近年来，我区各项经济数据有了较大增幅，但由于起步晚，基础弱，经济总量仍然偏小。二是受到土地制约。二期围网土地指标没有到位，给扩网建设带来不利影响。11.2 平方公里配套区有 63% 为一般农田，18% 为基本农田，其余为林地、园地和村庄占地等，缺乏规划建设用地。三是招商引资力度欠缺。主要表现在：科技含量高、国际水平的龙头项目较少。四是保税物流规模较小。青岛机场和青岛海港功能后移处于起步阶段，业务规模距离预期目标差距较大，全区保税物流规模较小。五是资金需求量大。下半年面临二期围网和产业配套区开发，资金压力很大。六是规范化管理有待进一步加强。区划调整后，全区上下联动的工作体系还没有完全形成；部门机构需进一步健全完善；各项规章制度需进一步提升；全区各个领域规范化管理需要进一步加强。七是工作作风需要进一步转变。有的同志激情不足，工作中被动应付，缺乏干事创业的感情、热情和激情；有的同志创新不足，习惯于循规蹈矩、按部就班，缺乏创新突破、敢想敢干的工作作风和工作魄力；有的同志执行力不足，缺乏毅力、韧性和恒心，在工作抓落实上缺少力度和功夫；有的同志协作不足，只看到局部，不能从全局的角度研究处理看问题，缺乏协作意识；有的同志不擅长做农村工作，不愿通过深入细致的工作，宣传群众、教育群众、组织群众、引导群众，在农村工作中办法少、措施弱、效果差。八是部分村庄基础较差，群众思想不稳定，社会矛盾突出。主要表现在：有的村两委班子比较薄弱，干部与群众脱节，各项管理很不到位；有的村群众思想不稳定，把上访和无理索取政府利益，当成光荣的事情，群众不听招呼的现象严重；有的村征地补偿互相攀比，村村和人人向钱看，社会矛盾突出；有的村容村貌脏乱差，发展比较落后。这些问题需要我们在今后的工作中认真加以解决。我相信，只要全区上下坚定信心，群策群力，迎难而上，激情创业，就一定能够克服困难和问题，实现更高层次、更高水平发展。

二、今后发展的思路目标

今年是“十二五”规划的开局之年，也是我区大招商、大建设、大发展的突破之年。通过前期的学习考察和反复调研，科学确定了综合保税区的发展定位和思路目标。

发展定位：充分发挥综合保税区政策优势，立足潍坊，服务山东，辐射全国，建成潍坊东部外向型经济新板块、山东对外开放新平台、环渤海经济圈发展先导区、中日韩自由贸易先行试验区。

发展思路：走以“大物流带大生产”的发展路子，实行网内保税区和网外产业配套区一体化经营，努力建设辐射全国的“国际物流”、“高端制造”和“特色商品交易定价”三大中心。一是国际物流中心。积极整合延伸青岛、烟台、日照、威海、潍坊港口和机场功能，大力开展国际物流、国际贸易业务，逐步建立起服务潍坊、辐射山东及全国的高端国际物流中心。二是高端制造中心。大力引进大高外项目，建设产品兼顾国内外两个市场的新能源开发、电子信息、精密机械、新材料、生物医药等高端制造业集聚中心，引领高端产业发展。三是特色商品交易定价中心。引进海洋化工产品、电子产品、葡萄酒、油料、高档消费品等特色商品，形成集交易、结算、信息、融资等全程服务于一体的交易定价中心。

发展目标：长期目标是：力争到“十二五”末，年实现进出口额100亿美元。今年的主要目标是：实现进出口额3亿美元，实现保税物流货值15亿美元。

应该看到，完成既定的目标任务，会碰到很多困难，但有利因素也很多：一是省、市领导高度重视综合保税区发展。姜异康书记、姜大明省长在保税区的申报过程中，联名给王岐山副总理写信推荐，获批后又做出重要批示，大力支持综合保税区发展。才利民副省长、青岛海关臧玉健关长出席综合保税区设立新闻发布会，并做出重要指示。张新起书记、许立全市长在全市大会上提倡学习保税区精神，并多次做出重要批示，要求把综合保税区规划好、建设好、发展好。王树华副市长多次来区现场办公，帮助解决困难和问题。市直各部门也多次来我区调研，全力支持我们发展。省、市领导的高度重视和大力支持，是我区发展最大动力。二是保税区正处在可以大有作为的重要战略机遇期。党的十六大提出，21世纪头20年是我国的重大战略机遇期。从当前看，国内外经济发展长期向好的趋势没有改变，黄河三角洲高效生态经济区、山东半岛蓝色经济区先后上升为国家战略，胶东半岛高端产业聚集区也是省委、省政府重点推进的经济发展区域。潍坊综合保税区位于“三区”的叠加区域，可以说，发展机遇千载难逢。从国内先进保税区的经验看，在设立后的5年内都有飞跃性的发展。目前潍坊保税区刚刚获批，借鉴先进保税区经验，紧密结合潍坊实际，下一步必将进入快速的发展时期。三是保税区发展空间进一步拓宽。“网内保税区+网外配套区”一体化发展，是全国先进保税区的成功发展模式。今年6月区划调整后，彻底解决了多年来制约发展的配套区问题，使保税区进入了健康可持续发展的良性轨道。四是保税区具有独特的功能政策优势。“保税加工、保税物流、货物贸易、服务贸易、虚拟口岸”五大功能和“保税、退税、免税、通关便捷、外汇便利”等优惠政策，必将吸引大批跨国公司和外向型大企业入驻，带来巨大的人流、物流、信息流、资金流，形成集聚效应，成为全市对外开放新平台、新高地。五是有驻区各部门的齐心协力。经过近年来的磨合，海关、国检、工商、国税、地税等上属驻区部门以保税区发展为己任，协调配合，高效服务，积极作为，形成了齐心协力谋发展的良好氛围，必将为今后发展提供强劲动力。六是有一个较好的工作基础。全区招商引资、项目建设、保税物流等各项工作都有了新的成绩，并逐步建立了一套完善的管理服务制度，为更好更快发展奠定了良好基础。

三、下半年工作任务

当前，我们已站在一个新的历史起点上，全区上下必须统一思想，抢抓机遇，迎难而上，激情创业，突出抓好以下九个方面工作：

（一）解放思想，更新观念。思想是行动的先导。思想的解放程度，决定改革的深度、开放的力度、崛起的速度。下半年，全区上下要牢固树立五种理念：

一要树立高端发展的理念。高端发展就是要有大思路、大手笔、大气魄。高端定位、高端规划、高端建设，形成具有保税区特色的高端国际化品牌。在产业发展上，要着眼高端，大力引进高端项目，发展新兴高端产业，打造高端项目聚集区。在国际物流上，要大力引进国内外知名物流企业，迅速膨胀业务规模。在商贸服务上，要引进有实力的供应商，培育壮大特色商品交易市场。

二要树立改革创新的理念。改革创新是一个民族发展进步的不竭动力，也是我国改革开放培育造就的伟大奋斗精神。当前，机遇前所未有，挑战也前所未有。我们只有强化创新意识，从思维惯式中解放出来，大胆改革、大胆创新、大胆尝试，原则性和灵活性相结合，创造性开展工作，才能抓住和用好难得的机遇，实现跨越式发展。

三要树立热情服务的理念。服务企业、服务群众是全区各部门义不容辞的责任。全区各级各部门必须深刻认识这一道理，进一步强化服务意识，简化服务流程，减免收费项目，营造一流的发展软环境。

四要树立一体化发展的理念。所谓一体化发展，既是网内保税区和网外配套区的一体化，更是大项目发展和改善民生的一体化。广大群众要清醒地认识到，加快项目落地和企业发展就是为了改善民生，改善民生也离不开企业的持续发展。只有大项目落得多了，企业发展快了，才能迅速带动全区经济突破发展，群众才能生活地更加美好。为此，全区各级各部门要坚决同一切以不正当方式阻碍项目落地和发展的现象做斗争，切实维护好全区加快发展的大好局面。

五要树立惠及民众的理念。惠及民众，既是发展经济的根本目的，也是促进经济平稳较快发展的必要条件。今后在发展中，要牢固树立惠及民众的理念，把改善群众生产生活摆在更加重要的位置，在旧村搬迁、安置就业、医疗卫生、文化教育等各个方面充分考虑群众的意见，不断提高群众的幸福指数，让更多的发展成果惠及广大的人民群众。

（二）加快编制发展规划，促进网内网外一体化发展。区域发展，规划先行。规划是前提，是基础，是关键，是保税区发展的蓝图，有着重要的指导和调控作用。要按照高起点规划、高标准建设的要求，聘请专家加快编制完善保税区 16.37 平方公里总体规划。一是 5.17 平方公里围网核心功能区。重点发展国际物流、高端制造、商贸服务以及高科技产业，打造国际高端服务区。二是 11.2 平方公里配套区。规划

8.96 平方公里产业配套区和 2.24 平方公里国际商务生活区，着力发展电子信息、新材料、新能源、精密机械制造、专业物流等支撑配套产业，以及建设容纳 5 万人～10 万人与国际接轨的市区东部外向型商务生活新城。

（三）加快二期围网建设，迎接国务院检查验收。根据国务院要求，综合保税区批复一年内，海关总署等十部委将进行联合验收。为此，管委会结合实际，确定二期围网 2.93 平方公里。重点做好三项工作：一是全力破解土地瓶颈。区国土分局要进一步加强与省、市国土部门的协调对接，通过积极争取土地指标、征转分离等多种方式，破解二期围网土地难题，为扩网建设提供土地保障。二是迅速启动二期围网内 4 个村庄搬迁。根据规划，闫家张营、刘家张营、吉家张营、张营南埠 4 个村在二期围网范围内。下步，管委会将根据群众意愿，合理选择搬迁安置用地，加快村庄搬迁步伐。三是进一步完善基础设施配套。加快两条主要道路和围网等基础设施建设，做好海关监管设施建设，确保通过十部委检查验收。

（四）突出招商引资工作重点，全力开工一批大高外项目。招商引资始终是全区发展的中心任务，没有项目保税区就没有服务的对象，各项功能政策也就失去了用武之地。下步工作中，要坚持边围网、边招商的原则，加大招商引资力度，确保围网建成、项目落地。在具体工作中，要做好三个方面：

一是明确招商重点。要围绕全区发展思路，重点引进高端制造、国际物流、总部经济三类项目。在高端制造项目上，要在投资规模大、科技含量高、外向度高的大项目上下功夫，重点引进电子信息、生物科技、新能源、新材料等新兴高端产业，努力建成全市外向型大项目的集聚区、高科技项目的示范区。在国际物流项目上，要重点围绕港口功能后移、货物贸易、服务贸易等新功能，引进规模大、信誉高的商贸物流公司，以及跨国公司和国内大型企业的研发、检测、维修和售后服务中心。在总部经济项目上，围绕强化税源建设，积极引进销售收入高、纳税量大的交通运输、建筑安装、会计法律、中介咨询等现代服务业企业。

二是加快在谈项目的签约落地。通过前期项目调度的情况看，目前我区招商形势很好，各分管主任、各部门、单位手上都有一批含金量很高的大项目、好项目，下步要加快谈判步伐，争取尽快谈成落地。特别要抓好几个重点在谈项目：1、歌尔科技二期项目，要尽快确定生产工艺，合理规划二期项目，加快建设步伐。2、100 万吨进口棉花物流项目，要尽快落实土地，力争 10 月份开工建设。3、中科晶电项目，要确保一期租赁厂房项目 9 月份入驻，年内投产；二期征地建设项目年内开工。

三是创新招商措施。要坚持全员招商，各部门、单位对外都是招商局，都肩负着招商引资的任务。要坚持小分队招商，管委会中层以上负责人每人带领 1-2 名工作同志，成立一个招商小分队，分别到重点地区、重点企业进行招商。要进一步强化联络处招商，争取在北京、天津、东莞、深圳、上海、浙江、江苏、台湾等地区建立招商联系点，促进招商。要借力市级领导和市直部门招商，加强汇报，了解信息，借力发展。要加强驻区部门招商。海关、国检、国税、工商等驻区部门的有着招商的资源优势，要继续帮助引进项目。

（五）抓好财政和投融资工作，增强资金保障能力。财政和投融资是全区建设发展的重要保障，特别是在今年建设任务非常大的情况下，财政和投融资工作显得尤为重要。一是要积极做好融资工作。要研究国家新的财政、信贷政策，加强与中国银行、国家进出口银行、潍坊银行、农业银行、兴业银行等金融机构的联系，制定融资方案，拓宽融资渠道，为保税区建设提供资金保障。二是要积极争取上级资金支持。加强与市财政局等部门的联系，争取建设发展资金。三是努力培植税源。要加强与工商、国税、地税等部门的协调配合，加强税收管理，积极引进有税收的总部经济项目，努力扩大税源。四是要严格支出，勤俭办事，压缩办公支出，打造廉洁勤政的保税区机关。

（六）做大做强国际物流贸易业务，努力扩大进出口额。国际物流贸易是保税区的独特优势，也是服务全市及山东西部地区外向型经济发展的重要功能。下半年要重点做好三项工作：一是加快青岛海港功能后移。要加快中联盛国际物流项目与青岛港口的联系，尽快理顺运作模式，真正实现直通关，把海港后移业务做起来。二是扩大青岛机场后移业务量。要加大宣传力度，以歌尔科技通关模式为案例，通过电视、电台、报纸等多种渠道进行宣传，吸引全市及山东西部地区更多的企业来区办理业务，迅速扩大业务量。三是培育壮大特色商品交易市场。要加快国际商品展示交易中心建设，在现有华都标准厂房的基础上，进行高标准装修改造，并引进电子产品、高档饰品和化妆品、国内外知名红酒和橄榄油等经销商，开展国际物流、展示交易业务，形成特色商品交易市场。

（七）全面实施旧村改造，改善和提高群众生活环境。实施旧村改造是加快新农村建设、改善和提高群众生活环境的一项重要举措。下步，旧村改造总的原则是：政府引导、群众参与、市场运作、政策支持，以集中居住区建设为主体，统一规划、综合开发、完善配套、改革体制，通过搬迁腾地、补偿安置、招标开发建设等措施，逐步将村庄改造成高标准的城市社区，实现“政府得民心、企业得效益、环境得改善、群众得实惠”的总体目标。具体做好以下工作：一是加快董坊、徐家庄、东单、西单、官路、新庄 6 个村的土地增减挂钩试点项目建设。确保董坊村挂钩项目明年 4 月竣工，东单、西单、官路、新庄 4 个村挂钩项目年内开工，明年底竣工。二是加快剩余村庄旧村改造步伐。在两年内启动剩余村庄的旧村改造工作，集中建设高档次的居住区，让群众生活得更富裕、更文明、更和谐、更幸福。

（八）启动建设国际化商务生活新城，打造全市对外开放高端配套环境。综合保税区是与国际经济广泛接轨的开放区域，也是跨国公司和外向型大企业落户潍坊的首选之地。为此，我们与汶泉集中居住区一并考虑，专门规划 2.24 平方公里配套区，依照国际、生态、宜居等理念，打造容纳 5 万人～ 10 万人生活，集国际商务、教育医疗、居住休闲于一体的，环境优美、宜居宜业、人与自然和谐发展的国际化生态化商务生活新城，为全市对外开放提供国际化配套环境。

（九）加强社会管理服务，实现经济和社会事业协调发展。一是狠抓基层党建工作。基层党建工作是做好社会工作的核心和基础。今后要不断加强党的建设，推进基层党建工作制度化、规范化，在思想、组织、作风和制度建设上有新突破。要不断加强村级班子建设，营造相互信任、和谐共事、相互支持、齐抓共管的良好工作氛围。二是大力推进党务公开、政务公开、村务公开。要按照国家法律法规和有关政策对党务、政务、村务进行公开，保障群众的知情权、参与权和监督权。要进一步畅通公开渠道，通过门户网站、设立公开栏、明白纸等多种形式进行公开。要逐步扩大公开内容，对我区发展定位、思路目标、重大决策、工作重点，以及涉及人财物管理和工程招标、执法查处等重大事项，都要依法公开，实行阳光办公。三是确保安全生产。要进一步落实安全生产责任制，安监局要对安全生产工作定期检查和不定期抽查，对查出的问题及时整改，确保安全生产。四是加强普法教育，维护社会稳定。要围绕化解社会矛盾，在全区范围内广泛开展普法进村活动，全面深入地宣讲法律法规和各级政策，教育群众学法、守法、用法，切实提高广大群众的法律素质，形成“平时学法、遇事找法、办事依法”的浓厚氛围，营造稳定的社会环境和良好的法制环境。要突出抓好信访工作，加大基层信访排查化解力度，解决好群众最关心的利益问题，切实维护社会稳定。五是扎实做好计划生育、教育卫生等社会事务工作。计划生育要按照目标责任书的要求，认真做好季度透查、流动人口普查等综合服务工作，确保完成年度计生任务。教育医疗要加快九年一贯制学校和社区医院的规划建设，尽快改善教育医疗环境。养老医疗保险要按照全民医疗、社会化养老的要求，提高居民低保水平和参保率，让群众生活的更有保障。

四、转变作风，狠抓落实

工作作风关系到工作成果，一流的事业必须要有一流的工作作风和一流的工作态度。下半年在工作作风和工作方法上要注重做好以下六个方面：

（一）强化责任意识，狠抓工作落实。责任心是干好一切工作的前提和保证。要在其位、谋其政、尽其责，为官一任、造福一方。当前，面对我区新的重大发展机遇，全区党员干部都要切实肩负起加快发展的重任。要敢于碰硬，善于解决矛盾和问题，各分管主任、各部门负责人在职责范围内干成几件事关全局的大事。否则，就是不称职，就辜负了市委、市政府领导和广大群众的期望。要进一步强化督查检查，把督查作为推动工作、促进落实的重要手段。督查工作小组要定期督查通报全区重点工作进展情况，促进各项工作提速、提质、提效。要制定奖惩措施，督查结果与年终考核和干部任用挂钩，确保工作落到实处。

（二）突出主要矛盾，把握关键节点。任何一项工作，在特定的时期都有它的主要矛盾。各级各部门在工作中都要善于抓住各自领域的主要矛盾，解决主要问题，以点带面，推动各项工作全面发展。要把握好关键的时间节点，围绕迎接年终全市观摩点评会议，从现在起就倒排工期，充分考虑季节、气候等对重点工作、重点项目的影响，留足提前量，增强计划的科学性。对于各部门依靠自身力量难以解决的问题，要及早提报管委会研究，避免影响进度、贻误发展。

（三）优化发展环境，提升服务质量。投资发展软环境是吸引客商落户的重要因素，甚至比任何优惠政策都吸引人。全区上下要充分认识软环境建设的极端重要性，着力打造最具竞争力的投资环境。要进一步深化完善“五制”服务，提高工作效率和质量，真正为企业提供全方位周到服务。要加强廉政建设，严格落实党风廉政建设责任制，形成为民、务实、清廉、节约的良好风气。要继续实行企业评议部门制度，半年初评，年终总评，对评议末位的部门的主要负责人给予诫勉谈话，连续两年末位的部门，主要负责人予以免职；对连续两年末位的驻区部门，由管委会向其上级主管部门建议调离其主要负责人。要加强监督检查，接到企业和群众举报及时反馈，对行政效率低下、不作为、乱作为、乱收费等破坏环境的案件，发现一起查处一起，而且从严从快，严格追究责任，为投资兴业提供良好平台，为群众生产生活营造和谐环境。

（四）加强学习培训，提高自身素质。学习是永恒的主题。要通过坚持不懈的加强学习，不断提升思想境界和工作水平，增强引领科学发展的能力。从目前全区情况看，有的部门对应知应会的基础知识还存在着不了解、不熟悉、一知半解等情况，已严重制约了全区发展，必须抓紧补上这一课。应该掌握的基础知识应包括这几个层次：一是中央、省、市的重大方针和工作部署；二是我区的基本情况、发展思路、功能政策、工作重点；三是各自领域的法律法规、相关政策、基础数据、操作流程等。下步，要围绕着这些方面，强化集中学习和个人自学，使人人都能成为明白人和业务通，人人都是复合型人才，人人都是投资环境，人人都能独当一面。

（五）加强团结协作，打造一流团队。人心齐泰山移。特别是在当前的环境下，更需要我们凝心聚力，团结协作，共同拼搏，打造强势政府，锻造保税铁军。一是要有奉献精神。当前我们正处在保税区起步发展的困难时期，各个方面从头开始，能否迎难而上、突破发展，说到底就是两个字“奉献”。有奉献才会有业绩，有奉献才会有价值，有奉献才会得到上级领导和人民群众肯定和认可。不要把奉献看作是吃亏，今天的吃亏就是明天便宜，希望大家一定要明白这个道理。二是要团结协作。团结出健康，团结出干劲，团结出实绩，团结出干部。单打独斗，单枪匹马，永远也成不了事。三是要有丰富的情商。对人要有感情，对事情要有热情，工作起来要有激情，努力形成积极向上、团结协作、激情创业的工作氛围。

（六）大力比学赶超，积极创先争优。要按照市委要求，深入开展好比学赶超、创先争优和“以人为本、执政为民”等活动，自觉把每项工作与兄弟县市区、先进保税区进行比较，纵向找准学习目标和榜样，横向找准赶超对象，要有“不干则已、要干就当第一”的精神，比学赶超，争创一流，奋力实现各项工作新突破。

同志们，综合保税区正处在加快发展的关键时期，任务艰巨、责任重大、使命光荣。让我们在市委、市政府的正确领导下，以更加振奋的精神，更加饱满的热情，更加百倍的干劲，更加扎实的作风，更好更快地推进全区经济跨越式发展，努力开创综合保税区突破发展的新局面！

（徐洪吉 时任潍坊出口加工区党工委书记、管委会主任）

徐洪吉同志
在2012年度全区加快发展大会上的讲话

（2012年3月1日）

同志们：

今天大会的主要任务是：全面贯彻中央、省、市经济工作会、市第十一次党代会和市人大、市政协“两会”精神，认真落实市委、市政府“一六四三”的工作部署，总结去年工作，分析当前形势，安排部署今年任务，全力推动全区经济社会更好更快发展。下面，根据党工委、管委会意见，我讲四个方面问题：

一、2011年工作简要回顾

2011年，是保税区发展极不平凡的一年，是攻坚破难的一年，也是努力创造发展条件的一年，各项工作成绩显著。全区固定资产投资同比增长113%，进出口额同比增长209%，实现保税物流货值15亿美元同比增长118%，税收总额同比增长277%。

（一）成功获批潍坊综合保税区。2011年1月25日，潍坊综合保税区获国务院批准设立，成为全国第14个综合保税区，山东首个综合保税区。综合保税区的批复设立，对全市经济发展将发挥重要的政策服务、项目聚集和国际化平台作用。

（二）进一步拓宽了发展空间。2011年6月21日，市委、市政府确定综合保税区总规划面积16.37平方公里，其中网内保税区5.17平方公里，网外配套区11.2平方公里，使保税区走上了网内网外结合发展的良性轨道。

（三）招商引资实现新突破。2011年全区集中精力抓招商。目前，全区共有工业企业31家，国际物流企业38家，总部经济企业253家，全部达产后年可实现进出口额50多亿美元。特别是引进了一期投资28亿元的汉能薄膜太阳能电池项目、总投资12亿元香港清华同方研发生产基地项目、总投资10亿元的歌尔科技扩产项目、总投资8亿元的圣和塑胶6万吨热收缩膜项目、总投资3亿元的佩特来100万台汽车发电机项目，以及艾普电容式触摸屏、中科晶电、福特隆3D摄像头、华潍新材料、上存锂电池等一批大项目、好项目，为今后加快发展奠定了坚实基础。

（四）国际物流贸易快速发展。引进了总投资10亿元的香港中基集团进口100万吨棉花项目、总投资3亿元的中外运电子产品物流交易中心项目、总投资2亿元的裕源物流项目，以及瑞源仓储、中联盛、港通达、邦达吉通等一批国际物流项目。还引进了优传酒业、凯瑟王国际商贸、欧美亚葡萄酒、索能贸易等20多家经销商，经营法国、意大利、西班牙等10多个国家的红酒、橄榄油等商品，培育国际商品交易市场。实现了机场功能后移潍坊，并不断加快海港功能后移步伐。2011年全市及周边地市有500多家企业来区办理进出口业务，实现保税物流货值15亿美元。

（五）保税区二期围网加快筹备。根据海关总署关于“综合保税区批复一年后进行验收”的要求，确定二期围网2.93平方公里，并全力做好了土地指标争取、高五路和中心路两条主要道路建设等工作，为二期围网做好前期准备。

（六）汶泉国际城建设进展顺利。为完善配套功能，规划了2平方公里的汶泉国际城，打造可容纳5万人～10万人，集商务金融、教育医疗、生活居住、娱乐休闲于一体的国际化商务生活区。

（七）规划建设和园区管理不断加强。一是科学编制了保税区16.37平方公里总体规划，正在编制二期围网规划。二是规划推动了33个重点建设项目。三是实施了一期围网内绿化、亮化提升工程。四是做好了燃气管网、电力、自来水等一系列配套工程。五是进一步规范了园区管理。

（八）财政融资、国土管理和规范化建设进一步加强。一是强化了财政税收和融资。认真做好了区划调整资产移交和财政基数划转工作。大力发展总部经济，强化税收管理，地方财政收入快速增长。加强与银行及债券公司的联系，积极融取发展资金。二是强化了国土管理。落实农转用土地指标620亩。三是强化了机关规范化管理。理顺了上下工作体系，实行了“五线”工作法，落实了“五制”服务，建立了企业评议部门制度，提高了工作效率和服务水平。

（九）民生保障和社会事业稳步推进。一是大力推进基层党组织建设。选出了新的村党支部和村委会班子，完善了村级民主管理制度，为农村发展奠定了基础。二是积极保障民生。认真落实农村低保政策，扩大低保范围，保障困难群众基本生活；认真落实优抚安置政策，按季度发放抚恤金，保障退役士兵生活；积极推进老龄事业发展，按季度给86岁以上老人发放生活补助。三是扎实做好教育工作。为辖区内两所小学新聘代课教师11名，充实了师资力量。全面维修改造了校舍，改善了教学环境。四是积极维护社会稳定。大力开展普法进村和不稳定因素排查工作，及时化解矛盾，维护了社会稳定。五是强化安全生产。认真落实安全生产责任制，大力开展了施工安全、消防安全、烟花爆竹、危险化学品、校园安保等领域的专项整治，全年未发生重大安全事故。六是做好计划生育工作。认真落实人口计生目标责任制，加强流动人口和已婚育龄妇女的综合管理服务，在全市120个镇、街办计生工作排名中列第30位。

应该说，2011年是实现重大突破的一年。这是市委、市政府正确领导、市直各有关部门大力帮助的结果，是上属驻区各部门大力支持的结果，更是全区上下奋力拼搏、激情创业的结果。在此，我代表党工委、管委会向大家表示衷心的感谢！

在看到成绩的同时，也应清醒看到发展中存在的困难和问题：一是经济总量不大。由于起步晚，基础弱，全区经济总量仍然偏小，与全国先进保税区相比，差距还比较大。二是土地制约因素明显。土地指标短缺，影响了二期围网验收。11.2平方公里配套区没有规划建设用地。三是项目落地速度较慢。一方面，项目洽谈慢，特别是有几个大项目还在谈判阶段，落地还需要一个过程；另一方面，倒地、征地速度慢，项目迟迟进不了地，开不了工。四是保税物流规模较小。机场功能后移规模不大，海港功能后移还没有真正实现，国际商品交易中心正处于起步阶段，服务全市经济发展的作用还不强。五是建设资金压力大。二期围网和产业配套区建设资金还没落实，融资压力很大。六是工作作风需要进一步提升。有的对事物的敏锐性不强，反应慢、行动慢、报告慢，影响了工作；有的工作方法把握不好，原则性和灵活性不能很好结合，制约了发展；有的抓落实力度不够，很多工作有头无尾、虎头蛇尾，不能善始善终；有的组织协调各方面资源的能力不强，力度不大，争取发展资源欠缺等。七是农村发展很不平衡，社会稳定压力大。辖区内绝大多数村发展较好，但也有个别村历史遗留问题较多，发展比较落后，群众思想混乱，社会稳定不到位，农村工作开展难度大等。以上问题，需要我们高度重视，采取有效措施，认真加以解决。

二、2012 年发展思路目标

2012 年，是保税区五年发展规划的关键年，是全面开工、遍地开花的突破年，也是二期围网建设的攻坚年。做好今年工作，意义重大而深远。2012 年的思路目标是：

（一）发展定位。立足潍坊，服务山东，辐射全国，建成潍坊东部外向型经济新板块、山东对外开放新平台。

（二）发展思路。走“大生产带大物流”的发展路子，实行网内保税区和网外产业配套区一体化经营，努力建设辐射全国的“国际物流”、“高端制造”和“特色商品定价交易”三大中心。

（三）发展目标。2012 年实现进出口额 5-10 亿美元，财政增幅 30% 以上，服务全市及周边地市进出口企业 500 家以上，实现保税物流货值 20 亿美元。

实现上述目标，全区上下必须牢固树立五种理念：

一是树立全面大干的理念。经过近年来的工作积累，全区已具备了大干快上的条件。今年全区要贯彻落实“全面开工、遍地开花”的指导思想，突出开工建设一批大项目、好项目，实现大突破，推动大发展，取得大成效。

二是树立高端发展的理念。高端发展，就是要高端定位、高端规划、高端建设，形成具有保税区特色的高端品牌。在制造业上，要大力引进高科技项目，发展新兴高端产业，打造高端项目聚集区。在国际物流上，要大力引进国内外知名物流企业和有实力的供应商，做大做强特色商品交易市场，打造国际高端物流中心。在服务平台上，要做好青岛机场和海港功能后移，打造全市外向型企业的服务平台。

三是树立全区一盘棋的理念。综合保税区是一个有机整体，全区每个部门、每个企业、每个村、每个人都是这个整体中的一部分。只有整体好了，局部才能更好。全区上下都要深刻认识这一道理，坚决做到同心同德、同心同向、同心同力，形成加快发展的合力和动力。当前，特别要正确认识项目进地和改善民生的关系。只有大项目多了，企业发展快了，全区才能更好更快地发展，群众生活才能更好地得到改善提高。

四是树立改革创新的理念。改革创新是一个民族发展进步的不竭动力。当前，机遇前所未有，挑战也前所未有。我们只有强化创新意识，大胆改革、大胆创新、大胆尝试，理论和实践相结合，原则性和灵活性相结合，上级指挥和下级落实相结合，统和分相结合，创造性开展工作，才能抓住机遇，实现跨越发展。

五是树立惠及民生的理念。惠及民生，就是要让广大群众享受到改革发展的成果，特别是在旧村改造、劳动就业、医疗卫生、文化教育等各个方面，要充分考虑群众意见，处理好发展和民生的关系，让广大群众真正从发展中受益，不断提高群众的幸福指数。

三、2012 年工作任务

（一）加快二期围网步伐。根据国务院要求，管委会确定二期围网 2.93 平方公里。一是要尽快编制二期围网控制性详规。二是全力争取土地指标。三是积极筹集围网资金。四是加快完善基础设施配套。特别要保证高五路和中心路的早日竣工。

（二）全力推进 33 个重点项目建设。本着“全面开工、遍地开花”的指导思想，管委会确定了 33 个重点建设项目，其中基础设施建设项目 7 个，工业项目 11 个，国际物流项目 4 个，研发交易中心项目 2 个，旧村改造和民生服务项目 9 个。今年要千方百计抓好这 33 个项目建设。为此，一是要成立工程建设指挥部。由管委会主要负责人任总指挥，分管负责人任副总指挥，建设、财政、国土、街办等相关部门负责人为成员，全面负责项目的规划审批、任务安排、进度质量、督促检查等工作。二是要加大包靠力度。一个项目，一套人马，专人包靠。各包靠人要真包真靠，真心真意，解决问题，加快进度，彻底解决只包不管的问题。三是要强化督促检查。工程建设指挥部要进一步分解任务，明确项目开工时间、建设进度和标准要求。要经常督促检查，天天靠工地，每周一调度，每半月一检查，督促项目加快建设。

（三）加大招商引资力度。招商引资始终是全区的中心任务。要突出做好三个方面：一是要重点引进三类项目。即高端制造类、国际物流类、总部经济类。高端制造类，重点引进“四新”项目，即新能源、新材料、新医药、新信息项目，并突出半导体照明、太阳能光伏、电声器件、集成电路、应用电子等产业。国际物流类，重点引进国际商品进口、大宗物资进口、研发检测中心、冷链物流等现代国际商贸物流企业。总部经济类，重点以引进服务业为主，吸引、扶持、培育商贸物流、信息服务、会计法律、中介服务、文化广告、技术认证、房地产、餐饮、建筑安装、交通运输等现代服务业企业，以及现代加工出口制造业企业、生产型高新技术企业等。二是要创新招商方式。要坚持全员招商，各部门要一套人马、两块牌子、两个职能，业务工作和招商引资两手抓、两手硬。要坚持小分队招商，各部门都要成立招商小分队，有针对性的外出招商，不搞形式主义，不搞大呼隆。要坚持分类招商，经发局要牵头抓好制造业招商，物流局要牵头抓好物流类招商，财政局要牵头抓好总部经济类招商。三是要加大奖惩力度。前期，管委会已经印发了《2012 年经济指标任务分配及奖惩办法》、《关于分配 2012 年总部经济招商任务的通知》，下步要严格考核，兑现奖惩。对连续两年完不成任务的部门主要负责人，实行离职招商或调整岗位。

（四）努力打造辐射全国的特色商品定价交易中心。国际贸易是综合保税区特有的功能优势，并有一系列优惠政策。今年要全力做好特色商品交易中心。一是国外葡萄酒等高档消费品交易中心。要尽快完成1万平方米国际商品展示交易中心装修，进一步扩大经营范围，以已引进的20多家红酒经销商为依托，继续引进国外高档化妆品、食品、装饰品等经销商入区，迅速形成规模。二是电子产品交易中心。要以总投资3亿元的中外运集团电子产品物流交易中心为依托，引进海尔、海信、中国移动等电子产品生产商和定制商，开展分拨配送和国际贸易业务，逐步形成以电视、电脑、手机等电子产品为主的国际配送和交易市场。三是棉花等大宗商品交易中心。以总投资10亿元的香港中基集团进口100万吨棉花项目和中棉集团为依托，建立棉花、橡胶、塑料等大宗商品交易市场。

（五）加快建设潍坊“无跑道国际机场”和“无水国际港口”，努力打造全市外向型企业服务平台。一是做大做强潍坊“无跑道国际机场”。要进一步加大宣传力度，增加签约航空公司数量，扩大空运范围，吸引更多的企业来区开展业务，扩大机场后移业务量。二是加快建设潍坊“无水国际港口”。要加强与青岛海关的联系，理顺通关模式，尽快实现直通关和青岛海港功能后移潍坊。要尽快落实棉花等进口植物产品检验检疫功能，为企业简化办事程序，节约物流成本。对这项工作，物流局、海关、国检要高度重视，抓好落实，真正把机场、海港功能后移业务做起来，服务全社会。

（六）加快汶泉国际城建设。汶泉国际城规划占地2平方公里，要着力打造成全市一流的国际化商务生活区。今年重点抓好四项工作：一是全面加快旧村改造步伐。先期实施董坊、徐家庄、官路、新庄、东单、西单、北赵、南赵等8个村的旧村改造，建设安置楼40栋，总建筑面积25万平方米。二是加快学校、医院、社区服务中心建设。学校方面，要启动九年一贯制学校建设，今年先建5000平方米小学部，整合辖区内两所小学，改善教学条件。要引进潍坊外经贸学校，完善职业教育。医院方面，要大力引进有关方面医院，为群众提供优质医疗服务。三是加快景观水系建设。潍坊发电厂每天排出中性水6000方，我们要利用这一水源，结合农田水利基本建设，建设既能防涝除害，又能形成水系景观的水利工程，全面提升汶泉国际城生态环境。四是加快商业开发步伐。先期开工191亩昊天城，建设15万平方米商品房。

（七）抓好财政和融资工作。财政和融资是全区建设发展的重要保障。一是要全力做好融资工作。要研究国家财政、信贷政策，加强与农业银行、工商银行、兴业银行等金融机构的联系，通过贷款融资、发行债券、争取上级资金支持等多种方式，融取资金。二是要认真抓好税收。要加强与工商、国税、地税等部门的协调配合，加强税收管理，做到应收尽收。三是要大力发展总部经济。千方百计引进有税收的总部经济项目，努力扩大税源。

（八）加强和创新社会管理服务。一是畅通党群沟通渠道。要建立管委会、街道、村两委、村民之间的信息交流渠道和方式，让管委会的声音真正传达到每个村民，每个村民的愿望也能及时反映到管委会；要实行区街两级干部包村制度，深入了解各村的实际困难和问题，真正为村民办实事、办好事；要大力推行党务公开、政务公开、村务公开，保障群众的知情权、参与权和监督权，在全区形成“心往一处想，劲往一处使”的强大凝聚力和向心力。二是保障和改善民生。要大力开展环境卫生综合整治，改善村容村貌，提供良好的生活环境。要进一步完善社会保障体系，按照全民医疗、社会化养老的要求，提高居民低保水平和参保率，让群众生活地更有保障。要认真落实农村低保政策，开展帮贫济困活动，保障困难群众基本生活。要加快农业产业规划，发展高效农业、养殖业，增加农民收入。要积极引导农村富余劳动力到企业工作，妥善解决失地农民就业收入问题。要大力促进农村文化发展和繁荣，丰富人民群众精神文化生活。三是维护社会和谐稳定。要牢固树立“发展是第一要务，稳定是第一责任”的思想，突出抓好信访工作，加大基层信访排查化解力度，妥善解决好各类历史遗留问题和群众最关心的利益问题，维护社会稳定。要深入推进平安保税区建设，健全社会治安防控体系，依法防范和严厉打击各类违法犯罪活动，确保社会和谐。四是强化安全生产。要严格落实安全生产责任制，深入排查安全隐患，对查出的问题及时整改，确保安全生产。要加强食品药品安全监管力度，确保群众饮食用药安全。五是抓好计划生育。要围绕稳定低生育水平这一中心任务，按照计划生育目标责任书的要求，各部门与街办齐抓共管，切实落实各项责任，认真做好育龄妇女季度透查、流动人口普查等综合服务工作，进一步提升工作水平，努力在全市计生工作排名中实现位次前移。

四、转变作风，狠抓落实

工作作风关系工作成果，一流的事业必须要有一流的工作作风。今年在工作作风和工作方法上要注重做好以下八个方面：

（一）强化责任，真抓实干。责任心是干好工作的前提和基础。全区党员干部都要牢固树立“无功就是过、从政必有为”的观念，在其位、谋其政、尽其责，切实肩负起加快发展的重任。一是要加快节奏，反应快，快反映，雷厉风行，马上就办接受任务不讲条件，执行任务不打折扣，完成任务力求圆满。二是要勇于担当，敢于碰硬，在职责范围内干成几件事关全局的大事，抓出一批在全市、全省乃至全国有影响的亮点工作。三是要切实转变工作作风，少开虚会，多办实事；少坐机关，多下基层；少发议论，多谋发展，以实干检验干部，以实绩评价干部，努力形成领导在一线服务、干部在一线创业、问题在一线解决、成效在一线体现、形象在一线树立的工作格局。四是要强化规范管理，把细事做细、实事做实、好事做好，提高工作效能。五是要强化督查考核，建立科学合理的评价考核办法，把日常督查与年终考核相结合，促进任务落实。

（二）突出主要矛盾，抓住关键环节。抓主要矛盾，就是抓重点，抓难点，抓牵一发而动全身的热点和焦点。眉毛胡子一把抓，就等于抓了芝麻，漏了西瓜。工作重点抓准了、抓好了，就等于完成了工作任务的80%。管委会有工作重点，每个部门、每个单位、每个人都有工作重点，关键是要找准重点，抓好重点，找准和抓好各占50%。工作重点是动态的，不是一成不变的，有的是长期工作重点，有的则是短期的，这要根据工作需要，不断地调整和变化。抓重点，不能平推平拥，必须集中资源确保，集中全力突破。

（三）优化环境，提升服务。软环境好坏是吸引项目落户的重要因素，甚至比优惠政策都重要。全区上下一定要高度重视，着力打造最具竞争力的投资环境。为此，区纪工委要每两个月征求一次企业意见，及时了解，及时反馈，及时解决。对破坏软环境的单位和个人，要毫不手软，坚决通报处理，情节严重的调离岗位，真正为企业投资兴业创造良好环境。

（四）团结协作，紧密配合。团结出健康，团结出干劲，团结出实绩，团结出干部。各部门、各单位、各同志都要以大局为重，凝心聚力，团结协作，共同推进。在工作分工上，要实行“五线”工作，即经济、建设、农村、财税、后勤各为一条线；在工作方法上，易统则统，易分则分，统分结合；在工作落实上，要坚持“五制”工作法，即服务承诺制、项目包靠制、现场工作制、限时办结制、督办考核制。

（五）加强学习，提高素质。学习是永恒的主题。只有加强学习，才能紧跟时代潮流，提升思想境界，增强引领科学发展的能力。过去由于种种原因，机关学习抓得不够，今年必须抓紧抓好。政治部要制订好今年的学习计划，每周五组织集中学习。要通过学习，使人人都能成为明白人和业务通，人人都是复合型人才，人人都能独当一面。

（六）加大宣传，扩大影响。特别在保税区设立时间不长，社会认识不够的情况下，更要通过大量宣传，来扩大影响、吸引投资、促进发展。各级各部门各单位要充分认识宣传的重要作用，既要真抓实干、埋头苦干，也要加大宣传、扩大影响，形成良好的工作氛围。在具体工作中，一是要发挥好各类媒体的作用。利用报纸、电视、网络、宣传册、明白纸等多种方式，全方位、立体化加大宣传力度。市级媒体方面，要突出抓好潍坊电视台、潍坊日报、潍坊网站、市委市政府信息等。区级层面，要办好保税区网站和《今日报告》。二是要建立健全宣传工作体系。全区总的宣传由政治部牵头负责，街办、各部门、各企业要确定一名宣传工作联系人，负责各自领域的信息整理上报。政治部要善于发现各方面的亮点工作，找准宣传点和宣传面，不断提高宣传工作水平。三是要有针对性做好招商宣传。经发局、物流局要针对重点企业、重点项目，采取登门宣传、邮寄宣传资料等方式，有针对性做好宣传工作。

（七）比学赶超，争创一流。要按照“争创全国一流综合保税区”的目标要求，把每项工作放到全市、全省乃至全国范围内进行比较，纵向找准学习榜样，横向找准赶超对象，要有“不干则已、要干就当第一”的精神。政治工作部要尽快研究制订全区绩效考核办法，明确先进集体和先进个人评选条件，让大家早知道、早明白、早努力，在全区形成比学赶超、争创一流的工作氛围。

（八）廉洁从政，从严治政。清正廉洁是领导干部的基本品质。全区党员干部都要常修为政之德，常思贪欲之害，常怀律己之心，干干净净做事，堂堂正正做人；要想干事，能干事，会干事，干成事，不出事，努力打造一支思想过硬、业务精通、勤政廉洁、团结高效的干部队伍，形成为民、务实、清廉的良好形象。

同志们，综合保税区正处在加快发展的关键时期，任务艰巨、责任重大、使命光荣。我们一定要在市委、市政府的正确领导下，以更加振奋的精神，更加饱满的热情，更加百倍的干劲，更加扎实的作风，努力开创综合保税区跨越发展的新局面，以优异成绩迎接党的十八大胜利召开！

（徐洪吉 时任潍坊出口加工区党工委书记、管委会主任）

徐洪吉同志
在2013年度全区加快发展大会上的讲话

（2013年2月20日）

同志们：

今天这次会议，主要是贯彻落实党的十八大精神和中央省市经济工作会议精神，认真落实市委、市政府“一七四一”的工作部署，总结去年工作，分析当前形势，安排部署今年任务，全力推动全区经济社会又好又快发展。下面，根据党工委、管委会意见，我讲四个方面的问题。

一、2012年工作成绩和问题

2012年，是保税区发展极不平凡的一年。全区实现进出口额3.46亿美元，同比增长154.2%；税收总额同比增长111.7%，其中地方财政收入同比增长35.2%。进出口额、地方财政收入增幅均为全市第1位。在全省7个海关监管区域中，潍坊综合保税区税收总额排名第3位，进出口额排名第5位。

（一）获批副厅级管理机构。2012年11月中央编办批复潍坊综合保税区副厅级管理机构。

（二）加快首期围网建设。一是围网土地指标和资金问题得到解决。二是涉及6个村的围网征地工作基本完成。三是建设了部分基础设施。

（三）打造政策服务中心。目前，保税区服务社会企业已达600多家，全年完成报关单2.2万票，增长133.0%。主要做了三项工作：一是实现了进口植物产品检验检疫权限下放。二是扩大了青岛机场功能后移业务量。三是积极推进了“一次报关、一次报检、24小时通关”等综合服务。

（四）打造高端制造中心。引进了总投资70多亿元的歌尔电子、歌尔谷崧、艾普电容触摸屏、上存锂电池、福泓石英管、华潍新材料、万和能源科技、康裕医药、正信生物科技、海纳医疗器械、绿盛生物制药、青岛三星纳米级运动定位控制平台和装载机自动变速器等一批工业项目。

（五）打造国际物流中心。一是建设了国际商品（红酒）交易中心。引进了50多家国外红酒经销商，经营20多个国家、1000多个系列的进口葡萄酒、洋酒、啤酒、橄榄油等消费品。二是大力发展大宗商品进口业务。引进了总投资20多亿元的中棉集团物流加工、香港中基集团进口棉花、中外运电子产品配送中心、万邦冷链物流、裕源物流、圆通快递、农业部冷链国际物流等一批国际物流项目，建设电子产品、棉花、塑料、纸浆、棕榈纤维等大宗进口原材料的交易集散地。

（六）总部经济规模不断壮大。全区总部经济企业已达458家，其中2012年新引进总部经济企业243家。

（七）民生保障和社会事业稳步推进。一是加快旧村改造步伐。加快了汶泉国际城123亩挂钩项目建设，建成11栋多层、7栋高层。实施了董坊村旧村改造，改善了村民生活环境。二是投资106万元全部完成了23个村饮用水改造，实现了饮水安全达标。三是投资147万元推进了城乡环卫一体化，改善了农村环境。四是扎实做好教育工作，为段家、官路两所小学新聘代课教师11名，并改善了教学环境。五是强化了安全生产，全年未发生重大安全事故。六是抓好计划生育工作，各项指标均控制在了规定范围以内。

在看到成绩的同时，也应清醒看到存在的困难和问题：

第一，经济总量不大。尽管与自己相比，各项指标有了较大增长，但总量上还不够大，进出口额等指标在全省海关监管区域中位次还比较靠后。

第二，功能政策作用发挥的不够充分。一是保税区的知名度和影响力还不够大。不少部门、单位和企业还不知道潍坊保税区是干什么的。二是已开展的虚拟机场、“一日游”等业务规模不够大，服务的社会企业还不够多。三是虚拟海港业务还没有破题。四是政策功能创新不够。很多新的政策和业务还不熟悉，也有不少方面仅停留在纸面上，保税区的政策功能作用还没有完全发挥出来。

第三，缺乏有震撼性的大项目。除歌尔外，全区还比较缺乏影响力强、辐射力大、产值和税收高的工业和物流大项目。

第四，工作作风不够过硬。突出表现在：一是有的对工作敏锐性不强，自觉性不高，眼高手低，自命不凡，拖拖拉拉，影响了工作。二是有的缺乏工作担当，关键时刻冲不上去，豁不出去，怕得罪人，在矛盾和困难面前推脱回避，缺乏应有的责任感，缺乏担当大任的事业心。三是有的抓落实的力度和韧劲不够，工作有头无尾、虎头蛇尾，缺少激情，缺少魄力，缺少恒心，缺少抓落实的力度。四是有的学习不够，知识贫乏，素质不高，不能研究新情况解决新问题，创造性开展工作的能力较差。五是有的大局意识不够，关心部门和个人的局部利益多，对管委会的决策部署认识不到位，落实不得力，大局观念欠缺。六是有的深入基层不够，浮在面上多，没有真正扑下身子抓工作，特别在包村和包项目方面有欠缺。七是有的人遵章守纪不够，一定程度上还存在迟到早退、不按时值班等问题。

第五，安全和稳定压力大。有个别村历史遗留问题较多，发展比较落后，影响到了社会稳定。以上问题，需要我们高度重视，采取有效措施，认真加以解决。

二、2013年工作任务

（一）发展目标。2013年主要服务性指标翻番，实现进出口额7亿美元，引进总部经济企业500家以上，服务社会企业1000家以上。

（二）工作重点。突出抓好“一三四一”，

即确保“一个目标”、实现“三大突破”、强化“四个保障”、突出“一个总抓手”。

一个目标：就是确保进出口额、地方财政收入增幅保持全市第1位。

三大突破：一是实现改革创新新突破。要解放思想，破除惯性思维，原则性和灵活性相结合，大胆创新，大胆改革，创造性开展工作，特别要大胆探索离岸金融、保税租赁、启运地退税、产品内销、港口直通、“二线放开”、赋予贸易企业一般纳税人资格等功能业务政策。积极争取海关总署试点。二是实现大项目引进新突破。要集中一切力量，下定决心引进一批投资规模大、科技含量高、辐射作用强、有震撼性的高端制造和国际物流项目。三是实现总部经济发展新突破。抓好总部经济是膨胀全区经济规模、扩大财政收入最现实、最有效的手段，今年必须大干快上。要实行总部经济招商责任制，全员分配任务，责任到人，每月通报，半年初评，年终总评，奖优罚劣。

四个保障：一是确保上半年围网通过国务院检查验收。为此，4月份要全部完成围网建设工作，5月份进行围网初验，6月份迎接国务院十部委联合验收。二是强化资金保障。要做好财政和融资工作，保障项目建设资金需求。三是强化用地保障。要全力做好重点项目倒地工作，保障项目用地需求。四是强化软环境建设。一方面，要为企业创造优质的服务环境。纪工委、政治工作部要每两个月征求一次企业意见，对企业反映的问题要及时反馈，及时解决。要实行企业评议部门制度，半年初评，年终总评，对破坏软环境的单位和个人，坚决通报处理，情节严重的调离岗位。另一方面，要维护全区安全稳定的局面。安监局要加强安全生产调度检查，杜绝重特大事故发生。汶泉发展区要及时化解矛盾和不稳定因素，维护好农村稳定。规划建设局要按规定征收农民工工资保证金，加强对施工企业的管理。

一个总抓手：就是要加强调度评比考核，确保各项工作落到实处。

（三）工作要求。见《潍坊综合保税区2013年工作要点》。

三、抓落实的工作方法

（一）明确任务目标。管委会要明确各分管负责同志和各部门2013年的任务目标、完成时限和责任人，在管委会办公楼进行公示，接受监督。

（二）强化调度检查。一是管委会每1-2个月召开一次现场办公会，对重点工作进行检查调度，研究解决有关问题。二是各分管负责同志要每周调度分管领域的工作，及时分析解决问题。三是政治工作部要每月通报重点工作、重点项目、总部经济、包村联户等进展情况。

（三）严格考核评比。要制定绩效考核办法，实行百分制考核，半年初评，年终总评，严格奖惩。

（四）实行“五条线”工作责任制。即经济、建设、财税、农村、后勤各为一条线，实行易统则统、易分则分、统分结合的工作机制。一是经济线，由王守全、蒋明旺、鲍德海牵头，成员有经济发展局、物流发展局、海关、国检、工商，主要任务是抓项目，抓服务，抓发展。二是建设线，由王得志牵头，成员有规划建设局、国土局，主要任务是抓规划，抓建设。三是农村线，由蒋建新牵头，成员有汶泉发展区、安监局，主要任务是农村发展、农村征地、农村稳定。四是财税线，由王有强牵头，成员有财政局、国税、地税、工商，主要任务是抓税收，抓融资，抓总部经济。五是后勤线，由刘庆德牵头，成员有党政办公室、政治工作部，主要任务是搞好后勤保障，加大宣传力度，抓好督查检查。五条工作线，当涉及项目时，建设、农村、财税要“三线合一线”，由王得志总牵头，统筹各项工作，确保项目加快建设。

（五）深化“五制”服务。一是服务承诺制。各部门要进一步深化完善服务内容、标准、程序和时限，通过网站、明白纸等形式公开服务承诺，接受社会监督。二是限时办结制。各项工作都要规定完成时限，限时办结。三是现场工作制。管委会全体班子成员和各部门负责人都要一线工作，亲历亲为，现场发现问题，现场解决问题。四是项目包靠制。对每个项目都要落实包靠责任人，加强与企业联络，帮助协调解决问题。五是督办考核制。加强对重点工作的督查检查，确保各项工作落到实处。

四、加强作风建设

（一）要加强学习。一是定期学习。要制定好全年学习计划，每周五下午召开例会并组织集中学习。二是外出考察学习。要根据需要，有针对性地组织小分队外出考察学习。三是要传帮带。要在全区形成尊老爱幼和传帮带的优良风气。年老的同志要自觉传帮带年轻的同志，特别在如何做人、如何做事、如何应对急难险重等方面，要言传身教，不厌其烦，拿出过去师傅带徒弟的真情和做法，帮助年轻同志快速成长。年轻的同志要放下架子，谦虚谨慎，勤学好问，尊敬老同志，学习老同志，多向老同志请教，真正学到老同志做人做事的本领，在全区形成传帮带的良好氛围。

（二）要加强宣传。一是要加强新闻媒体和市级信息刊物宣传。二是要高度重视网站宣传。三是针对全市进出口前100强企业，采取举办培训班、登门宣传、邮寄资料等方式，有针对性做好宣传工作。四是要建立健全宣传工作体系。全区总的宣传由政治工作部牵头负责，各部门、单位、企业都要确定一名信息联络员，负责各自领域的信息上报工作。五是要实行信息宣传考核激励机制。每月通报各部门报送信息数量，半年初评，年终评比表彰，兑现奖惩。

（三）要严守工作规范。没有规矩，不成方圆。全区同志必须明白管委会提倡什么，禁止什么，自觉和管委会保持政治上和工作上的高度一致。一是要德才兼顾，以德为先。二是要有大局意识，政令畅通。三是要敬畏岗位，创先争优。四是要科学考核，奖惩分明。五是要严守工作纪律，违者严惩不贷。要严格遵守上下班、值班、请销假、24小时开机、中午禁酒等纪律。六是尽快修订完善各项规章制度。

（四）要密切联系群众。一是认真落实项目包靠责任制。每周至少与所包靠项目联系一次，每月至少到项目现场办公一次。二是认真执行包村联户制度。管委会班子成员和各部门负责人每月至少到所包靠村走访一次，了解村情民情，帮助协调解决有关问题。三是政治工作部要定期调度通报各部门包靠项目和包村联户情况。

（五）要廉洁从政。要严格落实党风廉政建设责任制，加强廉政教育，深化惩防体系建设，形成为民、务实、清廉的良好环境。要厉行勤俭节约，坚持勤俭办一切事业，不讲排场、不铺张浪费，始终保持清正廉洁的良好形象。

（六）切实抓好当前工作。一是迅速收回心来，全心投入工作。二是尽快研究分解全年任务，责任到人。三是所有项目要尽快开工或投产。四是要为迎接国家检查验收和全市大点评做好一切准备工作。

（徐洪吉 时任潍坊综合保税区党工委书记、管委会主任）

徐洪吉同志
在2014年度全区加快发展大会上的讲话

（2014年2月8日）

同志们：

今天这次会议的主要议题是贯彻落实中央和省、市经济工作会议精神，总结去年工作，表彰先进，安排今年任务。刚才，王守全同志宣读了2013年度先进集体和先进个人的表彰决定。在此，我代表党工委、管委会向受到表彰的单位和个人表示热烈的祝贺！向过去一年中为保税区发展努力工作、拼搏奉献的广大干部群众表示衷心的感谢！下面，根据党工委、管委会研究的意见，我讲三个方面问题：

一、2013年主要工作

2013年是保税区大发展的一年。全区进出口额同比增长82.4%，公共预算财政收入同比增长76.7%，两项经济指标增幅在全国综合保税区中名列前茅。主要抓了九项工作：

（一）全面完成首期围网建设。积极向上争取土地指标2500亩，并多方筹措建设资金，保证工程按时完工，于2013年10月通过了省政府预验收，12月26日通过了国家正式验收。

（二）全力引进了一批大项目。主要有：歌尔电子二期项目、总投资6.32亿元的中俄冷链物流项目、总投资10亿元的电子商务中心、总投资10亿元的中国供销集团物流加工项目、总投资10亿元的国家级食品检测认证中心项目等等。

（三）进一步完善了社会服务平台建设。分别建设了虚拟口岸、检验检疫、国际物流、研发检测维修、联网监管服务等政策服务平台，来区开展业务的企业已近1000家，保税区政策服务作用逐步显现。

（四）国际商贸物流快速发展。一是引进了中国供销集团、香港中基物流、中国外运集团、大地科技、泰国和中国台湾地区农产品配送等一批进出口项目，以棉花为代表的大宗原材料物流集散地初具规模。二是国际商品展示交易中心逐步做大，经营业户达到50多家，经营种类从红酒类、橄榄油类逐步向其他品类扩展。三是电子商务开始破题。规划了12万平方米的电子商务中心，正与优传公司洽谈跨境电子商务项目建设，努力实现网上网下结合发展。

（五）启动了保税区B区申报建设。目前，B区选址规划可行性研究报告已完成，申报请示已上报省政府。围网、口岸作业区等基础设施已开工建设。

（六）财政税收和总部经济势头良好。全年财政总收入同比增长 90.3%，其中公共预算收入同比增长 76.7%。全年新引进总部经济企业 290 家。

（七）建设管理正常推进。一是加强了对在建、拟建项目的正常调度推进。二是完善并编制了部分片区规划。三是加强了自来水、供暖、电力、燃气、绿化、亮化等基础设施的配套和管理。四是建筑市场、环境保护、工程招投标、园区资产的管理进一步规范。

（八）民生保障和社会事业稳步推进。一是做好了董坊村 1027 名村民整体搬迁工作。二是全部完成了辖区内 23 个村的饮用水改造，成为全市首个完成改造的县市区。三是加强城乡环卫一体化建设，村居覆盖率达到 100%。四是实施了村级“三代管”（财务、资金、公章），基层基础工作进一步加强。五是开工建设了保税区实验学校，行知高中也即将开工，两所学校预计今年投入使用。六是设立了 5 个自行车站点，新增 79 路公交车，方便了群众出行。七是强化了安全生产、综合执法和社会稳定，全年未发生重大安全事故。八是计划生育各项指标均控制在了规定范围以内。

（九）机关运行正常。值班、文秘、宣传、后勤、接待、软环境建设等都有新起色。

应该说，经过过去几年的努力奋斗，保税区的困难时期已经过去，快速发展的春天已经到来，势头很好，发展迅猛，前景光明。这是市委、市政府正确领导、市直各有关部门大力帮助支持的结果，也是全区上下团结奋进、拼搏奉献的结果。在此，我代表党工委、管委会向大家表示衷心的感谢！

在看到成绩的同时，也应清醒看到存在问题和不足。主要表现在：

第一，经济总量仍然不大，与全国先进保税区和兄弟开发区相比还有很大差距。

第二，农村稳定有待加强。总的看，全区农村较为稳定，农民安居乐业。但也存在个别村庄不够稳定的问题，甚至在面上造成了不好的影响。农村倒地也不快，影响了项目开工建设。

第三，招商引资不理想。新谈的项目不多，特别是大项目、好项目少而又少，全区招商意识有待进一步提高。

第四，功能政策发挥不足。虚拟口岸、国际物流、国际贸易等业务还处在起步阶段，业务规模不够大，服务的社会企业不够多。很多新政策、新业务创新研究不足，跟进不快，“争抢要闯”的劲头还不够大。

第五，商务生活配套设施不完善。全区交通、购物、金融、教育、医疗、食宿、休闲、娱乐等方面配套不足，企业反映强烈。

第六，拟开工和已开工的项目进度不够快。指挥调度力度需再抓紧抓实。

第七，宣传力度还不够。保税区的知名度和影响力还不大，还有不少部门、单位和企业，不知道潍坊有保税区，不清楚保税区是干什么的。

第八，学习坚持不够正常。全年没有做到有计划、有步骤地组织系统学习。

第九，工作作风不够扎实。有的对工作研究不深不透，浮在面上，缺点子，少主意，没措施，工作被动应付，平平庸庸；有的对工作中的问题，发现晚、反应慢、动手迟，错失了良机；有的担当不够，顾虑过多，缺乏责任感和事业心；有的抓落实不力，执行力不足，缺少力度、办法和韧劲；有的产生自满情绪，放松了要求，放慢了脚步，放低了标准，上进心减弱；有的小事不愿做，大事又做不了，眼高手低，自我清高，自命不凡；有的深入基层不够，一线现场解决问题不多，特别在包村和包项目方面有欠缺；有的遵章守纪不够，一定程度上存在迟到早退、不按时值班、违规违纪和顶风而上等问题；有的单位整体性不强，缺少团队精神，缺少凝聚力，缺少战斗力，缺少传帮带，等等。

以上问题和不足，需要我们在今年工作中认真研究解决。

二、2014年任务目标

总的想法是：以国家设立自贸区的思想、精神、标准、方法统筹指导全区工作，全力向自由贸易区迈进。

在工作布局上，今年坚持创新发展、农村和谐、B区筹建、作风建设四项工作，同步推进，同步发展。

在发展措施上，坚持“四个一体化”，即网内网外一体化、网上网下一体化、国际国内一体化和“四大产业”（国际加工、国际物流、国际贸易、国际商务）发展一体化。

在发展目标上，2014年实现进出口额12亿美元，引进总部经济企业400家以上，服务社会企业1200家以上，确保进出口额、公共财政预算收入增幅继续保持全市第一、全国领先。力争通过5年左右发展，年实现进出口额100亿美元。

根据以上思路目标，2014年突出抓好八项工作：

（一）突出抓好功能政策服务。围绕为全市及周边区域企业提供系列化政策服务，加快建设“五大服务平台”：

第一，口岸综合服务平台。依托青岛机场、青岛港和潍坊港，为企业提供快捷通关、缓交关税、提前退税、检验检疫等服务。一是要确保2月底前完成海关代码转换，解决好跨关区虚拟口岸通关问题。二是要突破港口功能后移，解决好港口直通、空箱返程等问题，确保年内港口业务顺利开展。三是确保3月底前启用智能卡口，年内实现潍坊保税区与青岛、郑州等其他保税区的“区区联动”。四是要进一步扩大虚拟口岸业务量，确保全年保税物流货值15亿美元。

第二，商贸物流服务平台。一是确保全区保税仓库总面积达到20万平方米，满足企业保税仓储需求。二是要吸引全市机械装备、电子信息、棉纺产品、农副产品等优势产业通过保税区进出口，进一步扩大保税物流业务规模。

第三，金融结算服务平台。金融结算是自贸区改革开放的重点，也是现代经济的核心内容。一是要尽快外出学习和政策研究，6月底前拿出金融业发展意见。二是要积极争取政策业务试点，年内首先申报跨境电子商务、舱单质押融资、选择性征税3项试点，并探索研究融资租赁、期货保税交割等新业务和新政策。三是要大力引进各类银行、保险、融资性担保公司以及各类新型金融机构，努力培育国际金融服务中心。

第四，研发维修服务平台。要加强与福田、潍柴、歌尔等大企业的对接，用好保税研发检测维修政策，逐一研究业务模式，确保6月底前开展整机拼箱出口、零部件进口分拨、整机检测维修等业务。

第五，联网监管服务平台。保税区网内空间有限，要与海关一起研究监管模式创新，探讨通过信息化的方式，实现生产加工、国际物流、研发维修等企业，在网外实行联网监管，实现网内政策网外用，扩大保税区的服务范围。

（二）突出抓好国际加工业和国际物流贸易业。要牢固树立“项目立区、产业兴区”理念，大力发展国际加工、国际物流、国际贸易等支柱产业，推动全区加快发展。

第一，加快发展国际加工业。一是要全力为歌尔等有关企业搞好服务。歌尔是全区的龙头企业，进出口额占全区的70%以上。今后扩产势头还很猛，预计二、三年内进出口额将达到30-40亿美元。全力为歌尔搞好服务，就抓住了发展的牛鼻子。为此，全区各级各部门都要列出为歌尔服务的事项，对歌尔提出的问题，不准说“不”字。当前，要重点做好六项工作：①2月底前启用海关辅助监管系统，制定卡口管理办法，解决歌尔方便通关问题。②2月底前解决歌尔电子A类企业管理问题。③6月底前解决歌尔自备车无纸化通关问题。④及时帮助歌尔解决建设中的问题，确保按时建成，尽早投产。⑤要积极争取海关、国检、税务等方面的先行先试政策，最大程度为歌尔提供便利。⑥完善交通、食宿、休闲、娱乐等生活配套，解决企业后顾之忧。在服务好歌尔的同时，也要全力服务好区内所有企业。二是要加快现有工业项目建设和发展。支持圣和新材料、佩特来发电机、上存锂电池、华潍新材料、丰国电子、利可生生物科技、万和能源、正信生物科技等项目加快建设、投产和扩产。三是要确保全年新引进大高外工业项目10个以上，力争全区规模以上工业企业达到20家以上。

第二，做大做强国际物流贸易业。一是大力发展电子商务。一方面，要加快12万平方米的电子商务中心建设，确保3月份开工建设，年内完成主体施工，争取早日运营。另一方面，大力推进以优传为主的跨境电子商务。要马上外出学习，2月底前拿出实施方案，争取6月底前国家发改委、海关总署批复试点。要配合优传迅速启动跨境电子商务信息平台、物业平台、商务平台等三大平台建设，加快招商运营，努力打造在全国有影响力的电子商务中心。二是做大做强国际商品展示交易中心。要进一步扩大交易中心规模，确保年内交易中心入驻企业突破100家，经营种类扩大到酒类、油类、化妆品、箱包、服装、电子产品等品类，争取年交易额实现大的突破。要建设好台湾馆、韩国馆、德国馆等，整体提升交易中心品牌和形象。三是要规划建设艺术品保税展示和交易平台，开展书画等艺术品的展示、交流、贮藏、拍卖等活动，建成国际艺术品交易市场。四是加快建设大宗原材料物流集散地。要大力发展棉花产业，加快中国供销集团、中基集团、大地科技、万邦物流、裕源物流等项目建设，确保全年进出口棉花10万吨以上，初步形成区域性棉花进口中心。要大力发展农产品进出口，加快中俄冷链物流、泰国和中国台湾地区农副产品进出口等项目建设，建成全国农副产品进出口和分拨配送基地。要依托歌尔电子产业园，大力发展电子产品配送和工业设备进出口。五是要探索建立大宗商品现货和期货交易市场，加快由实体物流向虚拟经济发展，逐步建成大宗原材料国际物流交易定价中心。

（三）突出抓好总部经济。总部经济就是无烟经济、高效经济，意义重大。市委、市政府特别重视，我们必须下决心抓好抓出成效。下一步，一是要成立由党工委、管委会主要负责人任组长的总部经济领导小组。管委会所有班子成员和各部门都要分配任务，责任到人，每月通报，半年初评，年终总评，奖优罚劣。二是要明确总部经济招商重点。着力引进现代物流、信息服务、会计法律、中介服务、广告影视、文化传媒、房地产、餐饮、建筑安装、交通运输、小额贷款公司、担保公司、保险公司等现代服务业，以及大型工业企业的销售公司、财务结算中心等。三是要提高总部经济的效益和质量。要注重引进税收贡献大的企业，原则上商业企业注册资本不能低于50万元，工业企业注册资本不能低于100万元。

（四）突出抓好现有项目推进力度。前期，管委会对全区项目进行了梳理，确定了30个重点项目，其中工业和物流项目20个，基础设施建设项目和民生保障项目10个。下一步，一是建设指挥部要加大调度力度。对30个重点项目，工程建设指挥部要列出项目单子，责任到人，每天到现场，每周一调度，每月一检查，推动项目加快建设进度。二是要强化包靠服务。各包靠人要真包真靠，真心实意，每周都要与项目方联系，每周都要到项目现场，解决问题，加快推进。三是要强化督促检查。建设指挥部和政治工作部要每月通报项目进展情况。

（五）突出抓好商务生活设施配套。要按照现代化、国际化的要求，加快商务生活设施建设，解决为企业配套问题。突出抓好以下三点：

第一，要紧紧围绕广大企业急需的吃饭、住宿、交通、购物、金融、娱乐、医疗、上学等8个方面的需求，一个题目一个题目的专题调研，尽快制定建设规划，及早分步实施，短时间内提高服务能力。这项工作，由工程建设指挥部和规划建设局负责组织落实。

第二，要加快汶泉国际城建设。一是完善123亩龙景佳苑项目配套，为搬迁村民提供良好条件。二是抓好191亩昊天城建设，加快与有关企业对接，完善超市、银行及有关服务设施建设。三是加快保税区试验学校、行知学校建设，解决辖区教育问题。

第三，要加快高二路东侧沿街商业开发。要抓紧进行土地性质调整，制定完善片区发展规划，重点发展商业综合体、总部经济、金融产业等现代服务业，努力建设一批档次高、服务功能强的地标性商业楼群，提升保税区整体形象。

（六）突出抓好招商引资。招商引资始终是全区发展的重中之重，必须常抓不懈。突出抓好四项工作：一是明确招商重点。要大力引进加工业、物流贸易业和总部经济三类项目。经发局牵头抓好加工业招商，物流局牵头抓好物流类招商，财政局牵头抓好总部经济招商。二是提高入区标准。要着力引进投资规模大、科技含量高、税收效益好的大项目，原则上投资强度低于每亩350万、容积率低于1.5、每亩产值低于520万元的项目一律不要。要搞好新引进项目测算，特别要注重效益指标分析，达不到要求的项目坚决不要。三是创新招商方式。继续坚持全员招商和专业招商相结合，不搞形式主义，不搞大呼隆。四是要严格招商奖惩。继续实行招商引资目标责任制，每月通报招商情况，加大考核奖惩力度，调动全员招商积极性。

（七）突出抓好保税区B区建设。建设保税区B区是市委、市政府作出的重大战略决策，必须坚定不移加快推进，确保按要求完成任务。一是抓好申报。要人员跟着文件走，确保3月底前完成省政府向国务院转报请示；6月底前完成海关总署、国土部、住建部审批程序；9月底前完成国务院十部委会签；10月底前获国务院批复。二是加快建设。确保9月底前完成B区基础设施建设，12月底前达到验收条件。同时，做好区港一体化和B区交通连接等工作。三是全力招商。力争8月底前引进5个以上大项目，达到海关总署验收条件。

（八）突出抓好农村稳定和农村发展。要把更多的精力、物力、人力向农村倾斜，努力实现农村稳定、农村和谐、农村发展。

第一，要维护好农村稳定。要在全区开展“大走访、大调研，办实事、解难题、促发展”活动，本着公开、公平和公正的原则，及时化解各种矛盾问题。特别对个别不稳定村，要成立专门工作组，加大包靠力度，对群众反映强烈的问题，要逐项清查，逐案分析，如果确有问题，要依法处理。如果查无实据，要及时反馈，说服教育，尽快结案。坚决打击违法乱建、违法乱干、冲击国家机关办公、无理取闹等现象，维护全区稳定局面。

第二，加快农村倒地。要引导群众正确认识倒地和改善民生的关系，只有项目多了，企业发展快了，才有更多的就业机会和更多的财力改善民生。汶泉发展区要加快倒地步伐，确保项目尽快开工。

第三，促进农村发展。要加大农村基础设施投入，做好道路、桥涵、村级活动场所、环卫一体化、健身广场等工程建设，尽快改善农村条件，建设美丽农村。要搞好旧村改造统一规划，适时启动建设。要认真组织好今年村两委换届工作，真正选出一批德才兼备的好干部，特别要选好带头人。

第四，搞好农村保障。要积极对接歌尔、福田、潍柴、电厂等大企业，引导农村富余劳动力到企业工作，帮助农民增收致富。要进一步完善社会保障体系，按照全民医疗、社会化养老的要求，提高居民低保水平和参保率，让群众生活有保障。要抓好农村文化发展和繁荣，丰富人民群众精神文化生活。

第五，做好包村工作。管委会包村负责人和各村第一书记每月必须去所包村2次以上，交流感情，了解情况，接接地气。

三、切实转变工作作风

家要有家风，队要有队风，工作作风决定事业成败。为此，管委会确定今年是“作风建设年”，以党的群众路线教育实践活动为契机，切实培养作风、历练作风、转变作风，以过硬的作风保障事业的快速发展。重点做好以下几个方面：

（一）要加强学习。知识是德才的基础。只有加强学习，才能增长知识，提升境界，适应时代。一是坚持每周集中学习。要合理制定全年学习计划，通过专家讲座、观看光盘、知识考试等多种形式，组织好每周集中学习，提高全员素质能力。二是有针对性外出考察学习。要根据实际需要，分批次、有针对性组织外出考察学习，学习外面的好经验、好做法，学习外面的改革创新等等，使知识能力始终走在全国的一线和前列。三是要传帮带。有经验的老同志要拿出师傅带徒弟的真情，把工作中好经验、好做法，特别是如何做人、如何做事、如何应对急难险重等方面，言传身教，不厌其烦，帮助年轻同志快速成长。年轻和新来的同志要勤学好问，虚心请教，尊敬老同志，学习老同志，请教老同志，真正学到老同志做人做事的本领，在全区形成“传帮带”的良好氛围。

（二）要严守纪律。没有规矩，不成方圆。全区同志必须严守一切纪律。一是要严守政治纪律。下级服从上级，少数服从多数，个人服从组织。听从领导，服从分配，保持一致，维护大局。不该说的不说，不该做的不做，不该问的不问。人人做到政治上成熟。二是严守廉政纪律。要自觉遵守廉洁从政的各项规定，思想上警钟长鸣，行动上防微杜渐，生活上严格自律，干干净净做事，堂堂正正做人，始终保持为民、务实、清廉的良好形象。三是严守工作纪律。结合开展的这次群众路线教育活动，组织修订完善全区规章制度，让人人明白制度，人人遵守制度。当前特别要严格遵守办公用房、办公用车、公务接待、勤俭节约、按时上下班、中午禁酒等工作纪律，违者严惩不贷。

（三）要提高执行力。执行力就是落实力、战斗力，也是对每个人德才的综合检验。这方面要做到以下五点：一是要有责任心。无论干什么工作，都要有一种完不成任务就吃不好、睡不着的责任心和事业感。要敢于担责，敢于冒险，敢于豁上，在困难面前不后退、不气馁、不言败。在其位、谋其政、尽其责，为官一任、成全一方。二是要亲力亲为。干事情要脚踏实地，扎扎实实，亲力亲为，事无巨细，持之以恒，真正做到领导在一线指挥、干部在一线创业、问题在一线解决、形象在一线树立，以实干检验干部，以实绩评价干部。三是要提高效率。干任何事，都要接触快、反应快、进入角色快、推进快，以只争朝夕的精神，以果断快速的作风，善始善终完成工作任务。四是要争创一流。思想高起点，目标高标准，工作争一流。要自觉把每项工作与全市、全省、全国比较，找学习榜样，找赶超对象，找奋斗目标，坚决在全区倡导和营造争创一流光荣、落后被动无光的浓厚氛围。五是要强化考核评比。无考核就无压力，无压力就无动力。全区所有工作都要考核评比，能定量的定量，不能定量的定性，干得好的与干得差的都要有个说法，有个名次，并作为组织用人的依据。政治部要尽快制定全区绩效考核办法，确保管委会的重要工作，有安排、有检查、有落实、有考核、有名次。

（四）要加强软环境建设。软环境对全区发展意义重大，甚至比任何优惠政策都重要。要突出抓好以下几点：一是要尽快下发 2014 年度加强软环境建设的意见，各部门要严格执行。二是纪检监察部门牵头，有关部门参加，要及时走访企业，及时了解问题，及时进行整改。决不允许刁难企业、克扣企业、欺骗企业的现象在保税区发生，发现一起，处理一起，绝不手软。三是继续坚持评议部门制度，半年初评，年终总评，评议结果要及时公开，并作为评先树优的重要依据。四是严格实行问责制。今年管委会确定了 26 项问责和责任追究事项，对违反的要严肃处理。

（五）要抓主要矛盾。抓主要矛盾，就是抓

重点，抓难点，不平推平拥，不眉毛胡子一把抓。工作重点抓准了、抓好了，就等于完成了工作任务的80%。管委会有工作重点，每个部门、每个人都有工作重点，各自要找准重点，抓好重点。工作重点是动态的，不是一成不变的，这要根据工作需要不断调整和变化。抓重点，不能平推平拥，必须集中资源确保，集中全力突破。

（六）要德才兼备，以德为先。这是中央的要求，也是选人用人的标准，更是做人、做事的基本原则，我们必须大力弘扬和倡导。一是要老老实实做人。老实人常久，厚道人常在，好人必有好报，好人一生平安。要做老实人，要做厚道人，要做谦虚人，要做遵纪守法人，要做有良心、有热心、有爱心的人。二是要扎扎实实做事。有奉献才有价值，有奉献才有事业。要发扬老黄牛精神，一步一个脚印，踏踏实实，认认真真，不计名利，不计得失，不怕吃亏，不怕吃苦，不怕批评，不怕摔倒，埋头苦干，默默耕耘，世间自有公道在，有付出必有回报，成功属于实干、苦干、勤奋的人。三是要团结协作。管委会就是一台机器，各部门、每个人都是零部件，只有大家定好位，出好力，协同一致，机器才能正常运转。同样，全区也要团结协作，团结出健康，团结出干劲，团结出实绩，团结出干部。四是要有丰富的情商。智商重要，情商更重要。所谓的情商就是：对工作要有激情、对生活要有热情、对人要有感情。每个人都要做一个热爱生活、积极上进、感情丰富、阳光简朴的人。

同志们，保税区正处在加快发展的关键时期，任务艰巨、责任重大、使命光荣。全区上下一定要以更加振奋的精神，更加饱满的热情，更加百倍的干劲，更加扎实的作风，努力推动全区经济社会发展再上新台阶，为全市经济社会又好又快发展做出新的更大贡献！

（徐洪吉 时任潍坊综合保税区党工委书记、管委会主任）

徐洪吉同志
在2015年度全区加快发展大会上的讲话

（2015年2月15日）

今天这次会议的主要任务是贯彻全省“两会”精神姜异康书记重要讲话精神、以及中央和省市经济工作会议精神，总结去年工作，安排部署今年任务。刚才，孙市长围绕解放思想、发挥功能、转变作风和加强党的建设讲了重要意见。孙市长的讲话，完全符合中央、省、市精神，符合全区实际，是指导今后发展的纲领性文件，全区上下要认真学习领会，全面抓好贯彻落实。下面，我讲两个方面问题。

一、2014年主要工作

过去的一年，是保税区改革发展的突破年。一年来，全区上下团结实干，攻坚破难，开创了加快发展的新局面。全年实现进出口额8.1亿美元，增长29%；公共财政预算收入1.2亿元，增长32%；保税物流货值9.5亿美元，增长42%；工业主营业务收入41亿元，增长49%；全区主要经济指标增幅连续3年在全国保税区中名列前茅。主要抓了八项工作：

（一）跨境电子商务迅速启动。把跨境电子商务作为全区工作的重中之重。一是全力申报试点。去年4月，在全省率先启动跨境电商申报，得到了海关总署、济南海关的高度评价。目前，保税区“出口型”业务已经获批，“进口型”业务允许测试，申报取得阶段性成果。二是加快跨境电商平台建设。投资3000万元，启动了跨境邮件分拣中心和通关综合服务平台建设，目前邮件分拣中心已完成招标、开始建设，综合服务平台正在招标。三是开工了总投资6亿元12万平方米的电子商务大厦，为跨境电商业务开展提供基础保障。四是强力推进电商招商。与京东集团达成了建设跨境电商和区域电商的合作意向，正在积极洽谈引进阿里巴巴、奕佳商城、淘宝潍坊馆、EMS等一批电商企业，努力形成电商企业集群。

（二）重点项目加快推进。按照国际加工、国际物流、国际贸易、商务服务“四大产业”同步推进、同步发展的原则和提升市区的要求，全区筛选确定了86个重点项目，总投资200多亿元。对这86个项目，全部确定了包靠领导和责任单位，制定了年度计划和推进方案，坚持每周调度，半月通报，有力推动了项目加快建设。

（三）改革创新取得突破。围绕发挥保税区功能作用，加快对接自贸区，全区政策服务能力全面提升。一是加快复制推广自贸区14项通关便利政策。目前，已落实7项新政策，进一步简化了通关手续，降低了通关费用。二是在省内率先推行了“三个一”通关报检新模式，企业通关申报事项由143项整合成84项，真正实现了“一次申报、一次查验、一次放行”。三是积极争取检验检疫权限下放。经国家质检总局批准，实现了进口棉花等植物产品在保税区就地检验检疫。启动了进口水果、水产品和肉类等进境口岸申报程序，今年1月份申报文件上报国家质检总局。四是“区区联动”正式运作。实现了与郑州、南京等保税区的联动发展，成为全国首批实现“区区联动”的保税区之一。

（四）保税区北区加快筹建。建设保税区北区，是市委、市政府的战略决策，意义重大。重点抓了两项工作：一是加快申报批复。4月份向国务院上报了北区申报文件；7月份海关总署启动征求国土部、住建部意见。目前住建部已回函同意，正积极协调国土部。二是加快工程建设。北区总规划面积9.73平方公里，其中一期围网2.12平方公里。目前，一期围网所有的规划设计已全部完成，正在多方筹集建设资金。

（五）财政税收和总部经济势头良好。全年财政总收入同比增长54%，其中公共预算收入首次突破亿元，同比增长32%，增幅位居全国保税区前列。总部经济加快发展，全年新增总部经济企业213家，实现地方税收同比增长15.8%。

（六）国际物流迅猛发展。一是平台服务作用日益显现。着眼于服务全市及周边地区企业，突出抓好了“虚拟口岸、电子商务、检验检疫、商贸物流、联网监管”等五大平台建设，来区办理业务的企业达到1200多家，全年实现保税物流货值9.5亿美元。二是国际商品交易中心逐步做大。商品种类由葡萄酒、橄榄油，逐步扩大到酒类、油类、化妆品、纺织品、海鲜、小食品等多个品种，交易中心向全面化、多元化、电商化发展。新引进了韩国馆、国际采购（纺织品）服务平台，已有 20 多家国外大型供应商入驻。

（七）民生保障和社会事业稳步推进。投资 1 个多亿用于改善民生，受到了群众的赞誉。在 2014 年度群众满意度测评中，保税区取得了 88.19 分的好成绩，在全市 16 个县市区（开发区）中位列第 6 名。一是加大教育投入。投资 2 亿多元，用于改善教育事业。其中，吸引社会投资 1.8 亿元建设了潍坊行知高中，管委会投资 2500 万元建设了保税区实验学校，让群众就近享受优质教育资源。二是完善道路交通。投资 5000 余万元，新开工扩建了樱前街、桃园街、高七路等主要道路；投资 160 余万元，全面整修了农村断头路、村内路、危桥，区内交通环境全面提升。三是提高群众居住水平。投资 1000 余万元，启动 6 个村的乡村连片治理工程。投资 200 余万元，新建垃圾中转站等设施。在全市率先完成农村饮用水改造，城乡环卫一体化村居覆盖率达到 100%。四是全面完成了全区 23 个村换届工作，没有出现一起区级以上信访案件。换届后，组织街办和村两委 200 多名干部，在市委党校进行了为期 5 天的集中培训，为今后农村稳定、农村发展打下了良好基础。五是丰富群众娱乐生活。加快了高二路东侧沿街商业开发，完善了超市、银行等服务设施。新建 8 处农村健身广场，新开通“村村通”广播电台、保税手机平台，加强了政府与群众的沟通交流，受到了群众的欢迎。

（八）作风建设卓有成效。把 2014 年确定为“作风建设年”，以过硬的作风保障事业的快速发展。一是善始善终开展了教育实践活动，营造了风清气正、政通人和的干事创业环境。二是机关规范化建设进一步加强。修订完善了绩效考核办法、加快软环境建设意见等 8 个方面 31 项规章制度，管委会机关被评为省级文明单位。三是强化机关学习。邀请中央党校、国家行政学院、北京明德研究院、山东行政学院，以及市纪委、市委督导组、市商务局的领导专家来区讲座 40 余场，努力建设学习型、服务型、创新型保税区。四是强化了安全生产、综合执法和社会稳定，全区社会和谐稳定。

在充分肯定成绩的同时，我们一定要保持清醒的头脑，客观地看到存在问题和不足。主要表现在：一是经济总量还不够大。由于起步晚、底子薄，尽管近几年全区指标增幅较快，但在总量上与全国先进保税区相比还有很大差距。二是自贸区政策复制推广不到位。由于种种制约因素，还有 7 项政策没有完全落实。这些政策有的是我们暂时没有业务需求，有的是上级部门还不具备推广条件。三是基层基础还比较薄弱。由于过去管委会的主要精力用在了招商引资、完善功能和加快发展上，造成基层基础建设欠账较多。目前，全区 23 个村中仍有 3 个软弱涣散班子，还有 1 个联合党支部；农村后备干部力量薄弱，本科及以上学历党员仅占 15%；农村“无钱办事”的问题比较突出，有 11 个村没有集体收入；农村征地难，由于倒地不及时，一定程度上影响了项目开工建设，等等。四是招商引资和项目建设不够理想。受经济形势、政策收紧、土地性质变更等多种因素影响，全区新洽谈引进项目还不够多，项目建设进度还不够快，调度和包靠力度还需要进一步加强。五是安全生产抓得还不够紧。安全发展理念不够强，有的还存在麻痹思想和侥幸心理；隐患排查治理不够实，执法监察不够严，还存在不少死角和漏洞；基层基础不够牢固，一些生产经营单位还存在安全生产主体责任不落实、安全投入不到位、隐患治理不彻底、管理控制不严格等问题；宣传教育不到位，还存在安全常识普及不够，群众安全意识淡薄，安全生产舆论氛围不浓厚等问题。六是生活配套设施不完善。全区交通、购物、金融、医疗、食宿、休闲、娱乐等方面配套不足，企业和群众需求迫切。七是全区作风建设需要进一步加强。有的存在自满情绪，满足于取得的成绩，小富即安，不思进取，放松了要求，降低了标准；有的责任意识不强，担当意识不够，缺乏紧迫感和压力感；有的主动性不强，安排多少干多少，工作被动应付，推一推动一动；有的不善于发现问题，反应慢，动手迟，错失了良机；有的抓落实不力，执行力不足，缺少力度、办法和韧劲；有的深入基层不够，一线现场解决问题不多，特别在包村和包项目方面有欠缺；有的单位整体性不强，缺少团队精神，缺少凝聚力，缺少战斗力，缺少传帮带，等等。以上问题和不足，需要在今后的工作中认真研究解决。

二、2015年任务目标

发展思路是：以国家设立自贸区的思想、精神、标准、政策统筹指导全区工作，全力围绕“抓项目、抓服务、抓北区、抓民生、抓党建”五大重点开展工作，努力建设区域特色明显、功能配套齐全、辐射带动力强的对外开放服务区、外向型经济聚集区和改革开放试验区，全力向自由贸易区迈进。

主要目标是：2015年，进出口额确保实现10亿美元，增长25%，争取实现12亿美元，增长47%；公共财政预算收入确保1.4亿元，增长15%，争取1.44亿元，增长20%；保税物流货值确保11亿美元，增长16%，争取12亿美元，增长26%；工业主营业务收入确保47亿元，增长15%，争取50亿元，增长22%；新引进总部经济企业突破200家，服务社会企业突破1500家，保持进出口额、公共财政预算收入增幅在全国保税区名列前茅。

根据以上思路目标，2015年突出抓好十项工作：

（一）抓跨境电子商务。电子商务是一场新的产业革命，潜力无穷，前景广阔。市委、市政府高度重视，确定把保税区作为全市跨境电商的总部基地和引领平台来打造。为此，全区要重点抓好六项工作：

第一，继续加大试点申报力度，争取今年正式获批“进口型”跨境电商业务试点。

第二，加快跨境电商平台建设。投资3000万元，上半年建成跨境邮件分拣中心和综合服务平台，并做好相应的平台对接、运营软件、结算系统等工作，确保上半年全面开展业务。

第三，加快电商基础设施建设。为保障跨境电商办公需求，加快建设总投资6亿元12万平方米的电子商务大厦，力争2年内建成投入使用，为电商发展提供配套服务。

第四，大力发展第三方电商平台。依托国家级商品检测培训展览中心、中俄冷链物流、TITM可追溯交易平台、澳大利亚棉花进口等重点项目，建设线上线下相结合的国际大宗商品和文化艺术品展示交易中心。

第五，全力抓好电商招商。加大与京东集团、阿里巴巴、亚马逊等国内外知名电商的对接力度，吸引他们来区布局设点、开展业务。积极整合本地电商企业，吸引邮政EMS、恩源科技、奕佳商城、惠佳佳等一批电商企业在保税区集聚发展，形成跨境电商企业集群。

第六，加大跨境电商宣传力度。充分利用电视、报纸等新闻媒体，以及网站、微信、微博等新兴媒体，广泛宣传保税区跨境电商业务，推动全市电商企业在保税区开展跨境业务，努力建成全市跨境电商的服务平台和结算中心。

（二）抓重点项目建设。项目是全区发展的根本， 没有项目就没有一切，必须牢固树立“项目立区”的发展理念。按照提升市区的要求，全区筛选确定了86个重点项目，2015年要集中力量突出抓紧抓好。

第一，全力抓好事关全局的十大项目。1、歌尔电子产业园项目。歌尔是全区的龙头企业，2014年企业实现产值38亿元。今后，重点帮助解决三个方面问题：①支持歌尔扩产新上项目，争取增幅保持25%以上。②帮助歌尔争取更多的先行先试政策，比如境内外维修、保税物流联网监管、集中汇总纳税等，支持企业加快发展。③解决歌尔职工的住宿、吃饭、交通、娱乐等生活配套问题。2、国家级商品检测培训展览中心项目。总投资10亿元，建设商品检测认证中心、国际商品展示交易中心、文化艺术品交易中心和真品防伪标识生产基地，是全区今后发展的重要增长点。当前，重点是帮助解决土地、规划等一系列问题，促进项目加快建设。3、澳大利亚棉花物流加工项目。总投资5亿元，是高进出口额、高税收项目，建设10条棉花加工物流生产线，其中南区2条，北区8条，建成后年进出口额10亿美元，地方财政收入2亿元。4、中俄冷链物流和小分子肽项目。总投资7亿元，总建筑面积10万平方米。冷链物流部分，主要建设智能化控制中心、欧洲标准全自动化冷藏库，年出口农副产品60万吨，进出口额10亿～15亿美元。小分子肽部分，主要建设10条生产线，年产值40亿元，2015年先启动2条线建设。项目已确定建设单位，春节后要全面开工建设。5、电子商务大厦项目。总投资6亿元，总建筑面积12万平方米，建设集一站式服务、电子商务办公、商务酒店、专家公寓、商业配套、购物娱乐于一体的城市综合体。重点是尽快协调解决土地性质变更问题，确保上半年复工建设。6、天津力神锂电池项目。总投资6亿元，建设动力电池和穿戴类锂电池生产基地，年产值10亿～15亿元。目前，项目已经落户，争取尽快投产。7、圣和塑胶新材料项目。属高科技项目，总投资8亿元，建设5条专业化的高档热缩新材料生产线，年产值10亿～15亿元。目前第1条已建成投用，第2条正在建设。重点是帮助解决资金问题。8、佩特来百万台发电机项目。总投资4亿元，2015年将北京厂区全部整体搬迁至保税区，年可实现产值6-8亿元。9、大地科技项目。总投资3亿元，建设差异化纤维纺纱生产线，年产值6亿～10亿元。重点是加快项目建设进度，确保年内投入使用。10、中基物流项目。总投资4亿元，争取一期项目5月份建成投用，二期项目上半年开工建设，全年实现进出口额2亿美元。

第二，全面推动其他重点项目建设。对其余的70多个重点项目，要按照工业、物流、政策服务、北区、民生工程、农村等方面分类，逐一确定任务目标、完成时限和责任人，层层明确任务，落实责任。下一步，管委会要每半月召开调度会，提升办要每周调度，半月通报；各工作组要强化包靠，每周联络，全力以赴推动项目加快建设。

第三，突出抓好商务生活设施配套。要尽快完善全区规划，围绕与群众生活密切相关的吃饭、住宿、交通、教育、医疗、商务、购物、娱乐等八个方面，进一步完善商务生活设施配套，打造宜居宜业的生活环境。一要抓好高二路东侧沿街商业开发，尽快完成土地性质调整，加快规划建设一批现代服务业项目，逐步完善超市、银行、医疗等配套服务设施。二要加快汶泉国际城开发建设。抓好123亩龙景佳苑项目和191亩昊天城项目，为搬迁村民和周边企业提供良好住宿环境。三要加快高七路、樱前街商服用地开发建设，打造集购物、餐饮、休闲、娱乐、金融等一体的商业综合体，满足企业职工和区内群众生活需求。四要加快道路建设。尽快贯通宝通街、樱前街、高七路、桃园街等主要道路，完善全区路网体系。五要完善交通体系。加快公交枢纽站规划建设，在现有33路、79路的基础上，再新增两路公交车。进一步增加自行车站点，全区达到13个。

（三）抓创新和服务。改革创新和政策服务是保税区的生命力所在，也是保税区服务全市及周边地区企业发展的重要责任。2015年，要围绕提升服务能力，加快对接自贸区，着力为全市外向型企业提供系列化政策服务，提升中心城区辐射带动能力。重点抓好五项工作：

第一，加快复制推广自贸区14项通关便利政策。在已实现自贸区7项政策的基础上，2015年根据企业需求，逐步推广保税展示交易、境内外维修、保税物流联网监管、集中汇总纳税等剩余7项政策。同时，要时刻关注自贸区的新政策，及时做好复制推广。

第二，加快进境水果、肉类和水产品口岸申报。目前，申报文件已由省政府上报国家质检总局，下步要靠上工作，加大力度，积极对接，争取年内申报成功，打造山东半岛进口鲜活类产品批发交易中心。

第三，推动活体肉牛进境隔离区建设。活体肉牛进口是一项开创性的工作，目前在全国没有先例。要借中澳自贸区协议签订之机，依托中俄冷链物流和小分子肽项目，与中国食品谷进行深入合作，争取在北区申报建设年进口30万头肉牛隔离加工区，努力打造全国活体肉牛进口分销基地。

第四，进一步扩大“区区联动”试点范围。在去年与南京、郑州保税区实现联动的基础上，根据歌尔等重点企业需求，主动与其他全国保税区对接，帮助企业进一步降低物流成本，提高国际竞争力。

第五，全面提升政策服务能力。一是抓好“虚拟口岸”平台建设，运营好口岸作业区和海关监管场站，吸引更多企业来区开展国际业务。二是深化通关报检“三个一”业务试点，加快推进与济南、青岛口岸之间的区域一体化通关，打造最便捷的通关环境。三是完善检验检疫平台，进一步理顺棉花、椰丝等大宗原材料进口业务，争取全年检验业务量5000票以上。四是完善国际物流服务体系，确保全区保税仓库面积达到18万平方米，并为企业提供报关、报检、仓储、运输等系列化物流服务。五是拓展研发检测维修功能，吸引全市重点企业来区开展保税业务，节约研发成本。六是探索联网监管服务功能，通过信息化手段延伸国际物流服务链条，让更多企业享受优惠政策。

（四）抓国际贸易物流。大力开展保税仓储、国际中转、国际采购、国际展示、国际销售等业务，努力建设服务潍坊、辐射山东及全国的国际贸易物流中心。

第一，做大做强国际日用消费品交易中心。要推动国际商品交易中心线上线下结合发展，实体交易中心要进一步扩大规模，实现由酒类、油类，逐步向食品、化妆品、箱包、服装、电子产品、奢侈品等多个品类拓展；网上交易中心要尽快搭建，全面展示全区特色商品，形成线上线下结合发展的良性格局。

第二，打造区域性棉花进口交易中心。加快澳大利亚棉花物流加工、中基集团、大地科技、瑞源物流等项目建设，争取全年进口棉花10万吨以上。在此基础上，要探索建立棉花现货和期货交易市场，推动由实体物流向虚拟经济发展，逐步建成区域性棉花交易定价中心。抓好国际采购（纺织品）服务平台建设，为国内外纺织企业提供系列化进出口服务和电子商务服务。

第三，大力发展食品和农产品进出口。依托中俄冷链物流和小分子肽、国家级食品认证中心、韩国商品进口、泰国和中国台湾地区农副产品进出口等项目，打造全国农副产品进出口和分拨配送基地。

第四，发展文化艺术品保税展示交易。依托国家级商品检测培训展览中心，规划建设文化艺术品保税展示和交易平台，探索开展书画等艺术品的展示、交流、贮藏、拍卖等活动，建成国际艺术品交易市场。

（五）抓保税区北区筹建。建设保税区北区，是市委、市政府的战略决策，意义重大。现在的综合保税区，主要依托青岛机场和青岛港，为潍坊及周边地市企业服务；北区将依托潍坊港，为北部2700平方公里沿海地区服务。重点抓好四项工作：

第一，抓好申报。争取3月底国土资源部回函同意，4月底海关总署征求其余九部委意见；9月底完成国家十部委文件会签，争取年内申报成功。

第二，加快建设。要认真研究北区建设资金问题，采取政府和市场等多种手段，多方筹集建设资金，争取上半年资金方案落实到位，下半年全面开工建设。

第三，全力招商。围绕“大加工、大物流”等产业，重点抓好龙威海港物流园、澳大利亚棉花进口加工、裕源国际物流、中碳能源煅烧石油焦等一批在谈项目，力争年内引进一批大项目，尽快产生效益。

第四，抓好区域规划调整。按照市委、市政府新要求，科学合理谋划北区功能布局，推动土地规划管理权限移交，实现北区与港口的联动发展。

（六）抓大项目招商。招商始终是全区发展的中心任务，任何时候都不能放松。今年，要集中一切力量，下大力气引进一批投资规模大、科技含量高、辐射作用强的大项目，引领和带动全区经济加快发展。

第一，要明确招商重点。即突出抓好高端制造、商贸物流、电子商务、总部经济四类项目。经济发展局要牵头制定全区招商引资指导目录，对各类项目提出明确要求。在此基础上，经发局牵头抓好工业招商，物流局牵头抓好物流和电商招商，财政局牵头抓好总部经济招商，北区指挥部牵头抓好北区招商。管委会各分管负责人和区直各部门、驻区各单位都要落实招商任务，形成全员抓招商的浓厚氛围。

第二，要围绕歌尔、潍柴、福田等大项目招商。歌尔、潍柴、福田是全市龙头企业，规模大，资源多，项目多。要加强与他们的对接，积极引进上下游产业配套项目，促进产业链式发展。

第三，要坚持专业招商和小分队招商。要继续发扬过去好的做法，坚持全员搜集信息和小分队专业谈判相结合，有针对性地抓好招商引资。

第四，要提高入区标准。全区的资源是有限的，必须提高项目引进的质量，利用有限的资源产生最大的效益。经发局要搞好项目测算，每个入区项目都要有详细的效益分析，对一般性的小项目和达不到要求的项目坚决不要。

（七）抓财政融资和总部经济。今年，全区政府投入多，资金压力大，必须全力抓好财税工作，为加快发展提供充足的资金保障。

第一，要抓好总部经济。总部经济是无烟经济、高效经济，对全区发展意义重大。要进一步明确总部经济招商重点，着力引进现代物流、房地产、建筑安装、交通运输、小额贷款公司、担保公司、保险公司等现代服务业，以及大型工业企业的销售公司、财务结算中心等。要进一步提高总部经济的效益和质量，特别要注重引进税收贡献大的企业。要进一步加大调度力度，层层分配任务，坚持每月通报，半年初评，年终总评。

第二，要组织好财政收入。要巩固发展现有税源，加大对重点企业、重点税源的调度分析，全面掌握税源变化。要注重挖掘新税源，重点培植一批新投产企业，做好土地出让金征收等工作，形成新的税收增长点。

第三，要抓好融资。要研究国家对地方政府性债务管理的要求，主动适应政策调整，充分利用一年的过渡期，加快推动政府平台公司化转型，拓宽融资渠道。要努力搭建政银企合作机制和平台，充分利用好国家开发银行、国家农发行等政策性银行，不断增加融资总量，为全区建设发展提供资金保障。

（八）抓农村工作。把更多的精力、物力、人力向农村倾斜，切实加强基层基础建设，确保基层基础稳固、农村和谐发展。

第一，坚定不移加快征地。要按照确定的时间节点，依法依规加快征地步伐，满足重点项目、道路工程等用地需求，为全区发展提供空间保障。

第二，完善基层治理机制。一要指导各村认真修订完善《村规民约》，全面推广村级事务管理自主议事、自治管理、自我服务的村级治理“三自”工作法，最大限度释放基层活力。二要进一步完善村级资金、账目、公章“三代管”等制度，切实加强村级财务管理。三要引导各村科学谋划三年发展规划，加快农村发展，拓宽增收渠道，努力在村容村貌、集体经济、群众收入等方面实现大的提升。

第三，扎实办好民生实事。一是加大教育投入。确保9月底前潍坊行知高中建成投用，启动保税区实验学校二期项目建设，打造3个省级农村达标幼儿园，全面提升全区教育水平。二是深入推进环境卫生综合整治工作。在去年实施6个村连片治理的基础上，今年再启动10个村连片治理工作，提升群众居住环境。三是丰富群众文化生活。规划建设1所老年幸福院，在所有村建设健身广场，配齐健身器材，方便群众休闲娱乐。用好农村广播，办好“保税之声”，构建群众教育新阵地。四是实施生态绿化。完成电厂周边生态林建设，提升村内道路绿化水平。五是加快社区服务设施建设。规划建设社区服务中心和“一站式”服务大厅，完善提升社区卫生服务中心。六是确保村民待遇水平保持全市前列，让村民享受城市待遇，率先实现人的城镇化。

（九）抓安全稳定。安全稳定是发展的前提和基础。要把安全稳定放在更加突出的位置，始终保持警钟长鸣、常抓不懈，为全区发展营造良好环境。

第一，全力抓好安全生产。严格落实“党政同责、一岗双责、安监专责、企业主责”的要求，进一步提高安全意识，加大安全生产标准化建设，深入开展“六打六治”专项行动和隐患排查治理，坚决预防和遏制各类安全事故的发生。

第二，做好信访维稳工作。充分发挥汶泉发展区、公安局、检察院、市政局的维稳主力军作用，通过警民联合调解、律师参与矛盾化解、信访听证会等多种方式，及时排查和化解矛盾纠纷，全力维护全区社会稳定。

第三，抓好食品药品安全。开展食品药品专项整治，重点加强对农村集体餐厅、工厂食堂、工地伙房、小作坊、小餐饮、小摊贩等的专项整治行动，全年确保不发生食品药品安全事故。

第四，抓好环境保护。扎实推进“386环保行动”，加强城乡环卫一体化建设，大力实施绿化、亮化提升工程，提升保税区环境品质。

（十）抓党的建设和作风建设。党的建设和作风建设，事关人心向背，事关发展环境，事关事业兴衰。要按照“全国争一流、行业树标杆”的要求，认真落实从严治党主体责任，切实改进工作作风，为全区加快发展提供坚强保障。

第一，切实加强干部队伍建设。一是抓班子。严格落实基层党建主体责任，做到每年举办一次读书会，半年召开一次民主生活会和基层党建专题会议，形成一级抓一级、层层抓落实的良好局面。二是抓组织。要抓好机关党组织建设，开展系列专题活动，不断提升机关党建水平。加强企业党组织建设，成立企业党支部，为企业发展增添活动。抓好农村基层党组织建设，整顿转化软弱涣散班子，配齐建强村级班子，完善村级组织活动场所，扩大入党积极分子队伍，切实加强基层基础建设。三是抓学习。抓好机关学习，通过邀请专家讲座、外出考察学习等多种方式，认真学习全国先进经验、改革创新事项、业务知识、做人做事等内容。抓好基层党员培训，每月5日、15日、25日进行集中培训，提高村“两委”成员、农村党员和村民代表的素质能力。

第二，全力提高执行力和落实力。抓落实是每个干部的基本功，也是对每个人的综合检验。要注重做到五点：一要落实责任。对确定的各项工作任务，要尽快分解，明确责任人、完成时限和工作要求，按照目标抓进度。二要亲力亲为。大力落实一线工作法，抓项目要靠在工地、靠在现场，争试点争政策要人员跟着文件走，真正做到在其位、谋其政、尽其责，为官一任，造福一方。三要争创一流。要自觉把每项工作与全市、全省、全国比较，找学习榜样，找赶超对象，找奋斗目标，确保始终走在全国的一线和前列。四要提高效率。干任何事，都要接触快、反应快、进入角色快、推进快，要有安排、有回音、有结果，善始善终完成工作任务。五要强化督查考核。继续实行绩效考核，强化督促检查和考核奖惩，确保各项工作有安排、有检查、有落实、有考核。

第三，全面提升服务水平。一要密切联系群众。强化包村联户制度，班子成员带头，每人包靠 2 ～ 3 个村，联系 3 家企业、5 户群众，每月至少到包靠企业和村户中走访 1 次，及时帮助解决有关问题。二要大力推行五制服务。即服务承诺制、项目包靠制、现场工作制、限时办结制、督办考核制，打造最优质的发展环境。三要定期走访企业。区纪工委要每月走访企业，及时发现问题，及时督促整改。对全区确定的 26 项问责和责任追究事项，如有违反，坚决处理。四要认真落实企业评议部门制度，坚持半年初评，年终总评，评议结果要及时公开。

第四，严守党的各项纪律。一是严格执行中央八项规定，自觉遵守党的政治纪律、组织纪律、财经纪律、廉政纪律，一切行动听指挥，不折不扣地贯彻执行中央的方针政策。二是强化法治意识，要适应新常态下的新要求，改变过去的惯性思维、老办法，严格按法律办事，按规矩办事，按程序办事，按原则办事。三是严守工作纪律。要建章立制，在教育实践活动的基础上，进一步完善全区规章制度，特别要严格遵守办公用房、办公用车、公务接待、勤俭节约、上下班、请销假、中午禁酒等工作纪律。

同志们，保税区正处在加快发展的关键时期，任务艰巨、责任重大、使命光荣。全区上下一定要以更加振奋的精神，更加饱满的热情，更加百倍的干劲，更加扎实的作风，努力推动全区经济社会发展再上新台阶，为全市经济社会又好又快发展做出新的更大贡献！

（徐洪吉 时任潍坊综合保税区党工委副书记、管委会主任）

徐洪吉同志
在 2016 年度全区加快发展大会上的讲话

（2016 年 2 月 24 日）

刚才，孙市长作了重要讲话，充分肯定了全区 2015 年工作，分析了当前形势，对今年工作提出了“六个新突破”的目标要求，并对新常态下加强党的建设和党风廉政建设提出了新的更高要求。孙市长的讲话，符合中央、省、市精神，符合保税区实际，是指导今后发展的纲领性文件，各级各部门要认真学习领会，全面抓好贯彻落实。下面，围绕落实好孙市长讲话精神，紧密结合全区实际，我讲两个方面的工作：

一、关于 2015 年工作

2015 年，是很不平凡的一年。面对严峻的经济形势，在市委、市政府的正确领导下，全区解放思想，攻坚克难，全年实现进出口额 9.2 亿美元，增长 12.8%；保税物流货值 14.6 亿美元，增长 54.9%；公共财政预算收入 1.37 亿元，增长 15.5%。在如此大环境的情况下，取得这样的成绩非常不容易。回顾过去的一年，全区牢牢把握了五个方面：

一是坚定不移抓项目。始终把加快发展作为全区的重中之重，筛选了 86 个重点项目，总投资 200 多亿元，坚持每周调度，半月通报，现场办公，加快建设，全区基本形成了“六个百亿级产业链”的发展框架，为今后发展奠定了基础。

二是坚定不移抓申报。去年初，全区确定了五个国家级申报项目，即保税区北区、跨境电子商务、进口肉类和冰鲜水产品口岸、进口澳大利亚活牛口岸、自贸试验区。目前，进口肉类、冰鲜水产品、澳大利亚活牛三个指定口岸已经获批设立；保税北区国务院 10 个部委已有 9 个同意，9.58 平方公里管理范围也由滨海区整体划转到保税区；跨境电商、自贸试验区的申报工作顺利推进。这些国家级项目的申报批复，将为全区发展提供新的功能政策和无限活力。

三是坚定不移抓服务。服务企业是保税区的社会责任和重要使命。去年以来，全区进一步完善了“虚拟口岸、检验检疫、跨境电商、保税仓储、研发检测”五大国际服务平台，复制推广了7项自贸区新政策，在省内率先推行了“三个一”通关报检新模式，建设了 2 万平方米长江以北最大的进口商品直营中心，正在加快建设海关监管场站，目前来区开展业务的社会企业已达 1200 多家，有力地服务了全市外向型经济发展。

四是坚定不移抓民生。坚持让群众共享发展成果的理念，不断加大民生投入。加大教育投入，投资 2 亿多元，建设了行知高中、实验学校，让群众就近享受优质教育。完善道路交通，投资 5000 余万元，新建扩建 8 条道路，全面整修了农村断头路、村内路，方便了群众出行。改善村居环境，投资 1200 余万元，完成 6 个村的乡村连片治理，全面完成了农村饮用水改造，城乡环卫一体化村居覆盖率达 100%。搭建了“保税之声”村村通广播、保税手机信息报、保税微信平台、保税网站等党群沟通新平台，及时将党和政府的声音传递到基层，得到了群众的肯定和赞誉。

五是坚定不移抓作风。好的作风是干好各项工作的前提和保障。一年来，全面加强基层党的建设，深入推进党风廉政建设和反腐败工作，善始善终完成了“三严三实”专题教育，制定了加强基层党建工作的实施意见，规范印发了 5 个方面 28 项规章制度，开展了“为官不为”、“慵懒散浮”等专项整治，邀请了中央党校、国家行政学院、浦东干部学院、山东行政学院、海关总署等领导和专家来区讲座 30 余场，强化了安全生产、食品药品、综合执法和社会稳定工作，全区作风建设有了明显提升，管委会机关被评为省级文明单位。

在看到成绩的同时，我们也必须看到存在的问题和不足。主要表现在：经济总量还不够大，与全国先进保税区相比还有很大差距；受外部大环境影响，招商引资难度越来越大，已开工的项目进展也不够快；在复制推广自贸区新政策、争取更多试点政策等方面还有所欠缺；北区的开发建设和市场化融资方面还没有大的突破；基层基础还比较薄弱，不同程度地存在农村拆迁难征地慢、集体经营性收入少、农村班子活力不足等问题；生活配套设施不完善，在交通、教育、医疗、商务、休闲、娱乐等方面，距离满足企业和群众需求还有差距；作风建设不够过硬，不同程度地存在为官不为、落实不力、项目包靠不到位、攻坚破难力度不够、团队精神不足、传帮带欠缺等问题。以上问题和不足，需要今后认真研究解决。

二、关于2016年工作安排

2016年是“十三五”的开局之年，也是保税区全面提升、突破发展的关键一年。基本发展思路是：以“六个100亿级产业链、五个国家级项目、五个国际服务平台”为引领，全力抓好“大产业、大服务、大北区、大配套、大作风”五项工作，促进全区经济社会又好又快发展。主要目标是：实现进出口额9.75亿美元，增长6%；公共财政预算收入1.5亿元，增长10%；保税物流货值12.7亿美元，增长6%；工业主营业务收入37亿元，增长6%；全区总部经济企业突破1000家，服务社会企业突破1500家。

（一）全力抓好大产业。过去，全区一张白纸。这几年，经过全区上下的共同努力，全力引进了一批大项目、好项目，初步形成了六个百亿级产业链的发展框架。这六个百亿级产业链，既有保税加工、保税物流，又有国际贸易、电子商务、综合服务，是全区加快发展的系统工程。下一步，要以六个百亿级产业链为总引领，争取用5年时间，实现年产值600-1000亿元，进出口额80-100亿美元，公共财政预算收入15～20亿元。抓好这六个百亿级产业链，意义重大。

第一，百亿级电子信息产业链。以总投资30亿元歌尔电子产业园为龙头，加快聚集一批电子信息配套企业，打造集产品研发、生产、配套、进出口于一体电子信息产业链，力争3-5年内实现年产值100亿元。重点抓好两项工作：

一是做大做强歌尔电子产业园。歌尔是全区的龙头项目，必须全力以赴膨胀壮大。一要支持歌尔做大现有项目，确保2016年实现产值30亿元、进出口额4亿美元。二要全力加快歌尔智能头盔等2个项目建设和投产，争取全年实现产值15亿元以上。三要鼓励歌尔再上更多新项目、好项目，全力为歌尔提供更多先行先试政策，促进企业加快发展。

二是加快电子信息产业聚集。围绕电子信息产业，加大招商引资力度，积极引进上下游配套企业，健全电子信息产业链。

第二，百亿级跨境电商产业链。以跨境电商综合服务平台为龙头，大力推进线上线下一体化发展，打造集跨境物流、保税仓储、线上交易、线下展示、支付金融、快递配送等于一体的百亿级跨境电商产业链，力争3-5年内年交易额100亿元以上。重点抓好四项工作：

一是加快申报跨境电商综合试验区。配合市商务局，加强与海关总署、商务部等有关部委的对接，全力加快申报。同时，利用好跨境电商综合服务平台，尽早开展出口型业务。

二是大力推进电商招商。要发挥功能优势，全力引进京东、亚马逊、天猫国际等一批大型电商企业，扶持培育爱购天下、中外通等本地电商，引进并聚集电商企业500家以上。

三是做大做强2万平方米的进口商品直营中心，不断扩大经营规模，拓展商品种类，搞好保税展示，确保物美价廉，力争2016年实现交易额10亿元以上。

四是加快建设赛伯乐未来生活智慧城。总投资8亿元，总建筑面积18万平方米，要确保今年上半年开工建设，打造集智能科技、智能教育、智慧生活、跨境电商、展览展示、大宗商品交易等于一体的大型智能化、智慧型园区。

第三，百亿级国际冷链物流产业链。以总投资10亿元的中俄冷链物流加工项目为龙头，打造集保税仓储、冷链物流、精深加工和进出口于一体的国际冷链物流加工产业链。力争3-5年内实现年产值100亿元、进出口额10-15亿美元。重点抓好三个项目：

一是中俄冷链物流项目。总投资6亿元，建设10万吨欧洲标准智能化冷藏库，同时配套建设潍坊进口肉类和冰鲜水产品指定口岸，两者一体化运作，力争2016年底建成运营。

二是小分子肽项目。主要建设10条专业生产线，年产小分子肽5000吨，年销售额50亿元，争取今年建成2条生产线。

三是亚太地区国际商品分销中心。依托国家商务部、农业部资源，与50多个国家和地区商会合作，打造亚太地区国际商品购销中心。

第四，百亿级棉花加工物流产业链。以大连华奇和香港中基物流、国际采购（纺织品）服务平台为龙头，力争3-5年内实现年进口棉花100万吨，年交易额100亿元。重点抓好四个项目：

一是大连华奇项目。大连华奇在澳大利亚购买棉田300万亩，生产的棉花全部进口到保税区加工销售。项目计划建设10条生产线，年加工棉花销售额50亿元。今年，要确保南区2条生产线建成运营。

二是中基物流项目。中基物流在莫桑比克和赞比亚租种棉田200万亩，棉花全部运回国内加工销售。今年上半年，要确保一期6栋保税物流仓库投入运营。

三是国际采购（纺织品）服务平台。该平台主要为全国纺织企业提供“一站式”进出口服务。今年，要进一步理顺通关模式，实现全部业务在潍坊统计、结算。

四是宏远纺织、大地科技、瑞源仓储、中联盛国际物流等一批棉花项目，要进一步加快建设步伐，全力扩大业务规模。

第五，百亿级新能源新材料产业链。以总投资20多亿元的一批新能源、新材料项目为依托，加快配套产业聚集，力争3-5年内实现年产值100亿元以上。重点抓好五个项目：

一是天津力神锂电池项目。依托天津力神集团，建设汽车动力电池生产基地，争取2016年实现产值3亿元以上，并确保每年增幅50%以上。

二是佩特来百万台发电机项目。总投资4亿元，年内将北京总部及生产线全部转移到综合保税区，年产能150万台，年产值6亿元以上。

三是北汽福田KD厂项目。把北京福田汽车零部件组装生产及出口业务转移到综合保税区，争取上半年完成搬迁。

四是圣和新材料项目。建设5条专业化生产线，打造全国最大的绿色新型包装材料生产基地。今年要在加快第一条线生产的基础上，完成第二条线的投产运营。

五是加快利可生生物医药、正信保健品、康裕医药、万和尾气处理液、三晶照明科技等项目建设投产。

第六，百亿级商品检测认证产业链。大力引进全国第三方商品检测认证机构，打造集商品检测、标准研制、芯片制造、设计孵化等于一体的国家级检测认证产业链。

以上六个百亿级产业链，是全区经济发展的重中之重，务必要抓紧抓好，抓出成效。各产业链负责人和责任部门要整体谋划产业链的规划、建设、招商和发展，针对关键环节实施精准招商，抓好重点项目调度和包靠，全力推动项目建设，促进产业链发展壮大。

（二）全力抓好大服务。改革创新和政策服务是保税区的生命力所在，也是保税区服务社会企业的重要责任。今年，要重点抓好三项工作：

第一，继续抓好国家级项目申报。一是申报跨境电商综合试验区，配合市商务局，尽快上报审批材料，加大对接力度，争取尽早获批设立。二是申报进口水果指定口岸，打造山东半岛进口水果交易中心。三是努力争取把潍坊综合保税区纳入山东自贸试验区申报范围。

第二，着力复制推广自贸区新政策。一是要加快政策复制推广力度。在已落实 7 项自贸区政策的基础上，今年至少要再复制 7 项新政策，不断丰富完善保税区的功能。二是加快推广上海自贸区运营平台新模式。与 IBM 集团、深蓝亿康基金、中国食品谷合作，搭建综合服务运营平台，为企业提供一站式报关、报检、税务、货代、融资等服务。

第三，进一步加强服务平台建设。一是加快海关监管场站运作，完善“虚拟口岸”功能，实现与青岛港口直通关。二是抓好进口肉类和冰鲜水产品指定口岸，争取 2016 年底建成运营，打造山东半岛鲜活类产品交易中心。三是积极开展服务贸易，着力引进一批运输、金融、保险、信息、咨询等服务贸易企业，在服务贸易领域实现新突破。

（三）全力抓好大北区。设立北区，是市委、市政府着眼全市大局作出的战略决策，对于北部沿海开发开放意义重大。去年 11 月，市委、市政府决定将北区 9.58 平方公里划归保税区管理，形成了保税区“一区两片”的发展格局。今年要重点抓好四项工作：

第一，抓申报。目前国务院 10 个部委中，有 9 个部委已经同意，财政部正在研究。要继续加大申报力度，争取今年获批设立。

第二，抓建设。目前，北区的所有建设任务都已十分明确。一是要尽快排出项目建设顺序，先干啥后干啥，先急后缓，先易后难，条件成熟的要抓紧干，条件不成熟的要先做好有关准备工作。二是要加快验收前必备的基础设施建设，确保顺利通过国务院验收。

第三，抓招商。招商是北区发展的重点和难点，要在招商上下大功夫、实功夫。一是北区筹建办公室要把招商作为重要任务，全力以赴抓好招商。二是动员全区力量抓招商，尽快向北区落户项目。

第四，抓融资。一是投资公司要尽快壮大规模，通过银行贷款、债券、基金、PPP 合作等多种方式融资，为北区建设和全区发展提供资金保障。二是北区筹建办公室要配合投资公司，做好融资前的一切准备工作。

（四）全力抓好大配套。要本着统筹规划、适度超前的原则，为区内企业和辖区群众搞好配套。重点抓好五项工作：

第一，完善商务生活配套。一是抓好高二路东侧沿街商业开发，引进更多金融、医疗、购物、娱乐等商业机构，满足区内歌尔等企业职工的吃穿住用行和日常娱乐等方面的需求。二是加快进口商品直营中心、赛伯乐未来生活智慧城等现代服务业项目建设，与浞河风景区旅游搞好结合，吸引更多市民来区边购物边休闲。三是加快汶泉国际城商业开发，结合北汽福田、行知高中、实验中学等资源优势，推动龙景佳苑项目和昊天城项目建设，启动高七路、樱前街40亩商服用地开发，形成教育、商业融合发展的新片区。四是完善绿化、亮化、硬化配套工程，加强水网、电网、燃气、管道等基础设施建设，加快八个重点地块征地进度。

第二，加大教育投入。一是加快投资1.8亿元的行知高中建设，确保上半年建成投用，9月份开始招生。二是加快实验学校2号教学楼建设，争取7月份左右建成投用。三是根据群众需求，适时启动幼儿园建设。逐步形成幼儿园、小学、初中、高中等完整教育链条，打造保税区优质教育片区。

第三，提升交通环境。一是加快宝通街、樱前街、梨园街、福田东侧南北路、龙景佳苑西侧支路、闫家张营出村路等六条重点道路建设，完善全区路网体系。二是用好保税区公交枢纽站，争取周边更多公交车延伸到保税区，实现与中心城区公交一体化。三是增加公共自行车站点，方便企业职工和群众出行。

第四，办好民生实事。一是在去年投资1200万元进行6个村连片治理的基础上，今年投资800万元启动第二批10个村的乡村连片治理，全面整修村内道路桥梁，新建一批健身广场，绿化美化村容村貌，提升群众生活品质。二是尽快启用1000多平方米的为民服务大厅，集中办理相关业务，为企业和群众提供便捷服务。三是尽快建成4个农村社区，推动工作力量下沉，审批服务事项下放，实现实体化运转。四是做好养老、医疗、精准扶贫、环卫一体化等工作，实施饮用水改造、绿化亮化提升工程，确保社会保障水平继续保持全市前列。五是抓好文化宣传，办好“保税之声”，搞活群众性文体活动。

第五，抓好安全稳定。一是严格落实“党政同责、一岗双责、安监专责、企业主责”要求，加强安全生产标准化建设，坚决预防和遏制各类安全事故的发生。二是做好社会稳定工作，充分发挥公安、检察等的作用，及时排查和化解社会矛盾，推动社会依法治理，维护社会稳定。三是抓好食品药品安全，确保全年不发生食品药品安全事故。

（五）全力抓好大作风。空谈误国，实干兴邦。要按照从严治党新要求，全面抓好党的建设和党风廉政建设，把党的建设和党风廉政建设焕发出的正能量，转化成加快发展的强大动力和活力，在全区努力营造“想干事、干成事、不出事、好处事”的干事创业氛围。

第一，要想干事。就是要有干事的激情和热情。激情和热情是干好事业的前提和保障，是有事业心和责任感的具体表现。工作中，应始终保持高昂的精神，充沛的干劲，百倍的热情，把全部的心思和精力投入到工作上。

第二，要干成事。就是要想尽一切办法，尽上最大努力，善始善终完成工作任务，干一件成一件。在干的过程中，要发扬“铁板钉钉”的创业精神，锤炼“坚韧不拔、百折不挠”的干事作风，敢于担当，敢于负责，脚踏实地，真抓实干，攻坚克难，把工作落到实处、完成任务、干出成绩。

第三，要不出事。就是要按法律法规办事、

按制度办事、按程序办事，自觉遵守党风廉政建设责任制的一系列规定，做到干事的目标合法、程序合法、内容合法、结果合法，确保不出事。要克服惯性思维、传统做法，带头学法、尊法、守法、用法，自觉用法治思维指导一切工作，努力在法律法规框架内多谋事、多干事、多成事。

第四，要好处事。就是在干事创业过程中，要形成团结协作，相互支持，相互帮助，共同前进，和谐相处的工作氛围。做到同心同德同行、合心合力合手。做到一切以大局为先、以事业为重、以集体为重、以长治久安为重，用事业增进团结，用发展凝聚力量，形成干事创业的强大凝聚力。

同志们，保税区正处在加快发展的关键时期，任务艰巨、责任重大、使命光荣。全区上下一定要以更加振奋的精神，更加饱满的热情，更加百倍的干劲，更加扎实的作风，努力推动全区经济社会发展再上新台阶，为全市经济社会又好又快发展做出新的更大贡献！

（徐洪吉 时任潍坊综合保税区党工委副书记、管委会主任）

徐洪吉同志
在2017年度全区加快发展大会上的讲话

（2017年2月7日）

同志们：

刚才，孙市长作了重要讲话，充分肯定了全区2016年工作，分析了当前形势，对今年工作提出了“践行五大理念、推进五大任务、实施五大工程”的目标要求，并对新常态下加强党的建设和党风廉政建设提出了新的更高要求。孙市长的讲话，符合中央、省、市精神，符合保税区实际，是指导今后发展的纲领性文件，各级各部门要认真学习领会，全面抓好贯彻落实。下面，围绕落实好孙市长讲话精神，紧密结合全区实际，我讲两个方面的工作：

一、关于2016年工作

2016年，是保税区大发展、大突破的一年。在市委、市政府的正确领导下，全区解放思想，攻坚克难，呈现了良好发展态势。全年实现进出口额73.8亿元，在全市16个县市区和开发区位列第7位，在全省9个保税区位列第3位，进出口额增幅29.5%，居全市、全省第1位。实现工业主营业务收入65.5亿元，增长100%，增幅居全市第1位；公共财政预算收入1.44亿元，增长15.2%，增幅居全市第2位。可以说，在全国经济下行压力加大的形势下，取得这样的成绩非常不易。回顾过去的一年，全区在六个方面实现了大突破：

（一）项目建设大突破。始终把项目建设作为全区加快发展的生命线。筛选确定了80多个重点项目，总投资200多亿元，坚持每周调度，半月通报，现场办公，全区重点项目加快建设。歌尔电子产业园，投资2.3亿元新上了智能头盔和无人机项目，全年实现产值63亿元，其中智能头盔项目实现产值25亿元。总投资5亿元的中俄冷链物流项目，去年5月份开工建设，今年10月份全部建成投用。华奇棉花物流加工项目，生产车间和设备安装全部建成，近期开展棉花加工业务，预计今年产值5亿元以上。佩特来百万台发电机项目，北京总部90%的产能已搬迁至潍坊，预计今年实现产值10亿元。圣和塑胶项目，已与世界500强宝钢集团达成独家供货协议，今年开工建设第2条生产线。天津力神项目，已与济南重汽、宇通客车达成合作协议，预计今年实现产值5-10亿元。陆地方舟年产2万辆新能源汽车项目，改造现有厂房2.3万平方米，今年上半年试生产，预计实现产值5亿元。北方进口商品物流配送中心项目，建设1.5万平方米保税仓库和2000平方米地下酒窖，打造北方地区进口商品配送中心、结算中心。另外，万和能源、康裕医药、利可生生物科技、正信生物科技、三晶照明等一批项目建成投产，北汽福田KD厂、中韩产业园等一批项目加快推进，为今后转型升级、跨越发展提供了强大动力。

（二）政策服务大突破。按照自贸区的标准，全力开展各项创新性工作，目前已有1500多家社会企业来区开展业务，报关单票数占全市的40%，无纸化通关率达到99%、居济南关区第一位。大力推行了通关便利化改革，在济南关区第一个实现了区域一体化通关。复制了11项自贸区新政策，数量居济南关区首位。获批省级跨境电商综合试验区。开工建设了进口肉类和冰鲜水产品指定口岸，正在申报进口水果指定口岸，努力打造山东半岛冰鲜类产品分拨中心。

（三）保税北区启动大突破。建设保税北区是市委、市政府确定的重大战略决策。目前，申报方面，涉及的国家10个部委已有9个同意，申报接近尾声。建设方面，国家验收必备的基础设施基本建成。招商方面，正洽谈和落地了部分项目。

（四）市场化融资大突破。组建了区投资发展公司，与进出口银行合作，落实了4亿元保税北区建设资金；搭建了小微企业统借统还平台并开展业务；正在与深圳光彩资本合作，设立新能源新材料产业引导基金；棚户区改造建设项目正在对接准备中，市场化融资实现了良好开局。

（五）社会民生大突破。坚持让群众共享发展成果的理念，不断加大民生投入。规划了雷士景泰园商业配套项目，总投资9亿元，总建筑面积31万平方米，建设商务办公楼、商务酒店、专家公寓、职工公寓、商场超市、休闲娱乐、金融服务等配套设施，建成后将极大地提升全区商务配套环境，为当前和今后在保税区生产和居住的人员提供了系列化生活配套服务。新设了1000平方米的政务服务大厅，实现全部审批事项“一站式”办结。投资320万余元，建成1800平方米的4个新型农村社区，拉近了与群众的距离，方便了群众办事。建成了潍坊行知高中，开工了实验学校初中2号教学楼，形成了从小学到高中的教育链条。开工了宝通街东延工程，新建扩建了8条道路，全区道路交通不断完善。投资1600余万元，先后实施了16个村的乡村连片治理工程，全区村庄治理率达到70%，群众生活环境不断改善。

（六）环保工作扎实推进。2016年在完成我区建设项目审批及验收的基础上，根据省市环保系统的要求，配备了移动执法设备及执法服装，并与潍坊市环保局、区公安分局、潍坊市食药环支队加强合作，加大对我区环境违法行为的查处力度，维护了社会稳定；完成了潍坊市下达的深化“三八六”环保行动实施方案的各项任务；我区环境监管网格的建立、运营和管理各项工作进展顺利，确保了环境监管工作取得良好成效。

（七）党的建设和作风建设大突破。一年来，全区认真贯彻从严管党治党新要求，深入开展“两学一做”学习教育，年初确定的基层党建各项任务目标全部完成，全区党的建设明显提升。认真落实中央八项规定精神，修订并严格执行了办公用房、办公用车、公务接待、请销假等规章制度，开展了六个方面综合巡查和“为官不为”等专项整治，组织明察暗访 47 次，查处相关问题 8 起，党纪处分 11 人、组织处理 2 人。强化了安全生产、食品药品、综合执法和社会稳定工作，全区保持“零事故、零伤亡”，营造了安全稳定的社会环境。

在看到成绩的同时，也必须看到问题和不足。主要表现在：经济总量仍然不大，与全国先进保税区相比还有很大差距；发展层次和水平还不够高，特别在跨境电商、服务贸易、一般贸易、与世界 500 强合作等方面还有欠缺；国家级项目申报还不够快，在保税北区审批、指定口岸申报、复制推广自贸区新功能、新试点政策等方面还有所欠缺；综合配套不完善，特别是商务生活配套非常欠缺，与企业需要和群众期盼还有很大差距；基层组织基础还比较薄弱，存在着项目拆迁难、征地慢等问题；作风建设还不够过硬，在视野境界、担当作为、攻坚克难、独当一面、持之以恒、德行水平、遵纪守规、专业能力等方面，与改革发展的新要求还不相适应。以上问题和不足，我们必须要高度重视，认真克服。

二、关于 2017 年工作安排

2017 年是保税区全面提升、跨越发展的关键一年，大事多，好事多，难事多。发展思路是：按照“全国争一流、行业树标杆”的要求，全力抓好“项目建设、政策服务、加快北区、拓展融资、综合配套、社会民生、作风建设”七项重点工作，努力实现经济总量在全省 9 个保税区中保三争二、增幅在全国保税区位居前列，建成潍坊乃至全省开放发展的重要引擎和增长极。主要目标是：实现进出口额 88 亿元，增长 19%；工业主营业务收入 74 亿元，增长 13%；保税物流货值 92 亿元，增长 10%；公共财政预算收入 1.59-1.66 亿元，增长 10%-15%。

（一）全力加快项目建设。在刚刚召开的全市经济工作会议上，市委书记刘曙光明确提出：“要把项目建设作为经济工作的总抓手，作为检验干部的试金石，作为干部考核奖惩、评价使用的重要依据。今年市里要组织项目现场观摩点评。”刘书记的讲话，重点突出，符合实际，意义深远。为此，全区上下必须思想再统一，认识再提高，措施再加大，突出项目、依靠项目、扭住项目，在狠抓项目上，出主意，想办法，下功夫。要把今年作为“项目建设年”，以建设“六个百亿级产业链”为总抓手，迅速掀起大抓项目、抓大项目、抓好项目的热潮，以项目看能力、看政绩、看后劲、看担当、看干部。当前，要重点抓好六个产业方面的项目：

第一，抓好歌尔虚拟现实产业。歌尔是国

际性大公司，也是全省、全市的大企业、大集团，当前已经进入快速发展的爆发期，预计到2020年实现销售收入1000亿元，到2025年实现销售收入2000亿元。抓住了歌尔就是抓住了最大的项目、最大的招商。为此，全区多次赴东莞松山湖、重庆、成都、郑州等地考察学习，形成了以歌尔为核心的潍坊虚拟现实产业城发展规划。总规划面积20平方公里，其中歌尔核心产业区3000亩，商务生活区2500亩，并在周边预留了1万多亩配套产业区，在核心产业区有800亩已被管委会征用，随时可以开工建设。这些土地是保税区最宝贵的资源，也是青银高速公路以南市区内仅有的成方连片的大发展空间。该区域区位优越，交通便捷，配套齐全，紧邻网内保税政策区、北汽福田厂区、歌尔绿城国际社区、浞河风景区、九龙涧风景区，连接行知高中、保税实验学校、汶泉国际城，向西到歌尔光电园、阳光融合医院、潍坊一中仅10分钟车程。可以预见，歌尔和北汽福田在这里落户，经过5-10年发展，会形成5-10万人口的产城融合的高端制造和生活小镇，会成为全市新的亮点和增长点。这次歌尔新生产基地落户保税区是全区发展历程中的重大事件，对于全区二次创业、跨越发展具有十分重要的意义。下一步，在党工委、管委会的统一领导下，要迅速组织班子，落实队伍，及早对接，加快项目进度。上周成立的规划建设组、产业发展组、土地保障组、政策支持组等4个专业工作组，要迅速与市规划局、市经信委和歌尔集团进行对接，尽快启动项目规划，研究建设措施，确保项目早日落地、早日开工、早见成效。同时，要抓好歌尔在保税区现有项目的扩建扩产，全力支持歌尔扩大智能头盔和无人机产能，并积极争取更多新项目、好项目落户保税区，争取全年实现产值70亿元以上。

第二，抓好新能源产业。一是天津力神锂电池项目。今年重点要加快与天津力神总部的对接，扩大与济南重汽、宇通客车的合作，启动使用现有所有厂房，提高生产能力，力争实现年产值10亿元。二是佩特来百万台发电机项目。要加快北京总部整体搬迁，实现年产能150万台，产值10亿元以上。同时要尽快规划开工二期厂区建设。三是陆地方舟2万辆新能源电动汽车项目，要加快厂房改造步伐，尽快组织生产，全年实现产值6亿元。四是要加大与北汽福田北京总部谈判力度，力争年内设立KD厂，开展发动机、零部件组装生产及进出口业务。五是支持万和能源等一批中小企业做大做强，全力引进一批上下游配套企业。

第三，抓好冷链物流产业。一是中俄冷链物流项目。确保2017年完成投资6亿元，全部建成投用，由世界500强企业嘉里大通物流有限公司负责运营，正式开展冷链经营业务。二是进口肉类和冰鲜水产品口岸。确保上半年达到验收条件并组织验收，年内开展业务。三是小分子肽项目，争取2017年上半年开工建设。四是北方进口商品物流配送中心项目。由直营中心九利正公司投资1亿元，建设1.5万平方米保税仓库和2000平方米地下酒窖，打造北方地区进口商品配送中心、结算中心，力争年底前建成投用。

第四，抓好新材料产业。一是圣和塑胶新材料项目。要深化与世界500强宝钢集团的合作，今年加快开工第2条生产线。二是华潍新材料项目。总投资1亿元，新上膨润土改性淀粉复合环保材料项目，技术填补国内空白，全年争取实现产值5亿元。三是三晶照明项目。属省高新技术企业，今年要进一步扩大规模。四是支持利可生生物、正信科技、康裕医药等一批成长型项目，加快膨胀发展。

第五，抓好棉花物流加工产业。一是大连华奇棉花物流加工项目。总投资5.4亿元，已建成的2条生产线要尽快投用，全年争取实现进出口额5亿元以上，下半年适时规划开工第3、4条生产线。二是支持国际采购（纺织品）服务平台做大做强，力争2017年入驻供应商和采购商30家以上，实现进出口额5亿元以上。三是支持大地纺织、裕源物流等进口棉花加工物流项目，实现棉花加工物流产业集聚发展。

第六，抓好跨境电商产业。一是大力建设省级跨境电商试验区。学习杭州、青岛先进经验，尽快对现有平台进行改造提升，进一步理顺业务流程，加大电商招商，打造跨境电商的聚集区。二是打造长江以北最大的进口商品直营中心。结合跨境电商业务开展，进一步提升规模层次，丰富进口商品种类，保证进口商品质量，推动线上线下一体化发展，争取实现年销售额3亿元以上。三是积极争取跨境电商扶持政策，支持爱购天下规划建设跨境电商创业孵化器，吸引平台企业、电商企业和优秀人才在在保税区聚集发展，形成跨境电商完整产业链和生态圈。

在抓好以上重点产业、重点项目的同时，要坚定不移加大招商引资，认真落实国务院出台的《关于扩大对外开放积极利用外资若干措施的通知》精神，研究出台符合上级规定和全区实际的招商引资优惠政策，大力实施产业链招商、专业机构合作招商、市场金融创新招商，着力引进一批带动力、辐射力强的大项目，引领全区加快发展。

（二）全力抓好政策服务和功能创新。政策服务是保税区的生命力所在，也是保税区服务社会企业的重要责任。今年要重点抓好三项工作：

第一，继续积极复制推广自贸区政策。对照国务院最新自贸区政策清单，根据企业实际需求，积极协调济南海关、潍坊海关，年底前新落实检测维修、货物分类监管等各项优惠政策，全区复制推广政策越多越好。

第二，加快建设外贸综合服务平台。一是与江苏“贸互达”对接，建设外贸服务平台，探索设立“外贸服务资金池”，为企业提供报关、报检、退税、结汇等“一站式”服务，吸引全市及周边地区外贸企业在保税区聚集发展。二是与赛伯乐、深蓝亿康对接，加快跨境电商服务平台业务运作，力争全年引进外贸企业20家以上，实现进出口额10亿元以上。

第三，进一步提高通关便利化水平。完善区域通关一体化功能，实现企业货物在保税区通关，到青岛港口和机场验放。深化通关无纸化改革，利用智能卡口及电子关锁系统，实现保税区与口岸间智能化自动通关。积极申报区内企业一般纳税人资格试点，支持区内企业利用国内国外两个市场开展业务，促进区域贸易便利化。按时完成进口肉类和冰鲜水产品口岸验收工作，积极申报进口水果口岸。

（三）全力加快北区申报建设。按照“一年打基础、二年建框架、三年树形象”的目标要求，全力加快北区申报建设。

第一，全力抓好申报和验收。要继续紧盯紧靠，力争上半年获批设立。要做好验收前的各项准备工作，争取所有验收工程10月底完成，11月份通过省预验收，12月份通过国务院验收。

第二，加快在建项目建设。一是总建筑面积8万平方米的进出口企业孵化器和大宗原材料交易中心两个项目，力争今年建成投用。二是一期建筑面积14万平方米的山东高速客运枢纽项目，力争10月份建成投用。

第三，强力推进招商引资。积极对接中沃优达、胜伟集团、华大集团、中碳能源、联兴碳素、中棉集团等大企业，实现招商引资新突破。

第四，全面推进北区整体开发。围网西侧地块，山东高速集团已平整1100亩，争取尽快开发建设。口岸作业区地块，山东高速集团已吹填800亩，要做好区域规划，统筹推进开发。围网北侧尚有4695亩盐田，要整体包装PPP项目，吸引投资者开发建设。同时，要着眼长远，谋划好疏港铁路港口货运站南部2820亩海域的吹填工作。

（四）全力抓好总部经济和市场化融资。

第一，大力发展总部经济。总部经济是无烟经济、绿色经济、高效经济，对稳定扩大全区财源意义重大。一是要修订完善全区总部经济招商政策，借鉴外地经验做法，进一步提升总部招商吸引力。二是要进一步扩大招商范围。着力引进现代物流、房地产、建筑安装、交通运输、小额贷款公司、担保公司、保险公司等现代服务业，以及大型工业企业的销售公司、财务结算中心等税收贡献大的企业，力争新增总部经济企业100家以上，实现税收5000万元以上。三是要大力推进企业集群注册、住所托管服务等商事登记改革，为总部经济招商提供有利条件。四是要再组织、再发动、再掀热潮，领导带头，能人带头，层层分配任务，坚持每月通报，半年初评，年终总评，加大调度考核力度，在全区形成“重视总部、大抓总部”的良好氛围。

第二，组织好财政收入。一是积极培植新税源。要在巩固发展好现有税源的基础上，对区内企业生产经营情况进行调研分析，重点培植一批新投产企业，形成新的税收增长点。二是积极争取上级扶持资金。要加强政策研究，积极争取教育、医疗、卫生、养老、三农、基建等领域扶持资金，促进全区社会事业发展。三是要强化债务管理。在确保完成市定债务率控制目标的基础上，积极向上级争取政府债券，进一步优化债务结构，降低融资成本，确保政府资金良性运转。

第三，强力推进市场化融资。一是要加强与进出口银行的对接，做到引进资金最大化。二是抓好棚户区改造。利用棚户区改造政策，加强与农发行、国开行等政策性银行的对接，加快推动龙景佳苑、北徐家庄安置房等资产的回购和开发。三是加快推进新能源新材料产业基金，力争一季度实际募集并支持企业1.25亿元。四是合作运营好小微企业统借统还平台。

（五）全力完善综合配套。按照“产城一体”的总体思路，进一步完善全区总体规划和专项规划，加快商务生活和基础设施建设，建设宜居宜业新型城区。

第一，完善商务基础设施配套。一是尽快规划歌尔生产基地南侧2500亩商务生活区，提早启动大商场建设。二是加快雷士景泰园商务配套开发建设，尽快完成土地性质变更，确保一季度开工建设，打造集居住、商务、娱乐、购物、餐饮于一体的商住综合体。三是抓好重点道路建设。宝通街要妥善处理民事问题，加快施工进度，争取年底前建成通车；杨瓦路（东外环）要提前谋划好涉及村的拆迁征地安置工作；樱前街尽快协调土地和民事工作，条件具备后马上开工建设。三是完善公共交通。加快公交枢纽站建设，实现与中心城区公交一体化；要在歌尔产业园、福田多功能汽车厂、直营中心等重要位置，建设200个电动汽车充电桩；在实验学校、行知学校等位置新设一批公共自行车站点，满足群众交通需求。四是完善基础设施配套。投资1200余万元，加快水电气、管网等配套设施建设，保障全区生产生活需求。投资3400余万元，实施绿化、亮化提升工程，全面提升环境品质。

第二，加快棚户区改造步伐。棚户区改造是改善社会民生的重要民心工程。结合实际，今明两年全区共确定改造7个村、1460户，其中2017年改造2个村、304户。要成立专门推进小组，由管委会分管领导牵头，住建局、汶泉发展区、财政局、国土分局、市政局、投资公司等相关部门参加，全面做好政策研究、方案制定、安置补偿、项目融资、加快建设等工作，确保规划到位、资金到位、供地到位、政策到位、监管到位、分配补偿到位。要进一步明确责任分工，住建局是棚改工作的牵头部门，要积极对接上级部门，加强协调指导，统筹抓好棚改建设进度、工程质量等工作；汶泉发展区要切实承担起棚改主体责任，做好资产评估、补偿方案、签订协议、拆迁安置等工作；区投资公司和市政局是棚改项目的承接主体，要加快项目融资、建设等工作。财政局、国土分局、市政局等相关部门要全力配合，保障棚改工作顺利推进。在棚改过程中，要注重加强信息公开，充分尊重群众意愿，深入细致做好群众工作，为推进棚户区改造营造良好社会氛围。

第三，打造安全稳定的社会环境。一是抓好信访维稳。一方面要通过多种方式，倡导社会正能量，引导和教育广大群众遵纪守法、关心集体、维护政府、勤劳致富、文明生活、和谐相处；另一方面，要严厉打击目无法纪、胡作非为、聚众闹事、阻碍施工、恶意扰乱社会秩序的违法犯罪分子，努力保持社会稳定。二是抓好安全生产，严格落实“党政同责、一岗双责、安监专责、企业主责”的要求，加大安全生产标准化建设，坚决预防和遏制各类安全事故的发生。三是抓好食品药品安全，全力做好争创全国食品安全城市相关工作，确保不发生食品药品安全事故。

（六）切实抓好社会民生。继续加大社会事业投入，让群众共享发展成果。要着力办好十件民生实事：一是4月底前全部完成10个村乡村连片治理工程，并积极争取更多治理项目，全面改善村庄环境。二是投资280余万元，实施12条乡村道路硬化、排水、绿化等工程，全面整修农村断头路、村内路，改善全区交通环境。三是投资190余万元，将自来水主管道铺设到樱前街以南7个村，彻底解决群众饮水困难。四是实施旱厕改造，财政每户奖补500元，分期分批对辖区各村进行旱厕改造，提升农村环境卫生。五是加快董坊村保障楼、徐家庄村安置楼建设，妥善解决好各类历史遗留问题，让群众早日搬入新居。六是规划建设 1 处标准化普惠幼儿园，满足幼儿入托需求。七是进一步提高环卫一体化水平，打造干净、整洁的城乡环境。八是实现 4 个社区实体化运行，更加高效地服务群众。九是广泛开展文明村、文明户创评活动，进一步提高群众自我管理、自我教育、自我提升的能力。十是制定各村 3 年提升计划，探索劳动致富的新路子、新方法，促进农村发展、农民增收。

（七）全面加强作风建设。工作作风决定事业成败。要把 2017 年作为全区的“管理提升年”，以“两学一做”学习教育、全面从严管党治党为契机，切实培养作风、历练作风、转变作风，以过硬的作风保障事业的快速发展。具体要做到四个方面：

第一，要强化机关规范管理。没有规矩，不成方圆。要严格按法律办事、按规矩办事、按制度办事、按程序办事，全面提升全区管理水平。一是加强学习。管委会和各部门都要结合实际，科学制定全年学习计划，通过专家讲座、观看光盘、外出考察、自我阅读、相互交流等多种形式，学习新经验、新做法、新知识，开阔眼界，提高境界，丰富内涵，努力提高全员做人、做事的知识和能力。二是完善规章制度。要对照中央八项规定精神，对照省市关于作风建设的要求，全面梳理完善全区规章制度，形成制度汇编，做到人手一册，让全体同志明白全区提倡什么、反对什么、禁止什么，自觉与党工委、管委会保持政治上和工作上的高度一致，使全区各项活动和工作规范化、制度化，坚决杜绝无章可循、无规可遵的无政府主义。三是严格规范运作。对已制定的制度和规范要严格落实执行，并加大检查督导力度，抓好正反两方面典型，确保各项工作走上规范化管理的轨道。

第二，要正确处理好五种关系。保税区机构少、编制少、人员少，承担与大区一样的事务和工作，小马拉大车。在人少事多的现实条件下，全区上下要发扬吃苦耐劳、敬业奉献、身兼数职的精神，认真周到做好各项工作。当前，特别要处理好五种关系： 一是与上级部门的关系。与上级部门搞不好关系，就是工作方法有问题。我们的各项工作离不开上级的支持和帮助。要尊敬和学习上级部门，定期与上级部门汇报沟通交流，认真完成上级交办的各项任务，坚决杜绝被动应付、推诿扯皮、不尊敬上级等现象的发生。二是与同级的关系。管委会是一个整体，各部门都是其中的一部分，只有紧密合作、协同一致，管委会才能正常运转。各部门都要互相团结、互相尊重、互相帮助、互相支持，心往一处想， 劲往一处使，真正做到同心同德同行、合心合力合手。三是与下级的关系。对下级要教育好、引导好、管理好、帮助好，特别要搞好“传帮带”“一帮一、一对红”，帮助年轻同志快速成长、健康成长。四是与企业的关系。要牢固树立“企业第一、项目第一”的意识，全力为企业提供一站式、全方位、保姆式服务，真正让企业感受到管委会的重视和支持。同时，各企业也要解放思想，创新求变，加快膨胀，坚决杜绝几年“一贯制”不成长式的企业。五是与群众的关系。要牢记全心全意为人民服务的根本宗旨，多到基层调研，多听取群众意见，多了解群众需求，集中力量解决扶贫脱贫、发家致富、教育医疗、居住生活、环境卫生等焦点问题，让群众共享发展成果。

要在群众中倡树新风正气，选好树好典型，弘扬正能量，引导群众关心支持全区发展。同时，对那些违法乱纪的犯罪分子，要严厉打击、毫不手软，坚决维护全区发展稳定大局。

第三，要树立正确的用人和工作导向。真正以实干检验干部，以一线评价干部，以实绩考核干部，努力营造“想干事、干成事、好处事、不出事”的浓厚氛围和用人导向。一是要看担当。敢于担当是境界、是激情、是态度的重要表现。要大力弘扬敢于担当、勇于负责、独当一面、能挑大梁的拼搏精神，特别在大是大非、关键时刻、困难矛盾面前，要能够豁得出、顶得上、靠得住。坚决反对精神疲软、拼劲疲软、作风疲软，坚决反对平平庸庸、应应付付、凑凑合合，坚决反对未老先衰、不求进取、自满自大、占着位子不干活或少干活。要建立考核激励机制，认真落实市委、市政府出台的“激励干事创业、整治为官不为、查处诬告陷害举报”等文件精神，真正为担当者担当，让干事者无忧，让无为者让位。二是要看政绩。空说一千，不如办事一件。要把政绩作为衡量干部的重要标准，既看选票，更看实绩；既重日常，更重关键时刻、急难险时，做到干多干少不一样，干好干坏不一样，实绩大小不一样，真正让有为者有位、吃苦者吃香，吃亏者最终不吃亏，调动全员干事创业积极性。三是要看品行。德是为政之本，也是为人之本。要讲忠诚，做到对党忠诚、对组织忠诚、对集体忠诚、对同志们忠诚，老老实实做人，扎扎实实做事。要品德高尚，做到宽厚大气，与人为善，多说鼓励的话，多做帮忙的事，多做团结的事，多做好事和善事。要经受住考验，特别要经得住时间、困难、环境和名利的考验，树立正确的人生观、世界观、权力观、政绩观，多做打基础、利长远、促发展的工作。

同志们，保税区正处在加快发展的关键时期，任务艰巨，责任重大，使命光荣。全区上下一定要以更加振奋的精神，更加饱满的热情，更加百倍的干劲，更加扎实的作风，努力推动全区经济社会发展再上新台阶，为全市经济社会又好又快发展做出新的更大贡献！

（徐洪吉 时任潍坊综合保税区党工委副书记、管委会主任）

徐洪吉同志
在2018年度全区加快发展大会上的讲话

（2018年2月26日）

同志们：

今天这次会议，主要是贯彻落实党的十九大精神、中央和省市经济工作会议精神、全省新旧动能转换重大工程动员大会精神，全面总结2017年工作，安排部署2018年工作任务。动员全区上下坚定信心，抢抓机遇，担当作为，以只争朝夕、奋发有为的工作状态，全力推动全区加快发展，始终走在全国保税区的前列。下面，根据党工委、管委会研究的意见，我讲三个方面问题：

一、客观评价2017年工作，切实增强加快发展的紧迫感和压力感

过去的一年，是保税区大突破、大提升的一年。在市委、市政府的正确领导下，全区以“四个城市”建设和“作风建设年”活动为总抓手，勇于创新、攻坚克难、担当实干，攻破了一批重点难点问题，办成了一批大事实事，开创了各项工作的新局面。突出表现在九个方面：

（一）发展态势持续向好。主动适应经济发展新常态，加快新旧动能转换，呈现良好发展态势。全年实现进出口额91.4亿元，增长21%，列全市各县市区第6名、全省9个保税区第3名、全国150个保税区前50名。公共财政预算收入1.73亿元，增长27.8%，增幅列全市第一位。规模以上工业主营业务收入81.4亿元，增长23%，其中高新技术产业占比达到89%，位列全市第一。

（二）国家级平台申报取得重大突破。2017年7月1日，潍坊综合保税区北区获国务院批准设立，成为全国首个转型升级后获批“一区两片”的综合保税区。同时，国家进口肉类指定口岸、进口冰鲜水产品指定口岸、进口澳大利亚活体肉牛口岸等3个国家级平台也分别在过去两年获国家批复设立。今年1月25日国家肉类口岸已经通过验收。在以上“四个国家级平台”申报过程中，综合保税区牵头负责，潍坊海关、潍坊国检、市财政局等12个部门单位全力配合，创造了“变不可能为可能”的保税区精神，市委、市政府决定给保税区记集体二等功。

（三）项目建设不断加快。认真落实全市“项目建设年”活动，全力以赴抓项目。全区80多个重点项目进展顺利。特别是占地1万亩的歌尔智能硬件产业园确定落户保税区，并列入省新旧动能转换项目库。另外，中俄冷链国际物流项目、华奇棉花物流加工项目、佩特来百万台发电机项目、年产7万辆陆地方舟新能源汽车项目、天津力神动力电池项目、雷士景泰园项目等一批重点项目进展顺利。

（四）改革创新加快推进。大力推行通关便利化改革，在济南关区首个实现区域一体化通关，复制推广了13项自贸区新政策，已有1500多家社会企业来区开展业务，报关单票数占全市的40%。在全省率先推行企业集群注册新模式，2017年全区新注册企业720家，同比增长134%，其中集群注册登记企业640家，占新增企业的89%。

（五）全域提升启动实施。围绕解决全区生态绿化不高、商业氛围不浓、综合配套不全等问题，聘请参与雄安新区规划的清华规划设计院，编制完成全域环境提升概念性规划。宝通街、樱前街、高七路、桃园街、梨园街、杨瓦路等7条道路，有的已开工建设，有的在做开工前的准备工作。规划了歌尔绿城国际商业配套、雷士景泰园商业配套、德润绿城商住片区、汶泉国际城商业片区等一批配套项目。争取新增建设用地规模5000多亩，用地指标280亩。全区基础设施和生态环境逐步改善。

（六）市场化融资和总部经济不断发展。按照“政府搭台、市场化运作、规范化管理”的模式，在成立区投资公司的基础上，组建金融投资控股公司，全年完成融资6亿元。大力发展总部

经济，全年引进总部经济企业705家，总部经济企业财政贡献率达到38.6%。区财政局牵头的PPP融资合作方案基本确定，为即将开工的全域提升工程提供了条件。

（七）社会事业全面提升。一是教育投入不断加大。保税区实验学校配齐配强师资力量，潍坊行知高中完成搬迁，普惠制幼儿园完成选址规划。二是棚户区改造顺利推进。福田社区的北徐家庄、西南段2个村棚改协议全部签订，相关工程加快建设，大李家、蔡家集2个村棚改准备工作基本完成。张营片区4个村棚改方案基本确定。三是3个社区实体化运行。每个社区配备10名以上工作人员和警务人员，配齐了必备的办公设施，推行“三个一”便民服务机制，累计为群众办理业务2000余项。四是村居环境不断改善。投资1600多万元，分两批实施了16个村的乡村连片治理工程，全面整修12条农村道路，修建5处文化广场，村庄治理率达到70%。广泛开展文明村、文明户创评活动，投入400多万元，建设可视党建系统，免费为文明户提供手机、网络、有线电视，群众文明程度显著提高。

（八）社会稳定、环境保护、安全生产等工作成效显著。一是全力维护社会稳定。深入开展矛盾纠纷排查化解、“万人下基层”“打霸治痞”等活动，全面排查不稳定因素，落实稳控措施，较好地完成了党的十九大等重要节点安保维稳任务，确保了社会安全稳定。二是扎实抓好环境保护。认真做好迎接中央环保督查及反馈问题整改工作，7起转办件全部高质量整改完成，并建立长效机制，全区环保工作有了较大提升。三是全力抓好安全生产，开展“四类风险”专项行动，共排查风险隐患389起，大力推进整改落实，没有发生较大以上安全事故。

（九）党的建设和作风建设全面加强。一是全面完成年度党建任务。认真学习宣传贯彻党的十九大精神，扎实推进“两学一做”学习教育常态化制度化，深入开展“作风建设年”活动，26项年度党建任务和5项重点突破项目全部完成。二是扎实做好迎接市委巡察及反馈问题整改工作。针对市委巡察提出的3个方面、10条具体问题，制定34项整改措施，已全部整改到位。三是切实抓好党风廉政建设。建立“四张清单、三级联动、动态考核”工作机制，全面压实两个责任。严肃查处群众身边的不正之风和腐败问题，今年以来共立案调查3起，党纪处分3人、移送司法机关1人，组织处理9人。

过去一年的成绩来之不易。这是我们坚决贯彻落实上级决策部署、统筹推进党建“第一责任”与发展“第一要务”的结果，更是各级各部门、广大干部群众和广大企业凝心聚力、拼搏实干的结果。在此，我代表党工委、管委会，向所有为保税区做出贡献的干部群众和广大企业，向关心支持保税区改革发展事业的社会各界，表示衷心的感谢！

在看到成绩的同时，也必须清醒看到问题和不足。突出表现在七个方面：

第一，经济总量还不够大。总量上看，省内青岛保税区进出口额600多亿元，烟台保税区800多亿元，而我们全年只完成了92亿元。增速上，全国保税区进出口额平均增速29%，特别是青岛保税区今年增长76%，而我们只有21%。应当看到，当前全国、全省保税区发展态势都十分强劲，前有标兵、后有追兵，我们不进则退，小进也是退，必须有紧迫感和压力感。

第二，招商力度不够大。一是高质量高水平的大项目不够多。除歌尔、佩特来、中俄冷链、华奇棉花、陆地方舟、力神电池、雷士景泰园等几个较大项目之外，其他项目都还较小，在招引世界500强、重大项目、重要平台力度上还不够大。二是新开工项目少。全区土地少，许多项目落不下，造成新开工项目不够多。三是新模式、新业态培育不足。一般的加工、制造、物流等项目多，研发检测维修、互联网、大数据、物联网等高端服务和新型业态方面，还研究不够、开展业务不多。四是专业化招商不足。距离专业化、精准化、信息化招商的目标要求还有很大差距。

第三，功能政策发挥不足。近段时间，全区在对接国家部委和省市部门、争取改革试点、争取发展资源上有所减弱，与前几年比有很大差距。跨境电商、集群注册、政务中心等一批事项推进不够快、力度不够大、差距还不小。

第四，综合配套不完善。一是商业配套不足。全区白领公寓、职工公寓和住宅小区建设不足，直营中心规模不够大，缺少大型商场超市、酒店、金融等，给企业职工和周边群众购物、餐饮、休闲、娱乐、消费等带来不便。二是交通不便。与市区相连的公交线路不多，公交车数量不足，职工外出不方便。辖区道路等基础设施配套不完善，东西南北路网没有完全打通，群众出行不便利。

第五，农村基础薄弱。一是村班子能力还不够强。虽然已经完成村“两委”换届，但村班子整体素质还要进一步提升，特别是在农村引领发展、带头致富、村庄治理、化解矛盾、安全生产、凝聚力、战斗力、号召力等方面的领导能力和驾驭水平上，还迫切需要提升和加强。二是农村发展不够快。过去历史欠账太大，还有不少村至今没有集体收入，“无钱办事”的问题比较突出。三是农村征迁困难、违规乱建乱倒、无理阻挡发展的问题还没从根本上解决。

第六，党的建设还有不少薄弱环节。一是对党建统筹指导、检查调度、评比总结和持之以恒抓落实等方面不够有力。不少工作有方案无落实、有部署无检查、前紧后松，致使党建工作缺乏系统性、规范性和持久性，导致一些单位抓和不抓一个样，干和不干一个样，没有压力感、危机感和荣誉感。二是党建薄弱问题没有很好解决。区政法、统战、工会、群团等组织还在筹建。3个社区实体化运转不久，服务能力还不够强，属地管理的任务还没有全部承担起来。农村党建管理标准低，有的村党建标准水平很土很差。“两新”组织党建刚刚起步，作用发挥不够好。全区人才工作还没有破题，在全市排名落后。三是规范化管理欠缺。党内政治生活制度执行不够严，活动开展不经常，集中学习不按时，研讨交流和外出培训没有按计划执行。四是宣传力度不够大。宣传体系不完善，载体平台不健全，宣传效果不理想，许多区内热点和亮点工作没有做到及时总结宣传，市委市政府两办信息上报不经常，网站水平低管理差，等等。

第七，作风建设不扎实。一是有的大局意识、集体观念不强。不重视检查，不关心考核，不在乎名次，没有压力和动力，没有危机感和紧迫感，许多工作在全市排名靠后。二是有的激情不足，主动性欠缺。遇到问题没反应、反应慢，或者有反应、没办法、没干劲，工作被动应付，马虎拖沓，耽误了工作，错失了机遇。三是有的不敢担当，不愿负责，不想出头。职责范围内的本职工作担不起来，牵头协调的工作牵不起来，只讲困难，只讲客观，只讲理由，推诿扯皮，见难就退，为官不为，或者为官少为。四是有的不会攻坚克难，工作不下深水。追求所谓的四平八稳，遇到问题缩手缩脚，怕这怕那，不敢担当，不愿作为，不想冒险，缺少动真碰硬的干劲，缺少突破性的思路和办法，缺少独当一面的决心和魄力。五是有的抓落实不力。重部署轻检查，有开头没结尾，平时没调度、没考核、没评比、没淘汰，好坏不分，好坏一样，永远都在进行中，没有阶段性的攻坚措施和成果，没有预见性的领导艺术和独当一面的领导魄力。六是有的在工作中抓了表而忽视了本。把主要精力用在应对上级检查和开会上，没有沉下心来抓好自己分管的工作，在工作时间和工作精力分配上出了问题，到头来仅干了一些应对上级的表面工作，而忽视荒废了自己分内的实质性工作，出力没效果，出力不讨好。七是有的纪律观念淡薄。不拿规矩当规矩，不按时上下班，工作自由散漫，拖拖拉拉，特别在南楼办公的部分部门，工作纪律十分松懈，上下班十分随意，到了应该管的时候了，到了应抓反面典型、警示全区的时候了。八是有的不善于与时俱进，习惯老经验老办法，对工作研究不深不透，特别对新政策、新知识、新常态不适应、跟不上，知识能力恐慌，跟不上形势变化和工作需要，等等。大家一定要明白，不进就是倒退、不干就是落后、不上就是滑坡、太松懈和放纵了就要出问题，大家必须引起高度警惕。

以上七个方面的问题，有历史和客观方面的因素，但更多是自身方面的原因。全区上下都要严肃认真对待以上问题，都要从中对号入座，都要从中自找画像，都要从中认领问题，高度重视，痛下决心，对症下药，切实解决。

新的一年，站在新起点，在肯定成绩、反思问题的同时，也要看到面临的发展机遇。

一是国家重大战略机遇。党的十九大提出了“7+1”发展战略，即科教兴国战略、人才强国战略、创新驱动发展战略、乡村振兴战略、区域协调发展战略、可持续发展战略、军民融合发展战略和健康中国战略。山东省获批国家新旧动能转换综合试验区，已出台工作方案，并推出各类政策100余项。潍坊市大力推进“四个城市”建设，制定一系列政策措施。一定要明白，国家和省市的每一项战略、每一项重要工作都蕴含着巨大机遇，背后都是一系列项目、政策、资源。党工委、管委会班子成员和各部门要深入研究，深入分析，加快对接国家部委和省市部门，全力争项目、争资源、争资金、争试点。

二是开放发展的机遇。十九大提出“中国开放的大门不会关闭，只会越开越大”，强调“推动形成全面开放新格局”。围绕国家全面对外开放，上级都在研究制定一系列优惠政策。比如，国家正研究探索建设自由贸易港模式和政策；商务部出台支持自贸区创新发展28条意见；海关总署正在研究出台保税区改革创新实施方案，全面提升贸易便利化水平。山东省去年召开了全省开放发展大会，近期我市也要召开开放发展大会。要抢抓这些发展机遇，借助这些政策东风，加大全区改革创新力度和争取资源强度。

三是产业转型升级的机遇。当前，以互联网、大数据、云计算、人工智能、虚拟现实为代表的新一轮科技革命和产业变革已经到来，并深刻改变着我们的生产生活。要紧跟时代潮流，瞄准产业发展前沿，深入研究新产业、新技术、新业态、新模式，加快引进培育一批战略性新兴产业，研究谋划一批改革创新项目，全力推动新旧动能转换。

四是消费升级的机遇。随着生活水平的提高，消费需求正在向个性化、高端化、品牌化、绿色化、健康化、精神化等方向发展。前段时间，国务院出台文件，自2017年12月1日起降低187种消费品进口关税。商务部等14部委联合发文，推广跨境电商综试区政策。这都为我们发展国际贸易、跨境电商带来了重大机遇。比如，做好直营中心和进口商品这篇文章，运用好进口肉类和水产品指定口岸等等，意义十分重大。

五是产城融合发展的机遇。“以产促城、以城兴产、产城融合”是可持续发展的必由之路。在这方面，国家有政策，我们有机遇，企业和群众有需求，必须加快推进。国家层面，正在大力推进特色小镇建设，并配套了一系列政策、资金。省级层面，正在积极申报国家产城融合发展试点省。市级层面，随着宝通街、东外环的建设，市区东扩步伐进一步加快。这一系列政策措施，为加快全域环境整体提升、推进产城融合发展提供了难得机遇。

二、全面抓好2018年工作，努力开创新时代保税区跨越发展新局面

新时代要有新气象、新作为。2018年是全面贯彻十九大精神的开局之年，是改革开放40周年，也是实现保税区“十三五”奋斗目标的关键一年。总的思路是：以习近平新时代中国特色社会主义思想为指导，以“四个城市”建设和“作风建设年”活动为总抓手，主动对接争取国家部委项目，主动研究推动自贸区申报和政策复制推广，大力推进优势产业聚集发展、功能政策集成创新、全域生态整体提升、区港区谷联动发展，确保发展总量在全省保三争二，发展增速在全国全省全市走在前列。主要预期指标：实现进出口额110亿元，增长20%；工业主营业务收入90亿元，增长10.6%；公共财政预算收入2亿元，增长15%。力争到“十三五”末，实现年产值800-1000亿元，进出口额80-100亿美元，迈入全国一流综合保税区行列。具体抓好七项工作：

（一）加快建设“六大园区”。以“六个百亿级产业链”为抓手，加快推进产业聚集发展、新旧动能转换，打造全市开放发展聚集区。

第一，加快建设电子信息产业园。歌尔是国际性大公司，也是全省全市的大企业、大集团。目前，歌尔已确定在保税区建设占地1万亩的智能硬件产业园。其中，网内工业用地1000亩，网外工业用地6000亩，商务生活配套区4000亩，集中布局虚拟现实制造产业，并配套健全高端商务生活区。力争通过5-10年发展，实现产值800-1000亿元、进出口额50-100亿美元，打造国家一流虚拟现实产业制造基地。2018年要突出抓好四项工作：一是要加快智能硬件生产基地建设，占地800亩，建设VR智能产品生产中心和应用示范中心。要加快清表，加快征地，加快规划设计，力争下半年开工建设，要有专业团队包靠。二是要加快推进智能游戏机项目，

争取尽早落地开工。三是要做大做强现有歌尔电子产业园，支持企业扩大产能、新上项目，积极吸引上下游配套项目落户，力争年内实现产值75亿元以上。四是要加快商业配套项目开发。一期占地300亩，建设蓝领公寓及配套设施，争取年内开工建设。

第二，加快建设国际冷链物流产业园。一是以中俄冷链物流项目、国家进口肉类和冰鲜水产品指定口岸等项目为龙头，建设高端农副产品保税仓储、冷链物流、精深加工和进出口于一体的国际冷链物流产业园。中俄冷链物流项目，要确保上半年全部建成，年内开展业务。肉类口岸尽快开展业务，冰鲜水产品口岸也同期开展业务，水果口岸继续努力申报，逐步打造山东半岛进口冰鲜类产品批发交易中心。二是推动国际食品加工产业园落地建设。依托中俄冷链物流和小分子肽项目，与大企业、大集团合作，打造面向国内外高端市场的国际食品加工和物流产业园。

第三，加快建设新能源产业园。新能源是引领未来发展的战略性新兴产业。近年来，保税区已初步形成包括电机驱动、动力电池、电动汽车、LED照明在内的新能源产业园，并列入市政府重点抓的产业园区。要安排专业团队靠上抓，进一步强化招商，精准引进一批补链、扩链、强链项目，努力打造百亿级新能源产业集群。一是佩特来新能源汽车电机驱动项目。总投资6亿元，由美国佩特来电器和加拿大TM4公司合资建设，年产起动机和发电机100万台、新能源汽车电机驱动2万台，年产值30亿元以上。二是陆地方舟新能源汽车项目。陆地方舟是全国第14家获批纯电动汽车生产资质的企业。该项目总投资5亿元，年产新能源电动汽车7万辆，产值30亿元以上。三是力神动力电池项目。由全国排名第一的天津力神集团建设，总投资4亿元，建设4条新能源汽车动力电池生产线，年产值15亿元以上。四是三晶照明LED项目。研发的高压直流智能供电系统填补国际空白，年产LED产品100万套、产值10亿元。

第四，加快建设棉花加工物流产业园。一是以华奇棉花物流加工项目为龙头，力争3年内年进口棉花100万吨、进出口额15亿美元，建成闻名全国的棉花及棉产品进出口物流交易基地。已建成的2条生产线要满负荷运营，力争年内开工建设第3、4条生产线。二是加快大地纺织、瑞源物流等项目发展，并积极吸引全市及周边地区棉花企业来区落户，实现棉花加工物流产业集聚发展。

第五，加快建设新材料产业园。以圣和新材料、华潍新材料等项目为龙头，聚集利可生生物、正信科技、康裕医药等一批项目，打造新材料产业集群。一是圣和塑胶新材料项目，要加大投入力度，深化与世界500强宝钢集团的合作，做好项目搬迁、扩产等工作。二是华潍新材料项目。要加快膨润土环保新材料项目投产扩产，依托降解高分子材料技术研究院，吸引更多人才入区，推动产学研融合发展。三是支持利可生生物、正信科技、康裕医药等一批成长型项目，加快膨胀发展。

第六，加快建设国际贸易和进口商品产业园。一是以3万平方米进口商品直营中心为依托，提升管理水平，扩大经营规模，做大做强国际物流、国际贸易和跨境电商等产业，打造国际商贸物流聚集区。二是加快总投资2亿元的北方商品物流配送中心项目建设，确保上半年开工2万平方米保税仓库和2000平方米地下酒窖，打造江北进口商品集散批发中心。三是探索引进国外优秀文化，开展文化艺术品进口、展示、交易等活动，培育保税区特色文化产业。

（二）着力推进改革创新和政策服务。本着“大开放、大便利、大服务”的原则，主动对接国家部委，对接自贸区功能政策，全面提升通关便利化水平，服务全省全市新旧动能转换。重点抓好十项功能创新：

第一，重新启动跨境电商业务。去年底，商务部等14部委联合发文，在全国推广跨境电商综试区政策。下步，一是对接省商务厅、济南海关、省口岸办，上半年实现跨境电商政策在潍坊落地。二是复制推广郑州“双随机”查验制度，推动跨境电商进入“秒通关”时代。三是大力引进跨境电商B2B服务企业，推动传统外贸互联网化，开展保税零售出口业务。

第二，赋予网内企业一般纳税人资格。过去企业内销不能开增值税发票，无法抵扣，税收成本大。试点后，可为企业节约15%的成本。要加快对接市国税局、市财政局、潍坊海关等部门，提前研究制定审批流程、业务模式，做好试点申报争取工作，最大限度支持企业发展。

第三，开展委内加工业务。委内加工，是指网外企业可以委托网内的企业代生产，对于歌尔等企业将更多的产能转移至保税区以及承接更多区外生产订单，意义重大。要积极对接潍坊海关，制定业务流程，对接歌尔等大企业，尽快落实到位。

第四，实行内销选择性征税政策。即货物销往国内自主选择按成品或者按原材料征税，可以大大减少关税成本。要积极对接海关总署、税务总局等国家有关部委，加快试点申报，争取年内实现突破。

第五，拓展保税检测维修业务。要对接济南海关、潍坊海关，制定具体监管办法，力争年内落实到位。

第六，实现进口减免税设备监管期由五年调整为三年。要对接济南海关、潍坊海关，国家试点政策出台后，迅速落实。

第七，废料出区不再征税。可为企业节省大量成本，对歌尔意义重大。国家试点政策出台后，迅速落实。

第八，网内企业取消账册管理。采取“以报代备”模式，实际报关时才备案，极大地方便企业。要加快对接济南海关、潍坊海关，争取上半年落实到位。

第九，实现“区区流转”功能。即特殊监管区之间货物流转，不需要监管车，实行分报集送，降低企业物流成本。今年要在实现与南京关区联动的基础上，实现与郑州关区的区区流转。

第十，卡口人性化监管。理顺卡口管理模式，日常管理由管委会负责，配备与海关联网的卡口控制系统及设备，凭海关放行信息办理进出区手续。

（三）全力推进全域环境整体提升。生态环境是区域发展的核心竞争力。要进一步细化完善全域提升实施方案，坚持周调度、月点评，全力加快重点项目建设进度。突出抓好三大工程：

第一，完善道路交通。总投资11.6亿元，坚持高标准规划建设城市道路，并与全市轨道交通、高速公路、公交枢纽紧密衔接。①宝通街，要确保配套管网8月底前建成。②杨瓦路，设计方案已批复，力争6月底前完成征地拆迁工作，年底前完成路基小桥涵工程，明年建成通车。③樱前街，要下决心解决吴家庄个别人无理阻挠施工问题，确保 3月份开工，7月份建成。④高七路、梨园街、桃园街3条道路，要加快征地拆迁，力争4月份开工建设，年内建成通车。⑤中心路，要年内完成绿化提升任务。⑥高二路、高三路、高四路、高六路4条道路，要加快与高新区对接，尽快拿出建设方案，尽快开工建设。⑦完善公共交通，协调市交通局、市公交公司，在宝通街与杨瓦路交叉口处建设公交车枢纽站，增加公交线路、停车站点和公交车数量，增加公共自行车站点和数量，解决企业职工和群众出行难题。

第二，强力推进三大商业片区开发。一是高二路片区，规划占地2000亩，主要服务网内监管区及周边群众，建设商场超市、商务办公、居住生活、休闲娱乐等配套设施，今年要抓好总投资9亿元占地300亩的雷士景泰园商业开发项目、启动占地300亩的歌尔商业片区项目、加快占地1000亩的张营片区4个村棚户区改造，打造容纳4万人～5万人的国际化高品质社区。并与高二路对面的歌尔绿城1500亩商业区形成良性互动。二是高七路片区，规划占地4000亩，围绕服务歌尔1万亩的智能硬件产业园、北汽福田等大项目，建设商业、生活、医疗、教育、金融等服务设施，打造容纳10万人的产城融合发展区。三是段家片区，规划占地600亩，结合段家社区棚户区改造，及早做好规划设计，及早计划筹备，打造现代化高档社区。

第三，实施生态环境打造。按照“城在绿中”的理念，整体规划全区水系绿地，利用潍坊电厂每天1万立方的水资源，规划建设中央商务公园、湿地公园、生态绿带和水系景观长廊，力争3年内绿地面积达到4800亩以上，水域绿化面积1100亩以上，全区绿化率达50%以上，建设宜居宜业生态新城。今年抓好三项工作：一是提升道路绿化。投资3.3亿元，总长10.5公里，提升绿量20万平方米，建设桃园街、樱前街、高七路、梨园街、高二路等5条道路辅道、人行道，并配套相应绿化亮化工程，力争上半年开工，年内初具效果。二是抓好青银高速两侧绿化美化。投资1700万元，总长1.7公里，两侧各绿化30米，提升绿量9万平方米，确保6月底前完成。三是制定生态绿化专项规划。在全域整体提升规划的基础上，研究制定道路绿化、生态公园、连片绿地、街角公园、湿地河道等详细规划，确定实施方案，尽快启动建设。

（四）突出抓好保税北区开发建设。按照“服务大北海、服务大港口、服务综试区”要求，全力推进保税北区开发建设。

第一，确保4月份申请国务院验收。新建卡口、围网和巡视道、市政配套工程、监控和信息化系统要在3月底前全部建成。亮化工程2月底前完成。监管仓库和熏蒸场站3月中旬建成。

第二，加快重点项目建设。一是潍坊开放性产业基地和大宗原材料商品展示交易中心两个项目，要确保4月30日前竣工。二是胜伟农产品冷链加工项目，总投资9亿元，占地409亩，要确保3月初启动建设。三是山东龙威海港物流园项目，力争上半年启动二期工程建设。

第三，全力对接潍坊港、山东高速港和农综区。3、4月份拿出联动对接方案，尽快启动山东高速物流园和潍坊港配套服务大型物流园两个项目。与农综区实行规划对接、项目对接、产业对接，并提供全方位服务。

第四，研究北区发展规划。要借鉴上海、天津、青岛保税港区发展经验，及早研究确定北区总体规划和发展规划，明确发展思路、重点产业、具体任务和工作目标，科学指导北区建设发展。

第五，全力配合投资公司，加快做好土地、海域收储工作，力争上半年收储到位。

（五）强化招商引资和政务服务中心建设。全区发展核心在项目、关键在招商、基础靠服务。要把2018年作为全区“招商引资年、项目建设年”，抓紧印发刚刚研究通过的《招商引资激励政策》《促进总部经济又好又快发展的暂行规定》两个文件，以招商引资和项目建设的大突破，引领全区经济大发展。

第一，要强化总部经济招商。总部经济是无烟经济、绿色经济、高效经济，意义重大。一是要完善总部经济办公室，牵头负责全区总部经济招商、管理、协调、服务等工作。二是要大力推进企业集群注册、住所托管服务等商事登记改革，为总部经济招商提供有利条件。三是要制定考核奖惩办法，分配任务，每月通报、半年初评、年终总评。四是近期要召开总部经济招商专题会议，进一步调动全员主动性和积极性，形成“重视总部、大抓总部”的浓厚氛围。

第二，要突出大项目招商。大项目可以引领一个产业、带动一个区域。要紧盯世界500强、国内500强和民营500强，全力引进龙头型、创新型、综合型的大项目。一是要改进招商方式。坚持全员招商和专业招商相结合，物流局和经发局要发挥专业招商职能作用，形成专业招商主力军。强化以商招商，围绕上下游产业，有针对性地招商，促进产业链发展。二是要充实招商力量。要配齐真正懂政策、懂产业、懂招商的专业化招商队伍，强化调度检查，信息通报和评比奖惩。

第三，完善提升政务服务大厅。政务大厅是服务企业和群众的窗口，体现着全区的投资环境。目前我们比较落后，今年要下大力气完善提升。一是要尽快组建政务大厅管理机构。配齐配强工作人员，实现规范化、专业化管理。二是要提升大厅硬件设施。学习高新区及周边县市区、开发区经验做法，配齐叫号机、咨询台、电子公开栏等必备的设施，加快标准化建设。三是要提高服务能力。推动全区所有服务事项和审批职权入驻大厅，并最大限度争取市级权限下放，完善审批流程，丰富拓展服务内容。四是大力推进网上审批。推进“互联网+政务服务”改革，学习杭州“最多跑一次”、自贸区“单一窗口”服务等模式，建立网上审批服务平台，探索“一口受理”模式，最大限度方便企业和群众办理业务。

第四，抓好市场化融资。一是区财政局和投资公司要下决心完成2017年和2018年棚户区改造融资任务。二是投资公司要下决心完成北区1万多亩土地的收储任务。三是下决心在发展好投资公司的同时，也要运作好刚刚成立的金控公司。

（六）着力改善和提升社会民生。坚持以人民为中心的发展理念，持续加大社会事业投入，全力办好民生实事。

第一，加快棚户区改造。要抢抓国家政策“窗口期”，力争3年内全部完成23个村棚改，切实改善群众居住环境。一是加快福田片区 4 个村棚改工作。投资 8.5 亿元，拆迁 795 户，建设安置房 1286 套。其中，西南段、徐家庄 2 个村棚改已经启动，要抓紧完善手续、扫清障碍，确保 3 月份复工建设。大李家、蔡家集 2 个村要抓紧启动，4 月底前确定实施方案、签订安置协议，6 月底前完成项目建设相关手续，8 月份正式开工建设。二是加快张营片区 4 个村棚改工作。投资 11 亿元，拆迁 1072 户，建设安置房 2144 套，争取 3 月份动员发动，6 月底完成棚改签约和村庄拆迁，9 月份启动工程建设，利用两年左右时间全面完成张营片区的棚改工作。三是其余 14 个村棚改工作，要做好规划设计、项目申报和方案制定等准备工作，力争最快开工建设。

第二，完善提升 3 个社区。一是大力推进工作力量下沉。汶泉发展区要确保 50% 以上的人员下沉社区，并选派最优秀、最能干、最得力的人员担任社区书记。公安分局要配强社区警务力量，接受社区和公安分局双重领导，形成工作合力，保障社区高效运转。二是落实工作责任。要按照属地管理的原则，全面梳理列出社区工作任务，全面实行社区任务目标责任制，把 3 个社区打造成实体化基层治理单位。三是提升社区服务水平。继续深化落实“三个一”便民服务机制，进一步下放管理权限，拓展服务内容，为群众提供更加周到便捷服务。四是要制定社区管理考核办法，切实增强社区责任意识、竞争意识和发展意识，奖惩分明，好坏不一样。

第三，办好群众满意教育。一是要规划全区教育布局。结合棚户区改造、商业片区开发，统筹谋划全区幼儿园、中小学、职业院校等建设，形成完整教育链条，打造国际化的优质教育片区。二是不断提升办学水平。区实验学校要进一步完善配套设施，继续大力引进优秀教师，推进管理体制改革，不断提升教育教学质量。潍坊行知高中要尽快完成搬迁，确保上半年招生运营，及早落实教职工公寓建设土地，预留学校二期建设用地。三是高标准规划建设普惠制幼儿园，力争上半年开工，明年建成运营，解决适龄儿童入园难问题。四是完善学校周边配套设施，规范优化校园及周边区域环境。

第四，完善社会保障。理顺社保体系，妥善解决企业职工社保缴纳问题。落实居民公共卫生、基本医疗、基本药物制度，做好 14 类 59 项惠民基本公共卫生服务工作。强化医疗机构管理，聘请第三方机构对辖区 20 家医疗机构进行全面考核，加强规范化管理。继续做好城镇居民医疗保险、养老保险和被征地农民社会保障等各项工作。

第五，加快农村发展。结合全域提升，制定各村 3 年提升计划，促进农村发展、农民增收。要增加群众就业，汶泉发展区要成立与企业用工沟通协调的专门机构，定期收集企业需求，及时反馈各村，有效解决企业招工难和村民务工难问题。要突出抓好精准脱贫，对全区困难群众进行摸底排查，在低保托底的基础上，加大综合救助力度，真正帮助困难群众解决实际问题。

（七）加强社会综合治理。创新社会治理体系，统筹推进安全生产、社会稳定、环境保护和综合整治工作，全面营造和谐稳定的社会环境。

第一，全力以赴抓好综治维稳。一是强力推进“扫黑除恶”专项斗争。认真落实党中央、国务院部署要求，在全区迅速展开扫黑除恶专项行动。汶泉发展区、公安分局、综合执法局要形成合力，强力打击霸痞黑恶势力，形成压倒性态势，铁腕维护全区安全稳定。二是全力抓好综治维稳。总结和运用十九大安保维稳工作的好经验好做法，对信访积案落实包靠责任，明确解决时限，并增强预见性和预防性。三是做好综合执法工作。要加快组建综合行政执法局，进一步明确职责，配齐人员，尽快开展工作。特别要加强对乱搭乱建、乱采乱挖、乱堆乱倒等违法行为的查处力度，要用铁手腕和硬措施彻底管住。

第二，坚持不懈抓好安全生产。要坚决贯彻落实“管行业必须管安全”的指示要求，切实做到安全生产、人人有责。深化安全生产标准化、规范化建设和“双体制创建”，年内全部达标。完成年度企业风险分级管控和隐患排查治理“双重预防机制”建设任务。健全安全生产网格化监管体系，每月开展1次危化品、烟花爆竹、交通运输、建筑工地、食品药品等领域专项整治，最大限度消除安全隐患，确保不出任何问题。督促企业开展安全培训，确保企业负责人和安全管理人员持证上岗率100%，特种作业人员持证上岗率100%。

第三，持之以恒抓好环境保护。以中央环保督查为契机，持续抓好问题整改，建立长效监管机制，构建横到边、竖到沿、全方位、无死角的监管体系。完成区内建设项目的环境影响评价批复及竣工环境保护验收工作。认真落实全市绿色发展“十大工程”，健全环保责任和追究制度，严厉查处环境违法案件，打好大气、水、土壤污染防治“三大战役”，确保环境质量持续改善。

第四，做好食品药品安全管理。深化食品安全监督管理，推进“明厨亮灶”创建工作，力争企业大型食堂、重点食堂全覆盖。开展量化分级评定，对持证的餐饮服务单位全部进行2018年度量化分级管理动态等级评定。每月开展1次重点领域专项检查，集中整治食品及药品流通领域违法违规行为，最大限度维护群众“舌尖上的安全”。

三、坚定不移推进全面从严治党，大力营造干事创业的良好环境

办好中国的事情，关键在党。党政军民学，东西南北中，党是领导一切的。必须坚持党对一切工作的领导，切实增强政治意识、大局意识、核心意识、看齐意识，肩负起管党治党政治责任。

（一）全面加强党的建设。认真落实十九大关于全面从严治党的新要求，牢固树立“抓好党建是最大政绩”的理念，认真履行管党治党主体责任，实现党建工作大突破、大提升。

第一，压紧压实主体责任。深入推进“两学一做”学习教育常态化制度化，谋划开展好“不忘初心、牢记使命”主题教育。区党工委要认真落实党建主体责任，充分发挥总揽全局、协调各方的领导核心作用。各级各部门党委、党总支和党支部也要严格落实党建主体责任，制定年度党建计划和方案，强化落实，调度检查，确保党建工作落到实处。对推进落实不力、成效不大的要严肃问责。

第二，切实抓好基层党建。今年是基层党建“三年行动计划”收官之年，要全面梳理各项

任务，列出工作重点，明确完成时限，确保完成任务。一是抓好机关和学校党建。深入开展“三送一创”“小手牵大手”等活动，切实发挥先锋模范作用。二是抓好社区党建。要按照“四全一特”标准，完善提升社区服务，真正建成让组织放心、让群众信赖的基层治理单位。三是抓好企业党建。以市场化为导向，探索党建工作新模式，调动党员参与热情，以党建促进企业经营发展。四是下大力气抓好农村党建。要以村“两委”换届为契机，加强村班子建设，实行村支部书记到社区集中上班，组织落后村“两委”成员到先进村跟班锻炼，到全市先进村参观学习，真正提升素质能力和境界水平。要提升村级治理规范化水平，建立议事决策、村务管理、干部履职承诺等制度，促进村级工作规范运行。要建立村级党组织评星定级制度，集中整治软弱涣散村，争取年内 20% 的村达到区级示范村标准，40% 的村达到汶泉发展区示范村标准，80% 的村户达到文明户标准。

第三，全力突破党建薄弱环节。一是解决党的组织不健全的问题。要配齐配强全区党建工作力量，筹建政法、工会、群团、统战等党的组织，所有部门单位、所有符合条件的企业全部建立党的组织。二是解决党内政治生活平淡化和时紧时松的问题。要研究出台全区党内政治生活制度，所有党支部每月都要确定 1 天作为支部生活日，认真过好组织生活。三是解决党建工作标准化不高的问题。要参照市里办法，分领域制定党建工作标准，明确先进标准和一般标准，开展创先争优活动。四是解决人才工作短板。要专题研究人才工作大突破、大提升的工作方案和措施。

（二）狠抓党风廉政建设。把党风廉政建设纳入经济社会发展和党的建设总体布局，做到同部署、同检查、同考核。

第一，严守党的政治纪律。要落实各级党委主体责任和纪委监督责任，突出抓好领导干部这个关键少数，构筑不想腐、不能腐、不敢腐的长效机制。要强化政治纪律和政治规矩，牢固树立“四个意识”，增强政治定力。要落实好党内政治生活的若干准则和党内监督条例，建立健全规章制度，实现党内监督全覆盖。要驰而不息纠正“四风”，着力解决形式主义、官僚主义新表现及“四风”隐形变异问题。

第二，开展“为官不为”专项整治和“我为保税区添光彩”二个活动。一是要大力整治“为官不为”。按照中央部署要求，认真学习并贯彻落实市委、市纪委关于整治为官不为的一系列指示要求，通过明察暗访等多种形式，严肃查处不负责任、不守纪律、工作失职、庸懒散浮、不担当、不作为、效能低下等问题。二是要大力开展“我为保税区添光彩”活动。要在全区上下统一思想，弘扬正气，号召全区人人寻标对标、人人创先争优、人人增光添彩、人人争做好人好事。要通过多种形式树立标杆、寻找先进、总结典型、推广模范，在全区形成比学赶超和奉献敬业的浓厚氛围。二个活动由党工委专题安排部署，纪工委和政治部分头抓好落实。

第三，严厉督责强化问责。要层层签订 2018 年度党风廉政建设责任书，把责任落在实处明处。落实好主体责任约谈、岗位廉政谈话、任前廉政谈话等制度，用足用好“四种形态”，使党员干部时时处处感受到纪律的严格约束。

要严查顶风违纪和腐败问题，持续保持高压态势，确保党纪法规执行到位，真正让纪律成为“带电的高压线”。要严肃工作纪律，管委会马上印发《关于严格遵守机关工作纪律的通知》，各级各部门要认真学习贯彻，严格执行上下班、应急值班、外出报备、通讯畅通、会议纪律、公文处理、廉洁自律等纪律规定，切实做到有令必行、令行禁止、不行问责。

（三）切实转变工作作风。作风建设永远在路上。要深入开展“作风建设年”活动，主动作为、主动担当、依法作为，以作风的大转变推动工作的大提升。

第一，大力弘扬“四种精神”。保税北区等“四个国家级平台”获批后，市委、市政府高度评价了保税区“变不可能为可能”的奋斗精神，全区上下要继续坚持和发扬。主要包括“四种精神”：一是改革创新精神。就是要敢想敢试，敢为人先，抢抓机遇，开拓创新，敢于做别人没有做的事，走前人没有走过的路，对看准的事情，不因循、不等待、不观望、不犹豫，敢于突破常规，敢于打破禁区，敢于创新性地开展工作。二是百折不挠精神。就是要发扬“铁板钉钉”作风，笃定信心，锲而不舍，迎难而上，咬定青山不放松，不辞劳苦，不畏艰险，以坚韧不拔的顽强毅力，突破一件件大事难事，完成一件件使命和任务。三是争先创优精神。就是要坚持思想高起点，目标高标准，工作争一流，以对工作和事业高度负责的态度，勇于负责，独当一面，脚踏实地，奋力创出一流业绩。四是团结奉献精神。团结出健康，团结出干劲，团结出实绩，团结出干部。大家从四面八方汇集到保税区这个团队，既来之，则安之。全区广大干部都要真真切切地融入保税区这个团队，当主人不当客人，当实干者不当旁观者，当引领者不当跟随者，想保税区所想，急保税区所急，关心团队、维护团队、提升团队、带动团队，同舟共济，荣辱与共，打造命运共同体，形成众志成城、干事创业的强大合力。

第二，不断提高“四种能力”。一是提高学习的能力。只有加强学习，才能增长知识，提升境界，适应时代。管委会和各部门都要科学制定全年学习计划，坚持定期集中学习、定期专题讲座、分批外出培训等制度，开阔眼界，丰富内涵，提高全员做人做事的知识和能力。二是提高抓落实的能力。一分部署，九分落实。再好的思路，没有落实等于零。要强化事业心和责任感，求真务实，多说多干，少说多为，在落实上狠下功夫。要亲力亲为，不推不拖，持之以恒，真正在一线发现问题、在一线解决问题。要提高效率，接触快、反应快、进入角色快、推进快，以只争朝夕的精神抓好工作。三是提高抓主要矛盾的能力。抓主要矛盾，就是抓重点，抓难点、抓关键。不平推平拥，不眉毛胡子一把抓。要分清轻重缓急，分清主次矛盾，梳理列出每个时期重点工作和重点事项，持之以恒抓好重点落实。四是提高宣传的能力。宣传是无形的生产力。各级各部门、每个人都有大张旗鼓宣传保税区的责任和义务。要按照“全方位、立体式”的要求，有计划、有目的的利用电视、报纸、电台、微信、网站等各种媒体宣传保税区，提升知名度，扩大影响力。

第三，牢固树立正确的工作和用人导向。坚持“德才兼备，以德为先”，坚持“用实干检验干部，在一线评价干部”，真正树立正确的工作和用人导向。一是看担当。敢于担当是境界、是激情、是态度的重要表现。要大力弘扬敢于担当、勇于负责、独挡一面、能挑大梁的精神，特别在大是大非、关键时刻、困难矛盾面前，要能够豁得出、顶得上、靠得住。坚决反对精神疲软、拼劲疲软、作风疲软，坚决反对平平庸庸、应应付付、凑凑合合，坚决反对未老先衰、不求进取、自满自大、占着位子不干活或少干活。二是要看政绩。有作为才有地位。要把政绩作为衡量干部的重要标准。既看选票、更看实绩，既重日常、更重关键时刻、急难险时。做到干多干少不一样，干好干坏不一样，实绩大小不一样，真正让有为者有位、吃苦者吃香，吃亏者最终不吃亏，调动全员干事创业积极性。三是要看品行。德是为政之本，也是为人之本。要对党忠诚、对组织忠诚、对集体忠诚、对同志们忠诚，老老实实做人，扎扎实实做事。要品德高尚，宽厚大气，与人为善，多说鼓励的话，多做帮忙的事，多做团结的事，多做好事和善事。要经受住考验，特别要经得住时间、困难、环境和名利的考验，树立正确的人生观、世界观、权力观、政绩观，多做打基础、利长远、促发展的工作。

第四，切实抓好当前工作。一年之计在于春。开好头，起好步，抓好开门红十分重要。一是管委会要尽快将本次会议安排的任务目标分解落实到各个部门、各个单位，明确完成时间，明确责任到人，并定期调度、检查、评比、通报、总结。二是各部门各单位要尽快对本单位所承担的工作任务一一列出，并明确责任人，明确完成时间，人手一册、记在心上、挂在墙上，时时刻刻想着，每天每月干着。对一些特别重要的工作和急难险重的任务，要集中全力和合力突破完成。三是各分管负责人对所分管部门的工作要再梳理、再研究、再安排、再落实，从细节小事上做起，从争时间提速度上下手，重在落实上下功夫、做文章，坚决并全面完成党工委、管委会分配的工作任务。

同志们，时代赋予重任，实干成就辉煌。新的一年，让我们紧密团结在以习近平总书记为核心的党中央周围，在市委的坚强领导下，坚定信心、勇于担当、奋力拼搏、锐意进取，用一流的速度、一流的标准，建设一流的综合保税区，全力推动保税区再实现创新发展、科学发展、领先发展，为建设富裕文明充满活力的现代化强市作出积极贡献。

（徐洪吉 时任潍坊综合保税区党工委书记、管委会主任）

徐洪吉同志在全区党建工作暨深化“作风建设年”活动大会上的讲话

（2018年4月28日）

同志们：

今天，我们召开全区党建工作暨深化“作风建设年”活动大会，主要任务是深入贯彻党的十九大精神，认真落实省市党代会、市纪委十二届三次全体会议和全市深化“作风建设年”活动大会精神，总结2017年工作，安排部署2018年任务，动员全区上下以更大的决心、更有力的措施抓好党的建设和作风建设工作，为推动全区更高质量发展提供坚强的组织和作风保障。下面，根据党工委研究的意见，我讲五个方面问题：

一、肯定成绩，正视问题，切实增强抓好党的建设和作风建设的责任感、压力感

过去的一年，是保税区党建工作抓基层、打基础的一年。在市委、市政府的正确领导下，全区深入学习宣传贯彻落实党的十九大精神，认真履行全面从严管党治党政治责任，深入开展“作风建设年”活动，全区党的建设和作风建设取得明显成效。突出表现在以下七个方面：

（一）管党治党意识明显增强。经过近几年的努力，抓好党建是最大政绩的理念已经基本树立，各级党组织特别是党组织书记认真履行管党治党责任，对党建工作亲自抓、亲自管，层层压紧压实党建责任，形成了一级抓一级、层层抓落实的良好局面。去年党工委先后14次召开会议研究党建工作，26项年度党建任务、34项市委巡察整改任务和5项党建重点项目全部完成。

（二）党的组织建设不断完善。一是党工委成立党建领导小组，在政治部设立了办公室，切实加强了组织领导。二是机关所有部门全部设立党组织，党员和组织生活正常化经常化。汶泉发展区按照镇街设置健全党委班子、纪委班子，完善了组织架构。三是3个社区实现实体化运转，每个社区配备10名以上工作人员和警务人员，推行“三个一”便民服务机制，累计为群众办理业务2000余项。四是农村顺利完成村“两委”换届，为各项工作开展打下了坚实基础。五是“两新”组织党建有了较大提升，实验学校党建工作正常开展，非公企业全部成立党支部或派驻指导员，实现党的组织和活动全覆盖。

（三）基层基础不断加强。一是密切联系服务群众。出台了包村联户实施意见，党工委班子成员带头每人包靠1-2个村、联系3-5户群众、包靠1-2家企业，区直各部门深入开展送政策（法律）、送服务、送温暖、创先争优“三送一创”活动，全力帮助农村和企业解决实际问题。二是着力提升基层服务水平。设立了1000平方米的政务服务大厅，审批部门全部入驻，实现审

批事项“一站式”办结。社区实行了“只到一个地方、只跑一趟腿、只找一个人”的“三个一”便民服务机制，为村民办理业务2000余项。三是全力抓好农村党建。推行了农村党员积分制管理，广泛开展文明村、文明户创评，投入400多万元建成可视党建系统，并免费为文明户提供手机、网络、有线电视，群众凝聚力和向心力显著提升。四是切实提高基层党建保障水平。投资100万元，新建和修缮23处村级党群服务站，23个村全部更新配套办公设施，按照高于全市平均水平的标准落实村干部待遇，切实保障村级组织正常运转。

（四）抓党建惠民生力度不断加大。一是大力实施全域环境提升。聘请参与雄安新区规划的清华规划设计院，编制完成全域环境提升概念性规划。高标准推进宝通街、樱前街、高七路、桃园街、梨园街、杨瓦路等7条重点道路建设，加快高二路张营片区、高七路福田片区、青银高速段家片区三大片区开发，全面加强生态绿化，努力打造“生态智慧、高端高新、国际开放、世界水平”的产城融合发展区。二是着力提升教育水平。财政和社会投资2亿多元，建成保税区实验学校、潍坊行知高中，正在规划建设普惠制幼儿园，努力打造从幼儿园到高中的完整教育链。三是加快推进棚户区改造。福田片区西南段村棚改项目已开工建设，北徐家庄村项目正在进行工程招投标，大李家和蔡家集两个村已完成选址及规划，马上招投标。张营片区4个村棚改方案基本确定。四是不断改善村居环境。投资1600多万元，分两批实施了16个村的乡村连片治理工程，全面整修12条农村道路，初步解决樱前街以南4个村庄吃水难题，村庄治理率达到70%。

（五）教育培训和思想建设不断加强。一是扎实推进“两学一做”学习教育常态化制度化。制定理论中心组学习制度和全员学习计划，组织集中学习、各类培训和现场教学100多次，开展党员微课堂、讲党课等活动50多次。二是出台落实意识形态责任制实施方案，投资150多万元，提升23个村级党群服务站，新设150处宣传栏，搭建“保税之声”村村通广播、保税手机信息报、微信平台、保税网站等党群沟通新平台，及时将党的声音传递到基层。三是丰富群众文体生活。发挥工会、团委、妇联等作用，开展了保税区半程马拉松、歌尔长跑越野赛、佩特来羽毛球、农村广场舞大赛等群众性文体活动，进一步丰富群众文化生活，全区凝聚力和向心力不断增强。

（六）党风廉政建设扎实推进。一是建立了“四张清单、三级联动、动态考核”工作体系。层层签订党风廉政建设责任书，作出廉政承诺，完善了日常检查、半年初评、年终总评制度，全面压实从严治党主体责任和监督责任。二是深化党规党纪教育。编印了党规党纪学习材料，2次邀请市纪委有关领导来区讲座，组织到昌乐、寿光、昌邑等地进行廉政文化学习，党员干部廉洁自律意识明显增强。三是强化执纪问责。出台作风建设巡察监督实施意见、常态化明察暗访工作办法，开展了1次综合性巡察、2次集体约谈和22次明察暗访，共立案调查3起，党纪处分3人、组织处理9人。四是弛而不息纠正“四风”。开展了作风建设、村级三务公开、惠农资金发放、购买消费高档白酒等11个专项检查，修订完善机关工作纪律等20多项规章制度，切实加强规范化管理。

（七）作风建设成效显著。深入开展“作风建设年”活动，按照“全国争一流、行业树标杆”的要求，各级各部门全力转作风、提效能、促发展，重点工作实现了大突破、大发展。特别是历时3年努力申报，相继获批潍坊综合保税区北区、进口肉类和进口冰鲜水产品口岸等四个国家级重要平台，形成了“铁板钉钉”的工作作风和“变不可能为可能”奋斗精神，被市委、市政府荣记集体二等功。市委2017年度综合考核，保税区获得优秀等次，是县市区和开发区4个优秀等次之一。扎实开展寻标对标活动，先后赴青岛、郑州、杭州、南京等地对标学访，形成了产业聚集发展、企业集群注册、区域一体化通关等一批重要创新成果，企业集群注册模式在全省推广，全区进出口额进入全国150多个保税区域前50名。

可以说，同自己相比，同过去相比，全区党建工作水平有了较大提升，但是对照党的十九大全面从严治党新要求，对照市委的高标准，我们还存在很大差距和不足。主要表现在：

第一，党建工作统领全局不够好。“党是领导一切的”、“抓好党建是最大政绩”的观念在全区树立得还不够牢固，有时还存在党的建设和业务工作“两张皮”的现象。抓党建工作落实不够好，存在出台意见多、制定方案多，但在统筹指导、检查调度、评比总结等方面还存在不到位、不持之以恒的问题，造成不少工作有方案无落实、有部署无检查、前紧后松，缺乏系统性、规范性和持久性。

第二，党的组织建设还不够完善。区党建工作力量不强，与市里要求还有不少差距。任务多与人员少的矛盾比较突出。党的机构也不够健全，区政法、工会、群团等组织还在筹建。

第三，基层基础薄弱的问题没有很好地解决。在机关党建方面，党内政治生活制度执行不够严，有的活动开展不经常，集中学习不按时，支部生活不规范，研讨交流和外出培训没有按计划执行。在社区党建方面，刚刚实体化运转不久，服务能力还不够强，全面工作还没有完全开展起来，所有属地管理的任务还没有全部承担起来。在村级党建方面，村“两委”班子班子整体素质还要进一步提升，特别是在引领发展、村庄治理、化解矛盾、安全生产以及凝聚力、战斗力、号召力等方面还有很大差距和不足。农村党建标准偏低，“三务”公开不规范、不及时，党员活动不经常、不正常，党员集体学习不积极、不主动，距离规范化管理还有很大差距。农村发展还不够快，还有不少村至今没有集体收入。在“两新”组织党建方面，有的企业对党建工作重视程度不高，有的甚至连宣传栏、标语口号都没有，党员集体学习、组织活动、发挥作用非常欠缺。

第四，抓党风廉政不够严。主要是监督执纪问责和查处力度不大，措施办法不多，对检查发现的问题，通常从保护干部的角度出发，多是提醒、约谈、通报，真正问责的很少，对党员干部监督制约不到位，没有很好的起到警示作用，从严管党治党打了折扣。

第五，抓思想教育和意识形态工作不到位。学习制度落实不够好，集体学习不经常，研讨交流、外出培训比较少。对外宣传不够好，宣讲层次境界不够高，全区宣传体系还没有完全建立，信息报送不及时，许多热点和亮点工作没有及时发现总结宣传；对内宣传阵地和载体比较少，传达精神、安排工作、指导落实，多是依靠开会发文、集中宣讲、村村通广播、宣传栏和标语口号等传统形式，网站、微信等新媒体宣传不足，对群众意识形态的把握不到位。

第六，作风建设不够扎实。一是纪律观念淡薄。年初管委会下发了严格遵守机关工作纪律的通知，但仍有部分同志不拿纪律当纪律，不拿规矩当规矩，依旧上下班迟到早退，工作懒散，自由散漫，拖拖拉拉。对此，前段时间纪工委牵头组织了明察暗访，对相关人员进行了通报批评，下步还要继续加大力度，切实严肃工作纪律。二是担当作为不够好。有的不能独当一面，职责范围内的工作，存在跑冒滴漏撒的问题，自己的事靠别人代劳，靠领导协调。有的接到任务，只讲困难，不讲办法，困难上交，责任上推。有的部门该牵头的工作不牵头，事事都要管委会牵头，忘了部门的职责所在。有的部门以人手少、事务多为借口，大事小事能推不揽。三是落实力、执行力不强。有的工作有部署没回音，石沉大海，缺少立说立行、马上就办、办就办好的作风。有的工作虎头蛇尾，雷声大雨点小，不能善始善终。有的工作不推不动，推一推动一动，不紧不慢，错失时机，贻误发展。有的工作跟踪问效不及时，督查调度跟不上，对落实不力的追责问责不够。四是激情干劲不足。有的小成即满，安于现状，不思进取，得过且过，缺少大发展、大突破的胆略、信心和勇气。有的激情活力不足，精神状态不振，办法一无所有，整体在混日子、浪费生命，缺少想干事的主动性，缺少昂扬向上的精神头，缺少争创一流的干劲和荣誉感。五是攻坚克难不足。有的面对棚改、拆迁、改革、维稳、服务、干部优化配置等热点难点问题，缩手缩脚，怕这怕那，缺少动真碰硬的决心，缺少创新性突破性的办法，致使一些重点工作没达到预期进度。有的觉得“工作是公家的、处分是个人的”，为了不出事宁愿少干事，存在求稳怕乱的保守思想，存在保平安的底线思维。六是“为官不为”的现象依然存在。有的打着“讲规矩”“按程序”的旗号慢作为、不作为，程序复杂，效率低下，一拖再拖，主动为企业和群众着想少，让企业和群众“多跑腿”和受难为。有的基层干部风气不正，办理企业群众事务时吃拿卡要，部分农村党员干部参与乱搭乱建。七是学习氛围不浓。有的学习不主动，知识储备不足，沿用老经验老做法，能力水平跟不上形势变化和工作需要，出现本领恐慌、能力恐慌。有的部门长时间不开会，不学习，新政策新业态新理念“只知皮毛”，更谈不上改革创新。

二、夯实基础，讲求实效，推动党建设工作全面过硬

今年是全面贯彻十九大精神的开局之年。要认真落实十九大关于全面从严治党的新要求，层层压紧压实主体责任，抓班子带队伍，抓基层打基础，努力实现党建工作大突破、大提升。

（一）把党的政治建设摆在首要位置。党的政治建设是党的根本性建设。要旗帜鲜明讲政治，不断加强党性锻炼，提高政治觉悟和政治能力。一是要坚决贯彻执行上级决策部署。牢固树牢“四个意识”，对中央、省委、市委决策部署，要及时传达学习，并认真贯彻落实。要坚决贯彻落实党工委、管委会的一系列工作安排部署，党政办要制定督查考核办法并进口

实施，严格问责追责，严肃落实奖惩，确保全区一呼百应、政令畅通，绝不允许有令不行。二是严肃党内政治生活。政治部牵头出台全区党内政治生活制度规范，严格落实“三会一课”、支部生活日等制度，推行支部主题党日、党员政治生日等经验做法，每月确定一个党建主题，至少召开1次支部会，每季度至少组织1次党课，每半年进行1次谈心谈话，每年召开1次民主生活会和组织生活会，确保各项制度落到实处。三是严格执行民主集中制。参照市委、市政府办法，修订完善党工委、管委会议事规则，严格依法依规、按程序办事。四是要加强党内政治文化建设。树立凭实绩用干部正确导向，坚持“德才兼备，以德为先”，坚持“用实干检验干部，在一线评价干部”，大张旗鼓表彰奖励敢担当、善作为、豁得出、靠得住的干部，严肃查处不担当、不作为、工作失职、效能低下、混日子的干部。真正让有为者有位、无为者让位、吃苦者吃香、吃亏者最终不吃亏，形成干事创业的浓厚氛围。

（二）切实加强理论武装和思想教育。一是要强化教育培训。党工委、管委会要科学制定年度学习计划，落实好定期集中学习、定期专题讲座、分批外出培训等制度，开阔眼界，丰富内涵，提升能力。各级党组织要结合自身实际，制定年度学习计划，严格抓好落实，增强教育实效。二是要创新教育模式。根据全区实际，探索与市委党校合作办学机制，推动全体党员进党校培训。要加快编写保税区志，尽快建设全区发展历程展览室、党性教育基地，让广大党员干部深刻了解保税区从无到有、从小到大、加快发展的艰难历程，珍惜和维护来之不易的大好局面，更加自觉为全区发展贡献力量。

（三）全面抓好基层党的建设。今年是基层党建“三年行动计划”收官之年，要全面梳理各项任务，列出工作重点，明确完成时限，确保完成任务。

第一，抓好机关党建。一是要健全党的机构和组织。区党建办要充实工作力量，配齐专职人员，切实保障党建工作开展。加快筹建政法、工会、群团、统战等党的组织，理顺汶泉发展区、区直各部门党的组织架构，夯实机关基层组织基础。二是切实加强党建规范化建设。要制定加强和规范机关党建的意见，按照走在前列的要求，认真落实“三会一课”等制度，发挥好示范带头作用。三是深入开展“三送一创”等主题活动。汶泉发展区、区直各部门要结合各自职能，到农村基层和全区企业，送服务、送政策（法律）、送温暖，开展承诺践诺、志愿服务、创先争优等活动，切实党员发挥先锋模范作用。

第二，抓好社区党建。一是大力推进工作力量下沉。汶泉发展区要确保50%以上的人员下沉社区，并选派最优秀、最能干、最得力的人员担任社区书记。公安分局要配强社区警务力量，接受社区和公安分局双重领导，形成工作合力，实现由社区管理向社区治理的转变。二是落实工作责任。要按照属地管理的原则，全面梳理列出社区工作任务，全面实行社区任务目标责任制，切实肩负起推动社区建设、联系服务群众、规范村级事务、化解矛盾纠纷、维护安全稳定等工作责任。三是提升社区服务水平。要深化落实“三个一”便民服务机制，年底前3个社区要与政务大厅实现联网管理，为群众提供“一站式”服务。四是加强村级指导。

建立汶泉发展区、社区和各村集中议事制度，每月固定 1-2 天召开议事会，研究讨论农村重要事项。建立村事民决社区监管、社区工作人员包村等制度，切实加强对各村事务的指导、协调、监督、审核。五是要制定社区管理考核办法，切实增强社区责任意识、竞争意识和发展意识，奖惩分明，好坏不一样。

第三，抓好农村党建。一是切实加强村“两委”班子建设。要加强村“两委”班子集中培训，组织新任成员到市委党校集中轮训，到全市先进村参观学习，实行村支部书记到社区集中上班，落后村“两委”成员到先进村跟班锻炼，真正提升素质能力和境界水平。二是要提升村级治理水平。要建立健全并严格落实“四议两公开一监督”“阳光议事日”、党务村务财务公开等制度，完善群众自主议事、自治管理、自我服务等村居治理机制，真正做到群众参与、群众监督、群众评判，促进村级工作规范运行。三是要建立村级党组织评星定级制度。制定村级党建规范化标准，明确先进标准和一般标准，按照好、较好、一般、较差四个等次归类管理，争取年内 20% 的村达到区级示范村标准，40% 的村达到汶泉发展区示范村标准，80% 的村户达到文明户标准。四是强化抓好矛盾纠纷预防化解。要定期对村情民意进行全面排查，以法治思维和法治方式，综合运用教育、调解、协商等多种方法调处化解矛盾纠纷，维护农村和谐稳定。五是全力促进农村发展。要结合全域提升棚户区改造，制定各村 3 年提升计划，改善生活生态环境，实现产城融合，最终实现全域城市化、村民变市民，使群众生活水平不断改善的同时，发展壮大集体经济，彻底整治集体经济“空壳”村。

第四，抓好“两新”组织党建。一是加强企业党建。具备条件企业要全部建立健全党的组织，支持有条件的企业打造全区党建示范点。对暂不具备条件的企业，要派驻党建指导员，确保党的组织有形和有效覆盖。要积极开展党员活动，通过党员先锋岗、党员责任区等活动，调动党员参与热情，以党建促进企业经营发展。二是抓好学校党建。按照市委要求，大力开展红色堡垒、红烛先锋、红心向党“三红”工程，开展“小手牵大手”活动，以学校党建带动周边村风民风转变。要大力实施创名校、做名师、育名生、办人民满意教育“三名一满意”工程，推进学校党建工作创新发展。

（四）全力抓党建惠民生。坚持以人民为中心的发展理念，持续加大社会事业投入，全力办好十大民生实事。一是加快棚户区改造，力争 3 年内全部完成 23 个村棚改。今年重点抓好福田片区、张营片区共 8 个村棚改工作。二是协调推进三大商业片区开发，今年重点抓好雷士景泰园商业开发、歌尔商业片区、汶泉国际城等重点项目，满足企业职工和周边群众购物、餐饮、休闲、娱乐、消费等生活需求。三是加快城市道路建设，高标准规划建设宝通街、杨瓦路、樱前街、高七路、梨园街、桃园街、中心路 7 条城市道路，完善提升高二路、高三路、高四路、高六路 4 条道路，构建完善的路网体系。四是完善公共交通，协调市交通局、市公交公司，在宝通街与杨瓦路交叉口处建设公交车枢纽站，增加公交线路、停车站点和公交车数量，增加公共自行车站点和数量，解决企业职工和群众出行难题。五是全面加强生态绿化，结合城市道路建设和青银高速拓宽，实施绿化、亮化提升工程，提升绿量30万平方米。六是继续加大教育投入，年内启动普惠制幼儿园建设，完善提升实验学校教学质量，确保潍坊行知高中尽快运营。七是完善社会保障，落实居民公共卫生、基本医疗、基本药物制度，妥善解决企业职工社保缴纳问题，继续做好城镇居民医疗保险、养老保险和被征地农民社会保障等各项工作。八是强化联系服务群众，班子成员带头每人联系包靠1-2个村、5-10户群众、1-3家企业，真心实意为企业和群众解决实际问题。九是建立增加群众就业的有效机制，有效解决企业招工难和村民务工难问题。十是突出抓好精准脱贫，在低保托底的基础上，加大综合救助力度，真正帮助困难群众解决实际问题。

三、坚持问题导向，强化执纪问责，坚持不懈抓好党风廉政建设

党风廉政建设事关干部形象、事关社会风气，必须警钟长鸣、常抓不懈。要坚持问题导向，突出重点领域，强化监督执纪问责，切实把党风廉政建设不断引向深入。

（一）全面抓好责任落实。一是落实好党工委主体责任。要严格执行党风廉政建设责任制，尽快制定下发2018年度党风廉政建设责任清单，将责任和压力分解传导到领导班子成员和职能部门。党工委要每季度至少研究1次党风廉政建设工作，每半年对部门落实主体责任情况进行检查考核，督促各级各部门各负其责、各司其职、齐抓共管，形成推进全面从严治党的强大合力。二是落实好纪工委监督责任。纪工委要把落实管党治党责任情况作为检查和监督执纪重点，通过实地调研了解、约谈党组织书记、开展廉政谈话等方式，加强对各级党组织的监督检查，督促各级党组织压实管党治党责任，解决好压力传导层层递减、管党治党宽松软、主体责任虚抓空转等问题，推动管党治党走向严紧硬。三是落实好“一岗双责”责任。班子成员要自觉落实“一岗双责”制度，每年至少开展1次党风廉政建设专题调研，每半年听取分管部门党组织主要负责同志党风廉政建设工作情况，研究解决分管领域和部门的热点难点问题，督促分管部门履行应负的责任。各部门主要负责人要严格落实本部门党风廉政建设“第一责任”，一手抓业务工作，一手抓党风廉政建设，确保各项责任真正落到实处。

（二）强化监督检查。一是积极开展综合检查。要发挥巡察监督“利剑”作用，围绕贯彻十九大精神、践行“四个意识”、严肃党内政治生活、履行管党治党责任等方面，年内开展1次综合检查，推动各项决策部署真正落到实处。二是开展各类专项检查。紧盯坚持党的领导、加强党的建设、全面从严治党三大类问题，开展执行政治纪律和政治规矩、执行党章党规党纪、“四个城市”建设以及重点项目、征地拆迁、环境整治、安全生产等重点工作监督检查，以严明的纪律确保政令畅通。三是加强常态化监督。针对日常工作纪律、作风纪律，建立常态化监督检查机制，不定期开展明察暗访，对查出的问题从严追责问责，当事人一律进行通报曝光，真正让纪律成为带电的“高压线”。

（三）加强廉政教育。教育宣传是党风廉政建设的基础性工作，要纳入全区整体宣传教育之中，贯穿于各级各部门的工作之中。一是开展党规党纪学习教育。纪工委要尽快制定全区

廉政教育工作计划，确保每季度至少开展1次党规党纪专题教育，不定期组织观看警示教育片和现场警示教育活动。政治工作部要充分利用全市王尽美纪念馆、陈少敏纪念馆、郑板桥纪念馆、潍县战役党性教育基地等，适时组织进行思想道德和党性教育，引导党员干部坚定理想信念宗旨，增强行动自觉。二是加强廉政文化建设。要加强机关单位廉政文化建设，打造2～3个区级廉政文化建设示范点，汶泉发展区要加强农村廉政教育，打造1个农村社区廉政教育点。三是完善制度机制。各部门要强化内部管理，结合部门职责和人员分工，建立“服务清单、风险排查分权限权、流程固化、双项承诺、社会监督、督查问效”长效廉政风险防控机制，真正以制度管人管事。汶泉发展区要健全责任审计、问责追责、述职述廉、民主评议、三资监管、村民自治、公开公示等方面规章，逐步形成不敢腐、不能腐、不想腐的有效机制。

（四）强化执纪问责。监督执纪问责是党章赋予纪检机关的根本职责。一是用好监督执纪“四种形态”。强化党内监督、内部监督、权力监督、决策监督，释放“越往后执纪越严”的强烈信号，关口前移，抓早抓小，动辄则咎，起到惩处极少数、教育大多数的政治效果和社会效果。二是要大力“形式主义、官僚主义”专项整治。通过明察暗访等多种形式，严肃查处不负责任、不守纪律、工作失职、庸懒散浮、不担当、不作为、效能低下等问题，以永远在路上的恒心和韧劲，驰而不息纠正“四风”。三是加大以规以纪查处力度。要紧盯重点领域和关键环节，特别是严查审批监管、环境保护、工程建设、招投标以及公共财政支出等领域的违纪违法问题。要加大整治群众身边不正之风和腐败问题力度，紧盯扶贫领域、民生资金、“三资”管理、征地拆迁、教育医疗等领域及基层干部吃拿卡要、盘剥克扣、优亲厚友等问题，主动出击，铁面执纪，严肃查处，持续保持高压态势。要严格落实问责条例，以问责促担责，让失责必问、问责必严成为常态。

四、强化教育，加大宣传，切实抓好意识形态工作

意识形态工作，事关党的前途命运，事关国家长治久安，事关民族凝聚力和向心力。各级党组织要高度重视，牢牢把握正确政治方向，唱响主旋律，传播正能量，凝聚起全区团结奋进、加快发展的强大动力。

（一）压紧压实意识形态责任。按照“谁主管、谁负责”和属地管理、分级负责的原则，各级党组织、各责任部门要切实承担起相应的工作责任。党工委要建立舆情定期研判机制，定期听取情况汇报，掌握重大事件、重要情况、社情民意，有针对性地安排部署。政治部要牵头抓好全区宣传工作，大力弘扬发展正能量，壮大主流思想舆论。汶泉发展区、公安分局、综合执法局，要加大社会矛盾排查化解力度，确保社会安全稳定。

（二）全力抓好宣传工作。要按照“全方位、立体式”的要求，全面加强宣传。重点抓好四个渠道：一是报纸。大众日报等省级报刊要加大力度，确保全年发稿6篇以上。潍坊日报要继续办好“保税之窗”栏目，每月至少刊发3期，重大活动或重要政策随时进行专版宣传。二是电视。潍坊新闻栏目要每月至少发稿3篇以上，争取在潍坊电视台设置“保税新闻”栏目。三

是市两办信息。要安排专人负责，加大联系对接，确保每月至少刊发4条以上。四是区级网站微信和今日报告。网站微信要适应新形势要求，聘请专业人员管理维护，及时发布全区最新动态。《今日报告》要确保每周2期以上。政治部要牵头承担起全区宣传任务，汶泉发展区、各部门、3个社区、各企业都要明确1名固定的信息联络人，及时发现亮点、搜集素材、提报信息，建立横到边、竖到沿、全覆盖的宣传网络。

（三）切实抓好宣传阵地建设。一是要用好村村通广播，办好“保税之声”栏目，确保每天早晚2次播放，让广大群众了解保税区发展动态、重大政策、重大项目和民生实事，切实增强群众归属感、幸福感。二是要发挥可视党建作用，建立区、发展区、村户三级视频平台，并开发专门的手机应用，把党员教育、组织生活、“三务”公开、干部监督等全部纳入党建网络，切实加强宣传教育。三是要在社区、农村、企业广泛设置宣传栏、宣传画，宣传党的知识，弘扬社会主义核心价值观，牢牢占领正能量宣传阵地。四是抓好中小学意识形态工作。坚持立德树人，深入推进中国特色社会主义理论体系进教材、进课堂、进头脑，让学校成为维护主流意识形态的坚强阵地。

（四）全力维护社会和谐稳定。一是强力推进“扫黑除恶”专项斗争。汶泉发展区、公安分局、综合执法局要形成合力，对危害国家政治安全、侵蚀基层政权、破坏市场秩序、人民深恶痛绝的黑恶势力和霸痞团伙，重拳出击，除恶务尽，形成压倒性态势，铁腕维护全区安全稳定。政治部要发挥好舆论引导和新闻媒体的作用，充分展示党工委管委会扫黑除恶的决心和意志，在全社会营造对黑恶势力同仇敌忾、人人喊打的浓厚氛围。二是全力抓好综治维稳。要深化矛盾排查化解，对所有涉军、涉师、上访老户、易肇事肇祸精神病人、安置帮教等重点人员全面摸底排查，摸清底数，建立台账，加强教育，全部落实稳控措施。三是强化安全稳定网格化管理。把全区划分为27个网格、配备30名网格员，实现“一村一警务助理”全覆盖，确保把各类矛盾化解在基层、预防在萌芽，努力做到“小事不出村不出社区，一般事不出汶泉，大事不出保税，矛盾不上交”。

五、主动担当，主动作为，持之以恒加强作风建设

作风建设永远在路上。要按照市委抓作风建设“一抓抓一年、连续抓几年”的总体安排，持之以恒抓好作风建设，以作风的大转变推动工作的大提升。

（一）要继续坚持和发扬“四种精神”。今年2月份，市委、市政府给潍坊综合保税区记集体二等功，高度肯定了保税区“变不可能为可能”的奋斗精神，全区上下要继续坚持和发扬。一要发扬改革创新精神。敢想敢试，敢为人先，抢抓机遇，打破禁区，敢于做别人没有做的事，努力创新性地开展工作。二要发扬百折不挠精神。锲而不舍，迎难而上，以坚韧不拔的顽强毅力，全面完成市委、市政府交办的各项任务。三要发扬创先争优精神。以对工作和事业高度负责的态度，对标先进，脚踏实地，激情创业，奋力创出一流业绩。四要发扬团结奉献精神。坚持用目标增强信心，用发展凝聚力量，用事业增进团结，形成众志成城、决战必胜的强大合力。

（二）要深入开展寻标对标提标达标行动。一要明确寻标对标单位。要按照走在前列的目标要求，党工委、管委会和每个部门单位要至少确定1个对标单位、确定2个对标事项，围绕改革创新的重点事项、工作的薄弱环节和群众反映的突出问题，有针对性地寻标对标。棚改工作要对标高新区，人事改革要对标滨海区和高新区，各项工作都要寻找对标单位。二要务实开展对标学访。建立与标杆单位深度交流机制，年内至少组织2次学访活动，重点学理念、学方法、学机制、学精神，做到目标明确、措施具体，真正将学访成果转化到具体工作上。三要深化对标提标达标。要坚持短板工作提标、优势工作夺标、强项工作创标，补短板，增优势，梳理确定一批重点改革事项，努力在全市全省创出一批对标提标典型事例。四要实行“晒绩”制度。党工委和各级各部门都要制定“担当作为、争创一流”任务目标，在全区范围公开承诺，每半年对各部门重要成果集中展示，切实做到“干多干少公开晒、干好干坏众人评”。参照市里做法，近期由政治部牵头组织晒晒各部门的优秀政绩。

（三）要在推进加快发展中锤炼过硬作风。一要推动项目建设大提速。牢固树立“项目立区”理念，突出抓好歌尔智能硬件产业园、中俄冷链、华奇棉花、佩特来、陆地方舟、力神动力电池等重点项目，加快推进城市道路建设、生态环境提升、保税北区验收等重点工作，践行“一线工作法”，落实包靠责任制，在项目和工作一线比担当、比作为、比贡献。二要推动改革创新大突破。要本着“大开放、大便利、大服务”的原则，全面落实国家和省、市各项优惠政策，全力抓好年初确定的内销选择性征税、货物分类监管、保税检测维修等“十大功能政策”落地。要大力开展“七争”活动，全力向上争资源、争项目、争牌子、争指标、争政策、争机构、争先试先行，努力营造良好的发展环境。三要推动政府职能大转变。学习自贸区“单一窗口”、杭州“最多跑一次”等先进做法，完善提升全区审批大厅，优化工作流程，提高办事效率，构建“一窗受理、一网通办、一链审批”的服务机制，全力为企业和群众提供一流政务服务。

（四）要统筹开展好学习教育和各类活动。一是深入推进“两学一做”学习教育，谋划开展“不忘初心、牢记使命”主题教育。这项工作，中央和省委、市委还要专题安排部署。要超前谋划，坚持问题导向、实效导向，谋划简便易行、务实管用的方式方法，确保不走过场、取得实效。二是深入开展“大学习、大调研、大改进”。这项工作前期已经全面展开。各级党组织普遍组织了2次集体学习研讨，召开了工作务虚会或专题研讨会，确定了重点调研课题，全区梳理排查了160余项问题。下步，要按照活动方案要求，坚持问题导向，持续抓好整改落实，确保各项工作大改进、大提升。三是深入开展“我为保税区添光彩”活动。这项工作年初已经安排部署，今天会上又下发了实施方案，总的要求是动员全区各级各部门和广大党员干部群众，立足本职做贡献，广泛发掘基层工作的突出实绩、担当作为的先进典型、务实有效的经验做法、群众身边的好人好事、敬业奉献的模范榜样，通过多种形式树立标杆、寻找先进、总结典型、推广模范，在全区形成比学赶超和奉献敬业的浓厚氛围。四是深入开展形式主义官僚主义专项整治。要按照市委和市纪委要求，聚焦省委巡视市委巡察发现9个方面的突出问题，认真梳理查找形式主义官僚主义12个方面、49种新动向新表现，深入查摆不担当、不作为、慢作为的具体问题，点名道姓通报曝光一批典型案例，“一案双查”追究当事人和有关领导责任，形成正风肃纪的高压态势。

同志们，一分部署，九分落实。让我们更加紧密地团结在以习近平同志为核心的党中央周围，以更加昂扬的斗志、更加务实的作风、更加过硬的本领，努力把党建工作和作风建设提升到一个新的水平，为加快建设全国一流综合保税区提供坚强保障。

（徐洪吉 时任潍坊综合保税区党工委书记、管委会主任）

杜昌文书记到综合保税区调研讲话要点

（2015年6月14日）

6月14日上午，市委书记杜昌文带队到综合保税区调研跨境电子商务有关情况。市委常委、副市长、综合保税区党工委书记孙起生，综合保税区党工委副书记、管委会主任徐洪吉，市商务局局长白卫明，市委副秘书长张祖钊，综合保税区党工委副书记王勇，市检验检疫局副局长章红兵，以及潍坊海关保税区办事处负责人陪同调研。

杜书记从上午9：00—12：00，在保税区调研了3个小时，实地察看了跨境电子商务综合服务平台、国际采购（纺织品）服务平台、惠家家O2O电商服务平台、国家级商品检测认证中心、佩特来百万台发电机项目、天津力神动力电池项目、中俄冷链物流和小分子肽项目、澳大利亚棉花物流加工项目等重点项目。调研过程中，杜书记边听边看边议，每到一处，他都详细了解项目情况，仔细询问企业运作模式及有关方面的情况，并站在全国、全省、全市的高度，提出了一系列建设性的思路和意见。这些思路和意见，抓住了主要矛盾和事物的本质，既有战略高度又紧密结合实际，既有超前性又有可操作性，对指导当前保税区的工作，具有十分重要的意义。

杜书记的讲话精神，主要体现在四个方面：

一、充分肯定综合保税区的工作

杜书记指出，近年来保税区的发展，充分体现了潍坊的“铁板钉钉”精神，正是这种韧性不拔、攻坚克难、不达目的不罢休的精神和作风，实现了保税区的从无到有、从小到大、跨越发展，这也为全市转型升级、创新发展提供了不竭动力。他说，每次到保税区来，不仅能从工作上看到发展成效，而且能从顽强拼搏、克难攻坚的精神状态上受到感染和鼓舞，每来一次受感染一次，每来一次受鼓舞一次。对此，他代表市委为保税区点个“赞”，并要求向保税区全体干部职工转达问候和敬意。

二、加快国际现代物流大平台建设

杜书记指出，要紧紧围绕“四一三”战略重点，按照国际化的要求，加快建设“一加四”国际现代物流大平台。所谓“一加四”物流平台，是指以跨境电子商务交易平台为引领，以空运、航运、高铁、冷链四种物流方式为支撑的现代物流大平台。要求通过“一加四”体系建设，将潍坊区位优势转化交通优势、物流优势和发展优势，把潍坊建设成为全国有影响力的现代物流示范基地，打造全省发展新的增长极。对此，市里要统筹规划，重点突破，全面推进，适应线上线下结合发展的要求。

“一个引领”：就是以跨境电子商务交易平台为引领，形成潍坊未来发展的相对优势，打造全省发展格局中的第三极。目前，综合保税区跨境电商平台已经通过济南海关、市检验检疫局、电商企业、支付企业、物流企业等联调测试，潍坊成为全国前八、全省首个可以开展“进口型”跨境电商业务的城市，也是全国跨境电商的一类节点城市。这是潍坊的一件大事和喜事，对于完善提升城市功能，带动全市开放型经济发展，形成信息化时代潍坊发展新优势，具有十分重要的意义。

“四个支撑”：就是以空运、航运、高铁、冷链四种物流方式为支撑。跨境电商的发展，离不开线下物流体系的支撑。未来电商的竞争，关键取决于线下物流的配套。因此，必须加快空运、航运、高铁、冷链等现代物流框架体系建设。一是强化空港物流支撑。要正确认识青岛机场和潍坊机场的定位，青岛机场主要以客运为主，潍坊要专注于货运，实现错位发展，把潍坊机场建设成为具有国际影响力的货运物流空港。二是强化海港物流支撑。青岛港在发展国际航运方面有优势，但潍坊港在与大连、营口、旅顺等港口联动，发展“甩挂运输”方面有独特优势。潍坊的腹地广阔，货源丰富，可以充分利用潍坊港的差异化发展优势，建设渤海湾乃至全国示范性甩挂运输物流基地。三是强化高铁物流支撑。高铁具备明显的干线运输优势，在物流货运方面的作用越来越明显。潍坊境内有胶济、胶新等5条铁路，要充分利用这些优势，加快发展高铁物流业，把潍坊打造成为高铁物流中心和战略枢纽。四是强化冷链物流支撑。冷链物流是电子商务发展的重要保障。要加快中凯冷链物流、中俄国际冷链物流等项目建设，实现国内冷链物流和国际保税冷链物流相结合，完善全市冷链物流发展环境，打造全国重要的冷链物流基地。

三、综合保税区要支撑和引领潍坊未来发展

杜书记强调，当前经济发展进入互联网、物联网时代，跨境电商和区域电商已成为未来发展的大势所趋。综合保税区要依托功能政策和区位交通优势，在跨境电商平台的基础上，进一步创新交易方式和商业模式，形成独具特色的发展优势，支撑和引领潍坊未来发展。

杜书记要求，要统筹谋划保税区发展，明确奋斗目标和具体项目支撑，不仅对潍坊，还要对全省、全国发挥辐射带动作用，打造潍坊标志性的功能区。要认真梳理现有重点项目，特别是六个100亿级产业链，要明确目标、明确任务、明确责任、明确时间节点，组织开展集中会战，确保重点项目加快建设，为潍坊打造全省新的增长极作出积极贡献。市直各有关部门要全力配合，聚集全市资源，支持和促进保税区加快发展。

四、加快30万头活体肉牛进境隔离区申报建设

杜书记指出，面对全国申报活体肉牛进境隔离区的激烈竞争态势，我们要高度重视，加快推进。一是要抓好申报。要把东亚畜牧产品交易所作为申报的重要理由，向上级部门进行充分说明，强调隔离区是交易所密不可分的组成部分，应当设在潍坊。二是要加快推进。由市里牵头，组织市直有关部门参加，分工协作，形成工作合力。

（杜昌文 时任潍坊市委书记、市人大常委会主任）

杜昌文同志
在港口与保税港区规划建设运营管理协调会议上的主持讲话

（2013年11月7日）

同志们：

今天请大家来，主要是集中研究解决港口和保税港区规划建设运营管理问题，听取大家的意见和建议，以进一步统一思想、达成共识，加快推进港口与保税港区的规划建设，着力打造对外开放的通道和平台，带动和促进全市转型发展、科学发展。下面，就港口与保税港区规划建设，我讲三点意见。

一、充分认识加快港口和保税港区规划建设的战略意义

滨海地位独特、优势明显，是山东“两区一圈一带”战略格局中的重要节点。突破滨海不仅是潍坊发展格局的调整、发展空间的扩大，也在山东开放发展中扮演重要角色，具有不可替代的重要作用。因此，当前新一轮滨海开发建设的战略定位应该是立足渤海湾、面向东北亚、融入大青岛、服务省会圈。（1）立足渤海湾。环渤海地区在中国对外开放的沿海发展战略中具有极其重要的地位，正在成为继珠三角、长三角两大区域之后我国经济发展的第三增长极。目前，环渤海湾已经有天津、秦皇岛、黄骅、大连、营口等重要港口，但这些港口都集中于渤海湾北部，南部还缺乏实力强、带动力大的港口。潍坊处于渤海湾南岸，完全可以发挥地理位置优越、产业基础良好、港口腹地广阔、交通便捷的比较优势，与其他港口错位发展。（2）面向东北亚。韩国、日本等东北亚国家和地区，都有技术优势和产业优势，但缺乏空间和市场。面向东北亚，就是要依托滨海的空间和中国的市场，引进利用他们的技术和产业资源，实现优势互补，带动和促进我市产业转型升级。潍坊地处山东半岛，毗邻日韩，注定要成为中日韩自贸区的覆盖区，可以通过发展中短途航运，实现港对港、厂对厂的直接对接，省去仓储等环节，大幅降低企业运营成本。同时，还能通过港口走向海洋，进一步拓展全市发展空间，

提升开放层次和水平，进而在推动山东对外开放中发挥积极作用。（3）融入大青岛。就是要与整个胶东半岛差异发展、优势互补，一方面充分利用青岛、烟台等远洋港口大船分拨、远洋运输的优势，弥补潍坊港远洋运输这个薄弱环节，另一方面充分利用滨海的空间和腹地优势，为青岛、烟台等地乃至日韩提供临港产业加工贸易基地。（4）服务省会圈。一条小清河把济南与渤海连接起来，使莱州湾成为济南最近的出海口。同时，规划中的高铁将在潍坊建设枢纽站，高铁枢纽建成开通后，可以半个小时到达济南，将大大缩短滨海与省会城市圈的“距离”，滨海的港口、保税等资源和政策能够更加便捷地辐射、服务省会城市圈及山东的大部分区域。

港口是重要的战略资源，保税港区是扩大开放的重要平台。从一定意义上说，没有港口和保税港区的建设，就没有滨海的大开发大开放。加快推进港口和保税港区建设，不仅对我们扩大对外开放、促进产业结构调整、增强区域发展活力具有重要意义，而且对于实现滨海开发的战略目标，面向东北亚、融入大青岛、服务省会圈都至关重要。我们必须加快推进港口建设，并依托港口规划建设保税港区，增强对周边区域的辐射带动能力，以及对国际资源的吸纳能力，构筑全市走向海洋、融入世界的更大平台和便捷通道，培育对外开放新优势，开拓更高层次发展新空间。

二、加快推进港口和保税港区规划建设各项工作

经过多年的开发建设，潍坊港已经形成了良好的基础，成为国家一类开放口岸和黄三角地区唯一运营集装箱业务的港口，为全市的发展发挥了重要作用。但总的来看，港口建设速度还是慢了，吞吐能力还是小了，功能作用也没有充分发挥出来，与滨海大开发大开放的需求和发展的战略定位很不相称。我们必须深化认识，凝聚合力，加大工作力度，推动港口和保税港区加快规划建设，努力实现突破。根据滨海开发的战略定位，综合考虑未来一个时期滨海的发展，港口建设的基本目标是：2015 年吞吐量达到 1 亿吨，2020 年达到 2 亿吨，港口物流要适应滨海建设潍莱海洋城和万亿工业产值的需要，保税港区要形成较强的辐射带动能力，更好地服务滨海开发开放和全市经济转型升级、科学发展。围绕实现上述目标，当前有几项重要工作需要抓紧推进。一是加强港口能力建设。要按照吞吐量 2015 年达到亿吨、2020 年达到 2 亿吨的目标，加快港口大吨位泊位建设，提高港口吞吐能力，搞好航道疏浚，大幅提升航道通行能力。市政府与森达美集团、山东高速集团三方协议要尽快签订，抓紧组建潍坊港务有限责任公司，尽早启动 5 万吨级航道疏浚工程建设，争取 5 万吨货轮 2015 年前运营。二是提高港口运营管理水平。要按照国际惯例，搞好港口运营管理，提高整体效率和服务水平。加快配套完善口岸查验及综合服务设施，加强港口信息化建设，提升港口综合竞争力。三是做好万吨级泊位开放验收有关工作。口岸办、海关、检验检疫、海事、边检等单位要积极争取上级支持，确保年底前通过万吨级泊位开放验收，明年上半年开通客货滚装业务。四是加快推进物流园区建设。森达美临港物流园、山东高速集团交通物流园要加快建设进度，争取明年上

半年部分投入运营。五是尽快启动保税港区建设。市综合保税区要抓紧启动保税港区的申报工作，组织好保税港区的规划建设，并开工建设围网、道路等基础设施。对港口和保税港区建设需要的海域使用、土地使用权转换以及港口建设的立项审批等，相关部门要主动对接、强化服务、提高效率、限期办结。

加快推进港口和保税港区的建设，是当前滨海开发的一项极为重要的任务。今天与会的单位，都是推进港口和保税港区规划建设的责任单位。全力推动港口和保税港区的建设，既是大家大局意识的体现，也为大家提供了展示工作业绩的平台。刚才大家在发言中，都对支持港口和保税港区建设表明了态度，我相信大家都有能力干好、干出水平。希望大家都要站在全局的高度，充分发挥各自的职能和优势，积极主动地参与、支持港口和保税港区的建设与发展。

三、建立港口和保税港区规划建设协调推进机制

成立港口与保税港区规划建设运营管理领导小组，由庆忠同志任组长，芳晨和树华同志任副组长，交通局、口岸办、商务局、港航局、潍坊海关、潍坊出入境检验检疫局、海事处、边检站、滨海区管委会、森达美港等有关单位主要负责人为成员，负责工作指挥、组织协调、推进落实。领导小组要加强协调指导，及时解决工作推进中遇到的困难和问题。对当前急需推进的几项工作，要逐一分解落实责任，明确牵头单位和配合单位，明确时序进度和标准要求，加快向前推进。各有关单位要主动担责，积极作为，对需要上级支持的事项，要多汇报多争取。要注意加强工作沟通衔接，防止因一个环节不到位而影响整体进度。

（杜昌文 时任潍坊市委书记、市人大常委会主任）

刘曙光同志
在加快综合保税区建设现场办公会议上的讲话

（2012年8月29日）

同志们：

今天专门召开加快综合保税区建设现场办公会议，起因在综合保税区二期围网有些实际问题需要解决，但通过深入研究更加体会到综合保税区的重要性，综合保税区发展的意义绝不是局限于其自身范围内的发展，它不仅是潍坊的平台，而是面向更大区域的平台。因此，有必要让更多的领导和同志们对综合保税区做更深入的了解。相关的问题要在今天的会上确定，短期内要加快围网，长期看要促进保税区又好又快发展。

刚才看了保税区内的产业、项目和二期围

网进展情况，听了保税区和各部门的工作汇报。总体感觉，保税区的同志们状态很好、干劲很足，真正是在扑下身子抓工作、干事业。有了这一点，保税区的工作就不愁搞不好、上不去，未来的发展就一定会大有作为、大有希望。各有关部门的发言都很好，提出了很好的意见建议，可以看出大家都对综合保税区发展作了较为深入的研究，都在关心保税区的发展，都在实实在在推进保税区的发展。只要各方面齐心协力、共谋发展，就一定能够克服各种困难，将综合保税区发展推向一个更高层次。下面，我讲四点意见。

一、充分肯定成绩，正视压力，以更高的境界、更大的气魄推动综合保税区又好又快发展

近年来，在市委、市政府的正确领导下，综合保税区领导班子和全体干部凝心聚力、干事创业，为争牌子、促发展作出了重要贡献。有关主管部门按照市里的统一部署要求，立足自身职能，积极协调配合，为支持保税区发展做了大量工作。总的看，通过全市上下和各级各部门的共同努力，保税区工作有了较大起色，呈现出良好的发展态势。2011 年，保税区固定资产投资、进出口额、地方财政收入等几项主要经济指标都实现了翻番，区内注册企业达到了 400 多家，服务外部的企业达到了 500 多家，在建项目有 18 个，总投资额达到 150 亿元。但也要清醒地看到，目前综合保税区仍存在不少需要研究解决的问题。一是经济总量和产出效率不够高。2011 年保税区实现进出口额 1.5 亿美元，实现保税物流货值 15 亿美元，财政总收入 5107 万元，增幅高，但总量不大。2011 年我市综合保税区平均每平方公里贡献增加值为 0.88 亿元，而青岛、烟台、威海分别为 7 亿、11.3 亿和 6 亿元，是我市的 7 ～ 12 倍。下步，提高土地利用率，增加单位土地贡献增加值是我们面临的很重要的问题。二是知名度和影响力不够大。很多地区和企业还不知道潍坊有综合保税区，就是在潍坊当地，有一些部门、单位和企业对保税区是干什么的、有什么功能作用也了解不多、甚至就不了解。下步，由市商务局牵头，围绕如何加快综合保税区发展进行研究，重点要对市直各部门、各县市区分管负责同志和经营对外业务的大企业组织专门培训，使他们对综合保税区及如何用好综合保税区的政策进行深入了解。三是政策优势和功能作用发挥的不够充分。出口加工方面，目前区内进驻的项目不够多，规模不够大，层次不够高，规模以上企业仅有 4 家。保税物流、货物贸易、服务贸易业务量不大，辐射面不宽，有的业务还没有开展起来，特别是虚拟口岸功能尚未实现，目前仍需到青岛进行“二次通关”，影响和制约了保税业务的开展。四是发展特色不够鲜明。目前保税区在许多方面还是作为一个一般的经济园区来看待和发展，没能充分利用独特的政策资源，形成与其他开发区和周边区域协调发展的局面，在全市区域发展中特色不鲜明、地位不突出。这些问题的存在，既有起步晚、基础差的客观因素，也有发展定位、管理运行机制等多方面的原因。下步，一定要在更宽的视野、更高的层次来认识和把握保税区的发展问题，在切实解决好当前一些现实困难和问题的基础上，立足大局、着眼长远，以更加科学的发展定位、更为科学的推进机制，整体系统地谋划好保税区的发展，努力开创保税区加快

发展的新局面。

二、着眼大局，面向未来，进一步增强加快保税区发展的使命感和紧迫感

综合保税区这块牌子来之不易。为争到这块牌子，省委、省政府高度重视，市委、市政府全力推动，各有关部门全力配合，特别是保税区的同志们为此做了大量艰苦细致的工作、付出了艰辛努力，可以说，这是用心血和汗水换来的，一定要倍加珍惜、倍加努力，真正把这块牌子用足用好，为全市经济社会又好又快发展作出应有贡献。

（一）要深刻认识综合保税区对全市及区域经济社会发展的重大意义。设立综合保税区，不仅是为保税区自身发展带来了新的机遇，注入了新的生机和活力，而且对于全市经济社会发展具有重大意义。综合保税区具有“保税加工、保税物流、货物贸易、服务贸易、虚拟口岸”五大功能，享受“进境保税、入区退税、免增值税，以及区港直通、集中申报、快速中转”等优惠政策，是目前国内开放层次最高、政策最优惠、功能最齐全的海关特殊监管区。综合保税区这一平台，能够将企业进出口业务成本降下来，提供更为便利的服务，使企业有利可得。有了这个区域，既是城市对外开放水平的重要标志，更使我市实实在在地拥有了国家对外经贸发展的特殊优惠政策，有了引进和承接各种外向型项目的载体和平台。借助这个载体和平台，能够更及时、更有效地集聚国内外市场信息，更好地引进国内外人才、先进技术和管理手段，更加科学高效地利用国内外两种资源、两个市场，服务和带动全市经济发展。

（二）要深刻认识加快综合保税区发展面临的重大机遇。当前，国内外经济正处在调整期，外向型经济特别是出口企业受到了很大挤压，一些对外向型经济依赖较大的地区，都在考虑转移一部分外向型产业和项目，腾出空间发展其他产业；一些原来在保税区外发展的外向型企业和项目，都在寻求更有利于降低成本和风险的业务领域、经营方式和发展空间。这为综合保税区发挥政策和功能优势，加快引进国内外产业项目，快速做大做强提供了难得的机遇。同时，随着“蓝黄”两区战略的深入推进和支持力度的加大，作为“蓝黄”两区和鲁台经贸交流重要的平台，必将会在政策争取、要素供应、产业承接等方面具有不可替代的优势和有利条件。

（三）要深刻认识加快综合保税区发展的紧迫性。在经济下行压力持续加大的形势下，综合保税区的发展同样面临着激烈竞争。目前已经封关运行的保税港区和综合保税区，都在立足新的功能定位，大力拓展各类业务，开拓新的市场，加快抢占新一轮竞争发展的制高点。潍坊综合保税区，无论是规模实力还是辐射带动能力，都不够强，下步不加快发展，奋起直追，就很有可能在下一轮的竞争中更加边缘化。对此，保税区包括市里各级各有关部门、包括领导同志一定要有强烈的危机感和责任感，将加快保税区发展作为事关全市大局和未来发展的重大课题，创新思路，完善措施，抓住机遇，快速推进，努力将综合保税区建成整体竞争力强、区域影响力大的重要功能区。

三、科学定位，充分发挥好保税区的功能和作用

作为一个特殊的功能区域，科学准确的定

位对综合保税区发展至为关键，从一定意义上讲，定位准了，才能形成特色、加快发展，定位有多高，发展的境界和水平就有多高。只有将定位找准了，各项发展思路和举措才能符合实际、符合发展的要求，各项政策优势和功能作用才能有效发挥出来，否则会长期被动，难以有大的作为。这是保税区必须要首先解决的重大问题。

首先，要搞清楚保税区在全市发展大局中的定位。即保税区要在全市发展中处于什么样的地位、发挥什么样的作用。保税区首先是一个重要的功能区，要有自己的特色，要发挥“小区域、大平台”的功能作用，为全市和区域的发展服务。具体要突出以下几个方面：一是服务全市外向型经济发展的功能区。针对全市和区域内的外向型经济发展的主要特点和个性化需求，提供多功能、全方位、便捷高效的服务，为全市和区域内外向型经济发展打造一流的平台，创造一流的环境。二是全市对外开放的示范区。在先进的开放理念、现代化的管理机制、畅通的国内外市场信息、最新的科技动态等各方面要走在前沿，成为全市对外开放的龙头和桥头堡，引领和带动全市对外开放水平不断提高。三是全市外向型经济发展的集聚区。今后，新引进的外向型项目，都要积极引导向综合保税区聚集，在保税区外已落户的此类项目，也要逐步向综合保税区内转移，使综合保税区成为全市外向型经济密度最高、规模最大、竞争力最强的区域。四是全市转型发展的先行区。综合保税区发展刚刚起步，必须从一开始就要按照转型发展的理念和要求，统筹规划好发展布局和产业定位，将保税区打造成全市资源利用最集约、产出效率最高的区域，为全市转型发展作出示范和表率。

其次，要明确保税区自身的发展定位。即保税区要重点突出什么、发展什么来实现对全市的服务功能，体现出自身独特的地位。一是明确发展方向。保税区提出的“政策服务”、“高端制造”、“国际物流”三大中心，总体上符合保税区的发展实际，下步关键是围绕三大中心搞好建设，尽快做大做强，特别是政策服务中心，这是保税区的核心优势和本位职能，只有将这一优势发挥好了、落实好了，才能进一步延伸扩大为对相关产业、周边区域的辐射和带动。二是明确围网区产业定位。从目前情况看，围网用于建设的土地已经不多。要解决空间小、土地紧的问题，就必须在网内发展占地少、层次高、配套率高、单位产出高的产业，更加有效地带动劳动力就业和网外配套产业的集群发展。对此，不仅要大力引进高端制造业、现代服务业和总部经济，还要加快对网内现有企业的优化重组，该提升的提升，该退出的要退出，腾出空间进驻发展新的项目。三是明确配套区定位。配套区的规划建设要紧密围绕围网区的发展需要，强化生活服务和产业配套服务功能。当前，在网内尚未形成较强产业配套需求的情况下，配套区要以生活服务配套建设为主，相关产业项目区要做好规划预留。坚决不能为了一时发展盲目堆积项目，将配套区搞成与网内产业没关联或关联度不高的一般项目区。

四、创新机制，推进保税区高效运行

加快推进综合保税区发展，一定要有科学高效的机制作保障。潍坊综合保税区的发展基础和水平与外地先进保税区还有很大差距，必须从实际出发，建立更有活力、更富效率、更加开放、更具竞争力的发展机制。在这里我先提几点意见，大家可以进行研究、探索，在实践中不断完善。

一是探索建立举全市之力支持保税区发展的机制。保税区是为全市发展服务的，是全市的保税区，加快发展既是保税区自身的责任，也是全市的重大责任，各级各部门都要支持保税区的建设和发展，努力形成合力。下步市里要研究出台促进保税区加快发展的意见，在资金、土地、政策等方面为保税区创造良好条件，支持保税区做大做强。要及时调度、研究解决保税区发展中遇到的各种困难和问题。各县市区、开发区要与保税区搞好信息互通和对接，引导、鼓励进出口规模大的企业进入综合保税区开展业务。凡是将项目引进到保税区的，视同相关县市区的招商引资任务；将现有产业项目、退城进园项目转移到保税区的，一定时期内相关发展数字仍可以统计到项目原来所在的县市区。

二是探索建立与其他保税区合作发展的机制。综合保税区要有大发展、大作为，关起门来不行，必须充分借助外力，走开放发展、合作发展的路子。要借助“蓝黄”两区建设这一平台，首先要搞好与青岛、烟台、威海等保税港区的合作，在两区建设中发挥应有的作用、奠定相应的地位。要着眼更大区域，积极搞好与省内济南综合保税区及省外其他海关特殊监管区域的密切联系，发挥潍坊与日韩距离较近、商贸往来较多的优势，积极承接其他海关特殊监管区的上下游产业和相关仓储、物流、贸易等保税业务，通过与其他保税区的战略合作和联动发展，放大潍坊综合保税区的功能和辐射带动力。

三是探索建立与两个国家级开发区和其他县市区联动发展的机制。保税区发展不能将眼光局限在18平方公里，更不能把产业配套发展的空间定格在13平方公里的配套区，至少要将视野扩展到1.6万平方公里的整个市域。在产业配套上，要本着“谁引进、谁配套，谁经济、谁配套”的原则，只有这样，才能充分调动起各方面支持综合保税区发展的积极性，才能以小博大，开辟广阔的发展空间。高新区和保税区在地缘上紧密相连，许多产业关联度也较高，两个区在基础设施建设、产业项目引进、社会事业发展方面，要统筹考虑、互为补充、错位发展，形成相互支持、相互服务、共同发展的局面。要着眼长远，适时谋划在滨海区规划建设综合保税区B区，为适合在滨海落户的相关项目提供保税服务。要进一步密切与其他各县市区、开发区的联系，搞好产业对接和需求研究，真正将保税区的发展融入全市发展大局中。

四是探索建立市场化管理运营的机制。发展资金从哪里来、如何高效运行管理，事关综合保税区持续健康发展。从外地发展经验看，主要是自我滚动发展和多方投资发展两种模式。从我市实际看，由于起步晚，基础薄弱，仅仅依靠保税区现有的产业和狭小的空间短期内很难实现滚动发展，必须加快探索政府主导、企业运作、多元投资的开发运营模式，组建市场化的公司，由政府控股，吸引各类投资主体参与对综合保税区建设的投资和运营。既可以解决资金投入不足的问题，又可以减轻管委会自身搞开发、搞融资、抓财力的压力，腾出精力专心做好规划、完善配套、维护市场、协调服务。

五是探索建立有利于保税区发展的评价考核机制。评价综合保税区的工作，应与其发展定位相吻合，实行个性化和针对性更强的考核。要重点看对全市经济社会发展的服务水平、服务成效和带动能力，如进出口业绩、增加就业、物流周转量、提供相关服务的业务量、新增符合产业导向的招商引资等。有关部门和保税区要对这一问题搞好专题调研，尽快提出具体建议。

关于保税区提出的几个具体问题，保税区和有关部门要按照今天研究确定的意见认真抓好落实。资金方面，市里支持保税区围网的资金要尽快筹集，适时到位，确保不影响进度；土地方面，市国土局要帮助保税区尽快搞好土地调剂，为保税区搞好融资运作创造条件，并继续向上争取围网用地指标。综合保税区要按照今天会议的精神，对下步发展和各项具体工作作深入研究。当前要加快围网建设进度，确保按计划通过验收，早日封关运行。同时，要立足新的发展定位，结合新的形势要求，及早谋划明年封关运行后的各项工作，拿出明年的思路目标和推进措施。市直各部门和单位都要立足自身职责，积极主动地为保税区发展创造良好条件，共同推动综合保税区实现新的跨越，为建设现代化经济文化强市作出新的更大贡献！

（刘曙光 时任潍坊市委副书记、市长）

孙起生同志
在综合保税区党建工作会议上的讲话

（2016年7月11日）

同志们：

今年以来，党工委高度重视党建工作，每月至少专题研究一次，听取一次党建工作情况汇报，每半年召开一次全区大会。今天的会议，一是习近平总书记建党95周年重要讲话精神的学习会，二是上半年党建工作的总结会，三是部门汇报和经验交流会，四是下半年基层党组织建设任务的部署会，动员全区上下落实好党建责任，推动党建工作整体突破、进位提升，为综合保税区又好又快发展提供坚强保障。

刚才，洪吉同志传达了习近平总书记在庆祝建党95周年大会上的重要讲话精神，铭奎同志宣读了党工委的表彰决定，5个部门代表不同层面作了交流发言。受表彰的党建工作先进集体和优秀个人，是各个领域、各条战线上的优秀代表、先进典型，在推进发展中做出了重要贡献，全区上下要以他们为榜样，比学赶超、创先争优，在各自岗位上建功立业、多做贡献。从交流发言情况看，上半年各部门党建工作各有特色，比如，汶泉发展区探索实施的“三送一创”活动、党员积分制管理；市场监管局扎实推进小微企业党建，打造动力党建、活力党建、魅力党建；国土分局在完善制度，开展“两学一做”学习教育上下了功夫；公安分局“走出去、沉下去、防起来、打得住”的成效明显，官路村党支部一把尺子、一个平台、一个关键的“三个一”农村党建模式，大家要相互学习，融会贯通。通过近段时间的工作，总的感到，大家在履行党建责任、抓好基层党建方面，意识更加自觉，思路更加清晰，措施更加有力，成效更加明显。下面，就进一步加强党的建设工作，我讲五点意见。

一、肯定成绩，切实增强抓好党建工作的责任感

近年来，我区认真贯彻落实十八大和十八届三中、四中、五中全会精神，特别是习近平总书记管党治党新理论，出台了基层党建工作意见，细化完善了实施方案，制定了党建工作三年计划，探索实行了农村党员积分制管理，开展了“两转变、两提升”、“三送一创”等系列活动，全区党的思想建设、组织建设、作风建设、领导班子和党员队伍建设有了明显提升，有力地推动了全区又好又快发展。主要特点是五个转变：一是从较重视到很重视。受全国大形势大环境的影响，以前我们也存在重发展轻党建的现象，现在全区抓党建的意识明显增强，履行党建主体责任和第一责任更加自觉。二是从上到下。党工委方面、机关方面、农村方面三级联动，抓党建的压力和措施传导到基层，农村和“两新”组织党员意识不断增强，活动开展更加经常，作用发挥更为明显。三是从被动到主动。由被动听从上级安排，被动完成任务，转向主动探索抓党建的方式方法，争取打造保税区的党建工作品牌。四是从虚到实。由务虚为主的党建方式转向虚实结合，从简单的传达文件、组织学习、开展活动，转向抓学习、改作风、外出培训考察、办民生实事，党建工作的成效实实在在，群众看得到、摸得着、感受得到。五是从点到面。作为下辖23个村、1万余人的一级组织，必须把党建工作干得更好、更实、更高、更有特色，今年我区在意识、能力、组织建设等方面做了大量工作，党建工作在保税区实现了从点到面，全面铺开。具体表现在以下四个方面：

（一）管党治党的意识明显增强。通过一段时间的努力，抓好党建是最大政绩的理念在全区已经基本树立，各级党组织特别是书记认真履行管党治党责任，全面落实管党治党措施，抓党建工作的积极性、主动性明显增强，党建工作形势大有改观。党工委方面，带头履行抓党建“第一责任”，每月至少专题研究1次党建工作，对重点任务亲自部署、亲自督促、亲自落实，切实加强对党建工作的领导；班子成员各负其责，自觉担负起分管领域的党建责任，形成一级抓一级、层层抓落实的良好局面。机关方面，14个部门单位全部单独设立了党支部，党员和组织生活正常化、经常化，机关工作科学化水平不断提高。社区和农村方面，坚持从“好人”中选“能人”，选派了一批社区党组织书记和党组织成员，配强了村“两委”班子尤其是村党组织书记，顺利完成了村“两委”换届；组织全区党员干部到临沂红色教育基地、寿光、安丘等地学习，基层党员干部素质能力不断增强。两新组织方面，新设立加工业、物流业、小微企业3个党总支，完成圣和塑胶、佩特来2家非公企业、中外运1家国有企业的党支部设置，区团工委获团市委批复设立，区妇联也在积极申报，实验学校党建工作正常运转，初步完成

了“两新”组织的设置。

（二）以党建促发展的成效显著。全区上下统筹处理党建“第一责任”与发展“第一要务”之间的关系，切实围绕发展抓党建，抓好党建促发展，成效显著。一是发展速度快，经济指标好。上半年，全区预计实现进出口额28.6亿元，同比增长62.6%；实现工业主营业务收入23.3亿元，同比增长76.3%；实现公共财政预算收入8646万元，同比增长7%，进出口额增幅保持全市第一、全国前列。二是在建项目多，发展后劲强。总投资200多亿元的80多个重点项目进展顺利，国际加工、国际物流、国际贸易、高新技术等领域项目向保税区加快聚集，初步形成六个百亿级产业链的发展框架。特别是歌尔今年新上了智能头盔和无人机项目，产品占据国际高端市场60%-70%，今年预计新增产值20多个亿，今后预计每年增速30%以上，前景非常广阔，省委书记姜异康、常务副省长孙伟等省领导多次来区查看项目情况。三是改革创新多，服务能力强。先后获批国家进口肉类、进口冰鲜水产品指定口岸，复制推广了9项自贸区新政策，建成了进口商品直营中心、跨境电商综合服务平台、国际采购（纺织品）服务平台，加快申报综合保税区北区、自贸试验区、国家跨境电商综合试验区等国家级项目，综合保税区知名度、承载力和服务能力不断提升。

（三）抓党建惠民生的亮点凸显。以党建工作为总抓手，着力办好民生实事，不断提升群众的幸福感和对保税区的归属感，得到了群众的肯定和赞誉。近年来，在全市群众满意度测评中，我区一直位居前列。一是完善教育交通。财政和社会投资2亿多元，先后建设了实验小学、实验初中、行知高中，打造了4个省级标准化幼儿园，形成幼儿园到高中的完整教育链，让群众就近享受优质教育资源，也为招商引资和营商环境打好基础。投资5000余万元，新建扩建8条道路，全面整修农村断头路、村内路，正在筹建保税区公交枢纽站，实现与中心城区公交一体化，群众出行更加方便。二是提升商务生活配套。建成了总面积2万平方米、长江以北最大的进口商品直营中心，在中心城区泰华城、谷德广场、安丘泰华城等地设立直营中心分店；完善了商超、银行等服务设施，正加快汶泉国际城、昊天城等商业楼群开发，商务生活配套不断完善。三是改善村居环境。投资1200余万元，完成一期6个村的乡村连片治理，正在实施二期10个村的连片治理工程；新建8处农村健身广场、1处垃圾中转站；全面完成农村饮用水改造，城乡环卫一体化村居覆盖率达100%，农村生活环境显著提升。四是畅通党群沟通交流。搭建了“保税之声”村村通广播、保税手机信息报、保税微信平台、保税网站“四位一体”党群沟通新平台，及时将党的声音传递到基层，强化了政府与群众间的沟通交流。五是丰富群众文体生活。面向区内企业和群众，开展了保税区半程马拉松、歌尔长跑越野赛、佩特来羽毛球、农村广场舞大赛等群众性文体活动，进一步丰富群众文化生活，增强保税区的凝聚力和向心力。

（四）基层基础进一步夯实。围绕服务企业、方便群众，着力推动服务力量下沉，大力提升基层组织战斗力，基层党建基础进一步夯实筑牢。一是提升服务设施和水平。新设了1000平方米的政务服务大厅，实现全部审批事项“一站式”办结，企业和群众办事更加方便。新建了4个农村新型社区服务中心，推动镇街人员和警务力量下沉，实现农村社区实体化运转。二是保障村级正常运转。投入240多万元，新建和修缮13处村级活动场所，23个村全部更新配套办公设施。按照高于全市平均水平的标准，制定了村级经费和村干部待遇管理办法，近期落实到位，切实保障村级组织正常运转。三是积极开展“三送一创”活动。通过开展“送温暖、送政策、送服务、创先争优”活动，全区13个区直部门和驻区单位，共确定100多项企业和群众帮扶措施，帮助解决答复问题100多条。四是抓好重点村整治。每年按照10%的比例，在全区23个村中倒排3个重点村，专门派驻工作组，确保全部完成转化。

二、正视问题，切实增强抓好党建工作的紧迫感

同自己相比，同过去相比，今年我区在党建工作上有了很大进步。但是，对照习近平总书记管党治党的指示精神，对照上级党组织的标准要求，对照兄弟单位的工作实绩，我们还存在很大差距、很多不足。

（一）抓党建的时间和精力投入不够。去年全市党建工作任务清单中，我们有2项没完成，为什么经济发展上去了，党建工作反而有缺项？这说明，我们对党建工作的重视程度还不够，抓党建的措施和力度上还有欠缺，在某些方面做得还不到位。

（二）基层党组织作用发挥得不好。机关党建还不够规范，不够经常，表率带头作用发挥不够好。企事业单位党组织刚刚建立，还存在保障不到位、“三会一课”执行不到位、活动不经常、活动单一化等现象。农村党建比较薄弱，村级班子老龄化严重，依赖老思想、老观念、老方法，对新生事物学习接受慢；农村后备干部缺乏，年轻后备党员力量不足；各村“无钱办事”的问题比较突出，特别是农村用水等问题亟待解决，农村党组织的战斗堡垒作用和党员的先锋模范作用没有得到有效发挥。

（三）党建工作的方式方法有待改进。全区党建工作力量严重不足，组织员配备不够、专业性不强，大部分都是兼职。社区服务内容比较单一，还停留在为群众跑腿办手续等基本服务上，没有真正成为服务群众、促进和谐、维护稳定的一级治理单位。各村党支部在帮助群众发家致富、解决实际困难等方面，办法还不多，做得还不够。

（四）党建工作创新性不强。有的抓基层党建工作的思想境界不够高，思路不够开阔，就党建抓党建，不善于用党建统领和推进工作。有的对基层党组织建设特别是“两新”组织建设面临的新情况新问题研究不够，对基层党建工作的规律特点总结、运用不够，抓基层党建工作的系统性、前瞻性不够。有的不善于学习外围经验，不善于结合实际创新总结运用，对内部经验总结宣传不够等等。

（五）抓党建促发展惠民生的力度还不够。一些发展得好、村民富裕的村，共同特点是村支书有力度，有办法，有创新精神，村民忙业务，谋发展，上访很少。当前，各村普遍存在带领致富能力不足的问题，其中很大程度上是“人”的问题。作为城郊村，要深刻反思发展慢、农村穷的问题，把党建作为促发展惠民生的推动力量，探索周边企业配套服务、特色种植、电商等方式，

实现党建工作与农村发展、民生改善相互促进。特别明确一下，农村发展、村民致富的责任在村支书，抓支书的责任在汶泉发展区，发展区要帮助出主意、出路子，解放思想，更新观念，确保下半年在农村发展、村民致富方面破题。

三、认真学习习近平总书记“七一”重要讲话精神，切实增强抓好党建工作的使命感

习近平总书记“七一”讲话站在历史演进、时代发展和战略全局的高度，全面回顾了我们党95年来团结带领全国各族人民不懈奋斗走过的光辉历程、作出的伟大贡献和蕴涵的历史启示，深刻阐述了不忘初心、继续前进必须牢牢把握的8个方面提出了行动指南，回答了我党“从哪里来、为什么出发、到哪里去、如何走自己的路”等重大思想理论问题，进一步澄清了模糊认识，解答了疑惑问题，坚定了立场，彰显了充足底气，显示了巨大自信。通过听取讲话和学习，倍感振奋，也深感沉甸甸的责任和义务。全区各级党组织要坚决按照中央和省市委要求，把学习宣传、贯彻落实习近平总书记重要讲话精神作为当前的一项重要政治任务和“两学一做”的重要内容来抓，坚持对党忠诚不忘初心，创新实干继续前行。重点抓好两个方面：

第一，要着力增强“看齐意识”，对党忠诚不忘初心。对党忠诚是对一名党员最基本的要求，增强“看齐意识”是不忘初心、对党忠诚的有效途径。一是向党的信仰看齐。坚定理想信念，坚持以党的旗帜为旗帜、以党的意志为意志、以党的使命为使命，坚持在党爱党、在党言党、在党忧党、在党为党，彻底的、无条件的、不掺任何杂质的、没有任何水分的忠诚于党。二是向党中央看齐、向组织看齐。经常主动全面地向以习近平同志为总书记的党中央看齐，向党的理论和路线方针政策看齐，坚决维护党中央权威、维护党的领导核心，在思想上政治上行动上同党中央保持高度一致。坚决服从组织决定，听从组织安排，忠实执行组织决议，胸怀高度的责任感、使命感和担当精神，尽全力为党的事业多作贡献。三是向党章党规看齐。牢记党规党纪，牢记党的优良传统和作风，严守党的政治纪律和政治规矩，树立崇高道德追求，养成纪律自觉，守住为人、做事的基准和底线，自觉做政治上的“明白人”。四是向党的宗旨看齐。认真践行全心全意为人民服务的宗旨，切实为群众解决实际困难，多为群众办好事、办实事。

第二，要深刻领悟新理念新思想新战略，在创新实干、走在前列的路上继续前行。要全面领会习近平总书记系列重要讲话精神的重要内涵，系统学习中国梦、经济发展新常态、“四个全面”战略布局、五大发展新理念、“五位一体”建设等党中央关于治国理政新理念新思想新战略，深刻把握核心要义，领会思想精髓，增强贯彻落实的自觉性和坚定性，不断提高攻坚克难、化解矛盾、驾驭复杂局面的能力，在创新实干、走在前列的路上继续前行。一是始终坚持以人民为中心的发展思想和根本立场。习近平总书记讲，“问题是时代的声音，人心是最大的政治”。推进我们的各项工作，必须坚持问题导向，真心实意听民声，细致入微察民情，全力以赴解民忧，竭诚奉献暖民心，让人民共享改革发展成果，增强党的号召力、战斗力和凝聚力。二是深学笃用新的发展理念。创新、协调、绿色、开放、共享的新发展理念，指明了“十三五”乃至更长时期我国的发展思路、

发展方向和发展着力点，是我国经济社会发展必须长期坚持的重要遵循。要深入把握新发展理念对经济社会发展各项工作的指导意义，真正做到崇尚创新、注重协调、倡导绿色、厚植开放、推进共享。三是提高结合实际抓落实的能力。要围绕市委、市政府和党工委、管委会确定的思路，最高标准、最高质量地完成好各项既定的工作任务，发扬“铁板上钉钉”的精神，锲而不舍，坚持不懈，埋头苦干，一步一个脚印地向工作目标迈进，为“走在前列，发挥带头作用”贡献力量。

四、创新方式，强化措施，全面提升党建工作水平

今年是“十三五”规划的开局之年，也是综合保税区跨越发展的关键之年。在这样的关键时期，各级党组织必须顺应发展要求，强化问题导向，抓好责任落实，加大保障力度，全面提升基层党建工作水平，为全区又好又快发展提供有力保证。

（一）要创新思路抓党建。没有创新就没有发展。经济社会发展要创新，各行各业要创新，党建工作更要不断创新。要坚持思维创新、路径创新和方式创新有机结合，主动把握新形势，研究新情况，解决新问题，以思想理念的更新推动党建工作的创新。一是牢牢树立“抓党建是最大政绩”的理念。始终把党建作为根本问题、关键问题、统领问题牢牢抓在手上，坚决破除“经济发展一俊遮百丑”的思想，坚决防止因基层党建工作不力，导致党心散了、人心伤了。二是积极探索党建工作路径创新。要积极适应党建工作的新形势、新要求，本着有利于提升党组织战斗力、有利于扩大党组织覆盖面、有利于密切党群干群关系的原则，积极探索加强机关、社区、农村、“两新”组织等党建工作的新路子。三是努力打造一批党建品牌和亮点。要结合全区区情、村情和企业特点，培养一批影响力大、带动面广的先进基层党组织、优秀党员，争创一批在全市全省叫得响的特色组织、亮点品牌，以点带面为各级党组织和党员树立标杆、做好榜样、指明方向。

（二）要围绕发展抓党建。要牢固树立“解决所有问题靠加快发展，而加快发展的关键是抓好党建”和“围绕发展抓党建，抓好党建促发展”的理念，找准党建工作的着力点、切入点和结合点，使党建工作与经济工作同频共振、相得益彰。一是坚定不移抓项目。始终把项目作为全区发展的重中之重，加快总投资200多亿元的80多个重点项目建设，到十三五末建成“六个百亿级产业链”，确保始终走在全国一流和前列。二是全力以赴抓申报。我们确定的保税北区、国家跨境综合试验区、自贸试验区、进口水果口岸、进口玉米口岸等一批国家级项目申报，将为全区全市发展提供强劲动力，必须坚持不懈地抓好。三是发挥功能抓服务。服务企业是保税区的社会责任和重要使命。要在深化完善“虚拟口岸、检验检疫、跨境电商、保税仓储、研发检测”五大政策服务平台的基础上，加快复制推广自贸区新政策，加快建设海关监管场站，加快探索开展服务贸易、融资租赁、金融文化等新业务，更好地服务潍坊及周边地区外向型经济发展。

（三）要聚焦重点抓党建。各级党组织的实际情况、工作重心、服务对象等各有异同，要紧紧围绕党工委的工作中心，突出各自领域

的重点，找准突破点和创新点，打造亮点和制高点，不断提高党建工作科学化水平。一是加强领导班子建设。领导班子是一方经济发展快慢的决定性因素，是推进事业发展的重要保证。重点是严格党内政治生活，认真执行民主集中制，完善议事规则和决策程序，不断提高决策的民主化、科学化水平，切实增强统筹大局、把握方向、引领发展的能力。二是加强机关党建。机关党建是党建工作的重要组成部分。重点是完善党组织设置，加强党员教育管理，深入开展“三送一创”活动，提高服务群众、服务企业、服务基层的水平，按照“机关党建走在前头”的要求，建一流队伍，争一流部门，树一流形象，创一流业绩。同时，要促进机关党建与农村党建双向互动，使机关党员干部受锻炼、接地气，农村群众受教育、得实惠。三是加强社区党建。社区是未来服务群众的主阵地。重点是坚持社区党建与社区建设同步谋划、同步推进，确保4个农村新型社区尽快投用，镇街半数以上力量下沉到社区，进一步明确职责，落实任务，强化考核，着力提升服务群众水平，打造独具特色、比学赶超、让组织放心、群众信赖的基层治理单位。四是加强村级党建。村级党组织是服务群众、带动发展的最前沿。重点是选优配强村级班子，加强农村党员教育培训，培养年轻后备力量，壮大村集体经营性收入，强化村级党组织规范化建设，不断提高村级治理规范化水平。五是加强“两新”组织党建。“两新”组织是市场经济的主体，要利用市场化理念探索“两新”组织党建工作新模式。重点是实现“两新”组织全部覆盖和作用有效发挥，全区规模以上非公企业要全部设立党的支部，逐步建立激励和考核机制，开展具有吸引力的活动，调动党员的参与热情，实现“两新”组织增活力、企业增效益、党员增积极性的多赢目标。

（四）要破解难题抓党建。抓党建的关键是破难题，补“短板”，也就是抓薄弱环节。只有把难题破解了，“短板”补齐了，党的基层组织才能不断加强，党的战斗力才会整体提升。一是加快后进转化。任何时候都有相对后进的村、企业和党员干部，我们要每年倒排落后，坚持因村、因企、因人而异，一村一策、一企一方、一人一案，强力推进后进村、后进企业、后进党员干部向先进转化。二是打造骨干队伍。抓好基层党建工作，必须要有一支坚强有力的党员干部队伍。要采取下派干部、回请创业能人、选聘大学生村官、选派第一书记、培养后备干部、强化教育培训等方式，解决党建专职力量配备不足、党组织凝聚力不强、农村带头人作用发挥不够、党员干部队伍老化、后备力量不足、流动党员疏于教育管理等问题，进一步完善基层党建工作体系。三是加大保障力度。抓基层、强基础，必须有实实在在的保障。要更加关注和重视基层保障工作，推动人往基层走、钱往基层投、政策往基层倾斜，切实保障社区和各村党组织运转经费，不断完善基层组织活动阵地及服务设施，把社区和各村打造成为服务党员群众的主阵地。

五、提升能力，锤炼作风，打造高素质干事创业队伍

作为我们保税区的同志，要按照“全国争一流、行业树标杆”的要求，不断转变观念、转变作风，提升境界、提升标准，在全市、全省乃至全国创造率先走在前列、起好带头作用

的新业绩。

（一）要扎实开展“两学一做”学习教育。“两学一做”是当前最重要的一项政治任务。要抓在日常，严在经常，突出经常性教育，把全面从严治党落实到每个支部、每名党员。要强化学习意识，认真学习党章党规、系列讲话，进一步加深理解，领悟实质，做到学而信、学而用、学而行。要加强保税区业务知识学习，特别要认真学习自贸区、国际物流、国际贸易、服务贸易等最新知识，确保知识水平在全国走在前列。要以学促做，知行合一，学做结合，真正把学习的内容内化于心、外化于行。

（二）要严肃换届纪律。今年是省市县乡四级领导班子换届之年。换届风气的好坏，直接关系到换届工作成败。全区各级党组织和广大党员干部要以高度的政治责任感，认清严肃换届纪律的极端重要性，深入学习中央“九严禁”换届纪律，坚决贯彻落实中央和省、市委严肃换届纪律的规定要求，以坚决的态度、过硬的作风、得力的措施，共同营造风清气正的换届环境，圆满完成换届工作各项任务。

（三）要提升创新意识。创新是历史进步的动力、时代发展的关键，是当今中国“五大发展理念”之首。保税区的发展历程就是不断创新的历程。在新常态下，我们更要继续探索，大胆改革，大胆创新，大胆尝试，特别是要加快对接自贸区，最大限度复制推广新理念、新模式、新经验，不断丰富保税区的功能政策，打造全市改革开放的先行区。要建立合理的容错机制、及时的纠错机制、正常的免责制度，营造宽容失败、鼓励干事创业的环境和氛围，真正让敢想敢干敢当的干部受尊重、有待遇。

（四）要强化责任担当。习近平总书记强调，干部就要有担当，有多大担当才能干多大事业。要在全区大兴干事创业之风，继续发扬“铁板钉钉”的创业精神，锤炼“坚韧不拔、百折不挠”的干事作风，使敢于担当、主动作为、善于成事成为保税区干部的鲜明品质。要进一步提高落实能力，对确定的工作任务，要层层分解，落实责任，明确时限，一项一项地抓，一件一件地干，真正做到领导到位、精力到位、措施到位。要健全刚性化的执行机制，健全完善考核奖惩机制，落实重奖重罚重用措施，真正调动起各级干部干事创业的积极性和创造性。

（五）要提升服务水平。加快向自贸试验区对接，建设“环节最少、成本最低、效率最高、服务最优”的国际化环境，打造保税区的服务模式和品牌。班子成员要大力践行“一线工作法”，带头包靠村户、包靠项目，重点项目、重点工作到现场办公和服务。各部门单位要提升服务质量和办事效率，集中清理行政审批和收费事项，推动服务提速、提质、提效。街办和社区干部要下沉社区、工作在村，面对面为群众搞服务、办实事、解难题。农村党员干部要带领广大村民，因地制宜，一村一品，大力发展农村合作社、产业协会、龙头企业、种养基地等各类经济组织，拓宽群众增收致富渠道，打造品牌化的特色村。

（六）要保持清正廉洁。要严守党的政治纪律和政治规矩，从严落实党风廉政建设责任制，认真落实“一岗双责”要求，严格执行廉洁自律规定，既要自己干净干事，又要管好自己的人、身边的人，确保不出事、不惹事。要严格依法依规办事，严格遵守党工委、管委会工作规则，按法律、按规矩、按制度行使权力，自觉把每项决策、全部工作都纳入法治化和制度化轨道。特别强调一下，各级党组织既要加强对党员干部的日常教育，对党员干部身上存在的苗头性、倾向性问题，及时“咬耳朵”、“扯袖子”，不让小毛病变成大问题，又要严肃党的纪律，狠抓监督执纪问责，对无视纪律、顶风作案的，坚持以“零容忍”的态度，发现一起，查处一起，绝不姑息，努力营造风清气正的政治生态。

（七）要完善工作机制。要完善责任落实机制，坚持“书记抓”、“抓书记”，全面推行党组织书记专项述职制度，纳入年终综合考核，形成一级抓一级、层层抓落实，上下联动、齐抓共管的“大党建”工作格局。要完善督导检查机制，依托党建办公室建立督导、指导制度，实行巡回式、全覆盖检查指导，推动基层党建工作经常抓、抓经常。要完善考核奖惩机制，对基层建工作每月一调度、半年一点评、全年总考核，把党建工作成果作为评先树优、选拔干部的重要依据，为新常态下抓好基层党建工作增添新的动力和活力。

同志们，站在建党 95 周年新的历史起点，是我区抓好党建工作的重大机遇和良好机遇，让我们以更加昂扬的斗志、更加务实的作风、更加过硬的本领，把党建工作提升到更高水平，取得更大成绩，为综合保税区跨越发展作出更大贡献。

（孙起生　时任潍坊市委常委、副市长、潍坊综合保税区党工委书记）

王树华同志
在综合保税区加快发展大会上的讲话

（2011 年 9 月 5 日）

今天，综合保税区召集全区干部职工、各企业负责人、各村两委班子成员，在这里召开全区加快发展大会，非常有意义，非常有必要，是综合保税区加快发展的一次全面动员会议，也必将成为综合保税区发展历史的一个重大转折。刚才我们为全区先进基层党组织、优秀共产党员和优秀党务工作者进行了颁奖，希望各级领导干部和全体共产党员以他们为榜样，解放思想，努力工作，为保税区的发展作出新的更大贡献。

近年来，综合保税区在海关总署等国务院十部委的大力关心支持下，在市委、市政府的正确领导下，发展取得了初步成效。今年 1 月 25 日，潍坊综合保税区正式获得国务院批复，成为全国第 14 个综合保税区。在此过程中，省委、省政府主要领导、市委、市政府主要领导，都做了大量工作，特别是保税区的同志做出了非常大的付出，做出了贡献，这些都应该了解，应该记住。

目前，综合保税区的发展已经进入了一个新的阶段，奠定了良好的基础。一是综合保税区现在已经形成了一定的规模，上了一大批好项目、新项目。二是市委、市政府作出了将汶泉街办23个村划归综合保税区的重大决策。三是保税区的干部群众，特别是各级领导干部，心齐、劲足，精神状态非常好。有了这样好的发展基础，就一定能够推动综合保税区事业蓬勃发展。

综合保税区的设立，意义重大。它不仅仅是潍坊的综合保税区，更是一个区域性的功能政策平台，服务半径就是潍坊及周边地市，潍坊是近水楼台，率先受益。综合保税区功能政策优惠，是全国所有开发区、高新区中，政策含金量最高的平台和区域，必将成为一个发展的龙头、一个产业聚集的高地，前景非常广阔。借此机会，我讲几件事情：

一、必须无条件贯彻落实党委、政府的决策部署

无条件贯彻落实党委、政府的决策部署，这是由党的宗旨和党的纪律所决定的。

第一，党委、政府的决策部署跟人民群众的利益是一致的。党的根本宗旨就是全心全意为人们服务。党委作出正确的决策和部署，都是为人民群众的利益来考虑的。只要把党委和政府的决策贯彻落实好了，就是全心全意为人民服务。

第二，党委、政府的决策部署有一定的超前性。党委、政府中聚集了我们中华民族和党内的精英，他们站得高、看得远、胸怀大、素质高。他们作出的决策和部署，都是经过科学论证、集体研究的，具有一定的超前性。因此，就与我们普通群众的认识有所差距，在决策实施过程中，群众就有可能不理解，这就需要做深入细致的群众工作，最终让发展成果惠及群众，让群众认识到好处。

第三，跟党走，听党指挥。跟党走，听党指挥，我们就会前途光明。反之，只有死路一条。这是共产党成立近百年来的经验教训，也是铁的事实。在党的领导下，我们实现了过去祖祖辈辈没有实现的愿望。只有共产党的领导，大家才能够过好日子。

希望大家一定明白这些道理，然后去跟群众做工作，各级干部都要无条件的带头贯彻落实党委、政府的决策部署。

二、必须坚定不移推进跨越发展

为什么要坚定不移推进跨越发展？第一，经济工作作为党的工作中心没有变。经济工作是我们党的一切工作的中心。第二，发展是解决一切问题的根本和关键。解决收入不均的问题、解决社会矛盾的问题、解决群众生产生活的问题，解决我们的福利待遇问题，都在发展上。第三，发展致富是广大群众的所思、所盼、所想。所以对发展的问题，我们必须坚定不移。

如何坚定不移？第一，就是在思想上不动摇；第二，就是在工作精力上不分心；第三，就是在精神上不分神；第四，在行动上，还得不折腾。如果你动摇了、你分心了，你分神了，你瞎折腾，你就不能推进跨越发展。

如何跨越发展？就是要加大投入，多上项目。加大投入钱怎么来？一是我们有钱，把钱拿出来干事；二是我们没有钱，招商引资，谁有钱谁干事，谁有钱干事咱叫谁来，咱帮着人家干事，咱再赚人家的钱；三是我们没钱借钱，赚了钱再还钱；四是我们也没钱，人家也不来，也借不着钱，那只能说明我们没本事，只能给别人打工。

那么有了钱干什么？第一，就是上“四新

一海”的项目，形成产业集群。将来我们的发展就是要靠产业。综合保税区确定的打造“国际物流”、“高端制造”和“特色商品交易定价”三大中心的思路举措，非常有必要。只有有了产业，我们才能够发展；只有有了项目，群众才能够富裕。第二，就是网内当龙头，网外当配套。第三，就是用足用活政策，打造发展平台，增强产业的聚集度。第四，就是各级干部要有想法、有办法，要战无不胜，攻无不克。对发展过程中遇到的土地、资金、群众不理解等瓶颈因素和矛盾问题，都必须像攻山头一样，上得去，拿得下。各级干部都不能怕担责任，不能光想着好事，困难和矛盾一推了之。要为党分忧，为民解愁，担负起工作职责。

三、必须持续不断解放思想、更新观念

党的历史实际上就是一部解放思想、更新观念的发展史，改革和建设的过程也是解放思想和更新观念的过程。思想解放的程度决定着我们发展的速度、发展的程度。什么程度算是解放思想？第一，解放实现是围绕目标想办法。在法律和政策范围内，什么管用用什么，这就是解放思想。第二，解放思想要具体。必须把解放思想落实到你干的具体事上。第三，解放思想要从我做起。只有领导干部首先解放了思想，其他人才能跟着你解放思想。第四，解放思想关键是各级干部的境界、胆略和气魄。所谓境界，就是同样一件事，有些人干得好，有些人干不好，干好了的就有境界，干不好的就没有境界。所谓胆略，就是光敢想不行，还得敢干，不怕担责任，不怕得罪人。所谓气魄，就是去干点大事，干出能够影响一个区域发展的大事来，干出能够带动一片群众致富的大事来，干出一件两件能够在全国叫得响的大事来。第五，解放思想要实事求是。创新创意的想，务实扎实的干，结合实际，实现超常规跨越式发展。

四、必须做好深入细致的群众工作

一是做好深入细致的群众工作，是共产党的性质和宗旨决定的。为群众谋福祉、谋利益，方式是多种多样的。我们考虑的利益是群众的长远利益，长治久安；是大多数人的利益，不是个别人的利益。党和政府的出发点和落脚点都是为了群众、依靠群众。

二是新形势新任务，对我们做好群众工作提出了新的要求。第一，要公道正派，带领群众发家致富。21 世纪，群众所想所盼，一是公正，二是富裕。这就要求我们公道正派、公正公开、合情合理，更重要的是要帮着群众富裕。综合保税区的村我逐个到过，村庄十分贫穷，发展很不理想。下步，我们要把群众组织起来，跟党走，贯彻落实党委、政府的决策部署，带领群众发展进步，要不的话还要继续受穷。所以，做好群众工作要适应新形势和新任务的需要。新任务就是保税区的二期围网、配套区的发展。新形势就是保税区的城市化。新形势新任务需要我们怎么干？就是要把老百姓组织起来，需要把群众工作做好，引导群众发展。第二，要切实维护好群众的利益。老百姓不容易。各级干部都要设身处地为老百姓着想，维护好群众的利益，不能让群众感到不公平不公正，不能让群众感到受屈吃亏。维护群众利益，是要维护群众的长远利益，维护群众的大利益，现在我们搞群众城镇化就是群众最大的利益。只有把群众工作做好了，把群众的思想理顺了，让一个地方的环境稳定了，发展也就快了。

五、必须切实加强班子队伍建设

班子队伍建设，第一，要带头干。本事大小不要紧，首要的是身先士卒，吃苦在前、享受在后。第二，要想干事。干为老百姓谋福利的事，干加快保税区发展的事。第三，要有本事。能够干成事，干成一般人干不成的大事。第四，要团结协作。团结出干部，团结出战斗力，团结出创造力。团结是一个干部思想水平、道德水平、工作能力的全面反应。团结就要拾遗补阙，就要互相包容，就要推功揽过。第五，要加强学习。通过广博地学习，增长干事创业的本领。第六，要公正廉洁。要十分珍惜组织给予的良好平台，做到自我激励、自我约束、尽职尽责、有所作为，出政绩、不出事，实现光荣退休。

（王树华　时任潍坊市副市长）

调研报告

关于发挥综合保税区功能政策作用服务全市发展的调研报告

潍坊综合保税区管委会

潍坊综合保税区于2011年1月经国务院批准设立，是全国第14个综合保税区，总规划面积20平方公里，其中网内监管区5.17平方公里，网外配套区14.83平方公里。目前，全区各类注册企业800多家，服务社会企业近1000家。预计全年实现进出口额6亿美元，同比增长71%；公共预算收入9200万元，同比增长77%，增长幅度在全国综合保税区中名列前茅。今年10月，综合保税区顺利通过了省政府联合验收组的预验收，确保年内通过国务院正式验收。

党的十八届三中全会指出，在推进现有试点基础上，选择若干具备条件地方发展自由贸易园（港）区。为深入贯彻三中全会精神，近期我们围绕加快综合保税区发展，申报建设潍坊自贸区进行了深入调研，现将有关情况报告如下：

一、目标定位

目标定位是：立足潍坊，服务山东，辐射全国及东北亚，打造全市更高层次对外开放的服务区、外向型经济的聚集区和以开放促改革的试验区，建成投资自由化、贸易便利化、金融国际化、行政服务高效化的自由贸易区，为全市改革开放探索新路径和新模式。到2015年，进出口额达到30亿美元。到2020年，进出口额达到100亿美元。

第一，打造对外开放的服务区。围绕服务全市开放型经济发展，着力推进国际贸易便利化、服务功能多元化、服务平台专业化，努力营造国际化的投资贸易环境，增创全市对外开放新优势。

第二，打造外向型经济的聚集区。围绕促进全市外向型经济发展，着力提升外资、外经、外贸发展水平，吸引国际加工业、国际物流业、国际商贸业、国际金融业、国际服务业等产业聚集发展，实现国际商流、人流、物流、资金流、技术流、信息流高度集中，建成全市外向型经济聚集区。

第三，打造以开放促改革的试验区。按照国际化、法治化的要求，在行政管理体制、投资管理模式、对外贸易方式、服务领域开放、营商环境建设、监管模式创新等方面深化改革，为全面深化改革和扩大开放探索新路径和新模式。

二、功能作用

根据新的目标定位，立足我市实际，综合保税区重点在四个方面提升功能、发挥作用。一是提升虚拟口岸功能，发挥政策服务作用。创新口岸通关服务模式，完善虚拟口岸、商品检验、仓储物流和检测维修服务，从报关、商检、仓储、物流到研发、检测、维修各个环节，为全市及周边区域的外向型企业提供国际政策服务。二是提升保税物流功能，开辟国际贸易绿色通道。强化国际物流服务体系建设，面向国际市场开展保税仓储、国际中转和分拨配送等业务，通过货物的大进大出，建成大宗原材物料的国际交易中心、分拨配送中心和国际商品展示销售中心，打通多元化进出口渠道。三是提升保税加工功能，引领全市经济转型升级。利用接轨国际市场、承接产业转移的优势，强化招商引资，吸引跨国公司和外向型大企业落户，延伸加工贸易产业链条，形成高端制造项目的聚集区。四是提升国际商务服务功能，带动现代服务业发展。扩大服务业对外开放，大力发展总部经济、国际金融、商贸物流等现代服务业，加快建设集国际商务、金融服务、生活居住、休闲娱乐于一体的高端国际化商务生活区，优化全市国际化配套环境。

三、发展举措

发展思路是：以综合保税区为龙头，实行网内网外一体化、网上网下一体化、国际国内一体化和国际服务、国际加工、国际物流、国际贸易、国际商务“五大产业”一体化发展。重点打造“五大中心”：

（一）打造政策服务中心。着眼为全市及周边区域外向型企业提供系列化政策服务，加快建设“五大平台”：一是口岸综合服务平台。依托青岛机场、青岛港和潍坊港，开展报关、报检、订舱、装卸、运输以及出口复进口“一日游”等业务，为企业提供快捷通关、缓交关税、提前退税、检验检疫等服务。二是商贸物流服务平台。着力引进国际化大型物流企业，完善冷冻库、恒温库、常温库和查验场站等物流服务设施，服务全市机械装备、电子信息、农副产品等优势产业出口，扩大国际先进技术装备、能源资源和大宗原材料进口。三是金融结算服务平台。积极争取金融领域先行先试政策，在跨境电子商务、离岸金融、融资租赁、期货保税交割、舱单质押融资、选择性征税等领域开展业务试点，吸引跨国公司和国内外知名金融机构来区设立地区总部和投资结算中心，培育国际金融服务中心。四是研发维修服务平台。利用保税研发检测维修功能，吸引全市及周边区域重点企业来区设立研发中心，引进国际先进经验和技术，开展全球范围的研发、检测、维修等业务。五是联网监管服务平台。创新监管模式，采取信息化方式，推进生产加工、国际物流、科技研发等企业，在网外实行联网监管，扩大自贸区服务范围，让更多企业享受优惠政策。

（二）打造国际加工中心。利用网内“政策洼地”效应和网外空间资源优势，加快引进跨国公司、外向型大企业和相关配套企业，服务和带动全市现代制造业发展。一是建设网内高端制造产业园。在抓好现有总投资200多亿元的30多个工业项目的基础上，着力引进高科技含量、高附加价值的产业链高端项目，打造高端制造项目聚集区。二是建设网外加工制造配套产业园。围绕延伸网内产业链，规划先进制造、电子信息、生物医药、新能源、新材料五大产业园，建成充分利用国内国外两种资源、产品兼顾国际国内两个市场的产业集群。

（三）打造国际物流中心。发挥综合保税区国际通道和平台作用，大力开展保税仓储、国际中转和分拨配送等业务，建成服务潍坊、辐射山东及全国的国际物流中心。一是加快建设大宗原材料物流集散地。依托已引进的中棉集团、中俄冷链物流、香港中基物流等项目，规划建设棉花、塑料、纸浆、椰丝等专业物流市场，发展现货和期货交易，打造大宗原材料国际物流和交易定价中心。二是加快建设电子产品和工业设备分拨配送中心。依托歌尔电子产业园、中外运电子产品配送等项目，培育电子产品和工业设备专业市场，为全市企业大进大出提供服务。三是加快网外配套区现代物流业发展。规划建设与网内产业相适应的专业物流园区，形成国际物流和国内物流相互融合的发展局面。

（四）打造国际贸易中心。利用国际贸易和展览展示功能，以国际商品（红酒）展示交易中心为基础，进一步扩大规模，规划建设泰国馆、韩国馆、日本馆、德国馆、台湾馆等国家和地区专馆，打造“永不落幕的国际商品展示交易会”。大力发展电子商务，规划建设总投资10亿元的电子商务中心，通过线上线下电子交易、B2B贸易交流和B2C消费体验等多种方式，促进商品贸易从全市走向世界、从实体走向网络，打造进口大宗商品和日用消费品网上交易平台。

（五）打造商务服务中心。扩大服务业对外开放，加快发展具有国际水准的总部经济、国际金融、生活服务等现代服务业，为全市对外开放提供国际化配套环境。大力发展总部经济，引进辐射作用强、税收贡献大、资源占用少的总部经济企业，建成总部经济的集聚中心。加快建设商务生活服务设施，规划建设与国际接轨的，集国际商务、金融服务、生活居住、休闲娱乐于一体的高端商务生活区，满足企业商务生活需求。

2013年11月28日

跨境电商平台对潍坊经济发展的意义分析

综合保税区管委会

跨境电子商务是“互联网+”的新业态、新模式，是大众创业、万众创新的一片新蓝海。2014年11月，李克强总理在浙江考察期间指出，跨境电商是一件牵一发而动全身的事，搞好了可能就是中国未来新的发动机。据商务部统计，2014年全国跨境电商进出口额4.2万亿元，占全国的16.2%；预计到2016年将达到6.5万亿元，年增速超过30%。跨境电商已经成为我国对外开放的重要增长点，发展前景十分广阔。

去年以来，综合保税区把跨境电商作为重中之重来抓，大力推进网上网下一体化发展，取得了较好成效。一是加快试点申报。去年4月，在全省率先形成跨境电商试点方案；10月份，海关总署同意潍坊保税区开展“进口型”跨境电商业务测试。潍坊成为继全国7个试点城市（杭州、郑州、上海、宁波、重庆、广州、深圳）之后的第8个测试城市，实现了业务模式的全覆盖。二是加快平台建设。投资4000万元建成了跨境电商综合服务平台，包括通关服务平台、电商管理平台、同屏比对分拣平台三部分，于今年6月顺利通过了济南海关等八部门联调测试，近期正式上线运行。三是加大电商招商。正在规划建设总投资20亿元的易投易跨境电商产业园，已引进5家电商平台企业和100多家电商企业，正在洽谈京东集团、亚马逊、天猫国际、苏宁易购等国内外知名电商，力争1-3年内聚集电商企业1万家以上，形成百亿级跨境电商产业集群。四是打造专业服务平台。重点打造国际采购（纺织品）电商交易平台、食品和农产品电商平台、惠家家O2O电商服务平台、国际日用消费品交易平台等一批专业电商平台，加快推进传统产业向电商化延伸转型。

从全国试点城市情况看，跨境电商平台通过整合通关、金融、物流、退税、外汇等服务，实现了企业的快速聚集发展。目前，潍坊综合保税区跨境电商已取得良好开端，随着不断发展壮大，必将对加快全市开放型经济转型升级，形成信息化时代潍坊发展新优势，把潍坊打造成为山东新的增长极，产生重要而深远的影响。其重要意义主要体现在五个方面：

一、构建“跨境电商+传统产业”新模式，打造全市新的经济增长点。“互联网+”正带来一轮新的产业机遇。相对于传统的对外贸易，“跨境电商+传统产业”不是简单的贸易转移，而是实实在在的发展增量。一是有助于传统优势产业融入国际经济，实现量的膨胀。跨境电商市场大、环节少、费用低、效率高，企业可以方便快捷地接入国际eBay、亚马逊、天猫国际等国内外大型电商平台，也可以直接面对全球200多个国家和地区进行跨境贸易，能够进一步放大我市机械装备、食品农产品、纺织服装、电子信息等传统产业优势，推动企业加快融入电商浪潮，拓宽海外营销渠道，迅速实现对外贸易量的膨胀、质的提升。二是有助于中小企业开拓国际市场，分享贸易红利。传统对外贸易以大中型企业为主，跨境电商门槛低、操作简单，为中小企业走向国际化提供了机遇。据商务部测算，中小企业和个体商户在跨境电商平台上的占比达到了90%以上。随着我市跨境电商的发展，未来几年潍坊中小企业在对外贸易中的比重也将大幅提升，这是潍坊对外贸易的新增量，是潍坊经济增长的新动力。三是有助于现代服务业加快发展，优化外贸服务。跨境电商在带动传统货物贸易、服务贸易增长的同时，也直接推动与之相关的物流配送、商业配套、电子支付、检测认证、信息服务等现代服务业发展，对于优化国际化、专业化的外贸服务，提升第三产业比重，促进潍坊产业结构优化，具有重要推动作用。

二、重塑对外贸易产业链，推动潍坊开放型经济转型升级。跨境电商是国际贸易的新途径、新业态，通过对传统对外贸易模式的变革和提升，能够重塑价值链、交易链和生产链，推动全市开放型经济转型升级。一是重构对外贸易价值链。潍坊传统外贸以加工贸易为主，处于“微笑曲线”底部，大部分利润被跨国公司主导的研发设计环节攫取。跨境电商让企业直接面对终端客户，根据市场需求变化调整产品的设计和价格，从而掌握价值链前后两端，助力潍坊企业向价值链高端攀升。二是重构对外贸易交易链。传统外贸出口，一般包括“中国工厂－中国出口商－外国进口商－外国批发商－外国零售商－外国消费者”六个环节，中间的流通环节获得了最大利润。而跨境电商能够最大限度减少中间环节，把最大利润留给了潍坊本地企业。据测算，企业通过跨境电商平台直接开展业务，净利润率可以从传统的5%提高到30%-40%。三是重构对外贸易生产链。跨境电商的多样化需求和国际化竞争，必将倒逼企业加快改革创新，推动技术进步、模式转变和品质提升，打造国际化自主品牌，从而带动全市对外贸易转型升级，整体提升潍坊开放型经济实力。

三、助推潍坊现代物流体系建设，打造全国有影响力的现代物流示范基地。跨境电商的发展，离不开线下物流体系的支撑。依托跨境电商巨大的年交易量，必将有力带动港口、机场、高铁、冷链等现代物流基础设施建设，加快将潍坊区位优势转化交通优势、物流优势和发展优势，建成全国有影响力的现代物流示范基地。一是促进潍坊港口甩挂运输大发展。海运是国际贸易最主要的运输方式。潍坊港已开通澳大利亚、俄罗斯、日本、韩国、朝鲜等国际航线，鲁辽陆海货滚甩挂运输大通道搭建了连接中蒙俄欧的经济走廊。未来跨境电商可以通过甩挂联运与世界各国进行贸易往来，把潍坊港建成渤海湾乃至全国示范性甩挂运输物流基地。二是促进潍坊机场货物运输大发展。潍坊机场的定位是特色突出、客货并举的国家一类对外开放空港。未来依托跨境电商，可以重点发展航空物流，实现与青岛机场错位发展，建成具有国际影响力的国际航空物流枢纽。三是促进高铁物流大发展。高铁具备明显的干线运输优势，是运送快件最理想的方式。规划中的济青高铁将在潍坊建设枢纽站，将大大提升跨境电商境内分拨配送效率。依托这一优势，可以大力发展高铁物流业，把潍坊打造成为高铁物流中心和战略枢纽。四是促进冷链物流大发展。冷链物流是鲜活类产品跨境贸易的重要保障。依托中国食品谷中凯冷链物流、综合保税区中俄国际冷链物流等项目，能够进一步完善全市冷链物流网络体系，实现国内冷链物流和国际保税冷链物流相结合，打造全国重要的冷链物流基地。

四、促进大众创业、万众创新，打造潍坊未来发展的创新源和新引擎。跨境电子商务开辟了对外贸易的新蓝海，随着跨境电商产业链和生态链的不断完善，必将为“大众创业、万众创新”开辟新的更大空间，形成潍坊未来发展的创新源和新引擎。一方面，跨境电商搭建了低门槛、低成本、便利化、开放式的创业创新平台，能够大大降低交易成本，快速实现小微企业和个人的“创业梦”。比如，正在引进的敦煌网，已入驻个体商户和小微企业120万家，通过跨境电商直接面对全球近400万个买家，有效解决了市场问题，迅速实现了企业的做大做强。另一方面，跨境电商为小微企业聚集创业、集成创新和专业服务提供了载体平台。目前，保税区正在规划建设总投资20亿元的易投易跨境电商产业园，着力打造线上电子商务中心、线下体验交易中心、互联网金融服务中心、云计算大数据中心以及电商专业人才培训中心，将吸引大批电商企业、互联网公司以及高端人才聚集发展，带动跨境电商从网上交易、智能物流、支付结算，到人才培养、数据分析、配套服务等全链条集成创新，打造引领全市未来发展的创新源和新引擎。

五、加速国际化进程，增强潍坊国际竞争力。跨境电商“无国界”，对于推动潍坊融入世界经济，促进国际交流合作，打造国际化的营商环境，具有重要意义。一是加快推动潍坊融入世界经济。跨境电商架起了一条连接国际国内、线上线下的新通道，有利于企业统筹利用“两个市场”“两种资源”，主动参与国际合作分工，促进各类资源要素在世界范围内自由流动、高效配置，推动潍坊更好地融入世界经济。二是打造潍坊国际贸易中心。跨境电商“买全球、卖全球”。通过线上线下结合发展，保税区正在打造5万平方米的国际贸易中心，引进韩国、日本、澳大利亚等世界各地的进口消费品，建成全省乃至北方最大的国际商品展示交易中心，打造“永不落幕的国际商品展示交易会”。三是营造国际化的营商环境。随着跨境电商的不断发展，必将进一步推动对外贸易制度和模式创新，提高贸易便利化水平，促进我市加快接轨国际标准和规则，营造国际化、市场化、法制化的营商环境，提升全市国际化水平。

跨境电商的发展，离不开市委、市政府的高度重视和大力支持。为此，我们建议：一是加强对跨境电商的领导指导。跨境电商发展，需要保税区、海关、国检、商务、经信、外汇、税务等多个部门协调配合。建议市里成立由市委主要领导牵头的领导小组，建立工作推进机制，定期召开会议，协调解决存在的问题，促进跨境电子商务加快发展。二是加大对跨境电商的政策扶持。跨境电商平台是一个开放性、公益性的平台，不仅仅是为保税区服务，更是为全市乃至周边地区企业服务。建议市里把跨境电商发展纳入全市战略规划，设立专项扶持资金，用于跨境电商平台和园区建设、培育跨境电商企业、引导传统企业电商化转型，以及完善相关配套服务、打造专业人才队伍等，促进跨境电商健康发展。三是加快国际现代物流大平台建设。跨境电商订单小、频率高、周转快，涉及多个国家或地区，并与海关、国检、外汇等系统密切相连，对全市现代物流发展提出了新的更高要求。建议以跨境电商为引领，加快推进港口、机场、高铁、冷链等基础设施建设，着力构建国际现代物流大平台，为跨境电商发展提供强力支撑。

关于借鉴中国自贸区模式
加快潍坊综合保税区科学发展的报告

当今，经济全球化已成为世界发展潮流，区域经济融入世界经济是必然选择。2013 年 9 月 29 日，中国（上海）自由贸易试验区正式挂牌，又拉开了新一轮对外开放的序幕，并形成可复制、可推广的经验，辐射指导全国。潍坊综合保税区也必须顺时应势，加快转型升级，努力在新一轮对外开放中抢抓机遇、快速突破，切实发挥引领带动作用，辐射带动潍坊乃至全市外向型经济发展。

潍坊综合保税区于 2011 年 1 月经国务院批准设立，是全国第 14 个综合保税区，总规划面积 20 平方公里，其中网内监管区 5.17 平方公里，网外配套区 14.83 平方公里。目前，已注册各类企业 500 多家，服务社会企业近 1000 家。近日，综合保税区一期围网 1.9 平方公里已通过省级预验收，经国务院联合验收组验收后将正式封关运行。

一、上海自贸区可借鉴的政策措施

按照上海自贸区政策“可复制、可推广”和“成熟的可先做，再逐步完善”的要求，潍坊可借鉴的政策有：

（一）政府职能转变方面。一是改革创新政府管理方式，按照国际化、法治化的要求，进一步理清政府和市场的关系，清理行政审批事项，充分发挥市场和企业主体作用。二是深化一口受理、综合审批和高效运作的服务模式，完善信息网络平台，完善不同部门的协同管理机制。三是建立投资者权益有效保障机制，允许符合条件的外国投资者自由转移其投资收益。

（二）投资领域方面。一是扩大服务业开放。选择金融服务、航运服务、商贸服务、专业服务、文化服务以及社会服务等部分领域扩大开放，放宽投资者资质要求、股比限制、经营范围限制等准入限制措施。二是构筑对外投资服务促进体系。提高境外投资便利化程度。支持各类投资主体开展多种形式的境外投资。鼓励设立专业从事境外股权投资的项目公司，支持有条件的投资者设立境外投资股权投资母基金。

（三）贸易发展方面。推动贸易转型升级。鼓励跨国公司建立亚太地区总部，建立整合贸易、物流、结算等功能的营运中心。加快培育跨境电子商务服务功能，试点建立与之相适应的海关监管、检验检疫、退税、跨境支付、物流等支撑系统。

（四）金融领域方面。加快金融制度、金融服务创新，鼓励企业充分利用境内外两种资源、两个市场，实现跨境融资。推动金融服务业对符合条件的民营资本和外资金融机构开放。

（五）法制领域方面。加快形成符合试验区发展需要的高标准投资和贸易规则体系。针对试点内容，通过地方立法，建立与试点要求相适应的试验区管理制度。

（六）创新监管方面。以综合保税区为主，积极争取便利化海关监管功能；试行“进境检疫，适当放宽进出口检验”模式；加强电子账册管理，推动货物在各海关特殊监管区域之间和跨关区便捷流转。

（七）服务领域方面。一是研究探索与外资金融机构合作方式和方向。二是促进中外合资、中外合作国际船舶运输企业发展。三是加快包括演出经纪、娱乐、游戏游艺行业在内的文化产业开放发展。四是对外商独资建筑企业承揽中外联合建设项目时，不受建设项目的中外方投资比例限制。五是加强对外医疗、教育培训、职业技能培训合作。

二、潍坊综合保税区发展思路

为适应上海自贸区挂牌带来的新一轮改革开放的新形势、新要求，前期按照潍坊市委、市政府的工作部署，我们就如何加快综合保税区发展进行了专题调研，进一步明确了潍坊综合保税区目标定位和发展举措：

总的定位是：着眼于促进全市经济转型升级，实现更高层次发展，进一步完善功能和政策，强化监管和服务，加快建立与国际接轨的管理模式和运行方式，促进贸易投资便利化，积极探索向自由贸易区转型，统筹利用好国际国内两种资源、两个市场，着力打造服务全市更高层次开放的重要功能平台，带动全市开放型经济发展的引擎，以开放促改革的试验区，建成外向型要素聚集、国际化特色鲜明、行政服务高效、带动作用突出的开放型经济新区域。

预期目标是：力争通过5年努力，全区各类企业发展到3000家，服务社会企业1万家，地区生产总值突破100亿元，区内财政总收入30亿元，公共财政预算收入5亿元，进出口总额达到100亿美元，实际利用外资达到5000万美元。

发展举措是：坚持网内网外一体化发展，加快整合集聚优质资源和优势产业，进一步提升经济实力和竞争力。主要实施五大转型发展策略：

一是实施保税服务优化策略。着眼为全市及周边区域外向型企业提供系列化政策服务，着力打造“四大平台”。加快建设虚拟口岸服务平台，开展内陆口岸报关、报检、订舱、装卸、运输以及出口复进口“一日游”等业务，吸纳聚集外向型资源，服务全市对外开放；加快建设商品检验检疫服务平台，用好国家赋予的进口植物产品检验检疫权，建设国家级商品检测认证中心，为货物进出口提供便捷的检验检疫服务；加快建设保税物流服务平台，着力引进一批国际化、现代化、专业化大型物流企业，完善冷冻库、恒温库、常温库和查验场站等设施，满足企业开展国际物流业务需要；加快建设研发检测维修服务平台，引进国际先进经验和技术，开展全球范围的研发、检测、维修等业务，提升全市现代制造业水平。

二是实施保税加工升级策略。利用网内“政策洼地”效应和网外空间资源优势，加大招商引资力度，加快引进跨国公司、外向型大企业和相关配套企业，完善产业链资源配置体系和产业发展格局，服务和带动全市现代制造业发展。网内监管区重点发展高端制造业，瞄准处于科技前沿的跨国集团，着力引进高科技含量、高附加价值的产业链和价值链高端项目，吸收国际先进技术、经验和管理理念，打造高端制造项目聚集区。网外配套区主要围绕延伸网内产业链，规划相应的产业园区，建成充分利用国内国外两种资源、产品兼顾国际国内两个市场、实现网内网外共同发展的产业集群。

三是实施保税物流提升策略。发挥综合保税区国际通道和平台作用，加快建设大宗原材料物流集散地，依托已引进的中棉集团、中俄冷链物流、香港中基物流等，规划建设棉花、塑料、纸浆、椰丝等专业物流市场，发展现货和期货交易，打造大宗原材料国际物流和交易定价中心。加快建设电子产品和工业设备分拨配送中心，依托歌尔电子产业园、中外运电子产品配送等项目，培育电子产品和工业设备专业市场，为全市企业采购国外先进装备和电子零部件、出口电子产品等提供服务。加快网外配套区现代物流业发展，规划建设与网内产业相适应的专业物流园区，形成国际物流和国内物流相互融合的发展格局。

四是实施保税贸易拓展策略。以国际商品（红酒）展示交易中心为基础，规划建设国际会展中心等功能性平台，辟设泰国馆、韩国馆、日本馆、德国馆、台湾馆等国家和地区专馆，拓展进口先进装备、进口贵重材料、进口食品和高档消费品等种类，打造永不落幕的国际商品展示交易会。大力发展总部经济，吸引跨国公司和国内外知名金融机构设立地区总部和投资结算中心。积极发展电子商务，规划建设总投资10亿元的电子商务中心，通过线上线下电子交易、B2B贸易交流和B2C消费体验等多种方式，促进商品贸易从全市向全国、从实体向网络拓展延伸，打造进口大宗商品和日用消费品网上交易平台。借鉴自贸区模式，争取离岸金融、融资租赁、期货保税交割、舱单质押融资、服务贸易跨境收付和融资等新政策，培育投资自由、贸易便利、监管高效的金融服务中心。

五是实施保税区域联动策略。坚持网内网外一体化发展，以网内监管区为核心，为网外配套区提供优惠政策、聚集发展资源，以网外配套区为支撑，为网内监管区提供产业配套、税收支撑和商务服务，推动网内网外互动发展。加快建设滨海综合保税区B区，发挥综合保税区和蓝黄两区政策叠加效应，率先复制推广自贸区模式，实现与滨海区联动发展。积极推进与各县市区在政策服务、项目合作和产业对接等方面的协作配套，延伸扩大综合保税区服务辐射范围，带动全市外向型经济发展。密切与青岛机场、青岛港口以及济南、烟台等海关特殊监管区的合作，在上下游产业项目、仓储物流、国际贸易等方面实现优势互补、合作共赢。

三、有关建议

（一）建议把潍坊综合保税区纳入山东自贸区申报范围。综合保税区是国务院批准设立的特殊经济区域，也是最有希望率先复制推广上海自贸区模式的区域。潍坊作为山东半岛枢纽城市和经济强市，申报设立自由贸易区对全省更高层次对外开放，意义重大。近年来，潍坊综合保税区各项主要经济指标连年翻番增长，呈现出了突破性迅猛发展态势，发展前景十分广阔。力争通过5年发展，年实现进出口额100亿美元、总税收30亿元。建议把潍坊综合保税区纳入山东自贸区申报范围，切实发挥其功能政策作用，辐射带动潍坊乃至全省经济社会发展。

（二）争取形成具有自贸区特点的制度框架。按照先行先试、风险可控、分步推进、逐步完善的方式，把扩大开放与体制改革相结合、把培育功能与政策创新相结合，在潍坊综合保税区进行先行先试，逐步形成与国际投资、贸易通行规则相衔接，符合国家自贸区发展方向的基本制度框架，做好迎接自贸区的体制准备。

（三）成立潍坊自由贸易区试验区申报工作班子。工作班子由市政府领导牵头，市府办、发改、商务、财政、法制、税务、金融、海关、检验检疫、综合保税区等部门单位组成，做好政策研究制定、规划布局和对上级汇报沟通，统一组织协调申报工作。同时聘请国家政策研究专业人士作为我市申报工作“智库”，加速申报进程，确保申报成效。

2013 年 10 月 30 日

潍坊现代农业纳入中国（山东）自由贸易试验区申报范围工作方案

潍坊市委、市政府组织专家多次调研论证，与农业部、商务部等部委有关领导进行了深入沟通。总体认为：潍坊农业国际化、产业化、标准化及改革创新走在全国前列，将潍坊现代农业纳入自贸试验区范围，在食品安全管理、农业贸易流通方式、农业科技及应用、农业国际合作、农村合作金融等领域先行先试，扩大农业开放空间，促进制度创新，试验对国际新规则适应程度，将在促进农业转型升级、推进中韩中澳自贸区建设、融入“一带一路”战略等方面取得多重效应，对于完善自贸区试验范畴意义重大。

一、潍坊现代农业纳入自贸试验区的可行性

（一）符合国家设立自贸试验区的本质要求。自贸试验区是我国按照国际通行规则设立的、以开放促改革的试验区（FTZ），不同于国与国之间谈判的自由贸易协议（FTA），其本质是通过制度创新营造低成本、高效率的营商环境。福建自贸试验区发展涉台农业、上海自贸试验区发展浦东现代都市农业的做法证明，自贸试验区的投资便利化、贸易自由化、金融国际化等制度创新试点，对于促进开放型农业发展意义重大。一是有利于探索农业进一步扩大对外开放的新空间。深化国际贸易投资和合作，探索金融、科技与农业结合路径，促进平台农业、品牌农业和科技农业发展。二是有利于试验农业体制机制改革的新路子。在建立严格规范的安全管理模式、高效便捷的流通模式、科学高效的监管服务模式、配套完善的税收政策、农村产权制度改革等领域做出有益探索，完善农业对外合作的投资、财税、金融、保险、贸易、检验检疫、通关等政策。三是有利于试验农业对接国际规则的新机制。探索在自贸试验区适度开放农业市场，打破贸易壁垒，为我国农业适应国际标准和新规则提供新尝试，为推动自贸协议谈判提供依据。

（二）符合国家农业供给侧改革和扩大农业对外开放的总体要求。加快农业供给侧改革，统筹利用国际国内两个市场、两种资源，提升农业整体竞争力，是破解我国农业发展瓶颈，赢得国际市场竞争主动权的必然选择。2016年中央一号文件明确提出，“要完善农业对外开放战略布局，统筹农产品进出口，加快形成农业对外贸易与国内农业发展相互促进的政策体系”。把现代农业纳入自贸试验区，一是有利于加快农业供给侧改革。重塑从源头到流通整个产业链，构建现代农业产业体系、生产体系、经营体系，推动粮经饲统筹、农林牧渔结合、种养加一体、一二三产业融合发展，使农业供给更符合市场需求。二是有利于加强农产品进出口调控。出口方面，能够培育新的竞争优势，扩大特色和高附加值农产品出口；进口方面，能够优化重要农产品进口的全球布局，推进进口来源多元化，把握好农产品进口规模、节奏。三是有利于创新农业国际合作模式。加强与“一带一路”沿线国家和地区的国际合作，探索农业领域投资、贸易、科技、食品检测、动植物检验检疫等合作发展新模式，提升我国农业对外开放的整体竞争力。

（三）符合国家粮食安全和食品安全的战略要求。粮食安全和食品安全是关系国家独立自主、国民经济发展和社会安全稳定的重大战略问题。党的十八大以来，以习近平同志为总书记的党中央提出了“以我为主、立足国内、确保产能、适度进口、科技支撑”的国家粮食安全战略，提出了“用最严谨的标准、最严格的监管、最严厉的处罚、最严肃的问责，确保广大人民群众‘舌尖上的安全’”的食品安全要求。把现代农业纳入自贸试验区，一是有利于保障国家粮食安全。通过搭建农业科技展览交易平台，推广国外先进农业技术，能够有效提升我国农业综合生产能力，促进农业增产增效，高效利用资源和保护环境，促进粮食生产可持续发展，保障国家粮食总量安全。二是有利于提升食品质量水平。通过推行标准化生产、规模化经营，能够建立覆盖产前、产中、产后全过程的安全标准体系，形成国际农产品和食品安全合作机制，建设优质品牌农业，提高农业企业国际竞争力，进而提升农产品和食品质量安全水平。三是有利于推动国际检验检疫认证合作。深化与世界各国质量安全技术、检验检测技术、标准和规则的研究合作，加强与国外有关协会组织、质量检测认证等机构的技术交流与合作，促进检测认证标准和结果国际互认。

（四）潍坊具备探索现代农业试验的优势条件。一是潍坊地处山东半岛咽喉地带，南北兼顾，东西相通，四季分明，具备农业领域种养殖经验在全国复制推广的先天条件；二是潍坊设有全国第14个综合保税区，中国食品谷集聚优质农业资源效应开始显现，具备设立自贸试验区的基础条件；三是潍坊已成为全国重要的农产品生产加工出口基地，禽肉、蔬菜出口分别占全国的1/3和1/10，与以色列等国家地区在农业科技方面合作密切；四是潍坊是国家现代蔬菜种业创新创业示范基地、国家现代农业示范区，现有国家级蔬菜、水果标准化生产示范园区20处，全国农业产业化示范基地2处，国家级农业标准化示范区（市）45个；五是潍坊已成为全国重要的农产品产地和集散地，全市农业龙头企业达到3100家，各类食品企业发展到5.9万家，年交易额过亿元的农产品交易市场有41处，国家有关部委先后发布了“中国・寿光蔬菜价格指数”、“中国·昌邑生姜价格指数”；六是潍坊国际交流广泛，已与203个国家和地区建立了经贸合作关系，是国家农业国际合作示范区，是中日韩地方经济合作示范区的重要城市，2015年举办了首届中日韩产业博览会，连续成功举办32届国际风筝会、21届鲁台经贸洽谈会、16届国际蔬菜科技博览会；七是潍坊2014年被批准为国家现代农业综合改革试点市，涉农金融改革创新走在全省前列，在全省率先完成农村信用社股份制、银行化改革，率先实现农村支付体系全覆盖，齐鲁农村产权交易中心、农村专业合作社信用互助业务试点等金融创新成果丰硕，东亚畜牧产品交易所已获准筹建，在农业农村改革创新和对外开放合作中积累了丰富经验，具备承担先行先试重担的能力。

二、总体思路及拟申报实施范围

战略定位：在符合中国（山东）自贸试验区总体要求前提下，潍坊片区重点建设面向日韩澳新、农业科技先进国家、“一带一路”沿线国家的现代农业国际合作示范区、国际优质安全食品要素资源聚集平台和食品产业生态区。

总体思路：在外商投资准入前国民待遇和“负面清单”管理框架下，以贸易、投资、管理等制度创新，带动食品安全管理模式创新、农产品贸易流通模式创新、农业科技及应用创新、涉农金融国际化服务创新、农业国际合作模式创新，打造高标准高效率低成本的现代农业发展环境，形成经验可复制、可推广，功能可辐射、可带动的自由贸易试验区农业特色片区。

实施范围：潍坊现代农业自贸试验区总规划面积18.77平方公里，分为三部分。一是潍坊滨海经济技术开发区区块5平方公里， 四至范围是：东至蓝海路，南至海港街，西至大海路，北至海源街区域。二是潍坊高新技术产业开发区区块8.6平方公里， 四至范围是：东至潍县中路，南至东风东街，西至北海路，北至青银高速区域。三是潍坊综合保税区区块面积5.17平方公里，四至范围是：东至高八路，南至梨园街和樱前街，西至高新二路、北至玉清东街区域。

三、主要任务和措施

（一）探索进出口食品安全管理模式创新。一是建设食品和农产品国际检测认证体系，开展进出口检验检测国际合作，建立检测结果通报制度和质量诚信机制，推进检测认证标准和结果国际互认。二是建立与国际接轨的质量安全体系，试行国际通行的品质分类标准，推动相关国家标准、行业标准的修订完善。三是建立国内外联动，覆盖食品和农产品全链条的可追溯机制，完善质量安全风险预警和快速反应机制，构建全过程质量安全控制闭环体系。四是以东亚地区合作为突破，建立全球食品和农产品安全合作机制，探索设立国际优质品牌联盟。五是推动建立检验检疫证书国际联网核查机制。改革和加强原产地证签证管理，强化事中事后监管。

（二）探索农业贸易流通方式创新。一是建设农产品和食品跨境电商综合试验区，形成集保税仓储、冷链物流、信息发布、电子交易、货币结算于一体的国际交易平台。二是加快冷链物流产业与互联网的融合创新，建立冷链物流技术和应用创新平台，创新国际国内冷链物流体系，提升传统冷链物流行业的效率和能力。

三是建设大宗农产品交割仓库，开展国际现货和期货交易，探索建立与之相适应的外汇管理、检验检疫和海关监管制度。四是探索种子种苗进口联合监管新模式，进一步简化通关报检手续，实行先备案后审批，搭建全国种子种苗进出口服务平台。五是探索境外工程承包项下自用农副产品出口审批监管新模式，允许境外工程企业自用农副产品经自贸试验区出口。六是探索国际农产品交易新模式，依托东亚畜牧产品交易所，建立集精深加工、冷链物流、信息发布、电子交易、货币结算于一体的东亚畜牧肉类产品交易平台，在此基础上，探索农产品国际交易新模式。

（三）探索农业科技及应用创新。一是建设涉农产业保税展示、技术专利转让交易平台，建设试种区、实验区和育苗区等隔离设施，先期吸引日韩等国家农业科技资源聚集，成果转化后向第三方国家输出。二是探索发展“平台在区内、服务在区外”的农业物联网产业，引进国外智慧农业新技术，提高国内农业信息化水平。三是探索土壤改造、信息化管理、种养殖等农业技术创新，设立农业国际合作基金、科技孵化器，培育以企业为主导的农业产业技术创新战略联盟，加快农业技术转移和成果转化，形成经验后在全国及“一带一路”沿线国家推广应用。四是探索农业机械设备出口标准多元化。支持开展境内外高技术、高附加值产品的维修及再制造业务试点。允许在自贸区内探索多种农机生产标准，按照进口国要求推进企业订单式生产。

（四）探索农业国际合作模式创新。一是建立有效利用海外资源的农业合作新模式，支持农业龙头企业“走出去”，破解国内土地等资源不足瓶颈，带动国内农业生产资料、机械设备和劳务输出。二是建立企业总部在自贸试验区、种植基地在境外、营销网络布全球的农业国际合作新模式。三是建立农业和食品国际人才交流合作机制，实施更加积极的创新人才引进政策，建设国际化人才特区。四是探索农业劳务输出新模式，完善政策促进、服务保障和风险防控体系，简化劳务输出流程，健全劳动保险制度，解决外出务工人员后顾之忧。

（五）探索农村合作金融新模式。一是探索开展农民专业合作社信用互助业务，在不吸储放贷、不支付固定回报的前提下，允许有条件的农民专业合作社开展农村资金互助合作。二是探索建立农村金融风险防控体系。创新金融支农衍生产品，推出农业保险、农业信贷保险、农产品期货期权等金融支农衍生产品，有效分散和规避各类农业生产风险和农业信贷风险。三是建立农村信用评价体系，完善有效的信用互助组织制度，实现信息资源共享和优化利用。

（六）探索涉农金融国际化服务创新。一是探索涉农融资制度创新，试行重大涉农项目投资股本化、债券化融资，将国内企业购置的海外资产作为抵押担保物。二是探索国内银行、国外银行联动发行海外债，帮助涉农企业开展海外公司增资、归还贷款等业务。三是探索涉农保险制度创新，打造自贸区农业保险品牌，降低外资保险公司进入门槛，探索建立农业巨灾保险机制。四是探索建立农业机械装备融资租赁流转平台，支持开展农业大型设备、成套设备等融资租赁业务。

（七）探索农业和食品投资管理体制创新。

一是实施外商投资负面清单制度，减少和取消对外商投资准入限制。二是探索放宽对农作物选育和种子生产合资企业的投资管理限制。三是鼓励国内外涉农龙头企业设立地区性总部、研发中心、销售中心、物流中心和结算中心。四是鼓励国外权威检测认证机构设立分支机构，开展农产品和食品的认证服务。五是探索农业和食品领域管理权限下放，加快推进政府管理模式创新。

四、营造有利于现代农业自贸区试验的环境

（一）建立严格高效的涉农监管服务模式。探索创新“一线放宽、二线管住、分类管理、协作共享”的监管模式。一是推进“一线放开”。提高非侵入、非干扰式查验比例。逐步实现基于企业诚信评价的货物抽验制度。实施中介机构协助海关稽查、保税核查和核销制度。检验检疫在一线实行“进境检疫，适当放宽进出口检验”模式，创新监管技术和方法。二是确保“二线管住”。优化电子卡口管理，实施电子信息联网，通过进出境比对、账册管理、卡口实货核注、风险分析等加强监管，促进二线监管与一线监管有效衔接。完善查验办法，增强查验针对性和有效性。在二线推行“方便进出，严密防范质量安全风险”的检验检疫监管模式。对符合条件的跨境电商入境快件采取便利措施。三是强化监管协作。深化海关区域通关一体化改革，依托山东省电子口岸建设，强化海关间协作，实现跨地区海关互联互通、互认共享。推进关检“一站式作业”改革，整合监管设施资源，推动共建共享共用。推进口岸部门综合执法试点。探索建立中日韩、中澳通关合作机制，开展货物通关、贸易统计、原产地证书核查、“经认证的经营者”互认、检验检测认证等方面合作，逐步实现信息互换、监管互认、执法互助，一次认证、一次检测、国际通行。

（二）完善促进涉农产业发展政策。一是促进投资。对自贸试验区海关特殊监管区域内企业生产、加工并内销的货物，实施选择性征收关税政策，鼓励加工贸易企业向海关特殊监管区域集中，促进区域内企业更好地开拓国内市场、扩大内销。二是促进贸易。实施启运港退税试点政策。探索金融机构凭交易单为出口企业先行代付货款，缩短国际贸易货款收付时间。三是促进物流。支持建设涉农物流专业化信息平台，为无车承运人开具增值税发票，享受抵扣政策。鼓励国外大型物流企业和国内企业利用国外资金、设备和技术，参与国内物流设施的建设或经营。

（三）建立农产品流通高效保障体制。探索鲜活农产品运输全程监管、一次查验、全线放行，实现收费公路不停车收费系统、农产品运输绿色通道、信息化监管相结合，促进农产品安全高效流通。探索建立一、二、三产业全产业链贯通的品牌农业体系，对农业农产品进行精深加工、包装营销、价值提炼、模式创新和传播推广，与现代食品业和现代商业对接，打造具有安全健康保证的品质品牌农业。

（四）加快农业产权和制度改革。加快推进政府管理模式创新，最大限度下放农业和食品领域管理权限、取消行政审批事项。建立健全归属清晰、权责明确、保护严格、流转顺畅的现代农村产权制度，推进农业规模化、产业化经营。依托齐鲁农村产权交易中心，探索农村产权交易新模式，打造“立足潍坊、辐射全省、复制全国”的农村产权交易服务平台。

（五）培育新型农业经营主体和人才。发挥潍坊贸工农一体化的经验，鼓励家庭农场、专业合作社、龙头企业、经营大户加快发展，与农民形成利益均沾、风险共担的经济共同体。聚集国内外一流的与农业相关的科技院所和实验室，聚集国内外一流的农业大公司、跨国公司研发中心，聚集国内外顶级的农业科技人才。建立国内外农业科技团队和优秀人才招引机制。

（六）建立自贸区外围涉农配套产业。探索自由贸易试验区与省内、市内联动协作机制，自贸试验区重点发挥政策功能、体制创新等优势，建设现代农业的国际孵化器，配套区承接自贸区的溢出效应，成熟后推广全省全国。积极发展自贸区外围相关涉农生产和服务配套产业，完善周边种源种苗、装备制造、冷链物流、技术人才、金融保险、贸易服务等涉农配套体系。

附件：潍坊现代农业自贸试验区试点任务清单

潍坊市人民政府

2016 年 3 月 1 日

附件：

潍坊现代农业自贸试验区试点任务清单

一、探索进出口食品安全管理模式创新

1、建设食品和农产品国际检测认证体系，开展进出口检验检测国际合作，建立检测结果通报制度和质量诚信机制，推进检测认证标准和结果国际互认。

2、建立与国际接轨的质量安全体系，试行国际通行的品质分类标准，推动相关国家标准、行业标准的修订完善。

3、建立国内外联动，覆盖食品和农产品全链条的可追溯机制，完善质量安全风险预警和快速反应机制，构建全过程质量安全控制闭环体系。

4、推动建立检验检疫证书国际联网核查机制。改革和加强原产地证签证管理，强化事中事后监管。

二、探索农业贸易流通方式创新

5、建设农产品和食品跨境电商综合试验区，形成集保税仓储、冷链物流、信息发布、电子交易、货币结算于一体的国际交易平台。

6、加快冷链物流产业与互联网的融合创新，建立冷链物流技术和应用创新平台，创新国际国内冷链物流体系，提升传统冷链物流行业的效率和能力。

7、建设大宗农产品交割仓库，开展国际现货和期货交易，探索建立与之相适应的外汇管理、检验检疫和海关监管制度。

8、探索种子种苗进口联合监管新模式，进一步简化通关报检手续，实行先备案后审批，搭建全国种子种苗进出口服务平台。

9、探索境外工程承包项下自用农副产品出口审批监管新模式，允许境外工程企业自用农副产品经自贸试验区出口。

10、探索国际农产品交易新模式，依托东亚畜牧产品交易所，建立集精深加工、冷链物流、信息发布、电子交易、货币结算于一体的东亚畜牧肉类产品交易平台，在此基础上，探索农产品国际交易新模式。

三、探索农业科技及应用创新

11、建设涉农产业保税展示、技术专利转让交易平台，建设试种区、实验区和育苗区等隔离设施，先期吸引日韩等国家农业科技资源聚集，成果转化后向第三方国家输出。

12、探索发展“平台在区内、服务在区外”的农业物联网产业，引进国外智慧农业新技术，提高国内农业信息化水平。

13、探索土壤改造、信息化管理、种养殖等农业技术创新，设立农业国际合作基金、科技孵化器，培育以企业为主导的农业产业技术创新战略联盟，加快农业技术转移和成果转化，形成经验后在全国及“一带一路”沿线国家推广应用。

四、探索农业国际合作模式创新

14、建立有效利用海外资源的农业合作新模式，支持农业龙头企业“走出去”，破解国内土地等资源不足瓶颈，带动国内农业生产资料、机械设备和劳务输出。

15、探索农业劳务输出新模式，完善政策促进、服务保障和风险防控体系，简化劳务输出流程，健全劳动保险制度，解决外出务工人员后顾之忧。

五、探索涉农金融国际化服务创新

16、探索涉农融资制度创新，试行重大涉农项目投资股本化、债券化融资，将国内企业购置的海外资产作为抵押担保物。

17、探索国内银行、国外银行联动发行海外债，帮助涉农企业开展海外公司增资、归还贷款等业务。

18、探索涉农保险制度创新，打造自贸区农业保险品牌，降低外资保险公司进入门槛，探索建立农业巨灾保险机制。

19、探索建立农业机械装备融资租赁流转平台，支持开展农业大型设备、成套设备等融资租赁业务。

六、探索农业和食品投资管理体制创新

20、实施外商投资负面清单制度，减少和取消对外商投资准入限制。

21、探索放宽对农作物选育和种子生产合资企业的投资管理限制。

22、鼓励国内外涉农龙头企业设立地区性总部、研发中心、销售中心、物流中心和结算中心。

23、鼓励国外权威检测认证机构设立分支机构，开展农产品和食品的认证服务。

24、探索农业和食品领域管理权限下放，加快推进政府管理模式创新。

编后记

为记载潍坊综合保税区发展历程，2017年10月，潍坊综合保税区党工委、管委会决定编纂《潍坊综合保税区志》，至2018年10月，经过一年多努力，编纂完成。

2017年12月，潍坊综合保税区成立史志编纂委员会，从相关部门抽调人员，具体负责撰稿，调度、提供材料等。2018年1月5日，组织召开区志编纂工作动员培训会，邀请潍坊市史志办程森枝授课。编纂期间，编纂人员加班加点，查阅大量档案资料，多方征集史料，着力把好政治关、体例关、资料关、内容关、文字关，反复整理、规范，认真求证，不断完善。2018年5月，《区志》形成初稿，并征求相关部门意见；6月，完成《区志》征求意见稿；7月，进行第二次意见征求，编纂人员按照评审稿要求反复修改、打磨，力求体例统一、标准规范、结构完善、语言精炼。8月，在管委会二楼会议室召开专家评审会，管委会主要领导和有关方面领导参加，邀请程森枝、吕俊峰、王现友、徐传国、李宁等进行现场评审，专家一致认为《潍坊综合保税区志》是一部观点正确、体例科学、层次分明、资料翔实、特点突出、特色鲜明、文字朴实清新的志稿。评审会后，编纂人员根据专家意见，从框架结构到语言文字，逐编、逐章、逐节、逐条目斟酌审核，细致修改，对部分章节进行调整、补充、完善。9月，综合各方面意见建议，最终形成送审稿，随后送方志出版社审查，经过初审、复审和终审，并批准出版。

《区志》编写，得到潍坊市史志办领导指导帮助，得到潍坊综合保税区党工委、管委会领导的关心支持和区内各部门、单位的密切配合。期间，党工委、管委会主要领导多次听取史志工作专题汇报，帮助解决有关困难和问题；分管领导多次召开修志工作调度会议，协调处理各方面的关系，及时帮助解决工作中遇到的困难和问题；区志特邀顾问对志稿认真审核，大到政治观点，小至文辞标点，无一不再三推敲把关。汶泉发展区和区直各部门提供了大量的文字和图片资料。在此，一并表示衷心的感谢。由于水平所限，本书错漏之处在所难免，恳请各级领导、专家学者及广大读者批评指正。

编者

2018年10月 王磊